«Liederlich» und «arbeitsscheu»

Tanja Rietmann

«Liederlich» und «arbeitsscheu»

Die administrative Anstaltsversorgung im Kanton Bern (1884–1981)

CHRONOS

Publiziert mit Unterstützung des Schweizerischen Nationalfonds zur Förderung der wissenschaftlichen Forschung und des Lotteriefonds des Kantons Bern.

SWISSLOS
Lotteriefonds
Kanton Bern

Inauguraldissertation der Philosophisch-historischen Fakultät der Universität Bern zur Erlangung der Doktorwürde, angenommen im März 2011 auf Antrag von Prof. Dr. Brigitte Studer (Erstgutachterin) und PD Dr. Regula Ludi (Zweitgutachterin).

Informationen zum Verlagsprogramm:
www.chronos-verlag.ch

Umschlagbild: Sonntagsspaziergang der Insassen der Strafanstalt Witzwil, 1953 (Fotoarchiv Anstalten Witzwil).

ISBN 978-3-0340-1146-4

Inhalt

Dank

Viele haben mich darin unterstützt, dass die vorliegende Arbeit zum Abschluss gelangen konnte. Ein Stipendium des Schweizerischen Nationalfonds sowie ein Stipendium der Paul und Gertrud Hofer-Wild-Stiftung haben es mir ermöglicht, während eineinhalb Jahren konzentriert an der Fertigstellung des Manuskripts zu arbeiten. Ein Beitrag der Guido Fluri Stiftung hat wesentlich dazu beigetragen, dass ich das Manuskript für die Publikation überarbeiten konnte. Ich danke Brigitte Studer und Regula Ludi, dass sie meine Arbeit als Erst- und Zweitgutachterin betreut haben. Sie haben mich in meinem Forschungsvorhaben immer wieder bekräftigt und mir wertvolle Rückmeldungen gegeben. Ich danke Karin Hofmeester, Lex Heerma van Voss und Marcel van der Linden vom International Institute of Social History (IISH) in Amsterdam, die mich von 2009 bis 2011 als Visiting Fellow an ihr Institut eingeladen, mich in ihre warmherzige Scientific Community aufgenommen und sich mit Neugierde in die Diskussion über bernische Versorgungsfälle und bernisches Verwaltungshandeln vertieft haben. Die Doktorandinnen, Doktoranden und Postdocs am IISH haben während der Phase des intensiven Schreibens für Ausgleich und freundschaftliche Kontakte gesorgt. Von 2005 bis 2009 war ich Teilnehmerin am interdisziplinären ProDoc-Graduiertenkolleg *Gender: Scripts and Prescripts* der Universitäten Bern und Freiburg. Ich danke vor allem der Projektleiterin des Kollegs, Christa Binswanger, sowie der Trägerschaft und meinen Mitkollegiatinnen und Mitkollegiaten für die anregende und konstruktive Forschungsatmosphäre, die sie schufen, die Kontakte, die sie mir ermöglichten, und den unschätzbar wertvollen Rahmen, in den sie mich mein Forschungsprojekt einbetten liessen. Der Leiterin des Interdisziplinären Zentrums für Geschlechterforschung (IZFG) der Universität Bern, Brigitte Schnegg, und ihrem Team danke ich für die intellektuell lebendige und menschlich warme Arbeitsatmosphäre. Ich danke Doris Wastl-Walter vom Geographischen Institut der Universität Bern für den Arbeitsplatz, den sie mir für die Arbeit an meiner Dissertation in den Monaten vor meinem Umzug nach Amsterdam zur Verfügung gestellt hat. Weiter möchte ich mich bei all jenen bedanken, die mir bei meinen Archivrecherchen behilflich waren. Mit Nicolas Barras vom Staatsarchiv Bern habe ich mich zum ersten Mal in ein Versorgungsdossier vertieft, Margrit Zwicky vom Stadtarchiv Bern hat wertvolle Informationen aufgespürt und Ernst Santschi von den Sozialen Diensten in Langnau hat auch im winterlich kalten Langnauer Archivhäuschen nicht lockergelassen, bis wir die gesuchten Informationen gefunden hatten. Für die Unterstützung bei der Fotorecherche spreche ich Verena Bender von den Anstalten Witzwil, Christine Wyss von den Anstalten Hindelbank und Beat Jaquemet, dem ehemaligen Leiter Landwirtschaft des Massnahmenzentrums St. Johannsen, einen Dank aus. Weiter danke ich für wertvolle Rückmeldungen und hilfreiche Informationen: Fabienne Amlinger, Andrea Hungerbühler, Bettina Büchler, Sabine Jenzer, Erwin Marti, Marion Rietmann, Mischa Gallati, Rainer Wey, Sara Galle, Stephanie Summermatter und Urs Germann. Einen besonderen Dank spreche ich Sonja Matter und Beat Hürzeler aus. Ihnen danke ich nicht nur für den wissenschaftlichen Austausch, sondern auch für ihre Freundschaft und Unterstützung, wenn beim Dissertieren einmal nicht alles rund lief. Bernhard Schär danke ich für seine nie nachlassende Begeisterung für meine Forschungsarbeit, seinen kritischen Blick, der so manchen Gedankengang geschärft hat, und dafür, dass er immer für mich da war. Meinen Eltern, Hanny und Othmar Rietmann, danke ich für ihre vorbehaltlose Unterstützung, ihre Liebe und die Freiheit, die sie mir auf meinem Weg liessen. Ihnen widme ich diese Arbeit.

Bern, im November 2012

1 Einleitung

«Die Akten hinterlassen den Eindruck […], dass Wegmüller im Grunde ein harmloser Bursche ist, der niemandem etwas zu leid tut, aber sich einfach nicht der landesüblichen Auffassung von Fleiss, Tüchtigkeit und geordnetem Leben anschliessen will.»[1] Diese Worte hielt ein bernischer Fürsorgeexperte im Fall Gottfried Wegmüller[2] am 23. Mai 1956 in einem Schreiben fest. Anlass für diese Expertise war die administrative Anstaltsversorgung Wegmüllers, die im Frühling 1956 zur Debatte stand. Wegmüller war zu diesem Zeitpunkt 47 Jahre alt, unverheiratet, bereits zweimal administrativ versorgt gewesen und fristete seinen Lebensunterhalt mehr schlecht als recht durch das Verrichten von Gelegenheitsarbeiten in Landwirtschaftsbetrieben und Restaurants. Schliesslich sahen die Behörden 1956 noch einmal vom einschneidenden Eingriff einer zwangsweisen Anstaltsunterbringung ab, doch zwei Jahre später, am 25. Februar 1958, war der bernische Regierungsrat nicht mehr bereit, Wegmüllers Lebensweise zu tolerieren und wies ihn für zwei Jahre in die Straf- und Arbeitsanstalt St. Johannsen ein.[3] Die Begründung des Regierungsrats lautete: «[…] Gottfried Wegmüller hat sich als unfähig erwiesen, in einer Arbeitsstelle auszuharren, regelmässig zu arbeiten und seriös zu leben. Vielmehr zog es ihn immer wieder in die Städte Zürich, Basel und Olten, wo er sich meist untätig herumtrieb und gar dem Bettel oblag. Unzählige Male wurde er polizeilich aufgegriffen und heimgeschafft. Diese Situation ist heute untragbar geworden, und es sind neue Massnahmen zu seiner Resozialisierung – soweit diese überhaupt durchführbar ist – in die Wege zu leiten.»[4]

Wie diese beiden Zitate zeigen, waren sich die behördlichen Instanzen zwar einig, dass Wegmüllers Lebensweise nicht der «landesüblichen Auffassung von Fleiss, Tüchtigkeit und geordnetem Leben» entsprach, doch ob die Verletzungen sozialer Normen im Fall Wegmüller gravierend genug waren, eine zwangs-

1 Schreiben Vormund, 23. Mai 1956, StAB, BB 13.1.380. Ähnlich Klinik Waldau, Gutachten, 29. März 1956, StAB, BB 13.1.380.

2 Vgl. zur Anonymisierung weiter unten in diesem Kapitel.

3 RRB 1201, 25. Februar 1958, StAB, BB 13.1.380.

4 Ebd. Seinen Wohnsitz hatte Wegmüller im Kanton Bern in der kleinen Gemeinde F., in der er auch heimatberechtigt war. RRB 5269, 23. September 1949, StAB, BB 13.1.380.

weise Anstaltsunterbringung zu rechtfertigen, darüber herrschte nicht immer Einigkeit. Auch im Lauf der 96 Jahre, während derer im Kanton Bern von 1884 bis 1981 administrative Versorgungen praktiziert wurden, änderte sich die Auffassung, wann dieses Instrument zur Anwendung gelangen sollte und welche Zwecke im individuellen Fall und in gesellschaftspolitischer Hinsicht mit ihm erreicht werden sollten. Immer ging es dabei um Aushandlungen über gesellschaftliche Vorstellungen von «Normalität» und «sozialer Devianz». Sie sind das Thema der vorliegenden Untersuchung.

Ausgangslage und Fragestellung

Nicht nur der Kanton Bern, sondern auch zahlreiche andere Kantone führten in der zweiten Hälfte des 19. Jahrhunderts die administrative Versorgung als armenpolitisches Instrument ein, um «liederliche», «arbeitsscheue» oder «trunksüchtige» Personen in Arbeitsanstalten unterzubringen. Die betroffenen Personen wurden als sozial deviant eingestuft, sie hatten sich jedoch kein strafrechtliches Delikt zuschulden kommen lassen und wurden auch nicht wegen einer psychischen Erkrankung zwangseingewiesen. Auf programmatischer Ebene war es das Ziel einer administrativen Versorgung, durch Disziplinierung und Arbeitserziehung[5] das Verhalten und die Einstellung der Betroffenen zu «bessern». Die Bezeichnung «administrative Versorgung» für diese Form einer fürsorgerischen Zwangsmassnahme[6] rührt daher, dass die Massnahmen in der Regel nicht von einem Gericht, sondern von Verwaltungsbehörden beschlossen wurden, und zwar auf der Grundlage kantonalen öffentlichen Rechts.[7] Da das Vormund-

5 Zur Arbeitserziehung ausführlicher Kapitel 2.4.

6 Meier et al. weisen für das Beispiel der Psychiatrie darauf hin, dass einzelne psychiatrische Massnahmen nicht per se Zwang verkörpern. Von einer Zwangsmassnahme sprechen sie beispielsweise dann, wenn die Betroffenen diese Massnahme als Zwang erfahren, und zwar auch dann, wenn die Ärzte – etwa bei einer Schlafkur mit einer mehrtätigen Dauernarkose – eine Massnahme nicht als Zwangs-, sondern als therapeutische Behandlung betrachten. «Zwang ist […] nicht in der Massnahme selbst, sondern in der konkreten Interaktion zwischen Akteuren zu verorten, die wiederum in einem bestimmten Kontext situiert wird.» Marietta Meier et al., Lässt sich Zwang zählen? Ein quantitativer Überblick über PatientInnen, psychiatrische Massnahmen und deren Motive, in: Marietta Meier et al., Zwang zur Ordnung. Psychiatrie im Kanton Zürich, 1870–1970, Zürich 2007, S. 87–114, hier S. 87 f., Zitat S. 88. Meier et al. sprechen bei psychiatrischen Hospitalisierungen, die gegen den Willen der Betroffenen vorgenommen wurden, von Zwangseinweisungen. Ebd., S. 95. In diesem Sinn ist auch in der vorliegenden Arbeit von der administrativen Versorgung als Zwangsmassnahme die Rede.

7 Roland Bersier, La liberté personnelle. L'internement des aliénés et des asociaux. La stérilisation des asociaux, Cremines 1968, S. 154; Peter Bossart, Persönliche Freiheit und administrative Versorgung, Winterthur 1965, S. 4 f.; Botschaft über die Änderung des Schweizerischen Zivilgesetzbuches (Fürsorgerische Freiheitsentziehung) und den Rückzug des Vorbehaltes zu Artikel 5 der Konvention zum Schutze der Menschenrechte und Grundfreiheiten vom 17. August 1977, in: Bundesblatt, 129, 3 (1977), S. 1–63, hier S. 8; Hans Dubs, Die rechtlichen Grundlagen der Anstaltsversorgung in der Schweiz. Unter besonderer Berücksichtigung des gegen-

schaftsrecht mit dem Inkrafttreten des schweizerischen Zivilgesetzbuches 1912 auf ähnliche Weise wie das kantonale Versorgungsrecht die zwangsweise Anstaltsunterbringung von entmündigten «Arbeitsscheuen», «Liederlichen» und «Trunksüchtigen» ermöglichte und diese Einweisungen insbesondere in den Kantonen der deutschsprachigen Schweiz von Vormundschaftsbehörden, die Teil der Verwaltungsbehörden waren, angeordnet wurden,[8] findet sich verschiedentlich auch für diese Einweisungen der Begriff der «administrativen Versorgung», zum Beispiel in einzelnen geschichtswissenschaftlichen Forschungsarbeiten oder in aktuellen sozialpolitischen Debatten.[9] In der vorliegenden Studie werden als administrative Versorgungen jene Anstaltsunterbringungen bezeichnet, die gemäss kantonalem Recht erfolgten. Wenn Anstaltseinweisungen zur Sprache kommen, die gemäss den zivilrechtlichen Bestimmungen angeordnet wurden, wird die Bezeichnung «vormundschaftlich-zivilrechtliche Einweisung» respektive «vormundschaftlich-zivilrechtliche Versorgung» verwendet. Eine solche begriffliche Differenzierung entspricht dabei auch jener, wie sie sich in der Regel in den untersuchten Quellen findet, etwa in zeitgenössischer juristischer Fachliteratur.[10]

Das erkenntnisleitende Interesse der vorliegenden Studie richtet sich darauf, wie Diskurs und Praxis der administrativen Versorgung während der fast hundert Jahre, in denen im Kanton Bern solche Anstaltsunterbringungen praktiziert wurden, ausgestaltet waren. Als rahmendes Gerüst dient hierfür die Untersuchung der gesetzlichen Grundlagen dieser Anstaltsunterbringungen. Insgesamt dreimal legiferierte der Kanton Bern das Versorgungsrecht: Am 11. Mai 1884 wurde

seitigen Verhältnisses gleichartiger Versorgungsnormen, Basel 1955, S. 1–5; Gustav Hug-Beeli, Persönliche Freiheit und besondere Gewaltverhältnisse, Zürich 1976, S. 189 f.; Sabine Lippuner, Bessern und verwahren. Die Praxis der administrativen Versorgung von «Liederlichen» und «Arbeitsscheuen» in der thurgauischen Zwangsarbeitsanstalt Kalchrain (19. und frühes 20. Jahrhundert), Frauenfeld 2005, S. 9; Hans Manz, Um die Rechtsgrundlage der vormundschaftlichen Anstaltsversorgung. Kompetenzkonflikt zwischen bundeszivilrechtlichem und kantonal-öffentlichrechtlichem Versorgungsrecht, in: Zeitschrift für Vormundschaftswesen, 14, 2 (1959), S. 41–49, hier S. 41; Karl Zbinden, Zur Reform der administrativen Zwangsversorgung von Gewohnheitsverbrechern, Liederlichen und Arbeitsscheuen, Zürich 1942, S. 4 f.

8 Das schweizerische Zivilgesetzbuch wurde 1907 verabschiedet. Es regelte die Bereiche Personenrecht, Familienrecht, Erbrecht und Obligationenrecht. Die Bestimmungen zur Vormundschaft (Art. 360–456) waren im Familienrecht enthalten. Da das ZGB im ausgehenden 20. Jahrhundert beträchtlich revidiert wurde, wird für Bezüge auf das 1907 erlassene Zivilrecht die Bezeichnung «Zivilgesetzbuch 1907/12» oder «ZGB 1907/12» verwendet.

9 Vgl. beispielsweise Walter Leimgruber et al., Das Hilfswerk für die Kinder der Landstrasse. Historische Studie aufgrund der Akten der Stiftung Pro Juventute im Schweizerischen Bundesarchiv, Bern 1998, S. 50. Zu aktuellen sozialpolitischen Debatten vgl. Dominique Strebel, Weggesperrt. Warum Tausende in der Schweiz unschuldig hinter Gittern sassen, Zürich 2010.

10 Vgl. beispielsweise Bossart, Freiheit, 1965, S. 26–28; Dubs, Grundlagen, 1955, S. 183; August Egger, Kommentar zum schweizerischen Zivilgesetzbuch. Das Familienrecht, Dritte Abteilung: Die Vormundschaft (Art. 360–456), Zürich 1948 (2., überarb. Aufl.), S. 422.

das Rechtsinstrument der administrativen Versorgung mit dem *Gesetz betreffend Errichtung kantonaler Arbeitsanstalten vom 11. Mai 1884* eingeführt (im Folgenden kurz Arbeitsanstaltengesetz). Zu Beginn des 20. Jahrhunderts wurden die Bestimmungen revidiert, am 1. Juli 1913 trat das *Gesetz über die Armenpolizei und die Enthaltungsanstalten vom 1. Dezember 1912* in Kraft (im Folgenden kurz Armenpolizeigesetz). Das Armenpolizeigesetz wurde in der Folge ein halbes Jahrhundert lang mit grosser Regelmässigkeit angewandt, bis es am 1. Januar 1966 durch das *Gesetz über Erziehungs- und Versorgungsmassnahmen vom 3. Oktober 1965* abgelöst wurde (im Folgenden kurz Erziehungs- und Versorgungsgesetz). Am 1. Januar 1981 wurde schliesslich nicht nur im Kanton Bern, sondern in allen Kantonen das kantonale Versorgungsrecht ausser Kraft gesetzt und durch die schweizerisch einheitlich geltenden Bestimmungen zur fürsorgerischen Freiheitsentziehung abgelöst.

Untersucht wird auf einer rechtsgeschichtlich-diskursiven Ebene, welches die Inhalte und Zielsetzungen dieser Bestimmungen waren, welches die historisch-gesellschaftlichen Kontexte waren, in denen sie erlassen wurden, und von welchen sozialen Kräften der Erlass dieser Bestimmungen getragen wurde. In den Blick genommen werden dabei die Massnahmen, die gegenüber Erwachsenen angewandt wurden, nicht aber diejenigen gegenüber Minderjährigen.[11] Von Anfang an gab es Kritik an der Massnahme der administrativen Versorgung, wenn sie auch zunächst nur von einer verschwindend kleinen Minderheit geäussert wurde. Auf die Positionen und die Begründungsweisen der Befürworter und der Gegner der administrativen Versorgung wird ein besonderer Fokus gerichtet. Wie wurden die Massnahmen legitimiert respektive kritisiert? Wie veränderten sich die Argumente im Lauf der Zeit? Und welche Rückschlüsse lassen sich aus diesen Auseinandersetzungen auf damalige gesellschaftliche Ordnungsvorstellungen sowie auf Vorstellungen über die Ausgestaltung des Verhältnisses zwischen modernem Staat und Individuum ziehen?

Daneben wird die Ebene der Praxis untersucht. Gefragt wird, wie sich die Versorgungsziffern in quantitativer Hinsicht zwischen 1884 und 1981 entwickelten, in welche Institutionen die betroffenen Personen eingewiesen wurden und welche Personengruppen hauptsächlich von diesen Massnahmen betroffen waren. Für die Untersuchung der Praxis wird insbesondere auch eine mikrogeschicht-

11 Bis 1996 lag das Mündigkeitsalter in der Schweiz bei zwanzig Jahren, danach wurde es auf achtzehn Jahre gesenkt. Vgl. www.admin.ch/ch/d/sr/210/a14.html (Zugriff: 18. Juli 2011). Bei der Untersuchung der gesetzlichen Grundlagen werden die Bestimmungen zur administrativen Versorgung Minderjähriger zwar vorgestellt, es wird jedoch nicht vertieft auf diese eingegangen. Die Wahl fiel nicht zuletzt aus dem Grund auf die Untersuchung Erwachsener, da diesen von der Forschung bis anhin weniger Aufmerksamkeit gewidmet worden ist als Kindern und Jugendlichen.

liche Ebene einbezogen. Anhand von zwei detaillierten Fallgeschichten – die quellenmässige Grundlage hierfür bilden die beiden ausführlichen Personendossiers von Jakob Hofmann (1892–1959) und Frieda Berger (1894–1979) – werden Verwaltungsabläufe, Machtverhältnisse und Deutungsweisen untersucht. Es wird gefragt, wie ein Versorgungsverfahren im einzelnen Fall konkret verlief, welche Instanzen in ein solches Verfahren involviert waren und wie diese miteinander interagierten. Welche Instanzen verfügten letztlich über faktische Deutungshoheit und konnten einen Versorgungs- oder Entlassungsentscheid massgeblich beeinflussen? Das reichhaltige Quellenmaterial der Fälle Hofmann und Berger erlaubt es darüber hinaus, die Perspektive der Betroffenen zu berücksichtigen und zu fragen, was die angewandten Zwangsmassnahmen für sie bedeuteten. Wie deuteten sie selbst die Verhaltensweisen, die ihnen als deviant zur Last gelegt wurden? Wie reagierten sie auf die behördlichen Interventionsmassnahmen und welche Handlungsspielräume standen ihnen zur Verfügung?

Theoretischer Bezugsrahmen

Grundlegend für die vorliegende Untersuchung ist ein kulturgeschichtlicher Ansatz, wie ihn eine kulturwissenschaftlich erweiterte Sozialgeschichte (auch historische Kulturwissenschaft) vertritt.[12] Ein solcher Ansatz geht davon aus, dass Bedeutungen, welche die Menschen der Welt, die sie umgibt, und ihrem eigenen Tun in ihr und in Bezug auf sie zuschreiben, immer mit untersucht werden müssen, da solche Deutungsgebungen Wirklichkeit mit konstituieren – eine Wirklichkeit, die nicht als nur durch Strukturen determiniert verstanden wird. Hintergrund für eine solche bedeutungsorientierte Betrachtungsweise ist die sozialtheoretische Überlegung, dass Individuen und gesellschaftliche Gruppen in bestimmte Lebenszusammenhänge eingebunden und dabei stets mit bestimmten strukturellen Bedingungen sowie herrschenden normativen Wertvorstellungen konfrontiert sind. Darüber hinaus aber – und dies ist der entscheidende Punkt – werden die jeweiligen gesellschaftlichen Gegebenheiten auf individuelle oder kollektive Weise gedeutet; sie werden angeeignet, fortgeführt, gestaltet und verändert. Dadurch werden sie erst eigentlich «wirklich». Der Erlass respektive die Revisionen der bernischen Versorgungsbestimmungen erscheinen auf diese Weise als Reaktion der Politik und der Gesellschaft auf wahrgenommene Kri-

12 Ute Daniel, «Kultur» und «Gesellschaft». Überlegungen zum Gegenstandsbereich der Sozialgeschichte, in: Geschichte und Gesellschaft, 19, 1 (1993), S. 69–99; Ute Daniel, Kompendium Kulturgeschichte. Theorien, Praxis, Schlüsselwörter, Frankfurt am Main 2006 (5., überarb. Aufl.); Thomas Mergel, Thomas Welskopp (Hg.), Geschichte zwischen Kultur und Gesellschaft. Beiträge zur Theoriedebatte, München 1997; Reinhard Sieder, Sozialgeschichte auf dem Weg zu einer historischen Kulturwissenschaft?, in: Geschichte und Gesellschaft, 20, 3 (1994), S. 445–468.

senerscheinungen und als Versuche, hierfür Lösungsstrategien zu entwerfen, die wiederum bestimmten Interessenlagen verpflichtet waren. So wird denn auch Recht nicht als objektive Grösse betrachtet, sondern als Ergebnis gesellschaftlicher Prozesse und damit als soziale Erscheinung.[13] Gleichzeitig gelangte Recht im Zusammenhang mit einer administrativen Versorgung nicht quasi mechanisch in reagierender Weise zur Anwendung, sondern wurde von den Akteurinnen und Akteuren in Abhängigkeit von ihren Deutungsmustern angewandt. Auch Devianz wird in diesem Zusammenhang nicht als objektiv fixierbare Handlung oder Eigenschaft verstanden, sondern als Ergebnis von Interaktions- und Zuschreibungsprozessen und damit Produkt gesellschaftlicher Auseinandersetzungen (Labeling Approach).[14] Durch eine solche Perspektive wird das Untersuchungsfeld vielfältig und dynamisch, da Normsetzungsprozesse und rechtliche Rahmenbedingungen genauso betrachtet werden wie formelle und informelle Instanzen sozialer Kontrolle, die im Verlauf eines komplexen sozialen Prozesses eine Person mit dem Etikett «deviant» versehen.

Auch Diskurse prägen Wahrnehmungs-, Erfahrungs- und Handlungsweisen. In der vorliegenden Arbeit wird der Versorgungsdiskurs in den Blick genommen, wie er sich in Quellen der kantonalen Verwaltung sowie in fürsorgerischer und juristischer Fachliteratur manifestiert. Dabei werden in Anlehnung an Michel Foucault[15] Diskurse als regelhaft konstituiertes Reden über ein bestimmtes Phänomen – in diesem Fall die administrative Versorgung – verstanden.[16] Zentral ist dabei Foucaults machttheoretische Überlegung, wonach Diskurse «systematisch die Gegenstände bilden, von denen sie sprechen».[17] Nach Foucault schaffen Diskurse wirkmächtige Wissensdispositive und Wahrheiten. Diskurse werden als «eigenständige soziale Realität, die weder in der Geschichte von Ideen noch in der Geschichte von sozialen Gruppen oder Institutionen aufgeht», verstanden.[18] Gleichzeitig verweist Foucault darauf, dass nicht alle gleichermassen

13 Vgl. hierzu beispielsweise Manfred Rehbinder, Rechtssoziologie, München 2009 (7., überarb. Aufl.).

14 Gerd Schwerhoff, Aktenkundig und gerichtsnotorisch. Eine Einführung in die historische Kriminalitätsforschung, Tübingen 1999, S. 77–81.

15 Die Arbeiten von Foucault – in erster Linie *Die Ordnung der Dinge*, *Archäologie des Wissens* und *Der Wille zum Wissen* – bilden den zentralen Anknüpfungspunkt für die geschichtswissenschaftliche Beschäftigung mit Diskursen. Franz X. Eder, Historische Diskurse und ihre Analyse – eine Einleitung, in: Franz X. Eder (Hg.), Historische Diskursanalysen. Genealogie, Theorie, Anwendungen, Wiesbaden 2006, S. 9–23, hier S. 12 f.; Achim Landwehr, Historische Diskursanalyse, Frankfurt am Main 2008 (2., überarb. Aufl.), S. 65–67, 75.

16 Eder, Diskurse, 2006, S. 13; Landwehr, Diskursanalyse, 2008, S. 72, 78, 92 f., 101. Vgl. zu den Grundlagen einer historischen Diskursanalyse Franz X. Eder (Hg.), Historische Diskursanalysen. Genealogie, Theorie, Anwendungen, Wiesbaden 2006; Landwehr, Diskursanalyse, 2006; Philipp Sarasin, Geschichtswissenschaft und Diskursanalyse, Frankfurt am Main 2003.

17 Michel Foucault, Archäologie des Wissens, Frankfurt am Main 1981, S. 74.

18 Georg Breidenstein, Geschlechtsunterschied und Sexualtrieb im Diskurs der Kastration An-

über die Möglichkeit verfügen, gültige Aussagen zu einem Diskurs beizusteuern. Diskurse üben also Macht aus, setzen jedoch gleichzeitig auch Macht voraus. In der vorliegenden Arbeit wird somit die Aufmerksamkeit darauf gerichtet, wie im historischen Prozess bestimmte Aussageelemente Eingang in den Versorgungsdiskurs finden, wie dadurch Wissen geschaffen, verfestigt und wirkmächtig wird.[19]

Ausgehend von einem kulturgeschichtlichen Ansatz werden in dieser Untersuchung Akteurinnen und Akteure auf eine bestimmte Weise konzeptualisiert. Sie gelten als in spezifische Lebensverhältnisse und Sinnkontexte eingebundene, dennoch eigenständige Verstehensleistungen vollbringende Handelnde, deren Aneignungs- und Handlungsweisen sich in ihrer Kontingenz und Varianz nicht gänzlich auf das Allgemeine zurückführen lassen.[20] Das Handeln einzelner Akteurinnen und Akteure kann anhand einzelner Versorgungsfälle untersucht werden, womit Letztere es erlauben, Beziehungen zwischen Strukturell-Allgemeinem und Individuellem zu erschliessen.[21] Mit Hilfe der Fallgeschichten lassen sich nicht allein Jakob Hofmann und Frieda Berger als die eigentlichen von einer administrativen Versorgung Betroffenen in den Blick nehmen, sondern auch die Akteurinnen und Akteure – beispielswiese Familienangehörige – in ihrem näheren sozialen Umfeld. Als weitere wichtige Akteure treten die Verwaltungsangestellten auf, die als Vertreter von Institutionen handelten und als «vermittelnde Instanzen» zwischen den Institutionen und den betroffenen Individuen fungierten;[22] oder genauer: die diese Institutionen durch ihr Handeln erst eigentlich ausmachten und zum «Leben» erweckten. Sie wandten die gesetz-

fang des 20. Jahrhunderts, in: Christiane Eifert et al. (Hg.), Was sind Frauen? Was sind Männer? Geschlechterkonstruktionen im historischen Wandel, Frankfurt am Main 1996, S. 216–239, hier S. 235.

19 Reiner Keller, Wissen oder Sprache? Für eine wissensanalytische Profilierung der Diskursforschung, in: Franz X. Eder (Hg.), Historische Diskursanalysen. Genealogie, Theorie, Anwendungen, Wiesbaden 2006, S. 51–69, hier S. 55; Landwehr, Diskursanalyse, 2008, S. 165.

20 Vgl. hierzu auch Lippuner, Bessern, 2005, S. 12–14.

21 Vgl. hierzu Caroline Arni, Entzweiungen. Die Krise der Ehe um 1900, Köln 2004, S. 18 f.; Sibylle Brändli et al., «Fälle» in der Geschichte von Medizin, Psychiatrie und Psychologie im 19. und 20. Jahrhundert, in: Sibylle Brändli et al. (Hg.), Zum Fall machen, zum Fall werden. Wissensproduktion und Patientenerfahrung in Medizin und Psychiatrie des 19. und 20. Jahrhunderts, Frankfurt am Main 2009, S. 7–29, hier S. 18–28; Urs Germann, Marietta Meier, Fallgeschichten, in: traverse, 13, 2 (2006), S. 19–23, hier S. 19 f.; Tanja Rietmann, Von Fällen «sozial Gestrauchelter». Die Akten zur administrativen Versorgung im Staatsarchiv des Kantons Bern (Schweiz), in: L'Homme, 18, 2 (2007), S. 139–147, hier S. 144–146; Arlette Schnyder, Geschwistergeschichten. Alltagsgeschichte des Geschwisternetzwerks einer Schweizer Pfarrfamilie 1910–1950, Baden 2008, S. 23–25; Brigitte Studer, Biographische Erfassungslogiken. Akten, Menschen und die Geschichtsschreibung, in: Claudia Kaufmann, Walter Leimgruber (Hg.), Was Akten bewirken können. Integrations- und Ausschlussprozesse eines Verwaltungsvorgangs, Zürich 2008, S. 139–149, hier S. 144–146; Meier et al., Überlegungen, 2007, S. 40–43.

22 Studer, Erfassungslogiken, 2008, S. 145.

lichen Grundlagen der administrativen Versorgung an, wobei sie formellen und informellen Vorgaben Folge leisteten, gleichzeitig jedoch über Auslegungs- und Handlungsspielräume verfügten.

Wie in der vorliegenden Arbeit gezeigt wird, waren von einer administrativen Versorgung mehrheitlich Männer aus der sozialen Unterschicht betroffen. Die Kategorien «Geschlecht» und «Schichtzugehörigkeit» prägten die Praxis der administrativen Versorgung also auf entscheidende Weise. Ausgehend von einem geschlechtergeschichtlichen Ansatz wird Geschlecht als Analysekategorie verwendet. Grundlegend hierfür ist die Annahme der sozialen Konstruktion von Geschlecht;[23] die Annahme also, dass Männlichkeit und Weiblichkeit nicht durch biologische, als objektiv geltende und unveränderliche Tatsachen determiniert sind, sondern «diskursiv konstituiert, kulturell variabel und historisch wandelbar auftreten».[24] Es wird gefragt, wie Vorstellungen von Männlichkeit[25] und Weiblichkeit, vermittelt über die normative bürgerliche Geschlechterordnung,[26]

23 Massgeblich Joan W. Scott, Gender: A Useful Category of Historical Analysis, in: American Historical Review, 91, 5 (1986), S. 1053–1075. Vgl. weiter die Beiträge von Carol Hagemann-White, Barbara Duden, Regine Gildemeister und Gesa Lindemann, die mit einem Kommentar von Paula-Irene Villa versehen im Sammelband von Sabine Hark (Hg.), Dis/Kontinuitäten. Feministische Theorie, Opladen 2007 (2., überarb. Aufl.), S. 19–91 erschienen sind.

24 Gunilla-Friederike Budde, Das Geschlecht der Geschichte, in: Thomas Mergel, Thomas Welskopp (Hg.), Geschichte zwischen Kultur und Gesellschaft. Beiträge zur Theoriedebatte, München 1997, S. 125–150, hier S. 128 f. Geschlecht als «Strukturkategorie» (Ursula Beer) prägt Erfahrungs- und Wahrnehmungsweisen, ist identitätsbildend, strukturiert soziale Ordnung und nimmt soziale Positionierungen vor; Geschlecht wird also auf verschiedenen Abstraktionsebenen wirksam. Dass über Geschlecht Macht verteilt wird, hat Scott als «zentralen analytischen Aspekt der Kategorie Geschlecht hergeleitet». Brigitte Studer, Geschlechtergeschichte heute – Konzeptuelles und Konkretes. Die Ein- und Ausbürgerung durch Eheschliessung, Konstanz 2006, S. 10.

25 Das seit den 1980er-Jahren insbesondere von R. W. Connell verwendete Konzept der «hegemonialen Männlichkeit» legt den Fokus darauf, dass mehrere Männlichkeiten zu differenzieren und zu hierarchisieren seien. R. W. Connell, James W. Messerschmidt, Hegemonic Masculinity. Rethinking the Concept, in: Gender & Society, 19, 6 (2005), S. 829–859. Obwohl das Untersuchungsfeld der vorliegenden Arbeit zu grossen Teilen von Männern bevölkert ist (Verwaltungsangestellte, Betroffene oder Sachverständige), schliesse ich mich dem Plädoyer an, Männlichkeit nicht allein im Rahmen von Männer- oder Männlichkeitsforschung zu untersuchen (und sich dabei auf die Genusgruppe «Mann» zu konzentrieren), sondern von Ansätzen der Geschlechterforschung auszugehen, denen zufolge das «Konzept der hegemonialen Maskulinität letztlich zu kurz greift, um Herstellung und Wirkungsweise von Maskulinität, Feminität und Geschlecht auf den Grund zu gehen». Andrea Hungerbühler, «Hegemoniale Maskulinität» im Bergführerberuf? Empirische Befunde und theoretische Implikationen, in: Christa Binswanger et al. (Hg.), Gender Scripts. Widerspenstige Aneignungen von Geschlechternormen, Frankfurt am Main, New York 2009, S. 120–143, hier S. 136. Ähnlich Eve Rosenhaft, Zwei Geschlechter – eine Geschichte? Frauengeschichte, Männergeschichte, Geschlechtergeschichte und ihre Folgen für unsere Geschichtswahrnehmung, in: Christiane Eifert et al. (Hg.), Was sind Frauen? Was sind Männer? Geschlechterkonstruktionen im historischen Wandel, Frankfurt am Main 1996, S. 257–274, hier S. 260–271.

26 Vgl. hierzu die Ausführungen in Kapitel 2.5.3.

in der Rechtssetzung und in der Praxis der administrativen Versorgung wirksam wurden.

Wie die Geschlechtszugehörigkeit prägt auch die Zugehörigkeit zu einer bestimmten sozialen Schicht Wahrnehmungs- und Erfahrungsweisen und beeinflusst den gesellschaftlichen Status und die Handlungsmöglichkeiten eines Individuums.[27] Auf die Kategorie «soziale Schicht» respektive den Begriff der «Unterschicht»[28] wird in der vorliegenden Arbeit insofern Bezug genommen, als gefragt wird, was die Schichtzugehörigkeit einer Person im Zusammenhang mit einer administrativen Versorgung bedeutete.[29] Dabei gilt es, den Blick sowohl auf diejenigen zu richten, welche die Versorgungsgesetze erliessen und in die Praxis umsetzten, als auch auf diejenigen, welche von den Versorgungsmassnahmen betroffen waren.[30] Innerhalb der Frauen- und Geschlechtergeschichte lassen sich seit ihren Anfängen Analysen finden, die darauf verweisen, dass einzelne Kategorien, wie sie mit der «sozialen Schicht» und dem «Geschlecht» ge-

27 Dabei gilt für die «relativ homogene Sozialgruppe» des schweizerischen Bürgertums, wie sie sich in der zweiten Hälfte des 19. Jahrhunderts herausbildete, dass die Abgrenzung von anderen sozialen Gruppen (etwa Bauern oder Arbeiterschaft) sowie eine spezifische Geschlechterordnung konstitutiv waren für deren Selbstverständnis. Albert Tanner, Arbeitsame Patrioten – wohlanständige Damen. Bürgertum und Bürgerlichkeit in der Schweiz 1830–1914, Zürich 1995, S. 1–20, hier S. 9. Vgl. hierzu weiter die gesellschaftstheoretischen Überlegungen bei Cornelia Klinger, Gudrun-Axeli Knapp, Achsen der Ungleichheit – Achsen der Differenz. Verhältnisbestimmungen von Klasse, Geschlecht, «Rasse»/Ethnizität, in: Cornelia Klinger et al. (Hg.), Achsen der Ungleichheit. Zum Verhältnis von Klasse, Geschlecht und Ethnizität, Frankfurt am Main 2007, S. 19–35, hier S. 20, 25–32. Vgl. weiter zum Bürgertum in der Schweiz Philipp Sarasin, Stadt der Bürger. Bürgerliche Macht und städtische Gesellschaft, Basel 1846–1914, Göttingen 1997 (2., überarb. Aufl.).

28 Vgl. hierzu Rebekka Wyler, Das «Proletariat» und die «Anderen». Sozialgeschichte der ArbeiterInnen und Unterschichten, in: traverse, 18, 1 (2011), S. 137–172, hier S. 141.

29 Wie Knapp festhält, wird der Begriff «Klasse» im deutschsprachigen Kontext stark in Anlehnung an die Theoriebildung und Ungleichheitsforschung in der Tradition von Marx verwendet. Gudrun-Axeli Knapp, «Intersectionality» – ein neues Paradigma feministischer Theorie? Zur transatlantischen Reise von «Race, Class, Gender», in: Feministische Studien, 23, 1 (2005), S. 68–81, hier S. 72. Vgl. zur Diskussion des Begriffs «Klasse» in Anlehnung an Max Weber und Karl Marx sowie in seinen Erweiterungen durch Pierre Bourdieu und Anthony Giddens Tanner, Patrioten, 1995, S. 14–19.

30 Unter den Unterschichtsangehörigen waren die administrativ Versorgten eine marginalisierte Sondergruppe. In einer Marx'schen Terminologie würden sie dem «Lumpenproletariat» zugerechnet. Karl Marx und Friedrich Engels sprechen im *Kommunistischen Manifest* vom «Lumpenproletariat» als «passive Verfaulung der untersten Schichten der alten Gesellschaft». Zu Ausführungen, dass Karl Marx den Begriff «Lumpenproletariat» eher als moralische denn als analytische Kategorie verwendete, vgl. Marcel van der Linden, Proletariat, in: Marcello Musto (Hg.), The Marx Revival (im Druck). Wie Wyler für die Schweiz festhält, konstituierte sich die organisierte Arbeiterbewegung im 19. Jahrhundert nicht zuletzt in der «Abgrenzung gegenüber dem ‹Lumpenproletariat›, in der Distanzierung von Arbeitsscheuen und Vaganten, die ihr Schicksal zu weiten Teilen selbst verschuldet und somit keine Unterstützung verdient» hätten. Wyler, «Proletariat», 2011, S. 138.

nannt wurden, immer in Verknüpfung miteinander respektive in Verknüpfung mit weiteren Kategorien wie zum Beispiel «Generation» oder «Ethnie» wirksam werden – oder anders ausgedrückt: dass Kategorien in sich immer schon auf vielfältige Weise differenziert sind und nie als einzelne singuläre wirksam werden.[31] So gilt es denn auch die von einer administrativen Versorgung Betroffenen nicht lediglich als Unterschichtsangehörige zu fokussieren, wie dies einige der bisherigen Studien tun, die sich mit zwangsfürsorgerischen Anstaltsunterbringungen beschäftigen. Diese Studien verweisen zwar neben der Schichtzugehörigkeit auf das grosse zahlenmässige Übergewicht der in Anstalten eingewiesenen Männer und auf geschlechtsspezifisch unterschiedliche Versorgungsgründe, interpretieren diesen deutlichen Befund jedoch nicht näher.[32] In die Analyse müssen andere realitätswirksame Kategorien, und in Bezug auf das untersuchte Thema ist dies insbesondere die Kategorie «Geschlecht», einbezogen werden.

Forschungsstand

Die administrative Versorgung knüpfte mit ihren Prinzipien des Freiheitsentzugs und der Arbeitserziehung an eine lange Tradition von Einschliessungspraktiken an, die ihren Ursprung in den seit der zweiten Hälfte des 16. Jahrhunderts in Europa gegründeten Arbeits- und Korrektionshäusern hatte.[33] Als erstes dieser Arbeitshäuser gilt das 1555 in London in einem ehemaligen Schloss gegründete Bridewell, in welches «Vagabunden», «Dirnen» und «Müssiggänger»

31 Gudrun-Axeli Knapp, «Intersectionality» – ein neues Paradigma der Geschlechterforschung, in: Rita Casale, Barbara Rendtorff (Hg.), Was kommt nach der Genderforschung? Zur Zukunft feministischer Theoriebildung, Bielefeld 2008, S. 33–53, hier S. 34–36; Claudia Opitz-Belakhal, Um-Ordnungen der Geschlechter. Einführung in die Geschlechtergeschichte, Tübingen 2005, S. 122–155; Studer, Geschlechtergeschichte, 2006, S. 8. Seit einigen Jahren widmet die interdisziplinäre Geschlechterforschung der Überlagerung von Kategorien und den sich daraus ergebenden Problemstellungen besondere Aufmerksamkeit und stellt unter Bezugnahme auf den Begriff der «Intersektionalität» die Frage, wie solche Überlagerungen konzeptuell gefasst und wie intersektionelle Ansätze in die empirische Forschungspraxis umgesetzt werden können. Intersektionalität ist dabei weniger als Theorie zu verstehen denn als Perspektive, die Überlegungen zu solchen Verknüpfungsweisen ins Zentrum stellt. Vgl. zur Rezeption des durch die US-amerikanische Juristin Kimberlé Crenshaw geprägten Begriffs «Intersectionality» im deutschsprachigen Kontext Knapp, «Intersectionality», 2005, S. 68–81.

32 Vgl. beispielsweise Beate Althammer, Functions and developments of the *Arbeitshaus* in Germany. Brauweiler workhouse in the nineteenth and early twentieth Centuries, in: Andreas Gestrich et al. (Hg.), Being poor in modern Europe. Historical perspectives 1800–1940, Oxford 2006, S. 273–297, hier S. 281; Wolfgang Ayass, Das Arbeitshaus Breitenau. Bettler, Landstreicher, Prostituierte, Zuhälter und Fürsorgeempfänger in der Korrektions- und Landarmenanstalt Breitenau (1874–1949), Kassel 1992, S. 79–159; Hannes Stekl, Österreichs Zucht- und Arbeitshäuser 1671–1920. Institutionen zwischen Fürsorge und Strafvollzug, Wien 1978, S. 78, 80.

33 Vgl. Rolf Wolfensberger, Anstaltswesen, in: Historisches Lexikon der Schweiz (HLS), Version 13. März 2006, www.hls.ch.

eingeliefert wurden.[34] Als Nächstes wurden 1595 und 1597 in Amsterdam in ehemaligen Klöstern das Tuchthuis (auch Rasphuis genannt) für Männer und das Spinhuis für Frauen eingerichtet.[35] Amsterdam nahm in der Folge regelmässig eine Vorbildfunktion ein für weitere Anstaltsgründungen in Europa,[36] so auch in der Schweiz.[37] Eine Reihe von Studien setzt sich mit der Anfangszeit dieser Arbeits- und Korrektionshäuser auseinander und zeigt, wie sie sich im Lauf des 16. und 17. Jahrhunderts zunehmend auf dem europäischen Kontinent ausbreiteten. Stellvertretend soll in diesem Zusammenhang auf eine Untersuchung von Pieter Spierenburg verwiesen werden, in der er in einem internationalen Überblick über Deutschland, die Niederlande, Frankreich, England, Italien und Belgien auf den Entstehungskontext der europäischen «houses of correction» eingeht.[38] Als zentrale Faktoren, die zur Einrichtung dieser Institutionen führten, benennt Spierenburg die Säkularisierung des Armenwesens und die damit einhergehende Neubewertung des sozialen Phänomens der Armut, die eine kritische gesellschaftliche Haltung gegenüber als «unwürdig» erachteten Armen implizierte.[39]

34 Ayass, Arbeitshaus, 1992, S. 25; Stekl, Zucht- und Arbeitshäuser, 1978, S. 53 f.

35 Ayass, Arbeitshaus, 1992, S. 26; Joanna Innes, Prisons for the poor. English Bridewells 1555–1800, in: Francis G. Snyder, Douglas Hay (Hg.), Labour, Law, and Crime. A Historical Perspective, London, New York 1987, S. 42–122; Pieter Spierenburg, The Sociogenesis of Confinement and its Development in Early Modern Europe, in: Pieter Spierenburg (Hg.), The Emergence of Carceral Institutions. Prisons, Galleys and Lunatic Asylums, 1550–1900, Rotterdam 1984, S. 9–77, hier S. 12–15; Stekl, Zucht- und Arbeitshäuser, 1978, S. 54, 304.

36 Vgl. beispielsweise Ayass, Arbeitshaus, 1992, S. 16, 26; Stekl, Zucht- und Arbeitshäuser, 1978, S. 56.

37 Thomas Huonker, Diagnose: «moralisch defekt». Kastration, Sterilisation und Rassenhygiene im Dienst der Schweizer Sozialpolitik und Psychiatrie 1890–1970, Zürich 2003, S. 18–21; Wolfensberger, Anstaltswesen, 2006.

38 Spierenburg, Sociogenesis, 1984, S. 9–77.

39 In Darstellungen zur Geschichte der Armut finden sich denn auch regelmässig Ausführungen zu den Arbeits- und Korrektionshäusern als repressive Bestandteile der Armenpolitik und -gesetzgebung. Vgl. beispielsweise Wolfram Fischer, Armut in der Geschichte, Göttingen 1982; Larry Frohman, Poor Relief and Welfare in Germany from the Reformation to World War I, New York 2008; Bronislaw Geremek, Geschichte der Armut. Elend und Barmherzigkeit in Europa, München 1991; Andreas Gestrich et al. (Hg.), Being Poor in Modern Europe. Historical Perspectives 1800–1940, Oxford 2006; Christoph Sachsse, Florian Tennstedt, Geschichte der Armenfürsorge in Deutschland, Bd. 1: Vom Spätmittelalter bis zum 1. Weltkrieg, Stuttgart 1998 (2., überarb. Aufl.). Für die Schweiz gehen beispielsweise Verena Schmid und Frauke Sassnick in ihren Untersuchungen zur Armenpolitik in Schaffhausen beziehungsweise Winterthur auf die Einschliessung arbeitsfähiger «unwürdiger» Armer ein. Schmid untersucht die Zwangsarbeitsanstalt Griesbach, die nach nur fünfzehn Jahren (1852–1867) mit ernüchternder Bilanz bezüglich der praktisch inexistenten Besserungserfolge – bei gleichzeitig hohen Staatskosten – ihre Tore wieder schloss. Sassnick behandelt Einschliessungen in der multifunktionalen Einrichtung des Spitals. Verena Schmid, «... von allem entblösst». Armut, Armenwesen und staatliche Reformpolitik in Schaffhausen (1800–1850), Zürich 1993, S. 259–280; Frauke Sassnick, Armenpolitik zwischen Helfen und Strafen. Das Problem der Armut in Winterthur vom Ancien Régime zum 19. Jahrhundert, Winterthur 1989, S. 85–112.

Der Arbeitserziehungsgedanke, der mit den frühneuzeitlichen Arbeits- und Korrektionshäusern verbunden war, bildete dabei ein zentrales Merkmal dieser Institutionen.[40] Wie verschiedene Studien belegen, wurden diese Einrichtungen meist multifunktional genutzt und beherbergten neben «unwürdigen» Armen auch pflegebedürftige Arme, Irre oder Delinquentinnen und Delinquenten;[41] sie waren also gleichzeitig Institutionen der geschlossenen Armenfürsorge und des Strafvollzugs und standen sowohl im Dienst der Armen- als auch der Kriminalitätspolitik. Für den Aspekt der Nutzung dieser Anstalten zu Strafzwecken respektive für die Entstehungsgeschichte der Technik des Einsperrens von Straftäterinnen und Straftätern interessiert sich insbesondere der Philosoph Michel Foucault in seiner berühmten Studie *Überwachen und Strafen*.[42] Am Beispiel der Gefängnisstrafe, die sich im Übergang vom 17. zum 18. Jahrhundert als dominante Form des Bestrafens etablierte und ältere Bestrafungsformen wie körperliche Züchtigung oder Landesverweisung ablöste, setzt sich Foucault mit der Entstehung moderner Strafsysteme und damit verbunden mit der Entstehung der modernen Disziplinargesellschaft auseinander.

Weit weniger zahlreich als für das 16. bis 18. Jahrhundert sind Untersuchungen über Institutionen zur Unterbringung von «arbeitsscheuen» und «liederlichen» sozial devianten Personen, die im 19. und 20. Jahrhundert und damit im Kontext nationaler Verfassungsstaatlichkeit und sich entwickelnder Sozialstaaten gegründet und betrieben wurden.[43] Für die Schweiz hat sich bisher am umfassendsten Sabine Lippuner in ihrer Dissertation über die Zwangsarbeitsanstalt Kalchrain im Kanton Thurgau im 19. und frühen 20. Jahrhundert mit der Anstaltsunterbringung respektive der administrativen Versorgung dieser Personengruppen beschäftigt.[44] Lippuner untersucht den gesellschaftlichen, politischen und ökonomischen Kontext, in dem die Anstalt Kalchrain 1849 gegründet wurde. Sie identifiziert als wesentliche Motivation für die Errichtung dieser Institution das Bedürfnis, (potenzielle) Bedrohungen der sich in dieser Zeit formierenden bürgerlichen Gesellschaft abzuwenden. Ihre Gegenüberstellung von Diskurs und Vollzugspraxis bestätigt diesen Befund: In erster Linie als erzieherische Massnahme deklariert, wurde die administrative Versorgung in der Praxis für unterschiedliche Zwecke wie Abschreckung, Dro-

40 Spierenburg, Sociogenesis, 1984, S. 22. Vgl. hierzu weiter beispielsweise Ayass, Arbeitshaus, 1992, S. 26.

41 Vgl. beispielsweise Robert Jütte, Arme, Bettler, Beutelschneider. Eine Sozialgeschichte der Armut in der Frühen Neuzeit, Weimar 2000, S. 224–236; Schwerhoff, Aktenkundig, 1999, S. 105 f.; Stekl, Zucht- und Arbeitshäuser, 1978, S. 53–87; Wolfensberger, Anstaltswesen, 2006.

42 Michel Foucault, Überwachen und Strafen. Die Geburt des Gefängnisses, Frankfurt am Main 1994.

43 Vgl. Althammer, Functions, 2006, S. 273–297, hier S. 273; Ayass, Arbeitshaus, 1992, S. 16–18.

44 Lippuner, Bessern, 2005.

hung oder Sicherung eingesetzt. Insbesondere diente sie Lippuner zufolge den kommunalen Armenbehörden dazu, arme Familien ökonomisch zu stabilisieren, etwa indem Familienväter durch einen Zwangsaufenthalt in der Arbeitsanstalt dazu gebracht werden sollten, in Zukunft ihren familiären Unterhaltspflichten nachzukommen. Für die übrigen Kantone sind weitere eigenständige historische Untersuchungen zur sozialen Praxis und Rechtsgeschichte der administrativen Versorgung erst allmählich am Entstehen.[45] Weiter gehen zum Beispiel Thomas Huonker et al. in zwei institutionengeschichtlichen Untersuchungen zu den Anstalten Rossau und Kappel im Kanton Zürich auf die unter anderem in diesen Institutionen vorgenommenen administrativen Versorgungen ein, womit wichtige Informationen zur Unterbringungspraxis in der komplexen Anstaltslandschaft Schweiz geliefert werden, doch in diesen Untersuchungen wird die administrative Versorgung nicht vertieft als eigenständiges Thema behandelt.[46]

Als wichtige Grundlagen für die Untersuchung der administrativen Versorgung kann auf einige juristische Studien aus den 1940er-, 1950er- und 1960er-Jahren zurückgegriffen werden.[47] Sie bieten überblicksartige Zusammenstellungen über die Versorgungsgesetzgebung der Kantone und vermögen so zu zeigen, dass es sich bei der administrativen Versorgung in den Kantonen Thurgau, Zürich und im hier untersuchten Kanton Bern nicht um kantonale Besonderheiten handelte, sondern dass praktisch alle Kantone im 19. und 20. Jahrhundert über Versorgungsbestimmungen verfügten, die in ihren Grundtendenzen miteinander vergleichbar waren. Wie diese Bestimmungen in den einzelnen Kantonen allerdings in die Praxis umgesetzt wurden, müssen weitere Untersuchungen klären.

Forschungslücken existieren im Kanton Bern nicht nur bezüglich der administrativen Versorgung als solcher, sondern auch in institutionengeschichtlicher Hinsicht. Wie in Kapitel 2.4 gezeigt wird, wurden administrative Versorgungen im Kanton Bern nicht wie im Kanton Thurgau in einer einzelnen spezi-

45 Mounir Badran, «Wiederholt versorgt gewesen». Zur «administrativen Anstaltsversorgung» im Kanton Nidwalden von 1942 bis 1981, in: Beiträge zur Geschichte Nidwaldens, 47 (2012), S. 49–76; Matthieu Lavoyer, Les lettres de cachet de la République. L'internement administratif dans le Canton de Neuchâtel (1939–1963), Neuchâtel 2013 (unpubl. travail de mémoire); Eva Locher, Zwischen Macht und Ohnmacht. Die administrative Versorgung «gefallener» Mädchen ins freiburgische Institut Bon Pasteur in den 1920er bis 1940er Jahren, Freiburg 2011 (unpubl. Masterarbeit); Julien Rossier, L'internement administratif à Fribourg. Une réalité méconnue, Fribourg 2010 (unpubl. Masterarbeit).

46 Thomas Huonker, Wandlungen einer Institution. Vom Männerheim zum Werk- und Wohnhaus, in: Thomas Huonker et al., Wandlungen einer Institution. Vom Männerheim [Rossau] zum Werk- und Wohnhaus [Weid], Mettmenstetten 2003, S. 11–127; Thomas Huonker, Peter Niederhäuser, 800 Jahre Kloster Kappel. Abtei, Armenanstalt, Bildungshaus, Zürich 2008.

47 Bersier, Liberté, 1968; Bossart, Freiheit, 1965; Dubs, Grundlagen, 1955; Karl Zbinden, Die administrativen Einweisungsverfahren in der Schweiz, in: Verhandlungen des Schweizerischen Vereins für Straf-, Gefängniswesen und Schutzaufsicht, 21 (1942), S. 28–49; Zbinden, Reform, 1942. Hierzu ausführlicher Kapitel 2.1.

fischen Institution vollzogen, sondern in unterschiedlichen Einrichtungen, in denen auch Straffällige oder Fürsorgeunterstützte untergebracht waren. Die beiden wichtigsten Anstalten, in denen im Kanton Bern administrative Versorgungen vollzogen wurden, waren die Straf- und Arbeitsanstalt Hindelbank für die Frauen und die Straf- und Arbeitsanstalt St. Johannsen für die Männer. Daneben wurden administrativ Versorgte auch in die Strafanstalten Witzwil und Thorberg sowie in Trinkerheilanstalten und Armenanstalten[48] eingewiesen. Die Geschichte dieser Anstalten ist, wenn überhaupt, erst in Ansätzen erforscht, insbesondere was das 20. Jahrhundert anbelangt. Am meisten Aufmerksamkeit hat bisher die Straf- und Arbeitsanstalt Hindelbank erfahren, zu der die Juristin Annelies Leuthardt-Stoecklin 1979 die bislang umfassendste Untersuchung publiziert hat.[49] Leuthardt-Stoecklin setzt sich mit dem Frauenvollzug in Hindelbank, wie er Ende der 1970er-Jahre ausgestaltet war, auseinander, wobei sie in Bezug auf die administrativ Versorgten insbesondere die Problematik des Einheitsvollzugs kritisch beleuchtet, also das Einschliessen von straffälligen gemeinsam mit administrativ versorgten Frauen. Aus historischer Perspektive untersucht Anja Suter in ihrer Lizenziatsarbeit die Reorganisation, Konzeptualisierung und Professionalisierung des Vollzugs in Hindelbank nach dem Inkrafttreten des eidgenössischen Strafgesetzes 1942.[50] In einer historischen Masterarbeit zu administrativen Versorgungen in Hindelbank für die Jahre 1960–1980 geht Carola Studer noch einen Schritt weiter und rekonstruiert die Bemühungen ehemaliger nach Hindelbank eingewiesener Frauen für eine öffentliche Entschuldigung.[51] Die Straf- und Arbeitsanstalt St. Johannsen für die Männer ist hingegen aus historischer Sicht weitgehend Terra incognita. Diese Institution ist nicht nur von Seiten der Wissenschaft bis anhin gänzlich unbeachtet geblieben, sondern es existieren beispielsweise auch keine Jubiläumsschriften, wie es sie für einzelne

48 Bei der Unterbringung in einer Armenanstalt handelte es sich genau genommen um eine bedingte administrative Versorgung. Vgl. hierzu Kapitel 3.1.4 sowie die Fallgeschichten in Kapitel 4 und 5.

49 Annelies Leuthardt-Stoecklin, Die Anstalten in Hindelbank BE, Aarau, Frankfurt am Main, Salzburg 1979. Im selben Forschungsrahmen wurde eine Art Parallelstudie zu den Anstalten Witzwil durchgeführt: Claude Janiak, Die Anstalten in Witzwil BE, Aarau 1976. Janiak klammert die administrativ Versorgten explizit aus, hält jedoch einleitend fest, wegen der zunehmenden Kritik an den in Witzwil vorgenommenen administrativen und vormundschaftlichen Einweisungen sei eine «besondere Untersuchung» des Vollzugs dieser Massnahmen «sehr zu begrüssen». Ebd., S. 1. Anlässlich des hundertjährigen Bestehens der Anstalten Witzwil erschien 1995 eine Jubiläumsschrift, in der die administrativ Versorgten aber ebenfalls nicht thematisiert werden: o. A., 100 Jahre Anstalten Witzwil, 1895–1995, Schwarzenburg 1995.

50 Anja Suter, Zwischen Natur und Evangelium. Die Organisation des Frauenstrafvollzugs in der Schweiz anhand des Beispiels der Strafanstalt Hindelbank, 1942–1966, Zürich 2008 (unpubl. Lizenziatsarbeit).

51 Carola Studer, Der lange Weg zur Wiedergutmachung. Administrativ Versorgte der Anstalten Hindelbank in den Jahren 1960–1980, Bern 2011 (unpubl. Masterarbeit).

andere Anstalten gibt. Etwas anders sieht es für die Strafanstalten Witzwil und Thorberg aus, zu denen es einige historische Untersuchungen gibt, die sich insbesondere mit den Anfängen dieser Einrichtungen im 19. Jahrhundert beschäftigen.[52] Die Geschichte der Trinkerheilanstalten und Armenanstalten im Kanton Bern wiederum ist bisher nicht eigenständig untersucht worden. Hier sind Zugänge zum Teil über Untersuchungen zur Armen- und Fürsorgepolitik möglich, in denen sich Ausführungen zur geschlossenen Anstaltsfürsorge finden,[53] und es existieren vereinzelt Jubiläumsschriften.[54] Nicht primär von einer konkreten Institution geht Urs Germann in seiner Studie zum Praxisfeld der forensischen Psychiatrie (1850–1950) aus.[55] Doch die Studie erhellt wichtige Aspekte der administrativen Versorgung, indem sie die «enge funktionale Beziehung» zwischen den beiden bernischen Versorgungsgesetzen von 1884 und 1912 und dem damaligen bernischen Strafgesetzbuch herausarbeitet.[56] So macht Germann Parallelen aus, freiheitsentziehende Massnahmen unter Rekurs auf die Gewährleistung der öffentlichen Sicherheit anzuwenden.[57]

Mit Blick über die Schweiz hinaus und bezogen auf den deutschen Sprachraum

52 Für Witzwil vgl. Monika Risse, «Bessern durch Erziehung zur Arbeit». Analyse des Strafdiskurses im Kanton Bern im Kontext der Gründung der Strafanstalt Witzwil (1891–1895), Bern 2006 (unpubl. Lizenziatsarbeit). Für Thorberg vgl. Dominique Grisard, Disziplinierung zum «Weiblichen». Der Frauenstrafvollzug am Beispiel der Zwangsarbeitsanstalt Thorberg 1849–1893, Freiburg 1999 (unpubl. Lizenziatsarbeit); Dominique Grisard, Das Bild der delinquenten Frau am Beispiel der Zwangsarbeitsanstalt Thorberg 1849–1893, in: Catherine Bosshart-Pfluger et al. (Hg.), Geschlecht und Wissen. Beiträge der 10. Schweizerischen Historikerinnentagung 2002, Zürich 2004, S. 215–226; Regula Ludi, Die Fabrikation des Verbrechens. Zur Geschichte der modernen Kriminalpolitik 1750–1850, Bern 1999, S. 410–425; Regula Ludi, Frauenarmut und weibliche Devianz um die Mitte des 19. Jahrhunderts im Kanton Bern, in: Anne-Lise Head, Brigitte Schnegg (Hg.), Armut in der Schweiz (17.–20. Jhd.), Zürich 1989, S. 19–32. Für Thorberg existiert eine historische Untersuchung zum 20. Jahrhundert, die jedoch auf die kleine Minderheit der administrativ Versorgten nicht zu sprechen kommt: Daniel Hug, Verwaltungspraktiken des Strafvollzugs am Beispiel der Strafanstalt Thorberg 1940 bis 1954. Das Erfassen, Verwalten und Beurteilen von personenspezifischen Daten zur Überprüfung der Wirkung des Strafvollzugs, Bern 2005 (unpubl. Lizenziatsarbeit).

53 Vgl. beispielsweise zur Armenanstalt Kühlewil Brigitte Schnegg, Armutsbekämpfung durch Sozialreform. Gesellschaftlicher Wandel und sozialpolitische Modernisierung Ende des 19. Jahrhunderts, in: Berner Zeitschrift für Geschichte und Heimatkunde, 69, 4 (2007), S. 233 bis 258, hier S. 243 f.; Bettina Tögel, Die Stadtverwaltung Berns. Der Wandel ihrer Organisation und Aufgaben von 1832 bis zum Beginn der 1920er Jahre, Zürich 2004, S. 172 f., 230 f.

54 Vgl. beispielsweise Fritz Anliker, Von der Arbeits-Armenanstalt [Bärau] zum Pflegheim. Ein Blick in die Vergangenheit als Grundlage der Gegenwart, Langnau 1973; o. A., 75 Jahre Heilstätte Nüchtern, 1891–1966, Bern 1966; Johann Zimmermann, Jakob Bürki, Denkschrift zum fünfzigjährigen Bestehen der Seeländischen Verpflegungsanstalt Worben, 1876–1926, Aarberg 1927.

55 Urs Germann, Psychiatrie und Strafjustiz. Entstehung, Praxis und Ausdifferenzierung der forensischen Psychiatrie in der deutschsprachigen Schweiz 1850–1950, Zürich 2004, S. 320–325.

56 Ebd., S. 324.

57 Ebd., S. 320–325.

sind für Untersuchungen zur zwangsweisen Anstaltsunterbringung «Liederlicher» und «Arbeitsscheuer» insbesondere die Monografien von Wolfang Ayass zu nennen, in der er exemplarisch das deutsche Arbeitshaus Breitenau (1874–1949)[58] untersucht, sowie jene von Hannes Stekl, in der er in einem umfassenden Überblick die Geschichte der österreichischen Zucht- und Arbeitshäuser darstellt (1671 bis 1920).[59] Studien, die auch die zweite Hälfte des 20. Jahrhunderts berücksichtigen, existieren für die Niederlande, wo mit der Kolonie Veenhuizen, die von 1823 bis 1973 existierte, im dünn besiedelten Norden des Landes eines der grössten[60] und von den Nachbarländern mit viel Interesse verfolgten Projekte verwirklicht wurde.[61] Die zwangsweise Unterbringung «liederlicher» und «arbeitsscheuer» Unterschichtsangehöriger in den deutschen, österreichischen und niederländischen Einrichtungen wies von ihrer offiziellen Zielsetzung – Disziplinierung, Arbeitserziehung, Besserung – und ihrem praktischen Vollzug her betrachtet Parallelen zur administrativen Versorgung in der Schweiz auf. Ein Unterschied bestand jedoch darin, dass diese Einweisungen zu grossen Teilen auf strafrechtlicher Grundlage erfolgten und durch richterliches Urteil verfügt wurden. In Deutschland[62] und in

58 Ayass, Arbeitshaus, 1992. Vgl. beispielsweise weiter zu den Arbeitshäusern in Deutschland im 19. und 20. Jahrhundert Althammer, Functions, 2006.

59 Stekl, Zucht- und Arbeitshäuser, 1978. Vgl. zu Österreich weiter folgenden Sammelband, in welchem die einzelnen Beiträge die Geschichte verschiedener österreichischer Zucht- und Arbeitshäuser untersuchen: Gerhard Ammerer, Stefan Weiss (Hg.), Strafe, Disziplin und Besserung. Österreichische Zucht- und Arbeitshäuser von 1750–1850, Frankfurt am Main, Bern 2006.

60 R. Berends, Door de ogen van de bezoeker. Meningen van buitenstaanders over «Veenhuizen», in: R. Berends et al., Arbeid ter disciplinering en bestraffing. Veenhuizen als onvrije kolonie van de Maatschappij van Weldadigheid 1823–1859, Zutphen 1984, S. 79–99, hier S. 96.

61 R. Berends et al., Arbeid ter disciplinering en bestraffing. Veenhuizen als onvrije kolonie van de Maatschappij van Weldadigheid 1823–1859, Zutphen 1984; Suzanna Jansen, Het pauperparadijs. Een familiegeschiedenis, Amsterdam 2009. Veenhuizen wurde 1823 von Johannes van den Bosch (1780–1844) gegründet, einem ehemaligen hohen militärischen Funktionär der Kolonie Niederländisch-Indien. Die Wahl des nördlichen Standorts zur Errichtung der Kolonie Veenhuizen war dabei nicht zufällig: Die Gründerväter erhofften sich einen volkswirtschaftlichen Nutzen, indem die Arbeitskräfte in Veenhuizen für die Erschliessung bisher unbebauten Landes eingesetzt wurden. R. de Windt, Bedelarij en de bedelaarsgestichten van de Maatschappij van Weldadigheid, in: R. Berends et al., Arbeid ter disciplinering en bestraffing. Veenhuizen als onvrije kolonie van de Maatschappij van Weldadigheid 1823–1859, Zutphen 1984, S. 55–78.

62 Gemäss dem deutschen Reichsstrafgesetzbuch von 1871 wurde die «korrektionelle Nachhaft» in den ersten Jahrzehnten zunächst in einem gerichtlich und administrativ gemischten Verfahren angeordnet: Ein Strafrichter konnte bei seinem Hafturteil beschliessen, dass eine betroffene Person nach Haftende an die landespolizeiliche Behörde zu überweisen war. Letztere war eine Verwaltungsbehörde, und sie beschloss schliesslich, ob jemand in ein Arbeitshaus eingewiesen wurde. Mit dem Inkrafttreten des nationalsozialistischen *Gesetzes gegen gefährliche Gewohnheitsverbrecher und über Massregeln der Sicherung und Besserung* vom 24. November 1933 waren die Strafrichter auch zuständig für den Beschluss über eine Arbeitshausunterbringung, welche damit zu einer alleinigen Angelegenheit des Strafvollzugs wurde. Das Gesetz von 1933 verschärfte die strafrechtliche Arbeitshausunterbringung erheblich, indem es nun beispielsweise möglich war, jemanden auf unbestimmte Zeit zu internieren. Mit einigen Mo-

Österreich[63] wurde diese Form der Unterbringung in Arbeitshäusern beispielsweise als «korrektionelle Nachhaft» bezeichnet, die, wie es der Name bereits ausdrückt, im Anschluss an eine richterliche beschlossene Haftstrafe erfolgte. Solche Haftstrafen erfolgten, wie Ayass für das Beispiel Preussen für das Jahr 1890 zeigt – in diesem Jahr wurden erstmals entsprechende statistische Angaben erhoben –, bei den Männern vor ihrer Arbeitshauseinweisung in neunzig Prozent wegen Bettel und Landstreicherei, bei den Frauen in knapp achtzig Prozent wegen Prostitution.[64] In Deutschland existierte neben der «korrektionellen Nachhaft» eine weitere Form der Anstaltsunterbringung «liederlicher» und «arbeitsscheuer» Unterschichtsangehöriger, die ebenfalls in Arbeitshäusern vollzogen wurde. Diese wurde, ähnlich wie die administrativen Versorgungen in der Schweiz, ohne Hinzuziehung von Richtern auf verwaltungsrechtlicher Grundlage verfügt.[65] Zu diesen verwaltungsrechtlich-armenpolizeilichen Einweisungen existieren bislang keine eigenständigen Untersuchungen. Den Ausführungen bei Ayass zum Arbeitshaus Breitenau ist jedoch zu entnehmen, dass der anvisierte Personenkreis enger abgesteckt war als in der Schweiz, da es um Personen ging, die Armenunterstützungsleistungen bezogen oder ihrer Unterhaltspflicht gegenüber Angehörigen nicht nachkamen und die als «arbeitsscheu» eingestuft wurden.[66] Für das Beispiel Preussen zeigt Ayass, dass die preussischen Einweisungsbestimmungen von 1912 in der Praxis hauptsächlich beim staatlichen Zugriff auf «säumige Nährpflichtige» eine Rolle spielten, denn alleinstehende Fürsorgeempfängerinnen und -empfänger konnten auf staatliche Fürsorgeleistungen verzichten, was zur Folge hatte, dass die Anstaltsunterbringung gesetzlich nicht mehr zulässig war.[67] Zudem weist Ayass für das preussische Arbeitshaus Breitenau nach, dass die auf verwaltungsrechtlicher Grundlage erfolgenden Anstaltsunterbringungen gegenüber den strafrechtlichen quantitativ «nur eine untergeordnete» Bedeutung hatten.[68]

difikationen wurden diese Bestimmungen nach dem Zweiten Weltkrieg weiterhin angewandt und erst 1969 aufgehoben. Ayass, Arbeitshaus, 1992, S. 32–38, 266–271, 332–342. Vgl. auch Wolfgang Ayass, Die «korrektionelle Nachhaft». Zur Geschichte der strafrechtlichen Arbeitshausunterbringung in Deutschland, in: Zeitschrift für neuere Rechtsgeschichte, 15, 3/4 (1993), S. 184–201.

63 Für Österreich hat Stekl das Verfahren weniger detailliert dargestellt als Ayass für Deutschland. Die Grundlage für die «korrektionelle Nachhaft» bildeten hier die beiden reichseinheitlichen Zwangsarbeitsgesetze *Gesetz, betreffend die Zwangsarbeits- und Besserungsanstalten vom 24. Mai 1885* und *Gesetz, womit strafrechtliche Bestimmungen in Betreff der Zulässigkeit der Anhaltung in Zwangsarbeits- oder Besserungsanstalten getroffen werden vom 24. Mai 1885*. Stekl, Zucht- und Arbeitshäuser, 1978, S. 79 f., 104, 125, 133, 307.

64 Ayass, Arbeitshaus, 1992, S. 35.

65 Ebd., S. 62–68, 156–159; Sachsse, Tennstedt, Geschichte, 1998, S. 244–247.

66 Ayass, Arbeitshaus, 1992, S. 62–65, 283.

67 Ebd., S. 67 f. Vgl. zusätzlich zu den preussischen Bestimmungen Kapitel 2.2.

68 Ebd., S. 158, 283. In Breitenau gab es mehrere Unterbringungsmodi. Es wurden nicht nur strafrechtliche und verwaltungsrechtliche Arbeitshausunterbringungen vollzogen, sondern

In Deutschland gab es seit Beginn des 20. Jahrhunderts Bestrebungen, eine neue Gesetzgebung zur fürsorgerisch motivierten zwangsweisen Anstaltsunterbringung sozial devianter Personen zu schaffen, die breitere Personenkreise umfasste. Während Jahrzehnten wurde in diesem Zusammenhang über die Einführung eines sogenannten Bewahrungsgesetzes debattiert. Am 1. Juni 1962 trat ein entsprechendes Gesetz in Kraft, das die Zwangseinweisung von Sozialhilfeempfängerinnen und -empfängern in geschlossenen Einrichtungen ermöglichte, wenn diese sich weigerten, ihnen zugemutete Arbeit zu leisten.[69] In einer umfassenden Studie setzt sich Matthias Willing mit dieser langen Debatte um die Einführung eines Bewahrungsgesetzes auseinander.[70] Willing zeigt, dass die Idee der Einführung eines solchen Gesetzes zwar von prominenten Fürsorgefachleuten und breiten politischen und gesellschaftlichen Kreisen getragen wurde, sich die konkrete Verwirklichung jedoch lange verzögerte, da man in konkreten Einzelfragen keine Einigkeit erzielen konnte, zum Beispiel hinsichtlich der Frage der Finanzierung der Institutionen oder des bei einer Bewahrung einzuschlagenden Verfahrens; grosse Schwierigkeiten bot insbesondere auch die Definition und Abgrenzung des zu bewahrenden Personenkreises. Fünf Jahre nach seinem Inkrafttreten wurde das Bewahrungsgesetz schliesslich bereits wieder aufgehoben, denn am 18. Juli 1967 erklärte es das Bundesverfassungsgericht für unzulässig.[71] Das Gesetz verletze, so das Bundesverfassungsgericht in seinem Urteil, das Grundrecht der persönlichen Freiheit in seinem Wesensgehalt und taste den Grundsatz der Verhältnismässigkeit an. Eine zwangsweise Anstaltsunterbringung, die weder dem Schutz der Allgemeinheit noch dem Schutz der betroffenen Person diene und lediglich mit dem Zweck der «Besserung» angeordnet werde, sei verfassungswidrig.[72] Nach Auffassung des Bundesverfassungsgerichts war es also nicht die Aufgabe eines Staates, seine Bürgerinnen und Bürger zu «bessern». Zur Praxis zeigt Willing, dass während der fünf Jahre, in

es erfolgten auch formal freiwillige Eintritte von Fürsorgeunterstützten. Auch das niederländische Veenhuizen nahm sowohl verurteilte Bettler und Landstreicher auf als auch «freiwillig» eintretende Arme, für welche die Kolonie oft der letzte Zufluchtsort war. Breitenau diente zudem während mehrerer Jahre als Kriegsgefangenen- und Konzentrationslager. Ayass zeigt, wie sich die «totale Institution» (Goffman) des Arbeitshauses an sich verändernde ordnungspolitische Bedürfnissen anpassen und sich die «jahrzehntelang eingeübte Internierungspraxis [...] bruchlos in den Dienst des nationalsozialistischen Terrorapparats» einfügen liess. Ayass, Arbeitshaus, 1992, S. 346 f., hier S. 347.

69 Das Bewahrungsgesetz war mit den Artikeln 72–74 integrierter Bestandteil des *Bundessozialhilfegesetzes vom 30. Juni 1961*. Die Unterbringung erfolgte durch richterliches Urteil. Matthias Willing, Das Bewahrungsgesetz (1918–1967). Eine rechtshistorische Studie zur Geschichte der deutschen Fürsorge, Tübingen 2003, S. 274–277, 306.

70 Willing, Bewahrungsgesetz, 2003.

71 Ebd., S. 282 f.

72 Ebd.

denen das Bewahrungsgesetz von 1962 bis 1967 in Kraft war, lediglich zehn Personen auf dessen Grundlage in eine geschlossene Anstalt eingewiesen wurden.[73] Die Gründe für die Nichtanwendung des Gesetzes führt Willing auf die wirtschaftliche Prosperität und einen allgemeinen gesellschaftlichen Normenwandel in dieser Zeit zurück.[74] Gleichzeitig, so Willing, «setzte sich sukzessive das psychologisch-therapeutische Denken in der Sozialarbeit durch und verdrängte repressive, an überkommenen Moralvorstellungen festhaltende Leitbilder der Fürsorge».[75] Zwei Jahre nach der Ausserkraftsetzung des Bewahrungsgesetzes wurde in Deutschland am 25. Juni 1969 auch die strafrechtliche Arbeitshausunterbringung aufgehoben. Entscheidend hierfür war die Argumentation, wie sie das Bundesverfassungsgericht für die Aufhebung des Bewahrungsgesetzes angestellt hatte.[76] Willing konkludiert, mit der Abschaffung der fürsorgerischen Bewahrung und der strafrechtlichen Arbeitshausunterbringung sei Ende der 1960er-Jahre ein «entscheidender Schritt» getan worden, die «Fesseln armenpolizeilicher Tradition» abzustreifen.[77] Inwiefern ähnliche gesellschaftliche und fürsorgerisch-fachspezifische Entwicklungen, wie sie Willing nennt, auch für die Geschichte der administrativen Versorgung in der Schweiz in der zweiten Hälfte des 20. Jahrhunderts relevant waren, ist in der vorliegenden Studie Gegenstand der Untersuchung.

Am 1. Januar 1912 trat das schweizerische Zivilgesetzbuch in Kraft.[78] Dieses bot – neben den herkömmlichen kantonalen armen- und verwaltungsrechtlichen Bestimmungen – eine neue und zusätzliche Rechtsgrundlage für fürsorgerisch motivierte Zwangsmassnahmen wie die Fremdplatzierung respektive Anstaltsunterbringung von Kindern, Jugendlichen und Erwachsenen.[79] Bezüglich dieser auf zivilrechtlicher Grundlage erfolgenden Massnahmen hat sich die historische

73 Ebd., S. 280, 307.

74 Ebd., S. 281, 307.

75 Ebd., S. 307. Vgl. auch ebd., S. 281.

76 Ebd., S. 284. 1966 waren insgesamt noch 868 Personen gemäss den strafrechtlichen Bestimmungen in Arbeitshäusern untergebracht. Willing führt nicht aus, was mit diesen Personen nach der Aufhebung der strafrechtlichen Arbeitshausunterbringung geschah. Ebd., S. 284.

77 Ebd., S. 285.

78 Das schweizerische Zivilgesetzbuch wurde 1907 verabschiedet. Vgl. zur historischen Genese des Zivilgesetzbuches Arni, Entzweiungen, 2004, S. 26–29; Brigitta Bernet, «Der bürgerliche Tod». Entmündigungsangst, Psychiatriekritik und die Krise des liberalen Subjektentwurfs um 1900, in: Marietta Meier et al., Zwang zur Ordnung. Psychiatrie im Kanton Zürich, 1870–1970, Zürich 2007, S. 117–153, hier S. 130–133; Pio Caroni, «Privatrecht». Eine sozialhistorische Einführung, Basel 1988; Bernhard Schnyder, Zivilgesetzbuch (ZGB), in: Historisches Lexikon der Schweiz (HLS), Version 11. Februar 2005, www.hls.ch.

79 Das kantonale Recht und das eidgenössische Zivilrecht überschnitten sich dabei teilweise in ihren Anwendungsbereichen, sodass sich rechtliche, institutionelle und praktische Abgrenzungsprobleme ergaben. Wie die Kantone mit diesem Abgrenzungsproblem in Bezug auf die zwangsweise Anstaltsunterbringung Erwachsener umgingen, wird in Kapitel 4.5.1 diskutiert.

Forschung bis anhin vor allem mit der Fremdplatzierung von Kindern und Jugendlichen beschäftigt.[80] Eine der umfassendsten Untersuchungen liegt hier von Nadja Ramsauer vor.[81] Sie untersucht für die Stadt Zürich in der ersten Hälfte des 20. Jahrhunderts, wie Eltern die elterliche Gewalt entzogen und «verwahrloste» Kinder und Jugendliche aus ihren Familien weggenommen wurden. Ramsauer zeigt, dass Fürsorgebehörden und Fürsorgereformer hofften, mit diesen Massnahmen einen Beitrag zur Lösung der «sozialen Frage» in der industrialisierten Schweiz leisten zu können. Ramsauers Studie bietet auch wichtige Impulse für die Untersuchung fürsorgerischer Zwangsmassnahmen gegenüber Erwachsenen. So legt sie einen Analyseschwerpunkt auf die Untersuchung der Interaktionen zwischen den Behördenvertretern, der Psychiatrie und den betroffenen Familien. Letztere fokussiert sie als handlungskompetente Subjekte, welche mit vielfältigen Widerstandsformen auf die behördlichen Interventionen reagierten und punktuell sogar die Verwaltungspraxis zu beeinflussen vermochten. Ramsauer zieht hier das Konzept der «agency» zurate, mit welchem englischsprachige Historikerinnen seit den 1990er-Jahren Handlungskompetenzen von Fürsorgeempfängerinnen und -empfängern fokussieren und Letztere als historische Akteurinnen und Akteure konzeptualisieren.[82] Durch die Einnahme einer solchen Perspektive regt Ramsauer insbesondere auch zu einer kritisch-differenzierten Betrachtung der Sozialdisziplinierungsthese[83] an. Gemäss dieser These werden Fürsorgebehörden verstanden als «hierarchisch strukturierte Apparate, die bei den Fürsorgeempfängern kraft einer Wechselwirkung von unterstützenden Leistungen und sanktionierenden Kompetenzen bürgerliche Verhaltensanforderungen durchsetzen konnten».[84] Kritisch verweist Ramsauer hier auf die von sozialgeschichtlichen Forschungen lange kaum beachteten «Aushandlungsprozesse zwischen Fürsorgern und Befürsorgten», die zwar innerhalb asymmetrischer

80 Die rechtlichen Grundlagen bildeten hierfür die sogenannten Kinderschutzbestimmungen der Artikel 283–285 ZGB 1907/12. Vgl. hierzu Nadja Ramsauer, «Verwahrlost». Kindswegnahmen und die Entstehung der Jugendfürsorge im schweizerischen Sozialstaat 1900–1945, Zürich 2000, S. 21, 36–41.

81 Ebd.

82 Ebd., S. 131.

83 Ursprünglich von Gerhard Oestreich Ende der 1960er-Jahre für die Analyse vielfältiger gesellschaftlicher Prozesse in der Frühen Neuzeit entwickelt, erfuhr die Sozialdisziplinierungsthese im Lauf der Zeit eine thematische Engführung und wurde vor allem zur Analyse der Fürsorge verwendet. Vgl. Gerhard Oestreich, Strukturprobleme des europäischen Absolutismus, in: Gerhard Oestreich, Geist und Gestalt des frühmodernen Staates, Berlin 1969, S. 179–197; Christoph Sachsse, Florian Tennstedt, Geschichte der Armenfürsorge in Deutschland, Bd. 2: Fürsorge und Wohlfahrtspflege 1871–1929, Stuttgart 1988, S. 11–13; Christoph Sachsse, Florian Tennstedt, Sicherheit und Disziplin. Eine Skizze zur Einführung, in: Christoph Sachsse, Florian Tennstedt (Hg.), Soziale Sicherheit und soziale Disziplinierung. Beiträge zu einer historischen Theorie der Sozialpolitik, Frankfurt am Main 1986, S. 11–44.

84 Ramsauer, «Verwahrlost», 2000, S. 15.

Machtverhältnisse stattfänden, den Betroffenen aber dennoch Handlungsspielräume böten, weswegen der Wirkungsbereich von Sozialdisziplinierung differenziert zu beurteilen sei.[85] Ebenfalls mit kinder- und jugendvormundschaftlichen Massnahmen in der Stadt Zürich in der ersten Hälfte des 20. Jahrhunderts beschäftigt sich die pädagogische Dissertation von Elena Wilhelm.[86] In kritischer Auseinandersetzung mit Ramsauers Analyse betont Wilhelm, dass Widerstandsformen seitens der betroffenen Familien und «Disziplinierung» einander nicht ausschlössen. Der «geleistete Widerstand», so Wilhelm, weise «eindringlich auf Prozesse der Disziplinierung und Normierung sowie auf Prozesse der Kontrolle und Normalisierung hin».[87] Diese Aussage Wilhelms – dass also Widerstand der Betroffenen, der sich quellenmässig belegen lässt, darauf hinweist, dass es Disziplinierungs- und Normierungsprozesse gab – muss jedoch präzisiert werden. Denn «geleisteter Widerstand» an sich verweist noch nicht auf Disziplinierungsprozesse respektive auf faktisch erfolgte Disziplinierung, sondern höchstens auf Disziplinierungs- beziehungsweise Normalisierungsabsichten oder auf einzelne Massnahmen wie beispielsweise die vorgenommene Fremdplatzierung eines Kindes. Ob tatsächlich Disziplinierung oder Normalisierung im Sinne der Behörden erfolgte – also als nachhaltige Verhaltenstransformation –, müsste für den einzelnen Fall beantwortet werden.

Für den Kanton Bern untersuchen ebenfalls mehrere Studien die Fremdplatzierung von Kindern und Jugendlichen. Pionierarbeit hat hier Marco Leuenberger mit seiner Lizenziatsarbeit von 1991 geleistet, in der er sich der Zeit zwischen 1847 und 1945 zuwendet und zeigt, wie armutsgefährdete oder verarmte Familien durch die Wegnahme eines Kindes ökonomisch entlastet werden sollten und die Praxis der behördlichen Kindswegnahme bis in die Mitte des 20. Jahrhunderts hinein im Dienst der Armutsbekämpfung stand.[88] Für die Stadt Bern

85 Ebd., S. 81. Ähnlich Detlev Peukert, Grenzen der Sozialdisziplinierung. Aufstieg und Krise der deutschen Jugendfürsorge 1878–1932, Köln 1986; Martin Dinges, Frühneuzeitliche Armenfürsorge als Sozialdisziplinierung? Probleme mit einem Konzept, in: Geschichte und Gesellschaft, 17, 1 (1991), S. 5–29.

86 Elena Wilhelm, Rationalisierung der Jugendfürsorge. Die Herausbildung neuer Steuerungsformen des Sozialen zu Beginn des 20. Jahrhunderts, Bern, Stuttgart, Wien 2005.

87 Ebd., S. 272–274, hier S. 273.

88 Marco Leuenberger, Verdingkinder. Geschichte der armenrechtlichen Kinderfürsorge im Kanton Bern, 1847–1945, Freiburg 1991 (unpubl. Lizenziatsarbeit). Leuenberger beschränkt sich in dieser Untersuchung auf die kantonal-armenrechtlichen Aspekte der Fremdplatzierung. An die Ergebnisse Leuenbergers schliesst für den Kanton Bern eine 2011 erschienene Studie an, die auch zivilrechtliche Massnahmen mit einbezieht: Marco Leuenberger et al., «Die Behörde beschliesst» – zum Wohle des Kindes? Fremdplatzierte Kinder im Kanton Bern 1912–1978, Baden 2011. Vgl. zur Fremdplatzierungspraxis von Kindern in der Schweiz Marco Leuenberger, Loretta Seglias (Hg.), Versorgt und vergessen. Ehemalige Verdingkinder erzählen, Zürich 2008, sowie die Zusammenstellung wissenschaftlicher Publikationen zum Verding- und Pflegekinderwesen unter www.verdingkinder.ch (Zugriff: 30. September 2010).

sind die beiden Lizenziatsarbeiten von Marco Finsterwald und Katharina Moser Lustenberger anzuführen, in denen sie für die erste Hälfte des 20. Jahrhunderts Fremdplatzierungen von Kindern und Jugendlichen in Heimen und Pflegefamilien untersuchen und dabei rekonstruieren, wie sich in dieser Zeit – ähnlich wie in der Stadt Zürich – aus der allgemeinen städtischen Armenfürsorge heraus ein spezifisches kinder- und jugendfürsorgerisches Dispositiv ausdifferenzierte.[89]
Im Zusammenhang mit der Fremdplatzierung von Kindern und Jugendlichen in der Schweiz ist zudem der spezifische Fall des von der Stiftung Pro Juventute von 1926 bis 1973 betriebenen «Hilfswerks für die Kinder der Landstrasse» zu nennen. Untersuchungen zeigen, dass sich das Handeln der Mitarbeiterinnen und Mitarbeiter des Hilfswerks systematisch auf die Bevölkerungsgruppe der Fahrenden richtete.[90] Um dieses Ziel zu erreichen nahm das Hilfswerk auf der gesetzlichen Basis des schweizerischen Zivilgesetzbuches fast 600 Kinder und Jugendliche aus Familien von Fahrenden weg und brachte sie in Kinder- und Erziehungsheimen, Arbeitsanstalten und psychiatrischen Kliniken und in einigen Fällen auch in sesshaften Pflegefamilien unter. Praktische Unterstützung erhielt das Hilfswerk dabei durch die kommunalen Vormundschaftsbehörden, moralisch und finanziell wurde es durch die Gemeinden, die Kantone und den Bund mitgetragen.[91] Das Ziel des Hilfswerks bestand letztlich darin, die sogenannte Vagantität zu bekämpfen und die nichtsesshafte Lebensweise, die nicht in das Bild einer bürgerlich «geordneten» Gesellschaft passte, zu zerstören.
Weniger Aufmerksamkeit als Kindern und Jugendlichen hat die historische Forschung, wie erwähnt, bis anhin Erwachsenen geschenkt, gegenüber welchen vormundschaftliche Massnahmen gemäss den Bestimmungen des schweizeri-

89 Marco Finsterwald, Kindswegnahmen durch das Jugendamt Bern (1945–1960), Bern 2005 (unpubl. Lizenziatsarbeit); Katharina Moser Lustenberger, Kindswegnahmen und Fremdplatzierungen. Die Praxis der Vormundschafts- und Armenbehörde der Stadt Bern 1920–1940, Bern 2006 (unpubl. Lizenziatsarbeit).

90 Vgl. hierzu Sara Galle, Thomas Meier, Stigmatisieren, Diskriminieren, Kriminalisieren. Zur Assimilation der jenischen Minderheit in der modernen Schweiz, in: Claudia Opitz et al. (Hg.), Kriminalisieren – Entkriminalisieren – Normalisieren, Zürich 2006, S. 279–295; Sara Galle, Thomas Meier, Von Menschen und Akten. Die Aktion «Kinder der Landstrasse» der Stiftung Pro Juventute, Zürich 2009; Leimgruber et al., Hilfswerk, 1998; Thomas Meier, Die Verfolgung der Jenischen in der Schweiz durch das «Hilfswerk für die Kinder der Landstrasse» (1926–1973), in: Dietmar Sedlaczek et al. (Hg.), «minderwertig» und «asozial». Stationen der Verfolgung gesellschaftlicher Aussenseiter, Zürich 2005, S. 157–178; Thomas Meier, Aktenführung und Stigmatisierung am Beispiel des «Hilfswerks für die Kinder der Landstrasse», in: Claudia Kaufmann, Walter Leimgruber (Hg.), Was Akten bewirken können. Integrations- und Ausschlussprozesse eines Verwaltungsvorgangs, Zürich 2007, S. 50–65.

91 Obwohl bereits früher Kritik am «Hilfswerk für die Kinder der Landstrasse» geäussert wurde, war es erst 1972 eine Artikelserie im *Schweizerischen Beobachter*, die die Öffentlichkeit aufrüttelte, sodass sich die Pro Juventute unter deren Druck gezwungen sah, das «Hilfswerk für die Kinder der Landstrasse» 1973 aufzulösen. Galle, Meier, Menschen, 2009, S. 90–101.

schen Zivilgesetzbuches von 1907/12 angewandt wurden. Als Vorläuferstudien sind hier die drei Lizenziatsarbeiten von Anna Gossenreiter, Liz Horowitz und Antoinette Killias zu nennen, die 1992 und 1993 an der Universität Zürich entstanden sind.[92] Die Autorinnen setzen sich anhand von ausgewählten thematischen Schwerpunkten mit der Vormundschaftspraxis in der Stadt Zürich in den 1920er-Jahren auseinander: Gossenreiter untersucht weibliche Bevormundete, die von einer Sterilisation betroffen waren, Horowitz setzt sich mit der Anwendung des zivilrechtlichen Entmündigungsgrundes des «lasterhaften Lebenswandels» bei Frauen auseinander, und Killias behandelt die Entmündigungspraxis von «Trunksüchtigen». Die drei Studien zeigen, dass von den Massnahmen fast ausschliesslich Frauen und Männer der sozialen Unterschicht betroffen waren und dass die Massnahmen vom Willen angeleitet waren, bürgerliche Normvorstellungen mit Zwang durchzusetzen, was zur Folge hatte, dass geschlechtsspezifisch unterschiedliche Normabweichungen in den kritischen Fokus der Fürsorgebehörden gerieten. Ähnliche Befunde finden sich in jüngeren Studien zur Vormundschaftspraxis. So werden in einem von Gisela Hauss und Béatrice Ziegler herausgegebenen Sammelband junge Frauen und Männer untersucht, die in der Stadt St. Gallen in der ersten Hälfte des 20. Jahrhunderts bevormundet wurden.[93] Der Sammelband zu St. Gallen ist innerhalb eines Forschungsprojekt entstanden,[94] in dessen Rahmen 2012 ein weiterer Sammelband erschien, der vergleichend für die Städte Bern und St. Gallen den starken Einfluss eugenischen Gedankenguts im Bereich der Fürsorge in der ersten Hälfte des 20. Jahrhunderts herausarbeitet.[95]

92 Anna Gossenreiter, Psychopathinnen und Schwachsinnige. Eugenischer Diskurs in Psychiatrie und Fürsorge. Die Sterilisation von weiblichen Mündeln der Vormundschaftsbehörde Zürich 1918–1933, Zürich 1992 (unpubl. Lizenziatsarbeit); Liz Horowitz, «Aus einem harten Stein können Sie nie ein Butterwegglein machen». «Lasterhafter Lebenswandel» als Entmündigungsgrund bei Frauen in den 1920er Jahren in Zürich, Zürich 1992 (unpubl. Lizenziatsarbeit); Antoinette Killias, Die Entmündigung von Trunksüchtigen in den 1920er Jahren. Eine geschlechtsspezifische Untersuchung anhand von Vormundschaftsakten, Zürich 1993 (unpubl. Lizenziatsarbeit). Die drei Autorinnen haben ihre Ergebnisse zu einem Syntheseartikel zusammengefügt: Anna Gossenreiter et al., «... und wird dazu angehalten, einen sittlich einwandfreien Lebenswandel zu führen». Frauen und Männer als Objekte fürsorgerischer Massnahmen in den 1920er und 1930er Jahren, in: Franziska Jenny et al. (Hg.), Orte der Geschlechtergeschichte. Beiträge zur 7. Schweizerischen Historikerinnentagung, Zürich 1994, S. 57–97.

93 Gisela Hauss, Béatrice Ziegler (Hg.), Helfen, Erziehen, Verwalten. Beiträge zur Geschichte der Sozialen Arbeit in St. Gallen, Zürich 2010.

94 Béatrice Ziegler, Gisela Hauss, Städtische Fürsorge im Kräftefeld von Eugenik, Geschlecht und medizinisch-psychiatrischen Normalisierungsdiskursen in Bern und St. Gallen (1918 bis 1955), Forschungsprojekt im Rahmen des Nationalen Forschungsprogramms *Integration und Ausschluss* (NFP 51). Vgl. www.nfp51.ch (Zugriff: 30. September 2010).

95 Gisela Hauss et al. (Hg.), Eingriffe ins Leben. Fürsorge und Eugenik in zwei Schweizer Städten (1920–1950), Zürich 2012. Einige ausgewählte Resultate dieser Studie wurden in Aufsätzen publiziert: Gisela Hauss, Béatrice Ziegler, Norm und Ausschluss in Vormundschaft und Psych-

Die angeführten Studien geben Aufschlüsse über ordnungspolitische Versuche, gesellschaftliche Konformität herzustellen und dies notfalls mit Hilfe von (staatlichen) Zwangs- und Interventionsmassnahmen zu tun. Die spezifische Frage, auf welche Weise mit solchen Massnahmen komplexe Ausgrenzungsprozesse verbunden waren, stand im Fokus einer Reihe von Studien, die im Rahmen des schweizerischen Nationalen Forschungsprogramms *Integration und Ausschluss* entstanden sind.[96] Die Studien zeigen, inwiefern mit solchen Massnahmen zwar integrierende Effekte angestrebt wurden, letztlich jedoch vielfach stigmatisierende und diskriminierende Wirkungen erzielt wurden, sodass die Erlangung gesellschaftlicher Konformität für die Betroffenen erschwert und zum Teil sogar verunmöglicht wurde.

Quellen

Ausgehend von einer kultur- und sozialhistorischen Perspektive wird Recht in der vorliegenden Arbeit verstanden als von sozialen Kräften geformt. Um dieses gesellschaftliche Eingebettetsein der drei bernischen Versorgungsgesetze von 1884, 1912 und 1965 zu untersuchen sowie die Ziel- und Wertvorstellungen, die hinter diesen normativen Quellen standen, werden in erster Linie die publizierten Beratungsprotokolle des Grossen Rates des Kantons Bern über die drei Gesetzesvorlagen herangezogen. Die Beratungen geben nicht nur Auskunft darüber, wie die debattierenden Grossräte über die administrative Versorgung dachten und wie sie abweichendes Verhalten deuteten, sondern sie weisen über den Bereich der administrativen Versorgung hinaus und geben Aufschluss über damals geltende Wert- und Normvorstellungen. Für die Untersuchung des dritten Versorgungsgesetzes, des *Gesetzes über Erziehungs- und Versorgungsmassnahmen* von 1965, werden zusätzlich die Protokolle und die Korrespondenz der vorberatenden Kommissionen, die Ergebnisse der Vernehmlassungsverfahren, in welche verwaltungsexterne Instanzen involviert waren, sowie die ver-

iatrie. Zum institutionellen Umgang mit jungen Frauen, in: Véronique Mottier, Laura von Mandach (Hg.), Pflege, Stigmatisierung und Eugenik. Integration und Ausschluss in Medizin, Psychiatrie und Sozialhilfe, Zürich 2007, S. 63–75; Gisela Hauss, Béatrice Ziegler, Sterilisation bei Armen und Unmündigen. Eine Untersuchung der Vormundschaftspraxis in den Städten St. Gallen und Bern, in: Regina Wecker et al. (Hg.), Wie nationalsozialistisch ist die Eugenik? Internationale Debatten zur Geschichte der Eugenik im 20. Jahrhundert, Wien 2009, S. 75–92.

96 Vgl. hierzu die Beiträge in folgenden drei Aufsatzbänden: Claudia Kaufmann, Walter Leimgruber (Hg.), Was Akten bewirken können. Integrations- und Ausschlussprozesse eines Verwaltungsvorgangs. Zürich 2008; Christoph Conrad, Laura von Mandach (Hg.), Auf der Kippe. Integration und Ausschluss in Sozialhilfe und Sozialpolitik, Zürich 2008; Véronique Mottier, Laura von Mandach (Hg.), Pflege, Stigmatisierung und Eugenik. Integration und Ausschluss in Medizin, Psychiatrie und Sozialhilfe, Zürich 2007. In diesen Bänden sowie unter www.nfp51.ch (Zugriff: 30. September 2010) finden sich Verweise auf weitere Publikationen, die aus den Forschungsprojekten entstanden sind.

schiedenen Gesetzesentwürfe herangezogen.[97] Für die Untersuchung der Frage, wann und in welchen gesellschaftlich-politischen Zusammenhängen sich ein kritisches Bewusstsein in Bezug auf die administrative Versorgung entwickelte, stützt sich die vorliegende Untersuchung neben dem oben genannten Verwaltungsschriftgut in erster Linie auf Fachliteratur aus den Bereichen Fürsorge und Rechtswissenschaft. Punktuell wird zur Beantwortung dieser Frage auch die zeitgenössische Presseberichterstattung herangezogen, die jedoch nicht systematisch ausgewertet wird.
Die publizierten jährlichen Staatsverwaltungsberichte des Kantons Bern für die Zeit zwischen 1884 und 1981 erlauben es, die Entwicklung der Versorgungspraxis in quantitativer und zum Teil auch in qualitativer Hinsicht über den gesamten Untersuchungszeitraum hinweg nachzuzeichnen. In diesen Staatsverwaltungsberichten ist aufgeführt, wie viele Personen jährlich administrativ versorgt wurden. Für gewisse Zeitabschnitte finden sich weitere statistische Angaben, etwa zu den hauptsächlichen Gründen für die Versorgungen oder zu soziodemografischen Daten der Eingewiesenen. Die Staatsverwaltungsberichte erlauben es auch, in groben Zügen die Geschichte der Arbeitsanstalten zu rekonstruieren, da in ihnen kurze Jahresberichte der staatlichen Arbeitsanstalten und Strafanstalten publiziert sind. Ergänzend für die Darstellung der Geschichte dieser Anstalten werden die im Staatsarchiv Bern archivierten Anstaltsjahresberichte hinzugezogen. Diese sind ausführlicher und enthalten zum Teil auch kritischere Aussagen – etwa was die ungenügenden infrastrukturellen Bedingungen in der von St. Johannsen betriebenen Kolonie Ins[98] anbelangte – als die Ausführungen, wie sie in den Staatsverwaltungsberichten publiziert wurden.

Die Personendossiers

Den wichtigsten Einblick in die Versorgungspraxis liefert ein aussergewöhnlich reichhaltiger Quellenbestand mit 172 Personendossiers zur administrativen Versorgung, die unter der Bestandsbezeichnung «GEV-Akten» im Staatsarchiv des Kantons Bern archiviert sind, wobei sich die Abkürzung auf das dritte bernische Versorgungsgesetz, das *Gesetz über Erziehungs- und Versorgungsmassnahmen vom 3. Oktober 1965*, bezieht.[99] 143 dieser Dossiers betreffen Männer, 29 Frauen

97 Ähnliche Aktenbestände zu den Vorarbeiten für das Arbeitsanstaltengesetz von 1884 und für das Armenpolizeigesetz von 1912 konnten im Staatsarchiv Bern nicht gefunden werden.

98 Vgl. zur Kolonie Ins Kapitel 2.4.

99 Insgesamt umfasst der Bestand der GEV-Akten 303 alphabetisch geordnete Personendossiers. 131 von ihnen haben jedoch keinen Bezug zur administrativen Versorgung; es sind zum Beispiel reine Vormundschafts- oder Fürsorgefälle, in denen keine Anstaltsversorgung diskutiert oder vorgenommen wurde. In einer früheren Publikation (Rietmann, Fälle, 2007, S. 141) bin ich von einer Zahl von 207 Versorgungsdossiers ausgegangen. Seither durchgeführte Untersuchungen zeigen jedoch, dass diese Zahl auf 172 nach unten korrigiert werden muss; dies unter

(83 Prozent der Dossiers betreffen also Männer, siebzehn Prozent Frauen).[100] Die meisten Dossiers dokumentieren Versorgungsentscheide, die zwischen den 1940er- und den 1970er-Jahren gefällt wurden, einige wenige Dossier gehen weiter zurück und dokumentieren Entscheide aus den 1920er- und 1930er-Jahren. Damit ist nur eine sehr geringe Anzahl der im Kanton Bern insgesamt vollzogenen Versorgungen aktenmässig dokumentiert;[101] aus welchen Gründen und nach welchen Kriterien genau diese 172 Fälle in den Aktenbestand gelangt sind, lässt sich heute nicht mehr ermitteln.[102]

Bei den Personendossiers handelt es sich um serielle Erzeugnisse der Verwaltungspraktik. Die darin enthaltenen Dokumente belegen Untersuchungs- und Abklärungsverfahren, an deren Ende der Entscheid über eine Versorgung oder eine Entlassung stand.[103] Die meisten dieser Dokumente – sie sind in den Dossiers chronologisch abgelegt – wurden im Verlauf dieser Verfahren angefertigt.[104] Die Art und Weise, wie sich die Dossiers konstituierten, war also nicht völlig frei, sondern hatte gewissen Regeln innerhalb der bestehenden Verwaltungsstrukturen zu gehorchen.[105] Auch steuerten die rechtlichen Anforderungen an die Untersuchungsverfahren die Wissensproduktion, wobei aber dennoch den Behörden beträchtliche Spielräume gegeben waren, etwa bezüglich der Tiefe, in

anderem deswegen, weil es sich bei mehr als den ursprünglich angenommenen Fällen um reine Vormundschaftsfälle handelte.

100 In siebzehn dieser 172 Fälle wurde zwar ein Versorgungsantrag gestellt, es kam jedoch zu keiner administrativen Versorgung. So schlug zum Beispiel in einigen Fällen eine Gemeinde nicht den regulären Verfahrensweg ein und gelangte mit ihrem Versorgungsantrag direkt an den Regierungsrat, welcher in der Folge den Antrag unter Verweis auf das einzuschlagende Verfahren zurückwies. Aus den Akten ist in diesen Fällen nicht ersichtlich, wie die Gemeinden weiter verfuhren.

101 Vgl. die Kapitel 2.5 und 3.2 für quantitative Angaben zu den administrativen Versorgungen im Kanton Bern. Ab welchem Zeitpunkt bei administrativen Versorgungen Personendossiers geführt wurden, kann nicht angegeben werden. Wie Huonker und Niederhäuser für den Kanton Zürich festhalten, wurden dort alle Akten von «Verwahrten» – dieser Begriff verwenden Huonker und Niederhäuser für die administrativ Versorgten – mit ganz wenigen Ausnahmen vernichtet. Huonker, Niederhäuser, Jahre, 2008, S. 156.

102 Als Einziges fällt auf, dass in diesem Zeitraum vergleichsweise zahlreiche Einweisungen in das Versorgungsheim Sonvilier dokumentiert sind; ob dies mit einem besonderen Interesse einer behördlichen Instanz oder einer Einzelperson an der Aufbewahrung der Sonvilier-Fälle zusammenhängt, lässt sich höchstens vermuten.

103 In den meisten Fällen ist sowohl mindestens ein Versorgungs- als auch mindestens ein Entlassungsverfahren dokumentiert. Wie die beiden Fallgeschichten von Jakob Hofmann und Frieda Berger zeigen, konnte eine Person im Lauf ihres Lebens mehrere Male administrativ versorgt werden, gleichzeitig gab es zwischenzeitlich Fragen zu klären, beispielsweise die Frage einer Entlassung auf Probe.

104 Hinzugefügt wurden vereinzelt beispielsweise ältere Arztberichte oder Gerichtsbeschlüsse. Vgl. zur besonderen Dramaturgie, die durch diese Aktenordnung in der Gegenwart erzeugt wird, Rietmann, Fälle, 2007, S. 143.

105 Vgl. Studer, Erfassungslogiken, 2008, S. 145.

der sie Informationen einholen konnten.[106] Gleichzeitig muss für die Personendossiers in quellenkritischer Hinsicht angemerkt werden, was verschiedentlich für Quellen festgestellt worden ist, die im Zusammenhang mit gerichtlichen Verfahren produziert wurden, nämlich dass der «Modus des Sprechens und Darstellens [...] immer auch ein strategischer ist».[107] So mussten die Informationen auf eine Weise zusammengetragen werden, dass sie einen Versorgungs- oder Entlassungsentscheid auf der Grundlage des mit spezifischen Termini operierenden Versorgungsrechts möglich machten und gleichzeitig – etwa beim Einreichen eines Versorgungsantrags durch die Gemeindebehörden – das eigene Anliegen möglichst glaubhaft untermauerten.[108]

Der Umfang der einzelnen Dossiers variiert stark. Während einige Dossiers lediglich einige wenige Dokumente enthalten – etwa einen regierungsrätlichen Versorgungsentscheid sowie einige ergänzende Formulare –, umfassen andere bis zu 400 Dokumente. Das in solch umfangreichen Dossiers enthaltene Quellenmaterial ist von unterschiedlicher Provenienz. So sind Berichte von Vormundinnen und Vormündern vorhanden, weiter Stellungnahmen und Anträge von Gemeinderäten, Bezirks- und Kantonsbehörden sowie Berichte von Fürsorgebehörden, Polizei, Anstaltsvorstehern oder Arbeitgebern. Einige Dossiers enthalten auch Strafregisterauszüge, psychiatrische Gutachten oder Fürsorgerechnungen. In praktisch allen Dossiers sind die Versorgungs- respektive Entlassungsentscheide des Regierungsrates abgelegt. In einigen wenigen Dossiers gibt es weitere Dokumente wie Fotos (zum Beispiel das Foto einer Wohnung in verwahrlostem Zustand), Zeichnungen der Betroffenen (so ein Selbstporträt eines Eingewiesenen mit Ketten an Händen und Füssen) oder Zeitungsausschnitte (etwa über einen Brand, den ein Insasse in einer Versorgungsanstalt gelegt hatte). Viele Dossiers enthalten darüber hinaus Dokumente, die nach Winfried Schulze als Ego-Dokumente bezeichnet werden können. Dies sind Dokumente, in denen ein Mensch sich zu seiner Selbstsicht und zu seiner Selbstwahrnehmung in Bezug auf seine soziale Umwelt äussert.[109] Nach Schulze zeichnen sich Ego-Dokumente dadurch aus, dass sie «individuell-menschliches Verhalten rechtfertigen, Ängste offenbaren, Wissensbestände darlegen, Wertvorstellungen beleuchten, Lebenserfahrungen und -erwartungen widerspiegeln».[110] Zu den Ego-Dokumenten in den

106 Vgl. hierzu die Kapitel 2.3, 3.1.3 und 7.2.3.

107 Arni, Entzweiungen, 2004, S. 15. Vgl. hierzu auch Schwerhoff, Aktenkundig, 1999, S. 61–68.

108 Auf die Frage, welche Funktion die Dossiers für das damalige Verwaltungshandeln hatten und auf welche Weise sie an der Produktion sozialer Wirklichkeit mitwirkten, wird bei der Untersuchung des Falles Hofmann eingegangen.

109 Winfried Schulze, Ego-Dokumente. Annäherungen an den Menschen in der Geschichte? Vorüberlegungen für die Tagung «Ego-Dokumente», in: Winfried Schulze (Hg.), Ego-Dokumente. Annäherung an den Menschen in der Geschichte, Berlin 1996, S. 11–30.

110 Ebd., S. 28.

Personendossiers zur administrativen Versorgung lassen sich die Protokolle der behördlichen Vernehmungen mit Betroffenen, mit Familienangehörigen sowie Protokolle mit Vernehmungen weiterer Zeuginnen und Zeugen zählen. Auch bei der in einigen Dossiers enthaltenen Korrespondenz der Betroffenen mit den Behörden – dies sind zum Beispiel Entlassungsgesuche oder Beschwerdeschreiben – handelt es sich um Ego-Dokumente. Während übers Ganze betrachtet im vorhandenen Quellenmaterial zur administrativen Versorgung vor allem Vertreter behördlicher Instanzen sprechen, stellen diese Ego-Dokumente seltene Zeugnisse dar, in denen auch die Betroffenen zu Wort kommen. Diese Dokumente erlauben eine Annäherung an die Sicht- und Deutungsweisen der Betroffenen und damit die Erschliessung der administrativen Versorgung aus ihrer Perspektive.
Für die vorliegende Untersuchung wurde ein Überblick über die 172 Personendossiers gewonnen und gewisse Angaben (Geschlecht der Betroffenen, Bestehen einer Vormundschaft, hauptsächliche Einweisungsbegründung und die Zeitspanne, die das Dossier abdeckt) in einer Datenbank erfasst. Da jedoch, wie erwähnt, nur ein geringer Teil aller Versorgungsfälle aktenmässig überliefert ist, können mit dem vorhandenen Bestand keine statistisch repräsentativen Daten erhoben werden.[111] Aus diesem Grund, aber insbesondere auch um einen vertieften Einblick in die Versorgungspraxis zu erhalten, werden die beiden Dossiers von Jakob Hofmann und Frieda Berger einer eingehenden Analyse unterzogen, wobei punktuell Erkenntnisse aus der Untersuchung weiterer ausgewählter Dossiers einfliessen. Durch Recherchen in den Gemeindearchiven der Stadt Bern und der Gemeinde Langnau konnte zusätzliches Aktenmaterial zu Hofmann und Berger erschlossen werden. Diese Akten geben Hinweise darauf, wie das Leben Hofmanns und Bergers verlief, bevor ihre Versorgungsdossiers eröffnet wurden respektive nachdem ihre Dossiers nach der letzten Entlassung geschlossen wurden.

Aufbau der Arbeit

Die vorliegende Arbeit ist sowohl chronologisch als auch thematisch strukturiert. Kapitel 2 und 3 behandeln zunächst das Arbeitsanstaltengesetz von 1884 sowie das Armenpolizeigesetz von 1912. Diese beiden Kapitel liefern zudem einen

111 Die 172 Dossiers dokumentieren zum Teil sehr ausführliche und komplexe Fallgeschichten. Auch auf den ersten Blick einfach anmutende Fragen wie etwa die nach der Zeit, die eine Person in ihrem Leben insgesamt in Anstalten verbrachte, lassen sich oft nur mit erheblichem Aufwand beantworten. So sind beispielsweise in vielen Fällen nicht alle Versorgungen dokumentiert – es müssten also, wie es für die Fälle Hofmann und Berger gemacht wurde, zusätzliche Recherchen in weiteren Archiven angestellt werden. Oder es wechseln sich Versorgungen, bedingte Versorgungen, Entlassungen und bedingte Entlassungen in einer solchen Häufigkeit ab, dass Monat für Monat betrachtet werden müsste, um zu ermitteln, wie lange und wie oft eine Person tatsächlich in Anstalten versorgt war.

Überblick über die Gründe der Versorgungen, die auf der Grundlage dieser beiden Versorgungsgesetze erfolgten, und sie behandeln die quantitative Entwicklung der Versorgungen im Kanton Bern zwischen 1884 und 1981. In Kapitel 2.4 werden weiter die Vollzugseinrichtungen für die administrativen Versorgungen im Kanton Bern vorgestellt. Anschliessend werden in den Kapiteln 4 und 5 die Fallgeschichten von Jakob Hofmann und Frieda Berger analysiert, die beide auf der Grundlage des Armenpolizeigesetzes von 1912 administrativ versorgt wurden. In Kapitel 6 wird auf die Entwicklung des kritischen Versorgungsdiskurses eingegangen, der sich um die Mitte des 20. Jahrhunderts zu intensivieren begann, sowie auf die Reformpostulate, wie sie von juristischen und fürsorgerischen Fachkreisen im 20. Jahrhundert vorgebracht wurden. In Kapitel 7 wird dargelegt, wie der Kanton Bern 1965 – in einer Zeit, in der solche Reformpostulate von breiteren Kreisen getragen wurden und sich in der Gesellschaft Kritik an herkömmlichen Autoritätsstrukturen entwickelte – zum dritten Mal ein Gesetz zur administrativen Versorgung erliess. Das abschliessende Kapitel 8 zeigt, wie unter dem Druck eines internationalen Menschenrechtsdiskurses und infolge der Bestrebungen der Schweiz, der Europäischen Menschenrechtskonvention beizutreten, die kantonalen Versorgungsgesetze und das vormundschaftlich-zivilrechtliche Versorgungsrecht 1981 schliesslich ausser Kraft gesetzt wurden.
Die untersuchten Personendossiers enthalten besonders schützenswerte Personendaten, die gemäss den bernischen Schutzfristbestimmungen für die Öffentlichkeit bis 2050 gesperrt, hingegen für die wissenschaftliche Forschung unter Einhaltung von Anonymisierungsauflagen zugänglich sind.[112] In der vorliegenden Arbeit werden die Namen der Betroffenen, ihrer Angehörigen, Nachbarn oder Vormünder anonymisiert, indem die wichtigsten Personen mit einem vollständigen, frei erfundenen Namen versehen werden und für Personen, die nur vereinzelt auftreten, veränderte Initialen verwendet werden. Nicht anonymisiert wird die Identität von Personen mit wichtigen öffentlichen Funktionen, zum Beispiel von Anstaltsleitern, Regierungsstatthaltern oder kantonalen Armeninspektoren, deren Identität ohnehin problemlos eruiert werden könnte. Die Quellenzitate sind orthografisch nicht korrigiert, Hervorhebungen werden übernommen. Auf ein erklärendes «sic» wird verzichtet. Offensichtliche Tippfehler in gedruckten Dokumenten sind stillschweigend korrigiert

112 Datenschutzgesetz vom 19. Februar 1986 (KDSG), in: Bernische Systematische Gesetzessammlung, www.sta.be.ch/belex/d/ (Zugriff: 7. Oktober 2010).

2 Die Einführung der administrativen Versorgung im Kanton Bern

2.1 Kampf gegen «Liederlichkeit» und «Arbeitsscheu»

1883 debattierte der Grosse Rat des Kantons Bern (Legislative) über die Einführung der administrativen Versorgung. Die Grossräte plädierten dafür, den Gemeinden ein neues, griffiges Rechtsinstrument an die Hand zu geben, damit diese rigoros gegen als arbeitsfähig erachtete «Liederliche» und «Arbeitsscheue» vorgehen konnten. «[U]m gegen eine gewisse Klasse von Individuen einschreiten zu können», wie es hiess.[1] Zu dieser «Klasse von Individuen» zählten die Grossräte «Vagabunden», «Bettler, «vollkommene Taugenichtse», «pères et mères abandonnant leurs enfants pour se livrer à l'ivrognerie» oder «assistés vivant dans la dissipation».[2] Gegen diese «Schnapser, die arbeiten könnten, wenn sie wollten», sollte, so wurde gefordert, mit «aller Strenge» eingeschritten werden.[3]
Die beiden Debatten, die der Grosse Rat am 30. Mai 1883 und ein halbes Jahr später am 24. November 1883 über die Einführung der administrativen Versorgung führte, fielen in die Zeit der internationalen Wirtschaftskrise der 1880er-Jahre. Grosse Teile der Bevölkerung litten unter drückender Not, viele Menschen verloren ihre Erwerbsgrundlage, und die Zahl derer, die auf private oder staatliche Fürsorgeleistungen angewiesen waren, stieg deutlich an.[4] Der Grosse Rat setzte sich zu dieser Zeit aus Mitgliedern der bürgerlichen Mittel- und Oberschicht zusammen; jener schmalen gesellschaftlichen Elite also, die in der Schweiz in der zweiten Hälfte des 19. Jahrhunderts weitgehend die Kontrolle über Wirtschaft, Gesellschaft und Staat innehatte.[5] Tonangebend

1 TGRB, 1883, S. 284.
2 Ebd., S. 288, 399.
3 Ebd., S. 287.
4 Erich Gruner, Arbeiterschaft und Wirtschaft in der Schweiz 1880–1914. Soziale Lage, Organisation und Kämpfe von Arbeitern und Unternehmern, politische Organisation und Sozialpolitik, Bd. 1: Demographische, wirtschaftliche und soziale Basis und Arbeitsbedingungen, Zürich 1987, S. 87–90, 284–286; Christian Pfister, Geschichte des Kantons Bern seit 1798, Bd. 4: Im Strom der Modernisierung. Bevölkerung, Wirtschaft und Umwelt im Kanton Bern 1700–1914, Bern 1995, S. 253–257; Tögel, Stadtverwaltung, 2004, S. 168; Thomas Widmer, Die Schweiz in der Wachstumskrise der 1880er Jahre, Zürich 1992, S. 91–127.
5 Sarasin, Stadt, 1997; Tanner, Patrioten, 1995.

war dabei sowohl im Kanton Bern als auch auf nationaler Ebene das politische Lager des Freisinns.[6] Ausgehend von einer solchen sozialen und politischen Positionierung debattierte der bernische Grosse Rat 1883 über die armuts- und gesellschaftspolitischen Probleme, die sich ihm in dieser Zeit stellten. Einem bürgerlichen Leistungsdenken verhaftet, wonach den einzelnen Gesellschaftsmitgliedern prinzipiell die Möglichkeit des Aufstiegs offenstand und jeder sich emporarbeiten konnte,[7] führten die debattierenden Grossräte die zunehmenden Armenlasten der Gemeinden nicht in erster Linie auf strukturelle und konjunkturelle Gründe zurück, sondern auf das individuelle Verschulden Einzelner. «Die Ursache» der desolaten Lage, so hiess es im Grossen Rat 1883, «liegt nicht nur in den magern Jahren, und dem schlechten Verdienst; der Hauptgrund ist jedenfalls Trunk- und Genusssucht, liederlicher Lebenswandel und Müssiggang. Während noch vor wenigen Jahren Vernachlässigung der Unterhaltspflicht der Angehörigen eine Seltenheit war, wird dieses bald zur Regel. Je länger je mehr bricht sich die unglückliche Ansicht Bahn, die Sorge für die Familie sei eigentlich Aufgabe der Gemeinde, und die daherige Last wird deshalb auch von Jahr zu Jahr grösser.»[8] Die krisenhaften Zustände führten die politischen Machthaber also auf eine mangelhafte Arbeitshaltung und auf die «moralische Verkommenheit» vieler Unterschichtsangehöriger zurück, womit sie an die frühneuzeitliche moralisch-klassifizierende Unterscheidung zwischen «würdigen» und «unwürdigen» Bedürftigen anknüpften.[9] In der Optik der bürgerlichen Grossräte fielen diese Unterschichtsangehörigen nicht nur den wirtschaftlich Tätigen zur Last, sondern verletzten insbesondere auch zentrale bürgerliche Werte und Normen wie Fleiss, Ausdauer, Leistungsbereitschaft, Selbstverantwortlichkeit, Selbständigkeit, aber auch Mässigung und Selbstkontrolle oder Hochachtung der Familie.[10] In einer solchen «Weigerung» zur Verpflichtung auf einen «bürgerlichen Wertehimmel»[11] erblickten die Grossräte Kräfte, welche die Gesellschaft desta-

6 Beat Junker, Geschichte des Kantons Bern seit 1798, Bd. 3: Tradition und Aufbruch 1881 bis 1995, Bern 1996, S. 16. Freisinn und Sozialismus waren um 1880 im Kanton Bern noch nicht klar voneinander getrennt, erst 1890 wurde die gewerkschaftliche Organisation Arbeiterunion Bern gegründet. Die Konservativen waren als politische Kraft im Grossen Rat eine Minderheit. Ebd., S. 17–18, 66–74.

7 Junker, Geschichte, 1996, S. 21 f.; Lippuner, Bessern, 2005, S. 52; Tanner, Patrioten, 1995, S. 13, 19, 699.

8 TGRB, 1883, S. 399.

9 Vgl. zur Verwendung dieser Kategorien im 19. Jahrhundert Rolf Lindner, «Unterschicht». Eine Gespensterdebatte, in: Rolf Lindner, Lutz Musner (Hg.), Unterschicht. Kulturwissenschaftliche Erkundungen der «Armen» in Geschichte und Gegenwart, Freiburg im Breisgau 2008, S. 9–17.

10 Vgl. zur bürgerlichen Lebenshaltung und -führung im ausgehenden 19. und beginnenden 20. Jahrhundert Sarasin, Stadt, 1997, S. 120–244; Tanner, Patrioten, 1995, S. 159–476.

11 Mit der Bezeichnung «bürgerlicher Wertehimmel» verweisen Hettling und Hofmann auf das «Spektrum an Sinndeutungen und Verhaltensanleitungen, die den Bürgern des 19. Jahr-

bilisierten, wobei das Bedrohliche für sie insbesondere auch darin lag, dass sich die Zustände zunehmend zu verschlimmern schienen, was auch im obigen Zitat deutlich zum Ausdruck kommt.

Erlass von Versorgungsgesetzen in der Schweiz in der zweiten Hälfte des 19. Jahrhunderts

Ähnlich wie der Kanton Bern reagierten auch andere Kantone auf krisenhafte Erscheinungen und gesellschaftliche Sicherheits- und Ordnungsbedürfnisse in der zweiten Hälfte des 19. Jahrhunderts, indem sie über die administrative Versorgung als ein Mittel diskutierten, um «Trunk- und Genusssucht», «liederlichen Lebenswandel» und «Arbeitsscheu» zu bekämpfen. Sie begannen eine rege gesetzgeberische Tätigkeit zur administrativen Versorgung zu entfalten.[12] Als Erster erliess 1849 der Kanton Thurgau ein Versorgungsgesetz, 1851 folgte der Kanton Schaffhausen, 1854 der Kanton Basel-Stadt, und um 1900 verfügten

hunderts als Handhabe dafür dienen sollten, ihr Leben ‹zu ordnen›». Manfred Hettling, Stefan-Ludwig Hofmann, Zur Historisierung bürgerlicher Werte, in: Manfred Hettling, Stefan-Ludwig Hofmann (Hg.), Der bürgerliche Wertehimmel. Innenansichten des 19. Jahrhunderts, Göttingen 2000, S. 7–21, hier S. 9. Vgl. auch Manfred Hettling, Stefan-Ludwig Hofmann, Der bürgerliche Wertehimmel. Zum Problem individueller Lebensführung im 19. Jahrhundert, in: Geschichte und Gesellschaft, 23, 3 (1997), S. 333–359; Manfred Hettling, Bürgerlichkeit. Eine ungesellige Geselligkeit, in: Manfred Hettling et al. (Hg.), Eine kleine Geschichte der Schweiz. Der Bundesstaat und seine Traditionen, Frankfurt am Main 1998, S. 227–262, hier S. 231, 256.

12 Die Versorgungsbestimmungen waren in Erlassen über das Armenwesen integriert oder in besonderen Gesetzen enthalten. Für Überblicke über die Versorgungsbestimmungen im 19. und 20. Jahrhundert vgl. Bossart, Freiheit, 1965, S. XIX–XXIII; Botschaft, 1977, S. 8–14; Dubs, Grundlagen, 1955, S. 125–148; Zbinden, Einweisungsverfahren, 1942, S. 28–49; Zbinden, Reform, 1942, S. 6–34. Die jüngste Übersicht über die gesetzlichen Grundlagen zur administrativen Versorgung bietet eine Zusammenstellung, die der Bundesrat 1973 anlässlich einer Umfrage bei den Kantonen vornehmen liess; Ziel dieser Umfrage war es, Wissen über die «rechtliche und praktische Situation auf dem Gebiete der vormundschaftlichen und administrativen Versorgung» zu erhalten und auf der Basis dieses Wissens das Versorgungsrecht in der Schweiz zu revidieren. Revision von Art. 406 ZGB, Umfrage bei den Kantonen. Zusammenfassung der Antworten, 17. April 1973, S. 14–16, BAR, E 4110 (B) 1989/129, Bd. 45. Parallel zum Erlass von Versorgungsgesetzen wurden in der zweiten Hälfte des 19. Jahrhunderts zahlreiche Arbeitsanstalten errichtet, so zum Beispiel 1849 im Kanton Thurgau die Zwangsarbeitsanstalt Kalchrain, 1871 im Kanton St. Gallen die Zwangsarbeitsanstalt Bitzi bei Mosnang, 1874 im Kanton Zürich die Zwangsarbeitsanstalt Uitikon am Albis oder 1884 im Kanton Appenzell Ausserrhoden die Anstalt Gmünden. Lippuner, Bessern, 2005, S. 85 f. Das Anstaltswesen erfuhr in dieser Zeit auch in anderen Bereichen eine Ausdehnung; so wurde im letzten Drittel des 19. Jahrhunderts eine grosse Zahl von Straf-, Armen- und psychiatrischen Anstalten errichtet. Meier et al. sprechen für das 19. Jahrhundert von einer «Anstaltseuphorie». Marietta Meier et al., Das institutionelle Setting der Zürcher Psychiatrie: Anstalten und Netzwerke, in: Marietta Meier et al., Zwang zur Ordnung. Psychiatrie im Kanton Zürich, 1870–1970, Zürich 2007, S. 47–86, hier S. 71. Vgl. hierzu auch Ayass, Arbeitshaus, 1992, S. 18 f.; Germann, Psychiatrie, 2004, S. 177 f.; Pieter Spierenburg, Introduction, in: Pieter Spierenburg (Hg.), The Emergence of Carceral Institutions. Prisons, Galleys and Lunatic Asylums, 1550–1900, Rotterdam 1981, S. 2–8.

schliesslich siebzehn Kantone über Bestimmungen zur administrativen Versorgung.[13] Die meisten Gesetze wurden dabei in den 1870er- bis 1890er-Jahren erlassen, so auch das bernische Gesetz zur administrativen Versorgung, das *Gesetz betreffend Errichtung kantonaler Arbeitsanstalten* (im Folgenden kurz Arbeitsanstaltengesetz), welches 1884 in Kraft trat[14] und auf dessen Inhalt weiter unten in diesem Kapitel eingegangen wird. Zwischen den 1910er- und 1930er-Jahren erliessen sechs weitere Kantone Bestimmungen zur administrativen Versorgung, sodass Ende der 1930er-Jahre – als Letzter folgte 1939 der Kanton Neuenburg – mit Ausnahme des Kantons Genf alle Kantone über entsprechende gesetzliche Grundlagen verfügten.[15] Genf verzichtete darauf, die administrative Versorgung einzuführen, und zwar unter Bezugnahme auf seine Kantonsverfassung von 1849 und deren Bestimmungen über die persönliche Freiheit, mit welchen Genf die administrative Versorgung als unvereinbar erachtete.[16]

Kennzeichnendes Merkmal der frühen Versorgungsgesetze war deren armenpolizeilicher Charakter: Die administrative Versorgung war ein repressiv-disziplinierendes Mittel, das vor allem bei (drohender) Armengenössigkeit zur Anwendung gelangte.[17] Dabei ging es, anders als im Strafrecht, nicht um die Sanktionierung einer einzelnen rechtswidrigen Handlung, sondern um die disziplinierende Sanktionierung bestimmter, als deviant wahrgenommener Eigenschaften und Verhaltensweisen. Die Versorgungsbestimmungen waren dabei als «härteste» staatliche Zugriffsmassnahme Bestandteil eines ganzen Katalogs von armenpolizeilichen Massnahmen, welche die allgemeine Armengesetzgebung flankierten und für eine «geregelte» staatliche Wohlfahrtspflege als notwendig erachtet wurden. Hilfs- und Zwangsmassnahmen waren hier auf einer programmatischen und praktischen Ebene untrennbar miteinander verflochten und in ihrer Zielbestimmung ineinander übersetzbar.

13 Thurgau, Schaffhausen, Basel-Stadt, Graubünden, Aargau, Freiburg, St. Gallen, Basel-Landschaft, Glarus, Zürich, Appenzell Ausserrhoden, Solothurn, Bern, Luzern, Uri, Schwyz und Obwalden. Zbinden, Einweisungsverfahren, 1942, S. 30–32.

14 Gesetz betreffend Errichtung kantonaler Arbeitsanstalten vom 11. Mai 1884, in: GDV, 1884, S. 103–107.

15 Nidwalden, Zug, Wallis, Tessin, Waadt und Neuenburg. Zbinden, Einweisungsverfahren, 1942, S. 32. Appenzell Innerrhoden besass keine rechtlichen Grundlagen zur administrativen Versorgung, doch wie bei Zbinden nachzulesen ist, erachtete sich der appenzell-innerrhodische Regierungsrat «ohne besondere gesetzgeberische Ermächtigung als kompetent, Arbeitsscheue, Vaganten, unbotmässige Armenhausinsassen usw. zwangsweise in Arbeits- und Verwahrungsanstalten einzuweisen». Ebd., S. 33. Vgl. auch Revision von Art. 406 ZGB, Umfrage bei den Kantonen. Zusammenfassung der Antworten, 17. April 1973, S. 15, BAR, E 4110 (B) 1989/129, Bd. 45.

16 Bossart, Freiheit, 1965, S. XXIII; Revision von Art. 406 ZGB, Umfrage bei den Kantonen. Zusammenfassung der Antworten, 17. April 1973, S. 15, BAR, E 4110 (B) 1989/129, Bd. 45; Zbinden, Einweisungsverfahren, 1942, S. 33.

17 Bossart, Freiheit, 1965, S. 13; Dubs, Grundlagen, 1955, S. 142; Lippuner, Bessern, 2005, S. 183 f.

Im Zentrum der Versorgungsbestimmungen, wie sie im 19. Jahrhundert erlassen wurden, standen die Begriffe «Arbeitsscheu» (alternativ auch «Müssiggang») und «Liederlichkeit».[18] Diese Begriffe lassen sich als eine Art Negativfolie des bürgerlichen Tugendkanons interpretieren, wie er weiter oben ausgeführt ist: Während Werte wie Fleiss, Leistungsbereitschaft, Pflichtbewusstsein und Selbstmässigung vorbildliche Bürgerinnen und Bürger auszeichneten und zum Wohl der bürgerlichen Gesellschaft beitrugen, waren «Arbeitsscheu» und «Liederlichkeit» negative Gegenbegriffe, und die Trägerinnen und Träger dieser Eigenschaften wurden als gesellschaftlich destabilisierend erachtet. Auffallend ist dabei, dass sich in den untersuchten Quellen – etwa in den bernischen Parlamentsdebatten über die Versorgungsgesetze – bis weit in die Mitte des 20. Jahrhunderts kaum Diskussionen über die Definition dieser Begriffe finden. Über deren Bedeutung schien also ein ausreichendes und kollektiv geteiltes Verständnis geherrscht zu haben, sodass es für die Zeitgenossen nicht notwendig war, diese Begriffe näher zu explizieren. Was diese Begriffe auszeichnete, war, dass sie allgemein und umfassend genug waren, um eine breite Palette sozial devianter Verhaltensweisen und Eigenschaften zu erfassen und auch neue Zeiterscheinungen[19] integrieren zu können, womit eine Teil der Erklärung für die Persistenz dieser Begriffe bis in die zweite Hälfte des 20. Jahrhunderts gegeben ist. Wie die beiden Fallgeschichten Hofmann und Berger deutlich zeigen werden, kam diesen Begriffen letztlich die Funktion zu, soziale Komplexität zu reduzieren, was auch eine Eigenschaft von sozialen Deutungsmustern[20] ist. Lippuner verwendet in diesem Zusammenhang den Begriff der «paraphrastischen Kapazität» um auszudrücken, dass sich mit Begriffen wie «Liederlichkeit» oder «Arbeitsscheu» in «einem Wort ‹eine ganze ‚Botschaft' zusammenfassen› und transportieren» lässt, ohne dass diese Botschaft im Einzelnen ausformuliert werden musste.[21] Erst mit der verstärkten kritischen Infragestellung des vorherrschenden normativ-bürgerlichen Tugendkanons in den 1960er-Jahren wurde, so wird in Kapitel 7 gezeigt, auch in Bezug auf die administrative Versorgung die kritische Frage aufgeworfen, welche Verhaltensweisen und Eigenschaften denn genau unter «Liederlichkeit» und «Arbeitsscheu» zu subsumieren seien und ob mit diesen

18 Dubs, Grundlagen, 1955, S. 132, 148. Ähnlich verwendete das ZGB 1907/12 in seinen Entmündigungsbestimmungen Begriffe wie «Verschwendung», «lasterhafter Lebenswandel», «Misswirtschaft» oder «Trunksucht», und auch in die Rechtsterminologie des StGB 1937/42 fanden die Begriffe «Liederlichkeit» und «Arbeitsscheu» Eingang.

19 Vgl. hierzu beispielsweise die Ausführungen im Fall Hofmann zur psychiatrischen Diagnose «Psychopathie» in Kapitel 4.1.3.

20 Vgl. hierzu beispielsweise Christian Höffling et al., Deutungsmusteranalyse in der kriminologischen Forschung, in: Forum qualitative Sozialforschung, 3, 1 (2002), http://nbn-resolving.de/urn:nbn:de:0114-fqs0201149 (Zugriff: 1. Dezember 2010).

21 Lippuner, Bessern, 2005, S. 35.

Begriffen nicht auch «Normalmenschliches» gemeint sein könne und sie folglich ungeeignet seien, eine solch schwerwiegende Massnahme wie eine zwangsweise Anstaltsunterbringung zu begründen.
Im Lauf des 20. Jahrhunderts ergänzten und revidierten viele Kantone ihre Versorgungsbestimmungen, sodass sich auf diesem Gebiet im Lauf der Jahrzehnte eine ausgesprochen heterogene und zersplitterte Rechtslage entwickelte – ein «buntes Mosaik origineller Zwangsversorgungsgesetze», wie es der promovierte Jurist und Amtsstatthalter von Luzern, Karl Zbinden, 1942 in einem Fachartikel ausdrückte.[22] Obwohl den meisten Gesetzen eine vergleichbare Zweckbestimmung zugrunde lag, gab es doch gewisse kantonale Unterschiede, zum Beispiel bezüglich der konkret genannten gesetzlichen Gründe, die für eine administrative Versorgung herangezogen werden konnten, oder bezüglich des Verfahrens, das bei einer administrativen Versorgung einzuschlagen war. Die Konsequenz war, dass die Betroffenen in den einzelnen Kantonen in unterschiedlich hohem Mass gefährdet waren, administrativ versorgt zu werden, und dass ihr Rechtsschutz – sofern von einem solchen gesprochen werden kann – je nach Kanton unterschiedlich ausgestaltet war.[23]

2.2 Das Grundrecht der persönlichen Freiheit – ein «schöner Dekorationstitel einer Verfassung»?

Nicht erst mit dem Arbeitsanstaltengesetz von 1884 konnten im Kanton Bern «liederliche» und «arbeitsscheue» Frauen und Männer zwangsweise in Anstalten versorgt werden. Bereits seit 1850 existierte im Rahmen der Armengesetzgebung die Möglichkeit, solche Personen in der Zwangsarbeitsanstalt Thorberg unterzubringen.[24] Die entsprechenden gesetzlichen Bestimmungen für eine Ein-

22 Zbinden, Reform, 1942, S. 6.

23 Vgl. hierzu beispielsweise Botschaft, 1977, S. 11; Bernhard Schnyder, Bericht betreffend Teilrevision des Vormundschaftsrechtes, 6. März 1973, BAR, E 4110 (B) 1989/129, Bd. 45.

24 Das ehemalige Kartäuserkloster Thorberg wurde 1848 per Dekret als Zwangsarbeitsanstalt für Frauen und Männer geschaffen und öffnete 1850 seine Tore. Dekret über Errichtung einer Zwangsarbeitsanstalt in Thorberg vom 25. Mai 1848, in: Samml. GDV, Bd. 5, 1901, S. 117 f. Vgl. zu den Anfängen von Thorberg Germann, Psychiatrie, 2004, S. 322; Grisard, Disziplinierung, 1999, S. 22–29; Ludi, Fabrikation, 1999, S. 416–420; Thomas Meier, Rolf Wolfensberger, «Eine Heimat und doch keine». Heimatlose und Nicht-Sesshafte in der Schweiz (16.–19. Jahrhundert), Zürich 1998, S. 387–392. Vgl. zur Armenpolitik und -gesetzgebung im Kanton Bern im 19. Jahrhundert Karl Geiser, Geschichte des Armenwesens im Kanton Bern von der Reformation bis auf die neuere Zeit, Bern 1894; Niklaus Ludi, Die Armengesetzgebung des Kantons Bern im 19. Jahrhundert, Bern 1975; Rafael Schläpfer, Kantonale Armenreform und kommunale Fürsorgepolitik. Eine Untersuchung über Armenfürsorge im 19. Jahrhundert mit dem Schwerpunkt der Einwohnergemeinde Worb, Nordhausen 2004; Stefan Wiedmer, Die öffent-

weisung nach Thorberg besagten, dass arbeitsfähige Personen, die «infolge eines leichtsinnigen, unordentlichen oder unsittlichen Lebens dem Publikum, den Gemeinden oder dem Staate durch Bettel oder unstetes Herumtreiben, durch Verlassung der Ihrigen lästig fallen» oder die eine «Gefahr für bestimmte einzelne Personen oder die öffentliche Sicherheit» bedeuteten, zur Abbüssung einer Arbeitshausstrafe nach Thorberg eingewiesen werden konnten.[25] Bei den Einweisungen gemäss diesen Bestimmungen handelte es sich jedoch nicht um administrative Versorgungen im strengen Sinn, denn sie wurden als Arbeitshausstrafen verfügt, die in erster Instanz vom Polizeirichter verhängt wurden.[26] Zudem hatten die betroffenen Personen die Möglichkeit, in zweiter Instanz bei der Polizeikammer Rekurs einzulegen.[27]

Diese für eine Einweisung nach Thorberg geltende Gesetzgebung erachteten der Regierungsrat, die Grossräte sowie die zur Frage der Einführung der administrativen Versorgung angehörten Kommunalpolitiker und Armenfürsorger[28] im ausgehenden 19. Jahrhundert als zu umständlich und zu teuer, und sie kritisierten, dass sie den Betroffenen zu viele Schlupflöcher biete.[29] So kritisierten Gemeindepräsidenten und Grossräte bei einer Zusammenkunft in Huttwil, das «Hauptübel» der geltenden Bestimmungen liege «in dem schwierigen, kostspieligen Prozessgange», der es einem «schlauen Subjekt nur zu leicht» mache, die Behörden «eine Zeit lang an der Nase herumzuführen».[30] Bei einer Amtsarmenversammlung in Interlaken wurde festgehalten, die «bisherige, einseitige Gerichtspraxis» habe «aus falsch verstandener Humanität kein erfreuliches Resultat» gezeigt, und es wurde der Wunsch geäussert, der als «Trölerei bekann-

liche Fürsorge der Stadt Bern (1852–1888). Von der parastaatlichen Freiwilligkeit zur modernen Sozialpolitik, Bern 1993 (unpubl. Lizenziatsarbeit).

25 Gesetz über die Einführung von Armenanstalten vom 8. September 1848, in: GDV, 1848, Art. 4. Vgl. zu den Vergehen, die mit Arbeitshaus bestraft wurden, Gesetz über die Armenpolizei vom 14. April 1858, in: GDV, 1858, Art. 17–26. Gleichzeitig nahm Thorberg Personen auf, «gegen die man auf vormundschaftlich polizeilichem Wege vorgehen» musste. Johann Gottlieb Schaffroth, Geschichte des bernischen Gefängniswesens, Bern 1898, S. 230. Wie Grisard zeigt, wurde Thorberg in den ersten Jahren als «Sammelplatz für verschiedene Randgruppen» benutzt. Grisard, Disziplinierung, 1999, S. 24.

26 Gesetz über die Armenpolizei vom 14. April 1858, in: GDV, 1858, Art. 16.

27 Ebd.

28 Im Vorfeld der Grossratsdebatten über die Einführung der administrativen Versorgung waren die mit dem Armengesetz von 1857 ins Leben gerufenen Amtsarmenversammlungen angefragt worden, zum Gesetzesentwurf Stellung zu nehmen. An den Amtsarmenversammlungen trafen einmal im Jahr mit Armenfragen betraute kommunale Amtsträger unter dem Vorsitz der Regierungsstatthalter zusammen, um auf regionaler Ebene Fragen des Armenwesens zu behandeln. Ludi, Armengesetzgebung, 1975, S. 171; Schläpfer, Armenreform, 2004, S. 86, 93.

29 TGRB, 1883, S. 284 f., 289, 398 f.

30 Ebd., S. 398.

ten Appellation an obere Instanzen» einen Riegel vorzuschieben.[31] Ähnlich kritisierte während der Grossratsdebatten 1883 der freisinnige Regierungspräsident und Fürsprecher Alfred Scheurer, es sei ein «öffentliches Geheimnis», dass die «Art und Weise, wie die Polizeikammer das Armenpolizeigesetz handhabt, grossentheils die Schuld an unseren Zuständen trägt, da durch die vielen Freisprechungen die untern Gerichte massleidig gemacht und die Polizei demoralisiert wird».[32] Man könne nicht, so argumentierte Scheurer weiter, «jedem Vagant förmlich nachweisen, dass er wirklich ein Vagant ist, und wenn ihm auch jeder Bürger ansieht, dass er ein Vagant ist, so kann doch das Gericht ihn nicht verurtheilen, weil es sein Urtheil nicht auf das blosse Anschauen stützen kann. Dass man aber mit jedem Vagant immer prozediren muss und schliesslich noch verliert, ist ein Hauptgrund unserer Zustände.»[33] Für Scheurer war es also eine Zumutung, gegen einen «Vaganten», der seiner Ansicht nach einer harten Hand bedurfte, «prozediren» zu müssen, als stünden sich zwei grundsätzlich gleichgestellte Streitparteien gegenüber. Deutlich kommt in dieser Aussage Scheurers ein Staatsbürgerschaftsverständnis zum Ausdruck, nach dem gewisse Personengruppen von den liberalen Rechten ausgeschlossen werden konnten; dies ist ein Aspekt, der weiter unten genauer aufgegriffen wird.

Die Lösung der angeführten Probleme lag gemäss allgemeiner Ansicht darin, den Verfahrensweg zu vereinfachen und «Liederliche», «Arbeitsscheue» und «Trunksüchtige» künftig auf rein verwaltungsinternem Weg in Arbeitsanstalten zwangseinzuweisen. Mit dieser Problemdeutung standen Exponenten der Politik und der Fürsorge in der Schweiz nicht alleine da. So finden sich zum Beispiel vergleichbare Argumente, die auf den schwierigen Instanzenzug und die behördliche Beweisnot rekurrierten, für diese Zeit auch im Deutschen Reich, als gewisse Kreise versuchten, die Notwendigkeit von Bestimmungen zur verwaltungsrechtlichen Anstaltseinweisung zu begründen.[34] Wollte man nun jedoch die ins Visier genommenen Personengruppen auf dem Verwaltungsweg zwangsweise in Anstalten einweisen, brachte dies im Kontext nationaler Verfassungsstaatlichkeit spezifische legitimatorische Herausforderungen mit sich, wie im Folgenden gezeigt wird.

31 Ebd., S. 399.

32 Ebd.

33 Ebd.

34 Ayass, Arbeitshaus, 1992, S. 64 f.; Sachsse, Tennstedt, Geschichte, 1998, S. 246 f. Vgl. zu den verwaltungsrechtlichen Anstaltsunterbringungen in Deutschland Kapitel 1 sowie die Ausführungen weiter unten in diesem Kapitel.

Die Forderung nach Einhaltung rechtsstaatlicher Prinzipien

In der Schweiz kam es in den Kantonsverfassungen seit den 1830er-Jahren und 1848 mit der Bundesverfassung des neu gegründeten Staates Schweiz zu einer verfassungsmässigen Umsetzung der Idee der Menschen- und Freiheitsrechte.[35] Rechtsstaatliche Prinzipien wie zum Beispiel das Prinzip der Gewaltenteilung (womit der Forderung nach Unabhängigkeit der Justiz Rechnung getragen wurde) oder das Prinzip der Gewährleistung von Menschen- und Freiheitsrechten respektive Grundrechten[36] wurden verfassungsrechtlich verankert.[37] Solche Prinzipien konnten Politiker und Fürsorger seit der zweiten Hälfte des 19. Jahrhunderts bei der Diskussion über administrativrechtliche Zwangsmassnahmen nicht ignorieren, und sie mussten sich mit den Widersprüchen, die sich daraus ergaben, auseinandersetzen.[38]

Auch im Kanton Bern stellte sich bei der Einführung der administrativen Versorgung die Frage, inwiefern diese Massnahme verfassungsmässigen Bestimmungen verletzte. So war im Vorfeld der Grossratsdebatten von 1883 an einigen Amtsarmenversammlungen die kritische Frage aufgeworfen worden, ob die ge-

35 Die Idee der Menschenrechte basiert auf der grundsätzlichen Vorstellung, dass allen Menschen allein kraft ihres Menschseins und unabhängig von ihrer gesellschaftlichen Stellung unveräusserliche und jeder staatlichen Rechtsetzung übergeordnete Rechte zustehen. In der *Déclaration des Droits de l'Homme et du Citoyen*, die die französische Nationalversammlung im Rahmen der Französischen Revolution am 26. August 1789 verkündete, fand der Begriff der «Menschenrechte» erstmals gesetzlichen Ausdruck. Die Rechte in der französischen Menschenrechtserklärung und auch in den frühen Kantonsverfassungen der Schweiz und der Bundesverfassung von 1848 waren, vor dem Hintergrund der Erfahrung der Unterdrückung durch die Staatsgewalt, vor allem als Abwehr- beziehungsweise als Freiheitsrechte konzipiert; Ziel war der Schutz vor Staatseingriffen in die persönliche Sphäre, und entsprechend standen Glaubens- und Meinungsfreiheit, Versammlungsfreiheit, Freizügigkeit, strafprozessuale Garantien oder Schutz des Eigentums im Zentrum. In der zweiten Hälfte des 20. Jahrhunderts erhielten die Menschenrechte vor allem auf internationaler Ebene neue Dimensionen, indem auch sogenannte Sozialrechte anerkannt wurden, wie zum Beispiel das Recht auf Bildung oder das Recht auf Arbeit. Andreas Kley, Menschenrechte, in: Historisches Lexikon der Schweiz (HLS), Version 18. August 2009, www.hls.ch.

36 Der Begriff der «Grundrechte», um Menschen- und Freiheitsrechte zu bezeichnen, hat sich in der schweizerischen Rechtswissenschaft erst in jüngerer Zeit etabliert. So spricht der Jurist Bossart 1965 in seiner kritischen Betrachtung der administrativen Versorgung noch von «Freiheitsrechten» respektive vom «Freiheitsrecht der persönlichen Freiheit», das durch die administrative Versorgung angetastet werde. Bossart, Freiheit, 1965, S. 37–58. Grundlegend zum Geltungsbereich der Grundrechte in der Schweiz in der Gegenwart und damit zur Verwendung des Begriffs der «Grundrechte» Jörg Paul Müller, Markus Schefer, Grundrechte in der Schweiz im Rahmen der Bundesverfassung, der EMRK und der UNO-Pakte, Bern 2008 (4., überarb. Aufl.).

37 Andreas Kley, Rechtsstaat in: Historisches Lexikon der Schweiz (HLS), Version 3. August 2010, www.hls.ch. Weitere rechtsstaatliche Prinzipien sind das Legalitätsprinzip (das Ausrichten allen staatlichen Handelns auf das Recht) oder die Verwaltungs- oder Verfassungsgerichtsbarkeit (Kontrolle der staatlichen Organe). Ebd.

38 Vgl. hierzu Ayass, Arbeitshaus, 1992, S. 66 f.; Lippuner, Bessern, 2005, S. 48–52.

planten Massnahmen nicht eine «Beschränkung der persönlichen Freiheit» bedeuteten und damit die bernische Verfassung verletzten, welche, wie viele der kantonalen Verfassungen des 19. Jahrhunderts, die persönliche Freiheit gewährleistete.[39] Diese Frage sei, so kam Polizeidirektor Albert von Wattenwyl, der dem kleinen liberalen linken Flügel der Konservativen angehörte,[40] während der Grossratsdebatten auf diesen Einwurf zu sprechen, der «erste und vielleicht der wichtigste Einwurf, der gegen den Gesetzesentwurf erhoben» wurde.[41] Während der Grossratsdebatten war es der freisinnige Grossrat und Fürsprecher Johannes Ritschard,[42] der kritisch einwarf, die geplanten Bestimmungen zur administrativen Versorgung verletzten die bernische Verfassung, da sie die dort verankerte Gewaltenteilung missachteten. Ritschard verwies in diesem Zusammenhang auf Artikel 11 der bernischen Verfassung, der besagte, die «administrative und richterliche Gewalt ist in allen Stufen der Strafrechtspflege getrennt», sowie auf Artikel 50, in dem es hiess, die «Rechtspflege in bürgerlichen und Strafrechtssachen wird einzig durch die verfassungsmässigen Gerichte ausgeübt».[43] Seine kritischen Einwände begründete Ritschard mit dem Argument, eine administrative Versorgung sei faktisch eine Massnahme «strafrechtlicher Natur» und könne demzufolge nur von einem Gericht angeordnet werden.[44] Er führte aus, durch eine administrative Versorgung werde die betroffene Person «aller und jeder Freiheitsrechte beraubt, [...] man bemächtigt sich dieses Individuums, man unterbricht seine familienrechtlichen Beziehungen, seine Verhältnisse zu Frau und Kindern, man unterbricht seine Rechte als Gemeinde- und Staatsbürger; das lässt sich nicht wegdiskutiren, dass alle Rechte, die dem Individuum heilig sind, durch eine solche Verfügung demselben konfiszirt, dass dasselbe in seinen Rechten suspendirt wird».[45] Es sei «gänzlich falsch», so argumentierte Ritschard, die Mass-

39 TGRB, 1883, S. 285; StVB, 1883, S. 16; Amtsarmenversammlung, Protokoll, 1883, StAB, BB XII B 49. Artikel 77 der bernischen Staatsverfassung von 1846 bestimmte: «Die persönliche Freiheit ist gewährleistet.» Staatsverfassung des Kantons Bern von 1846, StAB, BA 1455; Kaspar Spoendlin, Die verfassungsmässige Garantie der persönlichen Freiheit, Zürich 1945, S. 25 f.

40 Junker, Geschichte, 1996, S. 18.

41 TGRB, 1883, S. 285.

42 Johannes Ritschard (1845–1908) war von 1871 bis 1873 sowie von 1883 bis 1892 Mitglied des Grossen Rats des Kantons Bern. Von 1873 bis 1878 sowie von 1893 bis 1909 war er Regierungsrat. Weiter war er Mitglied des Nationalrats (1873–1883, 1903–1908) sowie Mitglied des Ständerats (1895–1903). Als bernischer Regierungsrat und Vorsteher des Armen- und Kirchenwesens entstand unter seiner Ägide 1897 das *Gesetz über das Armen- und Niederlassungswesen*. Ludi, Armengesetzgebung, 1975, S. 294; Christoph Zürcher, Ritschard, Johannes, in: Historisches Lexikon der Schweiz (HLS), Version 2. Oktober 2009, www.hls.ch.

43 TGRB, 1883, S. 396. Vgl. hierzu auch Staatsverfassung des Kantons Bern von 1846, StAB, BA 1455.

44 TGRB, 1883, S. 396 f. Ritschard äusserte auch die Befürchtung, dass ein solches Gesetz wegen Verfassungswidrigkeit vom Bundesgericht «kassiert» werden würde. Ebd., S. 397.

45 Ebd., S. 396.

nahmen nicht als Strafe, sondern als Besserungsmassnahmen zu deklarieren und zu sagen, sie seien «eher eine Wohltat, ein Besserungsakt».[46]
Dieses Pro-Argument, die Massnahmen dienten der «Besserung» der Betroffenen, wurde von den Befürwortern der administrativen Versorgung in den Grossratsdebatten im Kanton Bern 1883 nur ganz am Rand vorgebracht; viel häufiger finden sich tatsächlich Begrifflichkeiten wie die, dass «bestraft» werden müsse, und es hiess zum Beispiel, die Betroffenen müssten «punis en même temps que corrigés» werden.[47] Dennoch griff Ritschard das Besserungsargument auf. Er tat dies jedoch nicht allein mit rhetorischen Absichten, um es anschaulich entkräften und auf diese Weise die administrative Versorgung kritisieren zu können. Denn tatsächlich handelte es sich beim Besserungsargument um ein im schweizerischen Versorgungsdiskurs prominent vertretenes Argument. So zeigt Lippuner für den Kanton Thurgau, dass bürgerliche Sozialreformer, die um die Mitte des 19. Jahrhunderts an der Errichtung der thurgauischen Zwangsarbeitsanstalt Kalchrain beteiligt waren, die administrative Versorgung in erster Linie als Instrument zur «Besserung» von Individuen konzeptualisierten und nicht als Massnahme mit strafendem Charakter.[48] Den Zweck der «Besserung» stellte auch das schweizerische Bundesgericht in fünf Urteilen, mit denen es in den 1870er- und 1880er-Jahren sowie in den 1910er-Jahren Beschwerden von administrativ Versorgten abwies, in den Mittelpunkt.[49] So hiess es in einem Urteil aus dem Jahr 1885: «Die [...] Versetzung in eine Zwangsarbeitsanstalt qualifiziert sich nicht als eine eigentliche (Rechts-)strafe, welche zur Sühne einer bestimmten Strafthat auferlegt würde, sondern als ein disziplinarisches Zuchtmittel, welches auf Besserung der gesammten Lebensführung des Betreffenden, allerdings durch Zufügung eines Uebels, abzweckt; es handelt sich also nicht um eine strafrechtliche Verurtheilung, sondern mehr um eine vormundschaftliche Massregel, deren Anordnung beziehungsweise Bewilligung, die Gesetzgebung der staatlichen Verwaltungsbehörde übertragen hat und übertragen konnte.»[50]

46 Ebd.

47 Ebd., S. 288. So war auch in den Staatsverwaltungsberichten in den ersten Jahren nach Inkrafttreten der Versorgungsbestimmungen von den administrativ Versorgten als «Gefangenen» die Rede, oder es wurden regelmässig Begriffe wie «Haft» oder «Strafnachlass» verwendet. Vgl. beispielsweise StVB, 1888, S. 235; StVB, 1898, S. 259.

48 Lippuner, Bessern, 2005, S. 45–48. Vergleichbare Argumentationsweisen finden sich auch im benachbarten Ausland. So führt Stekl für Österreich an, dass Zeitgenossen die österreichischen Arbeitshäuser in der Mitte des 19. Jahrhunderts auf programmatischer Ebene mit dem Zweck der «Besserung» und nicht mit dem Zweck der «Strafe» versahen. Stekl, Zucht- und Arbeitshäuser, 1978, S. 100.

49 Die Urteile stammten aus den Jahren 1877, 1878, 1885, 1914 und 1915. Vgl. hierzu Lippuner, Bessern, 2005, S. 257–260.

50 Urtheil vom 23. Januar 1885 in Sachen Gutzwiller, in: Entscheidungen des Schweizerischen Bundesgerichtes aus dem Jahre 1885. Amtliche Sammlung, Bd. 9, Lausanne 1885, S. 28.

Aus diesen Überlegungen leitete das Bundesgericht den Schluss ab, dass die Beschwerdeführenden keine Verletzung der Bundesverfassung geltend machen konnten, da es die Versorgungsmassnahmen nicht als Strafmassnahmen interpretierte, die gemäss Artikel 58 der Bundesverfassung von 1874 von einem Richter hätten angeordnet werden müssen.
Ritschard gelang es nicht, mit seiner Position eine Gruppe Gleichgesinnter hinter sich zu scharen. Er blieb der einzige Grossrat, der sich zu diesem Zeitpunkt auf diese dezidierte Weise kritisch äusserte. Wie dem Protokoll der Grossratsdebatten von 1883 zu entnehmen ist, votierte der Grosse Rat nach Abschluss der Debatten schliesslich sogar «einstimmig» für die Einführung des Versorgungsgesetzes.[51] Auch Ritschard schien sich also letzten Endes der Mehrheitsposition angeschlossen und trotz der von ihm angeführten Mängel dem neuen Gesetz zugestimmt zu haben.
Wie das Beispiel des Kantons Bern zeigt, gab es von Anfang an, als die staatliche Massnahme der aussergerichtlichen zwangsweisen Anstaltsunterbringung diskutiert wurde, auch Kritik an ihr, auch wenn diese Kritik zu Beginn nur von einer verschwindend kleinen Minderheit geäussert wurde. Dies ist eine Feststellung, die auch ausserhalb der Schweiz zutrifft. So zeigt Wolfang Ayass für das Beispiel Preussen, dass bei den politischen Debatten 1912 über die Einführung des sogenannten Arbeitsscheuengesetzes[52] vor allem «verfassungsrechtliche Bedenken» eine Rolle spielten.[53] So stellte sich der renommierte Kriminalpolitiker und Abgeordnete der Fortschrittlichen Volkspartei im preussischen Landesparlament, Franz von Liszt, vehement gegen die Gesetzesvorlage, da sie auf «schlimmste Weise in die persönliche Freiheit des einzelnen» eingreife, und er betonte, ähnlich wir knapp dreissig Jahre vorher Ritschard im Grossen Rat des

51 TGRB, 1883, S. 402.

52 Die Bezeichnung «Arbeitsscheuengesetz» war die zeitgenössische Abkürzung für das *Gesetz über die Abänderung und Ergänzung der Ausführungsgesetze zum Reichsgesetz über den Unterstützungswohnsitz vom 23. Juli 1912.* Genau genommen wurde in Preussen 1912 die zwangsweise Arbeitshausunterbringung auf dem Verwaltungsweg wieder eingeführt, denn bereits die preussische Armengesetzgebung von 1855 hatte dieses Instrument gekannt, es war jedoch 1871 aufgehoben worden. Der Erlass des preussischen «Arbeitsscheuengesetzes» fiel in die Phase der 1880er- bis 1910er-Jahre, in der die diesbezügliche Gesetzgebung im Deutschen Reich besonders intensiv war. Eine wesentliche Rolle für den Erlass dieser Bestimmungen spielten dabei Anstösse durch den Deutschen Verein für Armenpflege und Wohltätigkeit, der sich durch diese Rechtsinstrumente eine wirksamere Armutsbekämpfung versprach. Das preussische «Arbeitsscheuengesetz» ging 1924 schliesslich in Artikel 20 der *Reichsverordnung über die Fürsorgepflicht vom 13. Februar 1924* (kurz Reichsfürsorgepflichtverordnung) ein, welche die Bestimmungen des preussischen Gesetzes inhaltlich aufnahm und eine auf Reichsebene einheitliche Gesetzgebung schuf. Ayass, Arbeitshaus, 1992, S. 62–66, 158, 283; Sachsse, Tennstedt, Geschichte, 1998, S. 245–247; Willing, Bewahrungsgesetz, 2003, S. 41.

53 Ayass, Arbeitshaus, 1992, S. 66. Vgl. beispielsweise für Österreich Stekl, Zucht- und Arbeitshäuser, 1978, S. 98, 103.

Kantons Bern, dass einzig auf strafrechtlicher Grundlage solche Eingriffe vorgenommen werden könnten.[54] Auch Karl Liebknecht, Abgeordneter der Sozialdemokratischen Partei, äusserte im Landesparlament scharfe Kritik an der Gesetzesvorlage. Er bezeichnete die geplante gesetzliche Neuerung als «gesetzgeberischen Vandalismus» und als «Ausnahmegesetz gegen die Ärmsten der Armen»; mit Letzterem benannte er eine verschiedentlich geäusserte Kritik, wonach es unzulässig sei, für bestimmte Gruppen der Gesellschaft eine Sondergesetzgebung zu erlassen.[55] Liszt und Liebknecht waren jedoch, wie Ritschard, mit ihren Positionen in der Minderheit, und die preussischen Landtagsabgeordneten stimmten schliesslich für die Einführung des «Arbeitsscheuengesetzes».[56]

«Auf diese schönen Verfassungsgrundsätze nicht ein allzu grosses Gewicht legen»: Die Legitimation der administrativen Versorgung im Grossen Rat 1883

Wie oben erwähnt, unterlag die administrative Versorgung, wollte man diese Form des staatlichen Entzugs der persönlichen Freiheit gesetzlich einführen und praktizieren, Rechtfertigungszwängen, wie es sie vor der Etablierung moderner liberaler Verfassungsstaaten nicht gegeben hatte. Um nun das Instrument der administrativen Versorgung zu legitimieren, wurden im Grossen Rat des Kantons Bern hauptsächlich zwei Argumente vorgebracht: Zum einen relativierten die Grossräte die Bedeutung verfassungsmässiger Grundsätze, und zum andern betonten sie, der Rechtsschutz der Betroffenen sei auch in einem rein verwaltungsinternen Verfahren ausreichend gewährleistet.

Zunächst zum ersten Argumentationsstrang. Die Grossräte betonten, dass im Kanton Bern Bestimmungen, die mit der Versorgungsgesetzgebung vergleichbar waren, bereits existierten, und da diese bisher nicht wegen Verfassungswidrigkeit für ungültig erklärt worden seien, könne in logischer Konsequenz auch gegen neu erlassene, ähnlich lautende Bestimmungen kein Einwand erhoben werden.[57] Polizeidirektor von Wattenwyl verwies in diesem Zusammenhang zum Beispiel auf die bernische Vormundschaftsverordnung, nach der Bevormundete, die zu wenig «Achtung und Gehorsam» an den Tag legten, auf «Wunsch und Antrag» der Vormundschaftsbehörden und durch Beschluss des Regierungsrates in die Zwangsarbeitsanstalt Thorberg eingewiesen werden konnten.[58] In die gleiche Richtung zielte das Argument, dass andere Kantone die admini-

54 Zitiert nach ebd., S. 66.
55 Zitiert nach ebd., S. 67. Vgl. hierzu auch die Machtkritik Looslis in Kapitel 6.1.1.
56 Ayass, Arbeitshaus, 1992, S. 67.
57 Ebd., S. 285, 397f.
58 Ebd., S. 397. Weiter verwies von Wattenwyl auf Artikel 47 des bernischen Strafgesetzbuches, nach dem ein Richter eine wegen Unzurechnungsfähigkeit von ihrer Strafe befreite Person dem Regierungsrat zur Anstaltseinweisung überweisen konnte. Ebd., S. 285, 397.

strative Versorgung bereits eingeführt hätten oder zumindest im Begriff seien, entsprechende gesetzliche Grundlagen zu schaffen.[59] Hieraus schlussfolgerte Regierungspräsident Scheurer: «Wenn es in Zürich, welches die gleichen schönen Verfassungsgrundsätze hat, wie wir, erlaubt ist, Jemanden auf administrativem Wege in eine solche Anstalt zu versetzen, so wird es auch uns erlaubt sein, eine derartige Massregel einzuführen.»[60] Die Grossräte im Kanton Bern waren also im Bild über die allgemeine Rechtsentwicklung auf dem Gebiet der administrativen Versorgung in der Schweiz und zogen diese als Begründung heran, um für die Einführung der administrativen Versorgung im Kanton Bern zu plädieren. Es gebe einen «Ruf des Landes» nach administrativer Versorgung; diesem wolle und solle man folgen, hiess es im Grossen Rat.[61] Im Kanton Zürich selbst war ein besonders deutlicher «Ruf» nach Einführung von Bestimmungen zur administrativen Versorgung erklungen: Das zürcherische Versorgungsgesetz vom 4. Mai 1879 war unter anderem durch die Einreichung einer entsprechenden Volksinitiative zustande gekommen.[62] In der Praxis hatten sich im Kanton Zürich administrative Versorgungen dabei in den Jahren zuvor bereits eingebürgert, und mit der Verabschiedung der entsprechenden gesetzlichen Grundlagen wurde diese Praxis nun legalisiert.[63]

Diese Argumentationsweise, mit welcher auf die bestehende Rechtslage sowohl im Kanton Bern als auch in der übrigen Schweiz verwiesen wurde, war das zentrale Argument, das im Grossen Rat in den 1880er-Jahren vorgebracht wurde, um für die Einführung der administrativen Versorgung zu plädieren. Die Aussagen der Grossräte zeigen dabei, dass sie sich im Grundsatz zwar zu verfassungsmässig verankerten rechtsstaatlichen Prinzipien bekannten, dass sie es aber als verhandelbar erachteten, mit welcher Konsequenz diesen Prinzipien zu folgen war und wie weit ihre Berücksichtigung in der Praxis gehen sollte. So vertrat der bernische Regierungspräsident Alfred Scheurer den Standpunkt, man müsse «auf diese schönen Verfassungsgrundsätze nicht ein allzu grosses Gewicht» legen. Für ihn war die «persönliche Freiheit [...] ein schöner Dekorationstitel einer Verfassung», der praktischen Erfordernissen nicht entgegenstehen durfte

59 Ebd., S. 288, 398.

60 Ebd., S. 399. Ähnlich ebd., S. 398.

61 Ebd., S. 399.

62 Huonker, Niederhäuser, Jahre, 2008, S. 134; Thomas Huonker, Zürcher Diskurse über Zwangsarbeitsanstalten, «Korrektion» und «Verwahrung» zwischen 1840 und 1930, Zürich 2008, www.thata.ch/zuercherdiskurseueberzwangsarbeit1840bis1930.html (Zugriff: 23. Juni 2011). Wie Huonker zeigt, erhielt die Idee der Einführung der administrativen Versorgung im Kanton Zürich im Lauf der zweiten Hälfte des 19. Jahrhunderts zunehmend politische und gesellschaftliche Unterstützung. Vgl. hierzu auch Lippuner, Bessern, 2005, S. 49, 213–218.

63 Huonker, Niederhäuser, Jahre, 2008, S. 132–134; Lippuner, Bessern, 2005, S. 214–218.

und mit dem man es «nicht so genau» nehmen sollte.[64] Ähnlich wurde in der *Berner Post* eine Aussage des Polizeidirektors von Wattenwyl zitiert, der geäussert habe, die administrative Versorgung bohre zwar ein «Loch in die Verfassung», diese habe «aber deren schon so viele, dass eines mehr nichts mache».[65] Gemäss solchen Standpunkten konnte unter gewissen Umständen und wenn es andere Interessen als gerechtfertigt erschienen liessen von Vorgaben der Verfassung abgewichen werden. So hoffte Berichterstatter Schwab denn beispielsweise auch, dass «mehr auf die Wünsche und praktischen Bedürfnisse der Gemeinde, als auf schöne aber graue Theorie Rücksicht genommen werde».[66]

Die Gruppe der «Liederlichen» und «Arbeitsscheuen» war dabei nicht die einzige, bei der die politisch herrschende Schicht eine Einschränkung liberaler Rechte als legitim erachtete. Zur grössten strukturell ausgegrenzten Gruppe zählten die Frauen, denen im liberalen Verfassungsstaat trotz der verkündeten «Rechtsgleichheit» keine politischen Mitspracherechte zugestanden wurden und die vom aktiven und passiven Wahlrecht und damit vom «wichtigsten Grundrecht eines demokratischen Staates»[67] ausgeschlossen waren.[68] Diese «Inkonsequenz des Liberalismus»[69] erstreckte sich auch auf viele Männer, vornehmlich aus den unteren sozialen Schichten, denen trotz des mit der Bundesverfassung 1848 prinzipiell eingeführten allgemeinen Männerwahlrechts politische Partizipationsrechte im ausgehenden 19. Jahrhundert noch stets verwehrt waren. Zu dieser Gruppe zählten etwa Entmündigte, Bezüger von Armenunterstützung, Konkursiten, strafrechtlich Verurteilte oder Personen, denen die Niederlassung[70] in einer

64 TGRB, 1883, S. 399.

65 Ohne Autor, Die bernische Amtsarmenversammlung vom 8. Mai 1883, in: Berner Post, 10. Mai 1883.

66 TGRB, 1883, S. 399.

67 Tanner, Patrioten, 1995, S. 568 f.

68 Vgl. hierzu Sibylle Hardmeier, Frühe Frauenstimmrechtsbewegung in der Schweiz (1890 bis 1930). Argumente, Strategien, Netzwerk und Gegenbewegung, Zürich 1997; Beatrix Mesmer, Ausgeklammert – Eingeklammert. Frauen und Frauenorganisationen in der Schweiz des 19. Jahrhunderts, Basel 1988. Erst 1971 wurde in der Schweiz das Frauenstimm- und -wahlrecht eingeführt. Vgl. hierzu auch Kapitel 8.

69 Mesmer, Ausgeklammert, 1988, S. 4.

70 Die Bundesverfassung von 1848 gewährleistete die Niederlassungsfreiheit, band die Gewährleistung jedoch an restriktive Bedingungen wie ein Zeugnis über sittliche Aufführung, Ausweis über Vermögen, Beruf oder Gewerbe und überliess die praktische Regelung der Niederlassung den Kantonen. Diese Rechtslage machte es den Kantonen und Gemeinden «sehr leicht, unliebsame Zuwanderer zu diskriminieren», so Tanner. Tanner, Patrioten, 1995, S. 569. Für den Kanton Bern zeigt Ludi, wie die Gemeinden zum Teil mit allen Mitteln versuchten, Armen die Niederlassung zu erschweren, sodass die kommunalen Armenbehörden – seit Mitte des 19. Jahrhunderts galt im Kanton Bern das wohnörtliche Unterstützungsprinzip – im Unterstützungsfall nicht für sie aufkommen mussten. Einzelne Gemeinden, so Ludi, seien sogar so weit gegangen, Betroffenen den Arbeitsplatz und die Wohnung kündigen zu lassen, indem sie

Gemeinde nicht gestattet wurde.[71] Im Kanton Bern waren 1890 beispielsweise zirka zwanzig Prozent der volljährigen Männer vom kantonalen und eidgenössischen Stimm- und Wahlrecht ausgeschlossen.[72] Bezogen auf die Gesamtbevölkerung bedeutete dies, dass zu diesem Zeitpunkt im Kanton Bern siebzig Prozent der volljährigen Bevölkerung das Stimm- und Wahlrecht vorenthalten war. Diese Einschränkungen – also die Nichtgewährung beziehungsweise der Entzug politischer Rechte – basierten auf einem bürgerlich-liberalen Staatsbürgerschaftskonzept,[73] gemäss welchem Teilhabe an der politischen Macht nur jenen zustand, die bestimmte Voraussetzungen erfüllten. Zu ihnen gehörten auf der einen Seite Personen, die sich «wesensmässig» für die Ausübung politischer Rechte eigneten; dies taten die Frauen nicht, womit ein entscheidendes Argument für ihren Ausschluss gegeben war.[74] Auf der anderen Seite musste die Teilhabe an der politischen Macht «verdient» werden, was sowohl in einem buchstäblich-materiellen als auch in einem übertragen-moralischen Sinn zu verstehen war: Nur wer sich als fähig erwies, seine eigene ökonomische Existenz zu sichern und infolgedessen als materiell selbständig und geistig unabhängig galt,[75] aber auch nur wer über moralische Integrität verfügte, wurde als kompetent und legitimiert erachtet, über die Geschicke des Staates mitzubestimmen.[76] Auf

auf Hausbesitzer und Arbeitgeber Druck ausübten, damit ein Grund für die Verweigerung der Niederlassung gegeben war. Ludi, Armengesetzgebung, S. 139 f., 210–213.

71 Pierre-Antoine Schorderet, Elire, voter, signer. Pratiques de vote, luttes politiques et dynamiques d'institutionnalisation de la démocratie en Suisse au dix-neuvième siècle, Lausanne 2005, S. 226–228; Tanner, Patrioten, 1995, S. 568–574. Einige dieser Bestimmungen hielten sich in einzelnen Kantonen bis in die 1970er-Jahre, so zum Beispiel der Entzug der politischen Rechte bei lang andauernder Unterstützungsbedürftigkeit. Vgl. hierzu Schorderet, Elire, 2005, S. 278–285. Ein Ausgrenzungskriterium stellte überdies die Religion dar. So wurde der jüdischen Bevölkerung erst durch Revisionen der Bundesverfassung 1866 und 1874 die Freizügigkeit und die freie Religionsausübung zugestanden. Robert Uri Kaufmann, Judentum. Der Weg zur Emanzipation (1798–1879), in: Historisches Lexikon der Schweiz (HLS), Version 4. Februar 2008, www.hls.ch.

72 Tanner, Patrioten, 1995, 615 f.

73 Vgl. für Ausführungen zum Begriff der «Staatsbürgerschaft» Regula Argast, Staatsbürgerschaft und Nation. Ausschliessung und Integration in der Schweiz 1848–1933, Göttingen 2007, S. 29–34.

74 Vgl. weiter unten in diesem Kapitel zur dualistischen bürgerlichen Geschlechterordnung, die Männern die Sphäre des Öffentlichen und Frauen die Sphäre des Privaten zuwies.

75 Vgl. hierzu Manfred Hettling, Die persönliche Selbständigkeit, in: Manfred Hettling, Stefan-Ludwig Hofmann (Hg.), Der bürgerliche Wertehimmel. Innenansichten des 19. Jahrhunderts, Göttingen 2000, S. 57–78. Das Kriterium der «Selbständigkeit» wurde auch auf die weibliche Bevölkerung angewandt. Hierzu hält Hettling fest: «Im Kern des Wertes der Selbständigkeit stand […] die Erfordernis, nicht in personaler Abhängigkeit von anderen zu sein. Das war die entscheidende Bedingung dafür, dass nicht nur Dienstboten, sondern auch Frauen von Partizipationsrechten ausgeschlossen werden konnten, da sie nicht als ‹selbständig› wahrgenommen wurden.» Ebd., S. 66.

76 Argast, Staatsbürgerschaft, 2007, S. 91; Tanner, Patrioten, 1995, S. 571.

diese Weise brachte der eigentlich universalen Werten verpflichtete «bürgerliche Wertehimmel [...] sehr irdische Mechanismen der Ausgrenzung hervor», so Manfred Hettling und Stefan-Ludwig Hofmann.[77] Vor dem Hintergrund eines solchen Staatsbürgerschaftsverständnisses, das erhebliche Einschränkungen zuliess, stellte es letztlich eher einen graduellen Übergang dar denn einen grundsätzlich-konzeptuellen Bruch, wenn die persönlichen Freiheitsrechte bestimmter Gruppen (zusätzlich) eingeschränkt wurden, wie es bei den administrativ Versorgten der Fall war. Denn letztlich ging es bei einer administrativen Versorgung in den Augen der Zeitgenossen um nichts Geringeres als die Abwehr von Kräften, welche die bürgerliche Gesellschaft in ihren Grundfesten gefährdeten. In einem solchen Zusammenhang erschien es als legitim, den Bedarf der bürgerlichen Gesellschaft nach öffentlicher Sicherheit höher zu gewichten als das Grundrecht der persönlichen Freiheit.

Dennoch war man sich während der Grossratsdebatten 1883 einig, dass der Rechtsschutz der Betroffenen nicht gänzlich unbeachtet bleiben durfte. So fand zum Beispiel ein Antrag des freisinnigen Grossrats und Fürsprechers Eduard Müller – des späteren Bundesrats[78] – Zustimmung, im neuen Gesetz die Bestimmung zu verankern, wonach der Regierungsstatthalter verpflichtet wurde, eine Person, gegen die ein Einweisungsantrag gestellt worden war, einzuvernehmen. Es sei nämlich, so Müller, ein «allgemein bekannter Grundsatz», dass «niemand ungehört verurtheilt» werden dürfe.[79] Die übrigen Grossräte und die Kommission, die mit der Vorbereitung des Gesetzesentwurfs betraut war, erklärten sich mit dem Antrag Müllers einverstanden. Namens der vorbereitenden Kommission betonte Berichterstatter Samuel Schwab, man wolle nicht, dass «da Missbräuche vorkommen können». Solle das Gesetz «populär werden, so muss es so abgefasst sein, dass man weiss, dass jeder sein Recht wahren kann».[80] Ähnlich einmütig stimmten die Grossräte einem Antrag des konservativen Grossrats und Fürsprechers Joseph-Auguste Boinay zu, der vorschlug, den Betroffenen gesetzlich das Recht auf Aktenvervollständigung zuzusichern.[81] Berichterstatter Schwab äusserte, gegen den Antrag Boinays «nichts einzuwenden» zu haben, denn wie bereits beim Antrag Müllers sei ihm «überhaupt jede Bestimmung recht, die dazu geeignet ist, diejenigen Leute, die man mit diesem Gesetze treffen will, gegen jede Vergewaltigung zu schützen».[82] Die Grossräte waren also bereit,

77 Hettling, Hofmann, Historisierung, 2000, S. 17.
78 Peter Stettler, Müller, Eduard, in: Historisches Lexikon der Schweiz (HLS), Version 19. November 2009, www.hls.ch.
79 TGRB, 1883, S. 295.
80 Ebd.
81 Ebd., S. 401 f.
82 Ebd., S. 402.

einzelne Elemente einzuführen, die dem Rechtsschutz der Betroffenen dienten. Sie wollten dabei jedoch nicht so weit gehen, verfassungsmässige Prinzipien bei der zwangsweisen Anstaltsunterbringung «Liederlicher» und «Arbeitsscheuer» in aller Konsequenz umzusetzen. Angesichts der Tragweite des Eingriffs in die persönliche Freiheit, den eine administrative Versorgung bedeutete, kam solchen Zugeständnissen jedoch eher kosmetischer Charakter zu, als dass sie ernsthafte Bemühungen darstellten, den Rechtsschutz der Betroffenen umfassend zu verbessern und zu garantieren.

Dass sich die Grossräte durchaus der Idee verpflichtet fühlten, dass in einem modernen Verfassungsstaat gewisse Rechtsschutzgarantien gegeben sein mussten, um das Individuum vor Willkürakten des Staates zu schützen, zeigt auch der zweite Argumentationsstrang, mit welchem die Befürworter der administrativen Versorgung diese zu legitimieren suchten. Während sich der erste Argumentationsstrang, der sich auf die bedingte Geltung verfassungsmässiger Prinzipien berief, schliesslich im 20. Jahrhundert kaum wiederfinden sollte, erwies sich dieser zweite Argumentationsstrang als weit beständiger und wurde bis in die zweite Hälfte des 20. Jahrhunderts verwendet und beispielsweise auch regelmässig von fürsorgerischen Fachkreisen[83] vorgebracht. Und zwar äusserten Verfechter der administrativen Versorgung die Ansicht, dass das mehrstufige Verfahren bei einer administrativen Versorgung – dieses ging im Kanton Bern von den Gemeinden über die Bezirksbehörden hin zum Regierungsrat[84] – den Betroffenen das notwendige Mass an Rechtssicherheit und Rechtsschutz gewährleiste. Denn die Gemeinden, so lautete das Argument, könnten nicht selbst über eine Versorgung entscheiden, sondern müssten zunächst mit einem «gehörig begründeten» Antrag an den Regierungsstatthalter[85] gelangen. Dieser wiederum leite den Antrag nach entsprechender Prüfung und allfälligen ergänzenden Untersuchungen an den Regierungsrat weiter, der schliesslich den eigentlichen Versorgungsentscheid fällte. Dieser Verfahrensweg gewährleiste, dass

83 Vgl. hierzu Kapitel 6.2.

84 Vgl. weiter unten in diesem Kapitel zum Versorgungsverfahren gemäss dem Arbeitsanstaltengesetz.

85 Die Regierungsstatthalter stehen im Kanton Bern einem Amtsbezirk vor und repräsentieren die Verwaltungsebene zwischen den Gemeinden und dem Kanton. Sie überwachen den ordnungsgemässen Gang der Bezirksverwaltung, beaufsichtigen die Gemeinden und sind in den von der Gesetzgebung bezeichneten Fällen Aufsichts-, Bewilligungs-, Genehmigungs-, Vollzugs und Verwaltungsjustizbehörde. Anne-Marie Dubler, Bern (Amtsbezirk), in: Historisches Lexikon der Schweiz (HLS), Version 3. Juli 2002, www.hls.ch; Daniel Flückiger, Repräsentanten der Obrigkeit – volksnahe Vermittler. 200 Jahre Regierungsstatthalter im Kanton Bern, in: Berner Zeitschrift für Geschichte und Heimatkunde, 68, 1 (2006), S. 1–62, hier S. 11; Wörterbuch der bernischen Rechts- und Verwaltungssprache, Staatskanzlei des Kantons Bern (Hg.), Bern 1996, S. 39, 557.

«alle Rechtsmittel» gewahrt würden und kein «Justizmord» begangen werde,[86] und verhindere, dass «von Seiten der Gemeinden alles abgeschoben werden kann, was ihnen unbequem» erscheine.[87] Dass diese im Kanton Bern geltende Verfahrensregelung eine gewisse einheitliche Abwicklung der administrativen Versorgungen gewährleistete und auch dazu führte, dass in einzelnen Fällen eine Entscheidung zugunsten der Betroffenen ausfiel – indem zum Beispiel ein Versorgungsantrag einer Gemeinde abgewiesen wurde –, traf zwar tatsächlich zu. Sie verhinderte jedoch nicht, wie dies der Fall Frieda Berger in Kapitel 5 zeigt, dass den Gemeindebehörden eine ausgesprochen grosse Machtfülle gegeben war und eine betroffene Person im wahrsten Sinn des Wortes auf Jahre hin in einer Anstalt «versenkt» werden konnte, ohne dass die Sachlage von einer unabhängigen Instanz beurteilt worden wäre.

Insgesamt zeigen die bernischen Grossratsdebatten von 1883 über die Einführung der administrativen Versorgung das Spannungsfeld auf, das sich bei der Debatte über den Stellenwert verfassungsrechtlicher Bestimmungen auftun konnte: Auf der einen Seite gab es Positionen wie die von Ritschard vertretene – er attestierte den massiv in die persönliche Freiheit eingreifenden Versorgungsmassnahmen Strafcharakter, weswegen sie nur von der unabhängigen Instanz eines Richters angeordnet werden dürften –, die von einem konsequent liberalen Rechtsstaatsverständnis zeugen. Auf der anderen Seite gab es Positionen – und deren Anhänger waren im Grossen Rat zu Beginn der 1880er-Jahre deutlich in der Mehrheit –, denen zufolge die Orientierung an verfassungsmässigen Grundsätzen nicht das oberste Prinzip sein sollte. Gemäss dem von ihnen vertretenen Staatsbürgerschaftskonzept konnten gewisse Gruppen, die gegen die bürgerlichen Normen und Wertvorstellungen verstiessen, von der Gewährleistung der Grundrechte ausgeschlossen werden und dem öffentlichen Interesse des Staates Vorrang gegeben werden vor dem Interesse des einzelnen Individuums respektive dem liberalen Grundsatz der persönlichen Freiheit. Die Debatten im Grossen Rat zeugen hier von einem Staatsverständnis, das weitgehend traditionellem Denken verhaftet war, wonach der Staat zu einem autoritär-paternalistischen und repressiv-disziplinierenden Zugriff auf die einzelnen Individuen befugt war.

86 TGRB, 1883, S. 397.

87 Ebd., S. 287. Vgl. hierzu weiter ebd., S. 294, 397. Für Kritik an der Einweisungskompetenz der Exekutive vgl. W. Zumstein, Kritische Betrachtungen zum Verwaltungsjustizverfahren, in: Zeitschrift des Bernischen Juristenvereins, 9 (1946), S. 353–370, hier S. 367; Dubs, Grundlagen, 1955, S. 163.

2.3 Das «Gesetz betreffend Errichtung kantonaler Arbeitsanstalten» (1884)

Nachdem der Grosse Rat ein erstes Mal am 30. Mai 1883 und ein zweites Mal am 24. November 1883 über die Einführung der administrativen Versorgung debattiert hatte, stimmte er am Schluss der zweiten Beratung im November schliesslich «einstimmig» für das für das *Gesetz betreffend Errichtung kantonaler Arbeitsanstalten.*[88] Mit der Annahme durch die Stimmberechtigten am 11. Mai 1884 trat es noch am selben Tag in Kraft.[89] Nicht nur die Grossräte hatten sich geschlossen für das neue Rechtsinstrument ausgesprochen, sondern auch die Stimmberechtigten – wie weiter oben ausgeführt, umfassten diese etwa einen Drittel der volljährigen Bevölkerung – nahmen das Gesetz mit einem relativ hohen Jastimmenanteil von 64 Prozent (30523 Jastimmen gegen 17054 Neinstimmen) an.[90] In diesem Kapitel 2.3 soll es nun darum gehen, die Bestimmungen des Arbeitsanstaltengesetzes in seinen Grundzügen vorzustellen; dies nicht zuletzt auch aus dem Grund, weil das Versorgungsrecht, wie es 1884 erlassen wurde, schliesslich die Basis bildete für die fast hundertjährige administrative Versorgungspraxis im Kanton Bern.

Die gesetzlichen Gründe für eine administrative Versorgung gemäss Artikel 4 des Arbeitsanstaltengesetzes von 1884

Das Arbeitsanstaltengesetz von 1884 umfasste elf Artikel.[91] Diese regelten neben dem Beschluss zur Errichtung von Arbeitsanstalten (Art. 1–3) die gesetzlichen Gründe für eine administrative Versorgung (Art. 4), weiter das Einweisungs- und Entlassungsverfahren (Art. 5–9), und sie enthielten knappe Bestimmungen zu den institutionellen Rahmenbedingungen der Arbeitsanstalten (Art. 10–11).
Das Gesetz bestimmte in Artikel 4 vier Kategorien von Personen, die administrativ in eine Arbeitsanstalt eingewiesen werden konnten: Die erste Kategorie umfasste entmündigte Personen sowie Kinder und Jugendliche, die sich den Vormündern, Aufsichtsbehörden oder Eltern «beharrlich widersetzen» (Art. 4

88 TGRB, 1883, S. 402.
89 Gesetz betreffend Errichtung kantonaler Arbeitsanstalten vom 11. Mai 1884, in: GDV, 1884, S. 107.
90 Ebd. Die Abstimmung war infolge des bernischen Referendumsgesetzes von 1869, das die demokratische Bewegung durchgesetzt hatte, notwendig. Beat Junker, Geschichte des Kantons Bern seit 1798, Bd. 2: Die Entstehung des demokratischen Volksstaates 1831–1880, Bern 1990, S. 333–337; Tanner, Patrioten, 1995, S. 592. Schaffroth erwähnt das Vorhandensein von «Opposition» gegen das Gesetz; diese sei, so Schaffroth, «zweifellos» darauf zurückzuführen, dass die Gemeinden bei einer administrativen Versorgung ein Kostgeld zu entrichten hatten. Schaffroth, Geschichte, 1898, S. 294.
91 Vgl. das vollständige Arbeitsanstaltengesetz vom 11. Mai 1884 in Anhang 1.

Ziff. 1). In die zweite Kategorie – auf dieser Gruppe liegt der Fokus der vorliegenden Arbeit – fielen Personen, die sich «in fortgesetzter Weise dem Müssiggange, der Trunkenheit, oder in anderer Weise einem liederlichen Lebenswandel ergeben und infolge dessen arbeitslos und unterstützungsbedürftig werden oder öffentliches Ärgernis erregen» (Art. 4 Ziff. 2).[92] Während gemäss dieser Bestimmung in Artikel 4 Ziffer 2 Unterstützungsbedürftigkeit vorliegen musste, bevor eine administrative Versorgung vorgenommen werden konnte, kannten einige Kantone im 19. Jahrhundert die administrative Versorgung wegen drohender Unterstützungsbedürftigkeit. So konnten zum Beispiel gemäss dem thurgauischen Versorgungsgesetz von 1849 Personen mit einem «liederlichen oder ausschweifenden oder arbeitsscheuen» Lebenswandel, die «ihren Heimatgemeinden zur Last zu fallen drohen», in die Zwangsarbeitsanstalt Kalchrain eingewiesen werden.[93] Die Erweiterung des Versorgungsrechts um die Einweisungsvoraussetzung der drohenden Unterstützungsbedürftigkeit nahm der Kanton Bern mit dem Armenpolizeigesetz von 1912 vor.[94] In die dritte Kategorie fielen Eltern oder Pflegeeltern, die ihre «Pflichten gegen ihre Kinder oder andere unter ihrer Aufsicht stehende Personen in fortgesetzter Weise und nach fruchtloser Mahnung nicht erfüllen» (Art. 4 Ziff. 3). Und viertens konnten «gemeingefährliche» Personen administrativ versorgt werden, die eine Straftat begangen hatten, die jedoch vom Richter als unzurechnungsfähig erachtet und daher von ihrer eigentlichen Strafe befreit worden waren (Art. 4 Ziff. 4).[95] Mit den Versorgungsbestimmungen wurden also verschiedene Gruppen von Personen erfasst, deren Verhalten als sozial deviant eingestuft wurde: von Kindern und Jugendlichen, die sich Autoritäten «widersetzten», bis hin zu Straffälligen, bei denen eine administrative Versorgung im Sinne einer sichernden Massnahme verhängt wurde.

Das Versorgungsverfahren

Das Versorgungsverfahren, wie es das Arbeitsanstaltengesetz regelte, berechtigte die kommunalen Armenbehörden, die Vormundschaftsbehörden, die Orts-

92 Ähnlich wie der Kanton Bern kannten einige andere Kantone neben der Unterstützungsbedürftigkeit das «Erregen öffentlichen Ärgernisses» als Voraussetzung für eine Einweisung, zum Beispiel der Kanton Obwalden gemäss der *Verordnung des Kantonsrates vom 27. April 1893 betreffend Versorgung in Zwangsarbeits-, Trinkerheil- und Besserungsanstalten* oder der Kanton Luzern gemäss dem *Gesetz über die Errichtung einer Zwangsarbeitsanstalt für den Kanton Luzern vom 4. März 1885*. Bossart, Freiheit, 1965, S. XX; Dubs, Grundlagen, 1955, S. 141 f.

93 Ebd., S. 140; Lippuner, Bessern, 2005, S. 71.

94 Vgl. hierzu Kapitel 3.1.2.

95 Die Ziffer dieses Artikels war dabei an Artikel 47 des bernischen Strafgesetzes von 1866 (StGB BE) gekoppelt. Germann, Psychiatrie, 2004, S. 317–325. Vgl. zur Definition des Begriffs der «Zurechnungsfähigkeit» ebd., S. 174–176. 1908 wurde Artikel 47 auf vermindert Zurechnungsfähige ausgedehnt. Ebd., S. 95, 333–339.

polizeibehörden und die Regierungsstatthalter, einen Einweisungsantrag zu stellen. Sie hatten ihren Antrag «gehörig motivirt und mit den zugehörigen Belegen versehen»[96] beim zuständigen Regierungsstatthalter einzureichen. Dem Regierungsstatthalter war es anschliessend aufgetragen, die betreffende Person einzuvernehmen – dieser Passus war, wie oben erwähnt, auf Antrag von Grossrat Müller in der Grossratsdebatte am 30. Mai 1883 eingefügt worden – und die eingereichten Akten zu prüfen. Erachtete er die Aktengrundlage als unzureichend, konnte er sie vervollständigen, indem er die antragstellenden Behörden um weitere Stellungnahmen bat, Zeugen befragte oder weitere Beweismittel besorgte.[97] Der Antrag Boinays hatte zudem erwirkt, dass die betroffenen Personen die Vervollständigung der Akten verlangen konnten.[98] Erachtete der Regierungsstatthalter die ihm vorliegenden Akten als ausreichend, liess er sie dem Regierungsrat zur Beschlussfassung zukommen.[99] Letzterer entschied schliesslich «endgültig», das heisst in erster und in letzter Instanz, über eine administrative Versorgung.[100] Mit diesem Verfahren verfügte der Kanton Bern über das am detailliertesten geregelte Verfahren in der Schweiz. Der Jurist Dubs stellte 1955 nämlich fest, dass von den in den 1950er-Jahren in der Schweiz bestehenden Versorgungsverfahren jenes des Kantons Bern (seit 1912 galt hier das Armenpolizeigesetz) am «ausführlichsten» geregelt war. Da das Verfahren gemäss dem Armenpolizeigesetz von 1912 praktisch identisch war mit dem des Arbeitsanstaltengesetzes von 1884, lässt sich Dubs Aussage auf das Arbeitsanstaltengesetz übertragen, da es unwahrscheinlich ist, dass ein Kanton ein ehemals umfassend geregeltes Verfahren später vereinfachte.[101] Es gab Kantone, in denen, anders als im Kanton Bern, keine zwischengeschaltete Instanz ein Ermittlungsverfahren durchführte und in denen die antragstellende Behörde direkt an die entscheidende Instanz gelangte. So reichte zum Beispiel im Kanton Thurgau die als kommunale Armenbehörde fungierende Kirchenvorsteherschaft ihren Versorgungsantrag direkt beim Regierungsrat ein.[102]

War ein Versorgungsentscheid durch den bernischen Regierungsrat ergangen, hatten die Betroffenen keine Möglichkeit, bei einer höheren Instanz Rekurs einzulegen. Das einzige Mittel, das ihnen zur Verfügung stand, um einen Versorgungsbeschluss anzufechten, bestand darin, mit einer staatsrechtlichen Beschwerde eine Verletzung der Bestimmungen der Bundesverfassung geltend zu

96 Art. 6 AAG.
97 Art. 7 AAG.
98 Art. 7 AAG.
99 Art. 7 AAG.
100 Art. 8 AAG.
101 Dubs, Grundlagen, 1955, S. 135 f.
102 Bossart, Freiheit, 1965, S. 71, 91; Lippuner, Bessern, 2005, S. 72.

machen.[103] Eine solche staatsrechtliche Beschwerde war ein ausserordentliches und kein ordentliches Rechtsmittel, was bedeutete, dass das Bundesgericht – als Gericht mit beschränkter Kognition – in einem solchen Fall lediglich die Rechtsanwendung prüfte, jedoch keine Sachverhalte ermittelte und richterlich überprüfte.[104] Über ein gerichtliches Rekursverfahren verfügten um 1900 nur die Kantone Glarus und Aargau; in seiner Überblicksdarstellung fasst Bossart denn auch diese beiden Kantone unter der Rubrik «Sonderfälle».[105] So hatte in Glarus gemäss dem Armengesetz von 1878 in erster Instanz der Präsident des Polizeigerichts als Einzelrichter zu entscheiden. Dieser Entscheid konnte beim Polizeigericht als zweiter Instanz angefochten werden.[106] Das aargauische Versorgungsgesetz von 1868, das *Gesetz über die Errichtung einer Zwangsarbeitsanstalt*, sah in einem strafprozessähnlichen Verfahren einen erstinstanzlichen Entscheid durch das Bezirksgericht und eine Rekursmöglichkeit an das Obergericht vor.[107] Genau genommen kann also in den Kantonen Glarus und Aargau nur bedingt von einer administrativen Versorgung gesprochen werden. Wie es dazu kam, dass sich diese Kantone nicht für einen administrativen Verfahrensweg entschieden, ist aus der vorliegenden rechtswissenschaftlichen Literatur nicht zu erfahren und müsste durch weitere sozial- und rechtsgeschichtliche Untersuchungen geklärt werden.

Gemäss den Bestimmungen des bernischen Arbeitsanstaltengesetzes von 1884 konnte eine erstmalige Einweisung auf höchstens ein Jahr, eine Einweisung «Rückfälliger» auf höchstens zwei Jahre festgelegt werden.[108] Zudem gab es verschiedene Instrumente der Flexibilisierung, mit denen während des Vollzugs einer administrativen Versorgung die ursprünglich festgelegte Versorgungszeit verlängert oder verkürzt werden konnte.[109] So konnte der Regierungsrat bei «schlechter Aufführung der Detenirten in der Anstalt oder wenn andere Umstände es rechtfertigen» die Verlängerung der Versorgungsdauer anordnen.[110]

103 Ebd., S. 75, 257. Erst mit der Revision der Versorgungsbestimmungen Mitte der 1960er-Jahre wurde im Kanton Bern die Möglichkeit geschaffen, gegen einen Versorgungsentscheid beim bernischen Verwaltungsgericht Rekurs einzulegen. Vgl. hierzu Kapitel 7.2.3.

104 Hans Marti, Die staatsrechtliche Beschwerde. Mit Berücksichtigung der bundesgerichtlichen Rechtsprechung bis zum 1. August 1978, Bern 1979. Die Beschwerdemöglichkeit beim Bundesgericht entsprach nicht der richterlichen Überprüfung, wie sie später die EMRK verlangte. Otto Stebler, Administrativversorgung und Menschenrechte, Referat gehalten am 3. Kurs für Fürsorgebeamte in der Region Nordwestschweiz in Lenzburg am 28./29. Oktober 1972, in: Zeitschrift für öffentliche Fürsorge, 69, 3 (1972), S. 33–44, hier S. 37.

105 Bossart, Freiheit, 1965, S. 77.

106 Ebd., S. 78; Zbinden, Einweisungsverfahren, 1942, S. 31.

107 Dubs, Grundlagen, 1955, S. 164; Zbinden, Einweisungsverfahren, 1942, S. 31.

108 Art. 9 AAG.

109 Vgl. hierzu auch Lippuner, Bessern, 2005, S. 199f.

110 Art. 9 AAG.

Weiter war der Regierungsrat befugt, eine vorzeitige Entlassung zu beschliessen, wenn sich eine Person in der Anstalt «gut aufgeführt» hatte und wenn eine «Besserung in ihrem Lebenswandel erwartet werden durfte».[111] Damit konnte zum einen die Entwicklung im einzelnen Fall berücksichtigt und zum Beispiel die soziale Kontrolle bei ungünstiger Prognose verlängert respektive bei günstiger Prognose verkürzt werden. Zum andern liessen sich mit diesen Instrumenten auch externe Faktoren berücksichtigen. So wird weiter unten in diesem Kapitel ausgeführt, dass sich die Gemeinden beispielsweise im Frühling und im Sommer eher bereit zeigten, eine Anstaltsentlassung zu befürworten, weil es dann für die Betroffenen einfacher war, in Freiheit einer Erwerbstätigkeit nachzugehen. Letztendlich bedeuteten diese Bestimmungen, dass es für die Betroffenen, anders als bei einem strafrechtlichen Freiheitsentzug, bei dem man genau wusste, wann er zu Ende war, höchst ungewiss war, wie lange ihre Versorgung dauerte und sie dem Gutdünken und den Einschätzungen von Gemeindebehörden und Anstaltsvorstehern ausgeliefert waren.

2.4 Unterbringung in verschiedenen Vollzugseinrichtungen

In diesem Kapitel wird rekonstruiert, in welchen Vollzugseinrichtungen administrativ versorgte Frauen und Männer im Kanton Bern untergebracht waren. Anders als im Kanton Thurgau, wo sowohl Frauen als auch Männer in die Zwangsarbeitsanstalt Kalchrain eingewiesen wurden, dienten im Kanton Bern hierfür zu unterschiedlichen Zeiten unterschiedliche Einrichtungen, wobei die beiden wichtigsten Vollzugsorte für administrative Versorgungen die Anstalten St. Johannsen für die Männer und Hindelbank für die Frauen waren.[112]

111 StVB, 1897, S. 239. Die vorzeitige Entlassung war in Art. 9 AAG geregelt. Eine Entlassung konnte gemäss Artikel 9 «auch unter dem Vorbehalt polizeilicher Aufsicht bedingt verfügt» werden. Damit werde, wie Berichterstatter Schwab in der Grossratsdebatte ausführte, der «Grundsatz der bedingten Entlassung» eingeführt. TGRB, 1883, S. 296.

112 Zum Vollzug der Massnahmen bestimmte das Arbeitsanstaltengesetz von 1884, dass sowohl Minderjährige und Erwachsene als auch die Geschlechter voneinander getrennt werden sollten. Art. 2 AAG. Dem Regierungsrat war es aufgetragen, die «nothwendigen Anstaltsreglemente» zu erlassen sowie die «nähern Bedingungen [der] Entlassung oder eventuellen Begnadigung» zu formulieren. Art. 11 AAG. In der vorliegenden Arbeit wird nicht untersucht, wie sich der Vollzug der administrativen Versorgung Minderjähriger im Lauf der Zeit entwickelte. In einer Botschaft des bernischen Grossen Rates aus dem Jahr 1965 anlässlich der Revision des bernischen Versorgungsrechts werden als Vollzugsanstalten für Minderjährige die «Erziehungsheime Prêles und Loryheim» genannt. Botschaft des Grossen Rates des Kantons Bern betreffend Gesetz über Erziehungs- und Versorgungsmassnahmen, Mai 1965, S. 26, StAB, BB 13.1.226.

Die Unterbringung der administrativ versorgten Männer in der Straf- und Arbeitsanstalt St. Johannsen

Nach Inkrafttreten des Arbeitsanstaltengesetzes am 11. Mai 1884 wurde die «Männerarbeitsanstalt» in der Straf- und Arbeitsanstalt St. Johannsen eingerichtet.[113] Die Anstalt St. Johannsen befand sich südwestlich des Bielersees im Berner Seeland. Wie es dem Arbeitsanstaltengesetz entsprach, das in Artikel 10 bestimmte, die «hauptsächliche Beschäftigung» der administrativ Versorgten habe in der Landwirtschaft zu erfolgen, wurden die Insassen von St. Johannsen vor allem im anstaltseigenen Landwirtschaftsbetrieb beschäftigt. Dieser umfasste Gemüse-, Getreide- und Obstanbau sowie Viehhaltung. Daneben führte die Anstalt einen Gewerbebetrieb, zu welchem unter anderem eine Schuhmacherei und eine Korbflechterei gehörten. Weiter wurden die Insassen zu Taglohnarbeiten herangezogen und zum Beispiel in den Dienst der Rebbauern am Bielersee gestellt. Weitere Einsatzgebiete waren der Strassenbau, der Torfabbau, Ufersicherungs- oder Holzschlagarbeiten. Die Taglohnarbeiten wurden in den 1940er-Jahren eingestellt; die Beschäftigung erstreckte sich seither vor allem auf den Landwirtschafts- und den Gewerbebetrieb. Wie diese Beschreibung der Arbeitstätigkeit der Insassen von St. Johannsen zeigt, richtete sich diese vor allem am Zweck aus, die ökonomische Subsistenz der Anstalt sicherzustellen und die betrieblichen Bedürfnisse der Anstalt, die dazu angehalten war, so weit wie möglich selbst versorgend zu sein, zu befriedigen. Wie stark die Anstaltsökonomie das Bild der Anstalt St. Johannsen prägte, zeigt sich beispielsweise auch daran, dass in den Jahresberichten Ausführungen zu den Ereignissen des Landwirtschaftsjahres breiten Raum einnahmen und ausführlich über Ernteerträge, Viehbestände, Witterungseinflüsse, Tierkrankheiten oder Schädlingsbefall berichtet wurde.

Die Kolonie Ins

Die Anstalt St. Johannsen verfügte etwa fünf Kilometer entfernt, im Dorf Ins, über eine Art Aussenposten, die Kolonie Ins. Diese Kolonie – die Bezeichnung ist zeitgenössisch – wurde vorerst als provisorischer, später als definitiver Un-

113 Die ehemalige Benediktinerabtei St. Johannsen wurde im Frühling 1884 als Strafanstalt für Männer und Frauen und als Arbeitsanstalt für Männer eröffnet. Nach der Eröffnung von Witzwil 1895 kamen die straffälligen Männer dorthin. 1911, als die Frauenstrafabteilung in St. Johannsen abbrannte, wurden auch die straffälligen Frauen anderweitig untergebracht, und zwar kamen sie nach Hindelbank. In der Folge war St. Johannsen bis 1942 eine reine Arbeitsanstalt für administrativ versorgte Männer. Nach dem Inkrafttreten des StGB 1942 wurden als neue Kategorie Haftgefangene für die Verbüssung von Haft zwischen einem und drei Monaten in St. Johannsen eingewiesen sowie sichernde strafrechtliche Massnahmen gemäss StGB – vgl. hierzu Kapitel 3.1.2 – vollzogen. Jahresberichte 1912, 1944, 1951 der Arbeitsanstalt St. Johannsen, StAB, PA 361. Bis 1976 trug St. Johannsen offiziell die Bezeichnung «Arbeitsanstalt». StVB, 1976, S. 186.

Die landwirtschaftliche Kolonie Ins wurde 1884 zum ersten Unterbringungsort für die administrativ versorgten Männer bestimmt. Links im Bild ist ein Stück des Gleises der 1901 eröffneten Bahnstrecke Bern–Neuenburg zu sehen. Das grosse Landwirtschaftsgebäude rechts und das Bahnwärterhäuschen ganz links stehen noch heute. Im weissen Gebäude in der Bildmitte, das heute nicht mehr existiert, waren die Insassen und die Werkführer untergebracht. Im Hintergrund die weite Fläche des Grossen Mooses. Aufnahme aus dem Jahr 1920 (Fotoarchiv Anstalten Witzwil).

Die gross angelegte, 1834 eröffnete Strafanstalt Bern (links im Bild mit Hofmauer, rechts die Heiliggeistkirche). Bereits 1898 wurde sie unter dem Druck der Zunahme von Bevölkerung und Verkehr und aufgrund von Überbelegungs- und Hygieneproblemen, aber auch im Zuge internationaler Gefängnisreformen hin zu differenzierteren Vollzugspraktiken wieder abgerissen. Die Insassinnen und Insassen wurden fortan in den stadtfernen und von landwirtschaftlicher Arbeit geprägten Anstalten Witzwil, St. Johannsen, Hindelbank und Thorberg eingesperrt (Fotoarchiv Anstalten Witzwil).

terbringungsort für die administrativ versorgten Männer bestimmt.[114] Die Kolonie Ins, wo landwirtschaftliche Arbeiten verrichtet wurden, verfügte über eigene Unterkunftsräumlichkeiten, sodass die Insassen auch nachts dort blieben. Zum Zeitpunkt, als die administrative Versorgung eingeführt wurde, bestand die Kolonie Ins bereits seit knapp zehn Jahren. Sie hatte im Frühjahr 1875 ihren Betrieb aufgenommen, um etwa dreissig Sträflinge der Strafanstalt Bern[115] mit Entsumpfungs- und Meliorationsarbeiten zu beschäftigen, die im Zusammenhang mit der Juragewässerkorrektion anfielen; beim Seeland, wo sich die Kolonie Ins befand, handelte es sich um ein Überschwemmungsgebiet der Aare.[116] Mit der Errichtung der Kolonie Ins wollte man ein doppeltes Ziel erreichen: Zum einen sollte die Arbeitstätigkeit als solche Straf- respektive Besserungszwecke erfüllen, zum andern sollten zuvor naturbelassene Gebiete für die Landwirtschaft erschlossen werden; dies war beispielsweise auch in der bereits 1823 gegründeten niederländischen Kolonie Veenhuizen der Fall, die im einleitenden ersten Kapitel vorgestellt wurde. Mit der Inbetriebnahme von St. Johannsen 1884 war die Kolonie Ins schliesslich von der Strafanstalt Bern in die Zuständigkeit von St. Johannsen übergegangen.[117] Mit der Einführung der administrativen Versorgung wurde also nicht eine neue Anstalt errichtet, sondern es erfolgte ein Rückgriff auf physisch bereits existierende Einrichtungen.

Im Lauf der ersten zehn Jahre nach Inkrafttreten des Arbeitsanstaltengesetzes stieg die Zahl der administrativ Versorgten rasch an, wie weiter unten in diesem Kapitel zur quantitativen Entwicklung der Versorgungsziffern genauer ausgeführt wird. Während sie in den ersten Jahren weit unter hundert gelegen hatte, erhöhte sie sich im Jahr 1892 auf 138. Die Kolonie Ins erwies sich auf Dauer als zu klein für alle männlichen administrativ Versorgten. Für die Jahre 1913 bis 1922 schlüsseln die Staatsverwaltungsberichte auf, wie viele Versorgte sich in der Kolonie Ins und wie viele sich in der Hauptanstalt befanden.[118] Gemäss diesen

114 StVB, 1884, S. 102. Per Dekret wurde 1888 verfügt, es «werden Arbeitsanstalten errichtet in Ins, für Männer; in der Stadt Bern oder deren Nähe, für Weiber». Dekret über die Organisation der Arbeitsanstalten vom 18. Mai 1888, in: GDV, 1888, Art. 1.

115 Die Strafanstalt Bern – auch als Grosses Zuchthaus bezeichnet – befand sich in der Stadt Bern selbst, zwischen Bollwerk und Aarbergergasse (am Standort der heutigen Bollwerkpost). Sie hatte 1834 ihren Betrieb aufgenommen und war die damals grösste Strafanstalt der Schweiz; ursprünglich für 460 Insassinnen und Insassen bestimmt, befanden sich in ihr in einzelnen Jahren bis zu 700 Insassinnen und Insassen. Im Zuge der bernischen Gefängnisreform wurde sie in den 1890er-Jahren aufgehoben und die Gebäulichkeiten 1898 abgebrochen. Paul Hofer, Die Kunstdenkmäler des Kantons Bern, Bd. 3: Die Staatsbauten der Stadt Bern, Basel 1947, S. 425 bis 427; Risse, «Bessern […]», 2006, S. 39–49; Schaffroth, Geschichte, 1898, S. 167–215.

116 Hans Kellerhals, Die Anstalten in Witzwil. Anstalten mit landwirtschaftlichem Strafvollzug, Witzwil 1955, S. 1. Kellerhals bezeichnete die Kolonie Ins in ihren Anfängen als «Versuchsgut». Ebd., S. 2; Schaffroth, Geschichte, 1898, S. 202–204.

117 Schaffroth, Geschichte, 1898, S. 299.

118 StVB, 1913–1922.

Angaben befand sich ungefähr ein Viertel der administrativ Versorgten in der Kolonie, drei Viertel in der Hauptanstalt.[119] Gleichzeitig erwies sich die Kolonie Ins wahrscheinlich nicht für alle administrativ Versorgten als geeigneter Unterbringungsort, denn einem Staatsverwaltungsbericht des Kantons Bern für das Jahr 1892 ist zu entnehmen, die Leitung von St. Johannsen bringe «schwächliche, kränkliche Individuen», welche den «Anstrengungen der landwirthschaftlichen Tätigkeit nicht gewachsen» seien, in der Hauptanstalt und nicht in der Kolonie unter, da sie in der Hauptanstalt zu «einer leichtern, passenderen Beschäftigung angehalten» werden könnten.[120]

Der Einrichtungsstandard in der Kolonie Ins war nicht nur einfach, sondern bot in der ersten Hälfte des 20. Jahrhunderts immer wieder Anlass zu deutlicher Kritik. So ist in den bernischen Staatsverwaltungsberichten zu lesen, dass die Leitung von St. Johannsen selbst in den 1930er-, 1940er- und 1950er-Jahren regelmässig Kritik an den «wirklich sehr unzeitgemässen»[121] und «ungenügenden»[122] Unterkunftsverhältnissen äusserte. Immer wieder forderte die Anstaltsleitung, der Kanton Bern möge Modernisierungen vornehmen. 1940 hiess es etwa, «bauliche Veränderungen» seien «längst nötig».[123] Vereinzelt unternahm der Kanton Bern zwar gewisse Verbesserungsanstrengungen – zu Beginn der 1950er-Jahre wurde die Kolonie Ins beispielsweise mit fliessendem Wasser versehen –, dennoch hielt die Leitung von St. Johannsen im Jahresbericht für 1953 unverändert fest, die Kolonie Ins sei in «baulicher Hinsicht unser grösstes Sorgenkind». Und weiter: «Was wir letztes Jahr mit der Wasserzuleitung zu den primitiven Toiletteneinrichtungen taten, ist nur ein Tropfen auf den heissen Stein. Die Unterkunftsräume sind sehr baufällig und bald dem Einsturz nahe.»[124] Doch es kam nie so weit, dass in Ins umfassende bauliche Renovationen vorgenommen wurden. Mit Beschluss vom 29. Januar 1963 hob der Regierungsrat des Kantons Bern die Kolonie Ins schliesslich auf.[125] Er begründete diesen Entscheid damit, dass die Unterkünfte «modernen Erfordernissen nicht mehr entsprachen» und dass die Insassenzahlen rückläufig seien; der «Bestand der Insassen» habe «dank der anhaltenden Hochkonjunktur eine Verminderung erfahren».[126] Nachdem der regierungsrätliche Entscheid gefallen war, begann St. Johannsen mit dem Ver-

119 In absoluten Zahlen waren beispielsweise 1913 201 administrativ Versorgte in der Hauptanstalt St. Johannsen und 46 in der Kolonie Ins untergebracht. StVB, 1913, S. 80.

120 StVB, 1899, S. 239.

121 Jahresbericht 1944 der Arbeitsanstalt St. Johannsen, StAB, PA 361.

122 Jahresbericht 1957 der Arbeitsanstalt St. Johannsen, StAB, PA 361.

123 StVB, 1940, S. 24. Ähnlich bereits StVB, 1934, S. 16.

124 Jahresbericht 1953 der Arbeitsanstalt St. Johannsen, StAB, PA 361.

125 StVB, 1963, S. 46.

126 Ebd. Vgl. zum Rückgang der Zahl der administrativen Versorgungen im Kanton Bern in der zweiten Hälfte des 20. Jahrhunderts Kapitel 3.2.

kauf des Viehs, das in der Kolonie gehalten wurde, und als die Ställe leer waren, wurden die Insassen, die sich zu diesem Zeitpunkt noch in Ins befanden, aus der Kolonie abgezogen und in der Hauptanstalt St. Johannsen untergebracht. Der Landwirtschaftsbetrieb wurde vorerst in geringem Umfang durch Insassen, die von St. Johannsen tagsüber nach Ins geschickt wurden, weiterbetrieben.[127] Ende 1966 wurde die Kolonie Ins schliesslich ganz aufgegeben und das Land sowie die Gebäude verpachtet.[128] Eine nostalgische Note klang beim Verfasser des Jahresberichtes von St. Johannsen in diesem Jahr nach: «Im Grunde der Dinge ist es schade, dass wir unsere Kolonie Ins aufgeben mussten.» In der «Geschichte des bernischen Straf- und Massnahmevollzugs» sei die Kolonie Ins «historischer Boden», da dort «unter sehr einfachen Verhältnissen mit dem Strafvollzug auf dem Lande begonnen» worden sei.[129]

In den 1910er-, 1920er- und 1930er-Jahren finden sich in den Staatsverwaltungsberichten immer wieder Verweise auf die saisonale Fluktuation der Anstaltspopulation von St. Johannsen und auf die Probleme, die dem Anstaltsbetrieb dadurch erwuchsen. Da die Gemeinden dazu tendierten, so hiess es, Personen vor allem im Herbst und Winter – einer Zeit mit eingeschränkten Arbeitsmöglichkeiten, einem erhöhten Risiko der Erwerbslosigkeit und gravierenderen Folgen dieser Erwerbslosigkeit – nach St. Johannsen einweisen zu lassen und dann «im nächsten Frühjahr schon wieder ihre Entlassung zu befürworten», sei die Anstalt im Winter am stärksten belegt und regelmässig überfüllt.[130] Zu dieser Jahreszeit sei es mitunter schwierig, für alle Insassen ausreichende Beschäftigung zu finden, weswegen insbesondere in dieser Zeit «Akkordarbeiten, wie Wegbauarbeiten, Entwässerungsarbeiten etc.», übernommen würden.[131] Im Sommer hingegen, wenn auch im ausgedehnten Landwirtschaftsbetrieb von St. Johannsen am meisten Arbeit anfiel, komme man mit den zur Verfügung stehenden Arbeitskräften nur knapp aus.[132] Nicht allein das sozial deviante Verhaltenen an sich war also ein Faktor, der die Versorgungswahrscheinlichkeit und die Versorgungsdauer mitbestimmte, sondern auch externe Faktoren wie saisonbedingte Arbeitsmarktbedingungen. Obwohl sich diese Feststellung verschiedentlich in

127 Jahresbericht 1964 der Arbeitsanstalt St. Johannsen, StAB, PA 361.

128 Jahresbericht 1966 der Arbeitsanstalt St. Johannsen, StAB, PA 361.

129 Ebd. Ähnlich StVB, 1963, S. 46. Vgl. weiter unten in diesem Kapitel zum Konzept des landwirtschaftlichen Strafvollzugs am Beispiel der Strafanstalt Witzwil.

130 StVB, 1913, S. 80. Analog stellt Ayass für das deutsche Arbeitshaus Breitenau fest, dass in den Erntemonaten am wenigsten und zu Beginn des Winters am meisten Einweisungen erfolgten. Ayass, Arbeitshaus, 1992, S. 88 f., 148. Zur Winterarbeitslosigkeit und zu deren Folgen vgl. Tögel, Stadtverwaltung, 2004, S. 195.

131 StVB, 1931, S. 20. Eines der Hauptprobleme des Arbeitshauses Breitenau war die Beschäftigung der Insassinnen und Insassen während der Wintermonate. Ayass, Arbeitshaus, 1992, S. 191.

132 Vgl. beispielsweise StVB, 1922, S. 139.

den Staatsverwaltungsberichten des Kantons Bern findet, spielten solche Befunde in Überlegungen zur Konzeptualisierung der administrativen Versorgung – etwa in den Grossratsdebatten oder in fürsorgerischen Fachpublikationen – keine Rolle; zum Beispiel indem alternative Vorgehensweisen oder Instrumente diskutiert worden wären, die diese strukturellen Bedingungen als solche berücksichtigt und den Fokus nicht lediglich auf die einzelnen Individuen gerichtet hätten.

Die Unterbringung der administrativ versorgten Männer in der Strafanstalt Witzwil

Im 20. Jahrhundert wurden administrativ Versorgte aus dem Kanton Bern regelmässig auch in der seit 1895 bestehenden Strafanstalt Witzwil[133] untergebracht. Wie die Straf- und Arbeitsanstalt St. Johannsen befand sich Witzwil im Berner Seeland, am östlichen Ufer des Neuenburgersees, nur knapp zehn Kilometer von St. Johannsen entfernt. Ein entsprechender Hinweis, dass administrativ Versorgte in Witzwil untergebracht waren, findet sich erstmals im bernischen Staatsverwaltungsbericht für das Jahr 1921: Aufgrund der wirtschaftlichen «Krisenzeit» sei St. Johannsen «Ende Oktober bis auf den letzten Platz angefüllt» gewesen, weswegen «eine Anzahl in der Arbeitsanstalt zu Internierender nach Witzwil verbracht» worden sei.[134] Ein offizieller Beschluss, dass Witzwil auch als Unterbringungsort für administrativ Versorgte diene, liess sich in den konsultierten Akten jedoch nirgends finden. Ob bereits zuvor, in den ersten Jahren des 20. Jahrhunderts, administrativ Versorgte in Witzwil untergebracht worden waren, ist aus den Staatsverwaltungsberichten nicht ersichtlich. Verschiedene Hinweise lassen auf jeden Fall darauf schliessen, dass sich während der 1920er- und 1930er-Jahre mehr oder weniger kontinuierlich männliche administrativ Versorgte in Witzwil befanden. Im Staatsverwaltungsbericht für das Jahr 1927 heisst es beispielsweise, in Witzwil befänden sich ungefähr gleich viele administrativ Versorgte wie Straffällige. Dies sei, so der Bericht weiter, ein «Zustand», der «entschieden gewisse Verbesserungen der Einrichtungen der Anstalt» notwendig mache, um «Bestrafte und administrativ Versetzte besser auseinander

133 1891 erwarb der Kanton Bern das Landgut Witzwil, um die im Zuge der bernischen Gefängnisreform vorgesehene Verlegung der Strafvollzugseinrichtungen von städtischen in ländliche Regionen zu vollziehen. Bereits seit dem Frühjahr 1892 wurden Sträflinge und administrativ Versorgte in den in Witzwil bereits vorhandenen Gebäulichkeiten untergebracht. Offiziell nahm Witzwil den Betrieb als Strafanstalt am 1. Mai 1895 auf, nachdem die Errichtung eines Gebäudes mit hundert Einzelzellen abgeschlossen war. Nach der offiziellen Eröffnung Witzwils wurden die administrativ Versorgten nach St. Johannsen überführt. Umgekehrt wurden, wie weiter oben ausgeführt, die männlichen Sträflinge aus St. Johannsen nach Witzwil gebracht. Ohne Autor, Witzwil, 1995, S. 21; StVB, 1892, S. 3; Janiak, Anstalten, 1976, S. 20f.; Kellerhals, Anstalten, 1955, S. 2–4; Risse, «Bessern […]», 2006, S. 57–65, 75; Schaffroth, Geschichte, 1898, S. 337f.

134 StVB, 1921, S. 191, 193; Jahresbericht 1921 der Strafanstalt Witzwil, S. 16, StAB, PB 276.

In der Bildmitte die Straf- und Arbeitsanstalt St. Johannsen (1926), im Hintergrund der Chasseral. Die gerade Linie rechts im Bild ist ein Stück des Zihlkanals, der den Neuenburger- mit dem Bielersee verbindet und im Zuge der Juragewässerkorrektion angelegt wurde, damit das vorher häufig überflutete und sumpfige Seeland kultiviert werden konnte (StAB, BB 04.4.317).

Westpforte der in einer ehemaligen Benediktinerabtei errichteten Straf- und Arbeitsanstalt St. Johannsen, 1892 (StAB, BB 04.4.318).

Der Innenhof der Straf- und Arbeitsanstalt St. Johannsen. Die Aufnahme stammt aus dem Jahr 1895; zu diesem Zeitpunkt waren in St. Johannsen neben administrativ versorgten Männern auch straffällige Frauen untergebracht (StAB, BB 04.4.992).

Ein Grossbrand in der Straf- und Arbeitsanstalt St. Johannsen 1911 wurde zum Anlass, die straffälligen Frauen nach Hindelbank zu überführen (StAB, BB 04.4.989).

Schuhmacherei in der Straf- und Arbeitsanstalt St. Johannsen, um 1940 (StAB, BB 04.4.1254).

Insassen sowohl der Straf- und Arbeitsanstalt St. Johannsen als auch der Strafanstalt Witzwil arbeiteten im Torfabbau, 1917 (Fotoarchiv Anstalten Witzwil).

Kartoffelernte im August 1948 in der Straf- und Arbeitsanstalt St. Johannsen. Der entwässerte Grund war sandig und hatte nur einen geringen Humusanteil (Fotoarchiv Massnahmenzentrum St. Johannsen).

Das neu errichtete Gebäude mit hundert Einzelzellen der Strafanstalt Witzwil im Eröffnungsjahr 1895. Die Zellen waren in den beiden Seitenflügeln untergebracht (Fotoarchiv Anstalten Witzwil).

Roggenernte häufeln in der Strafanstalt Witzwil, 1899 (Fotoarchiv Anstalten Witzwil).

Setzen der Bohnen in der Strafanstalt Witzwil, 1925 (Fotoarchiv Anstalten Witzwil).

Zuckerrübenernte in der Strafanstalt Witzwil, Herbst 1931. Die Insassen tragen die für die Zeit typische Häftlings- und Insassenkleidung (Fotoarchiv Anstalten Witzwil).

Werkstätte für Schuhmacher, Sattler, Schneider, Korbflechter, Buchbinder und Buchdrucker in der Strafanstalt Witzwil, 1918 (Fotoarchiv Anstalten Witzwil).

zu halten».[135] Dass administrativ Versorgte in den 1920er- und 1930er-Jahren in Witzwil kaum oder nicht von den Straffälligen getrennt waren, entsprach nicht der Intention der Grossräte, wie sie sie während der Grossratsdebatten in den Jahren 1910 und 1912 geäussert hatten. Übereinstimmend hatte es geheissen, dass administrativ Versorgte getrennt von strafrechtlich Verurteilten untergebracht werden sollten, da man Erstere als «moins corrumpus et moins dangereux» ansah und verhindert werden sollte, dass sie durch strafrechtlich Verurteilte «angesteckt» würden.[136]

Wie in St. Johannsen stand in der Strafanstalt Witzwil die Landwirtschaft im Zentrum, dies vor allem auch in konzeptueller Hinsicht. Denn bei der 1895 erfolgten Gründung der Strafanstalt Witzwil, auf deren Anwesen ähnlich wie in der Kolonie Ins die Möglichkeit gegeben war, durch die Juragewässerkorrektion trocken gelegte Ländereien zu bewirtschaften,[137] hatte die konsequente Umsetzung des Konzepts des landwirtschaftlichen Strafvollzugs Pate gestanden, was damals in der Schweiz ein Novum war und auf internationales Interesse stiess.[138] So war die Gründung von Witzwil mit der Idee der Kultivierung des umliegenden Bodens verbunden gewesen, und das Vollzugskonzept von Witzwil bezog die «Kultivierung des Bodens, die Besserung der Sträflinge und die schützende Gesellschaftsordnung eng aufeinander», so Urs Germann.[139] Entsprechend diesem Konzept betonte Hans Kellerhals, Direktor von Witzwil, noch 1955, das Motto «Qui se penche sur la terre se relève» habe sich bis zur Stunde bewährt.[140]

135 StVB, 1927, S. 17. Ähnlich StVB, 1928, S. 41.

136 TGRB, 1883, S. 288. Diese Auffassung reflektierte gefängnisreformerische Ansätze, welche anstrebten, Rückfällige und erstmals Bestrafte im Strafvollzug voneinander zu trennen, um eine negative Beeinflussung Letzterer zu verhindern. Lippuner, Bessern, 2005, S. 264–268; Risse, «Bessern [...]», 2006, S. 49 f. Allerdings hielten weder das Arbeitsanstaltengesetz von 1884 noch das Armenpolizeigesetz von 1912 explizit fest, dass administrativ Versorgte nicht gemeinsam mit Straffälligen untergebracht werden durften.

137 Daneben wurden in Witzwil auch Handwerksarbeiten in der Schusterei, Sattlerei, Korbflechterei und Schneiderei ausgeführt. In den 1920er-Jahren kam eine Buchdruckerei hinzu. Ohne Autor, Witzwil, 1995, S. 70 f.

138 Urs Germann, Verbrechensbekämpfung als Kulturarbeit. Das Projekt einer interkantonalen Verwahrungsanstalt in der Linthebene in den 1920er-Jahren, in: traverse, 14, 2 (2007), S. 110 bis 124, hier S. 116–119; Kellerhals, Anstalten, 1955, S. 1; o. A., Witzwil, 1995, S. 66; Risse, «Bessern [...]», 2006, S. 53–88.

139 Germann, Verbrechensbekämpfung, 2007, S. 118.

140 Kellerhals, Anstalten, 1955, S. 1. Hans Kellerhals (1897–1966) war von 1937 bis 1963 Direktor der Anstalten Witzwil. Ohne Autor, Witzwil, 1995, S. 10.

Zum zahlenmässigen Verhältnis zwischen administrativ und strafrechtlich Eingewiesenen in St. Johannsen und Witzwil

Mit dem Inkrafttreten des schweizerischen Strafgesetzbuches 1942 wurde in Witzwil institutionell eine Arbeitserziehungs-[141] und Trinkerheilanstalt Lindenhof aus der eigentlichen Strafanstalt Witzwil ausgesondert. In der Folge beherbergte der Lindenhof administrativ Versorgte und zu Massnahmen gemäss StGB Verurteilte. 1949 wurde in Witzwil die Trinkerheilanstalt Eschenhof, die für rund dreissig Personen Platz bot, aus der Arbeitserziehungsanstalt Lindenhof ausgegliedert.[142]

Die meisten administrativ Versorgten wurden in der Straf- und Arbeitsanstalt St. Johannsen untergebracht. Hier waren sie gegenüber den Straffälligen in der Überzahl, wie drei Stichjahre zeigen: Ende 1945 befanden sich 177 administrativ Versorgte aus dem Kanton Bern zusammen mit sechs Straffälligen in St. Johannsen; hinzu kamen sieben administrativ versorgte «Pensionäre» aus anderen Kantonen.[143] Ende 1955 beherbergte St. Johannsen insgesamt 130 Insassen, davon 101 administrativ Versorgte aus dem Kanton Bern und 29 Straffällige.[144] 1965 teilten sich die insgesamt 102 Insassen von St. Johannsen in 65 administrativ Versorgte aus dem Kanton Bern, vierzehn administrativ versorgte «Pensionäre» sowie 23 Straffällige auf.[145]

Wie Stichproben für dieselben drei Jahre (1945, 1955 und 1965) für die Arbeitserziehungsanstalt Lindenhof und die Trinkerheilanstalt Eschenhof in Witzwil zeigen, stellten auch dort die administrativ Versorgten mehr als die Hälfte der Eingewiesenen und prägten somit das Bild der Anstalt: Von den total 183 Insassen, die der Lindenhof 1945 beherbergte, stammten 61 administrativ Versorgte aus dem Kanton Bern, 45 aus anderen Kantonen; sechzig Prozent der Insassen des Lindenhofs waren also administrativ Versorgte.[146] 1955 hatten der Lindenhof und der Eschenhof zusammen 152 Insassen. 43 von ihnen waren administrativ Versorgte aus dem Kanton Bern, 61 aus anderen Kantonen; also waren siebzig

141 Die Begriffe «Arbeitsanstalt» und «Arbeitserziehungsanstalt» wurden nicht immer klar voneinander getrennt. Meistens kam jedoch, wenn es um Institutionen für administrativ Versorgte ging, der Begriff «Arbeitsanstalt» zum Tragen; wenn es um Institutionen zum Vollzug von sichernden Massnahmen gemäss StGB ging, fand vorwiegend der Begriff «Arbeitserziehungsanstalt» Verwendung. Vgl. zu den sichernden Massnahmen gemäss StGB 1937/42 Kapitel 3.1.2.

142 Ohne Autor, Witzwil, 1995, S. 62; Kellerhals, Anstalten, 1955, S. 9–12; StVB, 1942, S. 33, 35; StVB, 1949, S. 36f.

143 StVB, 1945, S. 42.

144 Jahresbericht 1955 der Arbeitsanstalt St. Johannsen, StAB, PA 361; StVB, 1955, S. 43.

145 StVB, 1965, S. 46. 1975 befanden sich noch knapp fünfzig Insassen in St. Johannsen. Wie es im Staatsverwaltungsbericht für dieses Jahr heisst, machten die «‹Administrativen› den grössten Teil des Bestandes aus», obwohl bei der «Einweisung nach GEV und ZGB nach wie vor grösste Zurückhaltung geübt» werde. StVB, 1975, S. 179.

146 Jahresbericht 1945 der Anstalten Witzwil, S. 36, StAB, PB 276; StVB, 1945, S. 36.

Nach Inkrafttreten des schweizerischen Strafgesetzbuches 1942 wurde 1949 in Witzwil die Trinkerheilanstalt Eschenhof institutionalisiert. Aufenthaltsraum Eschenhof, Foto vermutlich aus dem Jahr 1949 (Fotoarchiv Anstalten Witzwil).

Prozent der Insassen des Lindenhofs und des Eschenhofs administrativ Versorgte.[147] Bis 1965 ging der Anteil der administrativ Versorgten aus dem Kanton Bern in Witzwil stark zurück: Von den insgesamt 84 Insassen, die Lindenhof und Eschenhof Ende 1965 beherbergten, stammten lediglich noch sechs administrativ Versorgte aus dem Kanton Bern, während 54 aus anderen Kantonen kamen; durch die verstärkte Aufnahme von administrativ Versorgten aus anderen Kantonen waren jedoch 1965 immer noch gut siebzig Prozent der Insassen des Lindenhofs und des Eschenhofs administrativ Versorgte.[148] In St. Johannsen wurden also weit mehr Versorgte aus dem Kanton Bern untergebracht als in Witzwil. Da dort jedoch mehr Versorgte aus anderen Kantonen untergebracht waren als in St. Johannsen, wies auch Witzwil einen hohen Bestand an administrativ Versorgten auf.[149] In den Nachkriegsjahrzehnten war sowohl in St. Johannsen als auch in Witzwil die Zahl der bernischen Versorgten rückläufig. Beide Anstalten kompensierten diesen Rückgang, indem sie zunehmend administrativ Versorgte aus anderen Kantonen aufnahmen.

Indem sie sowohl Straffällige als auch Nichtstraffällige aufnahmen – dieser Punkt wird gleich anschliessend bei der Behandlung der Frauenvollzugsanstalt Hindelbank genauer dargestellt –, hatten St. Johannsen und Witzwil mehrere

147 Jahresbericht 1955 der Anstalten Witzwil, S. 21, StAB, PB 276; StVB, 1955, S. 38.

148 Jahresbericht 1956 der Anstalten Witzwil, S. 19, StAB, PB 276; StVB, 1965, S. 41.

149 Ende 1945 beherbergte St. Johannsen total 184 administrativ Versorgte, Witzwil 106. Ende 1955 waren in St. Johannsen total 101 administrativ Versorgte untergebracht, in Witzwil 104. Ende 1965 befanden sich in St. Johannsen 79 Versorgte, während es in Witzwil sechzig waren.

Funktionen inne. Inwiefern eine Trennung von Straffälligen und Nichtstraffälligen innerhalb der Anstalten erfolgte, müsste durch Studien zur konkreten Vollzugspraxis geklärt werden. Für die erste Hälfte des 20. Jahrhunderts lässt sich zumindest für Witzwil auf die oben aus dem Staatsverwaltungsbericht für das Jahr 1927 zitierte Aussage verweisen, wonach «Bestrafte und administrativ Versetzte» nur unzulänglich voneinander getrennt waren. Gemeinsam mit Straffälligen – die sich, anders als administrativ Versorgte, strafrechtlich relevante Delikte hatten zuschulden kommen lassen – eingesperrt zu sein, dürfte stigmatisierend gewirkt haben.

Die Unterbringung der administrativ versorgten Frauen in der Straf- und Arbeitsanstalt Hindelbank

Die «Weiberarbeitsanstalt» für weibliche administrativ Versorgte war von 1884 bis 1888 zunächst in der Zwangsarbeitsanstalt Thorberg untergebracht, danach von 1889 bis 1896 in einem gesonderten Flügel der städtischen Strafanstalt Bern, wo sie unter der Aufsicht von Schwestern aus dem Diakonissenhaus Bern stand. Im Frühjahr 1896 erfolgte schliesslich der Umzug der «Weiberarbeitsanstalt» nach Hindelbank in die Gebäulichkeiten eines ehemaligen Schlossgebäudes, das seit 1866 als Armenverpflegungsanstalt gedient hatte, wo sie in der Folge definitiv verblieb.[150]

Die «Weiberarbeitsanstalt» in Hindelbank war ursprünglich als reine Arbeitsanstalt für administrativ versorgte Frauen konzipiert worden.[151] Doch als im Mai 1911 die Frauenstrafabteilung in St. Johannsen abbrannte, wurden die dort inhaftierten Straftäterinnen nach Hindelbank überführt, womit es zu einem gemischten Vollzug kam.[152] Die Lage mit den in Hindelbank von Anfang an ungenügend ausgestatteten Räumlichkeiten – das Gebäude konnte nur notdürftig beheizt werden, die hygienischen Einrichtungen waren unzulänglich und die Platzverhältnisse eng – wurde durch die Aufnahme der weiblichen Sträflinge zusätzlich prekär. So dienten die Arbeitssäle beispielsweise gleichzeitig als Ess- und Aufenthaltsräume. Die administrativ Versorgten und die vormundschaftlich Eingewiesenen, für die Hindelbank ebenfalls als Vollzugsort diente,[153] und die

150 Leuthardt-Stoecklin, Anstalten, 1979, S. 39; o. A., 100 Jahre Anstalten in Hindelbank, Hünibach 1996, S. 35 f.; StVB, 1885–1896; Albert Wild, Soziale Fürsorge in der Schweiz, Zürich 1919, S. 231.

151 Leuthardt-Stoecklin, Anstalten, 1979, S. 39; Schaffroth, Geschichte, 1898, S. 305.

152 StVB, 1911, S. 168. Seit 1959 trug Hindelbank die Bezeichnung «Strafanstalten für Frauen». Leuthardt-Stoecklin, Anstalten, 1979, S. 3, 44.

153 Leuthardt-Stoecklin verwendet die Kategorie «administrativ Versorgte» sowohl für Frauen, die gemäss kantonalem Recht eingewiesen wurden, als auch für Frauen, die gemäss ZGB eingewiesen wurden. Wie Leuthardt-Stoecklin zeigt, war der Anteil dieser nicht strafrechtlich eingewiesenen Frauen bis in die 1970er-Jahre hoch. Er betrug in der ersten Hälfte des 20. Jahr-

Die Straf- und Arbeitsanstalt Hindelbank im ehemaligen Schlossgebäude, 1925. Der Berner Schultheiss Hieronymus von Erlach hatte die prunkvolle Sommerresidenz auf seinem 1720 erworbenen Gut erbauen lassen (StAB, BB 04.4.1197).

Arbeitssaal in der Straf- und Arbeitsanstalt Hindelbank, 1920 (Fotoarchiv Anstalten Hindelbank).

Arbeiten in der Glätterei in der Straf- und Arbeitsanstalt Hindelbank, 1928 (Fotoarchiv Anstalten Hindelbank).

Waldspaziergang der Insassinnen der Straf- und Arbeitsanstalt Hindelbank in Begleitung von Diakonissinnen in den 1950er-Jahren (Fotoarchiv Anstalten Hindelbank).

Spazierhof der Insassinnen der Straf- und Arbeitsanstalt Hindelbank im Schlosspark (Fotoarchiv Anstalten Hindelbank).

Insassinnen der Straf- und Arbeitsanstalt Hindelbank bei Handarbeiten, 1950er-Jahre (Un comité d'action neutre [Hg.], Les constructions et transformations prévues au pénitencier pour femmes de Hindelbank. Exposé établi en vue de la votation populaire des 23/24 mai 1959, StAB BA 3216).

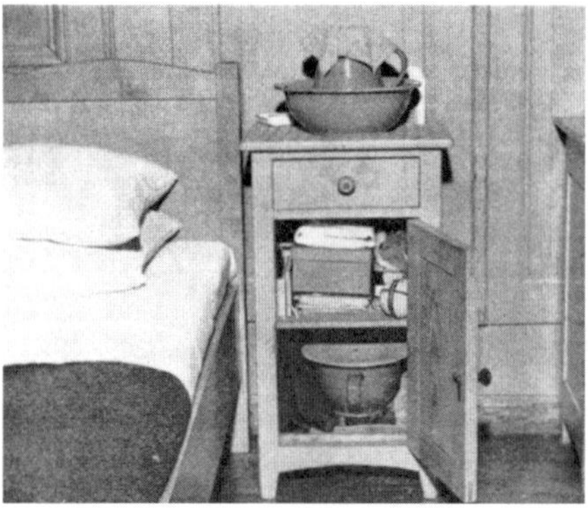

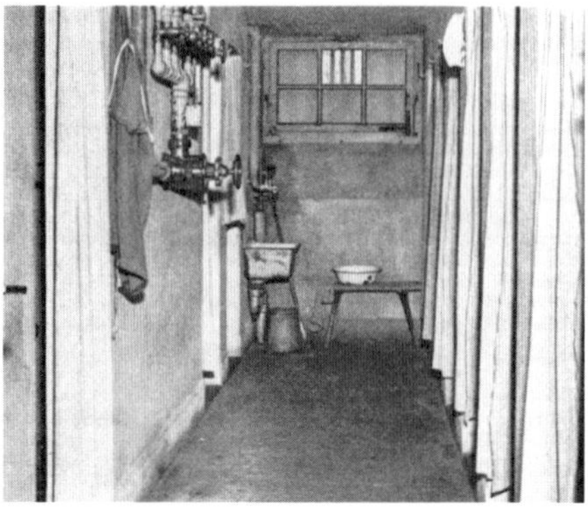

Im Jahr 1959 stimmte die Berner Bevölkerung dem Baukredit für die Um- und Neubauten in Hindelbank zu. In einer Broschüre wurde im Vorfeld auf die dringende Notwendigkeit dieser Investitionen verwiesen, indem Fotos der unzureichenden sanitarischen Einrichtungen, wie die offenen Nachttöpfe oder die mangelhaften Duschen abgebildet wurden (Un comité d'action neutre [Hg.], Les constructions et transformations prévues au pénitencier pour femmes de Hindelbank. Exposé établi en vue de la votation populaire des 23/24 mai 1959, StAB BA 3216).

Straffälligen arbeiteten zusammen und schliefen in gemeinsamen Schlafsälen, da ihre Trennung wegen der räumlichen Gegebenheiten unmöglich war.[154] Ähnlich wie St. Johannsen und Witzwil verfügte auch Hindelbank über einen eigenen Landwirtschaftsbetrieb. Daneben übernahm die Anstalt im Auftrag von Institutionen und Privaten Wäscherei-, Flick- und Nähaufträge. Der Wäschereibetrieb, so hiess es beispielsweise im Staatsverwaltungsbericht für das Jahr 1940, sei mit «bedeutenden Aufträgen des Kantonskriegskommissariates und auch seitens einiger Truppeneinheiten bedacht worden». Leider, so wurde weiter ausgeführt, seien diese Aufträge gegen Ende des Jahres zurückgegangen, da «wegen Benzinknappheit die Truppe das Material nicht mehr überbringen und abholen» könne, zudem sei der Wäschereibetrieb «[u]ngünstig beeinflusst durch die erhöhten Seifen- und Kohlenpreise».[155] Erst in den 1950er-Jahren begann sich das Betä-

hunderts weit über fünfzig Prozent. Gemäss Leuthardt-Stoecklin waren 1920 62 Prozent (bei einem Total von 110 Insassinnen) administrativ und vormundschaftlich Versorgte, 1931 waren es 76 Prozent (Total 78), 1940 84 Prozent (Total 67), 1950 43 Prozent (Total 65) und 1960 56 Prozent (Total 62). 1970 waren bei einem Total von 71 Insassinnen immer noch 48 Prozent administrativ und vormundschaftlich Versorgte. Ebd., S. 45 f.

154 Ebd., S. 41; o. A., Hindelbank, 1996, S. 17. Diese Situation kritisierte bereits 1898 der damalige bernische Gefängnisinspektor Johann Gottlieb Schaffroth. Schaffroth, Geschichte, 1898, S. 302.

155 StVB, 1941, S. 24. Ähnliche Hinweise auf saisonale Schwankungen der Anstaltspopulation wie für St. Johannsen finden sich in den Staatsverwaltungsberichten für Hindelbank nicht.

Die engen Platzverhältnisse, wie hier im geteilten Ess-, Aufenthalts- und Arbeitsraum, stellten ebenfalls ein Problem dar, sodass für Hindelbank bauliche Verbesserungen seit den 1940er-Jahren als zunehmend dringlich erachtet wurden (Un comité d'action neutre [Hg.], Les constructions et transformations prévues au pénitencier pour femmes de Hindelbank. Exposé établi en vue de la votation populaire des 23/24 mai 1959, StAB BA 3216).

tigungsfeld der Insassinnen von Hindelbank etwas zu verändern. Der Umfang der landwirtschaftlichen Arbeiten ging aufgrund der Mechanisierung zurück, neu wurden Kleidungsstücke wie Pullover oder Hemden hergestellt, und in den 1960er-Jahren wurden in anstaltseigenen Werkstätten Teile für eine Radio- und Plattenspielerfabrik montiert sowie elektrische Zahnbürsten hergestellt.[156]
Der in Hindelbank zunächst eigentlich lediglich als Provisorium gedachte Einheitsvollzug blieb schliesslich bis zur Aufhebung der administrativen Versorgung 1981 bestehen.[157] Zwar konnten Ende 1961 und im Sommer 1962 zwei Neubauten bezogen werden, sodass, wie gemäss StGB 1937/42 gefordert, rückfällige Straftäterinnen und erstmals Verurteilte voneinander getrennt werden konnten.[158] Doch die administrativ und vormundschaftlich Versorgten wurden entgegen den Vorgaben des StGB, das klar gesonderte Arbeitserziehungsanstalten vorsah,[159] weiterhin entweder bei den Erstmaligen oder den Rückfälligen untergebracht. In einem Schreiben des Gefängnisinspektors des Kantons Bern vom 15. April 1976 heisst es zur diesbezüglichen Praxis, die administrativ und vormundschaftlich eingewiesenen Frauen würden «je nach ihrem Zustand in die Erstmaligen- oder Rückfälligenabteilung» eingewiesen.[160] In diesen Abtei-

156 Suter, Natur, 2008, S. 79 f. Zu den Arbeitsbedingungen in Hindelbank in den 1970er-Jahren vgl. Leuthardt-Stoecklin, Anstalten, 1979, S. 91–103.

157 Ebd., S. 42, 44 f.

158 Zu den Neubauten in Hindelbank vgl. Suter, Natur, 2008, S. 97–111.

159 Leuthardt-Stoecklin, Anstalten, 1979, S. 42. Das StGB 1937/42 nannte konkret Arbeitserziehungsanstalten: «Die Erziehung zur Arbeit erfolgt in einer Anstalt, die ausschliesslich diesem Zwecke dient oder mit einer Trinkerheilanstalt verbunden ist. Die Verbindung von Arbeitserziehungsanstalt und Trinkerheilanstalt ist nur bei durchgeführter Trennung des Innenbetriebs und der Insassen zulässig.» Art. 43 Ziff. 2 StGB 1937/42. Aus der gesetzlichen Vorgabe, dass Arbeitserziehungsanstalten gesondert zu führen waren, lässt sich ableiten, dass dasselbe auch für die Arbeitsanstalten gegolten hätte.

160 Zitiert nach Leuthardt-Stoecklin, Anstalten, 1979, S. 45. Vgl. hierzu weiter ebd., S. 61 f.

lungen waren alle Insassinnen nachts zwar in Einzelzellen untergebracht, tagsüber jedoch verbrachten sie die Zeit im Spazierhof oder bei Freizeitaktivitäten gemeinsam.[161] Im Anstaltsjargon wurden die administrativ und vormundschaftlich Eingewiesenen als «Braune», die gerichtlich Eingewiesenen als «Blaue» bezeichnet, da die Frauen bis zu Beginn der 1970er-Jahre Kleidungsstücke in entsprechenden Farben tragen mussten.[162] Wie Leuthardt-Stoecklin in ihrer Untersuchung zu Hindelbank für die 1970er-Jahre ausführt, empfanden es alle administrativ und vormundschaftlich Eingewiesenen als «bitteres Unrecht [...], wie ‹Kriminelle› in ein Gefängnis gesperrt» zu werden.[163] Entsprechend merkt Leuthardt-Stoecklin mit dezidierter Kritik an, dass sich der «Vollzug der Administrativversorgung in einer konventionellen Strafanstalt unter keinen Umständen rechtfertigen lässt».[164] Auch Frieda Berger, deren Fallgeschichte in Kapitel 5 vorgestellt wird, fand sich nicht zuletzt deswegen ungerecht behandelt, da sie sich kein strafrechtliches Delikt hatte zuschulden kommen lassen, dennoch aber mit Straftäterinnen gemeinsam eingesperrt war.

Die Institution für administrativ versorgte Männer und Frauen im Sinn einer räumlichen Einheit gab es im Kanton Bern also nicht. Administrative Versorgungen wurden in St. Johannsen, Witzwil, Hindelbank und Thorberg[165] vollzogen; in diesen Institutionen erfolgten auch strafrechtliche Freiheitsstrafen. Daneben konnte eine administrative Versorgung, wie in den Kapiteln 3.1.1 und 3.1.4 gezeigt wird, mit dem Inkrafttreten des Armenpolizeigesetz am 1. Juli 1913 in weiteren Einrichtungen wie in einem geschlossenen Versorgungsheim, einer Trinkerheilanstalt oder – bei einer bedingten administrativen Versorgung – in einer für den individuellen Fall als angebracht erscheinenden Einrichtung wie einem Arbeiterheim oder einer Armenanstalt vollzogen werden. Für die Verteilung der administrativ Versorgten auf diese verschiedenen Institutionen spielten dabei nicht in erster Linie vollzugstheoretisch-konzeptionelle Überlegungen

161 Ebd., S. 4.

162 Ebd.

163 Ebd.

164 Ebd., S. 3. Ähnlich Bossart, Freiheit, 1965, S. 99–101.

165 In der Straf- und Verwahrungsanstalt Thorberg befand sich lediglich eine kleine Minderheit administrativ Versorgter. Ende 1955 befanden sich beispielsweise bei einem Bestand von 269 Insassen nur zehn bernische administrativ Versorgte in Thorberg; 1965 waren es bei einem Bestand von 261 Insassen drei Versorgte. StVB, 1955, S. 34; StVB, 1965, S. 36. Wie dem Staatsverwaltungsbericht für das Jahr 1942 zu entnehmen ist, wurden in Thorberg wiederholt administrativ Versorgte eingewiesen. Es heisst: «Die bisher immer wieder nach Witzwil eingewiesenen rückfälligen Administrativen blieben grösstenteils aus, weil sie jetzt als Gewohnheitsverbrecher der Verwahrungsanstalt Thorberg zugewiesen werden.» StVB, 1942, S. 34. Ähnlich Ausserparlamentarische Kommission zur Beratung des Gesetzes über die Erziehung und Betreuung von Arbeitsscheuen, Liederlichen, Trunksüchtigen und sittlich Verdorbenen, Protokoll, 5. Mai 1954, S. 21, StAB, BB 13.1.195.

eine Rolle, sondern ganz praktische Gegebenheiten wie das vorhandene Angebot an Institutionen sowie deren Aufnahmekapazitäten.

«Ist das Leben auch hart hier, so finde ich es als richtige Schulung für das kommende weitere Leben, für meine Freiheit»

Soweit dies anhand der konsultierten Quellen rekonstruiert werden kann, entsprach der Vollzug, dem die administrativ Versorgten unterworfen waren, weitgehend demjenigen für straffällige Inhaftierte. Dabei wurde den Insassen von St. Johannsen und Witzwil und den Insassinnen von Hindelbank zu Beginn des 20. Jahrhunderts auch religiöse und seelsorgerische Betreuung geboten. Es fanden regelmässig Gottesdienste statt, Weihnachtsfeiern wurden abgehalten, und die Heilsarmee besuchte die Anstalten. In Hindelbank hielten zudem «Damen der Patronatskommission» «Erbauungsstunden» und «religiöse Ansprachen» ab.[166] Seit den 1920er-Jahren kamen weitere Möglichkeiten der «geistigen und gemütlichen Erbauung» hinzu.[167] St. Johannsen, Witzwil und Hindelbank erweiterten die Bibliotheken und veranstalteten – vor allem im Winter – bildende Vorträge, musikalische Darbietungen und Lichtbild- und Filmvorführungen. «Bibliothek, Lichtbilder- und Kinovorträge, Vorleseabende der Pfarrherren und die Veranstaltungen der Heilsarmee [...] bringen all jenen, die Sinn dafür haben, geistige Anregung und Unterhaltung», hiess es beispielsweise in St. Johannsens Staatsverwaltungsbericht für das Jahr 1935.[168]

Zentral richtete sich der Vollzug bis weit ins 20. Jahrhundert hinein am seit dem 19. Jahrhundert herrschenden Paradigma «Bessern durch Erziehung zur Arbeit» aus.[169] Im Staatsverwaltungsbericht für das Jahr 1930 heisst es etwa zu Hindelbank: «Da Arbeit in erster Linie als Erziehung gewertet werden muss, darf nur ganz gewissenhafte Arbeit die Anstalt verlassen.»[170] Die Arbeits- und Strafanstaltsinsassinnen und -insassen sollten zu diesem Zweck an eine geregelte Arbeitsweise und an einen – durch die Anstaltsordnung vorgegebenen – strukturierten Tagesablauf gewöhnt werden.[171] Dadurch sollten ihr Verhalten und ihre Einstellung transformiert werden, sodass sie nach der Entlassung in der Lage

166 Vgl. beispielsweise StVB, 1904, S. 151; StVB, 1905, S. 52; StVB, 1917, S. 53.

167 StVB, 1934, S. 23.

168 StVB, 1935, S. 16. Seit den 1940er-Jahren gab es berufliche Bildungsmöglichkeiten für das Anstaltspersonal. So bot der Schweizerische Verein für Straf-, Gefängniswesen und Schutzaufsicht Kurse und Referate an, die zum Beispiel psychologische und psychiatrische Basiskenntnisse vermittelten oder Fragen des Vollzugs behandelten. Ebenfalls in die 1940er-Jahre fällt die Institutionalisierung psychiatrischer Dienste in den Anstalten. Germann, Psychiatrie, 2004, S. 449–464; Suter, Natur, 2008, S. 51–53.

169 Ayass, Arbeitshaus, 1992, S. 178–198, 255–257; Kellerhals, Anstalten, 1955, S. 9; o. A., Witzwil, 1995, S. 52; Stekl, Zucht- und Arbeitshäuser, 1978, S. 220–240.

170 StVB, 1930, S. 23.

171 Vgl. zur Arbeitstherapie im Kontext der Psychiatrie im 20. Jahrhundert Urs Germann, Arbeit

In den 1920er-Jahren erweiterten Witzwil, St. Johannsen und Hindelbank ihre Bibliotheken. Bibliothek der Strafanstalt Witzwil, 1930 (Fotoarchiv Anstalten Witzwil).

Winterkurs in Stenografie in der Strafanstalt Witzwil, 1929. Das umfangreiche Fotoarchiv der Anstalten Witzwil zeigt den Alltag in den Straf- und Arbeitsanstalten in einem positiven Licht. Nirgends abgebildet findet sich zum Beispiel der Vollzug einer Disziplinarstrafe zu «Zwangsjacke und finsterer Zelle», wie sie gemäss «Reglement für die Strafanstalten des Kantons Bern» von 1893 verhängt werden konnte (Fotoarchiv Anstalten Witzwil).

waren, selbstverantwortlich und ohne Anleitung zu handeln, und sie als produktive Mitglieder in die Gesellschaft (re)integriert werden konnten. Nicht mehr äusserer Zwang sollte sie dem Arbeitsprozess unterwerfen, sondern die Unterwerfung sollte freiwillig geschehen. Wie dies idealerweise vonstattengehen sollte, wird anhand eines 1955 im Jahresbericht der Arbeitserziehungsanstalt Lindenhof lobend zitierten Briefes, den der Eingewiesene «X.» an seine Eltern geschrieben hatte, anschaulich deutlich. «X.», so heisst es im Jahresbericht vorab, sei ein «geschickter Maurer, der aber ganz aus der Bahn geworfen worden» sei.[172] Im Jahresbericht wird er wie folgt zitiert: «Momentan arbeite ich mit einem zugezogenen Pflästerer, und wir machen diesen Winter ca. 1500 m^2 neues Strassenpflaster. In Witzwil geht die Neuarbeit nie aus. Andauernd wird verbessert, verschönert und gebaut, dass es eine Freude ist. Irgendwie überträgt sich das auf mich und meine moralische Verfassung. Es wirkt aufbauend, anfeuernd, und ich fühle ganz bestimmt, dass es mir für meine seelische Verfassung gut tut. Ist das Leben auch hart hier, so finde ich es als richtige Schulung für das kommende weitere Leben, für meine Freiheit.»[173] Ohne diesen Briefausschnitt quellenkritisch näher kommentieren zu wollen, kann doch festgestellt werden, dass hier auf programmatischer Ebene exemplarisch zum Ausdruck kommt, wie bei den Betroffenen eine «Besserung» ihres Lebenswandels erzielt werden sollte: Die zunächst notwendige Unterwerfung unter das Regime der Anstalt und die Arbeitserziehung sollten letzten Endes zu einer innerlich erlebten und ausserhalb der Anstalt lebbaren Freiheit führen, wodurch Zwang, Selbstzwang und Freiheit auf komplexe Weise miteinander verknüpft waren.[174]

2.5 Die Entwicklung der administrativen Versorgungen nach 1884

2.5.1 Mägde, Taglöhnerinnen, Handlanger, Landarbeiter

Auf die Frage, wer die von einer administrativen Versorgung betroffenen Frauen und Männer waren, geben die Staatsverwaltungsberichte des Kantons Bern nur bedingt Antwort. In den Berichten finden sich zwar soziodemogra-

als Medizin: Die «aktivere Krankenbehandlung» 1930–1960, in: Marietta Meier et al., Zwang zur Ordnung. Psychiatrie im Kanton Zürich, 1870–1970, Zürich 2007, S. 195–234.

172 Jahresbericht 1955 der Anstalten Witzwil, S. 13, StAB, PB 276.

173 Ebd.

174 Vgl. hierzu Stefan Breuer, Sozialdisziplinierung. Probleme und Problemverlagerungen eines Konzepts bei Max Weber, Gerhard Oestreich und Michel Foucault, in: Christoph Sachsse, Florian Tennstedt (Hg.), Soziale Sicherheit und soziale Disziplinierung. Beiträge zu einer historischen Theorie der Sozialpolitik, Frankfurt am Main 1986, S. 45–69; Foucault, Überwachen, 1994, S. 200, 297 f.; Germann, Arbeit, 2007, S. 202 f.

fische Daten, doch diese sind unregelmässig und nicht nach einem einheitlichen Schema wiedergegeben, sodass sich nur für gewisse Zeitabschnitte und nur relativ allgemeine Aussagen machen lassen. Bezüglich der Altersverteilung lässt sich etwa feststellen, dass im ersten Jahrzehnt, nachdem das Arbeitsanstaltengesetz am 1. Mai 1884 in Kraft getreten war, die Mehrheit der administrativ Versorgten zwischen 26 und fünfzig Jahre alt war, wobei sie innerhalb dieser Altersspanne relativ gleichmässig verteilt waren.[175] Bezüglich der Erwerbsstruktur lässt sich feststellen, dass weitaus die meisten der eingewiesenen Frauen und Männer keinem gelernten Beruf nachgingen und sie ihren Lebensunterhalt durch Dienst- und Hilfstätigkeiten bestritten. Daraus lässt sich schliessen, dass die meisten der administrativ Versorgten – zumindest für die Jahre, in denen die Staatsverwaltungsberichte Angaben zur Erwerbstätigkeit machen – der sozialen Unterschicht angehörten. So wurde bei den Frauen von den zwischen 1908 und 1921 Versorgten fast die Hälfte unter der Kategorie «Mägde» erfasst.[176] Somit ging der grösste Teil der eingewiesenen Frauen einer der damals gebräuchlichsten Erwerbsarbeiten für Frauen nach, nämlich der Arbeit als Hilfskraft in einer fremden Familienökonomie auf dem Land oder in der Stadt.[177] An zweiter Stelle, mit knapp einem Drittel, sind die Taglöhnerinnen genannt, an dritter Stelle die Fabrikarbeiterinnen und an vierter Stelle die «Hausfrauen». Die relativ häufige Nennung der Kategorie «Hausfrau» könnte damit zusammenhängen, dass diese Kategorie nicht primär dazu diente, Haus- und Erwerbsarbeit voneinander abzugrenzen – und damit auf Frauen, die sich primär der Haus- und Familienarbeit widmeten, zu verweisen –, sondern dass mit dieser Kategorie der Zivilstand einer verheirateten und einen eigenen Haushalt führenden Frau im Gegensatz zu einer unverheirateten Frau betont wurde.[178] Für verheiratete Frauen aus der Unterschicht galt in dieser Zeit, dass sie neben ihrer familiären Arbeit auch einer bezahlten Erwerbstätigkeit nachgehen mussten, damit eine Familie ökonomisch überlebte; typische Kennzeichen der Erwerbstätigkeit von Unterschichtsfrauen waren dabei Teilzeiterwerb und unregelmässiger Verdienst.[179] Etwas weniger häufig nennen die Staatsverwaltungsberichte schliesslich Frauen, deren Berufe mit Schneiderin, Wäscherin, Köchin oder Uhrmacherin angegeben sind.
Bei den Männern führen die Staatsverwaltungsberichte zwischen 1903 und 1922

175 Altersangaben finden sich in späteren Staatsverwaltungsberichten nur noch für die Frauen in den Jahren zwischen 1901 und 1922.

176 Für diese Jahre finden sich in den Staatsverwaltungsberichten Angaben zur Erwerbstätigkeit der Frauen.

177 Béatrice Ziegler, Arbeit – Körper – Öffentlichkeit. Berner und Bieler Frauen zwischen Diskurs und Alltag (1914–1945), Zürich 2007, S. 67.

178 Vgl. hierzu ebd., S. 51, 60–66.

179 Ebd., S. 144–148.

die weitaus meisten unter der Kategorie «Handlanger» auf.[180] Am zweithäufigsten war die Kategorie der «Landarbeiter» besetzt, wobei diese Kategorie in einigen Staatsverwaltungsberichten zur Grosskategorie – etwa «Landarbeiter, Landwirte, Taglöhner und Gärtner» – erweitert wurde.[181] Die am dritthäufigsten genannte Kategorie ist die der «Taglöhner». Der Staatsverwaltungsbericht für das Jahr 1910 führt beispielsweise an, es seien 36 «Handlanger» eingewiesen worden, des Weiteren zwanzig «Landarbeiter, Knechte u. dgl.», dreissig «Taglöhner», siebzehn «Schreiner, Wagner usw.» sowie vierzig Personen, die sich auf «verschiedene Berufsarten» verteilten.[182]
Die Staatsverwaltungsberichte erfassten die Erwerbstätigkeit der administrativ Versorgten also lediglich nach einem sehr groben Schema; in einzelnen Jahren wurden zum Beispiel nur jene drei oder vier Kategorien aufgeführt, welche mengenmässig den grössten Anteil der administrativ Versorgten umfassten, während Angaben zur Erwerbstätigkeit der übrigen Versorgten fehlen. Dass solche groben Schemata verwendet wurden, war kein Zufall, liess sich doch die Erwerbstätigkeit ungelernter Unterschichtsangehöriger oft nur nicht exakt bestimmbaren Erwerbsgruppen zuweisen; zudem bestand ihre Erwerbstätigkeit vielfach aus häufig wechselnden oder parallel verlaufenden Beschäftigungen.

2.5.2 Tendenz steigend: Die Zahl der Versorgungen in den ersten Jahrzehnten

Die Versorgungsziffern in den Staatsverwaltungsberichten des Kantons Bern

In den Staatsverwaltungsberichten des Kantons Bern finden sich für die gesamte Zeitspanne, in der administrative Versorgungen praktiziert wurden (1884 bis 1980),[183] Angaben zur Zahl der Versorgungsentscheide, die der Regierungsrat jährlich fällte. Die Praxis der administrativen Versorgung lässt sich in dieser Hinsicht also quantitativ rekonstruieren und grafisch darstellen.
Insgesamt sind in der Grafik auf Seite 93 für die 96 Jahre, während deren im Kanton Bern administrative Versorgungen praktiziert wurden, 14489 Ent-

180 Für diese Jahre finden sich in den Staatsverwaltungsberichten Angaben zur Erwerbstätigkeit der Männer.

181 Zum Teil wurde versucht, mit Grosskategorien wie «Käser, Müller, Metzger, Bäcker, Koch und Kellner» gelernte von ungelernten Berufen abzugrenzen. StVB, 1917, S. 52.

182 StVB, 1910, S. 122.

183 Für das erste Jahr, 1884, als das Arbeitsanstaltengesetz in Kraft war, finden sich noch keine Zahlen zu den Versorgungsentscheiden. Am 1. Januar 1981 wurden die Versorgungsbestimmungen ausser Kraft gesetzt und entsprechend ist die Anzahl der Versorgungsentscheide letztmals für das Jahr 1980 angegeben. Für die drei Jahre 1940 bis 1942 liess sich die Anzahl der Versorgungsentscheide nicht eindeutig ermitteln. Um die Gesamtzahl der Versorgungsentscheide für diese Jahre annähernd zu berechnen, wurde ein Mittel von 150 angenommen, was dem Mittel der Zahl der Versorgungen von 1939 (156 Versorgungen) und 1944 (144 Versorgungen) entspricht.

scheide des bernischen Regierungsrats berücksichtigt, eine Person gemäss dem kantonalen Versorgungsrecht in eine Arbeitsanstalt einzuweisen. Diese Zahl ist dabei nicht gleichzusetzen mit der Anzahl versorgter Frauen und Männer. Denn viele von ihnen wurden im Lauf ihres Lebens mehrere Male administrativ versorgt, wie dies auch die beiden Fälle Jakob Hofmann und Frieda Berger in den Kapiteln 4 und 5 zeigen. Letztlich lässt sich mit dem vorhandenen Quellenmaterial nicht ermitteln, wie viele Personen im Kanton Bern insgesamt von einer administrativen Versorgung betroffen gewesen sind. Ermitteln lässt sich lediglich die Anzahl der Versorgungsentscheide, die der bernische Regierungsrat fällte.
Zur Grafik muss zudem angemerkt werden, dass sie bis 1940 bezüglich der administrativ versorgten Männer lediglich die Versorgungen in die Arbeitsanstalt St. Johannsen aufführt. Wie weiter oben in diesem Kapitel ausgeführt, wurden administrativ Versorgte jedoch spätestens seit Beginn der 1920er-Jahre auch in Witzwil untergebracht. Wie viele dies waren, lässt sich mit den publizierten Staatsverwaltungsberichten und den im Staatsarchiv archivierten Jahresberichten der Anstalten Witzwil nicht ermitteln.[184] Dies bedeutet, dass das Total der Versorgungsentscheide in den 1920er- und 1930er-Jahren höher war, als es die in der Grafik angeführten Zahlen zeigen, ohne dass sich jedoch bestimmen liesse, wie viel höher dieses Total war. Die Grafik zeigt hier also ein Minimum. Trotz dieser zahlenmässigen Ungenauigkeit behält jedoch der Befund seine Gültigkeit, wonach die Höchstwerte der Versorgungen zwischen den 1910er- und den 1940er-Jahren erreicht wurden, wie weiter unten genauer diskutiert wird.[185]
Auch bezüglich der Angaben zum Geschlechterverhältnis der Versorgten finden sich in den Staatsverwaltungsberichten nicht über die gesamte Zeitspanne einheitliche Angaben. So sind die Zahlen nur bis 1939 nach Geschlecht aufgeschlüsselt. Und auch zu den bedingten Versorgungen finden sich lediglich Zahlen für die Zeit zwischen 1935 bis 1980.
Im Folgenden wird die quantitative Entwicklung der Versorgungsbeschlüsse in den ersten zwanzig Jahren – also zu der Zeit, in der das Arbeitsanstaltengesetz

184 1921 wurden wahrscheinlich alle administrativ Versorgten als Insassen von St. Johannsen aufgeführt, denn im Staatsverwaltungsbericht für dieses Jahr heisst es, eine «Anzahl in der Arbeitsanstalt zu Internierende» habe nach Witzwil «verbracht» werden müssen. StVB, 1921, S. 191. Ab 1925 änderte sich die Erhebungsform in den Staatsverwaltungsberichten. Sie lässt den Schluss zu, dass die in St. Johannsen und die in Witzwil administrativ Versorgten ab diesem Zeitpunkt getrennt voneinander aufgeführt wurden. Da jedoch für Witzwil die Kategorie der administrativ Versorgten nicht getrennt von den übrigen Insassenkategorien erhoben wurde, lässt sich nicht ermitteln, wie viele administrativ Versorgte sich in den 1920er- und 1930er-Jahren in Witzwil befanden.

185 Ebenfalls sind in der Grafik bis 1942 nur jene sichernden Massnahmen gemäss kantonalem Versorgungsrecht – vgl. hierzu Kapitel 3.1.2 – erfasst, die in den Arbeitsanstalten St. Johannsen und Hindelbank vollzogen wurden. Nicht erfasst sind die in weiteren Anstalten wie Irrenanstalten, Armenanstalten oder Trinkerheilanstalten vollzogenen Massnahmen.

Jährlich verfügte Entscheide zur administrativen Versorgung im Kanton Bern 1885–1980

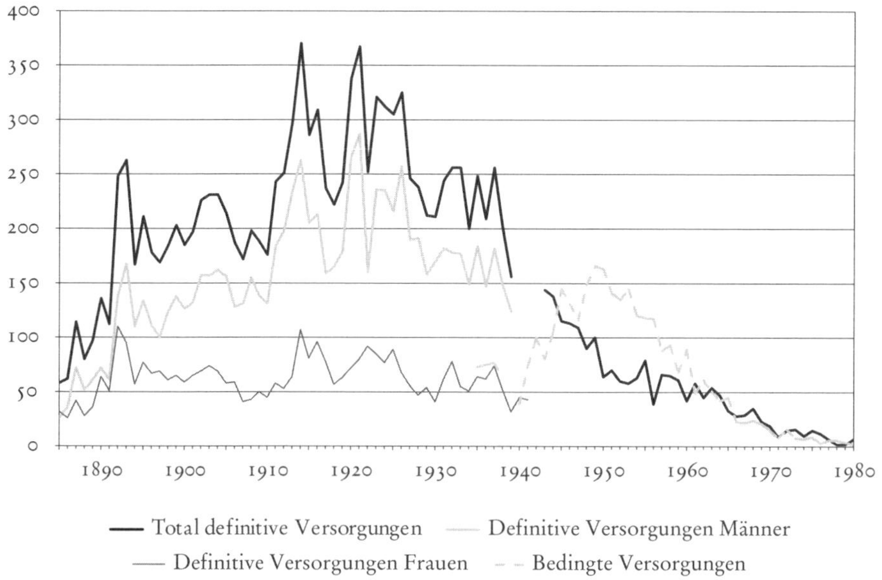

Quelle: StVB, 1885–1980.

in Kraft war (1884–1913) – vertieft betrachtet, und es werden Faktoren diskutiert, die diese Entwicklung beeinflussten. Im anschliessenden Kapitel 2.5.3 wird auf die geschlechtsspezifisch unterschiedlichen Versorgungsziffern eingegangen. Die quantitative Entwicklung der administrativen Versorgungen nach 1913, also nachdem die revidierten Versorgungsbestimmungen am 1. Juli 1913 in Kraft getreten waren, wird in Kapitel 3.2 untersucht. Auf das Instrument der bedingten Versorgung wird in Kapitel 3.1.4 eingegangen.

Die quantitative Entwicklung der administrativen Versorgung während der Geltungsdauer des Arbeitsanstaltengesetzes (1884–1913)

1884, im Jahr des Inkrafttretens des Arbeitsanstaltengesetzes, machten die Gemeinden vom neuen Instrument der administrativen Versorgung «nur in einigen wenigen Fällen Gebrauch», wie im entsprechenden Staatsverwaltungsbericht nachzulesen ist.[186] Für das Jahr 1885 finden sich im Staatsverwaltungsbericht erstmals genaue Angaben zur Anzahl der vom bernischen Regierungsrat gefäll-

186 StVB, 1884, S. 102.

ten Versorgungsentscheide: Es waren 58.[187] Im Jahr darauf waren es 62.[188] Diese Zahlen befanden sich offenbar unter den Erwartungen der Kantonsbehörden, denn die kantonale Polizeidirektion erinnerte 1886 die Gemeinden per Kreisschreiben, dass das Versorgungsgesetz inzwischen in Kraft getreten sei und «dass vorderhand [...] die in Thorberg und Ins bestehenden Anstalten zur Aufnahme solcher Personen bestimmt» seien.[189] Vermutlich ist es auf dieses Kreisschreiben zurückzuführen, dass sich 1887 die Zahl der Versorgungen mit 114 fast verdoppelte; ein Anstieg, der auch in der Grafik deutlich zu erkennen ist.

Ein zweiter grösserer Aufwärtssprung fand 1890 statt: Die Zahl der Versorgungen stieg in diesem Jahr (1890: 136) im Vergleich zum Vorjahr (1889: 97) um vierzig Prozent an. Der Staatsverwaltungsbericht für das Jahr 1890 führt diese Zunahme unter anderem auf die Senkung des Kostgeldes – der Betrag, den die Gemeinden für die Unterbringung einer Person in einer Arbeitsanstalt jährlich zu entrichten hatten – zurück.[190] Die Festlegung der Höhe des Kostgeldes für den einzelnen Fall lag in der Kompetenz des Regierungsrates, wobei ihm gemäss den gesetzlichen Vorschriften ein Spielraum zwischen fünfzig und 150 Franken gegeben war.[191] In den ersten beiden Jahren, 1884 und 1885, hatte der Regierungsrat diesen Spielraum ausgeschöpft und von den Gemeinden jeweils das höchstmögliche Kostgeld von 150 Franken verlangt.[192] In den Erwägungen des Regierungsrates war die Höhe des Kostgeldes dabei abhängig von der Leistungsfähigkeit einer betroffenen Person: Je arbeits- und leistungsfähiger diese war, desto geringer fiel das verlangte Kostgeld aus.[193] Dahinter steckte die Überlegung, dass eine betroffene Person ihre Arbeitsfähigkeit in den Dienst der Anstalt zu stellen und dadurch zu deren wirtschaftlichem Erfolg beizutragen hatte. Vermutlich setzte der Regierungsrat wegen der als gering eingeschätzten Leistungsfähigkeit der zu versorgenden Personen die Höhe der Kostgelder zu Beginn auf das gesetzlich mögliche Maximum fest, denn im Staatsverwaltungsbericht für das Jahr 1884 heisst es beispielsweise: «Die theilweise sehr geringe Leistungsfähigkeit dieser infolge ihres liederlichen Lebenswandels herunter-

187 StVB, 1885, S. 226. Für 1885 heisst es im Staatsverwaltungsbericht: «Von dem Gesetze hat die Gemeinde Bern den meisten Gebrauch gemacht, indem sie nicht weniger als 47 Personen in die Arbeitsanstalt versetzen liess.» StVB, 1885, S. 226.

188 StVB, 1886, S. 246.

189 Ebd., S. 247.

190 StVB, 1890, S. 315.

191 Einen etwas geringeren Spielraum sah beispielsweise das thurgauische *Gesetz betreffend die Errichtung einer kantonalen Zwangsarbeitsanstalt* (1849) mit vierzig bis hundert Franken vor, die der Regierungsrat für die Einweisung einer thurgauischen Person verlangen konnte (für eine auswärtige Person: 140 bis 300 Franken). Lippuner, Bessern, 2005, S. 112.

192 StVB, 1885, S. 227.

193 Vgl. zur Bestimmung der Kostgeldhöhe in der Verdingpraxis Schläpfer, Armenreform, 2004, S. 78 f.

gekommenen Leute beweist schon jetzt hinlänglich die Nothwendigkeit der Bezahlung von Kostgeldern durch die Gemeinden, wenn der Staat nicht allzu grosse Opfer bringen soll.»[194]
Das erwähnte Kreisschreiben von 1886 unterrichtete die Gemeinden nicht nur darüber, dass administrative Versorgungen nun vollzogen werden konnten, sondern auch darüber, wie hoch das Kostgeld war, das sie bei einer administrativen Versorgung zu entrichten hatten. «In der Regel» werde dieses «nicht mehr als Fr. 100 betragen».[195] Entsprechend dieser Ankündigung verlangte der Regierungsrat 1886 und 1887 in den meisten Fällen nur noch ein Kostgeld von hundert Franken. Doch auch dieser Betrag scheint für die Gemeinden noch zu hoch gewesen zu sein, denn in den kommenden Jahren verringerte der Regierungsrat die Höhe der Beträge schrittweise noch weiter: 1888 wurde das Kostgeld «in der Regel auf Fr. 70 angesetzt», 1889 in den «meisten Fällen auf Fr. 70», und ab 1890 mussten die Gemeinden schliesslich nur noch Beträge in Höhe von fünfzig Franken, dem gesetzlich festgelegten Minimum, entrichten.[196] Die Kostgeldsenkung um zwei Drittel fiel zusammen mit dem deutlichen Anstieg der Zahl der Versorgungen 1890. Die Höhe des Kostgeldes war also ein Faktor, der mit beeinflusste, ob eine Person administrativ versorgt wurde oder nicht; je höher das Kostgeld war, das die Gemeinden zu entrichten hatten, desto geringer war die Wahrscheinlichkeit, dass sie einen Antrag stellten, eine Person administrativ zu versorgen.
Der grösste Sprung nach oben bezüglich der Zahl der Versorgungen fand 1892 statt. In diesem Jahr stieg sie um mehr als das Doppelte auf 248 an (1891: 112), was einer Zunahme von 121 Prozent entspricht. Im folgenden Jahr, 1893, erhöhte sich die Zahl der Versorgungen noch einmal, und zwar auf 263. Damit war 1893 der Höchstwert der Versorgungen erreicht, die der Regierungsrat auf der Grundlage des Arbeitsanstaltengesetzes in der Periode zwischen 1884 und 1912 anordnen sollte. Diesen drastischen Anstieg der Versorgungen zu Beginn der 1890er-Jahre kommentieren die Staatsverwaltungsberichte nicht eingehender. 1893 heisst es beispielsweise lediglich, die «Begehren um Versetzung von arbeitsscheuen Personen und Trunkenbolden in die Arbeitsanstalt» seien wiederum «sehr zahlreich» gewesen.[197] Es scheint plausibel, diesen massiven An-

194 StVB, 1884, S. 102.
195 StVB, 1886, S. 247.
196 StVB, 1888, S. 235; StVB, 1889, S. 321; StVB, 1890, S. 315. Später sind in den Staatsverwaltungsberichten nur noch punktuell Angaben zu den Kostgeldern zu finden. 1896 heisst es etwa, dass «mit Rücksicht auf den geringen Verdienst der Enthaltenen, besonders derjenigen in der Weiberanstalt, und die hohen Kosten, welche die Arbeitsanstalten dem Staate verursachen», in einigen Fällen «für finanziell besser gestellte Gemeinden» das Kostgeld auf siebzig Franken angesetzt wurde. StVB, 1896, S. 227.
197 StVB, 1893, S. 253.

stieg der Versorgungen mit der wirtschaftlichen Krise der ersten Hälfte der 1890er-Jahre in Zusammenhang zu bringen, denn auch die Zu- und Abnahme der Versorgungszahlen in den folgenden Jahren fielen ziemlich genau mit Zeiten wirtschaftlicher Krise respektive Zeiten wirtschaftlicher Entspannung und des Aufschwungs zusammen.[198] Die Annahme, dass die Zahl der Versorgungen mit der konjunkturellen Situation zusammenhing, lässt sich auch durch die Tatsache stützen, dass es in wirtschaftlich günstigeren Zeiten einfacher war, einer Erwerbstätigkeit nachzugehen und den eigenen Lebensunterhalt zu bestreiten, ohne auf armenfürsorgerische Zuwendungen angewiesen zu sein. Da jedoch gemäss der verbreiteten Deutung Armut und Bedürftigkeit zu weiten Teilen selbstverschuldet und auf «Arbeitsscheu» und auf «Liederlichkeit» zurückzuführen waren, lässt sich erklären, weswegen es in ökonomisch angespannten Zeiten zu einem verstärkten Einsatz des Instruments der administrativen Versorgung kam: Es sollte gemäss dessen armenpolizeilichen Konzeptualisierung in erster Linie dazu beitragen, selbstverschuldete Unterstützungsbedürftigkeit (vorbeugend) zu bekämpfen. Dies war der Hintergrund, vor welchem sich auch der höhere Anteil männlicher Versorgter – unter anderem – erklären lässt, worauf im Folgenden eingegangen wird.

2.5.3 Administrativ versorgte Männer in der Überzahl

Die in Kapitel 2.5.2 abgebildete Grafik schlüsselt das Total der definitiv vollzogenen administrativen Versorgungen von 1885 bis 1939 nach Geschlecht auf. Die Grafik zeigt, dass sich die administrativ versorgten Männer deutlich in der Mehrheit befanden – mit Ausnahme des Jahres 1885, als sich die 58 administrativ Versorgten auf 32 Frauen und 26 Männer aufteilten. Bezüglich des zahlenmässigen Verhältnisses zwischen den Geschlechtern zeigt die Grafik, dass die Kurven bis etwa 1897 eine relativ ähnliche Gestalt aufweisen und dass die Frauen im Vergleich zu späteren Jahren einen vergleichsweise hohen Anteil am Gesamt der Versorgten ausmachen. Nach 1897 öffnet sich eine Schere zwischen der Zahl versorgter Männer und der Zahl versorgter Frauen, wofür der tendenziell stärkere Anstieg der Männerkurve verantwortlich ist. Nach 1907 überschreitet der prozentuale Anteil der eingewiesenen Männer fast durchgängig die 75-Prozent-

198 So ist auch während der internationalen Rezession in den Jahren nach 1900 ein erneuter Höhepunkt der Zahl der Versorgungen festzustellen (1903 und 1904 je 231 Versorgungen). Ähnlich ermittelt Lippuner für Kalchrain, dass im ausgehenden 19. und beginnenden 20. Jahrhundert Zunahmen der Interniertenzahlen zusammenfielen mit Zeiten einer angespannten ökonomischen Lage. Lippuner, Bessern, 2005, S. 83–89.

Marke.[199] Aufgrund des zahlenmässigen Übergewichts der Männer bestimmte die Männerkurve – und damit die Praxis der administrativen Versorgung von Männern – massgeblich den Verlauf der Kurve des Totals der Versorgungen. Dieses quantitativ feststellbare, asymmetrische Geschlechterverhältnis zeigt, dass es sich beim Instrument der administrativen Versorgung um ein in hohem Mass vergeschlechtlichtes Instrument handelte.
Erklärungen für das Übergewicht der Männer unter den administrativ Versorgten sind im postulierten Zweck der Versorgungsgesetze und in den damaligen Vorstellungen über die anzustrebende Gesellschafts- und Geschlechterordnung zu finden. Wie dargelegt wurde, hatten die Versorgungsbestimmungen im ausgehenden 19. Jahrhundert einen primär armenpolizeilichen Charakter: Zentrales Ziel war es, vermeintlich selbstverschuldete Unterstützungsbedürftigkeit mit repressiv-disziplinierenden Mitteln zu bekämpfen. Gemäss der normativen bürgerlichen Vorstellung von der «Ordnung der Geschlechter»,[200] wie sie sich seit dem ausgehenden 18. und beginnenden 19. Jahrhundert durchzusetzen begonnen hatte, war es Aufgabe des Mannes, in ökonomischer Hinsicht den Fortbestand der Familie sicherzustellen, während Frauen Aufgaben im Bereich der Reproduktion zugewiesen wurden.[201] Damit ging die Auffassung einher, dass die Männer «wesensmässig» für den Bereich des Öffentlichen und Politischen, der aktives Handeln erforderte, bestimmt waren, die Frauen hingegen für den Bereich des Privaten und Häuslichen. Begründet wurde diese dualistische Geschlechterordnung damit, dass Frauen und Männer aufgrund biologischer Verschiedenheiten über komplementäre «Geschlechtscharaktere» verfügten.[202] Daraus wurden spezifische männliche und weibliche Aufgaben und Rollen in der Familie und in der Gesellschaft abgeleitet. Diese ausgeprägte geschlechtsspezifische Aufgaben- und Rollenteilung bildete ein zentrales Element der bürgerlichen Kultur im 19. Jahrhundert. Seit dem ausgehenden 19. Jahrhundert begann

199 Für das deutsche Kaiserreich stellt Ayass für das Stichjahr 1887 fest, dass in allen deutschen Arbeitshäusern zusammengenommen 82 Prozent der Eingewiesenen Männer und achtzehn Prozent Frauen waren. Ayass, Arbeitshaus, 1992, S. 39. Am Beispiel des Arbeitshauses Breitenau weist Ayass zudem eine geschlechtsspezifische Struktur der Einweisungsgründe nach: Bei den Männern wurden im ausgehenden 19. und beginnenden 20. Jahrhundert überwiegend Bettler und Landstreicher eingewiesen, bei den Frauen stand der Prostitutionsvorwurf im Zentrum. Ebd., S. 121. Ähnliche Verhältniszahlen ermittelt Stekl für Österreich. So schlüsselte sich die Gesamtkapazität der österreichischen Arbeitshäuser Ende des 19. Jahrhunderts auf 88 Prozent Männer und zwölf Prozent Frauen auf. Stekl, Zucht- und Arbeitshäuser, 1978, S. 80.

200 Claudia Honegger, Die Ordnung der Geschlechter. Die Wissenschaften vom Menschen und das Weib, Frankfurt am Main, New York 1991.

201 Die Familie bildete dabei Tanner zufolge den «‹Grundpfeiler›» oder die «‹Keimzelle›» der Gesellschaft. Tanner, Patrioten, 1995, S. 159.

202 Karin Hausen, Die Polarisierung der «Geschlechtscharaktere». Eine Spiegelung der Dissoziation von Erwerbs- und Familienleben, in: Werner Conze (Hg.), Sozialgeschichte der Familie in der Neuzeit Europas, Stuttgart 1976, S. 363–393.

diese bürgerliche Geschlechterordnung zunehmend auch auf andere soziale Schichten eine Leitbildfunktion auszuüben, auch wenn ihr ausserhalb der bürgerlichen Oberschicht aus rein ökonomischen Gründen bis weit ins 20. Jahrhundert in der Praxis kaum nachgelebt werden konnte.[203] Ging es also darum, vermeintlich selbstverschuldete Unterstützungsbedürftigkeit zu bekämpfen, gerieten vor allem Männer in den Fokus der Behörden, denn es waren in erster Linie sie, die – gemäss der herrschenden Geschlechterordnung – der gestellten Anforderung nicht nachkamen, das ökonomische Fortbestehen der Familien zu sichern.[204] In diesem Zusammenhang kann ergänzend angeführt werden, dass sich Frauen in Lebenswelten bewegten, in denen sie stärker als Männer in informelle Kontroll- und Disziplinierungskontexte eingebunden waren, und sie ausgeprägter als Männer beispielsweise häuslichen Kontrollmechanismen unterstanden, sei es in der eigenen Familie, sei es als Magd oder Dienstmädchen, wo sie eng in einen fremden Haushalt eingebunden waren.
Aufgrund geschlechtsspezifischer Verhaltensanforderungen gerieten bei Frauen und Männern unterschiedliche Normverletzungen ins Visier der Fürsorgebehörden. Mit einem entsprechend differenzierten Massnahmenkatalog reagierten diese auf männliche und weibliche Devianz. In diesem Zusammenhang tritt die vorliegende Untersuchung ergänzend zu bisherigen Forschungen hinzu, die den vergeschlechtlichten Charakter fürsorgerischer Interventionsmassnahmen staatlicher und privater Instanzen herausgearbeitet haben. Nach diesen Forschungen kann davon ausgegangen werden, dass alternative Instrumente zur Bekämpfung weiblicher Devianz die Versorgungsquote der Frauen zusätzlich verringerten. So engagierten sich beispielsweise Sittlichkeitsvereine, die seit dem ausgehenden 19. Jahrhundert aktiv waren, für den Erhalt der «Sittlichkeit», wobei der Kampf gegen die Prostitution eines ihrer zentralen Betätigungsfelder war. In den Augen der Sittlichkeitsvereine gefährdeten Prostitution (und deren Folgen) die Gesellschaft grundlegend und standen symptomatisch für den Zerfall der bürgerlichen Ordnung.[205] Von erzieherisch-fürsorgerischen Motiven geleitet betrieben sie in

203 Regina Wecker, Zwischen Ökonomie und Ideologie. Arbeit im Lebenszusammenhang von Frauen im Kanton Basel-Stadt 1870–1910, Zürich 1997, S. 139, 171–178; Heidi Witzig, Polenta und Paradeplatz. Regionales Alltagsleben auf dem Weg zur modernen Schweiz 1880–1914, Zürich 2000, S. 77–136; Ziegler, Arbeit, 2007, S. 60–148. Erst unter den Bedingungen der Hochkonjunktur seit den 1950er-Jahren konnte diese bürgerliche Lebensweise auf breiter Ebene realisiert werden.

204 Vgl. hierzu auch Lippuner, Bessern, 2005, S. 141–161.

205 Sabine Jenzer, «… in Begleitung von weissbeschuhten und stark parfümierten Mädchen». Die Deutschschweizer Vereine zur Hebung der Sittlichkeit und ihr bürgerlicher Blick auf die (potentielle) Prostituierte im fin de siècle, in: Ariadne, 55 (2009), S. 34–39; Mesmer, Ausgeklammert, 1988, S. 157–168; Dominique Puenzieux, Brigitte Ruckstuhl, «Sieg über alles, was Leidenschaft heisst». Die bürgerliche Sexualordnung um 1900. Untersucht am Diskurs über Geschlechtskrankheiten in Zürich, in: Franziska Jenny et al. (Hg.), Orte der Geschlechter-

diesem Zusammenhang Erziehungsheime für «sittlich gefährdete» oder «gefallene» Mädchen und junge Frauen. Dort sollten sie, wenn die Sittlichkeitsvereine befürchteten, ein «sittlich gefährdetes» Mädchen laufe Gefahr, unehelich schwanger zu werden oder in die Prostitution abzugleiten, oder wenn jemand bereits als Prostituierte eingeschätzt wurde, auf den «rechten Weg» zurückgeführt werden.[206] Für Deutschland hat Wolfang Ayass beispielsweise nachgewiesen, dass ab 1900 Prostituierte statt in ein Arbeitshaus in besondere Fürsorgeheime eingewiesen wurden, was die weiblichen Einweisungsziffern im von ihm untersuchten Beispiel des Arbeitshauses Breitenau deutlich verringerte.[207] Als weitere Interventionsmassnahme, die vor allem auf die weibliche Bevölkerung zielte, kann die (Zwangs-)Sterilisation genannt werden.[208] Wie verschiedene Studien zur Schweiz gezeigt haben, waren von dieser Massnahme nicht nur vor allem Frauen betroffen,[209] sondern, wie bei der administrativen Versorgung, in erster Linie auch Angehörige der sozialen Unterschicht.[210] Wie oben ausgeführt, hatte weibliche Devianz oftmals eine sexuelle Konnotation und entsprechend wurde der Zugriff auf den weiblichen Körper und die weibliche Reproduktion als adäquate korrektive, normerzielende Massnahme betrachtet.[211]

Die administrative Versorgung wurde nicht allein durch die Rechtspraxis zu einem stark vergeschlechtlichten Instrument, sondern der Vergeschlechtlichungsprozess setzte bereits früher ein, indem geschlechts- (und schicht)spezifische Bedrohungsvorstellungen die Kodifikation der Versorgungsbestimmungen prägten. Obwohl die Versorgungsbestimmungen geschlechtsneutral formuliert waren, wurden mit ihnen doch die gesetzlichen Grundlagen geschaffen, mit denen Abweichungen von weitgehend männlich konnotierten Normen, Aufgaben und Rollen als zu sanktionierende Verhaltensweisen festgeschrieben wurden, etwa die Nichterfüllung familiärer Unterhaltspflichten oder die Störung der Ordnung im öffentlichen Raum. Etwas überspitzt könnte man sagen, dass mit der administrativen Versorgung ein Männerdisziplinierungsinstrument geschaffen wurde, das Männer der Ober- und Mittelschicht vor allem gegen Männer der Unterschicht, welche bürgerliche Normen und Werte verletzten, anwandten.

geschichte. Beiträge zur 7. Schweizerischen Historikerinnentagung, Zürich 1994, S. 99–120, hier S. 102–116; Ramsauer, «Verwahrlost», 2000, S. 251–259; Ziegler, Arbeit, 2007, 247f.

206 Mesmer, Ausgeklammert, 1988, S. 160.

207 Ayass, Arbeitshaus, 1992, S. 120, 133f., 247. Ähnlich Lippuner, Bessern, 2005, S. 291.

208 Vgl. zur Sterilisationspraxis die Ausführungen in Kapitel 5.5.2.

209 Roswitha Dubach, Zur «Sozialisierung» einer medizinischen Massnahme. Sterilisationspraxis der Psychiatrischen Poliklinik Zürich in den 1930er Jahren, in: Marietta Meier et al., Zwang zur Ordnung. Psychiatrie im Kanton Zürich, 1870–1970, Zürich 2007, S. 155–194, S. 157.

210 Vgl. hierzu beispielsweise ebd., S. 173.

211 Hinzu kam, dass sich Männer ihrer Unfruchtbarmachung widersetzten, aus Angst, ihre Potenz zu verlieren. Ebd., S. 157.

2.6 Fazit

«Wer sich jahraus, jahrein mit dem Armenwesen beschäftigt, muss zur Überzeugung kommen, dass die Armenzustände sich fortwährend verschlimmern, und dass wir im Kanton Bern in nicht gar ferner Zeit mit absoluter Sicherheit in unnatürliche Verhältnisse kommen.»[212] Mit diesen Worten drückte Berichterstatter Schwab ein Grundgefühl des Bedrohtseins aus, wie es bei den Beratungen über die Einführung der administrativen Versorgung im Grossen Rat in der ersten Hälfte der 1880er-Jahre vorherrschte. Die bisherigen Instrumente hatten sich als unzureichend erwiesen, um gegen nichtkriminelle Deviante, deren Verhaltensweisen als störend und bedrohlich empfunden wurden – die «épaves de la société»,[213] das «Strandgut der Gesellschaft» –, vorzugehen. Im Armenwesen wurden unhaltbare und sich verschlimmernde Zustände ausgemacht, und die düstere Prognose lautete, dass diese Zustände letztlich die gesamte bürgerliche Gesellschaft in einem Strudel des Niedergangs zu erfassen drohten. In diesem Zusammenhang wurden, wie in diesem Kapitel gezeigt wurde, weniger ökonomisch-strukturelle Umstände für die Not breiter Bevölkerungskreise verantwortlich gemacht, sondern als moralisch verwerflich empfundene Lebens- und Verhaltensweisen, die sich in Lastern wie Faulheit oder Trunksucht ausdrückten und die bürgerliche Werte und Prinzipien im Kern verletzten. Getragen von einem solchen Gedankengut fand in der Schweiz insbesondere im letzten Drittel des 19. Jahrhunderts eine intensive gesetzgeberische Tätigkeit zur administrativen Versorgung statt. In den implementierten Massnahmen drückt sich, so hat die Untersuchung der Grossratsdebatten über die Einführung der administrativen Versorgung gezeigt, ein autoritär-paternalistisches Staats- und Gesellschaftsverständnis aus, wonach normative ordnungspolitische Anforderungen mit Zwang durchgesetzt werden sollten. Dies zeigte sich nicht zuletzt darin, dass die Interessen der Gemeinden und die ökonomische Not der Stunde als vorrangig erachtet wurden und man daher bereit war, von verfassungsmässigen Prinzipien abzuweichen. Ob jemand administrativ versorgt wurde oder nicht, hing in der Praxis auch von Faktoren ab, die ausserhalb des Individuums lagen. So liefen Männer viel eher Gefahr, administrativ versorgt zu werden, als Frauen, wobei insbesondere Männer aus der sozialen Unterschicht gefährdet waren. Aber auch strukturell, konjunkturell und saisonal bedingte Arbeitsmarktlagen beeinflussten die Versorgungs- respektive Entlassungswahrscheinlichkeit. Auch der Ort, an dem eine potenziell von einer Versorgungsmassnahme bedrohte Person lebte, spielte eine Rolle, da die Rechtslage von Kanton zu Kanton unterschiedlich war.

212 TGRB, 1883, S. 398.
213 Ebd., S. 288.

Wie die Ausführungen zum Zustand der Arbeitsanstalten im Kanton Bern zeigen, verfügten diese über eine zum Teil ausgesprochen mangelhafte Infrastruktur. Hier lässt sich zumindest die Frage aufwerfen, wie sich Menschen «bessern» und «erziehen» lassen sollten, wenn man ihnen nebst dem Verlust der Freiheit zumutete, unter bedrängten und prekären Verhältnissen zu leben und zu arbeiten.

3 Ausweitung der staatlichen Interventionsmöglichkeiten

Zu Beginn der 1910er-Jahre wurden im Kanton Bern die Versorgungsbestimmungen erweitert und verschärft. Nachdem das Arbeitsanstaltengesetz von 1884 knapp dreissig Jahre lang in Kraft gewesen war, wurde es am 1. Juli 1913 durch das *Gesetz über die Armenpolizei und die Enthaltungs- und Arbeitsanstalten*[1] abgelöst (Armenpolizeigesetz).[2] Vorausgegangen war eine längere Vorbereitungsphase. Bereits im Herbst 1904 hatte die kantonale Armendirektion in Kreisen, die mit Armenfragen betraut waren, eine Enquete durchführen lassen, ob sie Revisionen des Arbeitsanstaltengesetzes von 1884 sowie des Armenpolizeigesetzes von 1858, mit dem die Gemeinden Arme bei kleineren Vergehen wie zum Beispiel Bettel disziplinarisch bestrafen konnten,[3] als notwendig erachteten und wenn ja, in welcher Hinsicht Anpassungen vorgenommen werden sollten.[4] Auf der Grundlage des «reichhaltigen Materials», das als Reaktion auf die Enquete eingegangen war, wurde ein Gesetzesentwurf erarbeitet, über den der Grosse Rat des Kantons Bern in einer ersten Beratung 1910 und in einer zweiten 1912 debattierte.[5] An der politischen Zusammensetzung des Grossen Rats hatte sich seit den 1880er-Jahren nur wenig geändert, und die dominante Rolle spielte noch stets der Freisinn. Schliesslich sprach sich am 27. Februar 1912 der Grosse Rat mehrheitlich für die Annahme des revidierten Versorgungsgeset-

1 Gesetz über die Armenpolizei und die Enthaltungs- und Arbeitsanstalten vom 1. Dezember 1912, in: Amtl. Samml. GDV, 1901–1916, Bd. 2, 1943, S. 663–686. In Anhang 1 finden sich die vollständigen Bestimmungen dieses Gesetzes.

2 Vollziehungsverordnung zum Gesetz vom 1. Dezember 1912 über die Armenpolizei und die Enthaltungs- und Arbeitsanstalten, in: Amtl. Samml. GDV, 1901–1916, Bd. 2, 1943, Art. 1.

3 Gesetz über die Armenpolizei vom 14. April 1858, in: Samml. GDV, 1901, S. 19–36. Vgl. zum Armenpolizeigesetz von 1858 Ludi, Armengesetzgebung, 1975, S. 174–176, 191–194.

4 Hintergrund der Revision des Versorgungsrechts war das *Gesetz über das Armen- und Niederlassungswesen* von 1897, auf das die armenpolizeilichen Massnahmen abgestimmt werden sollten. Botschaft des Grossen Rates des Kantons Bern betreffend Gesetz über Erziehungs- und Versorgungsmassnahmen, Mai 1965, S. 23, StAB, BB 13.1.226; Vortrag der Polizeidirektion an den Regierungsrat zuhanden des Grossen Rates betreffend ein Gesetz über Erziehungs- und Versorgungsmassnahmen, in: TGRB, 1965, Beilage Nr. 4, S. 93; Kommission zur Prüfung des Abschnittes «Administrativ-Versorgung» des Armenpolizeigesetzes vom 1. Dezember 1912, Protokoll, 3. Juni 1949, StAB, BB 13.1.214.

5 TGRB, 1910, S. 698.

zes aus.[6] Die Stimmberechtigten des Kantons Bern nahmen das neue Gesetz am 1. Dezember 1912 mit einem Jastimmenanteil von 71 Prozent an – noch deutlicher als das Arbeitsanstaltengesetz 1884.[7] Am 1. Juli 1913 trat das Armenpolizeigesetz, das die Bestimmungen des Arbeitsanstaltengesetzes von 1884 und des Armenpolizeigesetzes von 1858 revidierte und in einem einzigen Gesetz integrierte, in Kraft.[8] Es umfasste drei Teile: Erstens die «Disziplinarbestimmungen» (Art. 1–26), zweitens die «Strafbestimmungen» (Art. 27–50); diese beiden Teile beruhten auf dem Armenpolizeigesetz von 1858 und regelten die Sanktionierung armenpolizeilicher Vergehen wie etwa «störrisches Betragen» gegenüber den Armenbehörden, «Bettel» oder «Landstreicherei».[9] Der dritte Teil des Armenpolizeigesetzes enthielt die eigentlichen, auf dem Arbeitsanstaltengesetz von 1884 beruhenden Bestimmungen zur Anstaltsversorgung (Art. 51–75).[10]
Eine der wichtigsten Neuerungen des Armenpolizeigesetzes von 1912 bestand in der erheblichen Erweiterung der gesetzlich zulässigen Versorgungsgründe. Dies vergrösserte den staatlichen Einflussbereich und ermöglichte den Zugriff auf zusätzliche Personengruppen. So wurde die Errichtung einer besonderen Anstalt für «Bösartige» beschlossen, weiter wurde die Möglichkeit des präventiven Eingreifens bei «Liederlichen», «Arbeitsscheuen» und «Trunksüchtigen» geschaffen, und ferner wurden zusätzliche Versorgungsgründe gesetzlich verankert, die den Schutz der öffentlichen Sicherheit bezweckten. Im Zusammenhang mit dem Vollzug der administrativen Versorgung bestand die wichtigste Neuerung darin, dass die bedingte administrative Versorgung eingeführt wurde und damit zu-

6 Über das genaue Stimmenverhältnis im Grossen Rat finden sich keine Angaben, es heisst lediglich, die «Mehrheit» habe das Gesetz angenommen. TGRB, 1912, S. 126.

7 Gesetz über die Armenpolizei und die Enthaltungs- und Arbeitsanstalten vom 1. Dezember 1912, in: Amtl. Samml. GDV, 1901–1916, Bd. 2, 1943, S. 686.

8 Das Armenpolizeigesetz von 1912 hob diese beiden früheren Gesetze auf. Art. 91 APG.

9 Mit den «Disziplinarbestimmungen» wurden beispielsweise voraussichtliche Unterstützungsbedürftigkeit infolge von «Müssiggang», «Trunksucht», «Faulheit oder Liederlichkeit», «Missbrauch» von Unterstützungsleistungen oder allgemein «drohendes» oder «widerspenstiges» Betragen gegenüber den Armenbehörden belangt. Als «Disziplinarstrafe» konnten die Gemeindebehörden Bussen oder Arrest bis zu acht Tage verhängen. Die «Strafbestimmungen» zielten etwa auf «Landstreicherei» oder «schweren Bettel». Hier konnte der Richter Gefängnis bis zu sechzig Tage oder Arbeitshaus zwischen sechs Monaten und zwei Jahren verfügen, wobei die Bestraften beim Obergericht Rekurs einlegen konnten. Das Armenpolizeigesetz von 1912 setzte gemäss einem «humaner gewordenen Denken», wie es zeitgenössische Politiker ausdrückten, ältere armenpolizeiliche Bestimmungen ausser Kraft, etwa den verschärften Arrest oder Verurteilungen zu öffentlicher Arbeit. Vortrag der Armendirektion an den Regierungsrat zu Handen des Grossen Rates betreffend Revision des Armenpolizeigesetzes vom 14. April 1858, in: TGRB, 1910, Beilage Nr. 30, S. 460.

10 Die Bestimmungen zur Anstaltsversorgung teilten sich auf in Bestimmungen über eine «Armenverpflegungs- und Enthaltungsanstalt» (Art. 51–60) und Bestimmungen über die «Arbeitsanstalten» (Art. 61–75). Mit Ersterer wurde ein neuer Anstaltstypus für «bösartige» Pfleglinge geschaffen, wie anschliessend in Kapitel 3.1.1 ausgeführt wird.

sätzliche Möglichkeiten eines flexibilisierten Vollzugs geschaffen wurden. Eine weitere Akzentuierung erfuhren die Versorgungsbestimmungen dadurch, dass Nachdruck auf spezifische Regelungen bezüglich der administrativen Versorgung «Trunksüchtiger» gelegt wurde. Im folgenden Kapitel 3.1 wird auf diese Neuerungen genauer eingegangen, und es wird gefragt, vor welchen veränderten historischen Hintergründen diese Neuerungen erfolgten. Anschliessend wird in Kapitel 3.2 untersucht, wie sich die Praxis der administrativen Versorgung nach 1913 entwickelte.[11]

3.1 Das «Gesetz über die Armenpolizei und die Enthaltungs- und Arbeitsanstalten» (1912/13)

3.1.1 Eine Anstalt für «bösartige» Pfleglinge: Das Versorgungsheim Sonvilier

In den Grossratsdebatten über das neue Versorgungsgesetz nahm die Diskussion über die Errichtung einer Anstalt für «Bösartige» breiten Raum ein. Hintergrund der Idee zur Errichtung einer solchen Anstalt waren die «Uebelstände» in den bernischen Armenanstalten,[12] so der konservative Regierungsrat und Armendirektor Fritz Burren in der Grossratsdebatte 1910.[13] Gemeint waren hier vor allem die regionalen Armenanstalten, die in den 1870er- bis 1890er-Jahren im Kanton Bern für alte oder gebrechliche, von der öffentlichen Fürsorge unterstützte Pfleglinge gegründet worden waren. Die grössten dieser Armenanstalten beherbergten über 400 Pfleglinge; in der Armenanstalt Utzigen des Berner Oberlandes waren sogar über 500 untergebracht.[14] Armendirektor Burren kritisierte im Rahmen seiner Ausführungen während der Grossratsdebatte, diese Anstalten seien «überfüllt», und von einer «individuellen Behandlung» der Pfleglinge könne «eigentlich nicht mehr die Rede» sein.[15] Weiter kritisierte Burren, in den

11 Einen vertieften Einblick in die Versorgungspraxis, die auf den Bestimmungen des Armenpolizeigesetzes von 1912 beruhte, liefern die Fallgeschichten von Jakob Hofmann und Frieda Berger in den Kapiteln 4 und 5.

12 Zum Teil findet sich für diese Anstalten auch die Bezeichnung «Armenverpflegungsanstalt». Im Folgenden wird die Bezeichnung «Armenanstalt» verwendet; wenn es um solche Einrichtungen in der zweiten Hälfte des 20. Jahrhunderts geht, wird die auch zeitgenössisch regelmässig gebrauchte Bezeichnung «Fürsorgeheim» verwendet.

13 TGRB, 1910, S. 702.

14 Demme zählte 1904 sieben regionale Armenanstalten im Kanton Bern: Utzigen, Riggisberg, Worben, Dettenbühl, Frienisberg, Bärau und St. Ursanne. Kurt Demme, Die humanitären und gemeinnützigen Bestrebungen und Anstalten im Kanton Bern, Bern 1904, S. 24 f. Vgl. auch Wild, Fürsorge, 1919, S. 228–231. Ähnlich bot die stadtbernische Armenverpflegungsanstalt Kühlewil um 1900 Platz für über 300 Pfleglinge. Schnegg, Armutsbekämpfung, 2007, S. 243 f.

15 TGRB, 1910, S. 702.

Anstalten seien etliche Pfleglinge mit «bösartigem Charakter» untergebracht, welche einen geordneten Gang des Anstaltslebens zusätzlich erschwerten. Diese «bösartigen» Pfleglinge würden die «Anstaltsdisziplin direkt untergraben [...], die Mitpfleglinge plagen wo sie nur können, in der Anstalt Streit und Zank stiften und sich durch unflätige Reden auszeichnen und so weiter».[16] Für dieses Problem sollte nun eine Lösung gefunden werden. Die Revision der Versorgungsbestimmungen bot die Gelegenheit, das Versorgungsrecht so zu ergänzen, dass die gesetzlichen Grundlagen geschaffen wurden, um diese Pfleglinge aus den Armenanstalten aussondern und mit regierungsrätlichem Beschluss zwangsweise in einer besonderen Anstalt unterbringen zu können. Dabei erachteten die Grossräte das Anliegen der Aufrechterhaltung der Ordnung in den Armenanstalten als legitimes Motiv, um auf eine bestimmte Gruppe von Pfleglingen mit verschärften Massnahmen disziplinierend zuzugreifen.
Die Errichtung einer solchen neuen Anstalt wurde auf breiter Ebene begrüsst. Bereits im Vorfeld der Grossratsdebatten über die Revision der Versorgungsbestimmungen hatten sich die Armeninspektorenkonferenzen, die kantonale Armenkommission, die Regierungsstatthalter, die Aufsichtskommissionen der Armenanstalten sowie die Amtsarmenversammlungen in dieser Hinsicht positiv geäussert.[17] Auch die Mehrheit des Grossen Rates befürwortete die Errichtung einer solchen Anstalt.[18] Einzig der Regierungsrat formulierte kurz vor der ersten Beratungsrunde im Grossen Rat den Gegenvorschlag, statt einer neuen Institution lediglich die bestehenden Anstalten um besondere Abteilungen für «bösartige Pfleglinge» zu erweitern.[19] Er begründete seinen Gegenentwurf mit der Überlegung, dass sich die Organisation und der alltägliche Betrieb einer Anstalt für «Bösartige» schwierig gestalten würden und dass durch die Errichtung einer solchen Institution für verschiedene Kreise eine allzu bequeme Möglichkeit geschaffen würde, sich «unangenehmer Elemente» zu entledigen.[20] Kritisch merkte der Regierungsrat darüber hinaus an, dass es schwierig sei, «Bösartigkeit» zu

16 Ebd. Ähnlich ebd., S. 712–714, 718; TGRB, 1912, S. 46f., 49.

17 TGRB, 1910, S. 703, 717; TGRB, 1912, S. 19. Die Idee zur Errichtung einer solchen Anstalt bestand bereits seit einigen Jahren; so hatte Grossrat Kurt Demme 1902 im Grossen Rat eine entsprechende Motion eingereicht. TGRB, 1910, S. 702, 717; Demme, Bestrebungen, 1904, S. 25.

18 Auffassungen wie jene des Grossrats und Arztes Friedrich Minder, der die Ansicht äusserte, die Betroffenen würden durch eine Versorgung in diese Anstalt mit dem «Stempel der Bösartigkeit» versehen, wodurch sie «psychisch geschädigt» würden, und der kritisch die Frage stellte, ob man das «Recht» habe, «Leute, die nicht straffällig sind, als bösartig zu brandmarken», waren die Ausnahme. TGRB, 1912, S. 48.

19 TGRB, 1910, S. 707. Offiziell lehnte der Regierungsrat die Errichtung einer Anstalt für «Bösartige» nicht aufgrund finanzieller Erwägungen ab, doch einige Grossräte vermuteten, dass das Kostenargument für den Regierungsrat dennoch eine Rolle gespielt haben dürfte. Ebd., S. 709f., 715f.; TGRB, 1912, S. 50.

20 TGRB, 1910, S. 707f.

definieren und demzufolge zu entscheiden, wer in die neue Anstalt gehöre und wer nicht.[21] Die Grossräte erwiderten auf die regierungsrätlichen Einwände, es könne tatsächlich manchmal nicht leicht sein, «Bösartigkeit» von «verwandten Erscheinungen» wie «Geisteskrankheit» oder «Idiotismus» abzugrenzen.[22] Doch wie etwa Fürsprecher Otto Morgenthaler – er präsidierte die Kommission, die mit der Ausarbeitung des Gesetzesentwurfes betraut war – ausführte, habe man sich bisher in der Praxis kaum um solche Abgrenzungen bemüht, und diese Frage würde sich klären, verfüge man erst einmal über ein entsprechend differenziertes Unterbringungsangebot. «Die Abgrenzung und Ausscheidung der Individualitäten wird aber dadurch, dass sie zum Zwecke der Absonderung der bösartigen Charaktere provoziert wird, in der Praxis just ermöglicht werden.»[23] Letztlich lässt sich in den Grossratsdebatten nicht deutlich erkennen, was die Grossräte unter dem Begriff «Bösartigkeit» verstanden, trotz mehrerer Voten, die sich mit diesem Begriff auseinandersetzten. So führte beispielsweise Grossrat Rudolf Pulfer, Vorsteher der stadtbernischen Fürsorgeanstalt Kühlewil, aus, dass «bösartiges Verhalten» verschiedene Ursachen habe könne: Gewisse Leute hätten schon immer die entsprechenden Anlagen besessen, sie seien «von ihrem ersten Tag an minderwertig, sie wachsen auf, werden grösser und älter, aber ihr Zustand verändert sich nicht, sie sind heute so, wie sie gestern waren und morgen so wie heute. Von einem Krankheitszustand kann in einem solchen Falle überhaupt nicht gesprochen werden.»[24] Diese Personen waren für Pulfer eine Klientel für die neue Anstalt. Ebenfalls dahin gehörten seiner Meinung nach solche, denen «infolge ihrer Erfahrungen eine böse Charaktereigenschaft anhaftet, vielleicht der von jung auf grossgezogene Hass. Sie hassen alles, was auf der Welt ihnen in den Weg kommt.»[25] Die Grossräte verwendeten den Begriff der «Bösartigkeit» letztlich, um darunter eine Vielzahl von Eigenschaften oder Anlagen subsumieren zu können, aufgrund derer die Betroffenen als ungeeignet erachtet wurden, in einer der bestehenden Anstalten untergebracht zu werden.

Der Regierungsrat vermochte sich mit seinem Gegenvorschlag nicht durchzusetzen. Das schliesslich verabschiedete Armenpolizeigesetz bestimmte, dass eine Anstalt für «Bösartige» zu errichten sei und dass in diese nicht nur Pfleglinge von Armenanstalten administrativ versorgt werden sollten, die durch «böswilliges, störrisches oder unbotmässiges Betragen» die Ordnung in einer Armenanstalt störten, sondern auch Fürsorgeunterstützte, die «infolge ihres bösartigen Wesens oder ihrer schlechten, Anstoss erregenden Aufführung» nicht mehr

21 Ebd., S. 707.
22 Ebd., S. 710.
23 Ebd.
24 TGRB, 1912, S. 52f.
25 TGRB, 1912, S. 53.

sich selbst überlassen und auch nicht privat untergebracht werden könnten.[26] Als dritte Gruppe konnten in die neue Einrichtung Personen eingewiesen werden, die eigentlich in die reguläre Arbeitsanstalt hätten administrativ versorgt werden sollen, bei denen dies jedoch aufgrund mangelnder Arbeitsfähigkeit – etwa wegen eines körperlichen Gebrechens – nicht möglich war.[27] Die Anstalt für «Bösartige» wurde also letztlich so konzeptualisiert, dass mit ihr in verschiedenen der bestehenden Anstalten Ordnungsprobleme gelöst werden sollten. Die in den Armenanstalten als untragbar erachteten Pfleglinge sollten aus diesen entfernt werden, sodass sie reibungslos funktionieren konnten. Es sollten aber auch die nicht arbeitsfähigen administrativ Versorgten aus den Arbeitsanstalten entfernt werden, wo sie im Grunde per definitionem nicht am richtigen Platz waren, denn bei ihnen konnte es nur sehr bedingt darum gehen, sie durch Zwangsarbeit zu «bessern». Die Überlegungen gingen vom Anliegen des Staates aus, und es stand nicht das betroffene Individuum, bei dem beispielsweise die Ursachen für sein deviantes Verhalten hätten ermittelt werden sollen, im Mittelpunkt der Überlegungen. Handlungsleitend war für die Grossräte vielmehr die Frage, wie die praktischen Probleme, die den Verwaltungen und den Institutionen durch die Klientel der «Bösartigen», der «Liederlichen» und der «Arbeitsscheuen» erwuchsen, gelöst werden konnten.

Die während der Beratungen regelmässig verwendete Bezeichnung «Anstalt für ‹Bösartige›» fand keinen Eingang in den schliesslich verabschiedeten Gesetzestext; stattdessen bezeichnete das Armenpolizeigesetz die neue Einrichtung etwas umständlich als «besondere Armenverpflegungs- und Enthaltungsanstalt für Personen, die wegen der Eigenart ihres Charakters nicht anderweitig verpflegt werden können».[28] Man habe sich bei der Entscheidung für die geänderte Bezeichnung von «humanitären Rücksichten leiten lassen», so Armendirektor Burren. «Man muss nicht nur an die Insassen, sondern auch an ihre Angehörigen denken. Wenn jeder Brief, jede Rechnung, die von der Anstalt ausgeht am Kopf die Bezeichnung ‹Anstalt für Bösartige› trägt, wenn jemand auf die Frage, wo seine Schwester, sein Vater sich befinde, antworten muss: in der Anstalt für Bösartige, so ist das stossend».[29]

Bis die neue Anstalt in Betrieb genommen werden konnte, wurden die betrof-

26 Art. 52 Ziff. 2, 3 APG.

27 Art. 52 Ziff. 4 APG.

28 Art. 51 APG.

29 TGRB, 1912, S. 124. Um im Folgenden die neue Anstalt begrifflich von den herkömmlichen Armenanstalten abzugrenzen, wird die Bezeichnung «geschlossenes Versorgungsheim» oder «Versorgungsheim Sonvilier» verwendet, wie sie die Anstalt in späteren Jahren auch selbst verwendete. In den 1960er-Jahren ersetzte das Versorgungsheim Sonvilier die «anrüchelige» Bezeichnung «Versorgungsheim» durch den Namen «Heim Le Pré-aux-Bœufs». Jahresbericht Le Pré-aux-Bœufs, 1969, S. 37.

Oft bildeten Jahresberichte von Anstalten die Insassinnen und Insassen bei Arbeitstätigkeiten ab, hier bei der «kurzweiligen Kleinarbeit im Rüstraum» im Versorgungsheim Sonvilier (Jahresbericht Le-Pré-aux-Boeufs, 1968, S. 38).

Insassinnen und Insassen des Versorgungsheims Sonvilier bei der Rübenernte im Jahr 1937. Zum Zeitpunkt, als die Aufnahme gemacht wurde, befand sich die 41-jährige Frieda Berger, deren Fallgeschichte in Kapitel 5.1 vorgestellt wird, in Sonvilier (StAB, BB 13.1.715).

fenen Personen provisorisch in bestehenden Armen-, Arbeits- oder Heil- und Pflegeanstalten untergebracht.[30] Dieses Provisorium bestand in der Folge fast zwanzig Jahre lang, wofür unter anderem finanzielle Gründe, aber auch das Fehlen eines als geeignet erachteten Standorts respektive das Fehlen einer Einrichtung, die sich entsprechend umnutzen liess, verantwortlich waren.[31] Erst 1931 kam der Kanton Bern dem Gesetzesauftrag von 1912 nach und errichtete in den Gebäulichkeiten einer ehemaligen Knabenerziehungsanstalt das geschlossene Versorgungsheim Sonvilier.[32] Die Leitung des Versorgungsheims übernahmen ab 1931 Otto Müller und dessen Ehefrau, die diese Funktion in der Folge dreissig Jahre lang innehatten, bis zum Tod Otto Müllers 1965. Das Versorgungsheim befand sich im Berner Jura, ländlich gelegen zwischen den Ortschaften Renan und Sonvilier auf gut 800 Metern Höhe. In den untersuchten Versorgungsdossiers finden sich ab und an Klagen der administrativ Versorgten über das raue Klima in Sonvilier und dass dieses der Gesundheit nicht zuträglich sei.[33] Auch beschwerten sie sich verschiedentlich über das harte Arbeitsregime. Wie in den Anstalten St. Johannsen, Witzwil und Hindelbank wurde auch in Sonvilier Landwirtschaft betrieben, es wurden Gemüse und Getreide angebaut sowie alltäglich anfallende Arbeiten verrichtet. Ein Uhrmacher schilderte 1959 in einem Brief an seinen Cousin, welche Arbeitstätigkeiten die Eingewiesenen zu verrichten hätten und wie schwer die Arbeitsbedingungen seien: «Le régime ici au Pré aux Bœufs est très dur. [...] Le choc brutal d'une transplantation dans un milieu physique et psychologique opposé: scier du bois au froid, travaux de voirie, balayer la rue, pèler le charbon, décharger des chars de paille, étendre du fumier, etc. etc.»[34] Solche Kritik schimmert in den Jahresberichten, die Sonvilier publizierte, nicht durch. So zeigt denn etwa das oben auf Seite 109 abgebildete Foto aus dem Jahresbericht von 1968 das friedliche Bild zweier Insassen bei einer Alltagsbeschäftigung in der Küche. Der Jahresbericht versucht, das Anstaltsleben

30 Gesetz über die Armenpolizei und die Enthaltungs- und Arbeitsanstalten vom 1. Dezember 1912, in: Amtl. Samml. GDV, 1901–1916, Bd. 2, 1943, S. 674, Anm. 3.

31 A., Armenanstalt für bösartige Elemente, in: Der Armenpfleger, 25, 1 (1928), S. 12; TGRB, 1931, S. 592.

32 TGRB, 1931, S. 591–595; Jahresbericht Le Pré-aux-Bœufs, 1971, S. 31–33. Heute ist Le Pré-aux-Bœufs eine halboffene Einrichtung für Alkoholikerinnen und Alkoholiker, psychisch Kranke und sozial Randständige. Susanne Gäumann, Das Hospiz der Hoffnungslosigkeit. Das Hospice Le Pré-aux-Bœufs, Endstation des Fürsorgerischen Freiheitsentzugs (FFE), in: Tages-Anzeiger, 29. November 1994; Jahresbericht Le Pré-aux-Bœufs, 2001, S. 3; Tanja Rietmann, Administrativ versorgen. Zur Einweisung von «Liederlichen», «Arbeitsscheuen» und «Trunksüchtigen» in Arbeitsanstalten im Kanton Bern in den 1950er-Jahren, Bern 2004 (unpubl. Lizenziatsarbeit), S. 60–62; Pirmin Schilliger, Das ist die Endstation, alle da bleiben!, in: Aargauer Tagblatt, 20. August 1996.

33 Vgl. beispielsweise G. L. an kantonale Polizeidirektion, 13. Juli 1955, StAB, BB 13.1.389.

34 X. L. an I. L., 29. November 1959, StAB, BB 13.1.387.

von seiner vorbildlichsten Seite zu zeigen und nach aussen das Bild zu vermitteln, dass die Anstalt die Aufgabe erfüllte, wie sie ihr vom Staat aufgetragen war, nämlich die administrativ Versorgten wenn immer möglich zur Arbeitstätigkeit anzuhalten, die in gut organisierten Bahnen verlief. Das Bild ruft auch keine Assoziationen mehr auf mit dem Begriff der «Bösartigkeit», wie er in den Grossratsdebatten über die Errichtung einer neuen Anstalt zu Beginn der 1910er-Jahre dominiert hatte.

3.1.2 Die Verankerung weiterer gesetzlicher Gründe für eine administrative Versorgung

Neben den Bestimmungen über das geschlossene Versorgungsheim enthielt das Armenpolizeigesetz von 1912 Bestimmungen über die Arbeitsanstalten. Diese Bestimmungen waren, wie einleitend erwähnt, im Vergleich mit den Versorgungsbestimmungen des Arbeitsanstaltengesetzes von 1884 erheblich ausgeweitet worden. Während das ältere Arbeitsanstaltengesetz lediglich vier Versorgungskategorien gekannt hatte, umfasste das Armenpolizeigesetz deren acht; vier Kategorien wurden also neu hinzugefügt. Folgende vier Kategorien waren – mit gewissen Erweiterungen – aus dem Arbeitsanstaltengesetz übernommen worden: Erstens die Kategorie der Minderjährigen, die sich den «Weisungen» ihrer Eltern oder Vormünder widersetzten oder als «sittlich verdorben» galten (Art. 62 Ziff. 1).[35] Die zweite Kategorie bezog sich auf erwachsene «Liederliche», «Arbeitsscheue» und «Trunksüchtige» (Art. 62 Ziff. 2). Weiter unten in diesem Kapitel wird auf diese Kategorie genauer eingegangen und es wird gezeigt, inwiefern sie im Vergleich mit dem Arbeitsanstaltengesetz eine Erweiterung erfuhr. Die dritte Kategorie betraf die Versorgung von Eltern oder Pflegeeltern, die ihre Fürsorgepflichten verletzten (Art. 62 Ziff. 3). Die vierte Kategorie schliesslich bezog sich auf «gemeingefährliche» Straftäterinnen und Straftäter, die wegen «mangelnder Zurechnungsfähigkeit» nicht bestraft wurden und stattdessen vom Richter im Interesse der öffentlichen Sicherheit an den Regierungsrat überwiesen wurden mit dem Ziel, «geeignete Sicherungsmassregeln» zu treffen (Art. 62 Ziff. 4).[36] Die in dieser Kategorie erfassten, als unzurechnungsfähig erachteten

35 Zu dieser Gruppe der Minderjährigen gehörten Sechzehn- bis Zwanzigjährige. Diese Kategorie wurde mit dem APG um die Versorgungsbegründung «sittlich verdorben» ergänzt. Das StGB ersetzte 1942 Art. 62 Ziff. 1 APG. Gesetz über die Armenpolizei und die Enthaltungs- und Arbeitsanstalten vom 1. Dezember 1912, in: Amtl. Samml. GDV, 1901–1916, Bd. 2, Bern 1943, S. 677, Anm. 1.

36 Das StGB ersetzte 1942 Art. 62 Ziff. 4 APG. Gesetz über die Armenpolizei und die Enthaltungs- und Arbeitsanstalten vom 1. Dezember 1912, in: Amtl. Samml. GDV, 1901–1916, Bd. 2, Bern 1943, S. 677, Anm. 3.

Straftäterinnen und Straftäter wurden oft auf unbestimmte Zeit in Irrenanstalten verwahrt.[37]

Die vier neuen gesetzlichen Gründe für eine administrative Versorgung, die dem Armenpolizeigesetz von 1912 hinzugefügt wurden, bezweckten alle den Schutz der öffentlichen Sicherheit. Auf sie wird im Folgenden eingegangen.

Massnahmen zum Schutz der öffentlichen Sicherheit

Zu den vier neuen Versorgungsgründen zählte erstens die Kategorie der «strafrechtlich verurteilten minderjährigen Personen» (Art. 62 Ziff. 5).[38] Zweitens kam die Kategorie der «geistig minderwertigen Personen, welche die allgemeine Sicherheit in hohem Grade gefährden», hinzu (Art. 62 Ziff. 6).[39] In den Grossratsdebatten wurde erläutert, was mit dieser, in ihrem Wortlaut etwas undeutlichen Bestimmung gemeint war. Und zwar ziele diese Kategorie auf Personen, die «zwar vom Psychiater nicht als Geisteskranke, aber als vermindert Zurechnungsfähige bezeichnet werden und die man, allerdings unter Berücksichtigung ihrer verminderten Zurechnungsfähigkeit, verurteilen kann, die aber die öffentliche Sicherheit gefährden, immer wieder delinquieren, d. h. nach Abbüssung einer Freiheitsstrafe sofort wieder stehlen, Brandstiftung begehen oder irgend ein anderes Delikt sich zu Schulden kommen lassen».[40] Im Visier dieser Bestimmung befanden sich also «vermindert zurechnungsfähige» rückfällige Delinquenten, die als Risiko für die «öffentliche Sicherheit» erachtet wurden. Auf rückfällige Delinquenten zielte auch die dritte dem Armenpolizeigesetz neu hinzugefügte Kategorie. Diese sah vor, dass «unverbesserliche und wiederholt vorbestrafte Personen» administrativ versorgt werden konnten (Art. 62 Ziff. 7).[41]

Diese drei Kategorien ergänzten als Massnahmen zur präventiven Kriminalitätsbekämpfung das bernische Strafgesetz von 1866.[42] Ihre Einführung wurde durch die sogenannten sichernden Massnahmen angeregt, wie sie im Rahmen der in-

37 Germann, Psychiatrie, 2004, S. 317.

38 Art. 62 Ziff. 5 APG wurde mit dem StGB 1942 ausser Kraft gesetzt. Gesetz über die Armenpolizei und die Enthaltungs- und Arbeitsanstalten vom 1. Dezember 1912, in: Amtl. Samml. GDV, 1901–1916, Bd. 2, Bern 1943, S. 678, Anm. 1.

39 Art. 62 Ziff. 6 APG wurde mit dem StGB 1942 ausser Kraft gesetzt. Gesetz über die Armenpolizei und die Enthaltungs- und Arbeitsanstalten vom 1. Dezember 1912, in: Amtl. Samml. GDV, 1901–1916, Bd. 2, Bern 1943, S. 678, Anm. 2.

40 TGRB, 1912, S. 44.

41 Vgl. hierzu ebd., S. 57. Art. 62 Ziff. 7 wurde mit dem StGB nicht aufgehoben. Dass dies nicht geschah, betrachtete der Jurist Max Waiblinger als bundesrechtswidrig. Er argumentierte, dass nur auf der Grundlage des StGB die «Verwahrung» von «unverbesserlichen Gewohnheitsverbrechern» angeordnet werden dürfe. Max Waiblinger, Die Abgrenzung der strafrechtlichen von den vormundschaftlichen und administrativen Kompetenzen der Anstaltseinweisung. Referat an der Konferenz der Kantonalen Vormundschaftsdirektoren vom 14. April 1945 in Lausanne, Zürich 1945, S. 17.

42 Vgl. hierzu auch Kapitel 2.3.

ternationalen Strafrechtsreformbewegung seit den 1890er-Jahren gefordert wurden und wie sie auch der Vorentwurf des schweizerischen Strafgesetzbuches zu diesem Zeitpunkt vorsah.[43] Sichernde Massnahmen, wie sie seit dem ausgehenden 19. Jahrhundert konzeptualisiert wurden, bezweckten als spezialpräventive Massnahmen[44] – unter der Voraussetzung, dass eine strafbare Handlung und eine strafrechtliche Verurteilung vorlagen – die Verhinderung künftiger Gesetzesverstösse. Sie folgten Germann zufolge einem «Programm der ‹sozialen Verteidigung›», dessen Ausgangspunkt der Gedanke des Schutzbedürfnisses der Gesellschaft bildete.[45] Anders als bei einer Strafe ging es dabei – ähnlich wie bei einer administrativen Versorgung Nichtstraffälliger – nicht um die Sanktionierung einer spezifischen Handlung, sondern ausschlaggebend für das Verhängen einer solchen Massnahme war der «Zustand» einer Person.[46]

Über die Verknüpfung solcher sichernden Massnahmen mit der kantonalen Versorgungsgesetzgebung entfalteten sich in den Grossratsdebatten keine Diskussionen. Es war also unbestritten, dass das Armenpolizeigesetz eng an die Strafgesetzgebung gekoppelt und die beiden gesetzlichen Grundlagen miteinander kombiniert werden sollten. Auch andere Kantone liessen zu Beginn des 20. Jahrhunderts Elemente aus den Vorentwürfen des Strafgesetzbuches in ihre Versorgungsbestimmungen einfliessen.[47] Dies war vermutlich darauf zurückzuführen, dass die Verabschiedung und das Inkrafttreten des schweizerischen Strafgesetz-

43 Germann, Psychiatrie, 2004, S. 88–100. Ansätze für ein «dualistisches Sanktionssystem» mit Strafen auf der einen und sichernden Massnahmen auf der andern Seite enthielten bereits die Vorentwürfe für ein einheitliches eidgenössisches Strafgesetzbuch aus den 1890er-Jahren. Nach 1900 wurde dieses System in der Form konzeptionell ausgestaltet, wie es mit dem StGB schliesslich rechtlich verankert werden sollte. Urs Germann, Die späte Erfindung der Zweispurigkeit, in: Schweizerische Zeitschrift für Strafrecht, 127, 2 (2009), S. 152–176; Urs Germann, Zweispurige Verbrechensbekämpfung. Kriminalpolitik und Gesetzgebung im transnationalen Diskurs: Franz von Liszt, die schweizerische Strafrechtsreform und die Zweispurigkeit von Strafen und Massregeln, in: Rechtsgeschichte, 14 (2009), S. 84–121. In Bezug auf die sichernden Massnahmen sah das StGB schliesslich vor, dass «Gewohnheitsverbrecher», «Liederliche oder Arbeitsscheue», «Gewohnheitstrinker», «Rauschgiftsüchtige» sowie «Unzurechnungsfähige» und «vermindert Zurechnungsfähige» in Einrichtungen wie Arbeits-, Trinkerheil- oder Pflegeanstalten eingewiesen oder in geschlossenen Einrichtungen «verwahrt» werden konnten. Art. 14, 15, 42–45 StGB; Germann, Psychiatrie, 2004, S. 415–516.

44 Spezialpräventive Massnahmen zielen auf das einzelne Individuum, während generalpräventive Massnahmen gesamtgesellschaftliche Wirkung entfalten sollen.

45 Germann, Psychiatrie, 2004, S. 89.

46 Carl Stoss, Verbrechen und Strafe, in: Schweizerische Zeitschrift für Strafrecht (1901). Zitiert nach Germann, Erfindung, 2009, S. 170.

47 Zbinden, Einweisungsverfahren, 1942, S. 33 f. Lippuner, Bessern, 2004, S. 269–283 zeigt auf, dass auf der anderen Seite die Erfahrungen, die seit dem 19. Jahrhundert in den Arbeitsanstalten mit «Liederlichen» und «Arbeitsscheuen» gemacht wurden, in die Ausgestaltung des StGB einflossen.

buches viel länger auf sich warten liess, als man angenommen hatte.[48] Durch diesen kriminalpolitischen Einschlag wurde die Versorgungsgesetzgebung der Schweiz in der ersten Hälfte des 20. Jahrhunderts deutlich in einem Schnittfeld zwischen Fürsorge- und Kriminalpolitik positioniert.[49] Mit dem Inkrafttreten des schweizerischen Strafgesetzbuches 1942 fand – wie dies im vorliegenden Fall für den Kanton Bern belegt werden kann – eine gewisse Entflechtung zwischen der kantonalen Versorgungsgesetzgebung und dem Strafrecht statt, indem ein Grossteil der sichernden Massnahmen nun nicht mehr gemäss kantonalem Recht, sondern gemäss dem schweizerischen Strafgesetzbuch angeordnet wurde. Die vierte neue Versorgungskategorie weist insofern einen besonderen Charakter auf, also sie zwar, wie die drei zuvor genannten Kategorien, den Schutz der öffentlichen Sicherheit bezweckte, jedoch nicht auf Delinquentinnen und Delinquenten zielte. Und zwar wurde mit dem Armenpolizeigesetz die rechtliche Grundlage geschaffen zur administrativen Versorgung von «Zigeunern» (Art. 62 Ziff. 8).[50] Armendirektor Burren erläuterte 1912 im Grossen Rat des Kantons Bern, die Verankerung dieser Bestimmung sei «einmal ein Versuch zur Lösung der Zigeunerfrage».[51] Wie allseits bekannt sei, so Burren, diskutiere die Konferenz der kantonalen Polizeidirektoren «seit Jahren» über diese Frage, ohne dabei «vom Fleck» zu kommen. «Zigeunerbanden» würden von Kanton zu Kanton geschoben, wodurch «namentlich an den Grenzen» ein «unhaltbarer Zustand» entstehe.[52] Mit dem Begriff «Zigeuner» war gemäss damaligem Verwaltungsdiskurs nicht eine bestimmte ethnische Gruppe gemeint, sondern es ging vor allem um Personen, die eine Lebens- und Erwerbsweise an den Tag legten, die den Vorstellungen eines geordneten Soziallebens zuwiderliefen. So hielt die eidgenössische Polizeiabteilung 1912 in einem Bericht fest: «Unter der Bezeichnung ‹Zigeuner› werden diejenigen nomadisierenden Personen verstanden, die ohne festen Wohnsitz einzeln oder in Familienverbänden oder Banden gewohnheitsmässig umherziehen und sich ihren Lebensunterhalt durch die Ausübung von Wandergewerben und Handel oder durch Bettel und auf andere ordnungswidrige Weise verschaffen, sofern nicht ihre Staatsangehörigkeit durch amtliche Ausweisschriften unzweifelhaft festgestellt ist.»[53] Wie es Armendirektor Burren

48 Germann, Psychiatrie, 2004, S. 102–116.
49 Vgl. auch die Ausführungen im einleitenden Kapitel 1 zur Tradition der Verknüpfung von armen- und kriminalpolitischen Erwägungen.
50 Art. 62 Ziff. 8 APG blieb mit dem Inkrafttreten des StGB 1942 bestehen.
51 TGRB, 1912, S. 57.
52 Ebd.
53 «Ausweisung der Zigeuner», Schlussbericht der Polizeiabteilung (Leupold), 25. Oktober 1912. Zitiert nach Thomas Huonker, Regula Ludi, Roma, Sinti und Jenische. Schweizerische Zigeunerpolitik zur Zeit des Nationalsozialismus, Zürich 2001, S. 40. Vgl. weiter zum Zigeunerdiskurs in der Schweiz Galle, Meier, Menschen, 2009, S. 28–35; Thomas Meier, Zigeunerpolitik

in seiner Begründung zur administrativen Versorgung von «Zigeunern» antönte, wurde zu dieser Zeit von eidgenössischer Seite mit den kantonalen Polizeidirektoren zusammengearbeitet, um Verfahren zur Registrierung und Internierung von «Zigeunern» festzulegen.[54] Bei der gesetzlichen Verankerung der Möglichkeit der administrativen Versorgung von «Zigeunern» handelte es sich also nicht um einen bernischen Alleingang. Auch mit der Aufnahme dieser Rechtsbestimmung zeigt sich, dass sich das Rechtsgefüge der administrativen Versorgung zur Erreichung verschiedener Zwecke erweitern liess und man es als Grundlage heranzog, um aktuellen ordnungspolitischen Bedürfnissen und Bestrebungen Rechnung zu tragen.[55]

Präventive Versorgung von «Liederlichen», «Arbeitsscheuen» und «Trunksüchtigen»

Das Armenpolizeigesetz von 1912 sah weiterhin vor, dass «Liederliche», «Arbeitsscheue» und «Trunksüchtige» administrativ versorgt werden konnten.[56] Neu wurde diese Bestimmung jedoch erweitert: Eine administrative Versorgung konnte nicht nur dann beschlossen werden, wenn – wie dies das Arbeitsanstaltengesetz von 1884 verlangt hatte – Personen sich «fortgesetzt dem Müssiggang, dem Trunk oder in anderer Weise einem liederlichen oder unsittlichen Lebenswandel» ergaben und deswegen «öffentliches Ärgernis» erregten oder unterstützungsbedürftig geworden waren, sondern nunmehr auch dann, wenn sie «sich oder ihre Angehörigen ökonomisch oder sittlich *gefährden*».[57] Eine administrative Versorgung war nun also auch dann möglich, wenn eine Verhaltensweise oder eine Eigenschaft einer betroffenen Person wie etwa «Müssiggang» noch keine konkreten Folgen nach sich gezogen hatte, sondern wenn ein bestimmter Folgezustand einzutreffen drohte. Armendirektor Burren gab hierzu in der Grossratsdebatte 1910 an, auf diese Weise könne gegen gewisse Personen eingeschritten werden, «bevor sie die Armenbehörden belästigen».[58]

und Zigeunerdiskurs in der Schweiz 1850–1970, in: Michael Zimmermann (Hg.), Zwischen Erziehung und Vernichtung. Zigeunerpolitik und Zigeunerforschung im Europa des 20. Jahrhunderts, München 2007, S. 226–239.

54 Huonker, Ludi, Roma, 2001, S. 41 f.

55 In den jährlichen Staatsverwaltungsberichten des Kantons Bern finden sich nach Inkrafttreten des Armenpolizeigesetzes 1913 jedoch kaum Hinweise darauf, dass Personen tatsächlich (einzig) aufgrund dieses Artikels administrativ versorgt wurden.

56 Wie weiter unten in diesem Kapitel im Zusammenhang mit der Untersuchung der Versorgungspraxis nach 1913 ausgeführt wird, wurde diese Bestimmung zur administrativen Versorgung von «Liederlichen», «Arbeitsscheuen» und «Trunksüchtigen» in der Praxis am häufigsten angewandt.

57 Art. 62 Ziff. 2 APG (Hervorhebung d. V.). In einigen Kantonen war drohende Armengenössigkeit von «Arbeitsscheuen» und «Liederlichen» bereits im 19. Jahrhundert als Einweisungsbegründung rechtlich verankert.

58 TGRB, 1910, S. 700. Vgl. weiter ebd., S. 752; Vortrag, in: TGRB, 1910, S. 461.

Das revidierte Armenpolizeigesetz von 1912 war somit neu einem präventionspolitischen Ansatz verpflichtet. Unter Prävention lässt sich der Wille verstehen, gewisse Ereignisse und Verhältnisse zu verhindern und auf diese Weise gesellschaftliche und individuelle Entwicklung zu steuern. Nach Martin Lengwiler und Stefan Beck kann der Begriff der «Prävention» als «Modalität moderner Gesellschaften im Umgang mit krisenhaften Zeitdiagnosen und Zukunftserwartungen» definiert werden.[59] Als Prinzip staatlichen Handelns hatte das Konzept der Prävention bereits seit der zweiten Hälfte des 19. Jahrhunderts Einzug in die Armen- und Sozialpolitik gefunden. Dies drückte sich nicht nur in ersten, vor allem auf lokaler und regionaler Ebene institutionalisierten Versicherungsmöglichkeiten gegen Armutsrisiken infolge von Krankheit, Alter oder Tod aus, sondern auch in entsprechenden armenrechtlichen Bestimmungen, die ein behördliches Eingreifen bereits vor dem Eintritt von Bedürftigkeit ermöglichten, zudem in allgemeinen Bestrebungen zur «Erziehung der Armen».[60] Wie Nadia Ramsauer festhält, wurde die «Vorstellung von vorbeugenden Eingriffen im Verlauf der ersten Jahrzehnte des 20. Jahrhunderts zum dominanten Paradigma moderner Fürsorgepolitik».[61] Diese Entwicklung schlug sich auch im Bereich des Versorgungsrecht im Kanton Bern nieder. Die Folgen dieser Änderungen waren zum einen, dass der Kreis der Personen, die potenziell eine administrative Versorgung zu befürchten hatten, ganz erheblich erweitert wurde. Zum andern wurde der Auslegungsspielraum der Behörden erheblich vergrössert. Waren Begriffe wie «Müssiggang» oder «Liederlichkeit» an sich bereits vage, wurde es noch unbestimmter, wenn das vermutete oder prognostizierte Eintreffen eines Folgezustandes aufgrund von «Müssiggang» ausreichten, um mit einer administrativen Versorgung intervenieren zu können.

Die «armenpolizeiliche Behandlung des Alkoholismus»

Bereits das Arbeitsanstaltengesetz von 1884 hatte Unterstützungsbedürftigkeit infolge von «Trunkenheit» als Versorgungsvoraussetzung definiert sowie bestimmt, dass eine administrative Versorgung mit einem «Wirtshausverbot bis auf zwei Jahre» verknüpft werden konnte.[62] Diese Massnahmen sah das Armenpoli-

59 Martin Lengwiler, Stefan Beck, Historizität, Materialität und Hybridität von Wissenspraxen. Die Entwicklung europäischer Präventionsregime im 20. Jahrhundert, in: Geschichte und Gesellschaft, 34, 4 (2008), S. 489–523, hier S. 489–491.

60 Sassnick, Armenpolitik, 1989, S. 207, 215 f., 221; Gaby Sutter, «Erziehung und Gewöhnung zur tüchtigen Arbeit». Diskussion über die Armenerziehung im Schweizerischen Armenerzieherverein (Mitte 19. bis Anfang 20. Jahrhundert), in: Heimverband Schweiz (Hg.), Schritte zum Mitmenschen, Zürich o. J., S. 9–51.

61 Ramsauer, «Verwahrlost», 2000, S. 53.

62 Art. 4 Ziff. 2, Art. 9 APG. Einige Kantone verfügten über spezielle Trinkergesetze, auf deren Grundlage Alkoholkranke behandelt und zwangsweise in eine Anstalt eingewiesen werden

zeigesetz von 1912 weiterhin vor. Neu wurde nun jedoch ein Artikel geschaffen, der es erlaubte, eine betroffene Person statt in eine Arbeitsanstalt in eine Trinkerheilstätte – also in eine Spezialinstitution – einzuweisen;[63] hierfür war die 1891 gegründete private Trinkerheilstätte «Nüchtern» in Kirchlindach im Kanton Bern vorgesehen.[64] Mit dem Armenpolizeigesetz von 1912 wurden also gesetzliche Vorkehrungen getroffen, um gegen Alkoholkranke besondere Versorgungsmassnahmen anwenden zu können. Dass bei missbräuchlichem Alkoholkonsum weiterhin die Möglichkeit bestehen musste, mit staatlichen Interventionsmassnahmen einzugreifen, war für die debattierenden Grossräte in den Jahren 1910 und 1912 unbestritten. So hatten zwar seit dem 19. Jahrhundert medizinische Krankheitsdefinitionen an Gewicht gewonnen und in der ersten Hälfte des 20. Jahrhunderts weite Verbreitung gefunden,[65] doch die Grossräte massen der «armenpolizeilichen Behandlung» des Alkoholismus nach wie vor zentrale Bedeutung zu; auf eine solche könne man «nicht verzichten».[66] Armendirektor Burren führte in diesem Zusammenhang aus, von einem «modernen Staat» werde erwartet, dass er «direkt administrativ und gesetzgeberisch in den Kampf gegen den Alkoholismus» eingreife.[67] Damit bettete sich der Kanton Bern in einen internationalen Kontext ein, in welchem seit dem 19. Jahrhundert über die «Alkoholfrage» diskutiert wurde. Der sich entwickelnde Alkoholdiskurs war dabei nicht allein auf den tatsächlich gestiegenen Alkoholkonsum und auf neue medizinische Erkenntnisse zurückzuführen, sondern er war auch ein Mittel, um Besorgnis und Ängste über die durch Industrialisierung, Urbanisierung und Bevölkerungswachstum ausgelösten sozialen Probleme auszudrücken.[68]

konnten, etwa St. Gallen (1891) oder Basel-Stadt (1901). Sowohl diese Trinkergesetze als auch die neue Bestimmung zur Entmündigung von «Trunksüchtigen» im ZGB 1907/12 waren durch die Abstinenzbewegung beeinflusst worden. Gossenreiter et al., «... und wird dazu angehalten [...]», 1994, S. 79 f. Im Rahmen der Vorbereitungen zur Revision der armenpolizeilichen Bestimmungen hatte der Regierungsrat der Armendirektion 1904 den Auftrag gegeben, einen Vorschlag auszuarbeiten, wie die zwangsweise Versorgung von Trunksüchtigen gesetzlich genauer geregelt werden könnte; ein Auftrag, der aufgrund von Anregungen durch die Armenbehörden und durch Mitglieder der Abstinenzbewegung zustande gekommen war. TGRB, 1910, S. 705; Vortrag, in: TGRB, 1910, S. 461.

63 Art. 75 APG. Als weitere neue Massnahme bestimmte das Armenpolizeigesetz, dass sowohl die bedingte Versorgung als auch die bedingte Entlassung mit der Auflage verbunden werden konnten, dass sich eine Person während der Probezeit von «geistigen Getränken zu enthalten» hatte. Art. 70, 71 APG.

64 TGRB, 1910, S. 705; TGRB, 1912, S. 20; Vortrag, in: TGRB, 1910, S. 462.

65 Vgl. zur Genese des Krankheitsbildes «Trunksucht» Hasso Spode, Das Paradigma der Trunksucht. Anmerkungen zu Genese und Struktur des Suchtbegriffs in der Moderne, in: Drogalkohol, 10, 3 (1986), S. 178–191.

66 TGRB, 1910, S. 704.

67 Ebd.

68 Vgl. hierzu Hasso Spode, Die Entstehung der Suchtgesellschaft, in: traverse, 1, 1 (1994), S. 23 bis 37, hier S. 35; Jakob Tanner, Die «Alkoholfrage» in der Schweiz im 19. und 20. Jahrhun-

Der Kampf gegen den Alkoholismus sollte also im Kanton Bern nicht allein auf dem Feld der Medizin ausgefochten werden, sondern auch auf dem Feld staatlicher disziplinierender Interventionsmassnahmen. Dass hier das Armenpolizeirecht zum Tragen kam, hing auch damit zusammen, dass die Grossräte die Bekämpfung des Alkoholismus in den Kontext der Armutsbekämpfung stellten: Alkoholismus galt sowohl als Ursache als auch als Folge von Armut.[69] Dennoch wurde auch neueren medizinischen Deutungsmustern, die Alkoholismus als Krankheit definierten, Rechnung getragen. Armendirektor Burren erläuterte in der Grossratsdebatte 1910: «Vor einigen Jahren haben die schweizerischen Irrenärzte, die sich mit der Frage der Versorgung von Trinkern befassten, eine Anzahl von Thesen aufgestellt, deren erste dahingeht, der Alkoholismus sei nicht ein Charakterfehler, dem man mit Strafmitteln beikommen könne, sondern eine Krankheit, die man kurieren müsse wie jede andere Krankheit [...].»[70] Diesen Ansatzpunkt führte Burren weiter aus. Ausgehend von seinem «praktischen Laienverstand» verhalte es sich, so Burren, «ungefähr so»: Wenn jemand «Jahrzehnte oder nur Jahre lang übermässigem Alkoholgenuss gefrönt hat und sein ganzer Organismus dadurch infiziert und verseucht ist, so kann man natürlich von Krankheit reden; aber in den ersten Stadien, wo einer anfängt, vom rechten Weg abzuweichen, und dann und wann, immer häufiger ein Gläschen über den Durst trinkt, da stehen wir einem Charakterfehler gegenüber, den man durch einen energischen Willensentschluss heben könnte.»[71] Gemäss Burrens Auslegung waren die Übergänge zwischen gesellschaftlich akzeptiertem Alkoholkonsum, gewissen Formen des missbräuchlichen Alkoholkonsums im Sinne eines gesellschaftlichen Fehlverhaltens, das auf individuelle Willensschwäche und Selbstverschulden zurückzuführen war, und schliesslich der eigentlichen Krankheit Alkoholismus fliessend. In seinen Ausführungen argumentierte Burren mit grosser Selbstverständlichkeit innerhalb des Deutungshorizonts eines alltäglichen Wissens- und Erfahrungsmilieus. Dieser Deutungshorizont liess jedoch Raum für wissenschaftliche Deutungskategorien, sodass medizinische Krankheitsdefinitionen in einen alltagsweltlichen Interpretationsrahmen eingepasst werden konnten. Situativ konnten so je nachdem auch alltagsweltliche oder wissenschaftliche Deutungsmuster bevorzugt werden. Eher als von einer

dert, in: Drogalkohol, 10, 3 (1986), S. 147–168, hier S. 147–152. Nach einem Höhepunkt in den 1880er-Jahren begann der durchschnittliche Alkoholkonsum zurückzugehen und erreichte im Zweiten Weltkrieg einen Tiefstand. In der Nachkriegszeit nahm er wieder zu, und die «Alkoholfrage» gewann erneut an Aktualität, wobei mit dem sogenannten Wohlstandsalkoholismus ein neuer Typus des Alkoholismus diskutiert wurde. Ebd., S. 160–164.

69 Vgl. beispielsweise TGRB, 1910, S. 704; Vortrag, in: TGRB, 1910, S. 462.

70 TGRB, 1910, S. 704.

71 Ebd.

linear verlaufenden «‹Verwissenschaftlichung› des Sozialen»[72] lässt sich letztlich, wie dieses Beispiel der administrativen Versorgung von «Trunksüchtigen» zeigt, von einer situativ geprägten pragmatischen Verbindung unterschiedlicher Wissensbestände sprechen.

3.1.3 Das Versorgungsverfahren

Das Versorgungsverfahren, wie es das Armenpolizeigesetz von 1912 vorsah, blieb im Vergleich zu jenem des Arbeitsanstaltengesetzes weitgehend unverändert. Weiterhin waren die Vormundschaftsbehörden, die kommunalen Armenbehörden, die Ortspolizeibehörden sowie die Regierungsstatthalter berechtigt, einen Versorgungsantrag zu stellen. Neu war, dass die Armeninspektoren und in gewissen Fällen die kantonale Armendirektion sowie die Direktionen von Arbeiterheimen antragsberechtigt waren.[73] Bei Versorgungen in das geschlossene Versorgungsheim waren neben diesen Instanzen auch die Vorsteher und Direktionen der Armenanstalten antragsberechtigt.[74]
Auch die Auflagen für das Führen einer Untersuchung bei einem Versorgungsverfahren waren praktisch die gleichen geblieben. Ein Versorgungsantrag hatte den Weg über den Regierungsstatthalter zu nehmen, der die betreffende Person einzuvernehmen, die eingereichten Akten zu prüfen und diese allenfalls durch die Einvernahme von Zeugen oder der antragstellenden Behörden sowie durch die Beschaffung von weiterem Beweismaterial zu vervollständigen hatte.[75] Befand der Regierungsstatthalter einen Antrag für begründet und hatte er seine Untersuchung abgeschlossen, leitete er den Versorgungsantrag an den Regierungsrat weiter. Bei einer Versorgung in die Arbeitsanstalt hatte der Antrag dabei über die kantonale Polizeidirektion zu gehen, bei einer Versorgung in das geschlossene Versorgungsheim über die kantonale Armendirektion. Die Direktionen unterbreiteten den Antrag zur Beschlussfassung schliesslich dem Regierungsrat.[76]

72 Lutz Raphael, Die Verwissenschaftlichung des Sozialen als methodische und konzeptionelle Herausforderung für eine Sozialgeschichte des 20. Jahrhunderts, in: Geschichte und Gesellschaft, 22, 2 (1996), S. 165–193.

73 Art. 64 APG. Vgl. zur Aufnahme der Bestimmung, dass die Direktionen von Arbeiterheimen antragsberechtigt waren, TGRB, 1910, S. 784 f., 790; TGRB, 1912, S. 58.

74 Art. 54, 64 APG. Das GEV von 1965 sah die Direktionen der Arbeiterheime sowie jene der Armenverpflegungsanstalten nicht mehr als antragsberechtigte Instanzen vor.

75 Art. 66 APG.

76 Art. 53, 54 APG. Vereinzelt kam es vor, dass die Polizei- oder die Armendirektion einen Antrag veränderte oder an den Regierungsstatthalter zurückwies. So sandte die Polizeidirektion 1955 im Fall Hofmann den Antrag auf Versorgung in die Arbeitsanstalt mit der Begründung zurück, dass Hofmann ein Pflegefall sei und aus diesem Grund für ihn nur eine vormund-

Bei einer Versorgung in das geschlossene Versorgungsheim Sonvilier hatte der Regierungsstatthalter lediglich eine Prüfung der Akten vorzunehmen, und es war gesetzlich nicht vorgeschrieben, dass die zu versorgende Person angehört werden musste.[77] Des Weiteren war in gewissen Fällen bei einer Versorgung in Sonvilier überhaupt keine Untersuchung durch den Regierungsstatthalter gesetzlich gefordert, und zwar dann, wenn eine Armenanstalt das Begehren stellte, einen ihrer Pfleglinge in das geschlossene Versorgungsheim einzuweisen: Die Leitung der Armenanstalt konnte mit ihrem Anliegen direkt an die kantonale Armendirektion respektive Fürsorgedirektion gelangen.[78] So empfand 1955 die Leitung des Fürsorgeheims Riggisberg die 25-jährige C. L. als für das Heim untragbar. L. «gefährde» mit ihrer «Unbotmässigkeit» und mit ihrem «unbändigen Geschlechtstrieb» die Ordnung im Heim und «laufe den Männern nach».[79] Die Leitung von Riggisberg nahm den Vorfall, dass einer «dieser Burschen» nachts in L.s Zimmer gekommen war, zum Anlass, die administrative Versorgung der «haltlosen und sittlich gefährdeten Tochter» nach Sonvilier zu beantragen.[80] Nachdem dieser Antrag bei der kantonalen Fürsorgedirektion eingetroffen war, bat diese die zuständige kommunale Fürsorgebehörde und den Vormund um Stellungnahme. Beide stützten sich für ihre Zustimmung, L. administrativ nach Sonvilier zu versorgen, auf den Bericht von Riggisberg. Nach kurzer Zeit und ohne dass L. selbst zur Sache angehört worden wäre, gab der Regierungsrat dem Antrag der Anstaltsleitung von Riggisberg statt und liess L. in das geschlossene Versorgungsheim Sonvilier einweisen,[81] wo sie in der Folge zwei Jahre verbrachte.[82] Es war also ein an sich geringfügiger Vorfall – der unerlaubte nächtliche Besuch eines «Burschen» –, der schliesslich den Auslöser bildete, dass L. zwei Jahre in eine geschlossene Institution zwangseingewiesen wurde, ohne dass sie selbst zur Sache angehört worden wäre und ohne dass der Regierungsstatthalter versucht hätte, im Rahmen eines Untersuchungsverfahren zu ermitteln, was vorgefallen war.[83]

schaftliche Unterbringung nach den Bestimmungen des ZGB in einem Verpflegungsheim oder allenfalls eine administrative Versorgung in das Versorgungsheim Sonvilier in Frage komme. Kantonale Polizeidirektion an Regierungsstatthalteramt II, 6. April 1955, StAB, BB 13.1.388.

77 Art. 54 Ziff. 2 APG.

78 Art. 54 Ziff. 1 APG. Dieser direkte Weg war mit dem Erziehungs- und Versorgungsgesetz von 1965 nicht mehr möglich, und es galt für alle Anstalten das gleiche Versorgungsverfahren. Art. 39–60 GEV.

79 Verpflegungsanstalt Riggisberg an kantonale Fürsorgedirektion, 28. März 1955, StAB, BB 13.1.389.

80 Ebd.

81 RRB 2404, 22. April 1955, StAB, BB 13.1.389.

82 Zwischen Antrag und Regierungsratsbeschluss lag weniger als ein Monat, eine Zeitspanne, die sogar noch kürzer ausgefallen wäre, hätte es nicht ein verzögerndes Missverständnis im Schriftwechsel gegeben.

83 Vgl. zur Gewährleistung des rechtlichen Gehörs Kapitel 7.2.3.

Der Rechtsschutz, wie er im Rahmen einer Versorgung nach Sonvilier gegeben war, war damit um einiges geringer als bei einer administrativen Versorgung in eine Arbeitsanstalt, worauf weiter unten genauer eingegangen wird.

Zur Dauer einer administrativen Versorgung bestimmte das Armenpolizeigesetz von 1912 – wie das frühere Arbeitsanstaltengesetz –, dass der Regierungsrat eine erstmalige Versorgung in die Arbeitsanstalt auf höchstens ein Jahr, eine Versorgung «Rückfälliger» auf höchstens zwei Jahre verfügten konnte.[84] Bei «schlechter Aufführung der Enthaltenen in der Anstalt oder wenn andere Umstände es rechtfertigen», konnte die Versorgungsdauer verlängert werden.[85] Eine Begrenzung der Verlängerungszeit war hierbei nicht vorgesehen; erst die 1965 revidierten Versorgungsbestimmungen sahen eine maximale Verlängerungszeit von zwei Jahren vor. Weniger spezifisch waren die neuen Bestimmungen zur Versorgungsdauer im geschlossenen Versorgungsheim formuliert. Hier bestimmte das Gesetz lediglich, dass eine Versorgung auf «bestimmte» oder auf «unbestimmte» Zeit ausgesprochen werden konnte; sie hatte jedoch im Minimum sechs Monate zu dauern.[86] Bezüglich der Bestimmung des Zeitpunkts einer Entlassung aus dem geschlossenen Versorgungsheim blieb das Armenpolizeigesetz sehr vage, und es hiess: «Wenn der Zustand und die Verhältnisse des Versetzten sich ändern, so kann die Versetzung in eine andere Anstalt oder Entlassung erfolgen.»[87] Den Behörden war also bei den Versorgungen sowohl in den Arbeitsanstalten als auch im geschlossenen Versorgungsheim ein überaus grosser Ermessensspielraum gegeben, um über Zeitdauer und Entlassung zu bestimmen.

Keine Erweiterung des Rechtsschutzes

Der Rechtsschutz der Betroffenen erfuhr mit dem Armenpolizeigesetz von 1912 keine Ausweitung. So war es auch gemäss dem revidierten Gesetz für die Betroffenen nicht möglich, einen regierungsrätlichen Versorgungsentscheid bei einer übergeordneten Instanz anzufechten; weiterhin bestand die einzige Option in der Einreichung einer staatsrechtlichen Beschwerde beim Bundesgericht.[88]

84 Art. 67 APG.

85 Art. 68 APG.

86 Art. 55 APG. Vgl. hierzu TGRB, 1910, S. 785.

87 Art. 55 APG.

88 Vgl. hierzu Kapitel 2.3. Bezüglich eines Punktes wurde der Rechtsschutz sogar eingeschränkt, und zwar wurde das Recht auf Aktenvervollständigung, wie es im Arbeitsanstaltengesetz von 1884 enthalten gewesen war, wieder gestrichen. Art. 7 AAG. Im ersten Entwurf des neuen Armenpolizeigesetzes, über den die Grossräte 1910 debattierten, war das Recht auf Aktenvervollständigung noch enthalten gewesen. Der überarbeitete Entwurf, über den 1912 debattiert wurde, enthielt diesen Passus nicht mehr. Der Wegfall dieser Bestimmung wurde in den Debatten nicht angesprochen, und es finden sich in den Ratsprotokollen auch keine Hinweise darauf, weswegen diese Bestimmung gestrichen wurde. TGRB, 1910, S. 794. Mit dem GEV von 1965 wurde das Recht auf Aktenvervollständigung wieder eingeführt.

Anders als bei der Einführung der administrativen Versorgung im Kanton Bern wurde in den grossrätlichen Debatten in den Jahren 1910 und 1912 die Frage der Verfassungsmässigkeit der Bestimmungen nicht diskutiert. Einzig im Zusammenhang mit der Errichtung der geplanten neuen Anstalt für «Bösartige» kam die Sprache darauf, ob das vorgesehene Versorgungsverfahren den Betroffenen genügend Rechtsschutz biete; wie weiter oben in diesem Kapitel ausgeführt, hatte sich der Regierungsrat mit einer Reihe von Argumenten gegen die Errichtung dieser Anstalt ausgesprochen. So führte Regierungspräsident Karl Moser (BGB) in seiner Funktion als Berichterstatter des Regierungsrates aus, der Regierungsrat würde in der Mehrheit der Fälle und wenn sich «aus den Akten nichts Auffälliges» ergebe, den gestellten Anträgen beipflichten; die Verantwortung für die Versorgungen liege somit bei den vorberatenden und antragstellenden Behörden, den Anstaltsvorstehern, den Gemeinderäten und den Regierungsstatthaltern.[89] Mit diesem Argument, das auf die Betonung des ungenügenden Rechtsschutzes der Betroffenen hinauslief, versuchte der Regierungsrat, sich gegen die Errichtung einer Anstalt für «Bösartige» zu stellen. Wäre der Regierungsrat hier allerdings konsequent gewesen, hätte er seine Einwände nicht nur bezüglich der Versorgungen in das neue geschlossene Versorgungsheim anbringen müssen, sondern generell gegenüber der administrativen Versorgung, denn hier hätte es die genau gleichen verfahrensrechtlichen Problematiken zu bemängeln gegeben wie bei den Einweisungen in das geschlossene Versorgungsheim. Doch das seit 1884 angewendete Verfahren schien sich bewährt zu haben und nach Auffassung des Regierungsrates offensichtlich keiner grundsätzlichen Modifikationen zu bedürfen. Die Errichtung einer gänzlich neuen Anstalt erforderte demgegenüber sowieso gewisse grundsätzliche Erwägungen, und so ist möglicherweise zu erklären, dass der Regierungsrat in diesem Zusammenhang über das Versorgungsverfahren nachdachte und darin einen Schwachpunkt auszumachen glaubte, um die eingenommene Position gegen die Errichtung dieser Anstalt untermauern zu können. Zu erwähnen bleibt, dass die Grossräte, die die Errichtung einer Anstalt für «Bösartige» befürworteten, auf den regierungsrätlichen Einwand mit dem Argument antworteten, wie es bereits bei den Beratungen über das Arbeitsanstaltengesetz 1883 vorgebracht worden war:[90] Der Instanzenzug bei einer administrativen Versorgung, der von den Anstaltsvorstehern oder den Gemeinderäten über die Regierungsstatthalter und zuletzt den Regierungsrat verlief, sei ausreichend geregelt und gewährleiste, dass die einzelnen Fälle sorgfältig untersucht und «unparteiisch und sachgemäss» behandelt würden, sodass kein ungerechtfertigter Entzug der Freiheit befürchtet werden müsse.[91]

89 TGRB, 1910, S. 707.
90 Vgl. hierzu Kapitel 2.2.
91 TGRB, 1910, S. 710. Vgl. weiter beispielsweise ebd., S. 717.

3.1.4 Differenzierung des Vollzugs mit der Einführung der bedingten Versorgung

Eine zentrale Neuerung, die das Armenpolizeigesetz von 1912 bezüglich des Vollzugs der administrativen Versorgung vornahm, war die Einführung der bedingten Versorgung. Damit führte das Armenpolizeigesetz – neben der bereits bestehenden bedingten Entlassung, die nun 1912 ausführlicher geregelt wurde und auf die weiter unten eingegangen wird – ein weiteres Flexibilisierungsinstrument ein.

Vorformen der bedingten Versorgung hatte der Regierungsrat in der Praxis bereits in früheren Jahren anzuwenden begonnen. Im Staatsverwaltungsbericht für das Jahr 1899 heisst es zum Beispiel, der Regierungsrat habe in fünf Fällen eine Versorgung beschlossen, die «Ablieferung in die Anstalt» jedoch so lange aufgeschoben, als die betroffenen Personen «nicht wieder zu begründeten Klagen über ihre Aufführung Anlass» geben.[92] In anderen Jahren wurde darauf verwiesen, der Regierungsrat habe in einigen Fällen auf einen Versorgungsentscheid verzichtet, jedoch gedroht, einen solchen zu fällen, sollten die betroffenen Personen ihr Verhalten nicht ändern. Die gesetzliche Verankerung der bedingten Versorgung 1912 verweist darauf, dass sich ihre informelle Anwendung durch den Regierungsrat in den vergangenen Jahren bewährt haben dürfte. Gleichzeitig verweist die Einführung dieses Rechtsinstruments auf eine weitere Nähe zwischen der Vollzuglogik bei administrativen Versorgungen und bei freiheitsentziehenden Strafmassnahmen. So war im Kanton Bern wenige Jahre zuvor, 1907, das Rechtsinstrument des «bedingten Straferlasses» – der Erlass kurzer Freiheitsstrafen – eingeführt worden, nachdem die internationale Strafrechtsreformbewegung seit den 1890er-Jahren nach der Einführung solcher Rechtsinstitute verlangt hatte.[93]

Die gesetzlichen Vorschriften zur bedingten administrativen Versorgung im Armenpolizeigesetz von 1912 besagten, dass eine «ausgesprochene Versetzung» unter der «Bedingung des Wohlverhaltens während einer Probezeit aufgeschoben» werden konnte.[94] Für die Dauer dieser Probezeit – sie durfte die angeordnete Versorgungszeit nicht überschreiten – konnten der bedingt versorgten Person Weisungen auferlegt werden – zum Beispiel Alkoholabstinenz oder die

92 StVB, 1899, S. 239.

93 Gesetz betreffend den bedingten Straferlass vom 3. November 1907, in: GDV, 1907, S. 223–227; Urs Germann, Amtliche Schutzaufsicht und bedingter Straferlass im Kontext der bernischen Kriminalpolitik an der Wende vom 19. zum 20. Jahrhundert, in: Brigitte Studer, Sonja Matter (Hg.), Zwischen Aufsicht und Fürsorge. Die Geschichte der Bewährungshilfe im Kanton Bern, Bern 2011, S. 49–62.

94 Art. 70 APG.

Verpflichtung, sich an einem zugewiesenen Ort oder in einer bestimmten Anstalt aufzuhalten.[95] Der drohenden Versorgung, die wie ein Damoklesschwert über den Köpfen der Betroffenen schwebte, massen die Behörden dabei einen korrigierenden Effekt zu (ein ähnlicher Effekt war der bedingten Entlassung zugedacht, bei der den Betroffenen die Wiederversorgung drohte). Die Arbeitsanstalt sollte also ihre disziplinierende Wirkung entfalten, auch ohne dass die betroffene Person tatsächlich eingewiesen war; es war die Idee, dass die Wirkungsmacht der Arbeitsanstalt nicht da aufhören sollte, wo ihre physischen Grenzen lagen. Wolfang Ayass hat beispielsweise für das deutsche Arbeitshaus Breitenau herausgearbeitet, dass die Zeitgenossen eine wesentliche Wirkungsweise dieser Institution in ihrer nach aussen hin abschreckenden Wirkung erblickten.[96] Dies war ein Grund dafür, dass es den Behörden oftmals gar nicht so sehr darum ging, die von der Fachöffentlichkeit kritisierten Verhältnisse in der Institution zu verbessern, da sie das Arbeitshaus in den Köpfen der Menschen als Schreckensort verankert wissen wollten. Als beispielsweise Ende der 1930er-Jahre behördenintern erwogen wurde, das Arbeitshaus Breitenau zu verlegen, war das Argument des Anstaltsleiters, der «abschreckende Name ‹Breitenau› sei in der Region unersetzbar», ausschlaggebend dafür, dass das Arbeitshaus am alten Ort weitergeführt wurde.[97] Aufgrund solcher Befunde schliesst Ayass, dass sich der «Hauptadressat der Arbeitshauspädagogik [...] nicht innerhalb, sondern ausserhalb der Mauern der Arbeitshäuser» befunden habe. Und Ayass hält weiter fest, der «allgemein als hoch eingeschätzte Abschreckungseffekt des Arbeitshauses gegenüber unteren sozialen Schichten» habe den «eigentlichen gesellschaftspolitischen Wert der Korrektionsanstalten» ausgemacht.[98] Eindeutige zeitgenössische Aussagen wie die oben zitierten zum Arbeitshaus Breitenau liessen sich in den konsultierten Quellen zu den Arbeitsanstalten im Kanton Bern nicht finden. Die Ausführungen von Ayass können jedoch als Ausgangsthese genommen werden, um genauer zu fragen, weswegen in den Anstalten im Kanton Bern zum Teil unzumutbare Unterbringungs- und Arbeitsverhältnisse herrschten und so lange kaum Verbesserungsanstrengungen unternommen wurden.

95 Art. 70 APG. So verfügte der Regierungsrat im Fall Frieda Berger am 3. März 1931, dass sie sich während ihrer bedingten Versorgung in der Armenanstalt Frienisberg aufzuhalten habe. Vgl. hierzu Kapitel 5.1.1.

96 Ayass, «[...] Nachhaft», 1993, S. 191 f. Eine vergleichbare Feststellung macht Lippuner, indem sie zeigt, wie kommunale Behörden den betroffenen Personen mit einer administrativen Versorgung in der thurgauischen Zwangsarbeitsanstalt Kalchrain drohten. Lippuner, Bessern, 2005, S. 150f.

97 Ayass, «[...] Nachhaft», 1993, S. 192.

98 Ebd.

Schutzaufsicht

Bei einer bedingten administrativen Versorgung konnte der Regierungsrat einer betroffenen Person nicht nur besondere Weisungen auferlegen. Er konnte sie auch, wenn er es als notwendig erachtete, einer genaueren Kontrolle unterstellen und zu diesem Zweck eine Schutzaufsicht anordnen. Hierbei war die betroffene Person der besonderen Betreuung einer Schutzaufseherin oder eines Schutzaufsehers unterstellt, die/der Privatperson, Leiter einer Anstalt oder Vormund sein konnte.[99] Die Schutzaufsicht knüpfte dabei an die Tradition der Entlassenenfürsorge an, die seit der ersten Hälfte des 19. Jahrhunderts von privaten Schutzaufsichtsvereinen betrieben wurde, die entlassene Sträflinge unter ihre christlich-philanthropischen Fittiche nahmen. Dies geschah auf freiwilliger Basis, und es war das Ziel, die Betroffenen durch moralische und materielle Unterstützung vor Rückfälligkeit zu bewahren.[100] Mit dem Schutzaufsichtsdekret von 1911 wurde im Kanton Bern diese Form der Straffälligenfürsorge staatlich institutionalisiert.[101] Gemäss den Dekretsbestimmungen kam die Schutzaufsicht bei bedingt verurteilten und bei bedingt entlassenen Straffälligen zur Anwendung, wobei im Schutzaufsichtsdekret selbst lediglich von «Straffälligen» die Rede war. Das Armenpolizeigesetz von 1912 bestimmte jedoch explizit, dass administrativ Versorgte ebenfalls unter Schutzaufsicht gestellt werden konnten.[102] Auf diese Weise wurde die Schutzaufsicht gesetzlich in die Vollzugspraxis der administrativen Versorgung integriert.[103]

Waren die administrativ Versorgten einer Schutzaufsicht unterstellt, hatten sie den genau gleichen Vorgaben zu folgen wie die strafrechtlich Verurteilten. So hatten die Schutzaufsichtspersonen die Aufgabe, in fürsorgerischer Hinsicht den Betroffenen mit «Rat und Tat» zur Seite zu stehen, was etwa bedeutete, sie bei der Suche nach einer Arbeitsstelle zu unterstützen.[104] Gleichzeitig mussten die Schutzaufsichtspersonen kontrollieren, ob die Betroffenen den ihnen vom

99 Art. 70 APG; Dekret über die Schutzaufsicht vom 6. Februar 1911, in: GDV, 1911, Art. 11, 12.

100 Eva Keller, Die Entlassenenfürsorge und der Bernische Schutzaufsichtsverein 1839–1886, in: Brigitte Studer, Sonja Matter (Hg.), Zwischen Aufsicht und Fürsorge. Die Geschichte der Bewährungshilfe im Kanton Bern, Bern 2011, S. 23–30; Ludi, Fabrikation, 1999, S. 360–368.

101 Dekret über die Schutzaufsicht vom 6. Februar 1911, in: GDV, 1911, S. 12. Seit 1941 war die Schutzaufsicht im Kanton Bern geregelt durch die Verordnung über den Vollzug der Freiheitsstrafen und Massnahmen, die bedingte Entlassung und die Schutzaufsicht gegenüber Erwachsenen, in: GDV, 1942, S. 118–123. Vgl. zur Geschichte der Schutzaufsicht im Kanton Bern die Beiträge im Sammelband Brigitte Studer, Sonja Matter (Hg.), Zwischen Aufsicht und Fürsorge. Die Geschichte der Bewährungshilfe im Kanton Bern, Bern 2011.

102 Art. 70, 71 APG.

103 Vgl. hierzu auch Tanja Rietmann, «Hier haben wir eine andere Kategorie Menschen vor uns». Die Schutzaufsicht über administrativ Versorgte, in: Brigitte Studer, Sonja Matter (Hg.), Zwischen Aufsicht und Fürsorge. Die Geschichte der Bewährungshilfe im Kanton Bern, Bern 2011, S. 89–100.

104 Dekret über die Schutzaufsicht vom 6. Februar 1911, in: GDV, 1911, Art. 4.

Richter respektive vom Regierungsrat auferlegten Weisungen nachkamen. Das Nichteinhalten solcher Weisungen musste gemeldet werden und konnte den Widerruf des bedingten Straferlasses beziehungsweise der bedingten Versorgung zur Folge haben.[105] Die Schutzaufsicht war somit gleichzeitig als Kontroll- und als Fürsorgeinstrument konzipiert, was bedeutete, dass die Tätigkeit der Schutzaufsichtspersonen in einem komplexen Spannungsfeld von Hilfe und Kontrolle angesiedelt war. Die Überschneidung zwischen Hilfe und Kontrolle, wie sie mit den Schutzaufsichtsbestimmungen zum Tragen kam, zeigt sich des Weiteren beispielsweise auch daran, dass das Schutzaufsichtsdekret bestimmte, dass bei einer bestehenden Vormundschaft «in der Regel» der Vormund zur Schutzaufsichtsperson zu wählen war.[106] Das Rechtsinstrument der Schutzaufsicht war also nicht allein an das kantonale Versorgungsrecht gekoppelt, sondern auch an das eidgenössische Vormundschaftsrecht.
Insgesamt zeigt sich, dass mit dem Armenpolizeigesetz von 1912 die strukturelle Koppelung[107] von Strafjustiz und kantonalem Versorgungsrecht verstärkt wurde und der strafrechtliche Einschlag der administrativen Versorgung zunahm. Nicht nur wurden die Betroffenen, wie in Kapitel 2.4 ausgeführt, vielfach in denselben Vollzugseinrichtungen untergebracht wie gerichtlich Verurteilte, sondern auch Vollzugsinstrumente wie die bedingte Versorgung oder die Schutzaufsicht – und damit gemeinsam geltende gesetzliche Vorschriften, normative Verhaltensanforderungen und Vollzugslogiken – gelangten bei beiden Gruppen gleichermassen zur Anwendung.

Bedingte Entlassung

Die bedingte Entlassung, die bereits das Arbeitsanstaltengesetz von 1884 gekannt hatte, sah das Armenpolizeigesetz von 1912 weiterhin vor; sie wurde nun aber ausführlicher geregelt. Während es im Arbeitsanstaltengesetz lediglich geheissen hatte, eine Entlassung könne «auch unter dem Vorbehalt polizeilicher Aufsicht bedingt verfügt» werden, bestimmte das Armenpolizeigesetz, dass der Regierungsrat eine Person bedingt entlassen konnte, wenn die Hälfte der vorgesehenen Versorgungszeit, im Minimum jedoch sechs Monate verstrichen waren.[108] An die Entlassung schloss sich eine einjährige «Probezeit» an, während

105 Art. 70 APG; Dekret über die Schutzaufsicht vom 6. Februar 1911, in: GDV, 1911, Art. 5.

106 Dekret über die Schutzaufsicht vom 6. Februar 1911, in: GDV, 1911, Art. 12. Vgl. hierzu auch August Egger, Kommentar zum schweizerischen Zivilgesetzbuch. Das Familienrecht des schweizerischen Zivilgesetzbuches, Zürich 1914, S. 560 f.; Alfred Kuhn, Vormundschaft und Schutzaufsicht, Referat für die Konferenz der kantonalen Vormundschaftsdirektoren vom 3./4. Mai 1946 in Luzern, Zürich 1946.

107 Mit dem Begriff der «strukturellen Koppelung» wird Bezug genommen auf Germann, Psychiatrie, 2004, S. 22, 35 f.

108 Art. 71 APG.

der die betroffene Person unter Schutzaufsicht gestellt war.[109] So wurde beispielsweise Jakob Hofmann, dessen Fallgeschichte in Kapitel 4 vorgestellt wird, im Februar 1939 einen Monat vor dem ursprünglich vorgesehenen Termin auf eigenes Begehren hin vorzeitig bedingt aus Witzwil entlassen und für die Dauer eines Jahres unter Schutzaufsicht gestellt.[110] Damit kam Hofmann zwar einen Monat früher auf freien Fuss. Doch die Errichtung einer Schutzaufsicht, wie sie bei einer vorzeitigen Entlassung vorgeschrieben war, ermöglichte den Behörden, die soziale Kontrolle über Hofmann über einen bedeutend längeren Zeitraum hinweg aufrechtzuerhalten, als wenn er regulär zum ursprünglich festgelegten Zeitpunkt entlassen worden wäre. Hier stellt sich letztlich die Frage, wie «vorteilhaft» es für Hofmann tatsächlich gewesen war, auf diese Weise vorzeitig entlassen zu werden. Mit der Schutzaufsicht wurde somit eine Zwischenform gefunden zwischen der totalen Kontrolle, wie sie in der Anstalt möglich war, und dem unbeaufsichtigten Belassen in Freiheit. Obwohl die Schutzaufsicht bei einer bedingten Entlassung gemäss dem Armenpolizeigesetz von 1912 gesetzlich vorgeschrieben war, scheint sie in den ersten Jahren nach Erlass des Gesetzes nicht immer eingerichtet worden zu sein. So hiess es zum Beispiel erst für das Jahr 1941 im Jahresbericht der Straf- und Arbeitsanstalt St. Johannsen, man könne nun «mit Genugtuung» feststellen, dass vorzeitige Entlassungen administrativ Versorgter «ohne Stellung unter Schutzaufsicht nicht mehr erfolgten».[111]

3.2 Zur Versorgungspraxis

3.2.1 Zu den Versorgungsgründen

In den Staatsverwaltungsberichten des Kantons Bern finden sich für die 1920er- und 1930er-Jahre Angaben zu den Gründen, die zu den administrativen Versorgungen in den Arbeitsanstalten St. Johannsen und Hindelbank führten.[112] Eine statistische Auswertung dieser Angaben ist allerdings nur bedingt möglich, da sich zum einen die Kriterien, gemäss welchen die Angaben erfolgten, im Lauf der Jahre veränderten und zum anderen öfter Grosskategorien verwendet wurden, die nur wenig detaillierte Aufschlüsse erlauben.[113] Dennoch lässt sich er-

109 Art. 71 APG.
110 Vgl. hierzu Kapitel 4.3.
111 StVB, 1941, S. 26.
112 Angaben für die Frauen finden sich für die Jahre von 1922 bis 1941, für die Männer für 1923 bis 1935.
113 Zu den Versorgungsgründen der administrativ Versorgten in Hindelbank hiess es 1937 beispielsweise, dass sie «liederliches, unsittliches, arbeitsscheues Leben, Unverbesserlichkeit,

mitteln, dass die Mehrheit der administrativen Versorgungen sowohl bei den Männern als auch bei den Frauen aufgrund von Artikel 62 Ziffer 2 des Armenpolizeigesetzes erfolgte.[114] Die Ziffer dieses Artikels regelte, wie weiter oben ausgeführt, die Versorgung von Personen, die sich dem «Müssiggang, dem Trunk» oder sonst einem «liederlichen oder unsittlichen Lebenswandel ergaben» und aus diesem Grund entweder «öffentliches Ärgernis» erregten, «unterstützungsbedürftig» geworden waren oder sich «ökonomisch oder sittlich gefährdeten». Bezüglich der 1923 administrativ versorgten Männer heisst es im entsprechenden Staatsverwaltungsbericht beispielsweise: «Versetzungsgrund war in 202 Fällen Trunksucht und liederlicher Lebenswandel, in 8 Gemeingefährlichkeit, in 9 Unverbesserlichkeit und in 7 sonst schlechte Aufführung.»[115] Im selben Jahr vermerkt der Staatsverwaltungsbericht zu den administrativ versorgten Frauen: «Grund der Einweisung der 85 Personen in diese Anstalt war bei 46 liederliches, unsittliches und arbeitsscheues Leben, bei 31 Trunksucht und deren Folgen, bei 3 Unverbesserlichkeit und bei 5 Müssiggang und Ungehorsam.»[116] Zahlenmässig von untergeordneter Bedeutung waren in den 1920er- und 1930er-Jahren Versorgungen etwa «geistig minderwertiger Personen, welche die allgemeine Sicherheit in hohem Grade gefährden», oder «unverbesserlicher und wiederholt vorbestrafter Personen».[117]

Auffällig ist die prominente Nennung der «Trunksucht» als Versorgungsgrund sowohl bei den Männern als auch bei den Frauen. Bei den Männern wurde, ähnlich wie im oben zitierten Beispiel, «Trunksucht» in Kombination mit «liederlichem Lebenswandel» in vielen anderen Jahren an erster Stelle genannt.[118] Diese kombinierte Versorgungsbegründung hob sich von anderen wie etwa «Gemeingefährlichkeit» deutlich ab und stand zahlenmässig deutlich an der Spitze.[119]

geistige Minderwertigkeit, Gemeingefährlichkeit und Trunksucht» umfassten. StVB, 1937, S. 18.

114 In diesem Zusammenhang verwies der Staatsverwaltungsbericht für das Jahr 1913 beispielsweise darauf, dass das Armenpolizeigesetz von 1912 «insbesondere» Versorgungen gestatte, welche auf den Bestimmungen von Artikel 62 Ziffer 2 basierten. StVB, 1913, S. 80.

115 StVB, 1923, S. 32. Ähnlich beispielsweise StVB, 1930, S. 19.

116 StVB, 1923, S. 32. Ähnlich stellt Lippuner in ihrer Untersuchung zur thurgauischen Zwangsarbeitsanstalt Kalchrain für das ausgehende 19. und beginnende 20. Jahrhundert fest, dass im Zusammenhang mit den Versorgungen die Begriffe «Liederlichkeit» und «Arbeitsscheu» am häufigsten waren. Lippuner, Bessern, 2005, S. 35.

117 Art. 62 Ziff. 6, 7 APG.

118 Mit der Fallgeschichte Jakob Hofmann wird in Kapitel 4 ein Fall aufgerollt, der sich zentral um die Problemfelder «Trunksucht» und «Liederlichkeit» drehte.

119 Ramsauer stellt in ihrer Studie zu vormundschaftlichen Kindswegnahmen für das Jahr 1934 fest, dass in den Familien bei den Männern in 94 Prozent der Fälle, bei den Frauen aber nur in sechs Prozent der Fälle Alkoholkonsum zur Begründung der behördlichen Massnahme herangezogen wurde. Ramsauer, «Verwahrlost», 2000, S. 225 f., hier S. 345. Auch Gossenreiter, Horowitz und Killias stellen in ihrer Untersuchung zur Entmündigung von Trunksüchtigen

Bei den Frauen wurde die Kategorie «Trunksucht» zwar quantitativ weniger häufig genannt als bei den Männern – tatsächlich war der Alkoholkonsum von Männern höher als der der Frauen[120] –, sie war aber dennoch eine vergleichsweise oft genannte Kategorie. So wurde die Versorgungsbegründung «Trunkenheit und deren Folgen» bei den Frauen, ähnlich wie im oben zitierten Beispiel, praktisch in allen Jahren als gesonderte Kategorie genannt und folgte an zweiter Stelle nach der Versorgungsbegründung «liederliches, unsittliches, arbeitsscheues Leben». Dass «Trunksucht» bei den administrativ eingewiesenen Frauen in den jährlichen Berichten als besonders erwähnenswertes Phänomen erachtet wurde, zeigt sich daran, dass die Staatsverwaltungsberichte zwischen 1905 und 1920 jährlich in Prozent angaben, wie viele der in Hindelbank administrativ versorgten Frauen als «ausgesprochene Trinkerinnen» zu bezeichnen seien: In diesen fünfzehn Jahren habe der Anteil der «ausgesprochenen Trinkerinnen» an der Anstaltspopulation durchschnittlich 45 Prozent ausgemacht; in einzelnen Jahren wurden sogar sechzig Prozent so bezeichnet. Im Gegensatz zu diesen zeitgenössischen Befunden kamen Frauen in den stark durch Geschlechternormen geprägten zeitgenössischen Debatten über das Problem Alkoholismus nur marginal vor, wenn überhaupt. «Trunksucht» wurde als ein primär männliches Phänomen wahrgenommen und gedeutet.[121] Die angeführten Angaben zur «Trunksucht» der administrativ versorgten Frauen lassen jedoch die Vermutung zu, dass weibliche «Trunksucht» verbreiteter gewesen sein dürfte, als es der Alkoholismusdiskurs vermuten lässt.

3.2.2 Höchstwerte der Versorgungen in der ersten Hälfte des 20. Jahrhunderts

Wie die Grafik in Kapitel 2.5.2 zeigt, verstärkte sich die steigende Tendenz der Zahl der Versorgungen in der ersten Hälfte der 1910er-Jahre: Während 1910 insgesamt 176 Versorgungen verfügt wurden (131 Männer, 45 Frauen), erhöhte sich die Zahl 1911 auf 243 Versorgungen (184 Männer, 58 Frauen). Auch 1912 stieg die Zahl ganz leicht an, um dann 1913 erneut einen deutlichen Aufwärtssprung zu machen, und zwar auf 298 Versorgungen (234 Männer, 64 Frauen). 1914

in den 1920er-Jahren in Zürich eine quantitative Überrepräsentierung der männlichen Trinker fest. Gossenreiter et al., «... und wird dazu angehalten [...]», 1994, S. 81. Zeitgenössische Erklärungsansätze rückten für das männliche Trinken äussere Umstände wie das männliche Arbeits- und Lebensumfeld in den Vordergrund, während für das weibliche Trinken eher innere Ursachen – etwa eine «spezifische weibliche Physis und Psyche» – verantwortlich gemacht wurden. Ebd., S. 81–86, hier S. 81.

120 Spode, Entstehung, 1994, S. 23.

121 Gossenreiter et al., «... und wird dazu angehalten [...]», 1994, S. 81–87; Spode, Entstehung, 1994, S. 5.

schnellte die Zahl noch einmal in die Höhe, auf 370 Versorgungen (263 Männer, 107 Frauen), womit in diesem Jahr die höchste Anzahl von Versorgungen erreicht wurde, die der Regierungsrat je in der Zeit zwischen 1884 und 1980 in einem Jahr verfügte.[122]

Wie anhand der Grafik zu sehen ist, bewegte sich die Zahl der Versorgungen ab 1911 auf einem deutlich höheren Niveau als in den beiden Jahrzehnten zuvor. Eine Erklärung für diesen markanten Anstieg der Versorgungsziffern in der ersten Hälfte des 20. Jahrhunderts ist in den revidierten Versorgungsbestimmungen zu finden, welche die staatlichen Zugriffsmöglichkeiten auf neue Personengruppen erweiterten, wie weiter oben gezeigt wurde. Zwischen 1915 und 1918 gingen die Versorgungszahlen zwar wieder etwas zurück, ohne jedoch unter das Niveau der beiden Jahrzehnte vor und nach 1900 zu sinken. In ihrer Studie zur Zwangsarbeitsanstalt Kalchrain stellt Sabine Lippuner in diesen drei Kriegsjahren einen ähnlichen Rückgang der Zahl der administrativen Versorgungen fest. Sie äussert dazu die Vermutung, dass dies auf die wachsende Nachfrage nach Arbeitskräften in der Landwirtschaft zurückgeführt werden könnte.[123] Deutlich stiegen die Versorgungszahlen im Kanton Bern dann wieder während der internationalen Wirtschaftskrise zu Beginn der 1920er-Jahre: 1920 wurden 338 Versorgungen (266 Männer, 72 Frauen) verfügt, 1921 waren es 367 (287 Männer, achtzig Frauen), womit in diesem Jahr ein weiterer Höchstwert – nach 1914 mit 370 Versorgungen – erreicht wurde. «Zweifellos» sei, so heisst es im Staatsverwaltungsbericht für St. Johannsen für das Jahr 1921, die Zunahme der administrativ Versorgten auf die «Krisenzeit» zurückzuführen; verantwortlich sei daneben «vielleicht zum Teil auch die Wohnungsnot».[124]

Über den ganzen Zeitraum hinweg betrachtet, innerhalb dessen im Kanton Bern die administrative Versorgung praktiziert wurde, wurden zwischen 1910 und 1940 im jährlichen Durchschnitt zahlenmässig die meisten Versorgungen vollzogen. Auch andere Studien, die staatliche (oder staatlich gebilligte) Zugriffe auf einzelne Individuen untersuchen, die mit der Absicht der erziehenden oder korrigierend-disziplinierenden Herstellung gesellschaftlicher Konformität erfolgten, stellen für die erste Hälfte des 20. Jahrhunderts, und hier insbesondere für

122 Vgl. in diesem Zusammenhang die Ausführungen zur Grafik in Kapitel 2.5.2.

123 Lippuner, Bessern, 2005, S. 88.

124 StVB, 1921, S. 192. Zu den Wirtschaftskrisen in den 1920er-Jahren – eine zweite Krise, die die Zahl der Arbeitslosen und Fürsorgeabhängigen in die Höhe trieb, erfasste die Weltwirtschaft nach dem Börsencrash 1929 – vgl. Jean-François Bergier, Die Wirtschaftsgeschichte der Schweiz. Von den Anfängen bis zur Gegenwart, Köln 1983, S. 269–274; Hans Ulrich Jost, Bedrohung und Enge (1914–1945), in: Ulrich Im Hof et al., Geschichte der Schweiz und der Schweizer, Basel, Frankfurt am Main 1986, S. 731–819, hier S. 770–773, 779–783; Béatrice Ziegler, Einleitung, in: Sébastien Guex et al. (Hg.), Krisen und Stabilisierung. Die Schweiz in der Zwischenkriegszeit, Zürich 1998, S. 9–29, hier S. 10f.

die Zwischenkriegszeit, quantitative Höchstwerte bei der Anwendung solcher Massnahmen fest. So erreichten zum Beispiel in den 1930er-Jahren Sterilisationsziffern Spitzenwerte.[125] Für das «Hilfswerk für die Kinder der Landstrasse» konstatieren Galle und Meier, dass die Zahl betreuter Kinder nach der Gründung des «Hilfswerks» 1926 rasch zunahm, 1939 den Höchststand erreichte, um nach dem Zweiten Weltkrieg wieder kontinuierlich zu sinken.[126] Oder für das Vormundschaftswesen in der Stadt Bern stellt Gallati fest, dass die Jahre 1934 bis 1940 eine «Zeitspanne äusserst intensiver behördlicher Aktivität» in Bezug auf die Zahl der von der Vormundschaftskommission eingereichten Entmündigungsbegehren gewesen seien.[127]

Die Erklärung für diese intensivierten Zugriffspraktiken ist nicht allein in den ökonomischen Krisen der Zwischenkriegszeit und schwach ausgebauten sozialen Sicherungen zu suchen, sondern auch in einer gesellschaftlich intoleranten Haltung gegenüber sozial nicht normkonformem Verhalten. Nach Jakob Tanner war die Zwischenkriegszeit eine Zeit, in der sich «Anpassungsdruck und Zwang zum konformen Leben» verstärkten.[128] Ähnlich sprechen Béatrice Ziegler et al. für diese Zeit von einer «‹konservativen Neuordnung›», die auf einer diskursiven Ebene eine «ausserordentliche Moralisierung» zur Folge gehabt und die sich «auf Kosten schwächerer gesellschaftlicher Kräfte» vollzogen habe.[129] In die 1930er-Jahre fiel auch der Beginn der «geistigen Landesverteidigung», einer politisch-kulturellen Strömung, welche zum Ziel hatte, als spezifisch schweizerisch angesehene Werte zu stärken und gleichzeitig faschistische, nationalsozia-

125 Marietta Meier, Zwangssterilisationen in der Schweiz. Zum Stand der Forschungsdebatte, in: traverse, 11, 1 (2004), S. 131–146, hier S. 135; Jakob Tanner, Ordnungsstörungen: Konjunkturen und Zäsuren in der Geschichte der Psychiatrie, in: Marietta Meier et al., Zwang zur Ordnung. Psychiatrie im Kanton Zürich, 1870–1970, Zürich 2007, S. 271–306, hier S. 284.

126 Galle, Meier, Menschen, 2009, S. 66–70.

127 Mischa Gallati, Die Praxis der Berner Vormundschaftsbehörden, in: Gisela Hauss et al. (Hg.), Eingriffe ins Leben. Fürsorge und Eugenik in zwei Schweizer Städten (1920–1950), Zürich 2012, S. 105–144, hier S. 111. Ähnlich sprechen Leuenberger et al. für den Kanton Bern ab Mitte der 1930er-Jahre von einem «noch härteren Umgang» der Fürsorgebehörden mit unterstützten Familien; die gleiche Feststellung macht Ramsauer für den behördlichen Umgang mit bevormundeten Familien in der Stadt Zürich in dieser Zeit. Leuenberger et al., «Die Behörde […]», 2011, S. 86; Ramsauer, «Verwahrlost», 2000, S. 89.

128 Tanner, Ordnungsstörungen, 2007, S. 284. Ähnlich Gossenreiter et al., «… und wird dazu angehalten […]», 1994, S. 60 f., 68 f.; Hauss, Ziegler, Norm, 2007, S. 64; Mario König, Politik und Gesellschaft im 20. Jahrhundert. Krisen, Konflikte, Reformen, in: Manfred Hettling et al. (Hg.), Eine kleine Geschichte der Schweiz. Der Bundesstaat und seine Traditionen, Frankfurt am Main 1998, S. 21–90, hier S. 50.

129 Ziegler et al., Einleitung, 1998, S. 23. Auch die gesellschaftliche Akzeptanz der Kindswegnahmen durch das «Hilfswerk für die Kinder der Landstrasse» ist in einem solchen Kontext zu verorten, ebenso die in den 1930er-Jahren verschärft restriktive Einwanderungspraxis und Ausländergesetzgebung. Tanner, Ordnungsstörungen, 2007, S. 284.

listische und kommunistische Totalitarismen abzuwehren.[130] Für die bis in die 1960er-Jahre dauernde Bewegung, die den «bürgerlichen Gehalt» der Schweiz «akzentuierte»,[131] so Hettling, waren konservative und autoritätsbejahende Elemente konstitutiv. Vor dem Hintergrund eins solchen gesellschaftlichen Wert- und Normhorizonts und eines solchen Konformitätsdrucks lässt sich nachvollziehen, dass die administrative Versorgung den Zeitgenossen weiterhin als probates Mittel erschien, um bei nicht normkonformen Lebens- und Verhaltensweisen sozialpolitisch repressiv einzugreifen.

Rückgang der Versorgungen seit den 1940er-Jahren

Seit den 1940er-Jahren ging im Kanton Bern die Zahl der Versorgungen zurück. Sie sank in den 1940er-Jahren auf jährlich unter 150 Versorgungen. Diese sinkende Tendenz hielt bis zur Aufhebung der administrativen Versorgung 1981 an: In den 1950er-Jahren wurden jährlich durchschnittlich noch sechzig Versorgungen vollzogen, in den 1960er-Jahren durchschnittlich vierzig, und in den 1970er-Jahren waren es durchschnittlich noch zehn. 1980, im Jahr bevor die administrative Versorgung aufgehoben wurde, verfügte der bernische Regierungsrat schliesslich noch sieben Versorgungen. Diese rückläufige Entwicklung im Kanton Bern entsprach einer gesamtschweizerischen Tendenz. 1977 stellte der Bundesrat in einer Botschaft, in der er die Ergebnisse einer Umfrage präsentierte, die er 1972 und 1975 in den Kantonen bezüglich ihrer Versorgungspraxis hatte durchführen lassen, fest, dass sich als «Tendenz» ein Rückgang der Anzahl Versorgungen konstatieren lasse.[132] Einige Kantone gingen sogar so weit, deswegen in den 1970er-Jahren ihre Versorgungsgesetze aufzuheben. So zum Beispiel der Kanton Schwyz, der die administrative Versorgung mit Beschluss vom 16. Oktober 1970 aufhob, da die Massnahme «während der letzten Jahre nur selten benutzt» worden sei, wie es in der bundesrätlichen Botschaft hiess.[133] Der Kanton Waadt hob die administrative Versorgung am 7. Dezember 1971 auf,[134]

130 Marco Jorio, Geistige Landesverteidigung, in: Historisches Lexikon der Schweiz (HLS), Version 23. November 2006, www.hls.ch. Vgl. zur «geistigen Landesverteidigung» weiter Josef Mooser, Die «Geistige Landesverteidigung» in den 1930er Jahren. Profile und Kontext eines vielschichtigen Phänomens der schweizerischen politischen Kultur in der Zwischenkriegszeit, in: Schweizerische Zeitschrift für Geschichte, 47, 4 (1997), S. 685–708.

131 Hettling, Bürgerlichkeit, 1998, S. 262.

132 Botschaft, 1977, S. 13. Diese Aussage bezog sich sowohl auf kantonalrechtliche als auch bundeszivilrechtliche Versorgungen.

133 Revision von Art. 406 ZGB, Umfrage bei den Kantonen. Zusammenfassung der Antworten, 17. April 1973, S. 15, BAR, E 4110 (B) 1989/129, Bd. 45. Der Kanton Schwyz hielt fest, «aufgrund jahrelanger Statistiken» habe festgestellt werden können, dass «zur Hauptsache nur bevormundete Personen» eingewiesen würden. Ebd. Das vormundschaftlich-zivilrechtliche Versorgungsrecht dürfte im Kanton Schwyz also als ausreichend erachtet worden sein.

134 Ebd., S. 16.

und Schaffhausen gab zu Beginn der 1970er-Jahre bekannt, das kantonale Versorgungsrecht, das im Vergleich zum vormundschaftlichen Versorgungsrecht von «untergeordneter Bedeutung» sei, in naher Zukunft ausser Kraft setzen zu wollen.[135] Ähnlich ermittelt Wolfang Ayass für Deutschland in den Nachkriegsjahrzehnten einen kontinuierlichen und deutlichen Rückgang der Einweisungen in Arbeitshäuser, der Ende der 1960er-Jahre in einer «quantitativen Bedeutungslosigkeit» der Zahl der Einweisungen mündete.[136] Und auch Matthias Willing stellt für die zwangsweisen Anstaltseinweisungen gemäss dem deutschen Bewahrungsgesetz vom 1. Juni 1962 fest, dass die Massnahmen, wie im einleitenden ersten Kapitel ausgeführt ist, nur in ausgesprochen geringer Zahl zur Anwendung gelangten.

Wirtschaftliche Prosperität

Die wirtschaftliche Prosperität der Nachkriegsjahrzehnte war in der Schweiz ein zentraler Grund dafür, dass die Zahl der administrativen Versorgungen in der zweiten Hälfte des 20. Jahrhunderts zurückging.[137] Nicht nur stieg in dieser Zeit der materielle Lebensstandard breiter Bevölkerungskreise auf ein vorher nicht gekanntes Niveau an und verschwand die offensichtliche Armut weitgehend von der Bildfläche – wozu auch die Einführung und der Ausbau der Sozialversicherungswerke beitrug, 1948 nahm zum Beispiel die wichtige Alters- und Hinterlassenenversicherung (AHV) ihre Tätigkeit auf –, sondern die günstige Arbeitsmarktsituation erlaubte es auch, dass Arbeitskräfte mit «etwelchen Schönheitsfehlern im Arbeitsprozess akzeptiert» werden konnten, wie es der Fürsorgeexperte Max Hess formulierte.[138] Die für den Kanton Bern untersuch-

135 Ebd., S. 19.

136 Ayass, Arbeitshaus, 1992, S. 343.

137 Das nach dem Zweiten Weltkrieg in Westeuropa und Nordamerika einsetzende beispiellose wirtschaftliche Wachstum hielt, abgesehen von einzelnen rezessionsbedingten Unterbrüchen, bis in die 1970er-Jahre an und wurde erst von der Ölkrise 1973 gestoppt. Hansjörg Siegenthaler, Zur These des «1950er Syndroms». Die wirtschaftliche Entwicklung der Schweiz nach 1945 und die Bewegung relativer Energiepreise, in: Christian Pfister (Hg.), Das 1950er Syndrom. Der Weg in die Konsumgesellschaft, Bern, Stuttgart, Wien 1995, S. 97–103; Jakob Tanner, Die Schweiz in den 1950er Jahren. Prozesse, Brüche, Widersprüche, Ungleichzeitigkeiten, in: Jean-Daniel Blanc, Christine Luchsinger (Hg.), achtung: die 50er Jahre! Annäherungen an eine widersprüchliche Zeit, Zürich 1994, S. 19–50; Jakob Tanner, Lebensstandard, Konsumkultur und American Way of Life seit 1945, in: Walter Leimgruber, Werner Fischer (Hg.), «Goldene Jahre». Zur Geschichte der Schweiz seit 1945, Zürich 1999, S. 101–131; Bernard Degen, Hochkonjunktur und Kalter Krieg, in: Valérie Boillat et al. (Hg.), Vom Wert der Arbeit. Schweizer Gewerkschaften – Geschichte und Geschichten, Zürich 2006, S. 229–275.

138 Max Hess, Die Bedeutung der Individualfürsorge in der heutigen Zeit, in: Schweizerische Zeitschrift für Gemeinnützigkeit, 102, 1/2 (1963), S. 1–26, hier S. 9. In den ersten beiden Nachkriegsjahrzehnten herrschte Vollbeschäftigung. Brigitte Schnegg et al., Partnerschaftlichkeit statt Paternalismus? Die Integration des «Social Casework» in die Schweizer Sozialarbeit der

ten Fälle zeigen, dass es in dieser Zeit auch für ungelernte Arbeitskräfte einfach war, Arbeit zu finden, und dass es den von einer administrativen Versorgung Betroffenen oder ihren Vormündern kaum Schwierigkeiten bereitete, nach einer Anstaltsentlassung oder nachdem eine Arbeitstätigkeit aufgegeben worden war, wiederum Arbeit zu finden – zum Beispiel auf einer Baustelle, in einem Restaurant oder in einem Privathaushalt.

Auf die veränderte ökonomische Situation reagierten die Behörden auch damit, dass sie statt definitiver Versorgungen vermehrt bedingte Versorgungen aussprachen. Im bernischen Staatsverwaltungsbericht für das Jahr 1951 heisst es beispielsweise, dass die Behörden aufgrund der «Hochkonjunktur [...] im allgemeinen die bedingte Versetzung der definitiven Massnahme [vorziehen], um dadurch den Verlust einer Arbeitskraft zu vermeiden».[139] Diese Aussage wird durch die Grafik in Kapitel 2.5.2 bestätigt. Sie zeigt, dass die Zahl der jährlich beschlossenen bedingten Versorgungen bereits seit Beginn der 1940er-Jahre eine steigende Tendenz aufwies[140] und zwischen 1945 und 1960 deutlich mehr bedingte als definitive Versorgungen verfügt wurden.[141]

Die veränderte Versorgungspraxis – der Rückgang der definitiven und die Zunahme der bedingten Versorgungen – ist nicht allein auf die strukturellen Veränderungen im Zusammenhang mit dem wirtschaftlichen Wachstum zurückzuführen, sondern in ihr drückte sich auch eine kritischere Einstellung gegenüber der zwangsweisen Anstaltsversorgung aus. Entsprechende Hinweise finden sich in den Staatsverwaltungsberichten seit Ende der 1940er-Jahre. 1948 heisst es beispielsweise, den Betroffenen werde in «vermehrtem Masse [...] eine Chance zur Bewährung» gegeben.[142] Ähnlich führte der Staatsverwaltungsbericht 1952 aus, die Gemeinden tendierten dazu, mit der «asozialen Person verschiedene Versuche zu unternehmen, bevor Antrag auf Versetzung in die Arbeitsanstalt» gestellt werde.[143] Äusserungen, die von einer solchen kritischen Einstellung zeugen, können in einem Zusammenhang gesehen werden mit der Formierung eines kritischen Versorgungsdiskurses in der zweiten Hälfte des 20. Jahrhunderts. Dieser wird in Kapitel 6 genauer untersucht.

Nachkriegszeit, in: Christoph Conrad, Laura von Mandach (Hg.), Auf der Kippe. Integration und Ausschluss in Sozialhilfe und Sozialpolitik, Zürich 2008, S. 25–35, hier S. 32.

139 StVB, 1951, S. 33.

140 1940 verfügte der Regierungsrat 39 bedingte Versorgungen, 1945 waren es 145, und 1949 wurde mit 166 bedingten Versorgungen der Höchstwert erreicht.

141 Zu Beginn der 1960er-Jahre glich sich das Verhältnis aus, der Regierungsrat verfügte seither jährlich jeweils ungefähr gleich viele definitive wie bedingte Versorgungen.

142 StVB, 1948, S. 31.

143 StVB, 1952, S. 33. Ähnlich StVB, 1954, S. 34.

3.3 Fazit

Das Armenpolizeigesetz von 1912 löste, wie gezeigt wurde, die Versorgungsmassnahmen, wie sie im Kanton Bern 1884 eingeführt worden waren, aus ihrem praktisch ausschliesslichen armenpolizeilichen Bezugsrahmen heraus – trotz des weiter bestehenden namentlichen Verweises auf «Arme» im Gesetzestitel. Zum einen wurde neu die Versorgung von Personen ermöglicht, die noch nicht unterstützungsbedürftig geworden waren, sondern sich lediglich «ökonomisch oder sittlich *gefährden*» (Hervorhebung d. V.). Zum andern wurden die Massnahmen, wie es einem schweizerischen Trend entsprach, verstärkt als Instrument konzeptualisiert, das Versorgungen als sichernde Massnahme im Interesse der öffentlichen Sicherheit ermöglichte und in die Kriminalpolitik einfügte, womit die Versorgungsbestimmungen auf komplexe Weise mit dem Strafrecht verflochten wurden. Das Arbeitsanstaltengesetz von 1884 erwies sich somit als Rechtsgefüge, das sich auf vielfältige Weise ausbauen liess, um nicht nur veränderten fürsorge-, sondern auch kriminal- und ordnungspolitischen Wahrnehmungsweisen und Bedürfnissen Rechnung zu tragen und um einen erweiterten Kreis von Personen, die als normabweichend betrachtet wurden, erfassen zu können. Die erweiterten staatlichen Zugriffsmöglichkeiten wurden praktisch genutzt, was vor dem Hintergrund einer gesellschaftlich intoleranten Haltung gegenüber sozial nicht normkonformem Verhalten dazu führte, dass die Anzahl der Versorgungen nach 1913 zunahm. Die Zeit zwischen den 1910er- und 1940er-Jahren war im Kanton Bern jene Zeit, in der im Jahresdurchschnitt quantitativ am meisten administrative Versorgungen erfolgten.

Gleichzeitig führte das Armenpolizeigesetz eine Differenzierung der Anstaltstypen ein, in denen eine administrative Versorgung vollzogen werden konnte. Hierfür war nicht mehr allein – wie gemäss dem Arbeitsanstaltengesetz von 1884 – die Arbeitsanstalt vorgesehen, sondern es war nun gesetzlich möglich, eine administrative Versorgung in einem geschlossenen Versorgungsheim oder in einer Trinkerheilanstalt zu vollziehen. Des Weiteren gab die gesetzliche Einführung der bedingten Versorgung den Behörden zum einen die Möglichkeit, ihre Versorgungspraxis stärker auf den einzelnen Fall abzustimmen – so konnte bei einer bedingten Versorgung auf weitere Einrichtungen wie etwa Armenanstalten zurückgegriffen werden. Zum anderen erhielten sie ein differenziertes Instrumentarium, um auf sozial Nichtnormkonforme auch vor einer eigentlichen Anstaltsversorgung Druck ausüben und deren Verhalten kontrollieren zu können.

4 «Die Anschuldigungen sind teilweise richtig, teilweise sind sie aber übertrieben»: Fallgeschichte Jakob Hofmann

Vom Fall zur Fallgeschichte

In diesem und im folgenden Kapitel werden die Fälle Jakob Hofmann und Frieda Berger untersucht. Hofmann und Berger wurden auf der Grundlage des Arbeitsanstaltengesetzes von 1912 mehrere Male administrativ versorgt. Anhand dieser Fälle wird gezeigt, wie die Bestimmungen zur administrativen Versorgung in die Praxis umgesetzt wurden, von welchen Handlungslogiken die Behörden und die weiteren involvierten Personenkreise angeleitet waren und was eine administrative Versorgung für eine betroffene Person bedeutete.
Die Auswahl der Fälle Hofmann und Berger erfolgte zum einen aufgrund der qualitativen Aussagekraft des Quellenmaterials in ihren Dossiers. Es wurden Dossiers gewählt, die Dokumente unterschiedlicher Provenienz, darunter Ego-Dokumente, beinhalten und einen quantitativen Umfang von über hundert Dokumenten haben. Weiter wurden mit Hofmann und Berger Personen gewählt, die derselben Generation angehörten und deren administrative Versorgungen vor allem in die Zeit fielen, in der im Kanton Bern zahlenmässig gesehen die meisten administrativen Versorgungen verfügt wurden, nämlich in die erste Hälfte des 20. Jahrhunderts. Gleichzeitig fanden die Versorgungen Hofmanns und Bergers zu grossen Teilen auf der Grundlage von Artikel 62 Ziffer 2 des Armenpolizeigesetzes von 1912 statt und damit jenes Artikels, aufgrund dessen die überwiegende Mehrheit der Betroffenen administrativ versorgt wurde. Weiter wurde bei der Auswahl der Fälle darauf geachtet, exemplarische Erscheinungen herausarbeiten zu können.[1] So wurde insbesondere der Fall Hofmann deswegen gewählt, weil sich in den Personendossiers zur administrativen Versorgung zahlreiche Fälle von Männern finden, in denen auf sehr ähnliche Weise die Problematiken der «Arbeitsscheu» und der «Trunksucht» verhandelt wurden. Schon bei einer flüchtigen Durchsicht der im Staatsarchiv vorhandenen Versorgungsakten stechen geschlechtsspezifische Aspekte der administrativen Versorgung

1 Die Auswahl der beiden Fälle erfolgte auch in Anlehnung an die Idee des theoretischen Samplings, bei welchem theoretische Vorannahmen und konkrete Erkenntnisinteressen die Auswahl der Fälle steuern, beispielsweise das Erkennen von Typischem oder das Ausloten der Bandbreite bestimmter Erscheinungen. Siegfried Lamnek, Qualitative Sozialforschung, Weinheim 2005 (4., überarb. Aufl.), S. 191, 193, 234, 265 f., 313 f.

sowohl in quantitativer als auch in qualitativer Hinsicht ins Auge. Um deren Hintergründe herauszuarbeiten, wird der Fall Hofmann mit dem Fall Berger kontrastiert, um Vorstellungen von männlicher und weiblicher Devianz rekonstruieren zu können. Der Fall Berger wurde des Weiteren auch deswegen einer näheren Analyse unterzogen, da es sich bei Frieda Berger in dem Sinn um eine Ausnahmeerscheinung handelte, als sie sich mit aussergewöhnlicher Heftigkeit gegen ihre administrativen Versorgungen zur Wehr setzte.
Die Geschichten von Hofmann und Berger werden in Form von zwei Fallgeschichten dargestellt. Den beiden Versorgungsbiografien wird chronologisch gefolgt, wobei punktuell ausgewählte thematische Schwerpunkte gesetzt werden. Während unter dem «Fall Hofmann» respektive «Fall Berger» das im Archiv physisch vorhandene Bündel von Aktenstücken verstanden wird, handelt es sich bei den beiden Fallgeschichten um das «Resultat des Erzählers von heute», um mit den Worten des Historikers Martin Schaffner zu sprechen.[2] Die Fallgeschichten sollen auf folgende Fragen Antworten liefern: Welches waren die entscheidenden Momente, die die Behörden veranlassten zu intervenieren? Welche Instanzen hatten in den jeweiligen Fällen Deutungshoheit, und welche Handlungsspielräume nutzten die involvierten Akteurinnen und Akteure? Was bedeutete letztlich die administrative Versorgung für die betroffenen Personen und ihre Angehörigen, und wie reagierten die Betroffenen auf die behördlichen Interventionsabsichten und -massnahmen?

4.1 «Menschenunwürdigen Verhältnissen» ein Ende bereiten: Versorgung 1939 in die Strafanstalt Witzwil

Vorgeschichte

Im Fall des Schuhputzers und Hausierers Jakob Hofmann, der 1892 in Burgdorf als Sohn eines Maurers geboren wurde, drehten sich die zentralen Vorhaltungen darum, dass er missbräuchlich Alkohol konsumiere, seine Abstinenzversprechen nicht einhalte, nur ungenügend zum Unterhalt seiner Familie beitrage und gegen seine Ehefrau und seine Kinder immer wieder ausfällig werde. Diese Vorhaltungen führten dazu, dass es im Leben Hofmanns mehrere Phasen gab, in denen er sich – gezwungenermassen – in enger Tuchfühlung mit den Behörden befand. In einer seiner Einvernahmen gab er zu Protokoll, man solle ihn

2 Martin Schaffner, «Missglückte Liebe» oder Mitteilungen aus Paranoia City. Eine Lektüre von Justiz- und Polizeiakten aus dem Staatsarchiv Basel, 1894–1908, in: L'Homme, Schriften, Bd. 10: Liebe und Widerstand. Ambivalenzen historischer Geschlechterbeziehungen, Wien 2005, S. 243–254.

«doch einmal in Ruhe lassen», er werde «seinen Weg schon finden».[3] Doch Hofmann wurde nicht in Ruhe gelassen. Immer wieder verwarnte ihn die Polizei und setzte ihn für mehrere Tage in Arrest, verschiedene Male lud ihn der Regierungsstatthalter zu Einvernahmen vor, Hofmann wurde zu stationären Beobachtungen in die psychiatrische Klinik Waldau überführt, unter Schutzaufsicht und später unter Vormundschaft gestellt. Schliesslich kam es so weit, dass der bernische Regierungsrat Hofmann viermal, verteilt über vier Jahrzehnte, in eine Arbeitsanstalt einwies: 1921 nach St. Johannsen, 1939 nach Witzwil, 1944 erneut nach St. Johannsen und ein letztes Mal 1955, als Hofmann 63 Jahre alt war, in das Versorgungsheim Sonvilier. Mit verschiedenen Mitteln wurde also versucht, auf Hofmann einzuwirken und sein Verhalten zu ändern. Eine Abfolge von unzähligen und manchmal kaum mehr zu überblickenden Begegnungen Hofmanns mit den Behörden und mehrere Unterbringungen in verschiedenen Einrichtungen prägten seine Versorgungsbiografie, wie es dieses Kapitel zeigen wird.

Die Versorgungsakten, in denen Jakob Hofmanns Versorgungsbiografie nachzulesen ist, dokumentieren die Jahre von 1938 bis 1957, einen Zeitraum von zwanzig Jahren also. Die Akten zur ersten administrativen Versorgung nach St. Johannsen 1921 sind in Hofmanns Dossier nicht vorhanden, doch die drei späteren Einweisungen (1939, 1944, 1955) sind umfassend dokumentiert. Zudem hatten zwei Versorgungsverfahren, die Ende der 1940er-Jahre angestrengt wurden, zwar keine Einweisung zur Folge, doch auch die Akten zu diesen Verfahren sind vorhanden. Ungewöhnlich am Personendossier von Jakob Hofmann – und auch an dem von Frieda Berger – ist der lange Zeitraum, über den sich die Akten erstrecken; in vielen anderen Fällen konzentrieren sie sich auf eine viel kürzere Zeitspanne.

Die eigentlichen Akten Hofmanns setzen mit dem zweiten Versorgungsverfahren ein, an dessen Ende 1939 schliesslich die administrative Versorgung nach Witzwil erfolgte. Ab diesem Zeitpunkt erlaubt das Dossier Hofmann nähere Einblicke in sein Leben. In den Akten finden sich jedoch an verstreuten Stellen Hinweise auf Hofmanns früheres Leben, sodass sich in groben Zügen eine Vorgeschichte rekonstruieren lässt. So ist zu erfahren, dass er vier Geschwister hatte und nach neun Jahren Primarschule, also ungefähr mit fünfzehn Jahren, begann, seinen Lebensunterhalt durch Hilfstätigkeiten zu bestreiten. Er arbeitete als Stallbursche in einer Pferdehandlung, später zwei Jahre in einer Käserei und ging danach als «Elektriker», wie es in den Quellen heisst, nach Lausanne.[4] Als «Hilfsdiensttauglicher» leistete er zu Beginn des Ersten Weltkrieges einige

3 Einvernahmeprotokoll Hofmann, Amthaus Bern, 11. April 1949, StAB, BB 13.1.388.
4 Direktion Klinik Waldau an Regierungsstatthalteramt II, Gutachten, 4. März 1939; Stadtarzt Bern an Direktion der sozialen Fürsorge der Stadt Bern, 9. Januar 1942. StAB, BB 13.1.388.

Monate Militärdienst, wurde jedoch 1915 wegen einer rheumatischen Hüftgelenkserkrankung und wegen Verdacht auf Tuberkulose für dienstuntauglich erklärt.[5] Anschliessend arbeitete er als Kutscher in verschiedenen Kurorten. 1916, also mit 24 Jahren, heiratete Hofmann ein erstes Mal. Nach drei Jahren wurde die Ehe jedoch bereits wieder geschieden.[6] Während dieser Ehejahre verbüsste Hofmann zwei Gefängnisstrafen: 1917 war er drei Monate wegen «Betrug» inhaftiert, 1919 erfolgten zwölf Monate Gefängnis wegen «Erpressung, Widersetzlichkeit»; im selben Jahr, als Hofmann diese einjährige Gefängnisstrafe verbüsste, wurde die Ehe geschieden.[7] Fast die Hälfte dieser Ehezeit verbrachte Hofmann also im Gefängnis. Zu Beginn des Jahres 1921 – das genaue Datum liess sich mit den konsultierten Akten nicht ermitteln – heiratete der inzwischen 29-jährige Hofmann ein zweites Mal, und zwar die 27-jährige Martha Hofmann (geboren 1894).[8] Am 1. August 1921 brachte sie einen Sohn zur Welt. Angesichts der kurzen Zeitspanne von höchstens sieben Monaten, die zwischen der Heirat und der Geburt des ersten Kindes verstrich, kann nicht ausgeschlossen werden, dass das Ehepaar Hofmann eine Pflichtehe hatte eingehen müssen, nachdem Martha Hofmann schwanger geworden war, um die Geburt eines ausserehelichen Kindes zu vermeiden. In den folgenden Jahren vergrösserte sich die Familie rasch, im Lauf von etwas mehr als zehn Jahren wurden sieben weitere Kinder geboren.[9]

Kurz nach seiner zweiten Heirat wurde Hofmann am 21. April 1921 im Alter von 29 Jahren ein erstes Mal administrativ versorgt, und zwar wies ihn der Regierungsrat gemäss Artikel 62 Ziffer 2 des Armenpolizeigesetzes für ein Jahr in St. Johannsen ein. Die Begründung im entsprechenden Regierungsratsbeschluss lautete, dass Hofmann «seit längerer Zeit einen höchst liederlichen, unsittlichen und arbeitsscheuen Lebenswandel führt, wodurch er sich ökonomisch und sittlich gefährdet».[10] Nähere Erläuterungen zum Geschehen, das dem Versorgungsentscheid vorausgegangen war, enthielt der Versorgungsbeschluss nicht. Zudem

5 Hofmann verbrachte in der Folge mehrere Wochen in Kur, wobei sich der Verdacht auf Tuberkulose zwar nicht bestätigte, die rheumatische Erkrankung jedoch nicht geheilt werden konnte. Beschwerden in Hüft-, Knie- und Fussgelenken begleiteten Hofmann in der Folge sein Leben lang. 1942 hielt der Stadtarzt in einem Untersuchungsbericht fest, dass die Erkrankungen Hofmann «längeres Gehen» unmöglich mache und er etwa für schwere landwirtschaftliche Arbeiten nicht eingesetzt werden könne. Stadtarzt Bern an Direktion der sozialen Fürsorge der Stadt Bern, 9. Januar 1942, StAB, BB 13.1.388.

6 Direktion Klinik Waldau an Regierungsstatthalteramt II, Gutachten, 4. März 1939, StAB, BB 13.1.388.

7 Sicherheits- und Kriminalpolizei der Stadt Bern, Auszug aus dem Informationsregister, 2. März 1944, StAB, BB 13.1.388.

8 Über den sozialen Hintergrund Martha Hofmanns ist aus den Versorgungsakten praktisch nichts zu erfahren.

9 Vgl. Richteramt I, Verfügung, 11. Juli 1938, StAB, BB 13.1.388.

10 RRB 2351, 21. April 1921, StAB, A II; Direktion Klinik Waldau an Regierungsstatthalteramt II, Gutachten, 4. März 1939, StAB, BB 13.1.388.

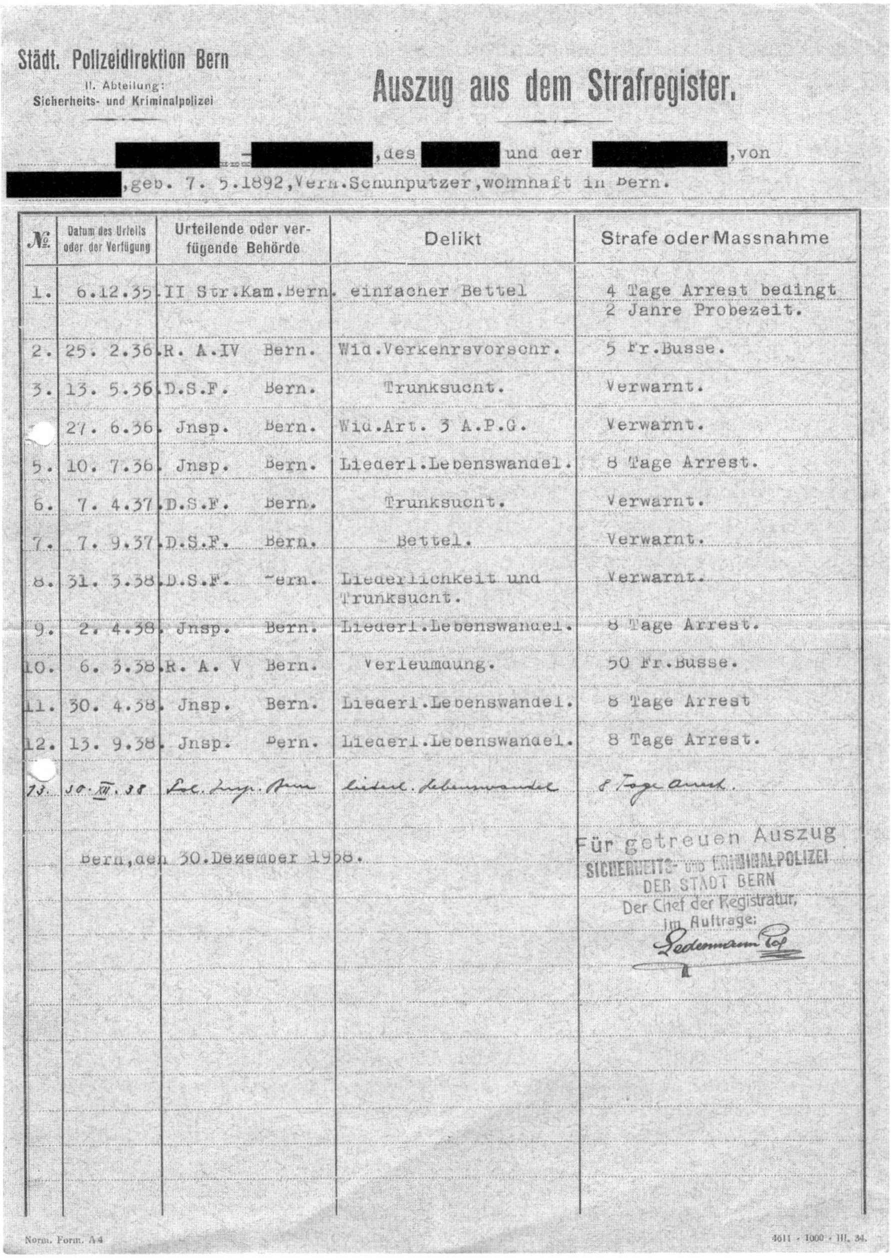

Städt. Polizeidirektion Bern
II. Abteilung:
Sicherheits- und Kriminalpolizei

Auszug aus dem Strafregister.

[redacted] - [redacted], des [redacted] und der [redacted], von [redacted], geb. 7. 5.1892, Verh. Schuhputzer, wohnhaft in Bern.

№	Datum des Urteils oder der Verfügung	Urteilende oder verfügende Behörde	Delikt	Strafe oder Massnahme
1.	6.12.35	II Str.Kam.Bern	einfacher Bettel	4 Tage Arrest bedingt 2 Jahre Probezeit.
2.	25. 2.36	R. A.IV Bern.	Wid.Verkehrsvorschr.	5 Fr.Busse.
3.	13. 5.36	D.S.F. Bern.	Trunksucht.	Verwarnt.
	27. 6.36	Jnsp. Bern.	Wid.Art. 3 A.P.G.	Verwarnt.
5.	10. 7.36	Jnsp. Bern.	Liederl.Lebenswandel.	8 Tage Arrest.
6.	7. 4.37	D.S.F. Bern.	Trunksucht.	Verwarnt.
7.	7. 9.37	D.S.F. Bern.	Bettel.	Verwarnt.
8.	31. 3.38	D.S.F. Bern.	Liederlichkeit und Trunksucht.	Verwarnt.
9.	2. 4.38	Jnsp. Bern.	Liederl.Lebenswandel.	8 Tage Arrest.
10.	6. 5.38	R. A. V Bern.	Verleumdung.	50 Fr.Busse.
11.	30. 4.38	Jnsp. Bern.	Liederl.Lebenswandel.	8 Tage Arrest
12.	13. 9.38	Jnsp. Bern.	Liederl.Lebenswandel.	8 Tage Arrest.
13.	30. XII. 38	Loc. Insp. Bern	liederl. Lebenswandel	8 Tage arrest.

Bern, den 30. Dezember 1938.

Für getreuen Auszug
SICHERHEITS- und KRIMINALPOLIZEI DER STADT BERN
Der Chef der Registratur,
im Auftrage:
[signature]

Norm. Form. A4 — 4611 · 1000 · III. 34.

Der Strafregisterauszug vom 30. Dezember 1938 attestiert Jakob Hofmann ein «beträchtliches Sündenregister». Es wurde mit zur Begründung von Hofmanns administrativer Versorgung herangezogen (StAB, BB 13.1.388).

war der Wortlaut dieser Begründung praktisch identisch mit dem Wortlaut der gesetzlichen Gründe für eine administrative Versorgung gemäss Artikel 62 Ziffer 2, womit sich keine spezifischen Hintergründe zu Hofmanns Versorgung eruieren lassen. Auch in den übrigen Dokumenten in Hofmanns Versorgungsdossier lässt sich nichts Genaueres über die Gründe für diese Versorgung erfahren, da, wie oben erwähnt, dieses erste Versorgungsverfahren Hofmanns aktenmässig nicht eigenständig dokumentiert ist. So lässt sich denn auch nicht rekonstruieren, wann genau Hofmann entlassen wurde, und es ist auch kaum etwas darüber bekannt, wie er die Jahre nach seiner Entlassung zubrachte. Es ist einzig belegt, dass er nach seiner Entlassung begann, als Schuhputzer beim Bahnhof Bern zu arbeiten, wofür er 1922 die Konzession erhielt.

Krisenhafte 1930er-Jahre

In der Zeit der Wirtschaftskrise in den 1930er-Jahren, als breite Bevölkerungsschichten Arbeit und Einkommen verloren und hohe Arbeitslosigkeit und beträchtliche Lohneinbussen den schweizerischen Arbeitsmarkt kennzeichneten,[11] gelang es dem in prekären ökonomischen Verhältnissen lebenden Ehepaar Hofmann – Martha Hofmann arbeitete zu dieser Zeit als Zeitungsverträgerin[12] – nicht mehr, einen ausreichenden Verdienst zu erzielen. Die Familie Hofmann war inzwischen auf zehn Köpfe angewachsen, in rascher Folge waren acht Kinder zur Welt gekommen. Die Familie lebte in der Stadt Bern im Arbeiterquartier Lorraine[13] und musste von der Fürsorge der Stadt Bern unterstützt werden.[14] Die finanziellen Schwierigkeiten gingen mit Schwierigkeiten in der Ehe einher. Am 11. Juli 1938 – also nach siebzehn Ehejahren – wurde das Ehepaar auf Initiative von Martha Hofmann gerichtlich getrennt.[15] Per richterlicher Verfügung war es Hofmann fortan untersagt, sich in der Wohnung seiner Ehefrau aufzuhalten, ohne dass das Paar allerdings geschieden wurde.[16] Wörtlich hiess es im richterlichen Trennungsbeschluss: «Der Ehemann hat die eheliche Woh-

11 Jost, Bedrohung, 1986, S. 781.

12 Vermutlich seit den 1940er-Jahren, sicher jedoch in den 1950er-Jahren arbeitete Martha Hofmann als Fabrikarbeiterin; so war sie Mitte der 1950er-Jahre in der Spinnerei Felsenau im Industriequartier Felsenau, das sich etwas abseits des Stadtzentrums von Bern befand, angestellt. Einvernahmeprotokoll Martha Hofmann, Amthaus Bern, 17. Januar 1955, StAB, BB 13.1.388.

13 Anna Bähler et al. (Hg.), Bern – die Geschichte der Stadt im 19. und 20. Jahrhundert. Stadtentwicklung, Gesellschaft, Wirtschaft, Politik und Kultur, Bern 2003, S. 22.

14 Vgl. beispielsweise zur Situation von Unterschichtsfamilien in der Stadt Zürich zur Zeit der Wirtschaftskrise der 1930er-Jahre Ramsauer, «Verwahrlost», 2000, S. 217–222.

15 Richteramt I, Verfügung, 11. Juli 1938, StAB, BB 13.1.388.

16 In Aussagen, die Martha Hofmann in den folgenden Jahren machte, finden sich auch keine Hinweise darauf, dass sie eine Scheidung angestrebt hätte. Vgl. zu den Bestimmungen des ZGB 1907/12 bezüglich der Möglichkeiten, vor Gericht auf Trennung oder Scheidung zu klagen, Arni, Entzweiungen, 2004, S. 73.

nung sofort zu verlassen unter Androhung polizeilicher Ausweisung für den Fall der Widersetzlichkeit.»[17] Aus dem Protokoll einer späteren Befragung Martha Hofmanns ist zu erfahren, dass sie sich wegen «der Trunksucht, Liederlichkeit & schlechten Behandlung» von ihrem Ehemann habe trennen lassen.[18] Nähere Gründe oder spezifische Vorkommnisse, die zu dieser Ehetrennung geführt hatten, sind in den Akten nicht dokumentiert. In der Praxis blieb dieser Trennungsbeschluss jedoch weitgehend wirkungslos, Hofmann hielt sich die meiste Zeit weiterhin bei seiner Familie auf. Dadurch erwuchsen Schwierigkeiten, die letztlich zur administrativen Versorgung Hofmanns am 21. März 1939 führten, wie im Folgenden gezeigt wird.

Ein Schreiben bringt die administrative Versorgung Hofmanns ins Rollen

Am 3. Dezember 1938, fünf Monate nach der gerichtlichen Ehetrennung, schrieb S., Beistand des damals sechzehnjährigen zweitältesten Sohnes N. der Familie Hofmann, einen Brief an das Regierungsstatthalteramt II,[19] in dem er die Verhältnisse in der Familie Hofmann zur Sprache brachte.[20] Dieses Schreiben war der eigentliche Auslöser für Hofmanns zweite administrative Versorgung, die der Regierungsrat knapp vier Monate später, am 21. März 1939 und damit achtzehn Jahre nach Hofmanns erster administrativer Versorgung, beschliessen sollte. S. war Student der Rechtswissenschaften und hatte N. in seiner Eigenschaft als Leiter einer Ferienkolonie, an der N. teilgenommen hatte, kennengelernt. Durch die Bekanntschaft mit N. sei, so schrieb S., ein «Interesse am Wohlergehen der ganzen Familie» entstanden.[21] Als N. im Frühling 1938 in eine Erziehungsanstalt hätte eingewiesen werden sollen – weswegen, ist aus den Quellen nicht ersichtlich –, hatte sich S. für ihn eingesetzt, damit N. «zu Hause bleiben dürfe, um seiner Mutter beim Zeitungsvertragen zu helfen», wie S. schrieb. S. hatte schliesslich mit der Vormundschaftsbehörde die Abmachung treffen können, dass er als Beistand für N. eingesetzt wurde, gleichzeitig hatte er sich zu einer «regelmässigen Kontrolle und Aufsicht der Familie Hofmann» verpflichtet. Von der Einweisung N.s in eine Erziehungsanstalt war abgesehen worden. In seinem Schreiben vom 3. Dezember 1938 kritisierte S. in unmissverständlichen Worten die Situation in der Familie Hofmann. Er hielt fest, dass sich Hofmann trotz der gerichtlichen Ehetrennung weiterhin bei der Familie auf-

17 Richteramt I, Verfügung, 11. Juli 1938, StAB, BB 13.1.388.
18 Einvernahmeprotokoll Martha Hofmann, Amthaus Bern, 5. Januar 1939, StAB, BB 13.1.388.
19 Das Regierungsstatthalteramt II war im Amtsbezirk Bern für die administrativen Versorgungen zuständig. Das Amt des Regierungsstatthalters II hatte von 1933 bis 1955 und damit in der Zeit, als Hofmanns Versorgungen zur Debatte standen, Christian Aeschlimann inne. StKa, 1955–1962.
20 Beistand S. an Regierungsstatthalteramt II, 3. Dezember 1938, StAB, BB 13.1.388.
21 Ebd.

halte. Durch die Anwesenheit des Familienvaters, eines nach S.s Worten «geisteskranken und [...] unheilbaren Mannes und Trunkenbolds», würden die Kinder zu «neuen Quellen miserabler und unterstützungswürdiger Verhältnisse» gemacht. Weiter schrieb S.: «Was der Mann verdient, versäuft er und die Lücke zwischen Durst und Arbeitsergebnis füllt er mit dem Stehlen und Versetzen von Gegenständen, die aus dem Erwerb seiner Ehefrau herrühren.» Die Behörden sollten, so forderte S., den «menschenunwürdigen Verhältnissen» in der Familie Hofmann ein Ende bereiten.[22] Nachdem der zuständige Regierungsstatthalter Christan Aeschlimann das Schreiben des Beistandes S. erhalten hatte, bat er die Direktion der sozialen Fürsorge der Stadt Bern, einen «Bericht über die Verhältnisse» in der Familie Hofmann zu erstellen, und er fügte an, unter Umständen sei in diesem Fall eine administrative Versorgung am Platz.[23]
Die Direktion der sozialen Fürsorge reichte den vom Regierungsstatthalter verlangten Bericht – den sie gleichzeitig als Versorgungsantrag formulierte – am 30. Dezember 1938, also gut drei Wochen später ein.[24] In ihren Ausführungen stützte sich die städtische Fürsorgedirektion neben dem Schreiben des Beistandes S. auf zwei polizeiliche Berichte über Hofmann sowie auf einen Auszug aus dem Strafregister.[25] Die Fürsorgedirektion hielt in ihrem Bericht fest, dass die Familie Hofmann «seit Jahren» von der Fürsorgebehörde unterstützt werde, bis zum gegenwärtigen Zeitpunkt seien 18 000 Franken aufgewendet worden. Weiter verwies sie auf den beigelegten Strafregisterauszug, der Hofmann ein «beträchtliches Sündenregister» in Form von zahlreichen armenpolizeilichen Sanktionen bescheinigte; «namentlich in letzter Zeit musste er wegen Liederlichkeit und Trunksucht mehrmals mit Arrest bestraft werden».[26] Tatsächlich zeigt der den Versorgungsakten beigelegte Strafregisterauszug, dass Hofmann im Laufe des Jahres 1938 einmal wegen «Liederlichkeit und Trunksucht» verwarnt worden war, zudem war er viermal wegen «liederlichen Lebenswandels» für jeweils acht Tage in Arrest gesetzt worden.[27] Zusätzlich hatte er eine Busse von fünfzig

22 Ebd.
23 Regierungsstatthalter Aeschlimann, Notiz, 5. Dezember 1938, StAB, BB 13.1.388.
24 Direktion der sozialen Fürsorge der Stadt Bern an Regierungsstatthalteramt II, 30. Dezember 1938, StAB, BB 13.1.388.
25 Einen der beiden polizeilichen Berichte hatte sie dabei neu eingefordert, ein weiterer war bereits vorhanden gewesen.
26 Direktion der sozialen Fürsorge der Stadt Bern an Regierungsstatthalteramt II, 30. Dezember 1938, StAB, BB 13.1.388.
27 Städtische Polizeidirektion Bern, Auszug aus dem Strafregister, 30. Dezember 1938, StAB, BB 13.1.388. Die Disziplinarstrafen wegen «liederlichen Lebenswandels» erfolgten gemäss dem Armenpolizeigesetz von 1912. Dieses bestimmte in Artikel 3, dass «Eltern, die sich dem Müssiggang oder dem Trunk ergeben und dadurch bewirken, dass sie oder ihre Kinder in Not geraten müssen», mit Arrest von maximal acht Tagen bestraft werden konnten. Vgl. zu den armenpolizeilichen Disziplinar- und Strafbestimmungen Kapitel 3.

Franken wegen «Verleumdung» erhalten.[28] Im Versorgungsantrag der Direktion der sozialen Fürsorge hiess es weiter, Hofmann habe seine Abstinenzversprechen nicht eingehalten, stattdessen würde er in den «Wirtschaften herumtrinken» und seinen Verdienst «verprassen».[29] Hofmann sei «auch nicht mehr aus der Wohnung der Ehefrau herauszubringen». Als diese ihn einmal nicht mehr in die Wohnung habe lassen wollen, habe er «gewaltsam die Türe eingedrückt». Die Familie habe unter diesen Verhältnissen «sehr zu leiden», Martha Hofmann sei «seelisch und körperlich krank». Aufgrund dieser Punkte war die Direktion der sozialen Fürsorge der Ansicht, dass die administrative Versorgung angezeigt war, und sie beantragte, Hofmann «wegen fortgesetzter Arbeitsscheu, Liederlichkeit, Trunksucht und gröblicher Vernachlässigung der Familien- und Unterhaltspflichten für die Dauer von 2 Jahren in die Arbeitsanstalt zu versetzen».[30]

4.1.1 Die Vorwürfe der «Arbeitsscheu», «Liederlichkeit» und «Trunksucht»

Im Antrag der Direktion der sozialen Fürsorge der Stadt Bern vom 30. Dezember 1938 wurden die wesentlichen Kritikpunkte genannt, die auch in den kommenden zwanzig Jahren immer wieder gegenüber Hofmann vorgebracht wurden. Dabei zieht sich insbesondere der Vorwurf der «Arbeitsscheu» wie ein roter Faden durch Hofmanns Fallgeschichte. Als «arbeitsscheu» galt er, weil er, so die Behörden, einen nur ungenügenden und unregelmässigen Verdienst erziele, die zehnköpfige Familie nicht zu erhalten vermochte und stattdessen sein Einkommen missbräuchlich für Alkohol ausgebe. Eine regelmässige Arbeitstätigkeit – vorzugsweise mit Verbleib über einen längeren Zeitraum hinweg am selben Arbeitsplatz – war insbesondere für Männer *der* Massstab, an dem sie gemessen wurden. So hielt der Jurist Hans Dubs 1955 zur Definition von «Arbeitsscheu» fest: «Als arbeitsscheu ist jeder zu bezeichnen, der nicht nur einer bestimmten

28 Hofmanns Versorgungsakten sind insgesamt drei stadtbernische, drei kantonale sowie ein schweizerischer Straf- respektive Informationsregisterauszug beigelegt. Für die Zeit von 1913 bis 1948 umfassen sie insgesamt 49 Einträge. Am meisten Einträge erfolgten wegen «liederlichen Lebenswandels» (14); auch die Einträge zu den administrativen Versorgungen 1921, 1939 und 1944 wurden unter dem Stichwort «liederlicher Lebenswandel» erfasst. Die zweitgrösste Gruppe umfasste Einträge wegen «Trunksucht» respektive Wirtshausverbotsübertretung (10). Die unter diesen beiden Gruppen aufgeführten Vergehen wurden meistens mit mehrtägigen Arreststrafen geahndet, in einzelnen Fällen erfolgte eine Verwarnung. Daneben findet sich eine Reihe einzelner weiterer Vergehen wie Diebstahl, Bettel, Betrug, Skandal und Ärgernis, Missachtung der Verkehrsvorschriften, Verleumdung, Beschimpfung, Hausieren ohne Patent, Erpressung oder Veruntreuung.

29 Direktion der sozialen Fürsorge der Stadt Bern an Regierungsstatthalteramt II, 30. Dezember 1938, StAB, BB 13.1.388.

30 Ebd.

Arbeit ausweicht oder einen einzelnen Arbeitsplatz verlässt, sondern es sich zur Gewohnheit gemacht hat, jeder geregelten Arbeit aus dem Weg zu gehen. Eine eigentliche Arbeitsscheu, die Grund zur Internierung und Nacherziehung bildet, lässt sich meistens leicht erkennen: Ständiger Wechsel des Arbeitsplatzes, grundloses Fortlaufen, zeitweises Wegbleiben von der Arbeit, Herumlungern in Wirtschaften, Cafés, Spielsalons etc. sind einige Symptome […].»[31] Wie dieses Zitat zeigt, wurde «Arbeitsscheu» als moralisierende Kategorie in Bezug auf eine bürgerliche Willenssemantik verwendet und als Ausdruck mangelnden Arbeitswillens sowie als Verletzung der Norm des arbeitsamen und selbstverantwortlichen Bürgers angesehen. So hiess es denn auch in einem Vormundschaftsbericht zu Jakob Hofmann vom November 1954, dass es Hofmann «gar nicht darum zu tun ist, einer geregelten Arbeit nachzugehen», sondern dass er sich lediglich auf «keine andere als möglichst bequeme Weise» durchschlagen wolle.[32] Als Beleg hierfür schilderte der Vormund, dass er für Hofmann auf einem Bauplatz eine Anstellung habe beschaffen können, wo dieser «für nicht allzu schwere Arbeit eingesetzt werden sollte».[33] Auf Wunsch Hofmanns, der mit dem Gehen Schwierigkeiten hatte, wurde für den Arbeitsweg ein «Occasion-Velo angeschafft», wozu Martha Hofmann das Geld vorstreckte. Nach drei Tagen, so ist dem Vormundschaftsbericht zu entnehmen, sei Hofmanns «Arbeitseifer» jedoch bereits «erschöpft» gewesen, er habe sich auszahlen und nichts weiter mehr von sich hören lassen. Es sei lediglich bekannt, dass er sich wieder als Hausierer betätigte und im Hotel Schlüssel an der Metzgergasse in der Stadt Bern Unterkunft bezogen habe.[34] Später kam in einer Einvernahme im Rahmen eines Untersuchungsverfahrens diese Begebenheit zur Sprache. Hofmann entgegnete auf die entsprechenden Vorhaltungen, er habe sich nicht auf eigene Initiative und wegen mangelnden Arbeitswillens auszahlen lassen, sondern er sei entlassen worden, weil er «zuwenig schnell» gearbeitet habe.[35] Was letztlich genau vorgefallen war,

31 Dubs, Grundlagen, 1955, S. 106. Ähnlich Alfred Zihlmann, Einführung in die Praxis der Armenfürsorge. Ein Handbuch für neben- und ehrenamtliche Armenpfleger, Zürich 1955, S. 118–120, der jedoch postuliert, dass es verschiedene Formen von «Arbeitsscheu» gebe und dass für eine adäquate Behandlung respektive staatliche Intervention sorgfältig nach den jeweiligen Ursachen gefragt werden müsse. Vgl. hierzu auch die Ausführungen zu den neuen Methoden der Fürsorge und Sozialarbeit in Kapitel 6.2.

32 Vormundschaftsbericht, 29. November 1954, StAB, BB 13.1.388.

33 Ebd.

34 Ebd. Diese Information liess der Regierungsstatthalter im Rahmen des administrativen Untersuchungsverfahrens 1955 überprüfen. Das Hotel Schlüssel bestätigte, dass Hofmann vom 16. November 1953 bis zum 14. Januar 1954 dort logiert hatte; seinen finanziellen Verpflichtungen sei er nachgekommen, des Weiteren habe er sich nicht «unangenehm bemerkbar» gemacht. Hotel Schlüssel an Regierungsstatthalter Aeschlimann, 22. Januar 1955, StAB, BB 13.1.388.

35 Einvernahmeprotokoll Hofmann, Amthaus Bern, 14. Januar 1955, StAB, BB 13.1.388.

konnten die Behörden nicht mehr ermitteln, denn der Vorarbeiter der Firma, bei welcher Regierungsstatthalter Aeschlimann entsprechende Erkundigungen einzog, konnte sich nicht mehr erinnern, aus welchen Gründen Hofmann seinerzeit die Arbeitsstelle verlassen hatte.[36] Unabhängig davon, wessen Version der Geschichte letztlich stimmte, zeigt dieses Beispiel dennoch, auf welche Weise «Arbeitsscheu» als beschreibende und deutende Kategorie im Fall Hofmann zur Anwendung gelangte, nämlich indem die Rede war von «Arbeitseifer», der «erschöpft» war.

Vielfach wurde im Fall Hofmann der Vorwurf der «Arbeitsscheu» auch unter dem Begriff der «Liederlichkeit» subsumiert, genauso wie dessen missbräuchlicher Alkoholkonsum. «Liederlichkeit» fungierte – nicht nur im Fall Hofmann, sondern auch in anderen Versorgungsfällen sowie in der allgemeinen Fürsorgepraxis – als Sammelbegriff für verschiedene deviante Verhaltensweisen und war ein ausgesprochen dehnbarer Begriff. Eine Diplomarbeit der Sozialen Frauenschule Zürich, die sich 1948 unter dem Titel *Der liederliche Mensch* mit Erscheinungsformen von «Liederlichkeit» auseinandersetzte, hielt denn auch fest, dass mit dieser Kategorie in der «armenpflegerischen Praxis alle möglichen Formen ungewöhnlichen und ausserordentlichen Verhaltens» erfasst würden.[37]

Obwohl die Verwaltungsbehörden und die Familienangehörigen Hofmann immer wieder mit den Vorwürfen der «Arbeitsscheu», «Liederlichkeit» und «Trunksucht» konfrontierten, finden sich nur wenige Schilderungen von konkreten Begebenheiten – wie etwa jene des missglückten Arbeitseinsatzes bei der Firma N. –, die den Behörden als Belege für diese Vorwürfe dienten und die veranschaulichen können, was sich Hofmann tatsächlich zuschulden kommen liess. Mit «Arbeitsscheu», «Liederlichkeit» und «Trunksucht» wurde vielmehr auf eine Vielzahl von zum Teil geringfügigen Normverstössen verwiesen, die sich erst durch ihr wiederholtes Vorkommen und in ihrer Häufung zum Phänomen «soziale Devianz» verdichteten. Wie bei Hofmann wies die beanstandete Devianz in vielen Fällen ein komplexes und kaum eindeutig fassbares Erscheinungsbild auf. Diese Uneindeutigkeit zeigt sich auch darin, dass einem der Fall Hofmann bei der Untersuchung immer wieder zu entgleiten droht. Denn obwohl sich das gesamte Versorgungsdossier um Hofmanns Devianz dreht und sich pausenlos mit der Frage beschäftigt, ob er versorgt respektive entlassen werden soll, muss man bei der Lektüre immer wieder innehalten und sich zu vergegen-

36 Firma N. an Regierungsstatthalter Aeschlimann, 19. Januar 1955, StAB, BB 13.1.388.

37 Edith Haeberli, Der liederliche Mensch. Eine Untersuchung auf Grund von Armenakten, Diplomarbeit der Sozialen Frauenschule Zürich, Zürich 1948, S. 1. Die Resultate von Haeberlis Arbeit wurden ausführlich in der Zeitschrift *Der Armenpfleger* besprochen: Alfred Zihlmann, Liederlichkeit. Nach einer Diplomarbeit von Edith Haeberli, in: Der Armenpfleger, 47, 6 (1950), S. 1–7.

wärtigen suchen, was nun eigentlich das konkrete Problem war, das zu einem bestimmten Zeitpunkt die einschneidende Massnahme einer administrativen Versorgung erforderlich zu machen schien. Letztlich lässt sich festhalten, dass sich die zentralen Vorhaltungen im Fall Hofmann darum drehten, dass er ungenügend zum Unterhalt seiner Familie beitrug, ihr gegenüber immer wieder ausfällig wurde und missbräuchlich Alkohol konsumierte. Die einzelnen Vorhaltungen für sich genommen hätten jedoch kaum genügend Anlass für eine administrative Versorgung geboten. Oftmals war es der berühmte Tropfen, der das Fass zum Überlaufen brachte und auslösendes Moment für die Anstaltsversorgungen war. Ende der 1940er- und in den 1950er-Jahren begann schliesslich, so wird weiter unten ausgeführt, zudem der Umstand eine Rolle zu spielen, dass Hofmann zu «verwahrlosen» drohte, wenn er bei seiner Familie keine Aufnahme fand.

4.1.2 Mit einer Versorgung «unter keinen Umständen einverstanden»

Wenige Tage nachdem die Direktion der sozialen Fürsorge am 30. Dezember 1938 ihren Versorgungsantrag eingereicht hatte, wurde Hofmann am 4. Januar 1939 vom Bezirksgefängnis Bern, wo er eine achttägige Arreststrafe wegen «liederlichen Lebenswandels» verbüsste, ins Amthaus an der Hodlerstrasse in der Stadt Bern – dem Behördensitz der beiden Regierungsstatthalterämter des Amtsbezirks Bern – zur Einvernahme überführt.[38] Dort setzte ihm Regierungsstatthalter Aeschlimann auseinander, welche Vorhaltungen gegen ihn gemacht wurden. Hofmann wurde aufgefordert, hierzu Stellung zu nehmen.[39] Er gab zu Protokoll: «Die mir zur Last gelegten Anschuldigungen sind teilweise richtig, teilweise sind sie aber übertrieben. Ich gebe ohne weiteres zu, manchmal zu viel getrunken und zu Hause etwas Krach gemacht zu haben. In Abrede stellen muss ich aber, ein gewalttätiger Mensch zu sein und meine Angehörigen bedroht und geschlagen zu haben.»[40] Ähnliche direkte oder indirekte Hinweise auf Vorfälle physischer Gewalt finden sich in den Dokumenten Hofmanns sonst an keiner Stelle. Wie diesem Protokoll zu entnehmen ist, waren in den Augen Hofmanns die Geschehnisse nicht so gravierend, dass sie eine administrative Versorgung gerechtfertigt hätten, respektive er stritt die schweren Vorwürfe ab.

38 Einvernahmeprotokoll Hofmann, Amthaus Bern, 4. Januar 1939, StAB, BB 13.1.388.
39 Im Protokoll dieser Befragung sind nur die Ausführungen Hofmanns festgehalten, und es ist protokollarisch nicht aufgeführt, welche Punkte der Regierungsstatthalter konkret zur Sprache brachte. Letztere lassen sich aus den Antworten der Einvernommenen – dies trifft nicht nur für die Einvernahme Hofmanns zu – lediglich indirekt rekonstruieren.
40 Einvernahmeprotokoll Hofmann, Amthaus Bern, 4. Januar 1939, StAB, BB 13.1.388.

Ähnlich wie Hofmann waren fast alle betroffenen Personen, deren Versorgungsakten in der vorliegenden Arbeit untersucht wurden, mit dem behördlichen Eingriff einer administrativen Versorgung nicht einverstanden, und sie legten unterschiedliche Widerstandsformen an den Tag. Die häufigste Form des Widerstands bestand darin, dass sie versuchten, sich argumentativ zu wehren. Dies reichte von Versuchen, Vorhaltungen abzuschwächen oder gänzlich abzustreiten, über Bemühungen, alternative Deutungen vorzubringen oder andere Schuldige zu bestimmen, bis hin zum Versuch, mit den Behörden zu verhandeln und konsensual zu einer Lösung zu finden. Andere, «handfeste» Formen des Widerstands wie etwa Flucht aus einer Anstalt oder, wie dies Hofmann einmal tat, das Nichtzurückkehren aus einem Kurzurlaub sind weit weniger häufig anzutreffen.[41]
Auch Hofmann versuchte, sich argumentativ zu verteidigen. So zeigte er sich mit einer administrativen Versorgung nicht nur deswegen «unter keinen Umständen einverstanden»,[42] weil die ihm vorgehaltenen Normverletzungen seiner Ansicht nach zu wenig ins Gewicht fielen, als dass sie eine Anstaltsversorgung gerechtfertigt hätten, sondern auch deswegen, weil sich eine Anstaltsversorgung nicht nur für ihn, sondern auch für seine Familie langfristig nachteilig auswirken würde, so seine Verteidigungslinie. «Da ich ein enorm grosser ausgedehnter besserer Kunden und Bekanntenkreis habe, die Leute wie gewöhnlich alles wissen u. vernehmen, würde bei einer *Versetzung* mein zukünftiges *Leben u. meine Existenz total ruiniert*, zugleich eine grosse Schande für die ganze Familie.»[43]
Hofmann brachte also das Argument ins Spiel, dass die behördlichen Interventionsmassnahmen letztlich sogar kontraproduktiv wirkten, indem sie seinen Ruf schädigten und es ihm aufgrund ihres stigmatisierenden Effekts[44] erschweren würden, nach der Anstaltsentlassung weiterhin seiner Arbeit als Schuhputzer und Hausierer[45] nachzugehen. Die Massnahmen würden also, so Hofmann, paradoxerweise verhindern, was sie eigentlich zu bezwecken vorgaben, näm-

41 Vgl. hierzu weiter unten in diesem Kapitel. Eine Flucht konnte sich in einzelnen Fällen als für die Betroffenen durchaus erfolgreiche Form des Widerstands erweisen, denn es gibt in den untersuchten Personendossiers eine Reihe von Fällen, in denen die Behörden nach einer Flucht keine Massnahmen ergriffen, da sich die Betroffenen in Freiheit nicht auffällig verhielten, zu keinen Klagen Anlass gaben und Unterkunft und Einkommen nachweisen konnten. Vgl. beispielsweise StAB, BB 13.1.373, BB 13.1.399, BB 13.1.404, BB 13.1.409.

42 Einvernahmeprotokoll Hofmann, Amthaus Bern, 4. Januar 1939, StAB, BB 13.1.388.

43 Hofmann an Unbekannt, 23. Februar 1939. Ähnlich Einvernahmeprotokoll Hofmann, Amthaus Bern, 4. Januar 1939; Hofmann an Regierungsstatthalteramt und Direktion der sozialen Fürsorge der Stadt Bern, 4. März 1939. StAB, BB 13.1.388.

44 Eingehender Kapitel 5.3 zum Problem der Stigmatisierung.

45 Für die Arbeitstätigkeit Hofmanns ist in den 1930er-Jahren in verschiedenen Dokumenten angegeben, dass er nicht nur als Schuhputzer, sondern auch als Hausierer und Hilfsarbeiter arbeitete. Vgl. beispielsweise Rapport in Sachen Direktion der sozialen Fürsorge der Stadt Bern gegen Hofmann Jakob, 17. Dezember 1938; Direktion der sozialen Fürsorge der Stadt Bern an Regierungsstatthalteramt II, 30. Dezember 1938. StAB, BB 13.1.388.

lich den gesicherten Lebensunterhalt der Familie zu erwirken. Weiter versuchte Hofmann, den Behörden statt einer Anstaltseinweisung alternative Wege vorzuschlagen und auf diese Weise gegenüber den Behörden eine verhandelnde Position einzunehmen. In der Einvernahme am 4. Januar 1939 gab er beispielsweise zu Protokoll: «Nach meinem Dafürhalten sollte man mit mir noch einen letzten Versuch machen. Ich wäre bereit sofort wieder zu unterschreiben, die Wirtschaften zu meiden und nach Möglichkeit meinen Beruf als Schuhputzer, der leider sehr schlecht geht, auszuüben. Ich bitte daher auf mich noch ein einziges Mal Rücksicht zu nehmen.»[46] Hofmann versprach also, sein Verhalten künftig zu ändern, womit er das bereits eingeleitete administrative Versorgungsverfahren lediglich als Drohung verstanden wissen wollte. Anders als Frieda Berger, die sich, wie in Kapitel 5 gezeigt wird, grundsätzlich weigerte, die behördlichen Vorhaltungen als berechtigt anzuerkennen, erkannte Hofmann somit die erhobenen Vorwürfe zumindest bis zu einem gewissen Grad als berechtigt an, und er erhoffte sich durch dieses Bekenntnis eine mildere Behandlung durch die Behörden.

4.1.3 Psychiatrische Abklärung der «Versorgungsbedürftigkeit»

Nachdem Hofmann am 4. Januar 1939 im Amthaus einvernommen worden war, bat Regierungsstatthalter Aeschlimann am nächsten Tag auch seine Ehefrau Martha Hofmann zur Einvernahme. «Leider», so gab sie zu Protokoll, müsse sie die gegenüber ihrem Ehemann erhobenen Anschuldigungen «als richtig bezeichnen».[47] Ihr Mann sei «einfach geistig nicht normal», er habe «zum Beispiel mehr als einmal geäussert, wenn er sterben müsse, so müsse auch ich sterben. Er hat denn auch schon mehr als einmal zu Hause, am Abend, den Gashahn geöffnet. [...] Hofmann kann mich z. B. mit den ärgsten Schimpfwörtern titulieren und 5 Minuten nachher behauptet er nichts gesagt zu haben. Als er den Gashahn öffnete, war er nicht einmal betrunken.»[48] Martha Hofmann gab weiter zu Protokoll, bevor gegen ihren Mann behördliche Massnahmen ergriffen würden,

46 Einvernahmeprotokoll Hofmann, Amthaus Bern, 4. Januar 1939. Mit Nachdruck unterstrich Hofmann seine Besserungsabsichten später zusätzlich in einem Brief vom 4. März 1939: «Heute kann u. will ich mit treuem gutem Wissen u. Gewissen im Namen Gottes u. meiner ganzen Familie den geehrten Herren versprechen mich endgültig ganz vollständig mit Gotteshilfe dem Alkohol zu enthalten.» Er bereue, so schrieb er, «aufs bitterste» und bat um «Verzeihung» und um die Gewährung einer «allerletzten Probezeit». Hofmann an Regierungsstatthalteramt und Direktion der sozialen Fürsorge der Stadt Bern, 4. März 1939. StAB, BB 13.1.388.

47 Einvernahmeprotokoll Martha Hofmann, Amthaus Bern, 5. Januar 1939, StAB, BB 13.1.388.

48 Ebd.

solle er «auf seinen Geisteszustand» hin untersucht werden.[49] Ähnliche Selbstmord- oder Mordabsichten, wie sie Martha Hofmann hier zur Protokoll gab, sind in späteren Dokumenten nicht mehr belegt. Martha Hofmann deutete also das Verhalten ihres Ehemannes nicht einzig als moralische Verfehlung, sondern sah Anzeichen, dass eine geistige Erkrankung die Ursache war.

Der Regierungsstatthalter bat in der Folge den Polizeiarzt, Hofmanns Gesundheitszustand und Arbeitsfähigkeit abzuklären. Dabei verwies er «speziell auf das Abhörungsprotokoll der Ehefrau Hofmann» und fügte folgende Frage an: «Erachten Sie in diesem Falle, vorgängig weiterer Massnahmen, eine psychiatr. Begutachtung als angezeigt?»[50] Nachdem der Polizeiarzt seine umfassende Untersuchung durchgeführt hatte, hielt er in einem zweiseitigen Bericht unter der vorgedruckten Rubrik «Geistesstörungen»[51] fest: «Hofmann [...] leidet an Haltlosigkeit und an Willensschwäche, sodass angenommen werden muss, dass infolge der erblichen Belastung der Alkoholismus des Hofmann auf einer angeborenen Psychopathie beruht.»[52] Mit der «erblichen Belastung» bezog sich der Polizeiarzt auf Hofmanns Mutter, die wegen «Gemütsdepressionen» psychiatrisch stationär behandelt worden sei, sowie auf einen Bruder Hofmanns, der wegen «Schizophrenie» in Behandlung gewesen sei.[53] Der Polizeiarzt vermutete das Vorliegen einer «Psychopathie» – auf die Diagnose «Psychopathie» wird weiter unten genauer eingegangen –, weswegen er eine psychiatrische Untersuchung für «angezeigt» hielt.[54] Gemäss diesem Bericht liess Regierungsstatthalter Aeschlimann Hofmann in die psychiatrische Klinik Waldau überführen, um ein psychiatrisches Gutachten erstellen und abklären zu lassen, ob Hofmann «versorgungsbedürftig» war und wenn ja, in welcher Anstalt er untergebracht werden sollte.[55] Die Psychiater sollten also nicht allein eine Diagnose erstellen, sondern auch einen Ratschlag abgeben, was mit Hofmann weiter zu geschehen habe und ob allenfalls armenpolizeilich-verwaltungsrechtliche Massnahmen am Platz seien.

Aus den Akten lässt sich nicht beurteilen, welches Gewicht die Aussage Martha

49 Ebd. Auch der Beistand S. hatte in seinem Schreiben vom 3. Dezember 1938 davon gesprochen, dass Hofmann «geisteskrank» sei.

50 Städtische Polizeidirektion, Arzt-Bericht, 6. Januar 1939; Regierungsstatthalter Aeschlimann, Notiz, 10. Januar 1939. StAB, BB 13.1.388.

51 Weitere auszufüllende Rubriken waren etwa «allgemeiner Gesundheitszustand», «äussere Gebrechen und Abnormitäten, Verletzungen usw.», «Alkoholismus», «Geschlechtskrankheiten» oder «Arbeitsfähigkeit und Transportfähigkeit». Städtische Polizeidirektion, Arzt-Bericht, 6. Januar 1939, StAB, BB 13.1.388.

52 Ebd.; Regierungsstatthalter Aeschlimann, Notiz, 10. Januar 1939, StAB, BB 13.1.388.

53 Städtische Polizeidirektion, Arzt-Bericht, 6. Januar 1939, StAB, BB 13.1.388.

54 Ebd.

55 Direktion Klinik Waldau an Regierungsstatthalteramt II, Gutachten, 4. März 1939, StAB, BB 13.1.388.

Hofmanns, ihr Ehemann solle «auf seinen Geisteszustand» hin untersucht werden, für die Anordnung einer psychiatrischen Untersuchung hatte. Es ist möglich, dass der Polizeiarzt, auch ohne speziell vom Regierungsstatthalter auf Martha Hofmanns Aussage hingewiesen worden zu sein, zu dem Befund gekommen wäre, Hofmanns geistige Verfassung müsse vor einer allfälligen administrativen Versorgung psychiatrisch abgeklärt werden. Doch es ist auch denkbar, dass der Polizeiarzt die Symptome Hofmanns als zu wenig gravierend eingestuft hätte, um eine stationäre psychiatrische Begutachtung als notwendig zu erachten, hätte Martha Hofmann in ihrer Einvernahme nicht speziell auf diesen Punkt hingewiesen. Wie im Folgenden gezeigt wird, war das psychiatrische Gutachten schliesslich nicht allein entscheidend dafür verantwortlich, dass Hoffman administrativ versorgt wurde, doch das Gutachten stützte die behördliche Vorgehensweise ganz wesentlich und versah sie mit einer wissenschaftlichen Legitimation.

Im Armenpolizeigesetz von 1912 waren keine Bestimmungen enthalten, dass im Rahmen eines Untersuchungsverfahrens ein psychiatrisches Gutachten zur Abklärung der «Versorgungsbedürftigkeit» einer betroffenen Person eingeholt werden konnte oder sollte. In diesem Zusammenhang hiess es lediglich, dass der Regierungsstatthalter einen eingereichten Versorgungsantrag zu prüfen und diesen zu ergänzen hatte, wenn er den Antrag als «ungenügend» erachtete.[56] Wie viele der untersuchten Personendossiers zeigen, entwickelte sich nach 1912 in der Praxis das Vorgehen, dass ein psychiatrisches Gutachten eingeholt wurde, das helfen sollte, die Frage zu klären, ob eine administrative Versorgung vorgenommen werden sollte oder nicht. Die Versorgungsakten wurden also um eine psychiatrisch-wissenschaftliche Einschätzung ergänzt. Diese Praxis wurde schliesslich mit dem revidierten bernischen Versorgungsgesetz von 1965 rechtlich verankert. Das Erziehungs- und Versorgungsgesetz von 1965 verwies explizit darauf, dass die «Beurteilung eines Sachverständigen (Art, Psychiater, Psychologe, Trinkerfürsorger usw.) einzuholen» war, wenn die «Gründe des sozialen Versagens nicht eindeutig feststellbar» waren.[57] Damit lässt sich bei der administrativen Versorgung im Kanton Bern im 20. Jahrhundert ein Prozess der Medikalisierung respektive der Etablierung medizinisch-psychiatrischer Deutungsmuster feststellen.[58] Die Hinzuziehung von psychiatrischer Expertise, um Formen sozialer Devianz zu deuten, hatte sich im Bereich der Justiz bereits im letzten Drittel des 19. Jahrhunderts etabliert.[59] Psychiater fungierten mit ihren

56 Art. 66 APG.

57 Art. 47 Ziff. 3 GEV. Vgl. zum Untersuchungsverfahren gemäss dem Erziehungs- und Versorgungsgesetz von 1965 Kapitel 7.2.3.

58 Vgl. Germann, Psychiatrie, 2004, S. 27–30.

59 Ebd., S. 15, 118.

gerichtspsychiatrischen Begutachtungen als Sachverständige, die das «Justizsystem mit sozialem Sinn in Form spezifischen Fachwissens» versorgten, so Germann.[60] Nach 1900 und insbesondere nach dem Inkrafttreten des Zivilgesetzbuches 1912 dehnte sich die psychiatrische Begutachtungspraxis auf weitere Bereiche aus. So verpflichtete das Zivilgesetzbuch bei einer Entmündigung wegen «Geisteskrankheit» oder «Geistesschwäche» die Behörden, vorgängig ein psychiatrisches Gutachten einzuholen.[61] Verschiedene Studien zeigen, dass die psychiatrische Begutachtungspraxis in zivil- und fürsorgerechtlichen Fragen in den 1920er- und 1930er-Jahren besonders intensiv war.[62]
Psychiatrische Gutachten versprachen nicht nur, mehr Klarheit in Fällen zu schaffen, die aus fürsorgerischer Sicht komplex und diffus erschienen.[63] Vielmehr ist auch davon auszugehen, dass die Begründung einer Massnahme – wie etwa einer zwangsweisen Anstaltsunterbringung – mit Hilfe eines psychiatrischen Gutachtens die Verwaltungsbehörden zudem (moralisch) entlastete. Denn dadurch waren sie nicht allein verantwortlich für die einschneidenden Massnahmen, sondern konnten auf die Meinung psychiatrischer Sachverständigen abstellen.[64] Gleichzeitig wurde die Psychiatrie durch eine solche Inanspruchnahme zunehmend in unterschiedliche Rechts- und Verwaltungsbereiche eingebunden, womit sie die Möglichkeit erhielt, ihre Disziplin zu konsolidieren und sich als Akteurin ausserhalb der Universität und der Klinik

60 Ebd., S. 25.
61 Art. 369, 374 ZGB 1907/12. Psychiatrische Begutachtungen wurden weiter beispielsweise im Zusammenhang mit Abtreibungen, Sterilisationen, Ehescheidungen, Eheunfähigkeitserklärungen, Unfällen, Kindswegnahmen, militärischen Ausmusterungen oder Bürgerrechtsfragen vorgenommen. Bernet, «[...] Tod», 2007, S. 131–136; Meier et al., Überlegungen, 2007, S. 72 bis 74; Tanner, Ordnungsstörungen, 2007, S. 290. Auch im Bereich des Strafrechts nahm die Anzahl der Gutachten nach 1900 weiter zu. Germann, Psychiatrie, 2004, S. 190.
62 Vgl. beispielsweise Roswitha Dubach, Abtreibungspolitik und Sterilisationspraxis in Zürich in den 1930er-Jahren. Folgerungen für die zürcherische Sterilisationsdebatte, in: Véronique Mottier, Laura von Mandach (Hg.), Pflege, Stigmatisierung und Eugenik. Integration und Ausschluss in Medizin, Psychiatrie und Sozialhilfe, Zürich 2007, S. 51–62, hier S. 54; Dubach, «Sozialisierung», 2007, S. 160; Hauss, Ziegler, Norm, 2007, S. 66, 72; Gabriela Imboden et al., Abtreibung und Sterilisation – Psychiatrie und Geburtenkontrolle. Zur Entwicklung im Kanton Basel-Stadt, 1920–1960, in: Véronique Mottier, Laura von Mandach (Hg.), Pflege, Stigmatisierung und Eugenik. Integration und Ausschluss in Medizin, Psychiatrie und Sozialhilfe, Zürich 2007, S. 38–50, hier S. 42–47; Ramsauer, «Verwahrlost», 2000, S. 86, 88, 220, 229–231, 276. Allgemein zum zunehmenden Stellenwert psychiatrischen Expertenwissens im Feld der Fürsorge in der ersten Hälfte des 20. Jahrhunderts Sonja Matter, Der Armut auf den Leib rücken. Die Professionalisierung der Sozialen Arbeit in der Schweiz (1900–1960), Zürich 2011, S. 165–198.
63 Hauss, Ziegler, Norm, 2007, S. 67.
64 Ebd.; Gisela Hauss, Vormundschaftliche Eingriffe zwischen Recht und Willkür. Eine Untersuchung zivilrechtlicher Praxis auf dem Vormundschaftsamt (1920–1950), in: Gisela Hauss, Béatrice Ziegler (Hg.), Helfen, Erziehen, Verwalten. Beiträge zur Geschichte der Sozialen Arbeit in St. Gallen, Zürich 2010, S. 187–200, hier S. 192 f.

zu profilieren.[65] Wie der Fall Hofmann zeigt, konnte psychiatrische Expertise auch «von unten» angefordert werden, wenn Angehörige von Betroffenen die Ursachen devianten Verhaltens in einer psychischen Erkrankung vermuteten. Ob sich Martha Hofmann allenfalls gewünscht hätte, ihr Ehemann würde in einer psychiatrischen Klinik behandelt und nicht armenpolizeilich belangt und in einer Arbeitsanstalt versorgt, kann mit den vorhandenen Quellen nicht beantwortet werden.

Das psychiatrische Gutachten zu Hofmann vom 4. März 1939 und die Zirkulation der Akten

Vom 10. Januar bis 20. Februar 1939 befand sich Jakob Hofmann zur stationären Beobachtung in der psychiatrischen Klinik Waldau. Im Gutachten, das die Psychiater schliesslich am 4. März 1939 erstellten, äusserten sie sich zunächst zu Hofmanns bisheriger Biografie.[66] Um diese Vorgeschichte darstellen zu können, stützten sich die Psychiater auch auf Informationen aus den bisher angelegten Versorgungsakten. Dies war möglich, da Hofmanns Akten mit in die Klinik gegeben wurden; auf die Implikationen dieser Aktenzirkulation wird weiter unten eingegangen. Bezüglich der Vorgeschichte Hofmanns lieferte die «redigierende Hand des Arztes»,[67] also die Art und Weise, wie die Psychiater diese Geschichte darstellten, bereits ein tendenziell negatives Bild Hofmanns. So gaben sie belastende Aussagen durchgängig in direkter Rede wieder, wodurch (vermeintliche) Faktizität hergestellt und die Bedeutung der entsprechenden Aussagen verstärkt wurde. Es hiess beispielsweise, Hofmann «war überhaupt ein mittelmässiger Schüler», «viel arbeitete er in dieser Zeit nicht», oder er «vernachlässigte seinen Posten als Schuhputzer seit Jahren». Angaben, die Hofmann tendenziell entlastet hätten, wurden mit einem «angeblich» versehen oder in den Konjunktiv gesetzt. Im Gutachten steht beispielsweise über die Schulbildung Hofmanns zu lesen: «Er besuchte 9 Jahre die Primarschule, verblieb schon in der ersten Klasse angeblich wegen einer Bruchoperation […].» Weiter heisst es: «Im Aktivdienst bekam er dann angeblich solche Schmerzen, dass er kaum laufen konnte.» Und über Hofmanns Tätigkeit im Anschluss an seine erste administrative Versorgung 1921 wird Folgendes festgehalten: «Nach der Entlassung aus St. Johannsen arbeitete er als Schuhputzer im Bahnhof Bern, wo er bis 1930 ganz gut verdient habe.»[68] Diese sprachlichen Mittel

65 Bernet, «[…] Tod», 2007, S. 130; Dubach, «Sozialisierung», 2007, S. 165 f.; Germann, Psychiatrie, 2004, S. 357 f.; Tanner, Ordnungsstörungen, 2007, S. 292.

66 Direktion Klinik Waldau an Regierungsstatthalteramt II, Gutachten, 4. März 1939, StAB, BB 13.1.388.

67 Schaffner, «[…] Liebe», 2005, S. 243–254.

68 Einen ähnlichen Gebrauch von direkter und indirekter Rede stellt Ramsauer in ihrer Untersuchung von Fürsorgeinspektionsberichten fest. Ramsauer, «Verwahrlost», 2000, S. 140–142.

stützten das psychiatrische Narrativ, wonach sich Hofmanns jetziger Zustand seit früher Jugend abzuzeichnen begonnen habe und seine Devianz beinahe zwangsläufig entstanden sei. Sein abweichendes Verhalten würde sich, so die implizite Annahme, in Zukunft fortsetzen, wenn von behördlicher Seite nicht eingegriffen würde. Wie es auch der Fall Frieda Berger im nächsten Kapitel zeigt, gingen die Behörden von der «Idee eines biographischen Kontinuums» aus; also von der Annahme, dass sich anhand vergangenen Verhaltens zukünftiges Verhalten prognostizieren liess.[69]

Nicht nur die Psychiater, sondern auch andere Instanzen, die sich zum Fall Hofmann äusserten – etwa die Direktion der sozialen Fürsorge oder die Vormundschaftsbehörde – erhielten jeweils Hofmanns Akten zugestellt, um sich auf der Grundlage der darin enthaltenen Informationen ein Bild machen sowie dem Dossier eigene Einschätzungen beifügen zu können.[70] Wie oben erwähnt, zirkulierten die Akten einer betroffenen Person also und gingen dabei über zahllose Schreibtische. So sind denn auch viele der Personendossiers abgegriffen, die Aktendeckel mit zahlreichen Vermerken, Stempeln und Signaturen versehen, sodass bereits ihre materielle Erscheinung zeigt, dass sie im Lauf der Jahre durch viele Hände gegangen sind. Die Versorgungsakten, die in dieser Weise zwischen den involvierten Instanzen weitergeleitet wurden, hatten eine Gedächtnisfunktion, indem sie Informationen festhielten, und sie fungierten als Medien des Wissenstransfers, das heisst, dass Informationen mehreren Instanzen zugänglich wurden. Mit Foucault kann darüber hinaus von den Dossiers als einem «Konstitutionsort des Wissens» gesprochen werden.[71] Die in den Akten vorgängig festgehaltenen Informationen beeinflussten in hohem Mass die psychiatrische Diagnose, welche ihrerseits wiederum die Entscheide der Verwaltungsbehörden massgeblich steuerte. Dadurch kam es zu einem komplexen wechselseitigen Konstitutionsverhältnis zwischen medizinisch-psychiatrischem, alltagsweltlichem und verwaltungsrechtlichem Wissen.[72] Die Akten verhalfen in diesem Zusammenhang dazu, bestimmte Formen sozialer Devianz festzuschreiben. Sie dokumentierten also nicht nur eine bürokratische Praxis, sondern sie waren gleichzeitig Bestandteil dieser Praxis.

Mit Hilfe der Versorgungsdossiers wurden zielgerichtet und ordnend Informationen gesammelt, um Entscheidungsgrundlagen zu schaffen, aber auch, um zu einem späteren Zeitpunkt Informationen abrufen zu können. Hierbei lag die Definitionshoheit bei den aktenführenden Behörden, denn gemäss dem hierarchischen Verhältnis zwischen ihnen und den Betroffenen erhielten Deutungen und Darstellungen Letzterer in viel geringerem Umfang und mit viel weniger Be-

69 Germann, Schutzaufsicht, 2011, S. 58.
70 Vgl. hierzu auch Meier, Aktenführung, 2008, S. 58.
71 Foucault, Überwachen, 1994, S. 322.
72 Vgl. hierzu auch Ramsauer, «Verwahrlost», 2000, S. 221, 229–234.

weiskraft versehen Eingang in die Akten. Dadurch wurde das Anlegen, Führen und Verwalten der Akten zu einer herrschaftsförmigen Praxis.[73] Informationen, die einmal Eingang in ein Dossier gefunden hatten, waren darin unauslöschlich festgehalten und begleiteten und definierten einen Fall in der Folge zum Teil über Jahrzehnte. Insbesondere bei wiederholten behördlichen Interventionen kam den Dossiers insofern entscheidende Bedeutung zu, als Belege früherer Devianz – und damit gleichsam «Beweise» der hartnäckigen Widerständigkeit einer betroffenen Person, behördliche und gesellschaftliche Verhaltensanforderungen zu erfüllen – dazu dienen konnten, ein erneutes behördliches Eingreifen zu legitimieren. So begründete der Regierungsrat im Fall Hofmann einen Versorgungsentscheid vom 18. Oktober 1955 unter anderem mit dem psychiatrischen Gutachten vom 4. März 1939. In diesem sei seinerzeit festgehalten worden, dass es sich bei Hofmann um einen «moralisch defekten Psychopathen» handle,[74] womit der Regierungsrat eine sechzehn Jahre alte Diagnose hinzuzog und ihr unverändert Gültigkeit zusprach. Waren die Betroffenen einmal mit stigmatisierenden Etiketten wie «liederlich», «arbeitsscheu» oder «Psychopath» versehen, konnten sie sich von diesen später kaum mehr lösen. Auch die Tatsache, ein ehemaliger administrativ Versorgter oder eine ehemalige administrativ Versorgte zu sein, war ein stigmatisierendes Etikett, das nicht nur künftige Beurteilungen der Behörden beeinflusste, sondern auch das Leben und den Alltag der Betroffenen nach einer Anstaltsentlassung belastete, wie dies auch die Fallgeschichte Frieda Berger im nächsten Kapitel zeigt.[75]

«Moralisch defekter Psychopath»

Bereits durch die Inanspruchnahme einer psychiatrischen Expertise begannen die Behörden, den Fall Hofmann von einem ausschliesslich armenpolizeilich-verwaltungsrechtlichen in einen psychiatrischen Fall zu transformieren.[76] Dieser Prozess kam mit der psychiatrischen Diagnose zum Abschluss. In ihrem Gutachten vom 4. März 1939 attestierten die Psychiater Hofmann «Schwachsinn leichten Grades» sowie «Störung der Intelligenz» und stuften ihn als «mo-

73 Vgl. hierzu Regula Argast et al., Wer gehört dazu? Bürgerrechtsakten in der Schweiz als Instrumente von Ein- und Ausschluss, in: Claudia Kaufmann, Walter Leimgruber (Hg.), Was Akten bewirken können. Integrations- und Ausschlussprozesse eines Verwaltungsvorgangs, Zürich 2008, S. 104–113, hier S. 105; Meier, Aktenführung, 2008, S. 51, 58–61; Marietta Meier, Ordnungsversuche und Grenzziehungen. Krankenakten in der Psychiatrie, in: Claudia Kaufmann, Walter Leimgruber (Hg.), Was Akten bewirken können. Integrations- und Ausschlussprozesse eines Verwaltungsvorgangs, Zürich 2008, S. 66–75, hier S. 67 f., 71; Matter, Armut, 2011, S. 148–150; Ramsauer, «Verwahrlost», 2000, S. 136–140; Studer, Erfassungslogiken, 2008, S. 139–149, hier S. 141 f.

74 RRB 6112, 18. Oktober 1955, StAB, BB 13.1.388.

75 Vgl. zum Phänomen der Stigmatisierung durch Aktenführung Galle, Meier, Menschen, 2009, S. 103–147; Meier, Aktenführung, 2007, S. 50–65.

76 Brändli et al., «Fälle», 2009, S. 23.

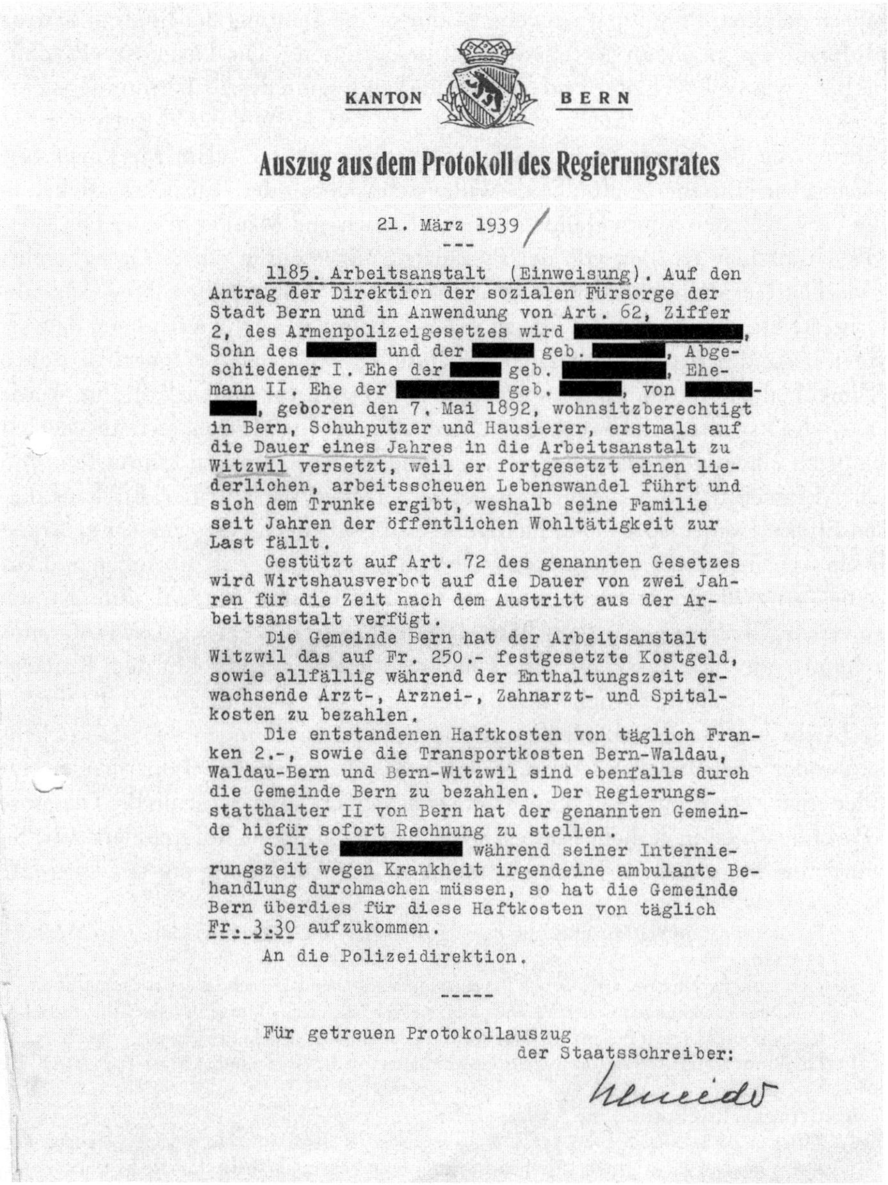
KANTON BERN

Auszug aus dem Protokoll des Regierungsrates

21. März 1939

1185. Arbeitsanstalt (Einweisung). Auf den Antrag der Direktion der sozialen Fürsorge der Stadt Bern und in Anwendung von Art. 62, Ziffer 2, des Armenpolizeigesetzes wird [redacted], Sohn des [redacted] und der [redacted] geb. [redacted], Abgeschiedener I. Ehe der [redacted] geb. [redacted], Ehemann II. Ehe der [redacted] geb. [redacted], von [redacted], geboren den 7. Mai 1892, wohnsitzberechtigt in Bern, Schuhputzer und Hausierer, erstmals auf die Dauer eines Jahres in die Arbeitsanstalt zu Witzwil versetzt, weil er fortgesetzt einen liederlichen, arbeitsscheuen Lebenswandel führt und sich dem Trunke ergibt, weshalb seine Familie seit Jahren der öffentlichen Wohltätigkeit zur Last fällt.

Gestützt auf Art. 72 des genannten Gesetzes wird Wirtshausverbot auf die Dauer von zwei Jahren für die Zeit nach dem Austritt aus der Arbeitsanstalt verfügt.

Die Gemeinde Bern hat der Arbeitsanstalt Witzwil das auf Fr. 250.- festgesetzte Kostgeld, sowie allfällig während der Enthaltungszeit erwachsende Arzt-, Arznei-, Zahnarzt- und Spitalkosten zu bezahlen.

Die entstandenen Haftkosten von täglich Franken 2.-, sowie die Transportkosten Bern-Waldau, Waldau-Bern und Bern-Witzwil sind ebenfalls durch die Gemeinde Bern zu bezahlen. Der Regierungsstatthalter II von Bern hat der genannten Gemeinde hiefür sofort Rechnung zu stellen.

Sollte [redacted] während seiner Internierungszeit wegen Krankheit irgendeine ambulante Behandlung durchmachen müssen, so hat die Gemeinde Bern überdies für diese Haftkosten von täglich Fr. 3.30 aufzukommen.

An die Polizeidirektion.

Für getreuen Protokollauszug
der Staatsschreiber:

Mit Entscheid vom 21. März 1939 wies der bernische Regierungsrat Jakob Hofmann für ein Jahr in die Strafanstalt Witzwil ein. Der Entscheid war einer von fast 15 000 Versorgungsentscheiden, die der Regierungsrat zwischen 1884 und 1981 insgesamt fällte (StAB, BB 13.1.388).

ralisch defekten Psychopathen» ein, womit sie die Deutung der Ehefrau Martha Hofmann bis zu einem gewissen Punkt bekräftigten.[77] Die Diagnose «Psychopathie», wie sie Psychiater Ende des 19. und zu Beginn des 20. Jahrhunderts entwickelten, fokussierte «Störungen der Affekte und des Willens».[78] Entsprechend führten die Psychiater in Hofmanns Gutachten auf, er weise Merkmale wie «Mangel an ethischen Gefühlen», «Willensschwäche» oder «Einsichtslosigkeit in die Verworfenheit seines Handelns» auf.[79] Frauen und Männer mit der Diagnose «Psychopathie» wurden von der Psychiatrie allgemein in einem Grenzbereich zwischen Gesundheit und Krankheit angesiedelt.[80] Die auf diese Weise charakterisierte Störung stuften sie jedoch vielfach als nicht so gravierend ein, dass sie einer besonderen psychiatrischen Behandlung, etwa in einer psychiatrischen Klinik, bedurft hätten.[81] Dies war auch bei Jakob Hofmann der Fall. Ihm werde es, so die Psychiater in ihrem Gutachten, zwar nicht gelingen, sich aus eigener Kraft zu einem geregelten Arbeitsleben und zu Abstinenz zu motivieren. Von einer Einweisung in die Arbeitsanstalt versprachen sie sich aber durchaus diesen Effekt. Dementsprechend hielten sie es für «dringend angezeigt, Explorand in ein Arbeitshaus zu versetzen, um ihn von seinem Laster abzubringen und zur Arbeit zu zwingen», und sie schlugen vor, Hofmann in Witzwil administrativ zu versorgen; diese Versorgung hätte darüber hinaus den Effekt, dass Hofmanns «‹vergiftender› Einfluss» auf seine Familie aufhören würde.[82] Mit dem Konzept der Psychopathie liess sich (sozial) deviantes Verhalten deuten und (zumindest teilweise) als Krankheit definieren, und Zuschreibungen wie «Liederlichkeit» oder «Arbeitsscheu» konnten durch die Diagnose «Psychopathie» ersetzt oder ergänzt werden.[83] Auf diese Weise lässt sich erklären, weshalb die Diagnose «Psychopathie» in hohem Mass geschlechtsspezifisch ausdifferenziert war: So wurde bei Männern wie Jakob Hofmann im Zusammenhang mit der Diagnose

77 Direktion Klinik Waldau an Regierungsstatthalteramt II, Gutachten, 4. März 1939, StAB, BB 13.1.388.

78 Germann, Psychiatrie, 2004, S. 85 f. Psychiater verorteten die Ursache von Psychopathie in erster Linie in einer angeborenen Veranlagung; weitere Faktoren, die eine Psychopathie entstehen lassen konnten (zum Beispiel Alkoholkonsum), schlossen sie jedoch nicht aus. Ebd., S. 85.

79 Direktion Klinik Waldau an Regierungsstatthalteramt II, Gutachten, 4. März 1939, StAB, BB 13.1.388.

80 Germann, Psychiatrie, 2004, S. 86, 264–282.

81 Meier et al., Setting, 2007, S. 75 f. Die Anweisung, als «psychopathisch» diagnostizierte Personen in einer nicht psychiatrischen Institution zu behandeln, hatte für die Psychiater auch entlastende Funktion, wäre doch die Aufnahme all dieser Personen in psychiatrische Kliniken institutionell gar nicht zu bewältigen gewesen. Vgl. hierzu Germann, Psychiatrie, 2004, S. 357 bis 390.

82 Direktion Klinik Waldau an Regierungsstatthalteramt II, Gutachten, 4. März 1939, StAB, BB 13.1.388.

83 Germann, Psychiatrie, 2004, S. 86, 277. Vgl. zur Rezeption des Konzepts der Psychopathie in der Fürsorge Hauss, Ziegler, Norm, 2007, S. 66 f.; Matter, Armut, 2011, S. 169–173.

«Psychopathie» vielfach deren ungenügende Arbeitsleistungen und die Vernachlässigung familiärer Unterhaltspflichten genannt, bei Frauen sexuell-sittliches Fehlverhalten oder die Verletzung von Haushalts- und Mutterpflichten.[84]
Nach dem stationären Aufenthalt in der Klinik Waldau wurde Jakob Hofmann am 20. Februar 1939 zurück ins Bezirksgefängnis überführt. Noch einmal versuchte Hofmann, die Behörden dazu zu bewegen, ihn auf freien Fuss zu setzen und von weiteren Massnahmen abzusehen, und in zwei Schreiben gab er seine Besserungsabsichten bekannt. Doch zu diesem Zeitpunkt war es zu spät. Der Direktor der sozialen Fürsorge hielt in einem kurzen Schreiben fest, dass man es «entschieden ablehnen» würde, nach den bisher «gemachten schlimmen Erfahrungen und dem vorstehenden Bericht der Direktion der Heil- und Pflegeanstalt Waldau», mit Hofmann einen «weiteren Versuch in Freiheit» zu machen.[85] Der Regierungsstatthalter sandte in der Folge die Akten zur weiteren Behandlung an die kantonale Polizeidirektion, wobei er gemäss beigelegtem Schreiben mit dem Direktor der sozialen Fürsorge einig war, dass Hofmann administrativ versorgt werden sollte. «[M]it blossen Verwarnungen und dergleichen ist hier entschieden nichts mehr zu erreichen.»[86] Knapp drei Wochen später, am 21. März 1939, erfolgte schliesslich der regierungsrätliche Einweisungsentscheid. Zwischen dem Schreiben des Beistands S. vom 3. Dezember 1938, das das Versorgungsverfahren ins Rollen gebracht hatte, und dem Versorgungsbeschluss des Regierungsrates waren damit etwas mehr als drei Monate verstrichen. Wie es dem regierungsrätlichen Versorgungsbeschluss zu entnehmen ist, wurde Hofmann für ein Jahr nach Witzwil eingewiesen, «weil er fortgesetzt einen liederlichen, arbeitsscheuen Lebenswandel führt und sich dem Trunke ergibt, weshalb seine Familie seit Jahren der öffentlichen Fürsorgetätigkeit zur Last fällt».[87] Obwohl die psychiatrische Diagnose einen zumindest teilweise pathologischen Befund ergeben hatte, ordnete der Regierungsrat 1939 die administrative Versorgung Hofmanns im Sinn einer disziplinierenden armenpolizeilichen Massnahme an, und es wurden keine Vorkehrungen für eine allfällige psychiatrische Behandlung getroffen. Das psychiatrische Gutachten vom 4. März 1939 war dabei zwar nicht ausschlaggebend für Hofmanns administrative Versorgung, vermochte aber die Behörden als Antragsteller in ihrem Begehren deutlich zu stärken und lieferte eine in ihren

84 Germann, Psychiatrie, 2004, S. 277–281; Matter, Armut, 2011, S. 172–174.

85 Direktor der sozialen Fürsorge der Stadt Bern an Regierungsstatthalteramt II, 10. März 1939, StAB, BB 13.1.388.

86 Regierungsstatthalter Aeschlimann an kantonale Polizeidirektion, 11. März 1939, StAB, BB 13.1.388.

87 RRB 1185, 21. März 1939, StAB, BB 13.1.388. Der Regierungsratsbeschluss brachte des Weiteren weitgehend dieselben Gründe für die Einweisung zur Sprache wie die Direktion der sozialen Fürsorge.

Augen verlässliche zusätzliche Entscheidungsgrundlage.[88] Auch in späteren Verfahren wurde die Meinung psychiatrischer Sachverständiger eingeholt. Dabei schlossen sich die Behörden bei jedem Entscheid der Einschätzung der Psychiater an. So verfügte der Regierungsrat im Sinne der psychiatrischen Sachverständigen sowohl 1944 als auch 1955 eine administrative Versorgung Hofmanns. Und 1947 entsprach der Entscheid des Regierungsstatthalters, ein Versorgungsverfahren zu sistieren, ebenfalls der Auffassung der psychiatrischen Sachverständigen. Den psychiatrischen Gutachten kann im Rahmen der administrativen Versorgungsverfahren also erhebliche Bedeutung beigemessen werden.
Bevor ausgeführt wird, wie die Fallgeschichte Jakob Hofmann nach seiner administrativen Versorgung nach Witzwil am 21. März 1939 weiter verlief, wird im folgenden Kapitel der Blick etwas genauer auf die Ehefrau Martha Hofmann gerichtet und untersucht, welche Funktion ihr im Fall Hofmann zukam.

4.2 «Trinkerfrauenbarmherzigkeit»: Die Rolle der Ehefrau

Wie ausgeführt, lebte Jakob Hofmann trotz des gerichtlichen Trennungsbeschlusses vom 11. Juli 1938 die meiste Zeit weiterhin bei seiner Familie.[89] Immer wieder kam es jedoch so weit, dass Martha Hofmann das Verhalten ihres Ehemannes nicht mehr duldete und ihn vor die Tür setzte. Manchmal schlief er dann im Hauseingang oder im Keller, verbrachte einige Nächte im Freien oder bezog ein Hotelzimmer.[90] Öfter kam es vor, dass Hofmann, wenn er nicht mehr in die Wohnung gelassen wurde, «Krach» mache und «die Frau in ganz gemeiner Art» beschimpfe, so etwa die Direktion der sozialen Fürsorge in ihrem Versorgungsantrag vom 30. Dezember 1938.[91] Verschiedentlich wurde in solchen Fällen auch die Polizei zur Schlichtung herbeigerufen.[92] Doch immer wieder nahm Martha Hofmann ihren Ehemann, wie sie Regierungsstatthalter Aeschlimann in einer Unterredung 1939 berichtete, aus «lauter Bedauern» und weil er «immer und

88 Sowohl die Direktion der sozialen Fürsorge der Stadt Bern als auch Regierungsstatthalter Aeschlimann begründeten ihre Auffassung, Hofmann solle versorgt werden, unter anderem mit Verweis auf das psychiatrische Gutachten vom 4. März 1939. Der Regierungsratsbeschluss vom 21. März 1939 erwähnte das Gutachten hingegen nicht explizit und verwendete auch nicht dessen Terminologie. RRB 1185, 21. März 1939, StAB, BB 13.1.388.

89 Vgl. beispielsweise Einvernahmeprotokoll Martha Hofmann, Amthaus Bern, 17. Januar 1955, StAB, BB 13.1.388.

90 Vgl. beispielsweise Direktion der sozialen Fürsorge der Stadt Bern an Regierungsstatthalteramt II, 29, März 1944; Vormundschaftsbericht, 29. November 1954. StAB, BB 13.1.388.

91 Direktion der sozialen Fürsorge der Stadt Bern an Regierungsstatthalteramt II, 30. Dezember 1938, StAB, BB 13.1.388.

92 Rapport in Sachen Direktion der sozialen Fürsorge der Stadt Bern gegen Hofmann Jakob, 17. Dezember 1938, StAB, BB 13.1.388.

immer wieder darum nachsuchte», bei sich auf.[93] Im psychiatrischen Gutachten, das 1939 über Hofmann angefertigt wurde, deuteten die Sachverständigen dieses Verhalten Martha Hofmanns als «Trinkerfrauenbarmherzigkeit».[94] Frauen wie sie liessen sich «schon nach kürzester Trennung durch die allerersten Tränen und Beteuerungen des Mannes wieder rühren und zur Mithilfe an der Befreiung bewegen, obgleich sie schon hundertmal enttäuscht worden sind und wieder nichts als Enttäuschung erleben werden».[95] Auch als Jakob Hofmann zur mehrwöchigen stationären Beobachtung in der Waldau gewesen sei, hiess es im Gutachten, sei kein Tag vergangen, an dem Martha Hofmann nicht mit Obst, Schokolade und Zigaretten zu Besuch gekommen wäre.[96]

Es gab jedoch auch einige Situationen, in denen für Martha Hofmann das Mass voll war und sie von den Behörden mit Nachdruck Hilfe forderte. So äusserte sie beispielsweise am 24. November 1948 in einer Unterredung mit dem Vormund ihres Mannes das Anliegen, ihr Ehemann solle durch die Behörden «aus dem Hause weggenommen» werden.[97] Bei einer dieser Unterredungen kamen auch die bedrängten Wohnverhältnisse zur Sprache, unter denen die Familie zeitweise gezwungen war zu leben. So erzählte Martha Hofmann in einer Einvernahme durch Regierungsstatthalter Aeschlimann am 19. November 1947, dass sie schon seit einigen Monaten nicht mehr in einer eigenen Wohnung leben könnten, da die Liegenschaftsverwaltung ihnen «wegen meinem Mann» keine zur Verfügung stelle; dies, obwohl sie ihren Mietzinsverpflichtungen immer nachgekommen sei.[98] Mit ihren Bitten um eine eigene Wohnung finde sie bei der Liegenschaftsverwaltung kein Gehör, man habe sie dort «sogar noch ausgelacht». Nun wohne sie mit ihrem Mann sowie einer zwanzigjährigen Tochter und einem siebzehnjährigen Sohn bei ihrem zweitältesten Sohn N. und dessen Familie.[99] Insgesamt acht Personen teilten sich auf diese Weise eine Zweizimmerwohnung. Nicht immer lebte die Familie Hofmann unter solch engen Wohnverhältnissen wie 1947,[100] doch dieses Beispiel verweist auf die grossen Reibungsflächen, die innerhalb der vielköpfigen Familie Hofmann nicht zuletzt wegen solcher prekärer

93 Vgl. beispielsweise Einvernahmeprotokolle Martha Hofmann, Amthaus Bern, 5. Januar 1939, 17. Januar 1955, StAB, BB 13.1.388.

94 Direktion Klinik Waldau an Regierungsstatthalteramt II, Gutachten, 4. März 1939, StAB, BB 13.1.388.

95 Ebd.

96 Ebd.

97 Vormund L. an Vormundschaftskommission der Stadt Bern, 24. November 1948, StAB, BB 13.1.388.

98 Einvernahmeprotokoll Martha Hofmann, Amthaus Bern, 19. November 1947, StAB, BB 13.1.388.

99 Ebd.

100 Vermutlich konnte Martha Hofmann 1949 eine eigene Wohnung beziehen, wie sich aus Adressangaben auf verschiedenen Dokumenten schliessen lässt.

Wohnverhältnisse bestanden. Infolge der Klagen, die Martha Hofmann 1947 bei den Behörden vorbrachte, leiteten die Behörden schliesslich ein Untersuchungsverfahren ein – auf die Einzelheiten dieses Verfahrens wird weiter unten genauer eingegangen –, in dessen Rahmen Hofmann während einer Zeitspanne von gut drei Monaten nicht zu Hause war und sich stattdessen in Haft, in der psychiatrischen Klinik Waldau und für eine Operation im Inselspital befand.[101] Während dieser Zeit schien Martha Hofmann wieder Abstand gewonnen zu haben und zu Kräften gekommen zu sein, denn sie erklärte sich schliesslich bereit, ihren Mann wieder bei sich aufzunehmen; unter der Bedingung, dass er seine Abstinenzversprechen einhalte, im gemeinsamen Haushalt nicht mehr ausfällig werde und einen Beitrag zum Familienunterhalt leiste. Dasselbe war bei den eigentlichen administrativen Versorgungen Hofmanns der Fall. Auch nach seinen Anstaltsentlassungen war Martha Hofmann jeweils wieder bereit, ihren Mann bei sich aufzunehmen.
Martha Hofmann suchte also auf die Behörden und die ihnen zur Verfügung stehenden Zwangsmittel zurückzugreifen und begriff diese als Ressource und Mittel zur innerfamiliären Problembewältigung. Martha Hofmann war nicht die einzige Ehefrau, die auf diese Weise handelte. So fand Sabine Lippuner für die thurgauische Zwangsarbeitsanstalt Kalchrain für das 19. und frühe 20. Jahrhundert zahlreiche Fälle, in denen wiederholte Beschwerden von Ehepartnerinnen der administrativen Versorgung ihrer Ehemänner in Kalchrain vorausgegangen waren.[102] Und auch Sonja Matter schildert für den Kanton Luzern für die 1940er-Jahre mehrere Fälle, in denen Frauen mit dem Anliegen an die Vormundschaftsbehörden gelangten, ihre gewalttätigen und alkoholkranken Ehemänner entmündigen und in Arbeitsanstalten einweisen zu lassen.[103] Ähnlich zeigt Anna Gossenreiter in ihrer Untersuchung zur zürcherischen Vormundschaftspraxis in den 1920er-Jahren, dass es «oft» nahe Verwandte waren, die sich an die Vormundschaftsbehörden wandten, um Schwierigkeiten mit Töchtern, Söhnen, Brüdern oder Schwestern zu lösen.[104] Gossenreiter weist in diesem Zusammenhang auf den wichtigen Aspekt hin, dass diese nahen Familienangehörigen mit den behördlichen Instanzen Vorstellungen über soziale Normalität respektive soziale Devianz teilten und dass Problemdeutungen vor einem geteilten Normhorizont vorgenommen wurden. Gossenreiter arbeitet in diesem Zu-

101 Weiter unten wird auf dieses Untersuchungsverfahren genauer eingegangen.
102 Lippuner, Bessern, 2005, S. 174f.
103 Anhand von Scheidungsprozessen zeigt Matter auf, dass eine vorangegangene Anstaltseinweisung für die Richter einen Beweis für den «unehrenhaften Lebenswandel» der Ehemänner darstellte und eine Scheidung erleichterte. Sonja Matter, Verletzte Körper. Eheliche Gewalt vor dem Luzerner Scheidungsgericht zu Beginn der 1940er Jahre, Nordhausen 2005, S. 130–154.
104 Gossenreiter, Psychopathinnen, 1992, S. 97.

sammenhang heraus, dass «sozial auffällige Menschen oft von ihrer Umgebung ausgegrenzt» wurden, bevor die Behörden einschritten, und sie schliesst, dass das behördliche Eingreifen vielfach auch einem «gesellschaftlichen Bedürfnis» entsprach.[105] Solche aus familiären Beziehungskonstellationen hervorgehenden Versuche einer sozialen Kontrolle «von unten» haben insbesondere auch Arlette Farge und Michel Foucault in ihrer Untersuchung zu den «lettres de cachet» eingehend analysiert, mit denen in Frankreich im 18. Jahrhundert Familienangehörige an den französischen König herantraten und diesen ersuchten, Familienangehörige, die sie als untragbar empfanden, einzusperren.[106] Diese Befunde verweisen darauf, dass Fälle wie Hofmann präzise analysiert werden müssen, um nicht auf verkürzte Weise allein ein Spannungsverhältnis zwischen den von den Massnahmen Betroffenen und den behördlichen Massnahmeinstanzen zu sehen. Sondern es geht darum, die vielgestaltigen Kräfteverhältnisse auszumachen, in die die unterschiedlichen Akteurinnen und Akteure im Rahmen eines Versorgungsfalles eingebunden waren.

Doch Martha Hofmann stiess mit ihren Anliegen bei den Behörden nicht immer auf offene Ohren. So finden sich in den Akten immer wieder Hinweise darauf, dass die Behörden – zum Beispiel die Polizei, zum Teil auch die Fürsorgedirektion oder später der Vormund Hofmanns – auf Martha Hofmann einwirkten, sie solle ihren Ehemann wieder bei sich aufnehmen.[107] Dies taten sie trotz des gerichtlichen Trennungsbeschlusses vom 11. Juli 1938, den es eigentlich sogar «unter Androhung polizeilicher Ausweisung» des Ehemannes zu vollziehen gegolten hätte.[108] Von allen Beteiligten wurde dieser richterlicher Beschluss ignoriert. Dahinter verbargen sich verschiedene Motive. Die Verwaltungsbehörden erhofften sich eine finanziell bessere Situation sowohl für die Familie als auch für die öffentliche Fürsorge, wenn Hofmann bei seiner Familie wohnte, keine Kosten für eine anderweitige Unterkunft zu bestreiten waren und Hofmann so eher einen Beitrag zum Familieneinkommen leisten konnte. Dieses Argument schien

105 Ebd., S. 98.

106 Die Einschliessung konnte der König ausserhalb des Gerichtsweges anordnen, eine frühe Variante also der administrativen Versorgung. Farge und Foucault zeigen, dass es sich bei den Einschliessungen nicht um Machtdemonstrationen des absolutistischen Staates handelte, sondern dass die Initiativen für die Einschliessungen insbesondere von Unterschichtsangehörigen ausgingen. Arlette Farge, Michel Foucault, Familiäre Konflikte: Die «Lettres de cachet». Aus den Archiven der Bastille im 18. Jahrhundert, Frankfurt am Main 1989. Vgl. für die Niederlande Pieter Spierenburg, Financiën en familie-eer. Opsluiting en opgeslotenen op verzoek te Leiden, 1680–1805, in: H. A. Diederiks et al. (Hg.), Armoede en sociale spanning. Sociaal-historische studies over Leiden in de achttiende eeuw, Hilversum 1985, S. 117–135.

107 Vgl. beispielsweise Beistand S. an Regierungsstatthalteramt II, 3. Dezember 1938; Vormundschaftsbericht, 29. November 1954; Einvernahmeprotokoll Martha Hofmann, Amthaus Bern, 19. August 1955. StAB, BB 13.1.388.

108 Richteramt I, Verfügung, 11. Juli 1938, StAB, BB 13.1.388.

zumindest zeitweise auch für Martha Hofmann relevant gewesen zu sein, denn einmal äusserte sie, sie erhoffe sich, ihr Mann könne eher Alimente bezahlen, wenn er keine Mietkosten für ein eigenes Zimmer zu bestreiten hätte.[109] Einen Einfluss dürfte auch der in den 1930er- und 1940er-Jahren in der Schweiz erstarkende Familiendiskurs gehabt haben, der als Reaktion auf wahrgenommene Zerfallserscheinungen die Bedeutung der Einheit «Familie» – mit dem Mann als Ernährer und der Frau als von ihm abhängiger Hausfrau – ideologisch überhöhte und die Familie als grundlegend für staatliche und gesellschaftliche Stabilität postulierte.[110] Vor dem Hintergrund eines solchen Diskurses wird es nachvollziehbar, dass die Verwaltungsbehörden immer wieder versuchten – solange die Ausfälligkeiten Hofmanns ein gewisses Mass nicht überschritten –, das Ehepaar und die Familie zu einem Leben unter einem gemeinsamen Dach zu bewegen, denn eine nicht intakte Familie respektive ein getrenntes oder geschiedenes Ehepaar widersprach nicht nur damaligen moralischen Werten und Normen, sondern stellte gemäss zeitgenössischer Auffassung auch ein gesellschaftsgefährdendes Potenzial dar. Solche Aspekte schienen letztlich höher gewichtet worden zu sein als der richterliche Beschluss zur Trennung der Ehe.

Vor allem in späteren Jahren, Ende der 1940er- und in den 1950er-Jahren, finden sich in den Akten immer häufiger Aussagen, dass Hofmann nur schwer in der Lage sei, auf eigenen Füssen zu stehen, und dass er zu «verwahrlosen» drohte, wenn sich niemand seiner annahm und für Essen, Unterkunft und saubere Kleidung sorgte. So gab Martha Hofmann in einer Befragung 1955 an, ihr Ehemann sei «jeweilen persönlich in einem furchtbaren Zustand» gewesen, wenn er «nach seinem Wegbleiben wieder bei mir anklopfte».[111] Martha Hofmann übernahm in solchen Situationen in einem umfassenden Sinn die Sorge für ihren Ehemann; fürsorgliche Aufgaben, wie sie gemäss dem herrschenden Geschlechter- und Familienmodell die Ehefrau ohnehin zu übernehmen hatte, wurden erweitert zu eigentlichen fürsorgerischen Aufgaben. Darüber hinaus wurden Martha Hofmann von den Behörden Kontroll- und Überwachungsaufgaben übertragen. Dadurch nahm sie schliesslich verschiedene, sich teils in einem spannungsreichen Verhältnis befindende Rollen ein. Die Behörden wiesen sie nämlich an, Zuwider-

109 Direktion der sozialen Fürsorge der Stadt Bern an Regierungsstatthalteramt II, 30. Dezember 1938, StAB, BB 13.1.388.

110 Chantal Magnin, Der Alleinernährer. Eine Rekonstruktion der Ordnung der Geschlechter im Kontext der sozialpolitischen Diskussionen von 1945 bis 1960 in der Schweiz, in: Hans-Jörg Gilomen et al. (Hg.), Von der Barmherzigkeit zur Sozialversicherung. Umbrüche und Kontinuitäten vom Spätmittelalter zum 20. Jahrhundert, Zürich 2002, S. 387–400; Matter, Körper, 2005, S. 66–70; Brigitte Studer, Familienzulagen statt Mutterschaftsversicherung? Die Zuschreibung der Geschlechterkompetenz im sich formierenden Sozialstaat, 1920–1945, in: Schweizerische Zeitschrift für Geschichte, 47, 2 (1997), S. 151–170.

111 Einvernahmeprotokoll Martha Hofmann, Amthaus Bern, 17. Januar 1955, StAB, BB 13.1.388.

handlungen ihres Ehemannes gegen getroffene Abmachungen zu melden. So heisst es beispielsweise in einem von Martha Hofmann und Regierungsstatthalter Aeschlimann unterzeichneten Gesprächsprotokoll vom 2. März 1948: «Sollte Hofmann aber wiederum zu begründeten Klagen Anlass geben, so würde ich dies den Behörden unverzüglich mitteilen.»[112] Diese zwar informelle, jedoch behördlich initiierte und unterschriftlich bekräftigte Kontrollfunktion vergrösserte den Handlungsspielraum und stärkte die Machtposition Martha Hofmanns gegenüber ihrem Ehemann. Inwieweit sie diese Machtposition als Druckmittel in ihrem familiären Alltag einsetzte – etwa indem sie ihrem Ehemann unter Verweis auf das unterzeichnete Dokument mit dem Gang zur Behörde drohte, wenn er sich nicht abmachungsgemäss verhielt –, ist zwar aktenmässig nicht belegt, es kann jedoch vermutet werden, dass sie dies tat. Im Fall der Eheleute Hofmann waren also auf einer alltagspraktischen Ebene die Voraussetzungen gegeben, dass die eigentlich geltende Geschlechterhierarchie auf den Kopf gestellt wurde.

4.3 Als «Rückfälliger» zwei Jahre in der Straf- und Arbeitsanstalt St. Johannsen (1944–1946)

Seit dem 21. März 1939 war Jakob Hofmann in Witzwil administrativ versorgt. Acht Monate später, am 23. November 1939, stellte ein Anwalt, den Hofmann hinzugezogen hatte, das Gesuch, Hofmann vorzeitig zu entlassen. Unter anderem aufgrund von Hofmanns guter Führung in Witzwil und nach Zustimmung der Direktion der sozialen Fürsorge der Stadt Bern sowie des Regierungsstatthalters und der Anstaltsleitung beschloss der Regierungsrat am 13. Dezember 1939, Hofmann einen Monat vor dem ursprünglich vorgesehenen Zeitpunkt bedingt zu entlassen, also im Februar statt im März 1939.[113] Der Regierungsrat gab Hofmann in seinem Entlassungsentscheid die Weisung mit, «regelmässig zu arbeiten und sich vom Genusse geistiger Getränke zu enthalten».[114] Zudem wurde Hofmann für die Dauer eines Jahres unter Schutzaufsicht gestellt, wie es gemäss den Bestimmungen des Armenpolizeigesetzes von 1912 bei vorzeitigen bedingten Entlassungen vorgesehen war. Wer dabei die Schutzaufsicht über Hofmann übernahm, ist aus den Akten nicht ersichtlich. Wie in Kapitel 3.1.4 ausgeführt, war die Zeit unter Schutzaufsicht eine Art «Probezeit». Gaben die Betroffenen nämlich während dieser Zeit zu «ernstlichen Klagen Anlass» und befolgten sie die ihnen auferlegten Weisungen nicht, wurden sie durch Beschluss des Regie-

112 Einvernahmeprotokoll Martha Hofmann, Amthaus Bern, 2. März 1948, StAB, BB 13.1.388.
113 RRB 5269, 13. Dezember 1939, StAB, BB 13.1.388.
114 Ebd.

rungsrates in die Arbeitsanstalt zurückversetzt, wo sie den Rest der ursprünglich vorgesehenen Versorgungszeit zu verbringen hatten. Zu solchen «ernstlichen Klagen» kam es im Fall Hofmann nicht – zumindest finden sich in den Akten keine entsprechenden Hinweise –, und nach Ablauf eines Jahres dürfte Hofmann aus der Schutzaufsicht entlassen worden sein. Vier Jahre verbrachte er anschliessend ausserhalb der Arbeitsanstalt.

Administrative Versorgung «neuerdings überreif»

Mit Beschluss des Regierungsrates vom 21. April 1944 wurde Jakob Hofmann gemäss Artikel 62 Ziffer 2 des Armenpolizeigesetzes erneut administrativ versorgt.[115] Dieses Mal kam er nach St. Johannsen. Praktisch die gleichen Begründungen wie bei der letzten wurden für die erneute – und damit nach 1921 und 1939 dritte – Versorgung herangezogen. Ein Rapport zweier Polizisten des Polizeiwachtpostens Lorraine war der Auslöser für diese dritte Versorgung. Zum Zeitpunkt, als der Rapport verfasst wurde, sass Hofmann gerade eine mehrtätige Arreststrafe ab, und höchstwahrscheinlich gab diese Arreststrafe den unmittelbaren Ausschlag, dass ein längerer polizeilicher Rapport verfasst und die administrative Versorgung Hofmanns, die «neuerdings überreif» sei, vorgeschlagen wurde, denn Hofmann habe sich in den Jahren seit seiner Entlassung aus Witzwil «in keiner Art und Weise gebessert».[116] In den vergangenen Jahren sei gegen ihn «bereits wieder wegen liederlichem Lebenswandel, Bettel und Trunksucht Strafanzeige» eingereicht worden, und es seien Verwarnungen durch den Polizeiinspektor sowie mehrere Arreststrafen erfolgt, wie es im Rapport heisst. Weiter führt der Rapport an, dass sich Hofmann nicht um seine Familienangehörigen «bekümmere», keiner geregelten Arbeit nachgehe und das wenige verdiente Geld für Alkohol ausgebe.[117] In der Folge wurde ein ähnlich umfassendes Untersuchungs- respektive Einweisungsverfahren durchgeführt wie bei der Versorgung 1939. Darauf soll jedoch an dieser Stelle nicht näher eingegangen werden. Einzig Folgendes soll kurz angebracht werden: Nach Abschluss des Untersuchungsverfahrens wurde Hofmann als «Rückfälliger» eingestuft, weswegen der Regierungsrat die Einweisungsdauer von einem auf zwei Jahre heraufsetzte, wie es das Armenpolizeigesetz von 1912 bei «Rückfälligen» vorsah.[118] In seinem Einweisungsentscheid vom 21. April 1944 bereitete der Regierungsrat zudem

115 RRB 1923, 21. April 1944, StAB, BB 13.1.388. Der Eintritt erfolgte am 29. April 1944.

116 Sicherheits- und Kriminalpolizei der Stadt Bern, Rapport, 1. März 1944, StAB, BB 13.1.388.

117 Ebd. Der entsprechende Strafregisterauszug, der in den Versorgungsakten zu finden ist, weist für die Zeit seit Hofmanns Entlassung aus Witzwil acht Einträge auf, die meisten davon wegen Wirtshausverbotsübertretung. Sicherheits- und Kriminalpolizei der Stadt Bern, Auszug aus dem Informationsregister, 2. März 1944, StAB, BB 13.1.388.

118 Art. 67 APG.

Schritte vor, um Hofmann eventuell für längere Zeit administrativ versorgen zu können. So nahm er auf Anregung des Regierungsstatthalters eine «Verlängerungsklausel» in den Versorgungsentscheid auf: St. Johannsen hatte zwei Monate vor Ablauf der Versorgungszeit einen Bericht über die «Führung und die Arbeitsleistungen» Hofmanns abzugeben, damit eine allfällige «Verlängerung der Enthaltungszeit überprüft werden» könne. Der Regierungsratsbeschluss führte hierfür Artikel 68 des Armenpolizeigesetzes an, gemäss welchem bei «schlechter Aufführung [...] oder wenn andere Umstände es rechtfertigen» die Versorgungsdauer verlängert werden konnte.[119] In diesem Kapitel 4.3 wird im Folgenden der Fokus nun, wie erwähnt, nicht auf das Einweisungsverfahren gerichtet, sondern untersucht wird das Entlassungsverfahren. Wie kam Hofmanns Entlassung zustande, und wie verliefen die Diskussionen rund um die Entlassung?

Zunächst: Keine vorzeitige Entlassung

Nachdem Hofmann ein Jahr in St. Johannsen verbracht hatte, stellte er am 15. Juli 1945 ein Gesuch, vorzeitig bedingt entlassen zu werden;[120] eine solche vorzeitige Entlassung war gesetzlich möglich, wenn mindestens die Hälfte der Versorgungsdauer verstrichen war. Seine Familie, so Hofmanns Begründung, sei dringend auf seinen Verdienst angewiesen, und er habe sich in der Anstalt zur Zufriedenheit der Anstaltsleitung aufgeführt. Weiter gab er Regierungsstatthalter Aeschlimann und der kantonalen Polizeidirektion seine «zielbewusste feste Versicherung, dass Sie über mein zukünftiges Verhalten in jeder Hinsicht befriedigt sein werden».[121] In der Folge befragte der Regierungsstatthalter Hofmanns Ehefrau, zwei seiner Söhne, die Leitung von St. Johannsen, die Direktion der sozialen Fürsorge der Stadt Bern sowie das kantonale Schutzaufsichtsamt zu ihrer Meinung. Sie alle befürworteten eine vorzeitige Entlassung Hofmanns. So war es gemäss Auskunft des Vorstehers des Schutzaufsichtsamtes, der Hofmann am 14. August 1945 zur genaueren Abklärung der Frage der Beschäftigungsmöglichkeit in St. Johannsen besucht hatte, zwar kaum möglich, für Hofmann in einem «geordneten Betrieb» eine Anstellung zu finden, unter anderem weil Hofmann «gebrechlich und daher vermindert arbeitsfähig» sei.[122] So war bei Hofmann am 4. März 1944 polizeiärztlich eine eingeschränkte Arbeitsfähigkeit attestiert worden, da er aufgrund von Fuss- und Hüftbeschwerden Probleme mit dem Laufen

119 RRB 1923, 21. April 1944; Regierungsstatthalter Aeschlimann, Notiz, 17. April 1944. StAB, BB 13.1.388.

120 Jakob Hofmann an kantonale Polizeidirektion, 15. Juli 1945, StAB, BB 13.1.388.

121 Ebd.

122 Vorsteher des Schutzaufsichtsamtes des Kantons Bern an Regierungsstatthalteramt II, 14. August 1945, StAB, BB 13.1.388.

hatte.[123] Der Vorsteher des Schutzaufsichtsamtes war aber der Auffassung, man könne Hofmann mit Putzmitteln hausieren lassen, wie er dies in früheren Jahren getan hatte.[124] Der Regierungsstatthalter bat zudem das Arbeitsamt der Stadt Bern um seine Einschätzung und erkundigte sich, inwiefern es möglich sei, Hofmann in einem Betrieb anzustellen, wo er «leichtere Arbeit» verrichten könne.[125] Das Arbeitsamt war skeptisch und äusserte eine ähnliche Einschätzung wie das Schutzaufsichtsamt. Auch bei guter Konjunkturlage sei es bisweilen nicht einfach, für eingeschränkt arbeitsfähige Männer wie Hofmann eine Beschäftigung zu finden. Derzeit – nur wenige Monate nach Kriegsende – komme erschwerend hinzu, dass gewerbliche und industrielle Betriebe infolge Rohstoffmangels und geringerer Produktion mit der Einstellung von Personal noch immer zurückhaltend seien.[126] Zudem, so merkte das städtische Arbeitsamt an, müsste auch aufgrund der Tatsache, dass bei einer Entlassung nun im Oktober ungünstigerweise der Winter mit zusätzlich eingeschränkten Arbeitsmöglichkeiten bevorstand, mit einer «längeren Arbeitslosigkeit» Hofmanns gerechnet werden.[127]
Mit dem Vorschlag des Schutzaufsichtsamts, Hofmann in Freiheit erneut hausieren zu lassen, konnte sich der Regierungsstatthalter nicht einverstanden erklären. Er war der Auffassung, diese Tätigkeit sei für Hofmann die «denkbar ungünstigste Beschäftigung», denn es böten sich ihm dabei zu viele Gelegenheiten, in Wirtschaften einzukehren, und zudem könne Hofmann beim Ausüben einer solchen Tätigkeit nicht genügend kontrolliert werden.[128] Dem Regierungsstatthalter, der selbst weder antrags- noch entscheidungsberechtigt war, gelang es schliesslich, die übrigen involvierten Instanzen von seiner ablehnenden Haltung zu überzeugen. Man einigte sich – die Abklärungen und der Einigungsprozess zogen sich über einen Zeitraum von über drei Monaten hinweg –, dem Regierungsrat den Antrag zu stellen, die vorzeitige Entlassung Hofmanns abzulehnen. Entsprechend dieser übereinstimmend ablehnenden Haltung entschied der Regierungsrat schliesslich am 9. November 1945, Hofmanns Gesuch um vorzeitige Entlassung nicht zu entsprechen.[129] Die Rekonstruktion dieser verwaltungsinternen Entscheidungsfindung lässt auf der einen Seite einen Prozess der Konsensfindung erkennen. Dieser hatte den Effekt, dass die Verantwortung für einen Entscheid nicht bei einer einzelnen Instanz lag, sondern auf mehrere Instanzen verteilt war; und indem sich alle mit einem bestimmten Vorgehen einverstanden

123 Polizeiarzt, Bericht, 4. März 1944, StAB, BB 13.1.388.
124 Vorsteher des Schutzaufsichtsamtes des Kantons Bern an Regierungsstatthalteramt II, 14. August, 31. August, 26. September 1945, StAB, BB 13.1.388.
125 Regierungsstatthalter Aeschlimann, Notiz, 29. September 1945, StAB, BB 13.1.388.
126 Städtisches Arbeitsamt Bern, 1. Oktober 1945, StAB, BB 13.1.388.
127 Ebd.
128 Regierungsstatthalter Aeschlimann, Notiz, 28. August 1945, StAB, BB 13.1.388.
129 RRB 5533, 9. November 1945, StAB, BB 13.1.388.

erklärten, zogen zudem am selben Strick. Auf der andern Seite zeigt diese Entscheidungsfindung, auf welche Weise der Regierungsstatthalter im Rahmen eines Versorgungs- respektive in diesem Fall eines Entlassungsverfahrens einen weiten Handlungsspielraum nutzen konnte. Abschliessend lässt sich festhalten, dass Hofmanns Gesuch, wäre er vollständig arbeitsfähig gewesen, möglicherweise entsprochen worden wäre. Damit bestimmten letztlich Faktoren, die Hofmann auch durch sein Wohlverhalten nicht beeinflussen konnte, dass er administrativ versorgt blieb. Schliesslich verbrachte Hofmann die gesamten zwei Jahre in St. Johannsen. Nach seiner Entlassung, die am 27. Juni 1946 erfolgte, kehrte der inzwischen 54-jährige Hofmann zu seiner Familie zurück und nahm nun doch seine Tätigkeit als Hausierer wieder auf, indem er, so ist einem vormundschaftlichen Bericht zu entnehmen, «Bodenwichse, Fegelappen etc.» vertrieb.[130]

Vor der Entlassung: Entmündigung

Die Entlassung aus St. Johannsen erfolgte nicht ohne Weiteres. Drei Wochen vor seiner Entlassung war Hofmann am 7. Juni 1946 vom Regierungsstatthalter gemäss Artikel 370 und 372 ZGB 1907/12 entmündigt worden.[131] Artikel 370 bestimmte, dass bei «Verschwendung, Trunksucht, lasterhaftem Lebenswandel, Misswirtschaft» eine Entmündigung vorgenommen werden konnte, und zwar dann, wenn eine Person «sich oder ihre Familie der Gefahr eines Notstandes oder Verarmung aussetzt, zu ihrem Schutze dauernd des Beistandes und der Fürsorge bedarf oder die Sicherheit anderer gefährdet».[132] Artikel 372 betraf die Entmündigung auf «eigenes Begehren», die bei «Altersschwäche oder andern

130 Vormund L. an Vormundschaftskommission, 30. Oktober 1947, StAB, BB 13.1.388.

131 Regierungsstatthalter Aeschlimann, Verbal, 7. Juni 1946, StAB, BB 13.1.388. Die Entmündigungsverfahren waren kantonal geregelt. Im Kanton Bern musste ein Entmündigungsantrag an das zuständige Regierungsstatthalteramt gerichtet werden. Anschliessend fällte das Amtsgericht den Entmündigungsentscheid. Wenn eine Entmündigung gemäss Artikel 372 erfolgte oder die betreffende Person dem Entmündigungsantrag zustimmte, war der Entscheid nicht durch ein Gericht, sondern durch den Regierungsstatthalter zu fällen, was das Entmündigungsverfahren für die Behörden erleichterte. Gesetz betreffend die Einführung des schweizerischen Zivilgesetzbuches vom 28. Mai 1911, in: Amtl. Samml. GDV, 1901–1916, Bd. 2, 1943, Art. 31–35; Markus Schär, Die Vormundschaft und Beistandschaft. Eine Wegleitung und Orientierung für bernische Vormundschaftsbehörden, Bern 1956, S. 17. Zu den unterschiedlichen kantonalen Entmündigungsverfahren vgl. Joseph Kaufmann, Kommentar zum schweizerischen Zivilgesetzbuch. Familienrecht, 3. Abteilung: Die Vormundschaft (Art. 360–456), Bern 1918, S. 84–97; Walter Koch, Wegweiser für Vormünder, Beistände und Beiräte, Luzern 1949, S. 19f. Eine Entmündigung bewirkte die «Handlungsunfähigkeit» der betroffenen Person. So konnte zum Beispiel die elterliche Gewalt nicht mehr ausgeübt werden, oder das Recht auf eigene Vermögensverwaltung war entzogen oder erschwert. Egger, Kommentar, 1914, S. 494; Kaufmann, Kommentar, 1918, S. 49f.

132 Vgl. für zeitgenössische Erläuterungen zu Artikel 370 Egger, Kommentar, 1914, S. 497–501; Kaufmann, Kommentar, 1918, S. 59–73. Vgl. zur Entstehungsgeschichte von Artikel 370 Horowitz, «Aus einem harten Stein […]», 1992, S. 15–44.

Gebrechen» oder «Unerfahrenheit» erfolgen konnte.[133] In einem Protokoll der Vormundschaftskommission der Stadt Bern vom 28. Mai 1946 wurde vermutet, Hofmann habe «wohl auf behördliche Veranlassung» ein Bevormundungsgesuch eingereicht.[134] Vermutlich hatten die Behörden Hofmann also auseinandergesetzt, dass seine Entlassung eher erfolgen würde, wenn er sich bevormunden liess, denn wie weiter oben erwähnt, enthielt der regierungsrätliche Beschluss vom 21. April 1944 eine «Verlängerungsklausel», und es war nicht zwingend, dass Hofmann nach Ablauf zweier Versorgungsjahre entlassen wurde. Die Institution der Vormundschaft wurde also gleichsam in Dienst genommen, um trotz der Entlassung Hofmanns aus der Arbeitsanstalt die Kontrolle über ihn weiterhin aufrechterhalten zu können.

Wer zu Beginn die Vormundschaft über Hofmann innehatte oder ob es noch eine Weile dauerte, bis ein Vormund eingesetzt wurde, ist aus den Akten nicht ersichtlich. Erst für Februar 1947 lässt sich aus den Akten ermitteln, dass der Polizeigefreite L. als Hofmanns Vormund eingesetzt wurde.[135] L. fungierte dabei zwar formal als Privatperson als Vormund (er war kein hauptamtlich angestellter Amtsvormund), doch dürfte es seine berufliche Qualifikation als Polizist gewesen sein, die ihn als geeignet erscheinen liess, die Vormundschaft zu übernehmen. Damit wurde also ein Vertreter jener Instanz zu Hofmanns Vormund bestimmt, die gegenüber Hofmann früher jeweils wegen «liederlichen Lebenswandels» Verwarnungen ausgesprochen, ihn in Arrest gesetzt hatte und bei häuslichen Vorfällen in der Familie Hofmann eingeschritten war. Es kam zu einer Fortführung und Intensivierung der polizeilichen Aufsicht in Form der Vormundschaft. Der Fall Hofmann ist ein Beispiel dafür, wie die Behörden in der Praxis die Institution der Polizei mit der Institution der Vormundschaft verknüpfen konnten. Dadurch vermischten sich die Aufgabenbereiche dieser Institutionen, und es war nicht mehr klar zu unterscheiden, wo Vormundschaft in eine polizeiliche Kontrolle überging.

133 Vgl. für zeitgenössische Erläuterungen zu Artikel 372 Egger, Kommentar, 1914, S. 502 f.; Kaufmann, Kommentar, 1918, S. 76–80.

134 Vormundschaftskommission der Stadt Bern, Protokoll, 28. Mai 1946, SAB, EB 4.611.

135 Vormundschaftsbericht, Februar 1947 bis Februar 1949, SAB, EB 4.612. Als Vormund unterstand L. der stadtbernischen Vormundschaftskommission. In den meisten Kantonen, so auch im Kanton Bern, wurde die Vormundschaftsbehörde durch eine Gemeindebehörde gebildet; sie bestand also aus einem Verwaltungsorgan. In einigen wenigen Kantonen, etwa Graubünden, war die Vormundschaftsbehörde eine Bezirksbehörde, in den französischsprachigen Kantonen war sie eine Gerichtsbehörde, und in Basel-Stadt und Genf wurde sie durch eine kantonale Instanz gebildet. Galle, Meier, Menschen, 2009, S. 43.

4.4 Zwei sistierte Einweisungsverfahren und ein schriftliches Freilassungsversprechen

Am 27. Juni 1946 war die Entlassung Hofmanns aus St. Johannsen erfolgt. Knapp eineinhalb Jahre später, im Oktober 1947, und noch einmal ein Jahr später, im November 1948, stellte Hofmanns Vormund L. Anträge, Hofmann erneut administrativ zu versorgen. Beide Male gaben Klagen Martha Hofmanns und ihr Wunsch, dass der «Ehemann aus dem Hause weggenommen» werde, den unmittelbaren Anlass für die Einreichung des Antrages.[136] In beiden Fällen schätzte Regierungsstatthalter Aeschlimann die Umstände jedoch als zu wenig belastend ein, als dass sie eine administrative Versorgung gerechtfertigt hätten. Er sistierte beide Untersuchungsverfahren und entliess Hofmann jeweils nach «gehöriger Verwarnung».[137] Im Folgenden soll untersucht werden, wie es zur Sistierung des ersten Verfahrens kam und worin der Unterschied bestand, dass nun, anders als drei Jahre zuvor, keine administrative Versorgung vollzogen wurde.

Wie in den beiden Untersuchungsverfahren 1939 und 1944 bestellte der Regierungsstatthalter, nachdem er den Versorgungsantrag erhalten hatte, zunächst Jakob Hofmann zur Einvernahme ins Amthaus, um von ihm eine Stellungnahme zu den Vorwürfen zu erhalten.[138] Zwei Tage später befragte der Regierungsstatthalter Martha Hofmann. Letztere gab am 19. November 1947 zu Protokoll, es sei für sie «unmöglich, länger mit meinem Mann zu leben», sie gehe dabei «zugrunde» und es müsse eine «Änderung» geben.[139] Fünf Tage nach der Befragung Martha Hofmanns liess der Regierungsstatthalter Hofmann «zwecks ärztlicher Untersuchung und im Interesse seiner Angehörigen» im Bezirksgefängnis in Haft setzen.[140] Von ärztlicher Seite sollte, wie dies auch früher geschehen war, Hofmanns Gesundheitszustand und seine Arbeitsfähigkeit abgeklärt werden.[141] Der Polizeiarzt stellte bei seiner Untersuchung fest, dass Hofmann einen Leistenbruch hatte, der zur Folge hatte, dass Hofmanns Arbeitsfähigkeit stark herabgesetzt war und lediglich fünfzig Prozent betrug.[142] Durch eine Leistenbruchoperation, so der Polizeiarzt, könne die Arbeitsfähigkeit Hofmanns jedoch auf

136 Vormund L. an Vormundschaftskommission der Stadt Bern, 30. Oktober 1947 und 24. November 1948, StAB, BB 13.1.388.

137 Einvernahmeprotokolle Hofmann, Amthaus Bern, 17. November 1947 und 11. April 1949; Regierungsstatthalter Aeschlimann an Hofmann, 10. März 1948. StAB, BB 13.1.388.

138 Einvernahmeprotokoll Hofmann, Amthaus Bern, 17. November 1947, StAB, BB 13.1.388.

139 Einvernahmeprotokoll Martha Hofmann, Amthaus Bern, 19. November 1947, StAB, BB 13.1.388.

140 Regierungsstatthalter Aeschlimann, Notiz, 24. November 1947, StAB, BB 13.1.388.

141 Ebd.

142 Polizeiarzt, Bericht, 28. November 1947, StAB, BB 13.1.388.

75 Prozent gesteigert werden[143] – und damit wieder ungefähr so viel betragen wie einige Jahre zuvor, denn im Rahmen des administrativen Versorgungsverfahrens 1944 hatte derselbe Polizeiarzt festgestellt, Hofmanns Arbeitsfähigkeit betrage «75 % bis 80 %».[144] Gleichzeitig hielt der Polizeiarzt in seinem Bericht eine psychiatrische Untersuchung für angebracht, denn er schätzte Hofmann als «psychopathisch veranlagt» ein.[145] Dabei stützte sich der Polizeiarzt auf das Wissen, das er in den vergangenen Jahren über Hofmann hatte sammeln können – er kenne Hofmann «seit vielen Jahren».[146] Der Polizeiarzt schlug in seinem Bericht vor, Hofmann zunächst operieren zu lassen und ihn danach zur psychiatrischen Begutachtung in die Klinik Waldau einzuweisen.[147]

Hofmann jedoch, der sich zu diesem Zeitpunkt noch immer im Bezirksgefängnis befand, liess dieses vorgeschlagene Verfahren nicht ohne Weiteres über sich ergehen, und er versuchte, sich der Operation zu widersetzen. So weigerte er sich zum Beispiel konkret, mit dem «Arrestantenwagen» ins Inselspital gefahren zu werden, stattdessen wolle er «wegen einer grossen Blamage vor den Leuten» zu Fuss gehen.[148] Dies wurde ihm jedoch vom Regierungsstatthalter verwehrt, der erklärte, dass «wir uns nicht von den Arrestanten vorschreiben lassen können, wie sie zu transportieren sind».[149] Hofmann blieb also zunächst im Bezirksgefängnis. Einige Tage später verlangte Hofmann vor einer Operation Unterredungen mit seiner Ehefrau. Diese wurde zweimal ins Amthaus bestellt, doch auch diese Gespräche fruchteten nicht. Erst nach ungefähr zwei Wochen konnte Hofmann dazu gebracht werden, sich ins Spital einweisen zu lassen. Dort jedoch verweigerte er seine Einwilligung in die Operation, und er wurde zurück ins Bezirksgefängnis gebracht.[150] Ohne operiert worden zu sein, wurde Hofmann schliesslich in die psychiatrische Klinik Waldau überführt, damit abgeklärt werden konnte, ob er «geisteskrank» sei und einer Behandlung in einer Heilanstalt bedürfe.[151] In einem den Akten beigefügten Schreiben hielt der Regierungsstatthalter fest, man habe mit Hofmann die «grössten Schwierigkeiten [...]. Bei jeder Besprechung auf unserem Bureau poletet er, stellt Begehren, welchen nicht entsprochen werden kann, braucht gegenüber uns gemeine

143 Ebd.
144 Polizeiarzt, Bericht, 4. März 1944, StAB, BB 13.1.388.
145 Polizeiarzt, Bericht, 28. November 1947, StAB, BB 13.1.388.
146 Ebd.
147 Ebd.
148 Hofmann an «Meine Lieben», 4. Dezember 1947, StAB, BB 13.1.388.
149 Regierungsstatthalter Aeschlimann, Verbal, 4. Dezember 1947, StAB, BB 13.1.388.
150 Regierungsstatthalter Aeschlimann, Verbal, 17. Dezember 1947; Regierungsstatthalter Aeschlimann, Notiz, 18. Dezember 1947. StAB, BB 13.1.388.
151 Regierungsstatthalter Aeschlimann, Notiz, 18. Dezember 1947, StAB, BB 13.1.388.

Ausdrücke, wie ‹Seelenverkäufer› und dergl., sodass man mit ihm zu keinem Ziel kommt.»[152]

Der Psychiater in der Waldau stellte «keine Anzeichen einer Geisteskrankheit» fest, Hofmann sei jedoch ein «chronischer Trunksüchtiger» und ein «Berufsquerulant».[153] Abschliessend vermerkte er: «Die Frage ist also eigentlich nur noch die: soll man den Mann jetzt sofort versorgen und dann nach einem oder zwei Jahren, wenn er wieder auf freien Fuss kommen soll, mit diesem von vorne anfangen, indem er natürlich wieder zu trinken anfängt und zwar nur schon aus Trotz, oder soll man dergleichen tun, man glaube ihm jetzt seine guten Vorsätze und auf sein Versprechen eingehen und ihm eine Chance geben.»[154] Der Psychiater – es handelte sich um denselben, der das Gutachten vom 4. März 1939 mitunterzeichnet hatte – kam zur Einschätzung, dass es das Beste sei, Hofmann auf freiem Fuss zu lassen. Mit einem solchen Vorgehen konnten sich jedoch der Vormund und die Vormundschaftskommission unter keinen Umständen einverstanden erklären.[155] Nach deren Rückmeldung bat Regierungsstatthalter Aeschlimann die Ärzte in der Waldau, Hofmann zumindest davon zu überzeugen, in die Operation einzuwilligen, «was Ihnen wahrscheinlich eher gelingen dürfte als uns», denn nach erfolgter Operation «erachten wir es als nicht ganz ausgeschlossen, dass die Vormundschaftskommission und auch der Vormund, unter Umständen, wenn Hofmann punkto Arbeitsfähigkeit wieder besser auf der Höhe ist, sich doch bereit erklären können, mit ihm noch einen Versuch in der Freiheit zu wagen».[156] Schliesslich gelang es den Psychiatern, Hofmann zu bewegen, einer Operation «unter der Bedingung» zuzustimmen, dass ihm «schriftlich seine nachherige Entlassung auf freien Fuss garantiert» werde.[157] Gleichzeitig versprach Hofmann, mit dem «Trinken werde ich nun voll und ganz aufhören», er habe dies auch seiner Ehefrau versprochen.[158] Regierungsstatthalter Aeschlimann befragte auch Martha Hofmann zu diesem Vorgehen, und sie erwiderte, sie sei «bereit, den Mann noch ein letztes Mal» bei sich aufzunehmen.[159] Inzwischen waren seit ihrer Einvernahme am 19. November 1947, als sie zu Protokoll gegeben hatte, sie könne unmöglich länger mit ihrem Mann

152 Ebd.
153 Direktion Waldau an Regierungsstatthalteramt II, 22. Januar 1948, StAB, BB 13.1.388.
154 Ebd. Vgl. hierzu auch Einvernahmeprotokoll Martha Hofmann, Amthaus Bern, 3. März 1948, StAB, BB 13.1.388.
155 Vormund L., Bericht, 31. Januar 1948; Städtische Vormundschaftskommission, Bericht, 3. Februar 1948. StAB, BB 13.1.388.
156 Regierungsstatthalter Aeschlimann, Notiz, 12. Februar 1948, StAB, BB 13.1.388.
157 Direktion Klinik Waldau an Regierungsstatthalter Aeschlimann, 18. Februar 1948, StAB, BB 13.1.388.
158 Einvernahmeprotokoll Hofmann, Amthaus Bern, 2. März 1948, StAB, BB 13.1.388.
159 Einvernahmeprotokoll Martha Hofmann, Amthaus Bern, 3. März 1948, StAB, BB 13.1.388.

zusammenleben, gut drei Monate verstrichen. Wie weiter oben ausgeführt, kann davon ausgegangen werden, dass sich in der Zwischenzeit die Situation zwischen den Eheleuten wieder entspannt hatte, sodass Martha Hofmann erneut die Bereitschaft zeigte, ihren Mann zu sich zu nehmen.

Am 10. März setzte Regierungsstatthalter Aeschlimann – nachdem er beim Vormund hierzu die Zustimmung eingeholt hatte[160] – das entsprechende Schreiben an Hofmann auf. In diesem teilte er ihm mit: «Das Ihnen von uns abgegebene Versprechen bestätigen wir Ihnen hiermit schriftlich. Sie können also nach Durchführung der Operation das Inselspital verlassen und zwar unter der ausdrücklichen Bedingung, dass Ihre Aufführung während des Spitalaufenthaltes einwandfrei ist. Ihre Überführung in die chirurgische Klinik des Inselspitals wird nächsten Dienstag, den 16. dies., vormittags, erfolgen. Es ist nun alles angeordnet und wir nehmen an, dass Sie dem Vorhaben keinerlei Schwierigkeiten mehr bereiten werden. Die Anstalt Waldau wird für die Überführung besorgt sein. Im Inselspital können Sie von Ihren Angehörigen ohne weiteres besucht werden. Also guten Mut und vollen Erfolg zu dem geplanten Vorhaben.»[161] Wie vorgesehen wurde die Operation am 16. März 1948 durchgeführt, ohne dass es zu weiteren Zwischenfällen kam. Nach seiner Genesung wurde Hofmann aus der ärztlichen und der behördlichen Obhut entlassen.[162] Erneut nahm er seine Tätigkeit als Hausierer auf.[163]

Hofmann hatte also den Regierungsstatthalter dazu bringen können, ihm schriftlich zuzusichern, ihn aus dem Untersuchungsverfahren zu entlassen, wenn er in die Operation einwilligte. Er scheint also einen gewissen Handlungsspielraum genutzt zu haben. Mit seiner Forderung wäre Hofmann allerdings kaum zum Ziel gelangt, wäre sie gänzlich gegen den Willen des Regierungsstatthalters gewesen, denn bereits vorher hatten sowohl der Regierungsstatthalter als auch der Psychiater die Belassung Hofmanns in Freiheit befürwortet; lediglich der Vormund und die Vormundschaftsbehörden hatten sich dagegen gestellt. Die Operation, mit der die Arbeitsfähigkeit Hofmanns verbessert werden konnte, erwies sich als geeignetes Argument, um den Vormund und die Vormundschaftsbehörden umzustimmen. Ebenfalls eine Rolle dürfte gespielt haben, dass sich Martha Hofmann schliesslich wieder bereit erklärt hatte, ihren Ehemann bei sich aufzunehmen. Aus den Akten lässt sich letztlich nicht ermitteln, was den Ausschlag

160 Regierungsstatthalter Aeschlimann, Notiz, 1. April 1948. Auch die Vormundschaftsbehörde «respektierte» das Vorgehen des Regierungsstatthalters. Vormundschaftskommission an Regierungsstatthalteramt II, 8. April 1948, StAB, BB 13.1.388.

161 Regierungsstatthalter Aeschlimann an Hofmann, 10. März 1948, StAB, BB 13.1.388.

162 Direktion Klinik Waldau an Regierungsstatthalteramt II, 24. März 1948, StAB, BB 13.1.388.

163 Direktion der sozialen Fürsorge der Stadt Bern an Regierungsstatthalteramt II, 10. August 1949, StAB, BB 13.1.388.

gab, dass Hofmann 1947 nicht administrativ versorgt wurde, anders als 1944, wo ähnliche Umstände vorlagen. So waren zum Beispiel im Vorfeld ähnlich häufig armenpolizeiliche Massnahmen in Form von Verwarnungen oder kurzem Arrest erfolgt wie 1944.[164] Auch sind in den beiden Versorgungsverfahren die belastenden Aussagen, die in den Akten belegt sind, vergleichbar. Es kann geschlossen werden, dass unter Umständen Kleinigkeiten das Zünglein an der Waage waren; welches hier konkret diese ausschlaggebenden Momente gewesen sind, kann mit den zur Verfügung stehenden Akten nicht angegeben werden. Schliesslich kann die Vermutung in den Raum gestellt werden, dass sich hier bereits die zunehmende Zurückhaltung der Behörden bei der Anwendung der administrativen Versorgung Ende der 1940er-Jahre zeigt, wie sie in Kapitel 3.2 besprochen ist. Ob sich diese Veränderungen der behördlichen und gesellschaftlichen Einstellung gegenüber der administrativen Versorgung auch in der psychiatrischen Einschätzung vom 22. Januar 1948 niederschlug, die eine viel grössere Toleranz gegenüber Hofmanns Verhalten zeigt als noch das Gutachten vom 4. März 1939, kann in diesem Zusammenhang jedoch lediglich vermutet werden.

Auf das zweite Untersuchungsverfahren, das etwa acht Monate nach Hofmanns Entlassung aus dem Inselspital und aus Anlass von Klagen, die Martha Hofmann 1948 beim Vormund ihres Mannes vorgebracht hatte,[165] in die Wege geleitet wurde, wird an dieser Stelle nicht näher eingegangen. Nur so viel soll festgehalten werden: Auch dieses Mal erachtete Regierungsstatthalter Aeschlimann die Umstände als zu wenig belastend, um beim Regierungsrat die administrative Versorgung Hofmanns zu beantragen. Es solle, so schrieb Aeschlimann, abgewartet werden, bis Hofmann «zu erneuten begründeten Klagen Anlass» gebe, dann jedoch solle «energisch zugegriffen» werden.[166] Entsprechend entliess er Hofmann nach «gehöriger Verwarnung» aus dem Untersuchungsverfahren.[167] Aus den Akten ist für das Untersuchungsverfahren 1948 nicht ersichtlich, ob sich Martha Hofmann im Lauf des Verfahrens wiederum bereit gezeigt hatte, ihren Mann zu sich zu nehmen.[168]

164 Zwar hatte sich Martha Hofmann 1947 bereit erklärt, Hofmann wieder zu sich zu nehmen, doch auch dies erst, nachdem er drei Monate von zu Hause weg gewesen war, denn zu Beginn des administrativen Untersuchungsverfahrens hatte sie im Gespräch mit dem Regierungsstatthalter – ebenso vehement wie 1944 – zu Protokoll gegeben, nicht länger mit ihrem Mann zusammenleben zu können.

165 Vormund L. an Vormundschaftskommission der Stadt Bern, 24. November 1948, StAB, BB 13.1.388.

166 Regierungsstatthalter Aeschlimann, Notiz, 7. Mai 1949, StAB, BB 13.1.388.

167 Einvernahmeprotokoll Hofmann, Amthaus Bern, 11. April 1949, StAB, BB 13.1.388.

168 Offenbar war es dieses Mal nicht so leicht, von der Familie eine eindeutige Stellungnahme zu erhalten. Der Regierungsstatthalter hielt fest, mit der Familie Hofmann sei es «schwierig zu verkehren. Einmal verklagen die Angehörigen den Ehemann und Vater und wenn wir gegen ihn etwas unternehmen, so schimpfen sie über die Behörden und Amtsstellen und wollen keine

Wie diese beiden Beispiele von sistierten Versorgungsverfahren zeigen, nahm der Regierungsstatthalter im Fall Hofmann eine wichtige Funktion ein, seine Einschätzungen waren von zentraler Bedeutung. Wurde dem Regierungsrat nämlich ein Versorgungsantrag zur Beschlussfassung vorgelegt, entschied er nur in Ausnahmefällen nicht wie vom Regierungsstatthalter vorgeschlagen. Obwohl der Regierungsstatthalter über keine offizielle Entscheidungsbefugnis verfügte, zeigen nicht allein diese Beispiele von sistierten Versorgungsverfahren, sondern auch das Beispiel der Ablehnung einer vorzeitigen Entlassung Hofmanns aus St. Johannsen 1945, dass der Regierungsstatthalter im Rahmen eines Untersuchungsverfahrens erfolgreich versuchen konnte, die für einen Versorgungsantrag zuständigen Behörden auf Gemeindeebene von einem bestimmten Vorgehen zu überzeugen, sodass sie ihren Antrag schliesslich in seinem Sinn formulierten und der Regierungsstatthalter den entsprechenden Antrag dem Regierungsrat zur offiziellen Beschlussfassung unterbreiten konnte. Was es genau war, das den Regierungsstatthalter 1945 bei der Frage der vorzeitigen Entlassung Hofmanns aus St. Johannsen – trotz befürwortender Stellungnahmen der Anstaltsleitung von St. Johannsen, der Familie Hofmanns und der städtischen Fürsorgedirektion – veranlasste, eine deutlich ablehnende Haltung einzunehmen, bei der Frage der erneuten administrativen Versorgungen 1947 und 1948 jedoch entgegen dem vormundschaftlichen Antrag auf die Belassung Hofmanns in Freiheit zu dringen, lässt sich mit den Akten nicht rekonstruieren.

4.5 Hofmann wird zu einem «Pflegefall»: Anstaltsunterbringungen in den 1950er-Jahren

Nach dem zweiten sistierten Versorgungsverfahren 1948 verstrichen mehrere Jahre, bis ein «energischer Zugriff» – wie dies der Regierungsstatthalter in einer Notiz vom 7. Mai 1949 formuliert hatte – erfolgte.[169] Am 29. November 1954 beantragte Hofmanns neuer Vormund M., Hofmann sei wieder administrativ zu versorgen.[170] Der frühere Vormund, der Polizeigefreite L., war einige Zeit vorher auf eigenes Ersuchen aus seinem Amt entlassen worden. Als Begründung für seinen Antrag hatte L. angeführt, Hofmann sei in den entfernten Stadtteil Bümpliz gezogen, wodurch er ihn «nicht recht beaufsichtigen» und seine «vormundschaftlichen Pflichten gar nicht richtig erfüllen» könne.[171] Generell sei die

Auskunft geben.» Regierungsstatthalter Aeschlimann, Verbal, 17. Dezember 1948, StAB, BB 13.1.388.

169 Regierungsstatthalter Aeschlimann, Notiz, 7. Mai 1949, StAB, BB 13.1.388.

170 Vormundschaftsbericht, 29. November 1954, StAB, BB 13.1.388.

171 Vormundschaftsbericht für die Zeit vom 17. Februar 1951 bis 17. Februar 1953, SAB, EB 4.612.

vormundschaftliche Betreuung Hofmanns nicht leicht gewesen, denn dieser sei beispielsweise nie erschienen, wenn er ihn für eine Besprechung auf den Polizeiposten Breitenrain bestellt habe.[172] Im April 1954 übernahm der neue Vormund sein Amt. Er war eidgenössischer Beamter und wie Hofmann wohnhaft in Bümpliz.[173] Ähnlich wie bei den beiden Versorgungsanträgen 1947 und 1948 bildeten auch diesmal Klagen Martha Hofmanns den unmittelbaren Anlass für den Antrag. Sie habe bereits mehrmals bei ihm vorgesprochen, so schrieb der Vormund in seinem Versorgungsantrag am 29. November 1954, nun weigere sie sich «unwiderruflich», ihren Mann wieder zu sich zu nehmen, und auch die inzwischen erwachsenen Kinder drängten darauf, ihren Vater «wegen seines Verhaltens aus der Familie auszuschliessen».[174] Es musste eine Lösung gefunden werden, denn wie verschiedenen Informationen in den Akten zu entnehmen ist, drohte Hofmann auf der Strasse zu «verwahrlosen», wenn er nicht bei Martha Hofmann wohnen konnte. So hiess es in einem polizeilichen Informationsbericht vom 21. Dezember 1954, nach Auskunft der Familie sei Hofmann «in letzter Zeit total verwahrlost».[175]

Bedingte administrative Versorgung in einem Fürsorgeheim

Aufgrund Hofmanns nach wie vor eingeschränkter Arbeitsfähigkeit wurde nun aber lediglich beantragt, Hofmann bedingt administrativ zu versorgen. Eine solche bedingte Einweisung konnte gemäss dem Armenpolizeigesetz von 1912 – wie in Kapitel 3.1.4 ausgeführt ist – mit besonderen Weisungen verknüpft werden.[176] Hier schlug der Regierungsstatthalter Aeschlimann vor, Hofmann die Auflage zu machen, sich «vorerst während einer gewissen Zeit in der Fürsorgeanstalt Kühlewil aufzuhalten und sich dort klaglos aufzuführen».[177] Wie die Untersuchung der Personendossiers gezeigt hat, wurde die bedingte administrative Versorgung häufig an den Aufenthalt in einer Armenanstalt geknüpft. So wurde auch Frieda Berger, wie in Kapitel 5 gezeigt wird, am 3. März 1931 bedingt administrativ versorgt mit der Auflage, sich in der Armenanstalt Frienisberg aufzuhalten und sich dort zur Zufriedenheit der Anstaltsleitung aufzuführen. In eini-

172 Vormundschaftsbericht für die Zeit vom 17. Februar 1949 bis 17. Februar 1951, SAB, EB 4.612.
173 Direktion der sozialen Fürsorge der Stadt Bern an kantonale Fürsorgedirektion, 13. August 1955, StAB, BB 13.1.388.
174 Vormundschaftsbericht, 29. November 1954, StAB, BB 13.1.388.
175 Sicherheits- und Kriminalpolizei der Stadt Bern, Rapport, 21. Dezember 1954, StAB, BB 13.1.388.
176 Art. 70 APG.
177 Regierungsstatthalter Aeschlimann an kantonale Polizeidirektion, 19. März 1955, StAB, BB 13.1.388. Die Idee, einen Mittelweg zu wählen und Hofmann zunächst in Kühlewil unterzubringen, war von einem Arzt ausgegangen, der Hofmann im Inselspital behandelt hatte. Universität Bern, medizinische Poliklinik an Regierungsstatthalteramt II, 9. März 1955, StAB, BB 13.1.388.

gen Fällen wurde die Wahl des Aufenthaltsortes auch stärker auf die individuelle Person zugeschnitten. So wurde die 65-jährige Gertrud Liechti 1957 im Rahmen ihrer bedingten administrativen Versorgung angewiesen, im Bezirksgefängnis Bern als Küchenhilfe zu arbeiten; ein Wunsch, den sie selbst geäussert hatte, da sie dieser Tätigkeit bereits früher einmal nachgegangen war.[178]

Durch den Rückgriff auf eine Armenanstalt respektive auf ein Fürsorgeheim – eine Institution, die ursprünglich nicht für diesen Zweck vorgesehen worden war – wurden die Armenanstalten zu einem Bestandteil der administrativen Versorgungspraxis. Die administrative Versorgung liess sich durch die Nutzung einer Armenanstalt differenzierter und gemäss einer abgestuften Härtefolge umsetzen. So war in einer Armenanstalt das Regime weniger streng als in einer Arbeitsanstalt, es wurden beispielsweise regelmässige Kurzurlaube gewährt. Dennoch war die betroffene Person in einer Armenanstalt einer weit umfassenderen Kontrolle unterworfen, als wenn sie sich auf freiem Fuss befunden und lediglich unter vormundschaftlicher Aufsicht oder unter Schutzaufsicht gestanden hätte, da ein kontrollierender Blick mehr oder weniger rund um die Uhr möglich war. Gleichzeitig führte dies dazu, dass den Vorstehern von Armenanstalten eine wichtige Funktion innerhalb der Praxis der administrativen Versorgung zukam, denn ein negatives Urteil von ihrer Seite konnte eine entscheidende Rolle spielen, dass eine Person definitiv und für mehrere Jahre in einer geschlossenen Einrichtung administrativ versorgt wurde. Angesichts der immer wieder geäusserten öffentlichen Kritik an den Armenanstalten, die etwa die Überfüllung dieser Institutionen bemängelte, kann davon ausgegangen werden, dass auch das Anliegen der «inneren Ordnung» der Anstalt die Beurteilung des Verhaltens einer Person beeinflusste und nicht allein das Verhalten zur Debatte stand, das zum behördlichen Zugriff auf die betroffene Person geführt hatte.

Die Praxis der administrativen Versorgung wurde im Kanton Bern auf die bestehende Anstaltslandschaft abgestimmt und in diese eingefügt. Dies hatte zur Folge, dass letztlich über die administrative Versorgung die theoretisch-programmatische Abgrenzung zwischen verschiedenen Anstaltstypen wie Armen- und Fürsorgeanstalten, Arbeitsanstalten und Strafanstalten unterlaufen und ihre Grenzen in der Praxis verwischt wurden.[179] Wolfang Ayass stellt für Deutschland fest, dass die «auf juristischer Ebene so penibel auseinandergehaltene Differenzierung» zwischen Armenanstalten und Zwangsarbeitsanstalten in der Praxis vielfach aufgehoben wurde und viele Einrichtungen in der Praxis auch noch im

178 Rietmann, Administrativ versorgen, 2004, S. 90 f.

179 Vgl. auch zur Anstalt Kappel im Kanton Zürich, die in einer Mehrfachfunktion bis in die zweite Hälfte des 20. Jahrhunderts als Armen- respektive Fürsorgeanstalt sowie als «Verwahranstalt» für administrativ Versorgte diente, Huonker, Niederhäuser, Jahre, 2008, S. 132–154, 163 f.

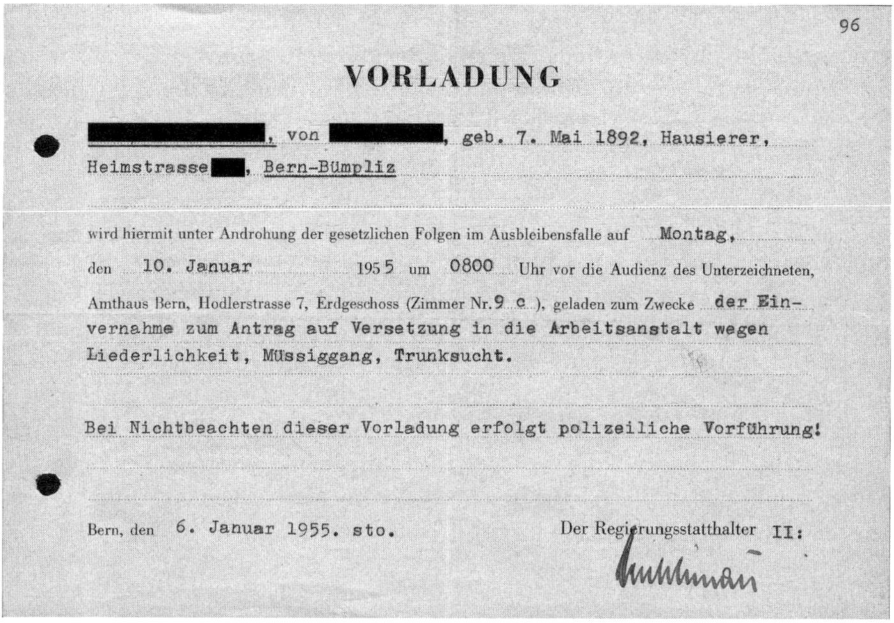

96

VORLADUNG

[redacted], von [redacted], geb. 7. Mai 1892, Hausierer,
Heimstrasse [redacted], Bern-Bümpliz

wird hiermit unter Androhung der gesetzlichen Folgen im Ausbleibensfalle auf Montag,
den 10. Januar 1955 um 0800 Uhr vor die Audienz des Unterzeichneten,
Amthaus Bern, Hodlerstrasse 7, Erdgeschoss (Zimmer Nr. 9 c), geladen zum Zwecke der Einvernahme zum Antrag auf Versetzung in die Arbeitsanstalt wegen Liederlichkeit, Müssiggang, Trunksucht.

Bei Nichtbeachten dieser Vorladung erfolgt polizeiliche Vorführung!

Bern, den 6. Januar 1955. sto.

Der Regierungsstatthalter II:

Vorladung Hofmanns im Rahmen des Versorgungsverfahrens 1954/55. Es konnte ihm nicht persönlich zugestellt werden, da sein Aufenthalt nicht bekannt war. Schliesslich griff die Stadtpolizei Hofmann am 12. Januar 1955 auf und setzte ihn in Gemeindearrest (StAB, BB 13.1.388).

20. Jahrhundert «mittelalterlichen Hospitälern ähnlich [...] als Sammelanstalten für die verschiedensten Marginalgruppen» dienten.[180] Daraus schliesst Ayass, dass der von der Forschung vielfach betonte Prozess der Ausdifferenzierung verschiedener Anstaltstypten seit der Frühen Neuzeit mit Blick auf konkrete Einschliessungspraktiken in unterschiedlichen Institutionen differenziert beurteilt werden muss.[181]

Mit der Massnahme der bedingten administrativen Versorgung in Kühlewil erklärte sich Hofmann einverstanden, wie einem Einvernahmeprotokoll vom 17. März 1955 zu entnehmen ist.[182] Noch bevor der Antrag dem Regierungsrat zur offiziellen Beschlussfassung unterbreitet wurde, wurde Hofmann am 23. März 1955 nach Kühlewil gebracht.[183] Doch die kantonale Polizeidirektion –

180 Ayass, «[...] Nachhaft», 1993, S. 194.
181 Ebd.
182 Einvernahmeprotokoll Hofmann, Amthaus Bern, 17. März 1955, StAB, BB 13.1.388.
183 Seit dem Antrag des Vormunds vom 29. November 1954 waren fast vier Monate verstrichen. In dieser Zeit durchlief der Antrag zunächst den behördlichen Instanzenzug über die Vormund-

über welche die Versorgungsanträge jeweils an den Regierungsrat gelangten – war mit der bedingten administrativen Versorgung Hofmanns nicht einverstanden. Vielmehr war sie der Auffassung, dass sich Hofmann in der Zwischenzeit zu einem «Pflegefall» entwickelt habe und aus diesem Grund nicht gemäss den kantonalen Versorgungsbestimmungen versorgt werden könne, sondern dass eine Anstaltsunterbringung gemäss dem vormundschaftlichen Versorgungsrecht zu erfolgen habe.[184] Sollte sich Hofmann als vormundschaftlich Eingewiesener im Fürsorgeheim Kühlewil jedoch «nicht halten» können, so die Überlegungen weiter, solle im Sinn einer verschärften Massnahme die administrative Versorgung gemäss kantonalem Recht nach Sonvilier angeordnet werden.[185] Gemäss diesen Überlegungen beschloss die städtische Vormundschaftsbehörde schliesslich am 28. April 1955, Hofmann auf der rechtlichen Grundlage der Einweisungsbestimmungen des ZGB 1907/12 in Kühlewil unterzubringen. Auf der Vollzugsebene bewirkten die veränderten rechtlichen Grundlagen für Hofmann keinen Unterschied. Nach dem Beschluss der Vormundschaftsbehörde blieb er einfach unverändert in Kühlewil.[186]

4.5.1 Anstaltseinweisung gemäss Artikel 406 ZGB (1907/12)

Auf vergleichbare Weise wie die kantonalen Versorgungsgesetze ermöglichte das schweizerische Zivilgesetzbuch seit 1912 die zwangsweise Anstaltsunterbringung von «Liederlichen», «Arbeitsscheuen» und «Trunksüchtigen» durch die kommunalen Vormundschaftsbehörden. Das Vormundschaftsrecht enthielt nur wenige Bestimmungen, die das Handeln der Vormundinnen und Vormünder anleiteten, und liess ihnen einen ausgesprochen grossen Handlungsspielraum. Dies war auch bezüglich einer vormundschaftlichen Anstaltsunterbringung der Fall. Artikel 406 ZGB 1907/12 bestimmte lediglich, «die Fürsorge [des Vormundes erstreckt sich] auf den Schutz und Beistand in allen persönlichen Angelegenheiten,

schaftskommission und den Regierungsstatthalter. Letzterer veranlasste am 14. Januar 1955 die Einvernahme Hofmanns. Am 20. Januar kam Hofmann wegen «Mittel- und Obdachlosigkeit und im Interesse der beantragten Massnahmen» in administrative Untersuchungshaft. Am 21. Januar wurde er für sechs Wochen im Inselspital hospitalisiert, um wegen Herz- und Leberproblemen behandelt zu werden. Am 10. März kam er zurück ins Bezirksgefängnis, und am 23. März erfolgte die Überführung nach Kühlewil. Regierungsstatthalter Aeschlimann, Verbal, 20. Januar 1955, StAB, BB 13.1.388.

184 Polizeidirektor des Kantons Bern an Regierungsstatthalteramt II, 6. April 1955, StAB, BB 13.1.388.

185 Ebd.

186 Vormundschaftskommission der Stadt Bern an Regierungsstatthalteramt II, 9. August 1955, StAB, BB 13.1.388.

sowie nötigenfalls auf die Unterbringung in einer Anstalt».[187] Über diese äusserst knappe Formulierung hinaus enthielt das ZGB keine weiteren Vorschriften. So legte das ZGB nicht fest, welche genauen Umstände gegeben sein mussten, damit eine vormundschaftliche Anstaltsunterbringung erfolgen konnte, und es führte nicht näher aus, was beispielweise unter dem Begriff «nötigenfalls» zu verstehen war. Auch bezüglich einer maximalen Einweisungsdauer schwieg sich das Vormundschaftsrecht auch. Weiter stellte das ZGB praktisch keine Verfahrensregeln auf, die bei einer Anstaltsunterbringung zu befolgen waren, und es bestimmte einzig, dass die kommunalen Vormundschaftsbehörden einer Anstaltseinweisung beziehungsweise einer Anstaltsentlassung, die die Vormundin oder der Vormund vorzunehmen gedachte, zuzustimmen hatten.[188] Zudem stand den Betroffenen bei einer vormundschaftlichen Anstaltsunterbringung – und auch bei allen weiteren Anordnungen und Entscheiden des Vormunds – lediglich ein verwaltungsinterner Beschwerdeweg offen, indem sie sich an die Vormundschaftsbehörde sowie deren Aufsichtsbehörden wenden konnten.[189] In welchen Hinsichten dieses äusserst knapp geregelte verwaltungsinterne vormundschaftlich-zivilrechtlich Einweisungsverfahren in rechtsstaatlicher Hinsicht Probleme aufwarf, wird in Kapitel 6.1.2 genauer ausgeführt.[190]

Abgrenzung zwischen kantonalem und eidgenössischem Versorgungsrecht

Bis 1981, als das kantonale Versorgungsrecht zusammen mit dem bundeszivilrechtlichen Versorgungsrecht ausser Kraft gesetzt und durch die Bestimmungen zur fürsorgerischen Freiheitsentziehung ersetzt wurde, bestanden mit dem kantonalen und dem eidgenössischen Versorgungsrecht zwei Rechtsgrundlagen nebeneinander, die eine ähnliche Materie regelten. Im Fall Jakob Hofmann wandten die Behörden das vormundschaftlich-zivilrechtliche Versorgungsrecht als eine Art mildere Form der Versorgung an, während das kantonale Versorgungsrecht im Sinn einer verschärften Massnahme zur Anwendung gelangte. Ähnlich wurde dies 1960 bei einer Anstaltsunterbringung im Fall Frieda Berger gehandhabt, wie im nächsten Kapitel gezeigt wird. Wann sich eine solche Unterscheidung herauskristallisierte und inwiefern im ganzen Kanton Bern eine vergleichbare Praxis gehandhabt wurde, kann an dieser Stelle nicht beantwortet werden. Auf jeden

187 Egger, Kommentar, 1914, S. 560–563 (Hervorhebung d. V.); Kaufmann, Kommentar, 1918, S. 296–301.
188 Art. 421 Ziff. 13 ZGB 1907/12.
189 Art. 420 ZGB 1907/12. Möglich war des Weiteren die staatsrechtliche Beschwerde an das Bundesgericht. Im Kanton Bern fungierten die Regierungsstatthalter als erstinstanzliche und der Regierungsrat als obere Aufsichtsbehörde, die Vormundschaftsbeschwerden in zweiter Instanz beurteilte. Schär, Vormundschaft, Bern 1956, S. 9.
190 Für kritische Überlegungen zum vormundschaftlichen Versorgungsrecht vgl. beispielsweise Dubs, Grundlagen, 1955, S. 183–193; Stebler, Administrativversorgung, 1972, S. 36–39.

Fall lässt sich vermuten, dass sich eine solche Unterscheidung erst allmählich im Lauf der zweiten Hälfte des 20. Jahrhunderts herauszubilden begann, denn noch 1949 hiess es in der Kommission, die mit der Revision des Armenpolizeigesetzes von 1912 betraut war, es bestünden «einige Konflikte zwischen dem Vormundschaftsrecht und dem APG».[191] Mit dem Erziehungs- und Versorgungsgesetz von 1965 wurde schliesslich eine Unterscheidung zwischen dem kantonalen und dem eidgenössischen Versorgungsrecht rechtlich festgelegt, die sich im weitesten Sinn an die Praxis anlehnte, wie sie in den Fällen Hofmann und Berger zutage trat. Und zwar bestimmte das Erziehungs- und Versorgungsgesetz, dass in Fürsorgeheime und Heil- oder Pflegeanstalten allein noch Einweisungen Entmündigter gemäss dem vormundschaftlichen Versorgungsrecht vorzunehmen waren, während die übrigen Anstaltsunterbringungen – etwa in Arbeitsanstalten oder in Trinkerheilanstalten – gemäss dem kantonalen Versorgungsrecht anzuordnen waren, und zwar sowohl bei Entmündigten als auch bei Nichtentmündigten.[192] Der Kanton Bern beschritt also nach Inkrafttreten des neuen Versorgungsrechts am 1. Januar 1966 den Weg, nur noch Einweisungen in Alters- und Pflegeheime gemäss Vormundschaftsrecht vorzunehmen und alle weiteren Anstaltsunterbringungen in der Regel gemäss kantonalem Recht anzuordnen.[193] Dass seit 1966 explizit auch Entmündigte auf der Grundlage des kantonalen Rechts zwangsweise in Anstalten unterzubringen waren, begründete die kantonale Polizeidirektion damit, dass das kantonale Recht den Betroffenen einen grösseren Rechtsschutz biete als das eidgenössische Vormundschaftsrecht;[194] der mit dem Erziehungs- und Versorgungsgesetz von 1965 erweiterte Rechtsschutz wird in Kapitel 7.2.3 genauer behandelt. Auch gegenüber Bevormundeten sei das kantonale Versorgungsrecht als «massgebendes Verfahrensrecht» anzuwenden, so die kantonale Polizeidirektion, da dieses die Betroffenen mit «weitgehenden Verteidigungsmöglichkeiten» ausstatte, im Gegensatz zum Vormundschaftsrecht, das keine «besonderen Verfahrensvorschriften» kenne und «somit nur ungenügenden Rechtsschutz» biete.[195] Für die Praxis, wie sie sich nach Inkrafttreten des Erziehungs- und Versorgungsgesetzes am 1. Januar 1966 entwickelte, hielt denn auch der Kanton Bern zu Beginn der 1970er-Jahre fest, der administrativen Ver-

191 Kommission zur Prüfung des Abschnittes «Administrativ-Versorgung» des Armenpolizeigesetzes vom 1. Dezember 1912, Protokoll, 3. Juni 1949, StAB, BB 13.1.214. Ähnlich Ausserparlamentarische Kommission zur Beratung des Gesetzes über die Erziehung und Betreuung von Arbeitsscheuen, Liederlichen, Trunksüchtigen und sittlich Verdorbenen, Protokoll, 13. April 1954, S. 7–17, StAB, BB 13.1.195.

192 Art. 2 Ziff. 3 GEV.

193 Revision von Art. 406 ZGB, Umfrage bei den Kantonen. Zusammenfassung der Antworten, 17. April 1973, S. 3, 19, BAR, E 4110 (B) 1989/129, Bd. 45. Vgl. hierzu auch TGRB, 1965, S. 111.

194 Vortrag, in: TGRB, 1965, S. 93 f.

195 Ebd.

sorgung gemäss kantonalem Recht komme «grössere praktische Bedeutung» zu als der Anstaltseinweisung gemäss Vormundschaftsrecht.[196] Diese Aussage lässt sich so auslegen, dass zahlenmässig in den 1960er- und 1970er-Jahren im Kanton Bern mehr Personen gemäss kantonalem Recht in Anstalten eingewiesen wurden als gemäss bundeszivilrechtlichem Versorgungsrecht.
Die Frage, wie andere Kantone in der Praxis mit dem Nebeneinander von kantonalen und eidgenössischen vormundschaftlichen Versorgungsbestimmungen umgingen, kann an dieser Stelle nicht beantwortet werden. Darauf, dass sich in der Schweiz diesbezüglich im Lauf des 20. Jahrhunderts eine heterogene und kaum zu durchschauende Rechtspraxis entwickelte, lassen zeitgenössische Aussagen der Juristen Hans Dubs und Hans Manz schliessen. So konstatierte Dubs 1955, dass das vormundschaftlich-zivilrechtliche Versorgungsverfahren gerade wegen seiner knappen Regelung und des sich daraus ergebenden grossen behördlichen Handlungsspielraums in «einzelnen Kantonen begreiflicherweise grossen Anklang» gefunden habe.[197] Manz hingegen äusserte 1959, dass Kantone, die über ein umfassend ausgestaltetes Versorgungsrecht verfügten – und zu diesen ist der Kanton Bern zu zählen –, dazu neigten, dieses den vormundschaftlichen Versorgungsbestimmungen vorzuziehen, da es in der Praxis «leichter und sicherer anzuwenden» sei und die Behörden «recht gerne dem vertrauteren und umfassender normierten kantonalen Versorgungsgesetz [...] den Vorzug» gäben.[198] Die Juristen kamen also zu unterschiedlich lautenden Einschätzungen. Vorgaben, wie die Abgrenzung zwischen dem kantonalen und dem eidgenössischen Versorgungsrecht auszugestalten war, hätte eigentlich ein Bundesgerichtsentscheid aus dem Jahr 1947 enthalten. Es sei Aufgabe des kantonalen Versorgungsrechts, so das Bundesgericht in seinem Urteil vom 13. März 1947, «im öffentlichen Interesse die zur Wahrung der öffentlichen Ordnung und Sicherheit, insbesondere zur Verhütung von Verbrechen, erforderlichen Anordnungen zu treffen», während beim vormundschaftlichen Versorgungsrecht die «Wahrung privater Interessen» im Zentrum stehe.[199] Eine Anlehnung an eine solche Konzeptualisierung des kantonalen Versorgungsrechts als primär krimi-

196 Revision von Art. 406 ZGB, Umfrage bei den Kantonen. Zusammenfassung der Antworten, 17. April 1973, S. 21 f., BAR, E 4110 (B) 1989/129, Bd. 45.

197 Dubs, Grundlagen, 1955, S. 188 f.

198 Manz, Rechtsgrundlage, 1959, S. 44. Ähnlich Emil Wittmer, Administrative oder vormundschaftliche Anstaltseinweisung, in: Schweizerisches Zentralblatt für Staats- und Gemeindeverwaltung, 67, 23 (1966), S. 473–477, hier S. 474.

199 BGE 73 I, S. 46. Das Bundesgericht führte aus, weswegen «Trunksüchtige», «Liederliche» und «Arbeitsscheue» in diesem Sinn vom kantonalen Versorgungsrecht erfasst würden: «Die genannten Trunksüchtigen, Liederlichen und Arbeitsscheuen sind im Allgemeinen nicht in der Lage, rechtmässig für ihren Unterhalt aufzukommen und daher, wie Personen mit einem Hang zum Verbrechen, leicht bereit, strafbare oder doch polizeiwidrige Handlungen zu begehen.» Ebd., S. 43. Ähnlich beispielsweise Waiblinger, Abgrenzung, 1945, S. 16–22.

nalpolitisches Instrument zur präventiven Bekämpfung von Delinquenz findet sich in den Debatten im Kanton Bern über die administrative Versorgung in der zweiten Hälfte des 20. Jahrhunderts jedoch nicht. Auch im Aktenbestand des Staatsarchivs wurden kaum Versorgungsfälle gefunden, in denen eine solche Begründung im Vordergrund gestanden hätte. Diese Feststellung deckt sich mit jener von Manz, der 1959 äusserte, die Kantone hätten sich vom Bundesgerichtsentscheid von 1947 «wohl vorgemerkt», dass die «Fortexistenz der kantonalen Gesetze nicht in Frage gestellt» sei.[200] Dagegen seien die im «gleichen Entscheid aufgezeigten Grenzen des Geltungsbereichs dieser Gesetze weniger nachhaltig in den Gedächtnissen haften geblieben».[201] Auch der Bundesrat hielt 1977 in einer Botschaft fest, die vom Bundesgericht 1947 getroffene Unterscheidung sei «[n]ur vereinzelt brauchbar», da in den «meisten Fällen» gleichzeig «fürsorgerische und polizeiliche Gründe» vorlägen.[202]

Es fehlte also eine allgemein überzeugende und in der Praxis anwendbare Abgrenzung zwischen dem kantonalen und dem bundeszivilrechtlichen Versorgungrecht, weswegen die Kantone individuelle Wege entwickelten, um zu entscheiden, gemäss welcher Rechtsgrundlage sie bei zwangsweisen Anstaltsunterbringungen vorgingen. So stellte auch der Bundesrat 1977 fest, dass sich gesamtschweizerisch gesehen in Bezug auf die Versorgungspraxis «keine Bevorzugung nach ZGB oder nach kantonalem Recht feststellen» lasse.[203] Je nach Kanton überwiege «die eine oder die andere Versorgungsart». Gleichzeitig bestätigte der Bundesrat allerdings die Feststellung von Manz, dass sich jene Kantone, die neue «oder weit gefasste Fürsorgegesetze» besässen, nach Möglichkeit auf die kantonale Gesetzgebung stützten, während Kantone mit «alten – daher meist überholten – Gesetzen» dem bundeszivilrechtlichen Versorgungsrecht den Vorzug gäben.[204] Es zeigte sich also nicht allein aufgrund der föderalen Struktur der Schweiz bezüglich der unterschiedlichen kantonalen Versorgungsbestimmungen eine zersplitterte Rechtslage. Die Rechtlage wurde durch die unterschiedlichen kantonalen Praktiken, das Nebeneinander von kantonalen und bundeszivilrechtlichen Versorgungsbestimmungen zu handhaben, zusätzlich verkompliziert und unübersichtlich.

200 Manz, Rechtsgrundlage, 1959, S. 47.
201 Ebd. Vgl. hierzu auch Robert Schneider, Hilfe für Menschen, die von der sozialen Ordnung abweichen, und Schutz der Gesellschaft ihnen gegenüber, in: Emma Steiger (Hg.), Handbuch der Sozialen Arbeit der Schweiz, Bd. 1: Systematische Übersicht über die soziale Arbeit, Zürich 1948, S. 96–104, hier S. 97.
202 Botschaft, 1977, S. 12.
203 Ebd., S. 13.
204 Ebd.

4.5.2 Verschärfung der Massnahme und Versorgung 1955 auf «unbestimmte Zeit» in das Versorgungsheim Sonvilier

Zurück zu Jakob Hofmann. Seit dem 23. März 1955 befand er sich im Fürsorgeheim Kühlewil. Seit dem 28. April 1955 beruhte diese Anstaltsunterbringung auf dem vormundschaftlichen Versorgungsrecht. Knapp vier Monate später, am 17. Juli 1955, kehrte Hofmann nach einem Urlaubssonntag, den er bei seiner Ehefrau verbrachte, nicht nach Kühlewil zurück.[205] Als Grund hierfür gab er an, er habe beim Besuch seiner Ehefrau «festgestellt», dass diese «nach wie vor gesundheitlich nicht auf der Höhe ist und meiner tatkräftigen Hilfe bedarf».[206] Am darauffolgenden Tag, am 18. Juli 1955, fand auf der Direktion der sozialen Fürsorge der Stadt Bern eine Unterredung mit dem Ehepaar Hofmann statt, bei der sich Martha Hofmann unter den üblichen Voraussetzungen bereit erklärte, ihren Ehemann wieder bei sich aufzunehmen (in der Zwischenzeit war Hofmann insgesamt ein halbes Jahr von zu Hause weg gewesen, da seiner Einweisung nach Kühlewil eine administrative Untersuchungshaft und ein Spitalaufenthalt vorangegangen waren). Hofmann selbst unterzeichnete eine entsprechende «Erklärung», in der er sich «verpflichtete», sich künftig «klaglos zu halten und insbesondere abstinent zu leben».[207] Doch der Frieden währte nicht lange. Bereits nach zwei Tagen meldete Martha Hofmann auf dem Vormundschaftsbüro, ihr Ehemann sei «dann schon am 2. Tag betrunken» gewesen, sie habe ihn von zu Hause weggewiesen, und seither «vagabundiere» er herum.[208] Ungefähr einen Monat später erging ein Polizeirapport mit der Meldung, eine Pfarrersfrau aus Bümpliz habe morgens früh telefoniert und angegeben, auf einer Bank in ihrer Gartenlaube schlafe ein Mann.[209] Wie sich herausstellte, handelte es sich um Hofmann. Er wurde aufgegriffen und von Regierungsstatthalter Aeschlimann am 24. August 1955 im «Interesse der beantragten Massnahmen, sowie wegen Fluchtgefahr» in administrative Untersuchungshaft genommen.[210] Bereits bevor Hofmann aufgegriffen wurde, hatte die städtische Vormundschaftsbehörde den Antrag eingereicht, Hofmann administrativ in das Versorgungsheim Son-

205 Städtische Fürsorgeanstalt Kühlewil an Regierungsstatthalteramt II, 22. August 1955, StAB, BB 13.1.388.

206 Direktion der sozialen Fürsorge der Stadt Bern, Erklärung Jakob Hofmann, 18. Juli 1955, StAB, BB 13.1.388.

207 Ebd.

208 Einvernahmeprotokoll Martha Hofmann, städtisches Vormundschaftsbüro, 25. Juli 1955; Vormundschaftskommission der Stadt Bern an Regierungsstatthalteramt II, 9. August 1955. StAB, BB 13.1.388.

209 Sicherheits- und Kriminalpolizei der Stadt Bern, Haftsache, 16. August 1955, StAB, BB 13.1.388.

210 Ebd., Regierungsstatthalter Aeschlimann, Verfügung, 24. August 1955, StAB, BB 13.1.388.

vilier einzuweisen, denn sowohl Hofmanns Ehefrau als auch das Fürsorgeheim Kühlewil seien nicht mehr bereit, ihn aufzunehmen.[211] Der Regierungsstatthalter und die kantonale Fürsorgedirektion unterstützten den Antrag, und am 18. Oktober 1955 beschloss der Regierungsrat, Hofmann gemäss Artikel 52 des Armenpolizeigesetzes – im Sinn der angekündigten verschärften Massnahme – auf «unbestimmte Zeit» in das Versorgungsheim Sonvilier einzuweisen; aufgrund Hofmanns eingeschränkter Arbeitsfähigkeit wurde er nicht in die reguläre Arbeitsanstalt, sondern nach Sonvilier eingewiesen.[212] Seinen Entscheid zur administrativen Versorgung begründete der Regierungsrat damit, dass sich die «Administrativ-, Gerichts- und Polizeibehörden» inzwischen seit über dreissig Jahren mit Hofmann hätten beschäftigen müssen.[213] Hofmann sei laut psychiatrischen Untersuchungen ein «moralisch defekter Psychopath» – diese Diagnose bezog sich auf das mittlerweile sechzehn Jahre alte psychiatrische Gutachten vom 4. März 1939, woran sich zeigt, welch unbestrittene Deutungsmacht dieser Form wissenschaftlich-ärztlichen Expertenwissens zugesprochen wurde –, der schon in «verhältnismässig jugendlichem Alter» angefangen habe, ein «liederliches Leben» zu führen. Hofmann sei des Weiteren mehrfach vorbestraft und bereits mehrere Male administrativ versorgt worden. Er trinke, arbeite ungenügend und trage unzureichend zum Unterhalt seiner Familie bei, sodass diese auf «namhafte Unterstützungen» durch die Fürsorge angewiesen gewesen sei. Als unmittelbaren Anlass für den Versorgungsentscheid führte der Regierungsrat an, dass Hofmann nach seiner versuchsweisen Entlassung aus Kühlewil erneut seine Versprechen nicht eingehalten habe, sodass ihn «seine Angehörigen fortjagen mussten», und er erneut «in den alten Schlendrian» verfallen sei.[214] Zusammenfassend hielt der Regierungsrat fest, Hofmann habe sich «seit vielen Jahren einem liederlichen, teils rechtsbrecherischen, teils auch arbeitsscheuen Lebenswandel ergeben; durch seine Trunksucht ist er stark heruntergekommen; im üb-

211 Vormundschaftskommission der Stadt Bern an Regierungsstatthalteramt II, 9. August 1955, StAB, BB 13.1.388.

212 RRB 6112, 18. Oktober 1955, StAB, BB 13.1.388. Zur Praxis der Versorgung auf «unbestimmte Zeit» äusserte 1954 der kantonale Fürsorgeinspektor Max Kiener, man erziele «gute Erfolge, wenn man den Leuten sagt, es komme nur auf sie, d. h. auf ihr Wohlverhalten an, wie lange sie bleiben müssen. Man muss sie zwingen, sich einmal gut zu stellen, wobei man schon zufrieden sein muss, wenn sich einer während sechs Monaten zusammennimmt. Der Erfolg ist grösser, als wenn jemand einfach auf eine ganz bestimmte Zeit eingewiesen wird.» Ausserparlamentarische Kommission zur Beratung des Gesetzes über die Erziehung und Betreuung von Arbeitsscheuen, Liederlichen, Trunksüchtigen und sittlich Verdorbenen, Sitzung vom 3. Juni 1954, StAB, BB 13.1.195.

213 RRB 6112, 18. Oktober 1955, StAB, BB 13.1.388.

214 Ebd.

rigen hat er seine Familie krass vernachlässigt».[215] Am 31. Oktober 1955 wurde Hofmann schliesslich in das Versorgungsheim Sonvilier überführt.[216]

Schrittweise Entlassung

Ein knappes Jahr nach seiner Einweisung nach Sonvilier stellte Hofmann im September 1956 ein Entlassungsgesuch.[217] Die Direktion der sozialen Fürsorge der Stadt Bern und die Leitung von Sonvilier bewilligten Hofmann daraufhin vorerst einen dreitägigen Urlaub für die Stellensuche.[218] Wie in Kapitel 3.2 dargestellt, wirkte sich die günstige Nachkriegskonjunktur im Bereich der administrativen Versorgung dahingehend aus, dass nicht nur weniger Versorgungen erfolgten, sondern dass auch die potenziell von einer solchen Massnahme bedrohten Personen viel leichter als beispielsweise in den Jahren vor dem Zweiten Weltkrieg eine Arbeitsstelle finden konnten. So gelang es auch Hofmann mit Hilfe des städtischen Arbeitsamtes, als Handlanger in einer Kunststeinfabrik in Bümpliz eine Anstellung zu finden, die er sofort antreten konnte.[219] Die Direktion der sozialen Fürsorge der Stadt Bern, die Vormundschaftskommission sowie die kantonale Fürsorgedirektion beschlossen daraufhin, Hofmann für drei Monate probeweise zu beurlauben.[220] Nach Ablauf dieser Zeit berichtete die städtische Fürsorgedirektion, dass sich Hofmann laut Auskunft seiner Ehefrau und seines ältesten Sohnes N. «gut aufführe», regelmässig arbeite und den «ganzen Zahltag» seiner Frau abgebe, wobei er ein wöchentliches Taschengeld von fünf Franken erhalte. Zwar lebe er nicht «vollständig abstinent», «irgendwelche Schwierigkeiten» aufgrund von Alkoholkonsum seien jedoch nicht mehr vorgekommen.[221] Die kantonale und die städtische Fürsorgedirektion verlängerten in der Folge die probeweise Entlassung um weitere drei Monate.[222] Nach Ablauf dieser Frist

215 Ebd.

216 Die Einweisung nach Sonvilier fand erst zu diesem Zeitpunkt statt, da Hofmann im September und Oktober 1955 zuerst noch – offenbar wegen eines Fahrraddiebstahls – eine zweimonatige Gefängnisstrafe in Witzwil verbüssen musste. Regierungsstatthalter Aeschlimann, Notiz, 2. November 1955, StAB, BB 13.1.388.

217 Direktion der sozialen Fürsorge der Stadt Bern an Vormundschaftskommission der Stadt Bern, 17. September 1956, StAB, BB 13.1.388.

218 Der Fall Hofmann war hier keine Ausnahme. Sehr oft versuchten die Behörden, bei den Versorgungen auf «unbestimmte Zeit» in Sonvilier nach ein oder zwei Jahren eine betroffene Person probeweise zu entlassen. Rietmann, Administrativ versorgen, 2004, S. 54 f.

219 Direktion der sozialen Fürsorge der Stadt Bern an Vormundschaftskommission der Stadt Bern, 17. September 1956, StAB, BB 13.1.388.

220 Direktion der sozialen Fürsorge der Stadt Bern an kantonale Fürsorgedirektion, 2. Oktober 1955, StAB, BB 13.1.388.

221 Direktion der sozialen Fürsorge der Stadt Bern an kantonale Fürsorgedirektion, 1. Februar 1957, StAB, BB 13.1.388.

222 Kantonale Fürsorgedirektion an Direktion der sozialen Fürsorge der Stadt Bern, 6. Februar 1957, StAB, BB 13.1.388.

gab die städtische Fürsorgedirektion polizeiliche Erkundigungen in Auftrag, um festzustellen, ob und wie sich Hofmann bewährte. Wie dem entsprechenden polizeilichen Bericht zu entnehmen ist, arbeitete Hofmann immer noch als Hilfsarbeiter. Er sei inzwischen für verschiedene Baufirmen tätig gewesen, wobei die Arbeitgeber mit seinen Arbeitsleistungen zufrieden gewesen seien. Der berichtende Polizist hatte weiter mit Martha Hofmann gesprochen, welche zur Auskunft gegeben habe, über Hofmanns «Aufführung im Moment nicht klagen» zu können. Und auch im persönlichen Gespräch mit Hofmann hatte der Polizist den Eindruck gewonnen, dass sich Hofmann nun «bemüht, ein anständiges Leben zu führen».[223] Gestützt auf diesen Bericht beantragte die Direktion der sozialen Fürsorge der Stadt Bern, Hofmann definitiv aus Sonvilier zu entlassen.[224] Am 15. Oktober 1957 kam der Regierungsrat diesem Begehren nach. Hofmann habe «offensichtlich aus der Einweisung nach Sonvilier die nötigen Lehren gezogen», und, so wird die Aussage des Polizisten im Entlassungsbeschluss zitiert, er sei nun bestrebt, ein «anständiges Leben» zu führen.[225] Dieser regierungsrätliche Entlassungsentscheid ist das letzte Dokument im Personendossier Jakob Hofmann, wie es im Staatsarchiv des Kantons Bern zu finden ist.

Ergänzende Recherchen in den Vormundschaftsakten des Stadtarchivs Bern haben zutage gefördert, dass sich Hofmanns Gesundheitszustand seit Ende 1957 zunehmend verschlechterte.[226] Verschiedentlich musste er wegen Herz- und Lungenbeschwerden im Inselspital hospitalisiert werden. Wenn er zu Hause war, übernahm Martha Hofmann die Pflege, bis es ihm wieder besser ging. Nach wie vor arbeitete Martha Hofmann halbtageweise und trug so zum Lebensunterhalt der Eheleute bei, denn die bescheidene AHV-Rente reichte für den Lebensunterhalt nicht aus, und Ersparnisse waren nicht vorhanden. Seit Beginn des Jahres 1959 ging es Hofmann zunehmend schlechter. Er befand sich «abwechslungsweise zu Hause und dann wieder im Inselspital» und war schliesslich in «ständiger ärztlicher Behandlung», wie einem Vormundschaftsbericht zu entnehmen ist.[227] Am 2. November 1959 starb Jakob Hofmann im Inselspital im Alter von 67 Jahren.

223 Rapport Sicherheits- und Kriminalpolizei der Stadt Bern, 28. Juni 1957, StAB, BB 13.1.388.

224 Direktion der sozialen Fürsorge der Stadt Bern an kantonale Fürsorgedirektion, 13. August 1957, StAB, BB 13.1.388. Sowohl die städtische Vormundschaftskommission als auch die kantonale Fürsorgedirektion schlossen sich diesem Begehren an. Der Regierungsstatthalter wurde für die probeweise Entlassung nicht konsultiert. Vgl. Regierungsstatthalter II an kantonale Fürsorgedirektion, 20. September 1956, StAB, BB 13.1.388.

225 RRB 6181, 15. Oktober 1957, StAB, BB 13.1.388.

226 Vormundschaftsberichte für die Zeit vom 17. Februar 1955 bis 2. November 1959, SAB, EB 4.612.

227 Ebd.

4.6 Fazit

Der Fall Jakob Hofmann zeigt exemplarisch, dass eine administrative Versorgung nicht bei einem einzelnen Regel- oder Normverstoss zum Tragen kam, sondern dass erst bei sozialer Devianz eingegriffen wurde, die durch eine Vielzahl von Normverstössen gekennzeichnet war. Diese Normverstösse konnten sich auf verschiedene Bereiche beziehen. Die Hauptvorwürfe gegenüber Hofmann betrafen sein ungeregeltes Erwerbseinkommen, seinen missbräuchlichen Alkoholkonsum und Ausfälle gegenüber seiner Familie. Subsumiert wurden diese Vorwürfe unter den Begriffen «Arbeitsscheu» und «Liederlichkeit». Die ersten drei administrativen Versorgungen 1921, 1939 und 1944 hatten einen eher disziplinierend-strafenden Charakter: Hofmann sollte für eine Weile aus der Gesellschaft und der Familie entfernt und in der Arbeitsanstalt einem strengen Regime unterworfen werden. Durch Arbeitserziehung sollten sich seine Einstellung und sein Verhalten ändern. Bei der vierten administrativen Versorgung 1955 rechneten die Behörden nicht mehr mit einer nachhaltigen Veränderung; auch war Hofmann gesundheitlich so beeinträchtigt, dass er nur noch sehr eingeschränkt arbeitsfähig war, weswegen die administrative Versorgung zu diesem Zeitpunkt, wie es etwa der Regierungsstatthalter ausdrückte, «vornehmlich Versorgungscharakter» hatte – gemeint hier im wörtlichen Sinn. Damit zeigt sich anhand eines einzelnen Falles, dass den administrativen Versorgungen eine breit gefächerte Zweckbestimmung zugrunde lag. Hofmann war, wie gezeigt wurde, mit seinen Versorgungen jeweils nicht einverstanden, doch war einmal ein entsprechender Antrag eingereicht und ein Untersuchungsverfahren eröffnet, war es für ihn praktisch nicht mehr möglich, ein Verfahren in seinem Sinn zu beeinflussen, und Handlungsspielraum war kaum mehr vorhanden. Auch in jenem Fall, als Hofmann im Winter 1947/48 die Einwilligung in eine Leistenbruchoperation verweigerte und es ihm gelang, vom Regierungsstatthalter ein schriftliches Versprechen zu erhalten, nicht administrativ versorgt zu werden, wenn er sich der Operation unterzog, setzte er dies nicht gegen den Willen der Behörden durch. Vielmehr hatten sich der Regierungsstatthalter und die psychiatrischen Sachverständigen bereits vorher für eine Belassung Hofmanns in Freiheit ausgesprochen. Insgesamt zeigt sich aber auch, dass die Behörden, obwohl ihnen machtvolle Instrumentarien zur Verfügung standen, mit diesen die angestrebte nachhaltige Veränderung des Verhaltens und der Arbeitseinstellung Hofmanns nicht zu erreichen vermochten. Ohne Zweifel waren Disziplinierungsabsichten vorhanden, und die Behörden verfügten über entsprechende institutionelle Disziplinierungsinstrumente sowie gesellschaftlichen Rückhalt, doch effektiv disziplinierend zu wirken vermochten sie im Fall Hofmann nicht. Dass sich Hofmann zum Schluss dennoch zur Zufriedenheit der Behörden verhielt, dürfte eher einen Zusammenhang mit seinem fortgeschrittenen Alter gehabt haben denn mit einer erfolgreich durchgeführten «Arbeitserziehung».

Der Fall Jakob Hofmann lässt sich nicht losgelöst von seiner Familie als seinem näheren sozialen Umfeld betrachten: Entscheidend, ob behördliche Interventionsmassnahmen erfolgten oder nicht, war nicht allein das Verhalten Hofmanns, sondern zu grossen Teilen auch die Bereitschaft der Familie und insbesondere seiner Ehefrau, Martha Hofmann, ihn in ihrem Haushalt zu dulden. Dabei trug auch seine Familie zur Definition von Hofmanns Verhalten als sozial deviant bei, und sie fungierte als informelle Instanz sozialer Kontrolle, wie sie gemäss dem Ansatz des Labeling Approach in der vorliegenden Arbeit in den Blick genommen wurde. Letztlich entwickelte sich ein komplexes Verhältnis zwischen den Verwaltungsbeamten als Vertretern der staatlichen Institutionen, Martha Hofmann als zentraler Mittlerfigur und ihrem Ehemann als einer Person, deren Verhalten sowohl im Interesse der Familie als auch im Interesse des Staates verändert werden sollte. Wie der Fall Jakob Hofmann dabei zeigt, wurde eine administrative Versorgung innerhalb eines eingespielten institutionellen Gefüges abgewickelt, in welches eine Vielzahl von staatlichen, ehrenamtlichen (Vormünder) und privaten Akteurinnen und Akteuren sowie externen Sachverständigen (Ärzte und Psychiater) involviert war. Sie handelten innerhalb bestehender Verwaltungsstrukturen und gesetzlich vorgegebener Rahmenbedingungen. Letztere waren allerdings in Bezug auf die administrative Versorgung nicht bis ins letzte Detail abgesteckt und boten daher Raum für individuelle Aneignungsweisen und die Herausbildung spezifischer einzelner Praktiken.

5 «Bin ich also keine Verbrecherin, keine Diebin, keine Trinkerin»: Fallgeschichte Frieda Berger

Frieda Bergers «Briefeschreiberei an alle eidgenössischen und kantonalen Behörden, inkl. Gerichte und General», sei der «Schrecken der Verwaltungen», hielt der Regierungsstatthalter von Signau in einem Schreiben vom 11. Februar 1960 fest.[1] Das Schreiben des Regierungsstatthalters erfolgte als Reaktion auf ein Entlassungsgesuch von Frieda Berger, die sich zu diesem Zeitpunkt seit einem Jahr im Versorgungsheim Sonvilier befand und nun forderte, entlassen zu werden. Es war nicht das erste Mal, dass Berger administrativ versorgt war, und es war nicht das erste Mal – wie es auch dem Schreiben des Regierungsstatthalters zu entnehmen ist –, dass sie sich mit einer schriftlichen Forderung an die Behörden wandte. Insgesamt sind in Bergers Versorgungsakten über 130 Briefe von ihr überliefert, mit denen sie versuchte, vor allem staatliche, aber auch kirchliche und private Instanzen für ihren Fall zu mobilisieren. Die Hartnäckigkeit, mit der sich Berger gegen ihre Versorgungen zur Wehr setzte, zeichnet den Fall Berger aus. Es findet sich in den Versorgungsdossiers im Staatsarchiv des Kantons Bern kein einziges weiteres Beispiel für auch nur annähernd intensive Versuche, sich bei den Behörden Gehör zu verschaffen. Diese unermüdliche Kontaktsuche Bergers zwang die Behörden immer wieder zu Stellungnahmen und damit dazu, ihren Werthorizont zu offenbaren. Die Einsichten, die dadurch in die behördlichen Handlungslogiken gewonnen werden können, waren mit ein Grund, Bergers Dossiers auszuwählen und einer vertieften Analyse zu unterziehen. Neben den Briefen Bergers beinhalten ihre Versorgungsakten rund 170 weitere Dokumente, die zwischen 1937 und 1969 erstellt wurden, womit sich ihre Akten, wie im Fall Hofmann, über einen aussergewöhnlich langen Zeitraum erstrecken.[2]
Ähnlich wie bei Jakob Hofmann gab es im Leben von Frieda Berger Phasen, die von intensiven behördlichen Zugriffen auf sie geprägt waren. Eine solche Phase stellten insbesondere die 1930er-Jahre dar: 1930 wurde sie entmündigt; es folgte 1931 bis 1933 eine erste administrative Versorgung in die Armenanstalt Frienis-

1 Regierungsstatthalteramt Signau an Armeninspektor Kiener, 11. Februar 1960, StAB, BB 13.1.381.
2 Auch sind die Versorgungsakten mit insgesamt rund 300 Aktenstücken aussergewöhnlich umfangreich. Die Produktion dieser Akten wurde nicht zuletzt durch die zahlreichen Beschwerdebriefe und Rekurse Bergers veranlasst. Ergänzende Informationen über die Jahre vor 1937 und nach 1969 liefern die Vormundschaftsakten im Gemeindearchiv Langnau.

berg und eine zweite 1935 bis 1943 in das Versorgungsheim Sonvilier.[3] Nach ihrer Entlassung aus Sonvilier befand sich Frieda Berger sechzehn Jahre lang praktisch ununterbrochen in Freiheit.[4] Zwischen 1959 und 1962 wurde sie erneut in Anstalten eingewiesen, und zwar abwechselnd in das Fürsorgeheim Bärau und in das geschlossene Versorgungsheim Sonvilier.[5] Wie bei Hofmann änderten sich auch bei Berger im Lauf der Zeit die Begründungen für die behördlichen Interventionen. Zu Beginn stand in erster Linie der Vorwurf der sittlich-sexuellen Devianz im Raum, wobei es in den 1920er- und 1930er-Jahren konkret um die Anschuldigung der Prostitution ging. Später, in den 1940er- und 1950er-Jahren, wurde Berger vorgehalten, sich keiner von den Behörden kontrollierbaren und «geregelten Arbeitsweise»[6] zu unterwerfen. Konstant blieb über die ganze Zeit hinweg der Vorwurf, dass sie die Fehlerhaftigkeit ihres Verhaltens nicht einsah, stattdessen lautstark auf ihren Standpunkten beharrte und die behördlichen Autoritäten nicht akzeptierte. Wie bei Hofmann waren bei Berger damit Verletzungen geschlechtsspezifischer bürgerlicher Normen im Visier der behördlichen Massnahmen. Wenn im Folgenden die Versorgungsbiografie Bergers aufgerollt wird, wird nach den Deutungsweisen sozial devianten Verhaltens in ihrem Fall gefragt, nach den behördlichen Interventionsmomenten sowie nach Machtverhältnissen und Handlungsspielräumen.

5.1 Eine «unverbesserliche Dirne»: Intensivierung der behördlichen Zugriffe in den 1930er-Jahren

5.1.1 Entmündigung und zwei administrative Versorgungen

Frieda Berger wurde 1894 im Emmental im Kanton Bern geboren und gehörte damit derselben Generation an wie Jakob Hofmann. Sie wuchs in einer kinderreichen Familie auf, wie viele Geschwister sie insgesamt hatte, liess sich nicht

3 In den Akten finden sich Hinweise, dass Berger Ende der 1920er-Jahre bereits einmal administrativ versorgt worden war, ohne dass jedoch Genaueres über Hintergründe, Zeitpunkt und Dauer dieser Versorgung zu erfahren ist. Ein entsprechender Hinweis findet sich etwa in einem regierungsrätlichen Versorgungsentscheid vom 3. März 1931, in dem es hiess, Berger werde «*nochmals* auf die Dauer von zwei Jahren in die Weiberanstalt zu Hindelbank versetzt» (Hervorhebung d. V.). Ähnlich Amtsvormundschaft Langnau an Armeninspektor Kiener, 8. Dezember 1938, StAB, BB 13.1.381.

4 Während eines halben Jahres, vom 4. November 1950 bis zum 22. Mai 1951, befand sie sich in der Armenanstalt Bärau. Diese Einweisung wurde durch die Vormundschaftsbehörde von Langnau gemäss den Versorgungsbestimmungen des ZGB 1907/12 verfügt.

5 Die Einweisungen 1959 bis 1962 erfolgten zum Teil gemäss den vormundschaftlichen, zum Teil gemäss den kantonalen Versorgungsbestimmungen.

6 Vormundschaftsbericht, 31. Juli 1951, Waisenvogts-Rechnungsmanual, GAL.

ermitteln, doch in den Akten sind zwei Schwestern und zwei Brüder erwähnt. Wie Hofmann absolvierte Berger neun Schuljahre und begann anschliessend, mit fünfzehn oder sechzehn Jahren, als Hilfskraft auf Bauernhöfen und als Dienstbotin in Haushalten zu arbeiten.[7] Die Tätigkeit als Dienstbotin[8] – später lautete die Bezeichnung Hausangestellte oder Haushälterin – übte Berger zeit ihres Lebens aus. Berger blieb unverheiratet und hatte keine Kinder.

Am 5. Juli 1930 wurde die 36-jährige Frieda Berger vom Amtsgericht des Bezirks Signau gemäss Artikel 370 ZGB 1907/12 entmündigt,[9] womit derselbe Entmündigungsartikel zum Tragen kam wie im Fall Hofmann. Artikel 370 ermöglichte, wie in der Fallgeschichte Hofmann in Kapitel 4 ausgeführt, Entmündigungen bei «Verschwendung, Trunksucht, lasterhaftem Lebenswandel, Misswirtschaft». Der Entmündigungsartikel umfasste also verschiedene Aspekte sozial devianten Verhaltens. Im Fall Berger war es nun konkret der Punkt des «lasterhaften Lebenswandels», der zum Anlass genommen wurde, dass von behördlicher Seite auf sie zugegriffen wurde. Was genau «lasterhafter Lebenswandel» im Fall Berger bedeutete, wird weiter unten genauer diskutiert.

Einsetzung eines Amtsvormunds

Zuständig für den Fall Berger war die Vormundschaftsbehörde der Gemeinde Langnau, in der Frieda Berger wohnte.[10] Anders als im Fall Hofmann wurde nicht eine Privatperson, sondern Amtsvormund C. als Bergers Vormund eingesetzt.[11] Es kann vermutet werden, dass C. nicht hauptamtlich als Amtsvormund fungierte, also noch andere Tätigkeiten im Dienst der Gemeinde Langnau ausübte. Zwar gibt das Aktenmaterial im Gemeindearchiv Langnau über die institutionelle Ausgestaltung des Vormundschaftswesens nicht nähere Auskunft,[12]

7 Direktion Klinik Waldau an Amtsvormundschaft Langnau, Gutachten, 17. Mai 1940, StAB, BB 13.1.381.

8 Vgl. zur Tätigkeit von Dienstbotinnen im 20. Jahrhundert Regula Bochsler, Sabine Gisiger, Dienen in der Fremde. Dienstmädchen und ihre Herrschaften in der Schweiz des 20. Jahrhunderts, Zürich 1989.

9 Vormundschaftsbericht, Oktober 1930, Waisenvogts-Rechnungsmanual, GAL; Vormundschaftsbericht, 31. Juli 1951, Waisenvogts-Rechnungsmanual, GAL.

10 Vormundschaftsbehörde, Verhandlungsprotokoll, 2. Juli 1965, GAL.

11 Mit dem bernischen Einführungsgesetz vom 28. Mai 1911 zum eidgenössischen Zivilgesetzbuch waren die Gemeinden im Kanton Bern berechtigt, eine Vormundschaft einem hauptamtlichen Amtsvormund zu übergeben, falls für eine betroffene Person keine geeignete Privatperson gefunden werden konnte. Tögel, Stadtverwaltung, 2004, S. 184. Für die Gemeinde Langnau ist belegt, dass die Amtsvormundschaft früh institutionalisiert wurde und dass mindestens seit dem 1. Februar 1915 eine als Amtsvormund bezeichnete Person tätig war. Gemeinderatsprotokoll Langnau, 1. Februar 1915, GAL.

12 Die Geschichte des institutionellen Aufbaus der Armen- und Vormundschaftsbehörde Langnau (heute Soziale Dienste) ist erst für die Zeit ab den 1970er-Jahren aufgearbeitet. Anhand von Bergers Versorgungsakten sowie anhand Recherchen im Gemeindearchiv Langnau ergab

doch einer juristischen Publikation von Dieter Balthasar aus dem Jahr 1941 ist zu entnehmen, dass es sich in der Schweiz in ländlichen Regionen «in der Mehrzahl der Fälle […], wo wir den Ausdruck Amts-Vormundschaft antreffen, um nichts anderes als die Übertragung einer Anzahl von Vormundschaften an einen schon vorhandenen Beamten, oder auch in seltenen Fällen an eine Privatperson, die für ihre Arbeit entschädigt wird», handle.[13] Für die Gemeinden des Kantons Bern, so führt Balthasar weiter aus, treffe Ersteres zu, also die Übertragung von Vormundschaften an einen Gemeindebeamten.[14] Im Unterschied zu Privaten, die nicht selten nur schwer zur Übernahme dieser ehrenamtlichen Tätigkeit verpflichtet werden konnten,[15] hatten Amtsvormünder den Status von Beamten, die im Auftrag des Gemeinwesens bezahlt mehrere Vormundschaften ausübten. Für die Stadt Zürich, die 1908 als erste in der Schweiz die Institution der Amtsvormundschaft einrichtete, weist Ramsauer nach, dass in der Regel Juristen in dieses Amt eingesetzt wurden und dass diese Position mit hohem Prestige verbunden war.[16] Auch in der Stadt Bern waren die seit 1912 eingesetzten Amtsvormünder anfänglich alle Juristen.[17] Ob auch der Langnauer Amtsvormund C. Jurist war oder welches sein sozialer Hintergrund war, liess sich weder anhand von Bergers Versorgungsakten noch anhand der Akten im Gemeindearchiv Langnau in Erfahrung bringen. Als einzige Information zu C. konnte in den Staatskalendern des Kantons Bern der Hinweis gefunden werden, dass C. von 1927 bis 1944 Mitglied der kantonalen Armenkommission war und damit in einer wichtigen Aufsichtsbehörde innerhalb des kantonalbernischen Armenwesens tätig war.[18] C. dürfte also als Experte in Sachen Armenfragen gegolten haben, dessen Wissen und Handlungsweisen nicht so schnell in Zweifel gezogen wurden, und er verfügte, mit Bourdieu gesprochen, über die «Macht des autorisierten Sprechers».[19] Sein Amt als Langnauer Amtsvormund übernahm C. im Januar 1924.[20] Als er

sich das Bild, dass in den 1930er-Jahren die Vormundschafts- und die Armenbehörde funktional nicht genau voneinander getrennt waren und eng zusammenarbeiteten.

13 Dieter Balthasar, Die Amtsvormundschaft in der Schweiz, Luzern 1941, S. 114. Ähnlich Jacob Leuenberger, Die Amtsvormundschaft im Kanton Bern, Spiez 1918, S. 17.

14 Balthasar, Amtsvormundschaft, 1941, S. 114.

15 Vgl. hierzu beispielsweise Wilhelm, Rationalisierung, 2005, S. 111 f. Der stadtbernische Amtsvormund und Anwalt Leuenberger hielt 1918 in einer Publikation fest: «In den Städten kam es so weit, dass die Vormünder in vielen Fällen einfach dem Adressbuch entnommen wurden.» Leuenberger, Amtsvormundschaft, 1918, S. 4.

16 Ramsauer, «Verwahrlost», 2000, S. 61–69, 71.

17 Mischa Gallati, Vormundschaft und Jugendfürsorge in der Stadt Bern – institutioneller Aufbau, in: Gisela Hauss et al. (Hg.), Eingriffe ins Leben. Fürsorge und Eugenik in zwei Schweizer Städten (1920–1950), Zürich 2012, S. 87–103, hier S. 96.

18 StKa, 1927, S. 163; StKa, 1944, S. 188.

19 Pierre Bourdieu, Sozialer Raum und «Klassen». Leçon sur la leçon. Zwei Vorlesungen, Frankfurt am Main 1985, S. 37.

20 Gemeinderatsprotokoll Langnau, 14. Januar 1924, GAL.

1930 Frieda Berger zum Mündel erhielt, war er also ein erfahrener Amtsvormund. C. übte die Vormundschaft über Berger in der Folge während ungefähr fünfzehn Jahren aus, und in dieser Zeit prägte er das Schicksal Bergers massgeblich, wie in diesem Kapitel gezeigt wird.

Entmündigung wegen «unsittlichen Lebenswandels»

In seinem ersten vormundschaftlichen Rechenschaftsbericht vom Oktober 1930 hielt Amtsvormund C. fest, Frieda Bergers Entmündigung am 5. Juli 1930 sei wegen ihres «unsittlichen Lebenswandels» erfolgt.[21] Knapp erläuterte er weiter, Berger sei eine «unverbesserliche Dirne», die «jedem noch so gut gemeinten Rat verschlossen» sei.[22] Näheres über die konkreten Umstände, die zu Bergers Entmündigung führten, lässt sich anhand der Akten nicht in Erfahrung bringen. So sind beispielsweise keine konkreten Hinweise zu finden, ob sich Frieda Berger tatsächlich prostituiert hatte und wenn ja, wo oder zu welchem Zeitpunkt sie dies getan hatte.[23] Dieser knappe Hinweis des Amtsvormundes zeigt, dass er den Begriff des «unsittlichen Lebenswandels» im Fall Berger inhaltlich mit dem Vorwurf der Prostitution füllte (im ZGB 1907/12 wurde in Artikel 370 der Begriff des «lasterhaften Lebenswandels» verwendet). Damit wird ein Befund bestätigt, den Liz Horowitz für Zürich in den 1920er-Jahren gemacht hat, nämlich dass Artikel 370 (unter anderem) dazu verwendet wurde, um Prostitution zu bekämpfen.[24] Die Entmündigung Bergers am 5. Juli 1930 war offensichtlich auch im Hinblick auf allfällige weitergehende Interventionsmassnahmen erfolgt, denn einem Schreiben der Amtsvormundschaft Langnau vom 8. Dezember 1938 ist zu entnehmen, dass für Bergers Entmündigung die Überlegung eine Rolle gespielt habe, dass man in Zukunft rascher kontrollierend-disziplinierend auf sie zugreifen könne, wenn sie einmal entmündigt war. «[D]amit die Behörden in Zukunft gegen Frieda Berger sofort einschreiten und sie eventl. versorgen können, wenn deren Aufführung zu Klagen Anlass geben sollte.»[25]

21 Vormundschaftsbericht, Oktober 1930, Waisenvogts-Rechnungsmanual, GAL.

22 Ebd.

23 Der Vorwurf, sich zu prostituieren, spielte auch bei den Versorgungsentscheiden 1931 und 1935 eine Rolle.

24 Horowitz zeigt in ihrer Untersuchung zu Entmündigungen von Frauen wegen «lasterhaften Lebenswandels» in den 1920er-Jahren in der Stadt Zürich, dass dieser Entmündigungsgrund vielfach mit dem Vorwurf der Prostitution verknüpft war und sehr oft intime Beziehungen zu Männern eine entscheidende Rolle spielten. Horowitz, «Aus einem harten Stein [...]», 1992, S. 76–99; Gossenreiter et al., «... und wird dazu angehalten [...]», 1994, S. 68–79.

25 Amtsvormundschaft Langnau an Armenbehörde Langnau, 8. Dezember 1938, StAB, BB 13.1.381. Gossenreiter et al. verweisen auf Beispiele, in denen eine Anstaltsversorgung (oder die Drohung mit einer solchen) bei Frauen, die wegen Prostitution entmündigt worden waren, als verschärfte Interventionsmassnahme zur Diskussion stand. Gossenreiter et al., «... und wird dazu angehalten [...]», 1994, S. 78.

Gemäss bernischem Strafgesetzbuch von 1866 war Prostitution (als «gewerbsmässige Unzucht» bezeichnet) verboten.[26] In einer Untersuchung wertet Béatrice Ziegler die soziodemografischen Daten von Frauen aus, die in den 1920er- und 1930er-Jahren in der Stadt Bern wegen «gewerbsmässiger Unzucht» angeklagt worden waren.[27] Ziegler zeigt, dass diese Frauen in ihrer überwiegenden Mehrheit der sozialen Unterschicht angehörten und in ungesicherten Arbeitsverhältnissen schlecht bezahlte Erwerbstätigkeiten ausübten, etwa als Wäscherinnen, Dienstmädchen, Mägde oder Kellnerinnen. Gelegenheitsprostitution stellte hier eine Möglichkeit dar, temporäre Arbeitslosigkeit und Einkommenslücken zu überbrücken.[28] Mit der Bezeichnung Prostituierte assoziierten Zeitgenossinnen und Zeitgenossen jedoch nicht eine solche soziale Realität einer Unterschichtsangehörigen, die aus ökonomischer Not Gelegenheitsprostitution betrieb, sondern es wurde angenommen, dass es sich um eine dauerhaft sittlich deviante Person handelte. Für Personen, die einmal mit dem Etikett «Prostituierte» versehen worden waren, bedeutete dies laut Ziegler letztlich eine «schwere soziale Schädigung».[29] Ob sich Frieda Berger tatsächlich prostituierte und ob sie dabei zu dieser Gruppe der Gelegenheitsprostituierten gehörte, geht, wie gesagt, aus den zur Verfügung stehenden Akten nicht hervor. Doch unabhängig vom Wahrheitsgehalt der Aussage, Frieda Berger sei eine «unverbesserliche Dirne», zeigt ihr Fall im Folgenden, welch einschneidende Folgen es für eine Frau haben konnte, einmal in der Kategorie «Prostituierte» erfasst worden zu sein.
Wie bei Frieda Berger kam bei vielen Frauen, deren administrative Versorgungsakten sich im Staatsarchiv des Kantons Bern befinden, in der einen oder anderen Form der Vorwurf des sexuell-sittlichen Fehlverhaltens ins Spiel.[30] Im Gegensatz dazu wurde bei kaum einem Mann ein Hinweis gefunden, dass dieser Punkt im Zusammenhang mit einem Versorgungsentscheid relevant gewesen wäre.[31] Ging es um Versorgungsmassnahmen, stand bei den Männern sehr oft das Nichterfüllen familiärer Unterhaltspflichten, verbunden mit einem Alkoholproblem, im Zentrum und veranlasste die Behörden zu intervenieren. Die Tatsache, dass Frieda Berger in der Lage war, ihren Lebensunterhalt zu verdienen, spielte für die Beurteilungen durch die Fürsorgeorgane keine ausschlaggebende Rolle. In ihren Versorgungsakten finden sich sogar immer wieder Äusserun-

26 Ziegler, Arbeit, 2007, S. 234. Mit dem Inkrafttreten des schweizerischen Strafgesetzbuches 1942 war Prostitution nicht mehr unter Strafe gestellt. Ebd., S. 250.
27 Ebd.
28 Ebd., S. 250–259.
29 Ebd., S. 255.
30 Vgl. hierzu etwa auch das kurze Beispiel in Kapitel 3.1.3.
31 Auch Ramsauer stellt fest, dass der Vorwurf der «Unsittlichkeit» stark geschlechtsspezifisch geprägt war. Ramsauer, «Verwahrlost», 2000, S. 227f.

gen, Frieda Berger sei eine «recht brauchbare Arbeitskraft»[32] und in der Lage, «ihren Lebensunterhalt mit Leichtigkeit selbst zu verdienen».[33] Aufgrund ihres «Sexualtriebs»[34] jedoch und weil sie «immer den männlichen Interessen nachstreicht», könne sie nicht in Freiheit belassen werden.[35] Die Fälle Jakob Hofmann und Frieda Berger zeigen, dass die Zuschreibung devianten Verhaltens auf geschlechtsspezifischen Wahrnehmungsmustern beruhte und die herrschende Geschlechterordnung und von dieser abgeleitete geschlechtsspezifische normative Rollenanforderungen die administrative Versorgung prägten. Oder pointiert formuliert: Wäre Frieda Berger ein Mann gewesen, wäre es wohl kaum jemals so weit gekommen, dass sie administrativ versorgt worden wäre. Im Gegenteil. Als ökonomisch selbständige und selbstverantwortlich handelnde Person, die intime Beziehungen zum andern Geschlecht pflegte, hätte sie gängigen männlichen Rollenerwartungen entsprochen.

Bedingte Versorgung in die Armenanstalt Frienisberg

Acht Monate nachdem Frieda Berger entmündigt worden war, gab ihre «Aufführung zu Klagen Anlass», denn am 3. März 1931 beschloss der Regierungsrat des Kantons Bern – auf Antrag der Vormundschaftsbehörde Langnau –, Frieda Berger gemäss Artikel 62 Ziffer 2 des Armenpolizeigesetzes von 1912 für zwei Jahre bedingt administrativ zu versorgen.[36] Hier geben die Akten noch weniger Aufschluss über die näheren Umstände, welche zu diesem Entscheid führten, als bei der Entmündigung; ob es erneut um den Prostitutionsvorwurf ging, lässt sich lediglich vermuten. Und auch im Versorgungsbeschluss heisst es, in enger Anlehnung an den Wortlaut des gesetzlichen Artikels, lediglich, Berger werde versorgt, «weil sie fortgesetzt einen liederlichen, unsittlichen und arbeitsscheuen Lebenswandel führt, wodurch sie sich ökonomisch und sittlich gefährdet».[37]

Eine bedingte administrative Versorgung, wie sie der Regierungsrat am 3. März 1931 verfügte, liess sich gemäss den Bestimmungen des Armenpolizeigesetzes von 1912 und wie im Fall Jakob Hofmann ausgeführt mit besonderen «Weisungen» verknüpfen, die darin bestehen konnten, dass die betroffene Person zwar nicht in die eigentliche Arbeitsanstalt eingewiesen wurde, dass sie sich jedoch

32 Armeninspektor Kiener an Fürsprecher H., 12. November 1945, StAB, BB 13.1.381.

33 Armeninspektor Kiener, Notiz, 14. Dezember 1939, StAB, BB 13.1.381.

34 Armeninspektor Kiener an Fürsprecher H., 12. November 1945, StAB, BB 13.1.381.

35 Vorsteher Müller (Versorgungsheim Sonvilier) an kantonale Armendirektion, 1. Juli 1942. Ähnlich beispielsweise kantonale Justizdirektion an kantonale Armendirektion, 24. Juli 1940, StAB, BB 13.1.381; Bericht, 1. Januar 1945, Waisenvogts-Rechnungsmanual, GAL.

36 RRB 905, 3. März 1931, StAB, A II.

37 Ebd.

an einem bestimmten Ort aufzuhalten hatte.[38] Im Fall von Berger bestimmte der Regierungsrat als Aufenthaltsort die regionale Armenanstalt Frienisberg. Frienisberg war 1897 als Armenanstalt gegründet worden und befand sich etwa fünfzehn Kilometer nordwestlich der Stadt Bern.[39] In Frienisberg hatte sich Berger, so der Regierungsrat in seinem Beschluss vom 3. März 1931, «zur Zufriedenheit der Anstaltsleitung aufzuführen». Weiter hielt er fest: «Sollte sie neuerdings zu ernstlichen Klagen Anlass geben, oder in der Armenanstalt Frienisberg entlassen werden, so würde die sofortige Verbringung der Berger in die Weiberarbeitsanstalt zu Hindelbank angeordnet.»[40] Der Regierungsrat drohte also, wie es den Bestimmungen des Armenpolizeigesetzes entsprach, die bedingte in eine unbedingte administrative Versorgung umzuwandeln, wenn Berger den behördlichen Anweisungen nicht nachkam und sich nicht zur Zufriedenheit der Anstaltsleitung verhielt. Und genau dies geschah in der Folge: Wie einem Sitzungsprotokoll der Armenbehörde Langnau vom 4. Juli 1931 zu entnehmen ist, «entwich» Berger nach gut zwei Monaten am 12. Mai 1931 aus Frienisberg.[41] Nach diesem Vorfall war Frienisberg nicht mehr bereit, Berger erneut aufzunehmen. Ob es tatsächlich allein diese «Entweichung» war oder ob es noch andere Gründe gab, weswegen Frienisberg Berger nicht mehr aufnehmen wollte, ist den Akten nicht zu entnehmen.[42] Obwohl die Akten auch über das folgende Geschehen keine Auskunft geben, kann davon ausgegangen werden, dass der Regierungsrat anschliessend den Vollzug der administrativen Versorgung in Hindelbank anordnete.[43] Wie lange Berger in Hindelbank verbrachte, kann nicht rekonstruiert werden. Sofern sie dort, wie ursprünglich vorgesehen, zwei Jahre verbrachte, dürfte sie im Verlauf des Jahres 1933 entlassen worden sein, als sie 39 Jahre alt war.

Versorgung auf «unbestimmte Zeit» im Versorgungsheim Sonvilier

Von 1933 bis 1935 verbrachte Frieda Berger zwei Jahre in Freiheit. Am 19. Juni 1935 – sie war zu diesem Zeitpunkt 41 Jahre alt – beschloss der Regierungsrat ihre erneute administrative Versorgung. Seinen Versorgungsentscheid be-

38 Vgl. hierzu Kapitel 3.1.4 sowie die Ausführungen in der Fallgeschichte Hofmann in Kapitel 4.5.

39 Werner Gallati, 100 Jahre Alters- und Pflegeheim Frienisberg, in: Burgdorfer Jahrbuch, 65 (1998), S. 105–132. Vgl. zu den Armenanstalten (Fürsorgeheimen) im Kanton Bern auch Kapitel 3.1.1.

40 RRB 905, 3. März 1931, StAB, A II.

41 Armenbehörde Langnau, Verhandlungsprotokoll, 4. Juli 1931, GAL.

42 Ebd.

43 Berger muss irgendwann nach dem 4. Juli 1931 nach Hindelbank gebracht worden sein, denn in einem Sitzungsprotokoll der Armenbehörde von Langnau diesen Datums heisst es, die kantonale Polizeidirektion «werde die Berger sofort nach Wiedererhalt der Akten nach Hindelbank abführen lassen». Armenbehörde Langnau, Verhandlungsprotokoll, 4. Juli 1931, GAL.

gründete der Regierungsrat knapp mit dem Hinweis auf Bergers «liederlichen Lebenswandel».[44] Anders als bei der Entmündigung 1930 und bei der administrativen Versorgung 1931 finden sich in den Akten dieses Mal Hinweise auf konkrete Ereignisse, die diesem Versorgungsentscheid vorausgegangen waren. So ist verschiedenen Briefen Bergers zu entnehmen, dass sie sich unmittelbar vor dem Versorgungsentscheid wegen der Geschlechtskrankheit Syphilis in Spitalbehandlung befunden hatte.[45] In einem Brief vom 28. Februar 1937 schrieb Berger, sie habe «wie schon viele rechte brave Leute [...] Civilis Krankheit erwischt» und sei in der Folge aus eigener Initiative zum Arzt gegangen und habe sich in Spitalbehandlung begeben.[46] Im Inselspital jedoch sei sie von der Polizei im Auftrag der Behörden von Langnau «wie eine Verbrecherin [...] abgefasst» worden.[47] Offenbar liess sich eine solche Spitalbehandlung kaum ohne das Wissen der Amtsvormundschaft durchführen, auch wenn die Behandlungskosten, wie Berger in einem Brief vom 28. Februar 1937 schrieb, von ihren Eltern und ihren Verwandten übernommen worden seien.[48] In den Augen der Behörden konnte die Syphiliserkrankung Bergers nur heissen, dass sie (erneut) der Prostitution nachging, denn das Thema Geschlechtskrankheit war diskursiv eng mit dem Thema Prostitution verknüpft.[49] Insbesondere Frauen mit einer Geschlechtskrankheit gerieten rasch in den Verdacht, sich prostituiert und sich damit in sexueller Hinsicht nicht normkonform verhalten zu haben. Darüber hinaus verfügte Frieda Berger als unverheiratete Frau gemäss den vorherrschenden Geschlechternormen über keinen sozial akzeptierten Raum für ihre Sexualität. Pflegte sie dennoch sexuelle Kontakte – wovon ihre Syphiliserkrankung zeugte –, bedeutete dies eine Verletzung weiblicher Sittlichkeitsnormen, was ihre moralische Verurteilung zur Folge hatte.[50] Hier hielt Berger den Behörden eine gegensätzliche Deutungsweise entgegen, indem sie Syphilis als eine Krankheit

44 RRB 2585, 19. Juni 1935, StAB, A II.

45 Eine Behandlung wegen Syphilis liess sich sowohl ambulant als auch stationär durchführen. Da die Behandlung regelmässige ärztliche Konsultationen erforderte, so weist Ziegler in ihrer Untersuchung nach, kam es vor, dass Betroffene in Anstalten eingeschlossen wurden, sodass sie sich den Konsultationen nicht entziehen konnten. Ziegler, Arbeit, 2007, S. 300, 301. Dies könnte mit ein Grund gewesen sein, weswegen die Versorgung Frieda Bergers in einer geschlossenen Anstalt als angebracht erachtet wurde.

46 Berger an kantonale Justizdirektion, 28. Februar 1937, StAB, BB 13.1.381.

47 Berger an Armeninspektor Kiener, 21. November 1937, StAB, BB 13.1.381. Wie Ziegler zeigt, meldeten Kliniken, in denen geschlechtskranke Frauen und Männer behandelt wurden, als verdächtig erachtete Fälle – etwa wenn vermutet wurde, dass eine Frau der Prostitution nachging, oder wenn Kinder durch den angeblichen «unsittlichen Lebenswandel» ihrer Mutter als gefährdet betrachtet wurden – auch von sich aus den Behörden. Ziegler, Arbeit, 2007, S. 300–307.

48 Berger an kantonale Justizdirektion, 28. Februar 1937, StAB, BB 13.1.381.

49 Puenzieux, Ruckstuhl, «Sieg [...]», Zürich 1994, S. 100, 102 f., 106, 108.

50 Zum diskursiven Zusammenhang zwischen Geschlechtskrankheiten, weiblicher Sexualität und Prostitution vgl. Ziegler, Arbeit, 2007, S. 249 f., 264–309.

verstanden wissen wollte, von der auch moralisch integre Menschen betroffen seien («viele rechte brave Leute»), zu denen sie sich zählte.
Anders bei der auf zwei Jahre befristeten Einweisung 1931 verfügte der Regierungsrat die administrative Versorgung 1935 auf «unbestimmte Zeit», und zwar in das Versorgungsheim Sonvilier. Eine Einweisung nach Sonvilier konnte gemäss den gesetzlichen Bestimmungen auf «bestimmte» oder auf «unbestimmte» Zeit verfügt werden, während eine Einweisung in eine Arbeitsanstalt an die zeitlichen Fristen von einem oder von zwei Jahren gebunden war.[51] Warum Sonvilier als Versorgungsort bestimmt wurde, lässt sich lediglich vermuten, denn eigentlich trafen auf Berger die gesetzlichen Gründe für eine Einweisung nach Sonvilier (eingeschränkte Arbeitsfähigkeit oder Unterstützungsbedürftigkeit und als untragbar erachtet, um in «Selbstpflege» oder in einer Armenanstalt belassen zu werden) nicht zu.[52] So hätte auch die Möglichkeit bestanden, Berger nach Hindelbank administrativ zu versorgen und nach Ablauf der Versorgung eine Verlängerung zu beantragen, was bei «schlechter Aufführung» in der Anstalt oder wenn «andere Umstände es rechtfertigen» möglich war.[53] Eventuell beabsichtigten die Behörden, nachdem die letzte zweijährige Versorgung nicht den gewünschten Erfolg gezeitigt hatte, eine länger andauernde Versorgung und gingen davon aus, bei einer Einweisung nach Sonvilier auf «unbestimmte Zeit» einen grösseren Handlungsspielraum zu haben.

5.1.2 Verletztes Rechtsempfinden

Nachdem sie knapp zwei Jahre in Sonvilier zugebracht hatte, wandte sich Frieda Berger am 28. Februar 1937 mit einem Entlassungsgesuch an die kantonale Justizdirektion.[54] Mit diesem Brief – der von der kantonalen Justizdirektion an die kantonale Armendirektion, die für die administrativen Versorgungen nach Sonvilier zuständig war, weitergeleitet wurde – setzen die Versorgungsakten Bergers ein. Er ist – wie die meisten Briefe Bergers – mehrere Seiten lang und ist handschriftlich, in schwungvoller und geübter Schrift verfasst. Wie einführend erwähnt, sind in Bergers Versorgungsakten insgesamt über 130 Briefe von ihr überliefert. Die meisten waren an die kantonale Armendirektion adressiert (rund

51 Vgl. hierzu Kapitel 3.1.1 und 3.1.3.

52 In den Akten finden sich keine Hinweise, dass Berger wegen ihrer Syphiliserkrankung gesundheitlich so angeschlagen war, dass sie nicht in eine Arbeitsanstalt hätte eingewiesen werden können. «Selbstpflege» bedeutet, dass die betreffende Person in den eigenen vier Wänden lebte und nicht in einer Institution untergebracht war.

53 Art. 68 APG.

54 Berger an kantonale Justizdirektion, 28. Februar 1937, StAB, BB 13.1.381.

hundert), wobei sich Berger in der Regel entweder direkt an den kantonalen Armeninspektor Max Kiener oder an Regierungsrat Georges Moeckli, den Vorsteher der Armendirektion, wandte. Einzelne Briefe sandte sie an die kantonale Justizdirektion, einzelne an Mitglieder des Bundesrats, einige an Angehörige sowie an einen ihr bekannten Pfarrer. Bei einem knappen Dutzend Briefe lässt sich die Adressatin oder der Adressat nicht ermitteln.

Offensichtlich hatte sich Berger bereits vor dem 28. Februar 1937 mit der Bitte um Entlassung an die Gemeindebehörden von Langnau gewandt, war jedoch ohne Antwort geblieben. Denn sie schrieb nun an die kantonale Justizdirektion: «In dieser Anstalt in Sonvilier bin ich schon bereits 2 Jahre und bitte immer die Behörde Langnau um Freiheit und bekomme keine Antwort. [...] Wäre ich frei in Stelle, ich hätte Lohn und es gäb keine Kosten an Gemeinde. Es ist Blödsinn von Behörden, Kosten zu machen, wo es mit der Freiheit ginge. Bin ich also keine Verbrecherin, keine Diebin, keine Trinkerin, wurde nur durch Verdacht eingestekt und soll derart leiden.»[55] In diesem Schreiben brachte sie die wichtigsten Argumente vor, die sie in praktisch all ihren Briefen, mit denen sie sich gegen die behördlichen Interventionsmassnahmen zur Wehr zu setzen suchte, wiederholte. Sie brachte vor, dass sie weder gegen strafrechtliche noch gegen armenpolizeiliche und auch nicht gegen informelle gesellschaftliche Normen verstossen habe. Weiter argumentierte sie, dass sie in der Lage sei, ihren Lebensunterhalt selbständig zu verdienen, und nicht auf staatliche Fürsorgeleistungen angewiesen sei. Umso absurder, so versuchte Frieda Berger den Behörden vor Augen zu führen, sei es, dass der Staat Kosten auf sich nehme und sie in einer geschlossenen Institution unterbringe. In ihrem Fall war es die Gemeinde Langnau, welche die Kosten für die Anstaltsversorgungen trug.[56] Wie verschiedenen Hinweisen in den Quellen zu entnehmen ist, wurden des Weiteren zum Teil auch die Eltern Bergers herangezogen, um einen Teil der Kosten zu tragen, sowie Erbschaften zur Deckung der Kosten verwendet, die an Frieda Berger fielen. Wie die Kosten dabei anteilmässig genau verteilt waren, lässt sich nicht ermitteln. Dass ihre Erbschaften verwendet wurden, um die Kosten für die Versorgungen zu bezahlen, war ein weiterer Punkt, den Frieda Berger als höchst ungerecht empfand und über den sie in vielen ihrer Briefe klagte.[57]

55 Berger an kantonale Justizdirektion, 28. Februar 1937, StAB, BB 13.1.381. Die erwähnten Briefe sind nicht überliefert.
56 Vgl. beispielsweise Regierungsstatthalteramt Signau, Entscheid, 2. Februar 1960, StAB, BB 13.1.381.
57 Vgl. beispielsweise Berger an Regierungsrat Moeckli, 26. September 1948, StAB, BB 13.1.381.

«Dennoch ist es menschlich solche Sachen und niemals Schlechtigkeit»

Wie ein roter Faden zieht sich Frieda Bergers Empfinden, tief in ihren Rechten verletzt worden zu sein, durch ihren Fall. Gemäss Bergers Auffassung war es nicht rechtmässig, jemandem zwangsweise die Freiheit zu entziehen, wenn keine strafrechtlichen Delikte vorlagen. Auch bezüglich der Männerkontakte, bei welchen es nicht eindeutig gewesen zu sein scheint, ob diese tatsächlich in Form von Prostitution stattgefunden hatten, betonte sie, auch wenn sie mit Männern näheren Umgang gehabt habe, sei dies noch kein Grund für die Behörden, in ihr Leben einzugreifen. «Dennoch ist es menschlich solche Sachen und niemals Schlechtigkeit.»[58] Ähnlich äusserte sie sich anlässlich einer im Frühling 1940 durchgeführten psychiatrischen Untersuchung.[59] Berger «leugne», so die Psychiater in ihrem Gutachten, «jemals gewerbsmässige Unzucht getrieben» zu haben.[60] Sie gebe zwar zu, «Männerbekanntschaften» gehabt zu haben, sie habe aber die Männer nicht auf der Strasse angesprochen, und sie habe für die «Bereitwilligkeit zum Geschlechtsverkehr» kein Geld verlangt; wenn sie Geld bekommen habe, dann nur, weil «ihr Männer freundschaftlich gesinnt» gewesen seien; sie habe zum Beispiel zehn Franken erhalten. Frieda Berger könne, so die Psychiater weiter, «nichts Schlechtes darin sehen, solche Bekanntschaften gemacht zu haben», und habe gesagt, schon in der Bibel stehe, dass «man sich solle lieben und übrigens würden die ‹hohen Herren› auch keine Engel sein, aber dem ‹Volk› werde alles verboten».[61] Berger verwahrte sich also dagegen, wegen ihrer Kontakte zu Männern moralisch verurteilt zu werden und an anderen moralischen Standards gemessen zu werden als Angehörige – und hier insbesondere Männer – höherer gesellschaftlicher Schichten. Berger ging dabei sogar noch weiter und forderte Regierungsrat Moeckli auf, dafür zu sorgen, dass Fällen wie dem ihren nicht mit der drastischen Massnahme eines Freiheitsentzugs begegnet werde. «Sorgen sie dafür, dass Mädchen und Frauen, die nur wegen Schätzenliebhaberei eingesperrt werden sollen, dass das ein Ende nimmt. Dass man solches nicht weiter treiben soll polizeilich. Dass mehr Diebe und Verbrecher, Mörder, bösartige Trinkerinnen, oder meinetwegen sonst unflätige Leute eingesperrt und nicht solche verdammen will, welche aus Liebhaberei Schätze haben, dann den Verbrechern gleich gestellt werden und den unehrlichen Leuten.»[62]

58 Berger an Regierungsrat Moeckli, 25. Juli 1939, StAB, BB 13.1.381.
59 Vgl. zum Anlass für das Erstellen dieses Gutachtens weiter unten in diesem Kapitel.
60 Direktion Klinik Waldau an Amtsvormundschaft Langnau, Gutachten, 17. Mai 1940, StAB, BB 13.1.381.
61 Ebd.
62 Berger an Regierungsrat Moeckli, 12. April 1944, StAB, BB 13.1.381.

Der Vorwurf der «Einsichtslosigkeit»

Frieda Berger verstand sich als selbstverantwortliche Bürgerin und versuchte, sich als solche Gehör zu verschaffen. Aufgrund eines zu jener Zeit herrschenden autoritär-hierarchischen Fürsorgeverständnisses war ihr jedoch eine Position zugewiesen, in der sie sich einseitig den Anweisungen der Behörden zu fügen hatte. Verstärkt wurde ihre inferiore Position dadurch, dass sie durch ihre Entmündigung auch formal von gewissen bürgerlichen Rechten ausgeschlossen war. Dass sie sich dennoch das Recht nahm, eigene Meinungen zu äussern, die den Vorstellungen der Behörden zuwiderliefen, legten die Behörden in ihrem Fall als «Einsichtslosigkeit» und damit als erneute Normverletzung aus. Diese Form der Devianz – also die Weigerung, sich den normativen Auffassungen der Fürsorgeorgane anzuschliessen und stattdessen auf den eigenen Standpunkten zu beharren – entstand freilich der ihr vorgeworfenen sexuell-sittlichen Devianz nachgeordnet. Denn erst nachdem behördliche Interventionen in Bezug auf Letztere erfolgt waren, konnte sich Frieda Berger die weitere Verfehlung zuschulden kommen lassen, die behördlichen Interventionen nicht zu akzeptieren. Dies wiederum führte zu einer Verhärtung der Haltung der Behörden gegenüber Berger.[63]

Im Lauf der Jahre entwickelte sich der Vorwurf der «Einsichtslosigkeit» schliesslich zu einem zentralen Vorwurf gegenüber Frieda Berger. Immer wieder führten die Behörden kritisierend an, Berger halte renitent an ihrer Auffassung fest, nichts Unrechtes getan zu haben, und lasse Anstrengungen vermissen, ihre Einstellung und ihr Verhalten im Sinn der Behörden zu ändern; entsprechend könne man ihren Wünschen, die Freiheit zu erlangen, nicht nachkommen. Im Zusammenhang mit dem Vorwurf der «Einsichtslosigkeit» wurde auch der Vorwurf laut, Berger sei allgemein eine «schwierige Person». Berger habe, so hiess es beispielsweise in einem Schreiben eines Armeninspektors 1938, ein «solch freches, unverschämtes Maul, dass man sich fragen kann, ob sie überhaupt normal sei».[64] Frieda Berger legte also andere Widerstandsformen an den Tag als Hofmann, der die erhobenen Vorwürfe zumindest in Teilen als berechtigt anerkannte, Besserung versprach und so hoffte, die Behörden umstimmen zu können. Während sich der Vorwurf der «Einsichtslosigkeit» in den 1930er- und 1940er-Jahren vor allem auf Bergers Männerkontakte bezog, ging es in den 1950er- und 1960er-

63 Auch einer allfälligen Aufhebung der Vormundschaft standen die Behörden aufgrund von Bergers «Einsichtslosigkeit» ablehnend gegenüber. Als Berger 1945 über einen Fürsprecher entsprechende Anstrengungen unternahm, gab Armeninspektor Kiener zur Auskunft: «Soweit wir den Fall von uns aus beurteilen können, scheint sie wenig oder gar keine Einsicht in ihre Lage zu haben.» Und er kam zum Schluss: «Wir glauben deshalb nicht, dass sie die eigentlichen Voraussetzungen erfüllt, um einen Vorstoss für Aufhebung der Entmündigung zu machen.» Armeninspektor Kiener an Fürsprecher H., 12. November 1945, StAB, BB 13.1.381.

64 Armeninspektor Gygax an kantonale Armendirektion, 9. Dezember 1938, StAB, BB 13.1.381.

Jahren – wie weiter unten ausgeführt wird – zunehmend darum, dass sie sich allgemein weigerte, Anweisungen des Vormundes zu befolgen, und sich insbesondere bezüglich der Wahl ihrer Arbeitsstellen keine Vorschriften machen liess. Und so hielt denn der Regierungsrat noch 1960 fest: «Die vielen Eingaben der Rekurrentin an alle möglichen Behörden lassen vielmehr den Schluss zu, dass es ihr an der nötigen Einsicht fehlt, um ihre Lage nur einigermassen objektiv zu beurteilen und sich Weisungen und Anordnungen der zuständigen Vormundschaftsbehörden zu fügen.»[65]

5.2 Achteinhalb Jahre im Versorgungsheim Sonvilier – ein langer Kampf bis zur Entlassung

In einem Schreiben vom 9. März 1937 äusserte sich der kantonale Armeninspektor Otto Lörtscher ablehnend zu Frieda Bergers Entlassungsbegehren vom 28. Februar 1937.[66] An eine Entlassung, so Lörtscher, könne «dermalen nicht gedacht» werden, wobei seine Begründung allerdings knapp ausfiel: Berger befinde sich zum einen «ihrer Krankheit wegen» – hier war Bergers Syphiliserkrankung gemeint – immer noch in ärztlicher Behandlung, zum andern fehle ihr «jegliche Einsicht in ihre Lage».[67] Ein erneutes Entlassungsbegehren Bergers, das in den Akten vorhanden ist, stammt vom 18. September 1937.[68] Offenbar hatte sich Berger aber schon zwischen März und September 1937 an die Behörden gewandt, etwa an die kantonale Armendirektion, welche ihre Schreiben an die Armenbehörde Langnau weitergeleitet hatte.[69] Diese Korrespondenz ist aktenmässig nicht überliefert. Das Entlassungsbegehren vom 18. September 1937 richtete Frieda Berger an Max Kiener,[70] den neuen Armeninspektor. Auch dieses wurde negativ beantwortet. Kiener wiederholte, was bereits vor einem halben Jahr geäussert worden war: Frieda Berger habe sich «in der Freiheit durch liederlichen Lebenswandel unmöglich gemacht», eine Versorgung sei «notwendig» gewesen, da sie «mit Männern Verkehr» gesucht habe.[71] Zudem leide sie an einer Krankheit, die sie «für Andere ansteckungsgefährlich» mache. Und Kiener vertröstete: «Wenn Ihre Krankheit einmal geheilt ist, kann auf eine anderweitige Pla-

65 RRB 1477, 8. März 1960, StAB, BB 13.1.381.
66 Armeninspektor Lörtscher an Familie Berger-T., 9. März 1937, StAB, BB 13.1.381.
67 Ebd.
68 Berger an Armeninspektor Kiener, 18. September 1937, StAB, BB 13.1.381.
69 Vgl. hierzu Armeninspektor Kiener an Berger, 24. September 1937, StAB, BB 13.1.381.
70 1937 löste Dr. phil. Max Kiener Otto Lörtscher als Armeninspektor ab. Lörtscher bekleidete dieses Amt von 1913 bis 1937, Kiener von 1937 bis 1966. StKa, 1913, 1937, 1966. Seit Mitte des 20. Jahrhunderts wurde neu die Bezeichnung Fürsorgeinspektor verwendet.
71 Armeninspektor Kiener an Berger, 24. September 1937, StAB, BB 13.1.381.

zierung eher eingetreten werden.»[72] Die Antwort des Armeninspektors empörte Frieda Berger. Umgehend antwortete sie, man dürfe sie «niemals mehr belästigen und besudeln wegen der erlittenen Krankheit», diese sei längst geheilt, und ihr die Entlassung aus diesem Grund zu verweigern sei eine «kollosale unendliche Ungerechtigkeit».[73] Mit der deutlichen Forderung: «Herr Kiener untersuchen Sie die Sache besser und sprechen Sie absolut und sofort mit der Behörde in Langnau [...]. Ich verlange von Ihnen Gerechtigkeit als Armeninspektor», schloss sie ihren Brief.[74] Warum Berger erst auf die ablehnende Antwort von Kiener hin auf diese Weise reagierte und auf jene von Kieners Vorgänger Lörtscher nicht, kann nicht angegeben werden. Nicht ausgeschlossen ist, dass sie dies getan hatte, die entsprechende Korrespondenz jedoch in den Akten fehlt.

Tatsächlich liess Kiener in der Folge in der Universitätsklinik abklären, wie es um Bergers Gesundheitszustand stehe. Er erhielt die Auskunft, dass Bergers Behandlung wegen Syphilis inzwischen abgeschlossen sei; aus den Akten ist nicht zu erfahren, zu welchem Zeitpunkt genau die Behandlung abgeschlossen wurde.[75] Des Weiteren ergab eine Rücksprache Kieners mit dem Verwalter von Sonvilier, dass sich Berger in der Anstalt «recht gut stelle» und ihre Arbeitsleistungen «befriedigend» seien.[76] Gestützt auf diese Rückmeldungen schlug Kiener am 13. Oktober 1937 der Armenbehörde Langnau vor, dass man es «mit einer Freilassung der Frieda Berger wagen sollte, unter Beobachtung aller Vorsicht».[77] Bezüglich des weiteren Vorgehens regte er an, es «könnte zunächst eine Beurlaubung stattfinden», wobei Berger «gleichzeitig zu eröffnen [wäre], dass sie beim ersten Fehltritt sofort wieder versorgt würde».[78] Wie im Fall Jakob Hofmann wurde also auch im Fall Frieda Berger die faktische Entscheidungskompetenz den Vormundschaftsbehörden beziehungsweise dem Amtsvormund zugewiesen, wie weiter unten zu den Verantwortlichkeiten genauer ausgeführt wird. Die Vormundschaftsbehörde von Langnau und insbesondere Amtsvormund C. zeigten sich gegenüber einer Entlassung Bergers skeptisch,[79] signalisierten Armeninspektor Kiener aber dennoch, dass man «nächstens einen Versuch mit der Freilassung» machen wolle.[80] Dabei hatten sie es allerdings alles andere als eilig. Das unbestimmte «nächstens» erstreckte sich in der Folge auf neun Monate (!), bis

72 Ebd. Kiener stützte sich für seine Aussagen auf Ausführungen der Armenbehörde Langnau. Armenbehörde Langnau an Familie Berger-T., 18. März 1937, StAB, BB 13.1.381.
73 Berger an Armeninspektor Kiener, 26. September 1937, StAB, BB 13.1.381.
74 Ebd.
75 Armeninspektor Kiener, Notiz, 7. Oktober 1937, StAB, BB 13.1.381.
76 Armeninspektor Kiener an Armenbehörde Langnau, 13. Oktober 1937, StAB, BB 13.1.381.
77 Ebd.
78 Ebd.
79 Armenbehörde Langnau an Armeninspektor Kiener, 21. Oktober 1937, StAB, BB 13.1.381.
80 Armeninspektor Kiener, Notiz, 23. November 1937, StAB, BB 13.1.381.

Frieda Berger im August 1938 schliesslich – vorerst probeweise – aus Sonvilier entlassen wurde.[81] Dieser «Versuch mit der Freilassung» dauerte jedoch nur kurz und hatte auf lange Sicht hin für Berger sogar negative Folgen, wie im Folgenden gezeigt wird.

5.2.1 Ein Liebesbrief und eine gescheiterte probeweise Entlassung

Nachdem Frieda Berger etwas mehr als drei Jahre lang in Sonvilier administrativ versorgt gewesen war, wurde sie am 26. August 1938 von Amtsvormund C. in Sonvilier abgeholt, um gemäss dem Vorschlag des Armeninspektors in den Genuss einer «Beurlaubung» zu kommen. C. brachte Berger nach Schüpbach, eine kleine Gemeinde wenige Kilometer von Langnau entfernt, wo sie eine Arbeitsstelle in einem Landwirtschaftsbetrieb anzutreten hatte.[82] In einem Bericht vom 1. November 1938 beschrieb der Amtsvormund diese probeweise Entlassung: «Vor dem Weggang in Sonvilier ist Frieda Berger auf das Verwaltungsbüro gerufen worden. Dort habe ich ihr in Gegenwart des Herrn Verwalter Müller erklärt, unter welchen Voraussetzungen sie probeweise die Anstalt verlassen werde. Erstens habe ich ihr klar gemacht, dass sie inskünftig jede Reise nach Bern zu unterlassen habe. [...] Wenn es ihr in Zukunft daran gelegen sei, ihr Leben ausser Anstalten zu verbringen, dann habe sie sich den Anordnungen des Vormundes und der Aufsichtsbehörde zu fügen. Auch die ihr aufgetragenen Arbeiten zur Befriedigung des Arbeitgebers zu verrichten. Schon bei diesem Anlass hat die Berger sich dahin geäussert, es gebe noch andere Stellen als nur bei Bauern. Angekommen in G. [dem Landwirtschaftsbetrieb] habe ich Frieda, in ihrer Gegenwart, der Bäuerin empfohlen und um Geduld gebeten.»[83] Ganz klar drohte also C. Berger, dass er als Vormund die Instanz war, der sie zu gehorchen hatte, da er über die Macht verfügte, sie zurück in die Anstalt zu bringen, wenn sie sich ihm nicht fügte. Indem der Amtsvormund Berger dabei untersagte, nach Bern – die Stadt ist knapp dreissig Kilometer von Schüpbach entfernt – zu reisen, schränkte er ihre Bewegungsfreiheit massiv ein. Aus der Bemerkung Bergers, es «gebe noch andere Stellen als nur bei Bauern», lässt sich schliessen, dass sie keinen grossen Einfluss auf die Wahl der Arbeitsstelle gehabt hatte. Gleichzeitig deutete der

81 In der Zwischenzeit schrieb Berger verschiedentlich an Kiener, warum sich ihre Entlassung in die Länge ziehe, worauf dieser sich in Langnau erkundigte und jeweils zur Auskunft erhielt, entsprechende Schritte würden in der nächsten Zeit in die Wege geleitet. Berger an Armeninspektor Kiener, 21. November, 25. Dezember 1937; Armeninspektor Kiener, Notizen, 23. November 1937, 3. Januar 1938, StAB, BB 13.1.381.

82 Amtsvormundschaft Langnau an Vormundschaftsbehörde Langnau, 1. November 1938, StAB, BB 13.1.381.

83 Ebd.

Amtsvormund durch das Zitieren dieser Bemerkung einen von Beginn an latenten Widerstand Frieda Bergers gegenüber den behördlichen Verhaltensregeln an. Nachdem Frieda Berger zwei Monate in Schüpbach gelebt und gearbeitet hatte, so ist dem Bericht des Amtsvormunds vom 1. November 1938 weiter zu entnehmen, beklagte sich die Bäuerin am 29. Oktober 1938 bei Amtsvormund C. über Berger. Sie habe ein «freches, unverschämtes Maul» und arbeite nicht zufriedenstellend, gab C. in seinem Bericht Aussagen der Bäuerin wieder. Auch habe sie einmal fünfzehn Franken verlangt und sei nach Bern gefahren, hielt C. weiter fest.[84] Damit verstiess Berger klar gegen die Anweisungen des Amtsvormunds. Noch am selben Tag begab sich C. nach Schüpbach, um sie zur Rede zu stellen. Hierüber hielt er in seinem Bericht fest: «Ich erkundige mich bei der Frieda Berger über den Zweck ihrer Reise nach Bern, Antwort: das gehe mich nichts an, sie gehe nach Bern wann es ihr passe. Meine Antwort: wir werden schauen. Der beiliegende Brief, mit der Unterschrift ‹I.› […] gibt über den Zweck der Reise Auskunft. Darüber, dass ich gesagt: ‹wir werden schauen› wird sie wütig und tituliert mich Schelm an ihrem Vermögen und andern wohltönenden Namen.»[85] Der erwähnte Brief wurde den Versorgungsakten beigelegt. Er diente dem Amtsvormund als eindeutiger Beweis, dass Frieda Berger in ihr früheres, als sittlich-sexuell deviant interpretiertes Verhalten zurückgefallen war. Der Brief stammte von einem Mann namens I. – er wird nur mit Vornamen genannt –, der geschrieben hatte: «Liebe Frieda! Deinen Brief habe ich erhalten. […] Ich kann nun aber leider am nächsten Sonntag nicht kommen, so gerne ich wieder einmal bei dir wäre. Wir müssen uns so treffen, dass wir auch über Nacht beisammen sein können, was Du ja auch sehnlichst wünschst, gell? […] Wie denkst du, dass wir dies am besten machen können? […] Es wird so schön sein, wenn wir uns wieder umarmen können, küssen … so ganz allein! […] Denk so mindestens zwei Jahre nichts voneinander vernommen, was mag da wohl alles passiert sein? […] Ich war immer gesund u. wohl, hoffe es auch von dir. Meine Verhältnisse sind noch dieselben und habe mich bis jetzt noch mit keiner andern befasst, weshalb es mich freut, dass Du lieber Schatz dich wieder mir gibst. So denn für heute, mit herzlichem Gruss und allen Küssen, dein dich liebender I.»[86] Dies ist das einzige Mal, wo I. in Bergers Versorgungsakten in Erscheinung tritt. Zwar sprach Berger in späteren Jahren verschiedentlich von einem Verlobten, den sie einmal gehabt habe, doch ist unklar, ob es sich dabei um I. handelte. Wie I.s Brief zu entnehmen ist, scheint es Frieda Berger gewesen zu sein, die nach ihrer Entlassung aus Sonvilier mit ihm Kontakt aufgenommen hatte. I. hatte, wie auf sei-

84 Ebd.
85 Ebd.
86 I. an Berger, o. D. [1938], StAB, BB 13.1.381.

nem Antwortbrief vermerkt ist, den Brief postlagernd nach Bern geschickt, und es könnte sein, dass ihn Frieda Berger bei ihrem Besuch in Bern abgeholt hatte. Offenbar war I.s Brief dem Amtsvormund nicht durch Zufall in die Hände geraten, denn Berger schrieb am 30. Juli 1939, knapp ein Jahr nach diesem Vorfall, in einem Brief an Regierungsrat Moeckli, der Amtsvormund habe mit Hilfe der Bäuerin in Schüpbach Post, welche an Berger adressiert gewesen war, abgefangen: «1 Brief und 2 Karten» habe er «unterschlagen», einen weiteren Brief habe er ihr «aus dem geschlossenen Köfferli» genommen, wobei es sich bei Letzterem um den Liebesbrief von I. gehandelt haben könnte.[87] Der Amtsvormund legte also den gesetzlich nur vage definierten und damit breit auslegbaren Handlungsspielraum, den das Vormundschaftsrecht den vormundschaftlichen Organen eröffnete, so aus, dass er sich als befugt erachtete, weitreichend in die Privatsphäre seines Mündels einzudringen, um an Informationen zu gelangen und dadurch Kontrolle ausüben zu können. Hierfür nahm Amtsvormund C. die Unterstützung der Arbeitgeberin in Anspruch. Sie konnte Frieda Berger täglich beobachten – sowohl während deren Arbeitszeit als auch in ihrer freien Zeit. Die Arbeitgeberin übernahm somit als informelle Zuträgerin des Amtsvormunds eine wichtige Funktion der Sozialkontrolle.

Kurz nach der Visite des Amtsvormundes am 29. Oktober 1938 ging Frieda Berger zu ihren Eltern, die in Langnau, in der Nähe von Schüpbach, einen Hof bewirtschafteten. Dort wurde sie von der Polizei aufgegriffen und am 1. November 1938 nach Sonvilier zurückgebracht.[88] Vermutlich hatte die Bäuerin den Amtsvormund über das erneute Wegbleiben Frieda Bergers informiert, sodass er das Aufgreifen Bergers und ihren Transport nach Sonvilier veranlassen konnte; denn mit diesem erneuten Weggehen von ihrer Arbeitsstelle widersetze sich Berger aufs Neue den Anweisungen des Amtsvormunds. In einem Brief vom 28. Januar 1940 an den kantonalen Polizeidirektor schilderte Frieda Berger, wie sie ihre Rückversetzung nach Sonvilier erlebt hatte respektive wie sie diese interpretiert wissen wollte: «Im Jahr 1938 im Nov. ich war in einer Stelle in Schüpbach bei Signau und ich ging heim zu meinen guten Eltern um ihnen zu helfen, wo ich Arbeit genug hatte und ich war doch frei, also da wurde ich wieder frech abgefasst von Landjäger Sch. in Langnau, wie eine Verbrecherin, sofort wieder von dem elenden Vormund C. in diese Anstalt hier spediert.»[89] Gemäss der Auffassung

87 Berger an Regierungsrat Moeckli, 30. Juli 1939, StAB, BB 13.1.381.

88 Berger an Armeninspektor Kiener, 6. November 1937, StAB, BB 13.1.381.

89 Berger an kantonalen Polizeidirektor, 28. Januar 1940. In weiteren Briefen schilderte sie, in Schüpbach eine «schlechte Stelle» gehabt zu haben. Sie habe «für 5 Knechte arbeiten» müssen, die Landwirtin habe ein «dummes Maul» über sie gehabt, «[v]erleumdet mich hinter dem Rücken beim Vormund». Berger an Armeninspektor Kiener, 6. November 1938, StAB, BB 13.1.381.

Bergers sollte also – anders als sich dies die Behörden vorstellten – die Beaufsichtigung und Kontrolle durch die Fürsorgeorgane in dem Moment ein Ende haben, als sie ihren Fuss auf ausserhalb der Anstalt gelegenes Gelände setzte. Was Frieda Berger zum Verhängnis wurde und zu ihrer Rückversetzung nach Sonvilier führte – die Fahrt nach Bern, die Korrespondenz mit einem Liebhaber und der Aufenthalt bei ihren Eltern –, waren für sich betrachtet keine Vorkommnisse, mit denen sie gegen soziale, geschweige denn gegen rechtliche Normen verstossen hätte. Da sie mit ihrem Verhalten jedoch den Anweisungen des Amtsvormundes nicht gehorchte, gerieten diese Vorkommnisse zu Verstössen gegen die Autorität der Behörden. Auch dann noch hätten die Übertretungen als solche als geringfügig eingeschätzt werden können, doch da Frieda Berger damit zum wiederholten Mal behördliche Anweisungen nicht befolgte, genügten diese Vorfälle, um die gravierende Konsequenz nach sich zu ziehen, dass Berger nach Sonvilier zurückversetzt wurde. Damit war nach zwei Monaten nicht allein der «Versuch mit der Freilassung» zu Ende, sondern die Behörden hatten darüber hinaus handfeste «Beweise», die ihrer Auffassung nach belegten, dass Frieda Berger zum einen nicht in der Lage sei, sich in Freiheit zu bewähren, und sich zum andern weigere, behördliche – namentlich durch den Amtsvormund erfolgende – Anweisungen zu befolgen.[90] Der gescheiterte Entlassungsversuch entfaltete seine – für Frieda Berger äusserst negative – Wirkung schliesslich auf lange Sicht, denn in späteren Jahren verwiesen die Behörden verschiedene Male auf diesen Entlassungsversuch, um ihre restriktive Haltung gegenüber Berger zu begründen. Konkret führten sie dabei zum Beispiel den Liebesbrief von I. an, der beweise, dass Frieda Berger während ihrer versuchsweisen Entlassung aus Sonvilier ihre «Beziehungen mit dubiosen Männern in Bern» wieder aufgenommen habe, wodurch ihr «unzüchtiger Lebenswandel […] einmal mehr bestätigt»[91] worden und somit erwiesen sei, dass sie für die «Öffentlichkeit eine Gefahr» bedeute.[92] Unter gewöhnlichen Umständen, das heisst, wenn Frieda Berger nicht als Prostituierte und als Administrativversorgte stigmatisiert gewesen wäre, hätten diese Begebenheiten kaum zu einer Versorgung in einer geschlossenen In-

90 So hielt die Armenbehörde Langnau fest, Berger sei eine Person, die «allen Charakter verloren» habe. «Sie führte in sittlicher Beziehung ein Leben, wie es nur selten da steht. Die jahrelangen Bemühungen der Vormundschaftsbehörde, des Vormundes und der Armenbehörde zeitigten keine Besserung der Frieda Berger.» Armenbehörde Langnau an kantonale Armendirektion, 9. Dezember 1938, StAB, BB 13.1.381.

91 Vormundschaftsbehörde Langnau an Armeninspektor Kiener, 16. Mai 1939, StAB, BB 13.1.381.

92 Amtsvormundschaft Langnau an Armeninspektor Kiener, 16. Mai 1939. Dass sie eine «mannstolle Person» sei, bewies Frieda Berger nach Auffassung der Behörden auch dadurch, dass sie in der Anstalt «ständig Verkehr mit den männlichen Pfleglingen» suche. Kantonale Justizdirektion an kantonale Armendirektion, 24. Juni 1940. StAB, BB 13.1.381.

stitution auf «unbestimmte Zeit» geführt. Dass dies dennoch geschah, lässt sich mit Erving Goffman so erklären: Eine der Folgen von Stigmatisierungsprozessen darin besteht, dass bestimmte Verhaltensweisen oder kleinere Fehlleistungen einer stigmatisierten Person als Ausdruck ihrer «stigmatisierten Andersartigkeit interpretiert» werden, während bei Nichtstigmatisierten entsprechende Deutungsweisen ausbleiben und ein bestimmtes Vorkommnis «nicht als symptomatisch für irgendetwas Besonderes» angesehen wird.[93] So interpretierten denn auch die Behörden die an sich unbedeutenden Regelverstösse Bergers als Beweis für ihre nach wie vor deviante Lebensführung.

Faktische Entscheidungsmacht bei den kommunalen Behörden

Die Rekonstruktion der verwaltungsinternen Entscheidungsvorgänge im Fall Berger zeigt, ähnlich wie dies der Fall Hofmann zutage gefördert hat, dass den kommunalen Behörden respektive dem Amtsvormund, der einen Fall betreute, die zentrale Befugnis zuerkannt wurde, Entscheidungen darüber zu treffen, ob eine administrative Versorgung vollzogen beziehungsweise weitergeführt wurde oder ob eine Entlassung erfolgte. Die übergeordneten Instanzen äusserten zwar Vorschläge (so hatte im Fall Berger beispielsweise Armeninspektor Kiener am 13. Oktober 1938 die probeweise Entlassung vorgeschlagen), doch faktisch wurde der Amtsvormund zum Entscheidungsträger. Formal hingegen lag die Entscheidungsverantwortung beim Regierungsrat. Das Handeln des Amtsvormunds wurde von den übergeordneten Instanzen respektiert und nicht in Zweifel gezogen. Durch diese Kompetenzzuweisung erhielt der Amtsvormund eine ausgesprochen grosse Machtfülle.[94] Dass die Kompetenzen in der Praxis auf diese Weise verteilt waren, brachten Armeninspektor Kiener und die Armenbehörde von Langnau auch explizit zur Sprache, um darzulegen, dass und inwiefern ihnen die Hände gebunden waren. So hielt Kiener in einem Schreiben an Verwandte von Frieda Berger am 9. März 1937 fest, nicht er, sondern die «Armenbehörde von Langnau» sei die «Instanz, welche in erster Linie über die Frage zu entscheiden hat, ob Frieda Berger in Sonvilier zu bleiben hat oder entlassen werden darf und soll».[95] Die Armenbehörde Langnau ihrerseits erachtete Amtsvormund C.

93 Erving Goffman, Stigma. Über Techniken der Bewältigung beschädigter Identität, Frankfurt am Main 1975, S. 25. Vgl. zum Stigma weiter unten in diesem Kapitel.

94 Eine ähnliche Feststellung macht Ramsauer für die Tätigkeit der Amtsvormünder in der Stadt Zürich in den 1910er- und 1920er-Jahren. Weiter zeigt Ramsauer, dass den Fürsorgerinnen, die sich auf der untersten behördlichen Hierarchiestufe befanden und im Auftrag der Amtsvormünder arbeiteten – ihre wichtigste Aufgabe war die Abklärung der Verhältnisse in den betroffenen Familien vor Ort –, sogar noch grössere Bedeutung zukam, da sich die Amtsvormünder massgeblich auf deren Berichterstattung stützten. Ramsauer, «Verwahrlost», 2000, S. 78, 94, 97, 125.

95 Armeninspektor Lörtscher an Familie Berger-T., 9. März 1937. Ähnlich Armeninspektor Kie-

als die «in 1. Linie verantwortliche Person».[96] Wie weiter oben ausgeführt, fungierten die Gemeindebehörden als Aufsichtsinstanz der Vormünder; entsprechend hätte streng nach Gesetz der Amtsvormund nur bedingt als die «in 1. Linie verantwortliche Person» bezeichnet werden können. Wie ebenfalls weiter oben angeführt, waren Amtsvormünder wichtige Verwaltungsbeamte, die einen hohen sozialen Status genossen. Die Autorität und Respektabilität von Amtsvormund C. dürfte dabei zusätzlich dadurch gefestigt worden sein, dass er als langjähriges Mitglied der kantonalen Armenkommission auch auf Kantonsebene eine wichtige Funktion innehatte und Ansehen genoss. Die Frage, ob einem Privatvormund im Fall Frieda Berger die gleiche verantwortungsvolle Position zugesprochen und ob dessen Entscheide auf ähnliche Weise respektiert worden wären wie jene des Amtsvormunds, muss an dieser Stelle offen bleiben.

Der Fall Frieda Berger ist ein Beispiel dafür, wie im Bereich der administrativen Versorgung Verantwortlichkeit über die behördlichen Hierarchiestufen nach unten delegiert wurde. Damit wurde praktisch umgekehrt, was Max Weber als eines der charakteristischen Elemente der Herrschaftsform des modernen Staates bezeichnet hat, nämlich dass es hierarchische Instanzenzüge von unten nach oben gebe, bei denen Beamten niedriger Hierarchiestufen von Beamten höherer Hierarchiestufen kontrolliert würden.[97] Es fand auch das Umgekehrte dessen statt, was Befürworter der administrativen Versorgung immer wieder als zentrales Argument vorbrachten, um die Versorgungsmassnahmen zu verteidigen, nämlich dass ein Versorgungs- oder ein Entlassungsentscheid mehrere Instanzenwege bis hin zum Regierungsrat durchlaufen müsse, wodurch gewährleistet sei, dass adäquate Entscheide ergingen, das Instrument der administrativen Versorgung nicht missbräuchlich verwendet und das Handeln der Behörden auf kommunaler Ebene durch übergeordnete Instanzen kontrolliert und notfalls in die Schranken gewiesen werde.[98]

Die Massnahmen, die im Fall Frieda Berger angewandt wurden, erscheinen aussergewöhnlich hart und in Anbetracht dessen, was tatsächlich vorgefallen war – soweit aktenmässig belegt –, unverhältnismässig. Welche latenten individuellen Motive dem Handeln des Amtsvormunds über das hinaus, was die Akten doku-

ner, Notiz, 25. Juni 1942; Regierungsrat Moeckli an Berger, 15. September 1942; Regierungsrat Moeckli an Vormundschaftsbehörde Langnau, 15. Oktober 1942. StAB, BB 13.1.381. Um eine Entlassung Bergers aus Sonvilier zu erwirken, hätte die Vormundschaftsbehörde einen Antrag an die kantonale Fürsorgedirektion stellen müssen, welche den Antrag zur Beschlussfassung an den Regierungsrat weitergeleitet hätte. Art. 56 APG.

96 Armenbehörde Langnau an Armeninspektor Kiener, 21. Oktober 1937, StAB, BB 13.1.381.

97 Max Weber, Wirtschaft und Gesellschaft. Grundriss der verstehenden Soziologie, Tübingen 1985 (5., überarb. Aufl.), S. 551. Für eine Auseinandersetzung mit Webers Herrschaftssoziologie im Bereich der Jugendfürsorge vgl. Ramsauer, «Verwahrlost», 2000, S. 51–95.

98 Vgl. hierzu Kapitel 2.2.

mentieren, zugrunde lagen, lässt sich nicht rekonstruieren. Festgehalten werden kann, dass die Handlungslogik der Gemeindebehörden und insbesondere des Amtsvormundes von Bemühungen geprägt war, die herrschenden Machtverhältnisse, in welche die Fürsorgeorgane und Frieda Berger auf verschiedenen Ebenen eingebunden waren, aufrechtzuerhalten. Nicht nur war Frieda Berger wie jeder Bürger und jede Bürgerin verpflichtet, den behördlichen Institutionen und ihren Funktionsträgern Respekt und Achtung entgegenzubringen, sondern behördliche Autorität hatte in ihrem Fall insofern noch viel stärker zu gelten, als sie als Entmündigte in ein besonderes Verhältnis zu den Behörden gestellt war und die Fürsorgeorgane per Gesetz verpflichtet waren, ihr Verhalten zu kontrollieren und bei wahrgenommenen Fehltritten einzugreifen. Nicht nur hinsichtlich dieser beiden Bereiche zeigte sich Frieda Berger widerständig, sondern sie passte sich auch nicht in die herrschende Geschlechterordnung ein, indem sie zum einen eine andere Weiblichkeit reklamierte, als die Norm und der Amtsvormund verlangten, zum anderen dessen allgemeine männliche Vormachtstellung nicht anerkannte. Frieda Berger widersetzte sich dem Amtsvormund letztlich als Bürgerin, als Mündel und als Frau.

5.2.2 «Bitte nochmals mich frei zu machen sofort»

Wie ausgeführt, war Frieda Bergers probeweise Entlassung im Herbst 1938 bereits nach zwei Monaten abgebrochen worden, und am 1. November 1938 war sie polizeilich nach Sonvilier zurückgebracht worden. Bereits nach wenigen Tagen begann sie erneut, sich schriftlich an die Behörden zu wenden. Ein erster Brief ist vom 6. November 1938 und war an Armeninspektor Kiener gerichtet. Bis zu ihrer Entlassung aus Sonvilier, die im Winter 1943/44 erfolgte, schrieb Berger in der Folge regelmässig, wobei sie sich mit den meisten Briefen entweder an Kiener oder an Regierungsrat Moeckli wandte. Einzig für die Zeitspanne zwischen September 1940 und September 1942 sind keine Briefe überliefert. Wie früher argumentierte sie in diesen Briefen, ihre Versorgung – und nun auch ihre Rückversetzung – seien zu Unrecht erfolgt. Sie verlangte, freigelassen zu werden, und begründete ihr Anliegen damit, dass sie als «tüchtige Arbeiterin» in der Lage sei, ihren Lebensunterhalt selbst zu verdienen.[99] Hatte Berger in den Jahren 1937 und 1938 – also vor ihrer probeweisen Entlassung aus Sonvilier im Herbst 1938 – noch einen eher höflich bittenden Ton an den Tag gelegt, erklang aus den Briefen, die sie nun verfasste, eine zunehmend ungeduldige und empörte Stimme. Am 14. Januar 1939 schrieb sie beispielsweise an Armeninspektor Kie-

99 Berger an Regierungsrat Moeckli, 29. April 1939, StAB, BB 13.1.381.

ner: «Nein das ist wirklich grosser Hohn und Schlechtigkeit. Eine solche Sauerei zu treiben gegen ein Menschenleben, angeblich immer, ich hätte mit Herren zu tun gehabt. Immer mit der einen *Verleumdung* aufzutreten gegen mich, da die Gemeinde sonst keine Handhabung weiss gegen mich um mich in das Zuchthaus zu bringen.»[100] Im Laufe des Jahres 1939 verstärkten sich ihre Klagen nochmals, verzweifelt bat sie um ihre Freilassung. «Bitte nochmals mich frei zu machen sofort. [...] Herr Mökli, ich kann bereits nicht mehr atmen in hier, so werde ich geplagt und misshandelt und verfolgt. Nein ich halte es niemals mehr aus. Nirgends habe ich mehr gelitten, wie in dieser traurigen Anstalt.»[101]
Gleichzeitig begann Frieda Berger, neben dem Abfassen von Entlassungsgesuchen weitere Strategien anzuwenden, um ihre Entlassung aus Sonvilier zu erwirken. So gab sie Adressen an von Leuten – oftmals ehemalige Arbeitgeberinnen und Arbeitgeber –, wo Erkundigungen über sie eingeholt werden sollten, damit ihr ein positives Leumundszeugnis ausgestellt werden könne. «Sie können über mich in der Umgegend noch fragen z.B. beim Käser S. [...]. Sie können Zeugen sein meines fleissigen Betragens.»[102] Zudem weitete Frieda Berger den Adressatenkreis ihrer Briefe aus. Immer häufiger begann sie, sich neben Kiener auch an den Berner Regierungsrat und Fürsorgedirektor Georges Moeckli zu wenden. Mit einem Brief an Bundesrat Philipp Etter, Vorsteher des Innendepartements, versuchte sie sogar, ihr Anliegen auf höchster bundespolitischer Ebene vorzubringen.[103] Frieda Berger fand jedoch bei den Behörden kein Gehör mehr, und die Briefe, die sie an die kantonalen und eidgenössischen Behörden schrieb, wurden jeweils an Armeninspektor Kiener weitergeleitet, der für diese Fragen auf kantonaler Ebene als eine Art Schaltstelle fungierte.[104] Kiener beliess es jeweils bei unbestimmten Antworten an Berger und gab ihr zur Auskunft, die Gesuche würden mit der Vormundschaftsbehörde von Langnau und dem Amtsvormund besprochen.[105] Letztere gaben dabei klar zu verstehen, dass eine Entlassung Bergers für sie nicht in Frage komme. Ihre ablehnende Haltung begründeten sie damit, dass die bisherigen behördlichen Interventionen Frieda Berger nicht dazu hatten bringen können, ihr Verhalten zu ändern, wobei sie unter anderem auf den Entlassungsversuch im Herbst 1938 verwiesen, der gezeigt habe, dass sich Berger in Freiheit nicht zu bewähren vermöge. Es gebe des Weiteren keine Anzeichen, dass sich die Situation in der Zwischenzeit geändert habe, und damit

100 Berger an Armeninspektor Kiener, 14. Januar 1939, StAB, BB 13.1.381.
101 Berger an Regierungsrat Moeckli, 19. Oktober 1939, StAB, BB 13.1.381.
102 Berger an Armeninspektor Kiener, 20. November 1938, StAB, BB 13.1.381.
103 Berger an Bundesrat Etter, Februar 1939, StAB, BB 13.1.381.
104 Regierungsrat Moeckli an Berger, 26. März 1940, StAB, BB 13.1.381.
105 Armeninspektor Kiener, Notiz, 14. Februar 1939. Vgl. weiter Armeninspektor Kiener an H., September 1939; Regierungsrat Moeckli an Berger, 18. August 1939. StAB, BB 13.1.381.

sei auch kein Grund gegeben, einen erneuten Entlassungsversuch zu befürworten.[106] Damit führten die Gemeindebehörden letztlich nur vage Gründe an, um die Fortführung der zwangsweisen Anstaltsunterbringung und damit den massiven staatlichen Eingriff des Entzugs der persönlichen Freiheit zu begründen. Mehr schien nicht notwendig gewesen zu sein. Sie mussten ihre Position nicht mit ausführlicheren Argumenten begründen, und es schien genügt zu haben, kraft der eigenen Autorität eine solche Einschätzung abzugeben. Auch von übergeordneter Stelle wurde nicht darauf gedrungen, dass nähere Informationen geliefert oder weiterführende Abklärungen vorgenommen wurden, um mit konkreteren Punkten diese ablehnende Haltung zu begründen.
Eine weitere Strategie Bergers bestand darin, sich aus eigener Initiative um Arbeitsstellen ausserhalb der Anstalt zu bemühen. So erfuhr sie zum Beispiel durch eine Mitinsassin von einem Stelleninserat und reagierte auf dieses.[107] Es stellte sich heraus, dass die Stelle bereits besetzt war, doch der Inserent kannte eine Familie, die, wie er, eine Hilfskraft suchte und bereit war, eine Insassin aus Sonvilier anzustellen.[108] Der Inserent schrieb an die Behörden, er «kenne diese Tochter [Berger] nicht, doch wenn Sie denken, dass dies eine richtige Lösung wäre, so bin ich gerne bereit, die erwähnte Stelle für sie mit Gottes Beistand zu vermitteln. Es scheint mir ja eine rechte Sache wenn solch einer Tochter wieder Gelegenheit geboten wäre wieder eine nützliche Stelle bei netten Leuten in der Freiheit zu versehen.»[109] Der Inserent erhielt von Armeninspektor Kiener zur Antwort, Berger könne «ohne Einwilligung» der Gemeinde Langnau vorläufig nicht aus Sonvilier entlassen werden.[110] Eine ähnliche Antwort erhielt eine Schwester von Frieda Berger, die sich – auf Bergers Bitte hin – mit den Behörden in Verbindung gesetzt und sich bereit erklärt hatte, Berger bei sich aufzunehmen.[111] Für eine Entlassung aus Sonvilier, hiess es, würden zurzeit noch «verschiedene Voraussetzungen fehlen».[112] Auch diese zusätzlichen Anstrengungen Bergers sowie konkrete Angebote von Seiten Dritter, ihr ein Dach über dem

106 Vgl. beispielsweise Amtsvormundschaft Langnau an Armeninspektor Kiener, 8. Dezember 1938, StAB, BB 13.1.381.
107 Berger an H., September 1939. Zudem schickte sie Armeninspektor Kiener Stellenanzeigen aus Zeitungen, mit denen die Behörden sich hätten bemühen können, für sie eine Anstellung zu finden. Vgl. beispielsweise Berger an Armeninspektor Kiener, 30. Juli 1943, StAB, BB 13.1.381.
108 H. an Regierungsrat Moeckli, 30. September 1939, StAB, BB 13.1.381.
109 Ebd.
110 Armeninspektor Kiener an H., September 1939, StAB, BB 13.1.381.
111 Schwester C. an Berger, 11. August 1939. Diesen Brief liess Berger Regierungsrat Moeckli zukommen. Berger an Regierungsrat Moeckli, 13. August 1939. StAB, BB 13.1.381. Einige Jahre später, bei Bergers Entlassung aus Sonvilier im Winter 1943/44, wurde hingegen das Angebot einer Familienangehörigen, Berger bei sich aufzunehmen, als Grund dafür genannt, weswegen ihre Entlassung erfolgen konnte.
112 Regierungsrat Moeckli an Berger, 18. August 1939, StAB, BB 13.1.381.

Kopf zu bieten und ein Auskommen zu ermöglichen, nützten also nichts und führten nicht dazu, dass sie aus Sonvilier entlassen wurde.

Eine Kastration als mögliche Voraussetzung für eine Anstaltsentlassung

Im Spätsommer 1939 erwogen die Behörden, einen neuen Weg zu beschreiten. Armeninspektor Kiener regte die Gemeinde Langnau mit einem Schreiben vom 29. August 1939 an, abzuklären, ob nicht eine Kastration Frieda Bergers «übertonten Geschlechtstrieb» unterbinden könne, wodurch unter Umständen die Voraussetzung geschaffen werden könne, sie aus Sonvilier zu entlassen.[113] Bei einer Kastration – im Fachjargon Ovariotomie – werden operativ die Keimdrüsen entfernt (bei den Frauen die Eierstöcke, bei den Männern die Hoden), was Unfruchtbarkeit zur Folge hat. Bei Frauen war die Ovariotomie im letzten Drittel des 19. Jahrhunderts eine vielfach durchgeführte Operation und gängige Praxis in den gynäkologischen Kliniken, bevor die Unfruchtbarmachung durch Sterilisation (Durchtrennung der Ei- respektive Samenleiter) Ende des 19. Jahrhunderts medizinisch-technisch möglich wurde.[114] Im Gegensatz zur Kastration, die mit gravierenden körperlichen und psychischen Folgen verbunden sein konnte,[115] galt die Sterilisation als «harmlose Methode», weswegen seit den 1910er-Jahren nur noch Sterilisationen angewandt wurden, wenn die Verhinderung der Fortpflanzung das primäre Ziel war.[116] Eine Kastration wurde im letzten Drittel des 19. Jahrhunderts bei Frauen auch ausgeführt, um «‹unangemessener› sexueller Aktivität» entgegenzuwirken oder wenn «‹Aufregung›, ‹Hysterie›, ‹Unruhe› das gesundheitliche Befinden der Frau störte oder aber die Umgebung unter diesem unangepassten und als krank definierten Verhalten litt».[117] Im Sinn

113 Armeninspektor Kiener an Amtsvormund C., 29. August 1939, StAB, BB 13.1.381.

114 Breidenstein, Geschlechtsunterschied, 1996, S. 219f.; Regina Wecker, «Liederlich». Eugenik, Sexualität und Geschlecht, in: itinera, 21 (1999), S. 272–280, hier S. 274.

115 Zu den gravierenden gesundheitlichen Folgen einer Kastration bei Frauen hielt ein Arzt Ende der 1930er-Jahre fest: «Besonders ausgesprochen ist die Verschiebung der Fettverteilung. Die schönen runden Formen verschwinden, das Fett rutscht herunter. [...] Recht ausgedehnt sind manchmal die Veränderungen im autonomen Nervensystem, insbesondere die Regulationsstörungen im Kreislauf. Herzklopfen, beschleunigter Puls, Wallungen, Erröten und Erblassen können die Kastrierten schwer belästigen. Dazu gesellen sich funktionelle Störungen der Drüsen und des Darmes. Reizerscheinungen im sensiblen Nervensystem vervollständigen das Krankheitsbild.» Hans Guggisberg, Die Aufgabe der Gynäkologie in der Verhütung erbkranken Nachwuchses, in: Stavros Zurukzoglu (Hg.), Verhütung erbkranken Nachwuchses. Eine kritische Betrachtung und Würdigung, Basel 1938, S. 68.

116 Dubach, «Sozialisierung», 2007, S. 155. Verschiedene Studien haben das Zusammenspiel von medizinischen – und seit 1900 vermehrt – sozialen und eugenischen Indikationen bei der Anwendung von Sterilisationen untersucht. Vgl. beispielsweise ebd., S. 155–192; Geneviève Heller et al., Rejetées, rebelles, mal adaptées. Débats sur l'eugénisme: Pratiques de la stérilisation non volontaire en Suisse romande au 20e siècle, Paris 2002.

117 Wecker, «Liederlich», 1999, S. 274f.

einer solchen therapeutischen Massnahme wurde im Fall Frieda Berger noch Ende der 1930er-Jahre eine Kastration erwogen, um ihr Sexualverhalten zu ändern und damit ihr Sozialverhalten nach Vorstellungen der Behörden zu «normalisieren».

Die Vormundschaftsbehörde von Langnau zeigte sich gegenüber dem regierungsrätlichen Vorschlag, eine Kastration vorzunehmen, zwar nicht prinzipiell abgeneigt, äusserte jedoch Zweifel, ob sich damit der gewünschte Effekt erzielen liess, und brachte Bedenken bezüglich der gesundheitlichen Folgen eines solchen Eingriffs an; für Letztere wollte sie die Verantwortung nicht übernehmen.[118] Nach mehrmonatigem Hin und Her liess sich die Vormundschaftsbehörde Langnau von Armeninspektor Kiener jedoch überzeugen, Berger in die psychiatrische Klinik Waldau einzuweisen, damit sich Sachverständige vorerst einmal grundsätzlich zur Frage der Kastration in ihrem Fall äussern konnten.[119]

Psychiatrische Begutachtung

Vom 27. März bis zum 17. Mai 1940 hielt sich Berger zur stationären Beobachtung in der Klinik Waldau auf. Nach ihrem gut sechswöchigem Aufenthalt in der Klinik erstellten die Psychiater am 17. Mai 1940 ein Gutachten, in dem sie die Frage der Amtsvormundschaft Langnau beantworteten, ob Frieda Berger die «geistigen Fähigkeiten» besitze, um einschätzen zu können, was eine Kastration bedeute.[120] Diese Fähigkeiten wurden Berger attestiert. Sie zeige «keine Geistesschwäche» und verfüge über ausreichende Urteilskraft, um die Folgen einer Kastration beurteilen zu können, so die Psychiater in ihrem Gutachten. Gleichzeitig hielten sie fest, Berger habe klar zu verstehen gegeben, einer Kastration niemals zuzustimmen. Eine Kastration konnte, wie eine Sterilisation, nur vorgenommen werden, wenn die betreffende Person diesem Eingriff zustimmte.[121] Für den Kanton Bern schrieb ein Kreisschreiben vom 5. Februar 1931 vor, dass Sterilisationen an Frauen nur nach ihrer Zustimmung erfolgen durften und dass ein psychiatrisches Gutachten als Entscheidungsgrundlage vorliegen musste.[122] In diesem Kreisschreiben war zwar nur von Sterilisationen die Rede, doch

118 Vgl. beispielsweise Vormundschaftsbehörde Langnau an Armeninspektorat, 20. Dezember 1939, StAB, BB 13.1.381.

119 Vgl. hierzu Armeninspektor Kiener an Gemeindepräsident Langnau, 14. Dezember 1939; Vormundschaftsbehörde Langnau an Armeninspektorat, 20. Dezember 1939; Armeninspektor Kiener, Notiz, 21. Dezember 1939; Armeninspektor Kiener, Notizen, 22. Februar, 26. Februar und 27. März 1940. StAB, BB 13.1.381.

120 Direktion Klinik Waldau an Amtsvormundschaft Langnau, Gutachten, 17. Mai 1940, StAB, BB 13.1.381.

121 Dubach, «Sozialisierung», 2007, S. 157.

122 Direktion des Armenwesens des Kantons Bern, Kreisschreiben an die Regierungsstatthalter, die Bezirksarmeninspektoren und Armenbehörden des Kantons Bern betreffend operative Eingriffe bei Frauen, in: Stavros Zurukzoglu (Hg.), Verhütung erbkranken Nachwuchses. Eine kri-

es ist anzunehmen, dass diese Bestimmungen analog für Kastrationen galten. Das Kreisschreiben verwies auf alternative Zugriffsmöglichkeiten neben der Sterilisation mit den Entmündigungsbestimmungen der Artikel 369 und 370 ZGB sowie auf die Möglichkeit der Anstaltsunterbringung gemäss Vormundschaftsrecht oder kantonalbernischem Recht. Auf einer manifesten Ebene betonte das Kreisschreiben dabei, es dürfe beim Vornehmen einer Sterilisation keinerlei Zwang angewendet und bei Nichteinwilligungen in eine Sterilisation nicht mit der Versorgung in einer Anstalt gedroht werden: «Die Armenbehörden haben keine gesetzliche Befugnis, von sich aus die Sterilisation einer Frauensperson anzuordnen. Sie dürfen demgemäss auch unter keinen Umständen hierzu irgendwelchen Zwang ausüben. Ebensowenig sind Drohungen mit dem Entzug der Unterstützung oder Versetzung in die Arbeitsanstalt und dergleichen zulässig, um eine Frauensperson zur Einwilligung zur Sterilisation zu veranlassen.»[123] Auf dem Papier wurde also versucht, die Selbstbestimmung der Betroffenen zu gewährleisten. Wie jedoch Untersuchungen zur Sterilisationspraxis im Kanton Bern und in der Schweiz in der ersten Hälfte des 20. Jahrhunderts gezeigt haben, wurde zum Teil massiver Druck ausgeübt, um die Einwilligung zu erhalten. So wurden Betroffene vor die Alternative gestellt, sich entweder sterilisieren zu lassen oder in eine Anstalt eingewiesen zu werden – respektive nicht aus einer solchen entlassen zu werden. Weitere Alternativpaare bestanden darin, dass die behördliche Zustimmung zu einer Heirat von einer Sterilisation abhängig gemacht wurde oder dass die Zustimmung zu einer Abtreibung nur gegeben wurde, wenn bei diesem Eingriff gleichzeitig eine Sterilisation erfolgte.[124]

Im Fall Berger hielten die Psychiater in ihrem Gutachten fest, Berger sei mit dem operativen Eingriff einer Kastration nicht einverstanden, da sie «noch zu heiraten gedenke» und die Auffassung geäussert habe, das «Recht zu haben, eine vollwertige Frau zu sein und dass man ihr nicht alle Freuden nehmen dürfe».[125]

tische Betrachtung und Würdigung, Basel 1938, S. 267–270. Zu diesem Kreisschreiben beispielsweise Karin Cagnazzo, Abtreibungs- und Sterilisationspraxis im Kanton Bern (1942–1953), in: Claudia Opitz et al. (Hg.), Kriminalisieren – Entkriminalisieren – Normalisieren, Zürich 2006, S. 337–351, hier S. 344–347.

123 Direktion, Kreisschreiben, 1938, S. 267.

124 Cagnazzo, Abtreibungs- und Sterilisationspraxis, 2006, S. 347 f.; Dubach, Abtreibungspolitik, 2007, S. 52, 56–58; Dubach, «Sozialisierung», 2007, S. 166, 173–185; Anna Gossenreiter, Die Sterilisation in den 1920er und 1930er Jahren als Sozialpolitik und medizinisches Mittel, in: Rudolf Jaun, Brigitte Studer (Hg.), weiblich – männlich. Geschlechterverhältnisse in der Schweiz: Rechtsprechung, Diskurs, Praktiken, Zürich 1995, S. 231–244, hier S. 236 f.; Huonker, Diagnose, 2003, S. 92–107; Meier, Zwangssterilisationen, 2004, S. 141; Ramsauer, «Verwahrlost», 2007, S. 238 f.; Regina Wecker, Eugenik – individueller Ausschluss und nationaler Konsens, in: Sébastien Guex et al. (Hg.), Krisen und Stabilisierung. Die Schweiz in der Zwischenkriegszeit, Zürich 1998, S. 165–179, hier S. 172–174.

125 Direktion Klinik Waldau an Amtsvormundschaft Langnau, Gutachten, 17. Mai 1940, StAB, BB 13.1.381.

Weiterhin also beharrte Berger auf ihrem Standpunkt, dass ihre Sexualität nicht in den behördlichen Zuständigkeitsbereich falle und dass sie sich hier von den Fürsorgeorganen keine Vorschriften machen lassen müsse. Es finden sich in den Akten in diesem Zusammenhang keine Hinweise, dass die Behörden die Frage der Kastration direkt mit der Drohung verknüpften, Berger habe in der Anstalt zu bleiben, wenn sie sich dem medizinischen Eingriff einer Kastration nicht unterziehe. Klar ist jedoch, dass Bergers dezidierte Weigerung keinen Anlass gab, dass die Behörden die Situation neu beurteilten und infolgedessen allenfalls eine Anstaltsentlassung erwogen hätten. Mit der Erstellung des psychiatrischen Gutachtens schien schliesslich die Frage der Kastration erledigt gewesen zu sein; in späteren Aktenstücken erscheint die Überlegung, Berger mit einer Kastration zu behandeln, nicht mehr.

Die Psychiater äusserten sich in ihrem Gutachten nicht nur zur Frage von Frieda Bergers Urteilsfähigkeit, sondern sie gelangten im Rahmen ihrer psychiatrischen Begutachtung auch zu der Diagnose, dass Berger einen «moralischen Defekt» aufweise.[126] Diese Diagnose leiteten sie insbesondere aus ihrer Beobachtung ab, dass Berger «jegliche Einsicht auf das Unhaltbare ihres Lebenswandels» fehle, wobei sie sich für diese Feststellung zusätzlich auf die aktenmässig festgehaltene Vorgeschichte Bergers stützten. Damit pathologisierten die Psychiater Bergers «Einsichtslosigkeit» und versahen diese Normabweichung, wie sie von den kommunalen und kantonalen Behörden aufgrund deren alltagsweltlichen Wissens konstatiert worden war, mit der psychiatrischen Deutung des «moralischen Defekts». Schliesslich schlossen die Psychiater, ähnlich wie die Gemeindebehörde von Langnau, dass eine Entlassung Frieda Bergers aus Sonvilier nicht in Frage komme, da sie keine Bereitschaft zeige, ihr Verhalten zu ändern.[127]

Die Anregung des kantonalen Armeninspektors Kiener, die Frage einer Kastration abzuklären und damit veränderte Tatsachen zu schaffen, die eine Neubeurteilung der Lage und eine allfällige Entlassung Bergers erlaubt hätten, erwies sich letztlich als hilfloser Versuch, in der festgefahrenen Situation etwas zu bewegen. Eigentlich hätte den Fürsorgeorganen nach den Erfahrungen, die sie bisher mit Frieda Berger gemacht hatten, klar sein müssen, dass sie einem solchen Eingriff nicht zustimmen würde. Das psychiatrische Gutachten, das die ungünstigen Prognosen der Vormundschaftsbehörde Langnau und des Amtsvormunds bekräftigte, erwies sich letztlich sogar als Faktor, der Bergers Entlassung zusätzlich erschwerend im Weg stand. So hielt die Amtsvormundschaft Langnau in einer Notiz vom 21. Mai 1940 beispielsweise fest, aus dem psychiatrischen Gutachten

126 Ein solcher sei, so die Psychiater, eine «Charakteranomalie, die im teilweisen oder gänzlichen Mangel ethischer und moralischer Gefühle zum Ausdruck» komme. Ebd.

127 Vgl. zum hohen Stellenwert psychiatrischer Gutachten in administrativen Versorgungsverfahren Kapitel 4.

gehe «unzweideutig hervor, dass von einer Freilassung der Frieda Berger keine Rede sein» könne.[128]

Zurück in Sonvilier

Nachdem die Untersuchung in der Klinik Waldau abgeschlossen war, wurde Berger am 17. Mai 1940 zurück nach Sonvilier gebracht. In der darauffolgenden Zeit wandte sie sich erneut mit zahlreichen Schreiben an die Behörden. Manche begann sie in einem beinahe beiläufigen Ton: «Wenn es erlaubt ist, Sie wiederum daran zu erinnern, um meine Freiheit zu erlangen»,[129] bei manchen springt einem ihr Zorn förmlich entgegen: «Geehrte Herren! *Nun möchte ich absolut meine Freiheit!*»[130] In den Jahren 1942 und 1943 begann Frieda Berger, ein Nachlassen ihrer physischen und psychischen Kräfte zur Sprache zu bringen. Sie werde «wahnsinnig»,[131] fühle sich «total krank»[132] und sei «an Kraft erschöpft».[133] Sie fühle sich «alle Tage zornig innerlich», lieber wolle sie «sterben als noch länger Geduld haben».[134]

Ende 1943, achteinhalb Jahre nachdem Frieda Berger in das Versorgungsheim Sonvilier eingewiesen worden war, gab Amtsvormund C. schliesslich seine harte Haltung auf und stimmte der Entlassung Frieda Bergers zu.[135] Was es genau war, das seine Meinungsänderung bewirkte, lässt sich anhand der Akten nicht im Detail rekonstruieren. In einem Schreiben vom 24. Dezember 1943 an die Leitung des Versorgungsheims Sonvilier verwies der Amtsvormund zwar auf eine «Offerte» einer verwitweten Tante, Frieda Berger nach ihrer Entlassung bei sich aufzunehmen, doch diese Tante hatte sich in den vergangenen Jahren – zunächst noch gemeinsam mit ihrem Ehemann – bereits verschiedene Male bereit erklärt, Frieda Berger ein Dach über dem Kopf zu bieten.[136] Es müssen also weitere Gründe vorgelegen haben. Möglicherweise waren Stimmen, die sich zu einer Entlassung Bergers befürwortend äusserten, in der Zwischenzeit stärker geworden, und der Amtsvormund wollte (oder konnte) sich ihnen nicht mehr verschliessen. So finden sich in den Akten seit Ende 1941 verschiedentlich Äusserungen von Armeninspektor Kiener und der Anstaltsleitung von Sonvilier,

128 Amtsvormundschaft Langnau an Armeninspektorat, 21. Mai 1940, StAB, BB 13.1.381.
129 Berger an Regierungsrat Moeckli, 29. September 1941, StAB, BB 13.1.381.
130 Berger an kantonale Justizdirektion oder kantonale Armendirektion, 26. April 1942, StAB, BB 13.1.381.
131 Berger an Armeninspektor Kiener, [August oder September] 1943, StAB, BB 13.1.381.
132 Berger an Regierungsrat Moeckli, o. D. [1942], StAB, BB 13.1.381.
133 Berger an Armeninspektor Kiener, September 1943, StAB, BB 13.1.381.
134 Berger an Armeninspektor Kiener, August 1943, StAB, BB 13.1.381.
135 Amtsvormund C. an Versorgungsheim Sonvilier, 24. Dezember 1943, StAB, BB 13.1.381.
136 Vgl. G. und N. Berger-T. an kantonale Justizdirektion, 4. März 1937; Witwe N. Berger-T. an kantonale Armendirektion, 24. Juni 1942; Witwe N. Berger-T. an Armeninspektor Kiener, 23. September 1943. StAB, BB 13.1.381.

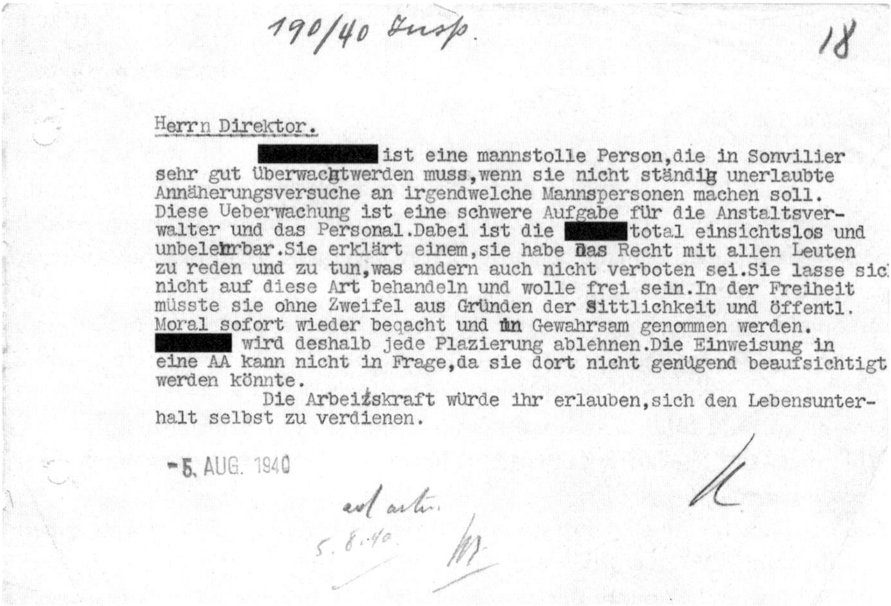

190/40 Insp. 18

Herrn Direktor.

[redacted] ist eine mannstolle Person,die in Sonvilier sehr gut überwachtwerden muss,wenn sie nicht ständig unerlaubte Annäherungsversuche an irgendwelche Mannspersonen machen soll. Diese Ueberwachung ist eine schwere Aufgabe für die Anstaltsverwalter und das Personal.Dabei ist die [redacted] total einsichtslos und unbelehrbar.Sie erklärt einem,sie habe das Recht mit allen Leuten zu reden und zu tun,was andern auch nicht verboten sei.Sie lasse sic nicht auf diese Art behandeln und wolle frei sein.In der Freiheit müsste sie ohne Zweifel aus Gründen der Sittlichkeit und öffentl. Moral sofort wieder beqacht und in Gewahrsam genommen werden. [redacted] wird deshalb jede Plazierung ablehnen.Die Einweisung in eine AA kann nicht in Frage,da sie dort nicht genügend beaufsichtigt werden könnte.

Die Arbeitskraft würde ihr erlauben,sich den Lebensunterhalt selbst zu verdienen.

-5. AUG. 1940

Gestützt auf rigide Moralvorstellungen bestimmen die Behörden in einer internen Aktennotiz vom 5. August 1940, dass Frieda Berger nicht aus dem Versorgungsheim Sonvilier entlassen werden könne, da sie eine «mannstolle Person» sei (StAB, BB 13.1.381).

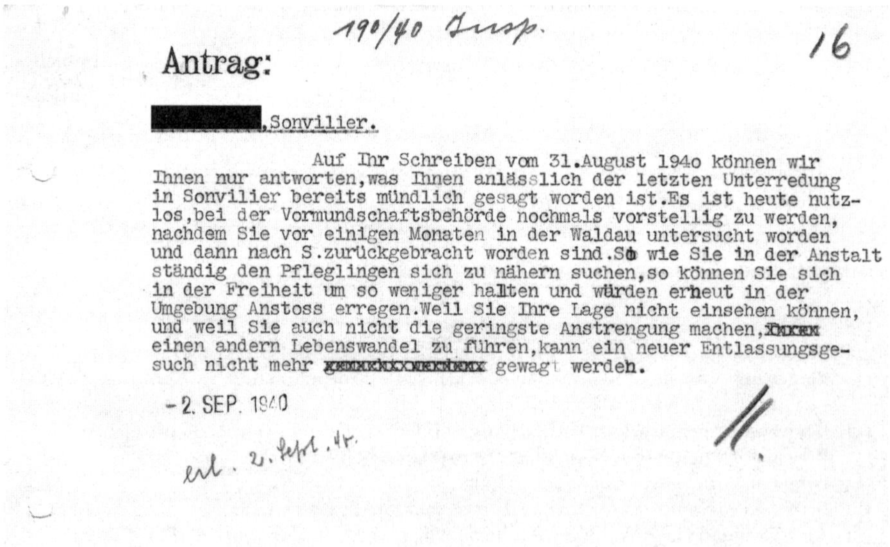

190/40 Insp. 16

Antrag:

[redacted],Sonvilier.

Auf Ihr Schreiben vom 31.August 194o können wir Ihnen nur antworten,was Ihnen anlässlich der letzten Unterredung in Sonvilier bereits mündlich gesagt worden ist.Es ist heute nutzlos,bei der Vormundschaftsbehörde nochmals vorstellig zu werden, nachdem Sie vor einigen Monaten in der Waldau untersucht worden und dann nach S.zurückgebracht worden sind.So wie Sie in der Anstalt ständig den Pfleglingen sich zu nähern suchen,so können Sie sich in der Freiheit um so weniger halten und würden erneut in der Umgebung Anstoss erregen.Weil Sie Ihre Lage nicht einsehen können, und weil Sie auch nicht die geringste Anstrengung machen, einen andern Lebenswandel zu führen,kann ein neuer Entlassungsgesuch nicht mehr gewagt werden.

-2. SEP. 1940

Berger machte aus Sicht der Behörden nicht die «geringste Anstrengung», ihren «Lebenswandel» zu ändern. Sie hatte in Sonvilier zu bleiben (StAB, BB 13.1.381).

dass sie eine Entlassung Frieda Bergers guthiessen.[137] Ein weiterer Grund für C.s Meinungswandel könnte darin gelegen haben, dass das Ende seiner Amtszeit als Langnauer Amtsvormund bevorstand. Denn wie sich anhand von verschiedenen Hinweisen in Bergers Versorgungsakten rekonstruieren lässt, gab C., ein oder zwei Jahre nachdem Frieda Berger im Winter 1943/44 aus Sonvilier entlassen worden war, sein Amt als ihr Vormund ab, nach über fünfzehn Jahren Vormundschaft über sie.[138] Es ist wahrscheinlich, dass er zu diesem Zeitpunkt auch von seinem Amt als Langnauer Amtsvormund, das er seit 1924 innehatte, zurücktrat. Belegt ist zudem, dass C. 1944 seine Tätigkeit als Mitglied der Armenkommission beendete. Dass das bevorstehende Ende seiner Tätigkeit als Amtsvormund mit ein Grund dafür war, einer Entlassung Bergers aus Sonvilier nun im Winter 1943/44 zuzustimmen – relativ unverhofft, wie es aufgrund der Akten den Eindruck macht –, um reinen Tisch zu machen, kann somit vermutet werden.
In seinem Schreiben vom 24. Dezember 1943, mit welchem der Amtsvormund die Entlassung Bergers anordnete, teilte er der Leitung von Sonvilier Folgendes mit: «Nachdem diese Offerte [der Tante] vorliegt, bin ich bereit, einen nochmaligen Versuch zu wagen und die Frieda Berger per sofort aus der Anstalt zu entlassen.»[139] Dabei bezog sich der Amtsvormund mit dem Verweis auf den «nochmaligen Versuch» auf die inzwischen fünf Jahre (!) zurückliegende probeweise Entlassung Bergers aus Sonvilier im Sommer 1938. Dem Schreiben legte er zwanzig Franken zur Deckung von Frieda Bergers Reisekosten bei sowie einige Mahlzeitencoupons, wie sie 1943 infolge des Krieges verwendet wurden. Darüber hinaus finden sich in den Akten keine Hinweise, dass weiterführende Vorkehrungen für die Zeit nach der Entlassung Bergers getroffen worden wären. Zwischen Weihnachten 1943 und Neujahr 1944 dürfte sie aus Sonvilier entlassen worden sein; genauere Angaben zum Zeitpunkt der Entlassung finden sich in den Akten nicht. Damit ging für Frieda Berger eine achteinhalbjährige Versorgungszeit zu Ende, die lediglich von einer zweimonatigen Arbeitstätigkeit in einem Bauernbetrieb, wo sie sich unter steter sozialer Kontrolle befand, unterbrochen war.

137 Polizeiinspektorat an Armenbehörde Langnau, 26. November 1941; Vorsteher Müller (Versorgungsheim Sonvilier) an Armenbehörde Langnau, 1. Dezember 1941; Vorsteher Müller (Versorgungsheim Sonvilier) an kantonale Armendirektion, 1. Juli 1942. StAB, BB 13.1.381.

138 Vgl. beispielsweise Berger an Armeninspektor Kiener, 2. Januar 1951, StAB, BB 13.1.381; Vormundschaftsbericht, 31. Juli 1951, Waisenvogts-Rechnungsmanual, GAL.

139 Amtsvormund C. an Versorgungsheim Sonvilier, 24. Dezember 1943, StAB, BB 13.1.381.

5.3 Nach der Entlassung: Kampf gegen ein Stigma und ein kritischer Amtsvormund

Nach ihrer Entlassung aus Sonvilier im Winter 1943/44 fand die inzwischen 49-jährige Frieda Berger vorerst bei ihrer verwitweten Tante Unterkunft, wie es deren Angebot entsprach. Neben der Arbeit in deren Landwirtschaftsbetrieb half Berger zusätzlich auf dem Hof ihrer inzwischen verwitweten Mutter sowie auf dem Hof einer ihrer Schwestern.[140] Später begann sie, wie sie es früher getan hatte, als Hausangestellte zu arbeiten.[141] Wie sie in einem Brief 1951 an Regierungsrat Moeckli schrieb, habe sie nach ihrer Entlassung aus Sonvilier «nie lange auf eine Stelle» warten müssen und eine solche immer «nach ein paar Tagen» gefunden.[142] Zwischen ihren Stellenwechseln wohnte sie bei ihrer Mutter. Als diese starb, übernahm einer ihrer Brüder den elterlichen Hof, und Frieda Berger fand bei ihm und seiner Familie jeweils vorübergehend Unterkunft. Ende der 1940er-Jahre kam es jedoch immer häufiger zu Streitigkeiten zwischen ihr und der Familie ihres Bruders, und 1950 wurde sogar gerichtlich entschieden, dass Frieda Berger «einige Monate» den Hof nicht betreten dürfe.[143] In den folgenden Jahren wohnte sie zwischen Stellenwechseln bei Bekannten, manchmal übernachtete sie in der Stadt Bern im Heilsarmeeheim oder im Marthahaus oder bezog ein Zimmer im Hotel Bären in Langnau.[144]

5.3.1 «Mein Leben wurde mir verdorben durch die ungerechte Einsperrung»

Aussergewöhnlich am Fall Frieda Berger ist nicht allein die Hartnäckigkeit, mit der sie sich während ihrer Anstaltsversorgungen mit Beschwerden und Entlassungsbegehren an die Behörden wandte, sondern auch der Umstand, dass sie nach ihren Entlassungen weiterhin Briefe schrieb. So sind aus der Zeit nach ihrer Entlassung aus Sonvilier im Winter 1943/44 bis zum Beginn der 1950er-Jahre 34 Briefe überliefert. Dreizehn Briefe sandte sie dabei an Armeninspektor Kiener, neunzehn an Regierungsrat Moeckli, bei zweien ist der Adressat nicht identifizierbar.[145] Vermutlich erhielt sie nicht auf alle ihre Briefe eine Antwort, doch in den Akten sind Antworten auf einzelne Briefe vorhanden. So etwa ein Schrei-

140 Berger an Armeninspektor Kiener, 6. Februar 1944, StAB, BB 13.1.381.
141 Berger an Armeninspektor Kiener, Juli 1950, StAB, BB 13.1.381.
142 Berger an Regierungsrat Moeckli, 25. März 1951, StAB, BB 13.1.381.
143 Vormundschaftsbericht, 31. Juli 1951, Waisenvogts-Rechnungsmanual, GAL.
144 Vormundschaftsbericht, 30. September 1955, Vormundschaftsbericht 30. September 1957, Waisenvogts-Rechnungsmanuale, GAL; Regierungsstatthalteramt Signau, Entscheid, 2. Februar 1960. StAB, BB 13.1.381.
145 Für die Zeit zwischen 1952 und 1959 ist keine Korrespondenz überliefert.

ben von Armeninspektor Kiener vom 14. Februar 1944. In diesem zeigte er sich zufrieden, dass Berger sich in Freiheit bewähre, doch gleichzeitig unterliess er es nicht, sie leise zu mahnen, er würde es «sehr bedauern, wenn Sie die Kraft nicht aufbrächten, um den Versuchungen zu widerstehen».[146] Berger antwortete auf dieses Schreiben, die Antwort Kieners habe sie «gewaltig gefreut».[147]

Leiden unter einem Stigma

Die Anlässe für die Briefe, die Berger nach ihrer Entlassung aus Sonvilier schrieb, waren breit gefächert. Verschiedentlich brachte sie zum Beispiel ihre Entrüstung darüber zum Ausdruck, dass sie von der Polizei weiterhin der Prostitution verdächtigt wurde und sich nicht unbehelligt in der Öffentlichkeit bewegen könne. So beschwerte sie sich in einem Brief vom 3. Juni 1949 bei Armeninspektor Kiener: «[E]iner ehrlichen Frau immer für nichts nachzulaufen und im Bahnhofbüro Langnau wenn ich mein Billet löse, dasselbe es dem Lumpengesindel melden, ich komme nach Bern.»[148] Offenbar erstattete das Bahnhofspersonal von Langnau, wenn Frieda Berger beabsichtigte, mit dem Zug nach Bern zu fahren, bei der Polizei Bericht. In einer Notiz erläuterte Armeninspektor Kiener den Hintergrund solcher Begebenheiten: «Frieda Berger war früher eine Dirne [...]. Damals hat man sie in Bern gut gekannt und überwacht und wie mir s. Z. gesagt wurde jeweilen bereits bei der Ankunft in Bern festgenommen. Wenn sie heute wieder in die Stadt kommt, ist sie möglicherweise den Beamten noch bekannt und sie beobachten sie.»[149] Auch wenn der Vorwurf der Prostitution also aktuell nicht mehr im Raum stand, fiel Frieda Berger dennoch in die Kategorie verdächtiger Personen, und sie wurde von ihrem sozialen Umfeld mit entsprechendem Argwohn betrachtet. So bat sie denn auch Armeninspektor Kiener und Regierungsrat Moeckli in verschiedenen Briefen, der Polizei zu verbieten, ihr auf diese Weise nachzuspüren: «Schauen Sie dafür, dass [...] diese Schlingeleien aufhören [...]. Diese Schlingel will ich nicht mehr mir nachlaufen haben.»[150] Sowohl durch den Vorwurf, eine Prostituierte gewesen zu sein, als auch durch die vergangene administrative Versorgung war Frieda Berger stigmatisiert. Nach Erving Goffman kann unter einem Stigma ein Zeichen oder eine Information verstanden werden, die etwas «Ungewöhnliches oder Schlechtes über den moralischen Zustand» der Person aussagen, welche dieses Zeichen trägt oder welcher

146 Armeninspektor Kiener an Berger, 14. Februar 1944, StAB, BB 13.1.381.
147 Berger an Armeninspektor Kiener, 12. März 1944, StAB, BB 13.1.381.
148 Berger an Armeninspektor Kiener, 3. Juni 1949. Ähnlich beispielsweise Berger an Armeninspektor Kiener, 13. Januar 1952; Berger an Regierungsrat Moeckli, 20. April 1949. StAB, BB 13.1.381.
149 Armeninspektor Kiener an Regierungsrat Moeckli, 2. März 1945, StAB, BB 13.1.381.
150 Berger an Armeninspektor Kiener, o. D. [1949], StAB, BB 13.1.381.

ein solches Zeichen zugewiesen wird.[151] Aufgrund solcher Zeichen äussern sich Personen aus dem sozialen Nahumfeld des stigmatisierten Individuums negativ über dieses, werten es ab oder schliessen es aus. Oder mit anderen Worten: Ein Stigma macht eine Person zu einer diskreditierbaren Person.[152]

In einem längeren Brief an Regierungsrat Moeckli vom 2. Juni 1946 schilderte Frieda Berger, wie sie unter ihrem Stigma als ehemalige Anstaltsversorgte konkret zu leiden hatte, und sie berichtete von einem Vorfall, der sich ereignet hatte, als sie in Muri, einer Gemeinde nahe der Stadt Bern, gearbeitet hatte.[153] In dem Haushalt, in dem sie angestellt gewesen sei, sei eines Tages Geld vermisst worden, und da bekannt gewesen sei, dass sie administrativ versorgt gewesen sei, sei der Verdacht sofort auf sie gefallen. Wie den Akten zu entnehmen ist, wurde Berger daraufhin sogar einige Tage in Untersuchungshaft genommen,[154] wobei sich der Verdacht schliesslich als unbegründet erwies. So schrieb Frieda Berger in ihrem Brief an Regierungsrat Moeckli: «Nachher fanden die Leute ihr verlorenes Geld. Sehen Sie Herr Mökli, wie schlechte Leute es benutzen wollen, wenn sie wissen, ich war in Anstalten.»[155] Anhand solcher Beispiele versuchte Berger zu zeigen, wie sehr ihr Ruf durch die vergangene Anstaltsversorgung gelitten hatte und auf welche Weise sie deswegen in ihrem Alltag mit konkreten negativen Folgen konfrontiert war. Hieran zeigt sich deutlich, dass eine administrative Versorgung respektive die Institution der Arbeitsanstalt eine «diskreditierende Macht» ausübte, auch nach der Entlassung.[156] Ähnlich wie Berger hatte auch Hofmann argumentiert. Wie in Kapitel 4 ausgeführt, hatte Hofmann sogar versucht, die Behörden mit dem Verweis auf den stigmatisierenden Effekt einer Arbeitsanstaltsunterbringung von ihrem Versorgungsentscheid abzubringen.

Eine der Strategien, die Frieda Berger anwendete, um mit ihrem Stigma umzugehen und soziale Respektabilität zurückzuerlangen,[157] bestand darin, dass sie versuchte, die vergangene administrative Versorgung in ihrem Arbeitsumfeld zu verschweigen. So schilderte sie in ihrem oben bereits zitierten Brief an Regierungsrat Moeckli vom 2. Juni 1946 einen weiteren Vorfall, der sich in ihrem Arbeitsumfeld im Jahr zuvor zugetragen hatte. Sie arbeitete damals in Solothurn, ihre dortige Arbeitgeberin habe einen «Wärter» von Sonvilier gekannt. Dieser habe Frieda Berger gesehen und der Arbeitgeberin «verraten», dass sie in einer Anstalt gewesen sei,

151 Goffman, Stigma, 1975, S. 9, 13 f., hier S. 9.
152 Ebd., S. 56. Vgl. auch Galle, Meier, Menschen, 2009, S. 129–147; Meier, Aktenführung, 2008, S. 58–60.
153 Berger an Regierungsrat Moeckli, 2. Juni 1946, StAB, BB 13.1.381.
154 Fürsprecher T. an Regierungsrat Moeckli, 9. November 1945, StAB, BB 13.1.381.
155 Berger an Regierungsrat Moeckli, 2. Juni 1946, StAB, BB 13.1.381.
156 Goffman, Stigma, 1975, S. 119.
157 Für den Umgang stigmatisierter Personen mit ihrem Stigma verwendet Goffman den Begriff «Stigma-Management». Ebd., S. 68, 123, 160 f.

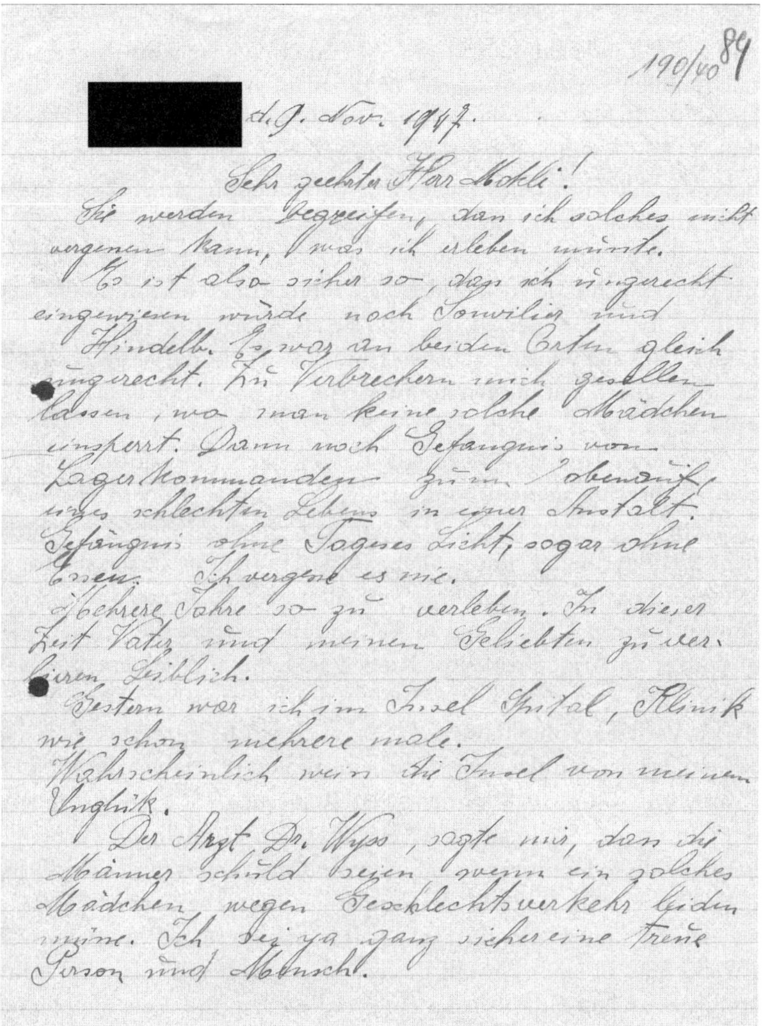

190/40 89

[redacted] d. 9. Nov. 1947.

Sehr geehrter Herr Mökli!

Sie werden begreifen, dan ich solches nicht
vergenen kann, was ich erleben münte.
Es ist also sicher so, dass ich ungerecht
eingewiesen würde nach Sonvilier und
Hindelb. Es war an beiden Orten gleich
ungerecht. Zu Verbrechern mich gesellen
lassen, wo man keine solche Mädchen
einsperrt. Dann noch Gefängnis von
Lagerkommandanten zum Tobendauf,
weges schlechten Lebens in einer Anstalt.
Gefängnis ohne Tageses Licht, sogar ohne
Essen. Ich vergesse es nie.
Mehrere Jahre so zu verleben. In dieser
Zeit Vater und meinen Geliebten zu ver-
lieren Leiblich.
Gestern war ich im Insel Spital, Klinik
wie schon mehrere male.
Wahrscheinlich weiss die Insel von meinem
Unglück.
Der Arzt Dr. Wyss, sagte mir, dass die
Männer schuld seien wenn ein solches
Mädchen wegen Geschlechtsverkehr leiden
müsse. Ich sei ya ganz sicher eine treue
Person und Mensch.

«Sie werden begreifen, dass ich solches nicht vergessen kann.» Auch nach ihrer Entlassung aus dem Versorgungsheim Sonvilier im Winter 1943/44 wandte sich Frieda Berger mit Briefen an die Behörden. Brief vom 9. November 1947 an Regierungsrat Georges Moeckli (StAB, BB 13.1.381).

woraufhin sie ihre Stelle sofort verlassen habe: «In Solothurn ging ich sofort weg, von einer Stunde auf die andere.»[158] Frieda Berger scheint also versucht zu haben, buchstäblich vor ihrem Stigma davonzulaufen. Doch nicht nur das: Berger verlangte, die Behörden sollten die Polizei, die ihr nachspürte, und den «Wärter» von Sonvilier zur Ordnung rufen und ihnen untersagen, sie zu behelligen, sodass ähnliche Vorfälle in Zukunft nicht mehr vorkämen. In einem Brief an Regierungsrat Moeckli verlangte sie: «[S]ind Sie so gut, sagen Sie diesem Wärter […], dass er sofort aufhören solle mit verleumden bei Arbeitsgebern.»[159] In solchen Zusammenhängen versuchte sie verschiedentlich, ihren Ruf zu rehabilitieren. So beteuerte sie in ihren Briefen immer wieder, dass sie als Arbeiterin einen guten Ruf habe, und zählte Adressen von angesehenen Familien auf, für die sie gearbeitet hatte und die für ihren guten Ruf bürgen könnten, eine «Consulats Familie» etwa oder die Familie eines «Theologie-Professors».[160]

In mehreren Briefen, die Frieda Berger nach ihrer Entlassung aus Sonvilier schrieb, brachte sie kein konkretes Anliegen vor, sondern in ihnen kommt das Bedürfnis zum Ausdruck, Erinnerungen an das Erlebte und ihre diesbezügliche Sicht der Dinge mitzuteilen. Anlässe für das Verfassen solcher Briefe bildeten zum Beispiel einzelne Begebenheiten, welche Berger mit ihrer vergangenen administrativen Versorgung in Verbindung brachte. So schrieb sie am 12. August 1945 an Armeninspektor Kiener, sie habe kürzlich einen Bericht im Radio gehört, der sie an ihr eigenes Schicksal erinnert habe: «Diese Woche sagte der Radio Verleser, von Sklaverei das sei auch ein Kriegsverbrechen. Da dachte ich sofort, das sei endlich eine Wahrheit, die ich ja erlebt habe.»[161] Oder in einem Brief vom 15. Juni 1946 schrieb sie an Regierungsrat Moeckli: «Diese Woche sah ich von meiner Stelle aus den Verwalter von Hindelbank vorbei gehen. Sofort kam mir diese Draktiererei in Sinn von dort», wo es zum «Dessert» Schläge gegeben habe, zum Schlafen ein «unflätiges Bett, steinhart».[162] Dass sich das Geschehene kaum wiedergutmachen liess, schilderte sie in einem weiteren Brief: «Wenn man in einer Anstalt gewesen ist, nachher ist man am zerlumpen. Man spührt es 20 Jahre, dass man nichts verdient hat und verleumdet worden ist. […] mein Leben wurde mir verdorben durch die ungerechte Einsperrung.»[163]

158 Berger an Regierungsrat Moeckli, 2. Juni 1946, StAB, BB 13.1.38.
159 Ebd.
160 Berger an Regierungsrat Moeckli, 23. Juli 1945, StAB, BB 13.1.381.
161 Berger an Armeninspektor Kiener, 12. August 1945. In verschiedenen Briefen bezeichnete sie die Anstaltsinsassinnen und -insassen als Sklaven, die Versorgungen als «grauenhaften Sklavenhandel», der in der Schweiz stattfinde. Berger an Armeninspektor Kiener, 13. Mai 1945, StAB, BB 13.1.381.
162 Berger an Regierungsrat Moeckli, 15. Juni 1946, StAB, BB 13.1.381.
163 Berger an Regierungsrat Moeckli, 23. Juli 1945. Ähnlich Berger an Regierungsrat Moeckli, 15. Juni 1946. StAB, BB 13.1.381.

Frieda Berger gab also auch nach ihrer Entlassung ihre Gewohnheit nicht auf, bei den Behörden regelmässig ihre Anliegen vorzubringen und Veränderungen zu verlangen. Hier ging es nun nicht mehr um die Forderung, freigelassen zu werden. Sondern es sollten zum einen Steine aus dem Weg geräumt werden, die ihr die Behörden in ihren Augen durch die Anstaltsversorgung in den Weg gelegt hatten und die nun ihren Alltag und ihre Handlungs- und Bewegungsfreiheit beeinträchtigten. Zum andern versuchte Berger auf einer allgemeinen Ebene kundzutun, was ihr widerfahren war, mit der Hoffnung, dass ihr nachträglich das Recht widerfuhr, das ihr ihrer Ansicht nach zustand. So schloss sie denn beispielsweise einen ihren Briefen mit den Worten: «Wissen sollen die Befehlenden der Schweiz, was solche Häuser für mich waren.»[164]

5.3.2 «Solange über ihr Verhalten keine Reklamationen eintreffen, werde ich sie einfach machen lassen müssen»

Wie weiter oben ausgeführt, gab Amtsvormund C., ein oder zwei Jahre nachdem Frieda Berger im Winter 1943/44 aus Sonvilier entlassen worden war, die Vormundschaft über sie ab. An seiner Stelle übernahm der Landwirt L. aus Langnau dieses Amt. Während Amtsvormund C. von Frieda Berger stets mit scharfer Kritik bedacht worden war, fand sie für Vormund L. lobende Worte. Er anerkenne ihre «fleissige Arbeit» und habe ihr versichert, dass sie nicht erneut versorgt werde, schrieb sie etwa in einem Brief an Armeninspektor Kiener vom 2. Januar 1951.[165] Darüber hinaus finden sich in den Akten keine weiteren Zeugnisse über die vormundschaftliche Tätigkeit L.s. Nach einigen Jahren, im Frühling 1950, gab Landwirt L. sein Vormundschaftsamt ab. Dies schien der Auslöser dafür gewesen zu sein, dass Frieda Berger zu diesem Zeitpunkt versuchte, die Aufhebung ihrer Vormundschaft zu erwirken.[166] Sie hatte jedoch keinen Erfolg. Im Gegenteil. Der Regierungsstatthalter von Signau lehnte ihr Gesuch nicht nur ab, sondern entmündigte sie stattdessen sogar noch – auf Antrag der Vormundschaftsbehörde Langnau und nachdem ein psychiatrisches Gutachten eingeholt worden war – zusätzlich zur Entmündigung nach Artikel 370 gemäss Artikel 369, der Entmündigungen wegen «Geisteskrankheit und Geistesschwä-

164 Berger an Regierungsrat Moeckli, 15. Juni 1946, StAB, BB 13.1.381.
165 Berger an Armeninspektor Kiener, 2. Januar 1951, StAB, BB 13.1.381.
166 Mit einem entsprechenden Gesuch gelangte sie am 25. Mai 1950 an das Regierungsstatthalteramt von Signau. 1956 stellte sie ein erneutes Gesuch um Aufhebung der Vormundschaft; auch diesem entsprach der Regierungsstatthalter nicht. Regierungsstatthalteramt Signau, Entscheid, 2. Februar 1960. StAB, BB 13.1.381.

che» ermöglichte.[167] Näheres zu dieser erweiterten Entmündigung ist aus den Akten nicht zu erfahren; auch das eingeholte psychiatrische Gutachten ist in den Akten lediglich erwähnt, selbst jedoch nicht mehr vorhanden. So kann nur vermutet werden, dass sich die Vormundschaftsbehörden erhofften, die Entmündigung Bergers sei schwerer aufzuheben, wenn sie aufgrund mehrerer Artikel entmündigt war, denn zur Aufhebung einer Entmündigung war es notwendig, dass der Grund, der zur Entmündigung geführt hatte, dahingefallen war.[168] Bei einer Entmündigung aufgrund von Artikel 370 wegen «Verschwendung, Trunksucht, lasterhaftem Lebenswandel, Misswirtschaft» galt die Bestimmung, dass die bevormundete Person während mindestens eines Jahres «zu keinen Klagen Anlass gegeben» hatte.[169] Bestand eine Entmündigung aufgrund von Artikel 369 wegen «Geisteskrankheit und Geistesschwäche», hatte ein Sachverständigengutachten festzustellen, dass der entsprechende Entmündigungszustand nicht mehr bestand.[170] Berger musste nun also vielfältigen Voraussetzungen genügen, damit die Aufhebung der Vormundschaft überhaupt in Betracht kam.

Am 30. Mai 1950 wurde neu Amtsvormund S. als Vormund Frieda Bergers bestimmt.[171] Ein knappes halbes Jahr nachdem er sein Amt übernommen hatte, wurde die inzwischen 56-Jährige am 4. November 1950 erneut in eine Anstalt eingewiesen, und zwar in das Fürsorgeheim Bärau.[172] Die Einweisung erfolgte vermutlich gemäss den vormundschaftlichen Versorgungsbestimmungen und auf Veranlassung des neuen Amtsvormunds; genauere Informationen zu dieser Einweisung finden sich in den Versorgungsakten nicht. Wie jedoch einem Vormundschaftsbericht vom 31. Juli 1951 zu entnehmen ist, schien der unmittelbare Anlass für diese Einweisung ein Vorfall im Marthahaus in Bern gewesen zu sein, wo Berger manchmal zwischen Stellenwechseln übernachtete. Eines Nachts sei sie in «Begleitung eines Mannes in betrunkenem Zustande um Mitternacht ins Marthahaus zurückgebracht» worden und habe dort «Lärm» gemacht, wie Amtsvormund S. in seinem Bericht festhielt.[173] Berger selbst schrieb zu diesem Vorfall in einem Brief an Armeninspektor Kiener vom 2. Januar 1951:

167 Regierungsstatthalteramt Signau an Armeninspektor Kiener, 8. Januar 1960; Vormundschaftsbehörde Langnau an Regierungsrat Bern, 15. Juni 1960. StAB, BB 13.1.381. Artikel 369 ZGB 1907/12 bestimmte, dass bei «Geisteskrankheit und Geistesschwäche» eine Entmündigung erfolgen konnte, und zwar dann, wenn die betreffende Person «ihre Angelegenheiten nicht zu besorgen vermag, zu ihrem Schutze dauernd des Beistandes und der Fürsorge bedarf oder die Sicherheit anderer gefährdet». Vgl. für zeitgenössische Kommentare zu Artikel 369 Egger, Kommentar, 1914, S. 493–497; Kaufmann, Kommentar, 1918, S. 47–59.

168 Schär, Vormundschaft, 1956, S. 32–34.

169 Ebd., S. 33.

170 Ebd.

171 Vormundschaftsbericht, 31. Juli 1951, Waisenvogts-Rechnungsmanual, GAL.

172 Ebd.

173 Ebd.

«Das Marthahaus hetzte die Polizei mir auf den Hals mit Lügen. Verfehlt hatte ich nichts. Ich sollte betrunken gewesen sein, […] es ist Lüge. Ich war immer den Stellen nachgegangen und zwischen hinein ein paar Tage im Marthahaus. Selbe hatten keine Berechtigung, mich zu verleumden.»[174] Im Anschluss an diesen Vorfall liess der Amtsvormund Berger nach Langnau bringen, wo sie zunächst zu fünf Tagen Arrest verurteilt und anschliessend nach Bärau eingewiesen wurde, wo sie vom 4. November 1950 bis zum 22. Mai 1951 gut ein halbes Jahr verbrachte.[175] Dieser Vorfall zeigt, wie engmaschig die Kontrolle über Berger zu diesem Zeitpunkt war. Ein Vorfall, bei dem es um eine Art öffentliche Ruhestörung ging und der für sich betrachtet als nicht allzu schwerwiegend eingestuft werden muss, hatte die weitreichende Konsequenz, dass Berger sich in die Anstalt Bärau zu begeben hatte, die zwar eine offene Anstalt war, in der aber dennoch Bergers Bewegungs- und Handlungsfreiheit deutlich eingeschränkt war. Gleichzeitig fällt auf, dass schon bald nach der Übernahme der Vormundschaft durch Amtsvormund S. ein erneutes behördliches Einschreiten erfolgte. Zwar kann nicht mehr festgestellt werden, ob sich Berger nach dessen Amtsantritt tatsächlich erneut soziale Normverstösse zuschulden kommen liess, doch da solche in den Jahren zuvor, unter der Vormundschaft des Privatvormunds L., nicht vorkamen, ist zu vermuten, dass die Vormünder ihren Handlungsspielraum ganz unterschiedlich nutzten und aufgrund individueller Einschätzungen entschieden, wann eingegriffen wurde und wann nicht respektive wie fest sie die Zügel in der Hand haben wollten. Letztlich bedeutete dies für die Betroffenen eine höchst unsichere Lage, in der sie in hohem Mass abhängig waren von der individuellen Person, unter deren vormundschaftliche Obhut sie gestellt waren.

Nach ihrer Entlassung aus Bärau vermittelte der Amtsvormund Frieda Berger eine Anstellung als Hausangestellte in Langnau. Dieses «Arbeitsverhältnis» habe jedoch «gerade acht Tage» gedauert, notierte er im Vormundschaftsbericht vom 31. Juli 1951.[176] Auch in weiteren Vormundschaftsberichten aus den 1950er-Jahren berichtete der Amtsvormund tadelnd, Berger habe «nirgends Ruhe und immer muss sie die Stellen wechseln», es sei «unmöglich», sie in eine «geregelte Arbeitsweise einzureihen».[177] So berichtete er 1953, «[a]uch während dieser Berichtsperiode war Frieda immer unterwegs»,[178] und 1955 notierte

174 Berger an Armeninspektor Kiener, 2. Januar 1951. Ähnlich Berger an Regierungsrat Moeckli, 25. März 1951. StAB, BB 13.1.381. In diesen beiden Briefen sowie einem weiteren Brief vom 15. April 1951 an Armeninspektor Kiener forderte Frieda Berger ihre Entlassung aus dem Fürsorgeheim.

175 Vormundschaftsbericht, 31. Juli 1951, Waisenvogts-Rechnungsmanual, GAL.

176 Ebd.

177 Ebd. In einzelnen Anstellungen verblieb sie über ein halbes Jahr. Vgl. beispielsweise Vormundschaftsbericht, 30. September 1953, Waisenvogts-Rechnungsmanual, GAL.

178 Vormundschaftsbericht, 30. September 1953, Waisenvogts-Rechnungsmanual, GAL.

er, Frieda Berger habe «irgendwo in der Schweiz eine Aushilfsstelle. Auskunft darüber kann ich nicht geben, denn Frieda geht ihre eigenen Wege und lässt sich nichts befehlen.»[179] Der Amtsvormund übte nicht nur Kritik an den häufigen Stellenwechseln Bergers, sondern auch daran, dass sie sich jeweils über zu niedrigen Lohn und zu hohe Arbeitsanforderungen beklage und dass es immer wieder zu Streitigkeiten zwischen ihr und ihren Arbeitgeberinnen und Arbeitgebern komme. Darüber hinaus, so vermerkte er, lasse sie sich von ihm keine Vorschriften machen und akzeptiere beispielsweise Stellen nicht, die er als geeignet erachte. «Wenn Frieda im Büro erscheint, hört man nichts als eine Flut von Schimpfwörtern und Flüche über Behörden und Gerichte und die bösen tyrannisierenden Hausfrauen. [...] In aller Liebe und Güte kann man ihr nicht helfen und wenn man mit Strenge etwas erläutern will, so geht ihr Sprachrohr so laut, dass man aufhören muss.»[180] 1953 hielt Amtsvormund S. zu der Strategie, die er verfolgte, fest, «solange über ihr Verhalten keine Reklamationen eintreffen», werde er sie «einfach machen lassen müssen».[181] Diese Aussage verweist nochmals auf den grossen Handlungsspielraum, den Vormünder hatten. Zu diesem Zeitpunkt erachtete er die Vorkommnisse als zu wenig gravierend, um hart durchzugreifen, und beschloss, vorläufig zuzuwarten. Sollten jedoch «Reklamationen» – etwa von Arbeitgeberinnen oder Arbeitgebern – vorkommen, würde dies ein Eingreifen begründen. Es lag also in seinem Ermessen zu entscheiden, wann weitergehende Massnahmen erfolgten und wann nicht.

5.4 «Wieder einen Galgentrik verübt»: Einweisungen nach Bärau und Sonvilier (1959–1963)

Gegen Ende der 1950er-Jahre äusserte sich Amtsvormund S. in den Vormundschaftsberichten zunehmend kritisch über Frieda Berger. Sie werde «langsam boshaft», schrieb er in einem Bericht vom 30. September 1959.[182] Sie versuche etwa, Strafanzeigen gegen ehemalige Arbeitgeberinnen und Arbeitgeber zu er-

179 Vormundschaftsbericht, 30. September 1955, Waisenvogts-Rechnungsmanual, GAL.

180 Ebd. Dass Berger nicht nur gegenüber den Behörden, sondern auch in ihren Arbeitsstellen «frech» sei und «unflätige Ausdrucksweisen» verwende, kommt als Vorwurf in den Akten immer wieder vor. «Es ist also so, dass sogar dort, wo der Arbeitgeber ihre Arbeit noch einigermassen anerkannte, er ihr freches Wesen beanstandete. Ihre unflätige Ausdrucksweise mag bei den Entlassungen wohl noch ausschlaggebender gewesen sein als ihr Unvermögen, den gestellten Anforderungen zu genügen. [...] Das sie fortwährend schimpft, so macht sie dies auch unterwegs auf der Strasse, wo sie zum Gespött der Kinder wurde.» Regierungsstatthalteramt Signau, Entscheid, 2. Februar 1960, StAB, BB 13.1.381.

181 Vormundschaftsbericht, 30. September 1953, Waisenvogts-Rechnungsmanual, GAL.

182 Vormundschaftsbericht, 30. September 1959, Waisenvogts-Rechnungsmanual, GAL.

statten, um nachträglich Lohnzahlungen einzufordern. Zudem falle es ihr immer schwerer, Arbeitsstellen zu finden; immer wieder sei sie mehrere Wochen oder Monate lang ohne Arbeit. Seit Oktober 1957 erhielt Frieda Berger eine monatliche AHV-Rente von 75 Franken, womit der Vormund ihren «Unterhalt in arbeitslosen Zeiten» bestritt.[183] 1959 gab der Vormund schliesslich an, er könne in seiner Eigenschaft als Vormund die Verantwortung nicht übernehmen und selbst versuchen, Frieda Berger an Arbeitgeber zu vermitteln, denn sie sei nach seinem «Dafürhalten in keiner Stelle» mehr tragbar.[184]

Aufgrund dieser zunehmend kritischen Einschätzungen liess die Vormundschaftsbehörde von Langnau auf Antrag des Amtsvormundes am 11. November 1959 Frieda Berger gemäss den vormundschaftlichen Versorgungsbestimmungen erneut in das Fürsorgeheim Bärau in Langnau einweisen.[185] Auch gegen diese erneute Anstaltseinweisung protestierte sie mit verschiedenen Schreiben.[186] Der Amtsvormund sei ein «Satan», schrieb sie, er habe «wieder einen Galgentrik verübt, indem er mich hinterlistig in Anstalt Bärau stekte», denn ohne sein Eingreifen hätte sie zwei Tage nach ihrer Einweisung eine Stelle antreten können.[187] Nach fünf Monaten in Bärau und nachdem ihre Proteste und ihre Entlassungsbegehren keine Erfolge gezeitigt hatten, verlor Frieda Berger die Geduld. Am 20. April 1960 suchte sie den Amtsvormund persönlich in seinem Büro in Langnau auf und forderte, aus Bärau entlassen zu werden, damit sie sich eine Stelle suchen könne.[188] Der Amtsvormund zeigte sich nicht einverstanden und gab ihr stattdessen die Anweisung, sich in Bärau «gut zu stellen während längerer Zeit»,

183 Vormundschaftsbericht, 30. September 1959, Waisenvogts-Rechnungsmanual, GAL. Als sie 1959 nach Bärau eingewiesen wurde, beklagte sich Berger, dass ihre AHV-Rente für die Deckung dieser Kosten verwendet wurde.; Berger an Armeninspektor Kiener, 3. Dezember 1959, StAB, BB 13.1.381.

184 Ebd. Berger hielt in verschiedenen Briefen fest, der Amtsvormund habe ihr Stellen «verdorben», die sie hätte «antreten können» und bei denen alles «abgemacht» gewesen sei. Vgl. beispielsweise Berger an Armeninspektor Kiener, 14. Dezember 1959, StAB, BB 13.1.381.

185 Vormundschaftsbericht, 30. September 1959, Waisenvogts-Rechnungsmanual, GAL. Vgl. Kapitel 4.5.1, weswegen in diesem Fall das Vormundschaftsrecht und nicht das kantonale Versorgungsrecht zur Anwendung gelangte.

186 Die meisten Briefe schickte sie an Armeninspektor Kiener, der diese jeweils an das Regierungsstatthalteramt Signau weiterleitete. Zwei der Beschwerdebriefe Bergers wurden als offizielle Rekurse, erstinstanzlich an den Regierungsstatthalter und zweitinstanzlich an den Regierungsrat, behandelt. Beide Instanzen lehnten die Beschwerde Bergers ab. Vormundschaftsbehörde Langnau an Regierungsrat, 15. Juni 1960. Die Ablehnung der Rekurse wurde unter anderem unter Bezugnahme auf die Vorgeschichte Bergers und die administrativen Versorgungen in den 1920er- und 1930er-Jahren sowie die 1930 erfolgte Entmündigung begründet; bereits diese frühen Massnahmen würden Bergers soziale Devianz belegen. Vgl. beispielsweise Regierungsstatthalteramt Signau, Entscheid, 2. Februar 1960. StAB, BB 13.1.381.

187 Berger an Armeninspektor Kiener, 3. Dezember 1959, StAB, BB 13.1.381.

188 Einvernahme Amtsvormund S., Amthaus Langnau, 2. Juli 1960, StAB, BB 13.1.381.

danach würde er gegen ihre Stellensuche nicht mehr «opponieren».[189] Klar hatte sich Berger also während einer gewissen Zeit den disziplinierenden Anweisungen des Amtsvormundes zu fügen; diese standen im Vordergrund und nicht die von Berger durchaus glaubhaft vorgebrachte Absicht, sich eine Arbeitsstelle zu suchen und ohne behördliche Unterstützung ihren Lebensunterhalt zu verdienen. Nach dieser Unterredung mit dem Amtsvormund kehrte Berger nicht in die Anstalt Bärau zurück – ähnlich wie auch Hofmann eines Tages nach einem sonntäglichen Kurzurlaub nicht mehr nach Kühlewil zurückgekehrt war. Zu ihrem Weggehen gab sie in einem späteren Brief an, die Behörden hätten kein Recht, sie einzuschliessen und ihr zu verbieten, ihr «rechtes Leben in der Freiheit zu geniessen»; umso weniger, als sie zu ebender Zeit mehrere «Stellenofferten» gehabt habe.[190] Tatsächlich fand sie innerhalb weniger Tage in der Stadt Bern als Haushälterin Arbeit und begann, für einen alleinstehenden achtzigjährigen Herrn zu arbeiten, der eine Dreizimmerwohnung bewohnte und zeitweise als Tapezierer arbeitete.[191] In den Akten ist ein Arbeitszeugnis abgelegt, in dem es heisst, Frieda Berger habe ihre Arbeit als Haushälterin bei ihm «zur Zufriedenheit» verrichtet.[192] Dies ist das einzige Arbeitszeugnis in Bergers Versorgungsakten. In verschiedenen Briefen, die sich in Bergers Versorgungsakten finden, bat Berger die Behörden, ihr Arbeitszeugnisse («sehr gute Empfehlungen»), die sie ihnen geschickt hatte, zurückzuschicken, damit sie sich um Stellen bewerben könne.[193] Daraus lässt sich schliessen, dass es mehrere Arbeitszeugnisse gegeben hat, die offenbar, ähnlich wie das noch vorhandene, Frieda Berger gute Arbeitsleistungen attestierten.

Frieda Bergers eigenmächtiges Verlassen des Fürsorgeheims Bärau wurde von den Fürsorgeorganen nicht toleriert. Dabei spielte die Tatsache, dass es ihr gelungen war, aus eigener Kraft eine Anstellung zu finden, und zudem ihr Arbeitgeber keine Beschwerden über sie äusserte, für die Beurteilung Bergers nicht ins Gewicht, sondern im Vordergrund stand, dass sie sich mit ihrem Weggang aus dem Fürsorgeheim den behördlichen Anweisungen widersetzt hatte. Nach ihrem Wegbleiben wurde sie im Polizeianzeiger zur Verhaftung ausgeschrieben. Nachdem sie schliesslich zwei Monate als Haushälterin für den Tapezierer gearbeitet hatte, wurde sie am 14. Juni 1960 von der Polizei verhaftet und zurück nach Bärau gebracht.[194] Einen Tag später beantragte die Vormundschaftsbehörde

189 Ebd.

190 Einvernahme Berger, Amthaus Langnau, 2. Juli 1960, StAB, BB 13.1.381.

191 Ebd.

192 Schreiben S., Juni 1960, StAB, BB 13.1.381.

193 Vgl. beispielsweise Berger an kantonale Fürsorgedirektion, 14. Mai 1960. Vgl. weiter Regierungsstatthalteramt Signau, Entscheid, 2. Februar 1960. StAB, BB 13.1.381.

194 Berger empörte sich, wie eine «Verbrecherin» ausgeschrieben worden zu sein. In verschiedenen Schreiben ersuchte sie die kantonalen Behörden – ohne ihre Adresse anzugeben – die

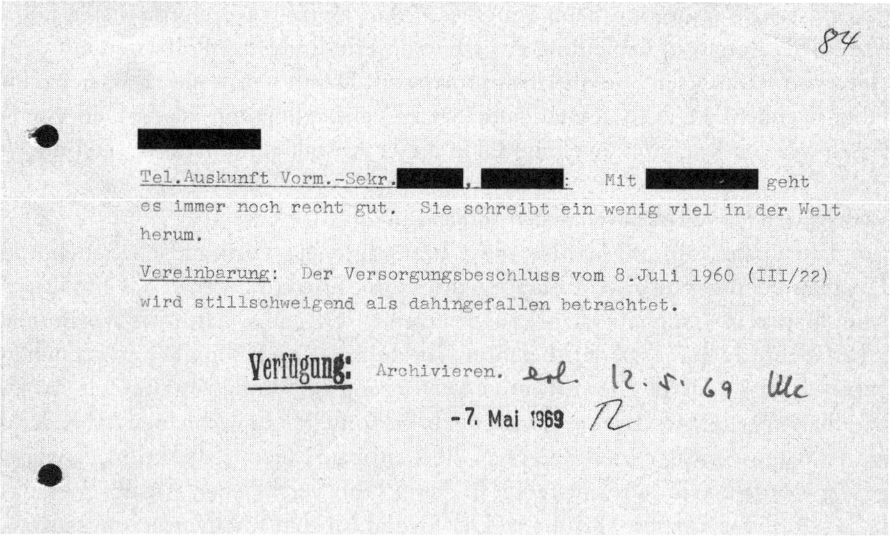

84

[redacted]

Tel.Auskunft Vorm.-Sekr.[redacted], [redacted]: Mit [redacted] geht es immer noch recht gut. Sie schreibt ein wenig viel in der Welt herum.

Vereinbarung: Der Versorgungsbeschluss vom 8.Juli 1960 (III/22) wird stillschweigend als dahingefallen betrachtet.

Verfügung: Archivieren. erl. 12. 5. 69

-7. Mai 1969

Aus den Akten lässt sich nicht ermitteln, ob die Behörden Frieda Berger je darüber informierten, dass seit Mai 1969 kein Versorgungsbeschluss mehr gegen sie vorlag (StAB, BB 13.1.381).

Langnau beim Regierungsrat des Kantons Bern im Sinne einer verschärften Massnahme, wie sie auch bei Hofmann angewendet worden war, Frieda Berger auf «unbestimmte Zeit» ins Versorgungsheim Sonvilier einzuweisen.[195] Der Antrag wurde damit begründet, dass Berger «weder zu führen noch irgendwie zu belehren» sei; dabei sei die «Notwendigkeit einer Anstaltsinternierung» Bergers grundsätzlich erwiesen, in Bärau jedoch könne sie nicht gehalten werden, da bei «Kenntnis der Mentalität des Mündels» dessen erneutes Weglaufen nur eine Frage der Zeit sei.[196] Am 8.Juli 1960 kam der Regierungsrat dem Antrag nach und verfügte die administrative Versorgung auf «unbestimmte Zeit» in das

Ausschreibung rückgängig zu machen (beispielsweise Berger an kantonale Fürsorgedirektion, 11.Juni 1960). Als sie am 14.Juni einen postlagernd geschickten Antwortbrief der kantonalen Fürsorgedirektion abholte, um den sie gebeten hatte, wurde sie von der Polizei verhaftet. Anschliessend wurde sie zunächst auf das Regierungsstatthalteramt Signau gebracht, danach zurück nach Bärau. Vormundschaftsbericht, 30.September 1960, Waisenvogts-Rechnungsmanual, GAL; Einvernahme Berger, Amthaus Langnau, 2.Juli 1960, StAB, BB 13.1.381.

195 Vormundschaftsbehörde Langnau an Regierungsrat des Kantons Bern, 15.Juni 1960, StAB, BB 13.1.381.

196 Ebd. Der Regierungsstatthalter von Signau unterstützte das Begehren. Regierungsstatthalteramt Signau, Entscheid, 2.Februar 1960, StAB, BB 13.1.381.

geschlossene Versorgungsheim Sonvilier.[197] Am 18. Juli 1960 wurde die 66 Jahre alte Frieda Berger in Begleitung einer Fürsorgerin und eines Polizisten mit dem Auto von Bärau nach Sonvilier transportiert.[198] Damit wurde sie 1960, siebzehn Jahre nachdem sie nach achteinhalbjähriger Versorgungszeit aus Sonvilier entlassen worden war, zum zweiten Mal in dieser Anstalt administrativ versorgt.

«Drang nach Freiheit ist unvermindert vorhanden»

Ein Jahr später, am 18. August 1961, beantragte die Vormundschaftsbehörde Langnau bei der kantonalen Fürsorgedirektion, Frieda Berger in das Fürsorgeheim Bärau in Langnau zurückzuversetzen.[199] Offenbar hatte die Vormundschaftsbehörde Berger bereits bei ihrer Überführung nach Sonvilier zu verstehen gegeben, dass man die administrative Versorgung auf «unbestimmte Zeit» so zu handhaben gedachte, dass sie etwa ein Jahr in Sonvilier zu verbleiben habe, denn am 13. August 1961 schrieb Berger an die kantonale Fürsorgedirektion, es sei ihr gesagt worden, «ein Jahr müsse ich in dieser Gott vergessenen Anstalt sein, das habe ich hinter mir seit 18. Juli».[200] Der Grund für den Rückversetzungsantrag, so die Vormundschaftsbehörde, bestehe allerdings nicht in der «Besserung der Einstellung des Mündels», sondern aufgrund von «menschlichen Erwägungen» solle man «dem Mündel, das in einer Verbitterung über den eigenen Misserfolg lebt, etwas Erleichterung gewähren».[201] Die Rückversetzung nach Bärau entspreche auch dem Wunsch Bergers, die in Langnau Angehörige habe und somit in deren Nähe sein könnte. Die Fürsorgedirektion stimmte dem Antrag zu, und am 8. September 1961 holte Amtsvormund S. Berger in Sonvilier ab und brachte sie zurück nach Bärau.[202]

Gut ein Jahr später, am 17. Dezember 1962, beantragte die Vormundschaftsbehörde Langnau bei der kantonalen Fürsorgedirektion die «versuchsweise Entlassung» der mittlerweile 68-jährigen Frieda Berger aus dem Fürsorgeheim Bärau.

197 RRB 4233, 8. Juli 1960, StAB, BB 13.1.381.

198 Kantonspolizei Bern, Notiz, 18. Juli 1960. Erneut finden sich in den Akten nach der Einweisung nach Sonvilier mehrere Beschwerdebriefe und Entlassungsbegehren Bergers. Es findet sich auch ein Hinweis, dass sie sich unter anderem an den Bundespräsidenten Friedrich T. Wahlen wandte und ihn bat, sich für sie einzusetzen, damit sie aus Sonvilier entlassen werde. Regierungsstatthalteramt Signau an Berger, 23. März 1961. StAB, BB 13.1.381.

199 Vormundschaftsbehörde Langnau an kantonale Fürsorgedirektion, 18. August 1961, StAB, BB 13.1.381.

200 Berger an kantonale Fürsorgedirektion, 13. August 1961, StAB, BB 13.1.381.

201 Vormundschaftsbehörde Langnau an kantonale Fürsorgedirektion, 18. August 1961, StAB, BB 13.1.381.

202 Kantonale Fürsorgedirektion an Vormundschaftsbehörde Langnau, 5. September 1961; Vormundschaftsbehörde Langnau an kantonale Fürsorgedirektion, 18. September 1961. StAB, BB 13.1.381. Nach ihrer Rückversetzung nach Bärau wandte sich Berger mit verschiedenen Schreiben an die Behörden und bat, aus Bärau entlassen zu werden, um eine Stelle antreten zu können. Vormundschaftsbericht, 30. November 1962, Waisenvogts-Rechnungsmanual, GAL.

Zwar sei man sich «[ü]bereinstimmend» des «geringen Erfolges im Falle einer Entlassung bewusst», doch plädiere man – wie bereits beim Antrag auf Versetzung von Sonvilier nach Bärau – für ein «Entgegenkommen [...] aus menschlichen Erwägungen»; nicht zuletzt sei Bergers «Drang nach Freiheit» «unvermindert vorhanden».[203] Die Fürsorgedirektion stimmte am 27. Dezember 1962 dem Antrag zu und bestimmte, die Entlassung könne erfolgen, sobald für Frieda Berger eine Arbeitsstelle gefunden war.[204] Frieda Berger beschaffte sich anschliessend selbständig über ein Zeitungsinserat eine Anstellung als Haushälterin auf einem Landwirtschaftsbetrieb in Heimberg, einer Gemeinde nahe Thun, und am 6. Mai 1963 wurde sie probehalber aus dem Fürsorgeheim Bärau entlassen.[205] Während mehrerer Monate erfolgten anschliessend günstige Berichte durch Amtsvormund S.[206] Berger arbeite «zufriedenstellend», ihr «Betragen» gebe zu «keinen Bemerkungen Anlass», auch sei sie «viel ruhiger» geworden.[207] Zwar «reklamiert Frl. Berger in ihrer alten gewohnten Weise ab und zu», schrieb die Amtsvormundschaft am 8. Mai 1964, man habe «diesen kleinen Zänkereien jedoch [...] bis heute absichtlich nicht grosse Bedeutung beigemessen, da sich Frieda Berger auf diese Weise immer am schnellsten wieder beruhigt».[208] Gegenüber ihren «früheren Verfehlungen» zeige sie sich «jedoch nach wie vor uneinsichtig» und fühle sich «ungerecht behandelt», weswegen es «besser» sei, «dieses Thema mit ihr überhaupt nicht mehr zu berühren».[209] Berger schien also weiterhin Briefe geschrieben zu haben, doch diese sind in den Versorgungsakten nicht mehr vorhanden.[210] Wie den vormundschaftlichen Dokumenten dabei zu entnehmen ist, klafften die Fremdeinschätzung durch die Behörden und die Selbsteinschätzung Frieda Bergers noch immer weit auseinander.

Von 1959 bis 1962 hatte Frieda Berger damit härtemässig verschiedene Stufen des

203 Vormundschaftsbehörde Langnau an kantonale Fürsorgedirektion, 17. Dezember 1962. Sie stützte sich auf Berichte des Fürsorgeheims Bärau. «Im Grossen und ganzen hat Frieda Berger sich während den letzten Wochen und Monaten in die Hausordnung gefügt und soweit keine besonderen Schwierigkeiten gemacht.» Pflegeanstalt Bärau an Amtsvormund S., 10. Dezember 1962, StAB, BB 13.1.381.

204 Kantonale Fürsorgedirektion an Vormundschaftsbehörde Langnau, 27. Dezember 1962, StAB, BB 13.1.381.

205 Vormundschaftsbericht, 30. September 1964, Waisenvogts-Rechnungsmanual, GAL.

206 Amtsvormundschaft Langnau an Vormundschaftsbehörde Langnau, 16. Juli 1963; Vormundschaftsbehörde Langnau an kantonale Fürsorgedirektion, 25. November 1963. StAB, BB 13.1.381.

207 Amtsvormundschaft Langnau an Vormundschaftsbehörde Langnau, 16. Juli 1963, StAB, BB 13.1.381.

208 Amtsvormundschaft Langnau an Vormundschaftsbehörde Langnau, 8. Mai 1964, StAB, BB 13.1.381.

209 Vormundschaftsbericht, 30. September 1964, Waisenvogts-Rechnungsmanual, GAL.

210 Vgl. für einen entsprechenden Hinweis Fürsprecher U., Notiz, 7. Mai 1969, StAB, BB 13.1.381. Der letzte ihrer Briefe in den Versorgungsakten ist vom 21. September 1962.

behördlichen Zugriffs im Zusammenhang mit einer zwangsweisen Anstaltsunterbringung durchlaufen: Als Erstes war die vormundschaftliche Unterbringung im Fürsorgeheim Bärau erfolgt, als verschärfte Massnahme war anschliessend die administrative Versorgung gemäss kantonalem Versorgungsrecht im geschlossenen Versorgungsheim Sonvilier verfügt worden. Danach war sie – im Sinne einer Erleichterung der Massnahme – zurück nach Bärau gekommen, von wo sie schliesslich probeweise in die Freiheit entlassen wurde. Mit dieser letzten Entlassung aus dem Fürsorgeheim Bärau ging Frieda Bergers Anstaltskarriere zu Ende; insgesamt hatte sie zeit ihres Lebens fünfzehn Jahre administrativ und vormundschaftlich versorgt in Anstalten zugebracht. Nach wie vor war sie bevormundet.

In der zweiten Hälfte der 1960er-Jahre werden die Informationen zu Frieda Berger im Staatsarchiv des Kantons Bern und im Gemeindearchiv Langnau spärlicher. Zu erfahren ist, dass sie im Frühling 1965 zurück nach Langnau zog, um dort zu arbeiten.[211] Am 1. Februar 1966 ging für sie ein seit mehreren Jahren vorgebrachter Wunsch in Erfüllung: Es wurde für sie etwas ausserhalb von Langnau eine Dreizimmerwohnung gemietet.[212] Seit dem Umzug in ihre eigene Wohnung sei sie «etwas ruhiger und zufriedener geworden», heisst es in einem Protokoll der Vormundschaftsbehörde Langnau vom 22. November 1966.[213] In einem weiteren Protokoll vom 13. November 1968 ist vermerkt, Frieda Berger – sie war inzwischen 74 Jahre alt – habe sich «weitgehend beruhigt».[214] Sie schreibe «ein wenig viel in der Gegend herum», so eine Aktennotiz der kantonalen Fürsorgedirektion vom 7. Mai 1969.[215] Theoretisch war Frieda Berger zu diesem Zeitpunkt immer noch lediglich probeweise aus dem Versorgungsheim Sonvilier entlassen, denn der Regierungsrat hatte seinen Versorgungsbeschluss vom 8. Juli 1960, der auf «unbestimmte Zeit» gelautet hatte, noch nicht offiziell aufgehoben. Schliesslich vereinbarten die Vormundschaftsbehörde von Langnau und die kantonale Fürsorgedirektion 1969 nach telefonischer Absprache, den Versorgungsbeschluss vom 8. Juli 1960 «stillschweigend als dahingefallen» zu betrachten, ohne einen offiziellen Entlassungsentscheid durch den Regierungsrat zu erwirken.[216] In den Akten findet sich kein Hinweis, dass Frieda Berger über diese Vereinbarung unterrichtet wurde. Ob sich die Behörden – für den Fall, dass sie es

211 Vormundschaftsbehörde, Verhandlungsprotokolle, 2. Juli 1965, 22. November 1966, GAL.

212 Vormundschaftsbehörde, Verhandlungsprotokolle, 22. November 1966, GAL. Der Forderung nach einer eigenen Wohnung standen die Behörden in früheren Jahren ablehnend gegenüber; hierzu würden die finanziellen Mittel fehlen, zudem könne so nicht die «angemessene Kontrolle» über sie ausgeübt werden. Regierungsstatthalteramt Signau, Entscheid, 2. Februar 1960, StAB, BB 13.1.381.

213 Vormundschaftsbehörde, Verhandlungsprotokoll, 22. November 1966, GAL.

214 Vormundschaftsbehörde, Verhandlungsprotokoll, 13. November 1968, GAL.

215 Fürsprecher U., Notiz, 7. Mai 1969, StAB, BB 13.1.381.

216 Ebd.

tatsächlich unterliessen, Berger zu informieren – durch diese Nichtinformation einen disziplinierenden Effekt erhofften oder ob sie keinen neuen Aufregungen verursachen wollten, nun da die Situation unter Kontrolle schien, ist eine Frage, die nicht beantwortet werden kann.
Nach 1969 finden sich in den Archiven für die Dauer von zehn Jahren keine Informationen zu Frieda Berger mehr. Aus einem abschliessenden Vormundschaftsbericht vom 23. Mai 1979 ist schliesslich zu erfahren, dass Frieda Berger am 8. März 1979 im Alter von 85 Jahren in einem Altersheim in Langnau starb.[217]

5.5 Fazit

Ähnlich wie im Fall Jakob Hofmann belangten die Behörden im Fall Frieda Berger nicht einzelne Normverletzungen, sondern es ging um die Ahndung einer Vielzahl von Normübertretungen, die sich nach Auffassung der Behörden zur Gesamterscheinung «soziale Devianz» verdichtet hatten. Diese Normverstösse waren dabei nicht so gravierend, als dass sie mit strafrechtlichen Mitteln hätten geahndet werden können. Anders als bei Hofmann, bei dem es eine Familie ökonomisch zu (unter)stützen galt und wo Familienangehörige in Mitleidenschaft gezogen waren, standen bei Berger in erster Linie sittliche Wertvorstellungen als Motiv hinter dem Handeln der Behörden und der Aspekt der ökonomischen Subsistenzsicherung spielte für ihre Handlungslogik praktisch keine Rolle. Ähnlich wie bei Hofmann hatten die auf der Basis eines hierarchisch-autoritären Machtverhältnisses zwischen den Fürsorgeorganen und den Befürsorgten gegen Berger angewandten Massnahmen in erster Linie einen disziplinierend-sanktionierenden und repressiven Charakter. Während Jakob Hofmann zahllose Male Besserung versprach – womit er die behördlichen Normvorstellungen bis zu einem gewissen Grad als gültig anerkannte –, beharrte Frieda Berger auf ihren eigenen Standpunkten, widersetzte sich hartnäckig den Vorgaben der Behörden und äusserte Wertvorstellungen, die von jenen der Fürsorgeorgane abwichen. Sie widersetzte sich damit der sozialen Position, die ihr die Behörden zuwiesen, und den damit verbundenen Verhaltensanforderungen. Dass sie – in ihrer Eigenschaft als Mündel – die Autorität der Amtsvormünder nicht akzeptierte und zudem als Frau in einer Männerwelt ihre Stimme erhob und auf einem erweiterten weiblichen Handlungsspielraum beharrte, der die Möglichkeit des ausserehelichen Geschlechtsverkehrs mit einschloss, legten die Behörden in ihrem Fall als «Einsichtslosigkeit» aus. Je vehementer Frieda Berger auf ihrem eigenen Standpunkt beharrte, desto «einsichtsloser» erschien sie den Behörden und desto

217 Vormundschaftsbehörde, Verhandlungsprotokoll, 23. Mai 1979, GAL.

unwahrscheinlicher war es, dass Letztere von ihrer Position abrückten. Der Versuch, sich mittels Briefen und zum Teil auch persönlicher Vorsprachen Gehör zu verschaffen, war eine der wenigen legalen Widerstandsformen, die Frieda Berger überhaupt zur Verfügung standen. Doch je heftiger sie protestierte, desto enger zog sich die Schlinge zusammen: Gemäss der Handlungslogik der Behörden, die einen Autoritätsanspruch durchzusetzen und zu befestigen hatten, war Frieda Berger dazu zu bringen, ihre Einstellung und ihr Verhalten im Sinne der Fürsorgeorgane zu ändern oder zumindest das ihr vorgeworfene Fehlverhalten zuzugeben und Anstrengungen an den Tag zu legen, sich zu ändern. Hier konnte man nicht nachgeben, denn dies hätte ein Scheitern der Behörden respektive der von ihnen in die Wege geleiteten Massnahmen bedeutet; wobei den Fürsorgeorganen dabei immer noch argumentativ der Ausweg geblieben wäre, die verhängten Massnahmen grundsätzlich als geeignet, Frieda Berger jedoch als unverbesserlich einzustufen. Der Fall Frieda Berger lässt sich über weite Strecken als ein Machtspiel charakterisieren, bei dem Kräfte und Ressourcen in höchstem Mass ungleich verteilt waren. Fünfzehn Jahre ihres Lebens verbrachte Frieda Berger gegen ihren Willen zwangsweise in Anstalten. Es war ein Machtspiel, das für Frieda Berger bis ins hohe Alter bitterernste Folgen hatte. Doch trotz allem gelang es den Fürsorgeorganen nicht, Frieda Bergers Willen zu brechen und sie ihres wichtigsten Streitmittels, des Wortes, zu berauben, dessen Einsatz sich allerdings für Frieda Berger letztlich kontraproduktiv auswirkte.

6 Reformpostulate

«Sinn und Unsinn» der administrativen Versorgung hätten, so 1958 ein Artikel in der *Neuen Zürcher Zeitung*, «seit jeher Anlass zu öffentlichen Diskussionen» gegeben.[1] Dieser Bemerkung kann aus historischer Perspektive nur bedingt zugestimmt werden. Erst allmählich begann sich nämlich im Laufe des 20. Jahrhunderts ein kritischer Versorgungsdiskurs zu formieren, der von breiteren Kreisen getragen wurde. Im ausgehenden 19. Jahrhundert und zu Beginn des 20. Jahrhunderts befanden sich Stimmen, die sich gegenüber der administrativen Versorgung kritisch äusserten, noch in einer kleinen Minderheit. Die Formierung eines kritischen Versorgungsdiskurses lässt sich für die Zeit Ende der 1930er-Jahre und die 1940er-Jahre festmachen, also jene Zeit, in der sich auch die beiden Fallgeschichten von Jakob Hofmann und Frieda Berger zu grossen Teilen abspielen. Den Auftakt für die Formierung eines solchen öffentlich hörbaren kritischen Diskurses bildeten dabei Veröffentlichungen des Berner Publizisten und Sozialkritikers Carl Albert Loosli, der Ende der 1930er-Jahre mit deutlichen und provokanten Anklagen gegen die administrative Versorgung Stellung bezog. Im Zusammenhang mit dem schweizerischen Strafgesetzbuch, das 1937 verabschiedet wurde und 1942 in Kraft trat, setzten sich auch Rechtswissenschaftler vermehrt kritisch mit den rechtlichen Grundlagen der Anstaltsversorgung in der Schweiz auseinander. Von Seiten fürsorgerischer Fachkreise dominierten hingegen um die Mitte des 20. Jahrhunderts noch Bemühungen, die administrative Versorgung als unverzichtbares fürsorgerisches und sozialpolitisches Instrument zu legitimieren. Erst seit den 1960er-Jahren begannen fürsorgerische Expertenkreise Grundsatzkritik an fürsorgerischen Zwangsmassnahmen zu üben. Der Frage, wie sich im 20. Jahrhundert ein kritischer Versorgungsdiskurs formierte und welche Elemente dieser Diskurs beinhaltete, wird in diesem Kapitel nachgegangen.

1 C. So., Die administrative Versorgung, in: Neue Zürcher Zeitung, 11. April 1958, Mittagsausgabe.

6.1 «Es darf wirklich auch ein verstärkter Schutz der Persönlichkeit verlangt werden»

6.1.1 Die Kritik Carl Albert Looslis Ende der 1930er-Jahre

Der Berner Publizist und Sozialkritiker Carl Albert Loosli (1877–1959)[2] war nicht nur der Erste, der mit umfassender Kritik an der administrativen Versorgung an die Öffentlichkeit gelangte, sondern seine Stimme blieb im Kreis der Kritiker auch eine der pointiertesten. Den Auftakt für seine Kritik bildete ein Artikel, den er im Juni 1938 sowohl in der auflagenstarken und in volksnahem Stil gehaltenen Zeitschrift *Der Schweizerischen Beobachter* als auch in der Wochenzeitung *Die Nation* publizierte;[3] beide waren Publikationsorgane mit einem sozialkritischen Impetus, die von einem breiten Publikum gelesen wurden.[4] Ein gutes halbes Jahr später, im Januar 1939, folgte als Monografie die rund 200 Seiten umfassende Streitschrift *«Administrativjustiz» und Schweizerische Konzentrationslager*, in der er die Grundgedanken der im Juni 1938 erschienenen Artikel breiter ausführte.[5]

Mit seiner Kritik an der administrativen Versorgung wollte Loosli seinen «Kampf» gegen die unhaltbaren Zustände im schweizerischen Anstaltswesen, den er in den 1920er-Jahren aufgenommen hatte, weiterführen, wie er in seiner Streitschrift schrieb.[6] Damals war es ihm mittels publizistischer Aktivitäten gelungen, vor allem in Fachkreisen und auf politischer Ebene im Kanton Bern heftige Diskussionen über die Anstaltserziehung von Kindern und Jugendlichen auszulösen und Reformen den Weg zu bereiten.[7] Eine der Triebfedern für Loos-

2 Zur Biografie Looslis vgl. Erwin Marti, Carl Albert Loosli 1877–1959, Bd. 1: Zwischen Jugendgefängnis und Pariser Bohème (1877–1907), Zürich 1996; Erwin Marti, Carl Albert Loosli 1877–1959, Bd. 2: Eulenspiegel in helvetischen Landen (1904–1914), Zürich 1999; Erwin Marti, Carl Albert Loosli 1877–1959, Bd. 3/1: Im eigenen Land verbannt (1914–1959), Zürich 2009.

3 Carl Albert Loosli, Schweizerische Konzentrationslager und «Administrativjustiz», in: Der Schweizerische Beobachter, 15. Juni 1938; Carl Albert Loosli, Schweizerische Konzentrationslager und «Administrativjustiz», in: Die Nation, 30. Juni 1938.

4 Vgl. zum *Beobachter* und zur *Nation* Ernst Bollinger, Der Schweizerische Beobachter, in: Historisches Lexikon der Schweiz (HLS), Version 8. September 2010, www.hls.ch; Annetta Bundi, Andi Jacomet, «Das gibt es in der Schweiz!». Sozialreportagen in der «Nation» 1939–1952, Bern 1997 (unpubl. Seminararbeit).

5 Carl Albert Loosli, «Administrativjustiz» und Schweizerische Konzentrationslager, Bern 1939. Unter Auslassung einiger Abschnitte findet sich ein Nachdruck von Looslis Streitschrift in: Carl Albert Loosli, Administrativjustiz, Werke Bd. 2: Strafrecht und Strafvollzug, Fredi Lerch, Erwin Marti (Hg.), Zürich 2007, S. 102–284.

6 Loosli, «Administrativjustiz», 1939, S. 111.

7 Martina Akermann, Meerrohrstock, Karzer und Fluchring. Anstaltskritik und Strafpraxis im Erziehungsheim Rathausen in den 1940er-Jahren, Zürich 2004 (unpubl. Lizenziatsarbeit), S. 42 f., 87, 98; Lucien Criblez, Die Pädagogisierung der Strafe. Zur Geschichte von Jugend-

Carl Albert Loosli publizierte 1939 im Selbstverlag seine Streitschrift *«Administrativjustiz» und Schweizerische Konzentrationslager.*

lis gesellschaftskritisches Engagement war seine eigene leidvolle Erfahrung als jugendlicher Anstaltsinsasse. Nun, Ende der 1930er-Jahre, richtete er die spitze Feder seiner Kritik gegen die Arbeitsanstalten für administrativ versorgte Erwachsene und holte vor allem in seiner Streitschrift *«Administrativjustiz» und Schweizerische Konzentrationslager* zu einer eigentlichen Abrechnung mit der administrativen Versorgung aus.
Bereits das Umschlagbild von Looslis Streitschrift verdeutlicht den Charakter der Abhandlung: Zu sehen ist ein Mann, der Schultern und Kopf hängen lässt und in eine kleine Zelle mit einem vergitterten Fenster eingeschlossen ist. Er steht auf der Umrisskarte der Schweiz; Looslis Bild suggeriert, dass die Schweiz für den Eingeschlossenen zum Gefängnis geworden ist.

«Schweizerische Konzentrationslager»

Carl Albert Loosli kreierte für seine Kritik an der administrativen Versorgung das provozierende Schlagwort «schweizerische Konzentrationslager». Die öffentliche Meinung in der Schweiz, so Loosli, empöre sich zu Recht über die Konzentrationslager im «diktatorisch regierten» und «politisch aufgewühlten Ausland».[8] Eine allzu laute Entrüstung sei jedoch nicht am Platz, solange es in der Schweiz «ähnliche Einrichtungen» gebe, in die Menschen ohne rechtlich einwandfreie Verfahren zwangseingewiesen würden. Anders als im Ausland sei die Zielgruppe in der Schweiz jedoch nicht eine politische Gegnerschaft, sondern die soziale Unterschicht. «Die vorderhand wirtschaftlich und politisch noch mächtigere Oberschicht bedient sich ihrer [der Arbeitsanstalten] als eines Kampf- und Vernichtungsmittels gegen Arme, Enterbte, [...] Verwahrloste.»[9] Dass es sich bei den Gesetzen zur administrativen Versorgung um eine gegen bestimmte Bevölkerungsgruppen gerichtete Sondergesetzgebung handelte, war einer der zentralen Kritikpunkte Looslis, auf den weiter unten genauer eingegangen wird.
Mit «Vernichtung» meinte Loosli, der es in seiner Streitschrift nicht an drastischen Formulierungen und einer radikalen Sprache mangeln liess,[10] eine soziale

strafrecht und Jugendmassnahmenvollzug in der Schweiz, in: Hans Badertscher, Hans-Ulrich Grunder (Hg.), Geschichte der Erziehung und Schule in der Schweiz im 19. und 20. Jahrhundert, Bern, Stuttgart, Wien 1997, S. 319–356, hier S. 342 f.; Paul Kistler, Bemerkungen zur «Anstaltskrise», Referat gehalten an der Vollsitzung der Schweizerischen Landeskonferenz für soziale Arbeit am 13. November 1944 in Zürich, in: Schweizerische Zeitschrift für Gemeinnützigkeit, 84, 1 (1945), S. 1–3; Loosli, «Administrativjustiz», 1939, S. 110 f.

8 Loosli, Konzentrationslager, Beobachter, 1938, S. 327.

9 Loosli, «Administrativjustiz», 1939, S. 186.

10 Stellenweise brach die Lust am ausgesprochen bilderreichen Schreiben in Loosli durch, etwa wenn er die «‹Administrativjustiz›» in gotthelfscher Manier als «Ungeheuer» personifizierte und meinte, es sei «schliesslich doch zur Ehre der Menschheit anzunehmen, die ‹Administrativjustiz› würde vor sich selbst erschaudern und in sich zusammenfallen, gelangte ihr je ihre ganze Wesensbeschaffenheit, ihre Verwerflichkeit mit allen ihren grauenhaften Folgen zum

und psychologische und nicht eine physische Vernichtung. Loosli dürfte beim Verfassen seiner kritischen Anklagen besonders die Konzentrationslager im benachbarten Deutschland vor Augen gehabt haben und sich dabei auf eine frühe Phase der nationalsozialistischen Verfolgungen bezogen haben, und Loosli definierte in seiner Schrift Konzentrationslager als Einrichtungen, die «heute zur Enthaltung politisch unbeliebter Gegner, oder der Gegnerschaft Verdächtiger» dienen.[11] In den ersten Haftstätten des NS-Regimes wurden fast ausschliesslich politische Regimegegner, allen voran Mitglieder der Arbeiterbewegung, inhaftiert, gefoltert und zu Tode gebracht.[12] Die Verschärfung der nationalsozialistischen Verfolgungen in den Jahren 1937 und 1938, bei denen eine «biologistisch und rassistisch motivierte Generalprävention»[13] in den Vordergrund trat und die sich vor allem auf «Kriminelle», «Asoziale» und «Arbeitsscheue» richtete,[14] fand hingegen keinen Niederschlag in Looslis Ausführungen. Mit Ausbruch des Krieges im September 1939 intensivierten die Nationalsozialisten ihre Verfolgungen erneut und verschärften die Haftbedingungen, wobei Häftlinge slawischer Herkunft sowie Jüdinnen und Juden besonders schlimmen Haftbedingungen unterworfen waren.[15] Seit Ende des Jahres 1941 betrieben sie Vernichtungslager, in denen sie Jüdinnen und Juden, Sinti, Roma oder Homosexuelle in Gaskammern oder mit Hilfe anderer Tötungsmethoden zu Hunderttausenden umbrachten. Diese Entwicklungen konnte Loosli Ende der 1930er-Jahre nicht voraussehen. Es ist davon auszugehen, dass er, wenn er sein Buch in den 1940er-Jahren verfasst hätte, darauf verzichtet hätte, den Begriff «Konzentrationslager» so prominent im Titel zu führen und auf dieselbe plakative Weise die Arbeitsanstalten in der Schweiz mit den Konzentrationslagern im benachbarten Ausland auf eine Stufe zu stellen. Auch wenn Looslis Publikationen ziemlich genau in dieselbe zeit-

klaren Bewusstsein, jenem altertümlichen Ungeheuer gleich, das, als man ihm bloss einen Spiegel vorhielt, vor blassem Entsetzen ob seinem eigenen Bilde, eines jähen Todes unrühmlich endete». Ebd., S. 141.

11 Ebd., S. 186. Für einen Überblick über die Geschichte der Konzentrationslager – oder allgemeiner die Lagersysteme im 20. Jahrhundert – vgl. Andrzej J. Kaminski, Konzentrationslager 1896 bis heute. Eine Analyse, Stuttgart 1982; Joël Kotek, Pierre Rigoulot, Das Jahrhundert der Lager. Gefangenschaft, Zwangsarbeit, Vernichtung, Berlin 2001; Wolfgang Sofsky, Die Ordnung des Terrors. Das Konzentrationslager, Frankfurt am Main 1993.

12 Karin Orth, Das System der nationalsozialistischen Konzentrationslager. Eine politische Organisationsgeschichte, Hamburg 1999, S. 25.

13 Orth, System, 1999, S. 46–61, hier S. 47.

14 Ebd., S. 50f. Zu dieser Zeit begannen die Nationalsozialisten, ein neues Lagersystem zu errichten. Sie lösten die frühen Lager auf und errichteten den neuen Lagertypus der grossen nationalsozialistischen Konzentrationslager. Am Anfang dieses eigentlichen KZ-Systems stand die Errichtung von Sachsenhausen im Sommer 1936. Bis Mai 1939, einige Monate vor Kriegsausbruch, folgten Buchenwald, das erweiterte Dachau, Flossenbürg, Mauthausen und Ravensbrück. Ebd., S. 35–38.

15 Ebd., S. 110, 112.

liche Phase fallen, in der die Nationalsozialisten ihre Verfolgungen dramatisch verschärften, ist dennoch sein expliziter Vergleich der schweizerischen Arbeitsanstalten mit den nationalsozialistischen Konzentrationslagern kritisch zu bewerten. Loosli mussten die Berichte über die Zustände in den frühen deutschen Lagern bekannt gewesen sein. So berichtete die schweizerische Presse bereits seit 1933, wenn auch nur punktuell, über Tötungsaktionen und das Ausmass der Brutalität in den nationalsozialistischen Verfolgungsstätten. Zahlreich erschienene Augenzeugenberichte von entlassenen Insassinnen und Insassen sowie die deutsche Exilpublizistik ergänzten das Bild.[16] Deutlich wird, dass Loosli mit seiner Streitschrift nicht in erster Linie einen präzise analysierenden Vergleich anstrebte, sondern ihm die Wahl einer möglichst drastischen Vergleichsgrösse als Stilmittel diente, um seine Kritik an der administrativen Versorgung auf die Spitze treiben und öffentliche Wirksamkeit erzielen zu können.[17]

Looslis Kritik an der administrativen Versorgung

Loosli setzte seine Kritik an der administrativen Versorgung auf drei Ebenen an. Erstens übte er eine allgemeine Gesellschafts- und Machtkritik, indem er das hierarchische Verhältnis zwischen den gesellschaftlichen Schichten und die Mittel, die der Oberschicht zur Aufrechterhaltung dieses Verhältnisses zur Verfügung stehen würden, kritisierte. Für ihn manifestierte sich in der administrativen Versorgung eine «Klassenjustiz»,[18] derer sich die herrschende und finanziell besser gestellte Oberschicht bediene, um gegen die soziale Unterschicht vorgehen zu können. Loosli kritisierte eine dabei zum Tragen kommende Doppelmoral und beanstandete, dass Begriffe wie «Arbeitsscheu», «Liederlichkeit» oder «Trunksucht» auf unterschiedliche Art und Weise angewandt würden, je nachdem, aus welcher gesellschaftlichen Schicht eine Person stammte. So werde kaum jemals eine vermögende Person mit einem hohen gesellschaftlichen Status unter Bezug auf eine solche Kategorie belangt, sondern einseitig seien von der administrativen Versorgung fürsorgeunterstützte Personen betroffen oder solche, bei denen angenommen werde, dass sie fürsorgebedürftig werden könnten.[19] Wäh-

16 Eric Dreifuss, Die Schweiz und das Dritte Reich. Vier deutschschweizerische Zeitungen im Zeitalter des Faschismus 1933–1939, Frauenfeld 1971, S. 165–172. Vgl. weiter Sibyl Milton, Die Konzentrationslager der dreissiger Jahre im Bild der in- und ausländischen Presse, in: Ulrich Herbert et al. (Hg.), Die nationalsozialistischen Konzentrationslager. Entwicklung und Struktur, Bd. 1, Göttingen 1998, S. 134–147.

17 Dies könnte auch eine Erklärung dafür sein, weswegen Loosli das vormundschaftlich-zivilrechtliche Versorgungsrecht mit lobenden Worten bedachte, um durch einen solchen Vergleich die Kritik an der administrativen Versorgung gemäss kantonalem Recht umso schärfer hervortreten zu lassen. Vgl. hierzu weiter unten in diesem Kapitel.

18 Loosli, «Administrativjustiz», 1939, S. 92.

19 Ebd., S. 156. Vgl. weiter ebd., S. 175 f.

rend Fürsorgeunterstützte allzu rasch moralisch verurteilt würden, in gesellschaftlichen Verruf gerieten und sich entwürdigende Behandlungsweisen gefallen lassen müssten, könnten sich etwa Unternehmer oder Politiker, welche «bei weitem nicht alle Abstinenten oder sittlich hochwertige Menschen» seien, Fehler leisten, ohne dass sie dafür zur Rechenschaft gezogen würden.[20]
Loosli legte dar, wie diese asymmetrischen Machtverhältnisse in der konkreten Interaktion zwischen den Fürsorgeorganen respektive Verwaltungsangestellten und den Betroffenen zum Tragen kamen. So sei es etwa eine falsche Annahme, dass allein dadurch, dass die Betroffenen einvernommen würden, deren rechtliches Gehör und damit deren Rechtsschutz ausreichend gewährleistet sei – gemäss dem bernischen Armenpolizeigesetz von 1912 musste beispielsweise der Regierungsstatthalter, wie in Kapitel 3.1.3 ausgeführt, bei einer Einweisung in eine Arbeitsanstalt (nicht aber bei einer Einweisung in ein geschlossenes Versorgungsheim) die betreffende Person einvernehmen. Um diesen Kritikpunkt zu verdeutlichen, führte Loosli den Leserinnen und Lesern, ausgehend von soziologisch-psychologischen Beobachtungen und Überlegungen, vor Augen, was eine entsprechende Einvernahmesituation beinhaltete: «Durch den Umstand allein, dass er angezeigt und zur Einvernahme gezogen wird, ist er entweder eingeschüchtert oder entgeistert. Er ist nicht gewohnt logisch zu denken. [...] Ihm gegenüber steht ein Beamter, der von seinem Fall aktenmässige Kenntnis, folglich seine Meinung darüber gebildet, wenn nicht seinen Standpunkt bereits bezogen hat [...]. Er mag noch so wohlwollend, noch so menschlich gesinnt sein, so ist er gegenüber dem Inkulpaten durch die blosse Tatsache des gegen diesen eingeleiteten Verfahrens befangen, voreingenommen.»[21] Hier beschreibt Loosli einen Vorgang, wie er auch in den beiden Fallgeschichten in den Kapiteln 4 und 5 dargelegt wurde, nämlich dass aktenmässig produziertes Wissen eine wirklichkeitskonstituierende Kraft hatte und dass Vorgänge rund um eine administrative Versorgung stigmatisierende Effekte aufwiesen. Loosli vertrat letztlich die Auffassung, dass die administrative Versorgung nur schwer zu bekämpfen sei, wenn sich an den gesellschaftlichen Machtverhältnissen und -interessen nichts ändere. Dabei war er kein Anhänger revolutionärer Ideen; gesellschaftliche Verhältnisse sollten nicht durch einen Umsturz, sondern durch Reformen verändert werden.[22]
Als Zweites kritisierte Loosli auf einer institutionellen Ebene den Vollzug der Versorgungsmassnahmen. Da die Arbeitsanstalten nach finanziellen Logiken funktionieren müssten, hätten «fiskalische» Interessen gegenüber «sozialpäd-

20 Ebd., S. 137–139.
21 Ebd., S. 163.
22 Vgl. auch Fredi Lerch, Erwin Marti, Der Erzieher C. A. Loosli, in: Carl Albert Loosli, Anstaltsleben, Werke Bd. 1: Verdingkinder und Jugendrecht, Fredi Lerch, Erwin Marti (Hg.), Zürich 2006, S. 9–18, hier S. 11.

agogischen» Überlegungen die Oberhand. Das primäre Ziel der Anstalten liege in der Erwirtschaftung von Erträgen und nicht in einer fachlich kompetenten Betreuung der Versorgten. Aus diesem Grund seien die Anstalten auf eine «möglichst grosse Zahl Zwangsarbeitskräfte» angewiesen, auf «Staatssklaven», wie Loosli sie nannte, deren Arbeitskraft ausgenützt werde.[23] Dies erkläre, weswegen zur Leitung der Anstalten «landwirtschafts-, gewerbe- und handelserfahrene Verwalter» eingesetzt würden und nicht «eigentliche, eigens dazu vorgebildete, geschulte und befähigte Strafvollzugsbeamte, Sozialpädagogen, Kriminalheilkundige».[24] Loosli kritisierte den Mangel an geschultem Personal und dass es auf diese Weise nicht möglich sei, die Betroffenen adäquat zu betreuen. Die so betriebenen Anstalten besserten die Menschen nicht, sondern «verbittern» sie, viele fänden sich nach ihrer Entlassung in der Gesellschaft nicht mehr zurecht und belasteten ihre Familien und den Staat, so führte Loosli seine Kritik weiter.[25] Mit seinen Forderungen nach einer Professionalisierung und Verwissenschaftlichung des Anstaltsvollzugs brachte Loosli Punkte an, wie sie im Lauf der zweiten Hälfte des 20. Jahrhunderts in zunehmendem Mass auch von Fachleuten der Fürsorge und Sozialarbeit geäussert wurden und wie sie weiter unten in diesem Kapitel besprochen werden.

Als Drittes kritisierte Loosli die rechtlichen Grundlagen der administrativen Versorgung, die den Betroffenen einen nur unzureichenden Rechtsschutz böten. In diesem Zusammenhang verwendete er den Begriff der «‹Administrativjustiz›». Mit diesem verwies er kritisch darauf, dass Verwaltungsbehörden Entscheide fällten, die seiner Ansicht nach eigentlich in einen gerichtlichen Zuständigkeitsbereich fielen oder die zumindest von einer unabhängigen Instanz müssten überprüft werden können. Solche Kritik brachten insbesondere auch Rechtswissenschaftler seit den 1940er-Jahren vor, worauf im folgenden Teilkapitel eingegangen wird.

Looslis Artikel im *Schweizerischen Beobachter* und in der *Nation* hätten «viel Staub aufgewirbelt» und eine «grosse Zahl von Zuschriften» zu Folge gehabt, hielt die Redaktion des *Beobachters* drei Monate nach Erscheinen der Artikel fest.[26] Loosli selbst schrieb in der Streitschrift, nach der Publikation der Artikel seien ihm «zum Teil aktenbelegte Zuschriften dutzendweise» zugesandt worden, und eine «ganze Reihe von Mitbürgern» habe persönlich bei ihm vorgesprochen und ihm ihre «Waffenkameradschaft in meinem allfälligen Feldzug

23 Loosli, «Administrativjustiz», 1939, S. 36f. Vgl. weiter ebd., S. 191–194.
24 Ebd., S. 191.
25 Ebd., S. 192.
26 Ohne Autor, Ist die administrative Versorgung entbehrlich oder nicht? Eine interessante Kontroverse zwischen Dr. Fritz Pesch von der Vormundschaftsbehörde in Zürich und dem Schriftsteller C. A. Loosli in Bümpliz, in: Der Schweizerische Beobachter, 30. September 1938.

gegen die ‹Administrativjustiz›» sowie ihre «Zeugenbereitschaft» zugesichert.[27] Diese Rückmeldungen dürften Loosli in seinem Vorhaben bestärkt haben, seine Kritik an der administrativen Versorgung umfassend in einer Streitschrift auszuführen. Doch es gelang ihm nicht, einen Verleger für seine Streitschrift zu finden, er musste das Buch im Januar 1939 im Selbstverlag herausgeben.[28] Auch die Verkaufszahlen blieben unter Looslis Erwartungen, sodass Loosli in einem Brief vom 3. Juni 1939 an den Kunstmaler und promovierten Juristen Albert Merckling schrieb, das Buch verkaufe sich «sehr spärlich, scheint jedoch seinen Weg zu machen, wie ein Holzwurm».[29] Damit fand Loosli treffende Worte, um die Art und Weise zu beschreiben, wie seine Kritik an der administrativen Versorgung von der Fachwelt und der Öffentlichkeit rezipiert wurde. Denn dass die Streitschrift bei ihrem Erscheinen keine grossen Wellen warf, Looslis Kritik an der administrativen Versorgung dennoch von Seiten fürsorgerischer und juristischer Fachkreise keineswegs unbemerkt blieb, lässt sich daran erkennen, dass Rechtswissenschaftler in späteren Jahren in Fachartikeln verschiedentlich Looslis Kritik erwähnten, wenn sie sich mit der administrativen Versorgung auseinandersetzten.[30] Zudem wurde sowohl in rechtswissenschaftlicher als auch fürsorgerischer Fachliteratur regelmässig der Begriff der «Administrativjustiz», der von Loosli geprägt worden sein dürfte, verwendet.[31] Daraus lässt sich schliessen, dass es Loosli mit seiner kritischen Feder zumindest gelungen war, sich in den Versorgungsdiskurs einzuschreiben, auch wenn er diesen Ende der 1930er- und in den 1940er-Jahren nicht in seinem Sinn zu beeinflussen vermochte und es ihm nicht gelang, auf rechtlicher Ebene Änderungen auszulösen.
Bezüglich der Versorgungspraxis im Kanton Bern kann in diesem Zusammenhang jedoch zumindest der Befund angeführt werden, dass die Zahl der administrativen Versorgungen seit den 1940er-Jahren rückläufig war und die Behörden seit Ende der 1940er-Jahren verschiedentlich betonten, dass insbesondere definitive administrative Versorgungen mit zunehmender Zurückhaltung angewendet würden. In diesem Zusammenhang finden sich auch einzelne konkrete Verweise auf Kritik an den Versorgungsmassnahmen und dass diese in der Versorgungs-

27 Loosli, «Administrativjustiz», 1939, S. 115. Nach Auskunft von Erwin Marti gelangten in diesem Zusammenhang auch während der 1940er- und 1950er-Jahre immer wieder Einzelpersonen an Loosli.
28 Für diesen Hinweis danke ich Erwin Marti.
29 C. A. Loosli an Albert Merckling, 3. Juni 1939. Für diesen Hinweis aus Looslis Nachlass danke ich Erwin Marti. Zu Merckling vgl. Walter Hildebrandt, Albert Georg Merckling (1895–1958), www.stadtarchiv-schaffhausen.ch/Biographien (Zugriff: 1. Dezember 2010).
30 Vgl. beispielsweise W. Burckhardt, Literaturanzeige zu C. A. Loosli, «Administrativjustiz» und Schweizerische Konzentrationslager, in: Zeitschrift des bernischen Juristenvereins, 75 (1939), S. 415 f.; Egger, Kommentar, 1948, S. 16; Zbinden, Einweisungsverfahren, 1942, S. 29.
31 Vgl. beispielsweise Egger, Kommentar, 1948, S. 16; Schneider, Hilfe, 1948, S. 97; Zihlmann, Einführung, 1955, S. 113.

praxis berücksichtigt werden müsse. So gab die Polizeidirektion des Kantons Bern in einem Schreiben vom 2. November 1949 an die Gemeinde Hasle, die sich geweigert hatte, Kosten zu übernehmen, die nach einer bedingten Entlassung angefallen waren, die Anweisung, dass «im Hinblick auf die immer und immer wieder an der Administrativjustiz geübten Kritiken darauf Bedacht genommen werden muss, dass Administrativversorgungen nicht zu dauernden ‹Versenkungen› ausarten».[32]

Ebenfalls in die 1940er-Jahre fällt der Beginn der Revisionsarbeiten des bernischen Versorgungsrechts, mit denen aufgrund eines kritischen Postulats von politischer Seite begonnen wurde, wie in Kapitel 7.1 ausgeführt wird. Auch im Rahmen der Diskussionen von Expertenkommissionen zur Revision des bernischen Versorgungsrechts findet sich Erwähnungen von Looslis Kritik; es heisst zum Beispiel in einem Votum – das die bisherige Praxis verteidigt –, durch das «Büchlein von Loosli» sei die «Öffentlichkeit falsch orientiert» worden.[33] Welches genau der Einfluss des Kritikers Loosli auf diese Entwicklungen war, lässt sich anhand der Quellen heute nicht mehr rekonstruieren. Doch festhalten lässt sich, dass seine Kritik an der administrativen Versorgung an der Politik und den Fürsorgeorganen sowie an der Öffentlichkeit zumindest nicht spurlos vorüberging, auch wenn die grosse Mehrheit noch an der bisherigen Praxis festhalten wollte.

6.1.2 Kritik aus rechtswissenschaftlicher Sicht

Obwohl sich einzelne Juristen an Looslis Polemik und grundsätzlicher Verurteilung der administrativen Versorgung stiessen,[34] stimmten sie seiner Kritik zu, wonach viele der kantonalen Versorgungsgesetze den Rechtsschutz der Betroffenen gänzlich ungenügend ausgestalteten und Reformen dringend notwendig seien. «Was den Juristen nicht gleichgültig lassen darf», so besprach etwa W. Burckhardt 1939 Looslis Streitschrift in einer juristischen Fachzeitschrift, sei «die Kritik des Gesetzes», wobei hier konkret auf das bernische Armenpolizeigesetz von 1912 Bezug genommen wurde.[35] Es war jedoch nicht allein Looslis

32 Kantonale Polizeidirektion an Gemeinderat Hasle, 2. November 1949, StAB, BB 13.1.378. Vgl. weiter für Kritik am bernischen Armenpolizeigesetz Rudolf von Dach, Ist das bernische Armengesetz revisionsbedürftig?, in: Monatsschrift für bernisches Verwaltungsrecht und Notariatswesen, 53, 8 (1955), S. 241–256.

33 Kommission zur Prüfung des Abschnittes «Administrativ-Versorgung» des Armenpolizeigesetzes vom 1. Dezember 1912, Protokoll, 29. Juni 1949, S. 9, StAB, BB 13.1.214.

34 Vgl. beispielsweise Burckhardt, Literaturanzeige, 1939, S. 415; Zbinden, Einweisungsverfahren, 1942, S. 28 f.; Zbinden, Reform, 1942, S. 37.

35 Burckhardt, Literaturanzeige, 1939, S. 415 f.

Kritik, sondern auch die eidgenössische Strafrechtsvereinheitlichung, die einen wichtigen Anlass bildete, aus welchem sich juristische Fachkreise in den 1940er-Jahren kritisch mit der administrativen Versorgung auseinandersetzten.[36] So zog der promovierte Jurist Karl Zbinden 1942 in einem längeren Fachartikel einen Vergleich zwischen den kantonalen Versorgungsbestimmungen und den Strafbestimmungen des StGB und kam dabei zum ernüchternden Ergebnis: «Wenn man sich dabei die Rechte jedes Angeschuldigten in Bagatellstrafsachen vergegenwärtigt, so fällt der Vergleich [mit dem kantonalen Versorgungsrecht] wirklich kläglich aus. [...] Es darf wirklich auch im adm. Einweisungsverfahren ein verstärkter Schutz der Persönlichkeit verlangt werden.»[37] Ähnlich hielt Leo Schürmann, ebenfalls promovierter Jurist und juristischer Sekretär des solothurnischen Innendepartements sowie später prägender Politiker der schweizerischen CVP,[38] 1945 in einem Artikel im *Schweizerischen Zentralblatt für Staats- und Gemeindeverwaltung* fest: «Alle Reformpostulate knüpfen an die immer wieder überraschende Tatsache an, dass in einem Administrativverfahren, das meist sehr einfach ausgestaltet ist, eine Person auf mehrere Jahre, ja auf unbestimmte Zeit in eine Anstalt versorgt und insofern ihrer Freiheit beraubt werden kann, währenddem im Strafverfahren ein grosser Apparat, der alle wünschbaren rechtlichen Sicherungen bietet, angewendet wird, um Ergebnisse zu zeitigen, die – im Effekt wenigstens – oft ungleich weniger schwer wiegen als die administrative Einweisung.»[39]

Die Kritikpunkte und die daraus abgeleiteten Reformpostulate, die Rechtswissenschaftler seit den 1940er-Jahren und in der zweiten Hälfte des 20. Jahrhunderts vorbrachten, zielten alle in die gleiche Richtung.[40] Kritische Juristen forderten, dass einer administrativen Versorgung notwendig ein umfassend geregeltes und unabhängiges Ermittlungsverfahren voranzugehen habe. Hier seien in den Kantonen «oft geradezu rudimentäre Verfahrensbestimmungen» anzutreffen, so Zbinden 1942.[41] Das bernische Versorgungsrecht, das seit dem 1. Juli 1913 auf dem Armenpolizeigesetz von 1912 beruhte, kam dieser Forderung in-

36 Am eingehendsten: Zbinden, Einweisungsverfahren, 1942; Zbinden, Reform, 1942.

37 Zbinden, Reform, 1942, S. 36 f.

38 Thomas Wallner, Schürmann, Leo, in: Historisches Lexikon der Schweiz (HLS), Version 17. August 2010, www.hls.ch.

39 Leo Schürmann, Bemerkungen zum Recht der administrativen Zwangsversorgung unter besonderer Berücksichtigung der solothurnischen Gesetzgebung und Verwaltungspraxis, in: Schweizerisches Zentralblatt für Staats- und Gemeindeverwaltung, 46, 24 (1945), S. 505–511, hier S. 505.

40 Vgl. für kritische Ausführungen zur administrativen Versorgung Bossart, Freiheit, 1965, S. 59 bis 103; Burckhardt, Literaturanzeige, 1939, S. 415 f.; Dubs, Grundlagen, 1955, S. 163–165; Egger, Kommentar, 1948, S. 15–17; Schürmann, Bemerkungen, 1945, S. 505–510; Zbinden, Einweisungsverfahren, 1942, S. 34, 37–43; Zbinden, Reform, 1942, S. 17–38.

41 Zbinden, Reform, 1942, S. 17.

sofern nach, als ein Untersuchungsverfahren – in den meisten Fällen – immerhin vorgesehen war, auch wenn die Vorschriften hierzu knapp formuliert waren und es im Ermessen des Regierungsstatthalters lag, in welcher Tiefe er eine Untersuchung durchführte.[42] Wie insbesondere die Fallstudie zu Jakob Hofmann gezeigt hat, konnte der Regierungsstatthalter den Handlungsspielraum, der ihm im Rahmen eines Untersuchungsverfahrens gegeben war, so nutzen, dass er nicht allein die Abklärung eines Sachverhalts vornahm, sondern aktiv Stellung bezog, dabei auf die übrigen beteiligten Instanzen einwirkte und ein Verfahren so in seinem Sinn beeinflussen konnte. Eine weitere verfahrensrechtliche Forderung von Rechtswissenschaftlern bestand darin, dass den Betroffenen auf ausreichende Weise das Recht auf rechtliches Gehör gewährleistet werden müsse,[43] wobei sich das rechtliche Gehör, wie in Kapitel 7.2.3 anhand des revidierten bernischen Versorgungsgesetzes von 1965 ausgeführt wird, auf mehr bezog als lediglich auf den Anspruch, gehört zu werden. Bezüglich der Gewährleistung des rechtlichen Gehörs sah das bernische Armenpolizeigesetz von 1912 vor, dass die betreffende Person vom Regierungsstatthalter einzuvernehmen sei; doch wie ausgeführt wurde, hatte dies lediglich bei administrativen Versorgungen in eine Arbeitsanstalt zu geschehen, nicht jedoch bei Anträgen auf Versorgungen in ein geschlossenes Versorgungsheim.[44] Trotz dieser Mängel verfügte der Kanton Bern mit seinen verfahrensrechtlichen Bestimmungen Mitte des 20. Jahrhunderts im schweizerischen Vergleich über die «ausführlichste Regelung des Versorgungsverfahrens», konstatierte der Jurist und spätere Bundesrichter Hans Dubs[45] in seiner Habilitationsschrift 1955.[46] Diese Feststellung trifft, wie in Kapitel 2.3 erwähnt, bereits für das Versorgungsverfahren gemäss dem bernischen Arbeitsanstaltengesetz von 1884 zu.

Eine wichtige Forderung juristischer Fachkreise bezog sich weiter darauf, dass die zu Versorgenden auf einen Rechtsbeistand zurückgreifen konnten, der ihnen, wenn nötig, unentgeltlich zur Verfügung gestellt wurde.[47] Diesem Erfordernis kam das bernische Armenpolizeigesetz von 1912 nicht nach. Wie in Kapitel 7.1 ausgeführt wird, konnte man sich im Kanton Bern erst um die Mitte des 20. Jahr-

42 Vgl. hierzu Kapitel 3.1.3; Kommission zur Beratung des Gesetzes über die Erziehung und Betreuung von Arbeitsscheuen, Liederlichen, Trunksüchtigen und sittlich Verdorbenen, Protokoll, 3. Juni 1954, S. 3, StAB, BB 13.1.195.

43 Bossart, Freiheit, 1965, S. 94 f.; Dubs, Grundlagen, 1955, S. 163–165; Zbinden, Reform, 1942, S. 27 f.

44 Vgl. Kapitel 3.1.3.

45 Therese Steffen Gerber, Dubs, Hans, in: Historisches Lexikon der Schweiz (HLS), Version 17. September 2007, www.hls.ch.

46 Dubs, Grundlagen, 1955, S. 135.

47 Bossart, Freiheit, 1965, S. 95–98; Zbinden, Einweisungsverfahren, 1942, S. 41; Zbinden, Reform, 1942, S. 25.

hunderts im Rahmen der Revision der Versorgungsbestimmungen dazu durchringen, den Betroffenen dieses Recht (bis zu einem bestimmten Grad) zuzuerkennen. Im Weiteren bestand eine regelmässig vorgebrachte zentrale Forderung von Rechtswissenschaftlern darin, dass es unabhängige Instanzen geben musste, bei denen Einweisungsentscheide angefochten werden konnten.[48] In jedem Administrativverfahren, so Dubs 1955, «sollte aber der Versorgungsbeschluss an ein Gericht weiter gezogen werden können».[49] Als «vorbildlich» erachtete Dubs in diesem Zusammenhang das Versorgungsrecht des Kantons Aargau, das auf einem Versorgungsgesetz von 1868 beruhte und ein «strafprozessähnliches richterliches Verfahren» in erster und zweiter Instanz vorsah.[50] Die Kritik der Juristen in den 1940er- und 1950er-Jahren nahm damit auch die Aspekte auf, die von Anfang an und konkret zum Beispiel vom bernischen Grossrat Johannes Ritschard in den Grossratsdebatten 1883 über die Einführung der administrativen Versorgung vorgebracht worden waren, als er gefordert hatte, unabhängige Instanzen müssten über eine zwangsweise Anstaltsunterbringung entscheiden, damit die Einhaltung des Prinzips der Gewaltenteilung gewährleistet sei.[51] Eine gerichtliche Rekursinstanz sah das bernische Armenpolizeigesetz von 1912 nicht vor, und die Möglichkeit, gegen einen Versorgungsentscheid des Regierungsrat bei einem Gericht Rekurs einzulegen, wurde erst mit dem bernischen Erziehungs- und Versorgungsgesetz, das am 1. Januar 1966 in Kraft trat, geschaffen, worauf das Kapitel 7 eingeht.

Späte Kritik am vormundschaftlichen Versorgungsrecht

Während sich bezüglich des kantonalen administrativen Versorgungsrechts seit den späten 1930er-Jahren vermehrt Kritik findet, gab es eine vergleichbare Auseinandersetzung mit dem vormundschaftlichen Versorgungsrecht nicht;[52] obwohl, wie in Kapitel 4.5.1 ausgeführt, zwischen dem kantonalen öffentlichrechtlichen und dem vormundschaftlichen Versorgungsrecht kaum ein Unterschied bestand. Im Gegenteil. So stellte beispielsweise Carl Albert Loosli, einer der schärfsten Kritiker der administrativen Versorgung, dem vormundschaftlichen Versorgungsrecht ausgesprochen gute Noten aus. Das schweizerische Zivilgesetzbuch sei «überall peinlich bestrebt», die in der Verfassung festgelegten «Menschen-, Bürger- und Persönlichkeitsrechte» zu wahren, und sei entspre-

48 Bossart, Freiheit, 1965, S. 71–79; Dubs, Grundlagen, 1955, S. 163–165; Zbinden, Einweisungsverfahren, 1942, S. 42; Zbinden, Reform, 1942, S. 27 f.

49 Dubs, Grundlagen, 1955, S. 164.

50 Ebd. Damit können die Anstaltsversorgungen gemäss kantonalem Recht im Kanton Aargau genau genommen nicht als «administrative Versorgungen» bezeichnet werden.

51 Vgl. hierzu Kapitel 2.2.

52 Vgl. zum Versorgungsrecht gemäss ZGB 1907/12 Kapitel 4.5.1.

chend «ängstlich darauf bedacht, den Bevormundeten nicht mehr als absolut unumgänglich und erforderlich in seiner persönlichen Freiheit und Handlungsfähigkeit zu beschränken».[53] Aus dem Wortlaut des Artikels 406 ZGB 1907/12, der die vormundschaftliche Anstaltsversorgung regelte und in welchem es hiess, die vormundschaftliche «Fürsorge» erstrecke sich «auf den Schutz und Beistand in allen persönlichen Angelegenheiten, sowie nötigenfalls auf die Unterbringung in einer Anstalt», leitete Loosli ab, dass es sich bei einer vormundschaftlichen Anstaltsversorgung nicht um eine Massnahme mit strafend-disziplinierendem Charakter handeln könne, «da ja die Strafanstalt dem Sträfling weder Schutz noch Beistand in allen persönlichen Angelegenheiten» biete.[54] Zwar finden sich in zeitgenössischer Literatur vereinzelt Ausführungen, die sich mit der Frage des Rechtsschutzes der Betroffenen bei einer vormundschaftlichen Anstaltsunterbringung auseinandersetzen, doch wird diese Frage eher aufgeworfen, um deutlich zu bekräftigen, dass das vormundschaftlich-zivilrechtliche Versorgungsrecht den Rechtsschutz der Betroffenen ausreichend gewährleiste. Hier wurde beispielsweise argumentiert, dass der Rechtsschutz bei einer Anstaltsunterbringung gemäss Artikel 406 dadurch gewährleistet sei, dass ein Vormund nicht selbständig über eine solche entscheiden könne, sondern die «Mitwirkung der Vormundschaftsbehörden» vorgeschrieben sei.[55] Auch das zunächst zu erfolgende Entmündigungsverfahren trage zum Rechtsschutz der betreffenden Person bei.[56] Eine solche Argumentation liess jedoch ausser Acht, dass Vormund und Vormundschaftsbehörde stets eng zusammenarbeiteten und keine unabhängige Prüfung der Sachverhalte erfolgte und dass weiter eine Anstaltseinweisung auch Jahre nach einer Entmündigung vorgenommen werden konnte und dass hierbei das vorausgegangene Entmündigungsverfahren keinerlei Rechtsschutz mehr bot.[57]

Kritik am vormundschaftlichen Versorgungsrecht fristete bis in die zweite Hälfte des 20. Jahrhunderts ein Schattendasein. Noch 1972 stellte Otto Stebler, der Vorsteher des kantonalen Fürsorgedepartements von Solothurn, fest, es seien «lediglich die Administrativversorgungen, welche heute im Blickfeld des Interesses und der Kritik stehen. Die Administrativversorgung nach kantonalem öffentlichen Recht wird beanstandet und die vormundschaftliche Versorgung nach Zivilgesetzbuch aber weiterhin als durchaus in Ordnung befunden.»[58] Auch als

53 Loosli, «Administrativjustiz», 1939, S. 69f. Ähnlich wie Loosli Egger, Kommentar, 1914, S. 560–563.
54 Loosli, «Administrativjustiz», 1939, S. 71.
55 Vgl. beispielsweise Egger, Kommentar, 1914, S. 562.
56 Ebd.
57 Vgl. hierzu beispielsweise Dubs, Grundlagen, 1955, S. 187; Stebler, Administrativversorgung, 1972, S. 38.
58 Stebler, Administrativversorgung, 1972, S. 36.

auf eidgenössischer Ebene die Frage des Beitritts der Schweiz zur Europäischen Menschenrechtskonvention (EMRK) zur Debatte stand und die Anstaltsversorgungen in der Schweiz als Rechtsproblem diskutiert wurden, wurde zu Beginn der Debatten in den 1960er-Jahren vor allem die administrative Versorgung gemäss kantonalem Recht problematisiert; erst Ende der 1960er-Jahre weitete sich der kritische Blick auf das bundeszivilrechtliche Versorgungsrecht aus.[59]

Als Erklärung für diese im 20. Jahrhundert zeitlich so verspätet einsetzende Kritik am Vormundschaftsrecht könnte die Vermutung angestellt werden, dass man das herkömmliche kantonale Versorgungsrecht stark mit den drastischen Massnahmen des Armenpolizeirechts des 19. Jahrhunderts assoziierte, während man im jüngeren Vormundschaftsrecht des 20. Jahrhunderts fortschrittliche Ideen verwirklicht sah. So hielt zum Beispiel August Egger noch 1948 in seinem Kommentar zum schweizerischen Zivilgesetzbuch fest: «Eindringlich muss auch die Frage gestellt werden, ob nicht die Vormundschaft [...] der administrativen Versorgung weit überlegen sei in dem, was vor allem nottut: in der Fürsorge für diese Menschen.»[60]

6.2 Späte Kritik von Seiten fürsorgerischer Fachkreise

Grundsätzliche Kritik an der administrativen Versorgung, wie sie Carl Albert Loosli und Rechtswissenschaftler vorbrachten, stand für Fürsorgeexperten in den 1940er- und 1950er-Jahren nicht im Vordergrund. Obwohl sie punktuell Reformbedarf erkannten, erachteten sie die administrative Versorgung in erster Linie als bewährtes und unverzichtbares fürsorgerisches und sozialpolitisches Instrument, um adäquate Fürsorgearbeit leisten zu können. Angesichts dessen, so führte beispielsweise 1948 der langjährige zürcherische Amtsvormund Robert Schneider[61] im dickleibigen *Handbuch der Sozialen Arbeit der Schweiz* aus, sei Kritik schlicht fehl am Platz: «Wo die administrative Anstaltsversorgung derart in den Dienst gestellt wird für die Bekämpfung von Verwahrlosung, Arbeitsscheu und Liederlichkeit oder für die Besserung von Menschen, die einen Hang zu Vergehen oder Verbrechen bekunden, so ist die hartnäckige Opposition, die immer und immer wieder gegen sie erhoben wird, schlechterdings

59 Vgl. hierzu Kapitel 8.

60 Egger, Kommentar, 1948, S. 17.

61 Robert Schneider (geb. 1892) war promovierter Jurist und fast dreissig Jahre lang Amtsvormund in Zürich (1920–1948). Mit dem Schweizer Schriftsteller Friedrich Glauser befand sich von 1934 bis zum Tod Glausers 1938 ein prominentes Mündel unter seiner Obhut. Huonker, Diagnose, 2003, S. 64–78; Ramsauer, «Verwahrlost», 2000, S. 92 f.; Gerhard Saner, Friedrich Glauser. Eine Biographie, Frankfurt am Main 1990, S. 264, 391; Paul Wehrli, Robert Schneider achtzigjährig, in: Neue Zürcher Zeitung, 29. Oktober 1972.

nicht zu verstehen und sind die Behörden gut beraten, wenn sie sich in ihren Entschlüssen durch solche unsachliche Kritik nicht beirren lassen.»[62] Es sei «absurd», so Schneider weiter, die administrative Versorgung als «Administrativjustiz» zu verurteilen, denn zum Beispiel die bei einer administrativen Versorgung vorhandene Möglichkeit, mit einer Beschwerde ans Bundesgericht zu gelangen, habe sich «bewährt».[63] Zur Verteidigung der administrativen Versorgung brachte Schneider weiter vor, dass es eine «ungerechtfertigte Verallgemeinerung» sei, den Fürsorgebehörden in ihrem «Kampfe veraltete Methoden vorzuwerfen», diese Massnahme werde in der Praxis mit Zurückhaltung angewandt.[64] Ähnlich bejahte der Basler Fürsorgesekretär Alfred Zihlmann 1955 in seinem Buch *Einführung in die Praxis der Armenfürsorge* die administrative Versorgung. Sie sei «im Rahmen einer staatlichen Wohlfahrtspflege unentbehrlich», und es sei verfehlt, wenn Kritiker sie als «Administrativ- oder Kabinettjustiz zu brandmarken» suchten.[65]

Während Schneider keinerlei Handlungsbedarf ausmachte, erachtete Zihlmann jedoch gewisse Reformen hinsichtlich der administrativen Versorgung durchaus als begrüssenswert. So sei zu überlegen, ob nicht die «Behandlungsmethoden im Lichte neuer psychologischer und ärztlicher Einblicke zu überprüfen seien».[66] Grundsätzlich zeigte sich Zihlmann optimistisch und führte an, künftige Revisionen der kantonalen Versorgungsgesetze würden die «Rechtsmittel und die Rechtsbelehrung der zu Versorgenden klarer herausstellen» – Zihlmann war also durchaus der Auffassung, dass ein möglichst professioneller Zugang zu den Betroffenen anzustreben sei und der Rechtsschutz der Betroffenen tendenziell einer Verbesserung bedürfe.[67] Dass Zihlmann, anders als Schneider, einen gewissen Reformbedarf erkannte, könnte damit zusammenhängen, dass Zihlmanns *Einführung in die Praxis der Armenfürsorge* sieben Jahre später erschien als das *Handbuch der sozialen Arbeit der Schweiz*. Die Diskussionen, die nach dem Zweiten Weltkrieg auf internationaler Ebene über die Erneuerung fürsorgerischer und sozialarbeiterischer Arbeitsmethoden geführt wurden – auf diese kommt das folgende Teilkapitel zu sprechen – und in deren Rahmen Kritik an

62 Schneider, Hilfe, 1948, S. 97.
63 Ebd.
64 Ebd.
65 Zihlmann, Einführung, 1955, S. 113. Ähnlich wie Schneider argumentierte Zihlmann zum Beispiel weiter, das Ausmass der beschlossenen Versorgungen dürfe nicht überschätzt werden, die Massnahmen würden «sparsam angewandt». Ebd. Vgl. beispielsweise für ähnliche Positionen wie jene Schneiders und Zihlmanns A. Liechti, Schweizerische Konzentrationslager? Eine Antwort an C. A. Loosli, in: Die Nation, 4. August 1938; Fritz Pesch, Ist die Administrativjustiz entbehrlich oder nicht?, in: Der Schweizerische Beobachter, 30. September 1938.
66 Zihlmann, Einführung, 1955, S. 113.
67 Ebd.

traditionellen autoritär-paternalistischen Fürsorgepraktiken geübt wurde, konnten grössere Wirkungsmacht entfaltet haben.[68] Zudem hatte Zihlmann, so ist belegt, in seiner Funktion als Mitglied der Konferenzkommission der Schweizerischen Armenpflegerkonferenz nach dem Zweiten Weltkrieg an internationalen Konferenzen zur Sozialarbeit teilgenommen, wo er mit neuen Leitmaximen und Arbeitsmethoden der Sozialarbeit in Berührung kam, die er in sein Handbuch einfliessen liess.[69] Schneiders und Zihlmanns Ausführungen kann für die Haltung deutschschweizerischer Fürsorgeorgane insoweit Repräsentativität zugesprochen werden, als dass die beiden Publikationen, die systematisch Arbeitsfelder und -methoden der Fürsorge und der Sozialarbeit beschrieben und sich an eine berufsmässig interessierte Leserschaft sowie weitere interessierte Kreise wandte, unter den Patronaten der beiden damals bedeutendsten deutschschweizerischen Fürsorgegremien erschienen: Das *Handbuch der Sozialen Arbeit der Schweiz* erschien unter dem Patronat der Schweizerischen Gemeinnützigen Gesellschaft (SGG) und die *Einführung in die Praxis der Armenfürsorge* unter dem Patronat der Schweizerischen Armenpflegerkonferenz.[70]

Der Befund, dass Fürsorgeexperten um die Mitte des 20. Jahrhunderts – wenn überhaupt – nur sehr punktuellen Reformbedarf ausmachten, was die administrative Versorgung anbelangte, wird durch die Tatsache bestätigt, dass sich auch einschlägige Fachzeitschriften – die stärker als Handbücher aktuelle Fragen aufgreifen und zur Diskussion stellen konnten – in den 1940er- und 1950er-Jahren die administrative Versorgung praktisch nie thematisierten.[71] Wenn sie Fragen zum Anstaltswesen aufgriffen, lag der Fokus auf Problemen der Anstaltsfürsorge für Kinder und Jugendliche. So finden sich zum Beispiel in den 1940er- und 1950er-Jahren im Zusammenhang mit der sogenannten Anstaltskrise ausführliche Beiträge, die sich mit Reformen im Bereich der geschlossenen

68 Matter, Armut, 2011, S. 322–326.

69 Ebd., S. 324.

70 Die SGG war ein 1810 gegründetes Forum, in welchem namhafte Männer aus Politik, Wirtschaft und Wissenschaft über aktuelle sozialpolitische Fragen debattierten. Lippuner, Bessern, 2005, S. 23–30; Beatrice Schumacher, Freiwillig verpflichtet. Gemeinnütziges Denken und Handeln in der Schweiz seit 1800, Zürich 2010. Die 1905 gegründete Schweizerische Armenpflegerkonferenz war eine Dachorganisation der deutschschweizerischen kantonalen und kommunalen Armen- und Fürsorgedepartemente. Matter, Armut, 2011, S. 95–105, 134; Othmar Aregger, Die Ouvertüre vom 17. Mai 1905 im Rathaus zu Brugg, in: Frauke Sassnick Spohn et al. (Hg.), Von der Armenpflege zur Sozialhilfe. Ein Jahrhundert SKOS & ZeSo, Bern 2005, S. 8–13; Frauke Sassnick Spohn, Ein Jahrhundert ZeSo. Konstanten im Wandel, in: Frauke Sassnick Spohn et al. (Hg.), Von der Armenpflege zur Sozialhilfe. Ein Jahrhundert SKOS & ZeSo, Bern 2005, S. 19–23, hier S. 19 f.

71 Hier wird vor allem Bezug genommen auf die *Schweizerische Zeitschrift für Gemeinnützigkeit*, das Publikationsorgan der Schweizerischen Gemeinnützigen Gesellschaft (SGG), sowie die Zeitschrift *Der Armenpfleger*, das Publikationsorgan der Schweizerischen Armenpflegerkonferenz, die beiden damals bedeutendsten deutschschweizerischen Fürsorgegremien.

Kinder- und Jugendfürsorge auseinandersetzten.[72] Wie im Folgenden gezeigt wird, hielt in breiteren Kreisen von Fürsorgeexperten ein kritisches Denken bezüglich der administrativen Versorgung Erwachsener erst in den 1960er-Jahren Einzug, und zwar im Kontext eines theoretisch-methodischen Paradigmenwechsels innerhalb der Fürsorge und der Sozialarbeit.

Neue Methoden der Sozialarbeit

Die wegleitenden Grundgedanken einer erneuerten Fürsorgearbeit fussten auf dem Konzept des Social Casework, das die US-Amerikanerin Mary Richmond in seinen Grundzügen bereits in den 1920er-Jahren entwickelt hatte. Beeinflusst und befördert durch den nach dem Zweiten Weltkrieg international erstarkenden Menschenrechtsdiskurs wurde das Social Casework – in weiterentwickelter Form – in Europa seit der Nachkriegszeit breit rezipiert. Auch in der Schweiz stiessen die neuen Methoden und Leitbilder auf breite Resonanz und bewirkten einen Paradigmenwechsel innerhalb der Fürsorge und der Sozialarbeit, wie dies insbesondere Sonja Matter in einer jüngst erschienenen Studie herausgearbeitet hat.[73]

Mit dem Social Casework sollte eine Abkehr von der Idee der traditionellen, der Nächstenliebe entspringenden Hilfs- und Mildtätigkeit, aber auch von autoritär-repressiven Methoden der Armenfürsorge vorgenommen werden. Soziales Helfen sollte stattdessen auf die Basis wissenschaftlicher Erkenntnisse aus den Disziplinen Psychologie, Psychiatrie oder Soziologie gestellt werden, wie dies auch Zihlmann 1955 in seiner *Einführung in die Praxis der Armenfürsorge* ansprach, als er festhielt, es sei bezüglich der administrativen Versorgung überlegenswert, die «Behandlungsmethoden im Lichte neuer psychologischer und ärztlicher Einblicke zu überprüfen». Gemäss dem Social Casework sollte dabei sowohl den individuell-psychologischen als auch den sozialen Ursachen von Bedürftigkeit systematisch auf den Grund gegangen werden.[74] Die Betroffenen

72 Traurige Berühmtheit erlangte in diesem Zusammenhang etwa die Erziehungsanstalt Sonnenberg für katholische Knaben im Kanton Luzern, über deren brutale Erziehungsmethoden der Journalist Peter Surava und der Fotograf Paul Senn in der Wochenzeitung *Die Nation* in den 1940er-Jahren berichteten. Vgl. hierzu Lucia Bühler, Der Skandal um die Erziehungsanstalt Sonnenberg 1944. Das Medienereignis von den Wertekonflikten im Erziehungswesen bis zur Anstaltskrise, Luzern 2009 (unpubl. Bachelorarbeit); Akermann, Meerrohrstock, 2004, S. 44 bis 49, 87–89.

73 Matter, Armut, 2011, S. 297–319. Die folgenden Ausführungen zum Konzept des Social Casework stützen sich auf ebd.

74 Solchen Grundsätzen trug beispielsweise das bernische *Gesetz über das Fürsorgewesen vom 3. Dezember 1961*, das am 1. Juli 1962 in Kraft trat, Rechnung. Werner Thomet, Das neue bernische Fürsorgegesetz, in: Monatsschrift für bernisches Verwaltungsrecht und Notariatswesen, 60, 6 (1962), S. 177–191. Thomet führte aus, mit diesem Gesetz seien die «Grundsätze und Methoden der Fürsorge modernisiert» worden. «Das Hauptgewicht der Fürsorge

sollten nicht an moralischen Massstäben gemessen werden, sondern die Massnahmen sollten – ähnlich wie in der Medizin – auf der Grundlage einer wissenschaftlichen Diagnose angeordnet werden. Dies beschrieb Max Hess-Haeberli 1967 in einem Vortrag an einem Ausbildungskurs für Fürsorgebeamte: «Uns interessieren vielleicht seine Erbmasse, seine Kindheitseindrücke, seine Beziehung zu Vater und Mutter, seine Stellung in der Geschwisterreihe, überhaupt seine gesamte Vorgeschichte, aber auch seine Gegenwartssituation, seine emotionalen und intellektuellen Kräfte, seine Möglichkeiten und Begrenzungen, vielleicht auch der übergrosse Umweltdruck, der die Tragfähigkeit eines Menschen übersteigen kann. Diagnostische Überlegungen führen zum Verständnis des Klienten mit seinen Problemen; diagnostische Überlegungen bestimmen die auf den Klienten individuell ausgerichtete fürsorgerische Betreuung.»[75] Kriterien dahingegen, wie sie in der Fürsorge früher zentral gewesen seien, wie «Würdigkeit und Unwürdigkeit, unverschuldete und selbstverschuldete Notlage, gutwilliges und bösartiges Verhalten, Rechtschaffenheit und Liederlichkeit, positive und verwerfliche Gesinnung usw.», seien «fallen gelassen worden zugunsten diagnostischer Überlegungen».[76] Durch eine solche Vorgehensweise sollte gemäss dem Konzept des Social Casework ein vertieftes Verständnis des einzelnen Falles möglich werden, um adäquate Hilfe leisten zu können. Gleichzeitig sollten die Betroffenen aus ihrem passiven Objektstatus befreit und an der Erarbeitung von individuell auf sie zugeschnittenen Lösungen beteiligt werden. Eine zentrale Vorgabe lag dabei darin, gegenüber den betreuten Personen eine nicht wertende, sondern eine «annehmende Haltung» an den Tag zu legen. So forderte August Ziegler in einem Artikel im *Armenpfleger* 1964 zum Thema *Aufgabe und Haltung des Sozialfürsorgers gegenüber dem Hilfsbedürftigen*, statt «sofort autoritative Entscheidungen über den Kopf der Bedürftigen hinweg zu fällen», müsse in «geduldiger und psychologisch fundierter Zusammenarbeit mit ihm ein Aus-

wird von der almosenhaften Unterstützung auf eine den Verhältnissen des Einzelfalles entsprechende, auf sorgfältiger Feststellung der individuellen Bedürftigkeitsursachen beruhende und weitblickend auf deren Behebung hinzielende, erzieherische Betreuung des Bedürftigen verlegt.» Ebd., S. 182. «Kernstück» des Fürsorgegesetzes war nach Thomet die nach einem bestimmten Schlüssel zu errechnende Lastenverteilung unter den Gemeinden; als «wichtige Reform» bezeichnete er weiter die Einführung des Rechts, dass Personen gegen die Verfügungen einer Fürsorgebehörde bei der Aufsichtsbehörde (Regierungsstatthalter, Regierungsrat) Beschwerde einlegen konnten. Bisher, so Thomet, seien die «Gesuchsteller und Unterstützten […] sozusagen rechtlos und ganz dem Gutdünken der Armenbehörde ausgeliefert» gewesen. Ebd., S. 183, 187. Vgl. Kapitel 7.1 zur Frage, inwiefern das bernische Versorgungsgesetz von 1965 zu diesem Fürsorgegesetz von 1961 in Bezug stand.

75 Max Hess-Haeberli, Die Entwicklungstendenzen der sozialen Arbeit, Vortrag anlässlich der Eröffnungsfeier zum Ausbildungskurs für Fürsorgebeamte vom 21. September 1967 auf Schloss Lenzburg, in: Zeitschrift für öffentliche Fürsorge, 64, 11 (1967), S. 164–170, hier S. 165.

76 Ebd.

weg aus den Schwierigkeiten gesucht werden».[77] Angestrebt wurde damit auch ein gleichberechtigteres Verhältnisses zwischen Fürsorgerinnen und Fürsorgern und den von ihnen betreuten Personen. Hierbei dienten Menschen- und Grundrechte – wie sie etwa in der Allgemeinen Erklärung der Menschenrechte der Organisation der Vereinten Nationen (UNO) vom 10. Dezember 1948 festgehalten waren – und die Orientierung an der Menschenwürde als normative Grundlagen. Gleichzeitig verorteten sowohl Fachleute aus der Sozialarbeit als auch internationale Gremien wie die UNO im Social Casework das Potenzial, einen Beitrag zur Verwirklichung der Menschenrechte und damit zur Gewährleistung der sozialen Sicherheit und des internationalen Friedens zu leisten.[78]

«Glaube an den gesetzlichen Zwang erschüttert»

In schweizerischen Fachzeitschriften finden sich in den 1960er-Jahren zahlreiche Beiträge, die im Zuge der Etablierung neuer sozialarbeiterischer Prinzipien allgemeine Standortbestimmungen der Fürsorge und der Sozialarbeit vornahmen und in diesem Zusammenhang insbesondere auch traditionelle zwangsfürsorgerische Massnahmen kritisch hinterfragten.[79] So führte Max Hess-Haeberli 1967 in einem Vortrag aus, dass Fachleute aus dem Bereich der Fürsorge ihre Ansichten bezüglich der erhofften günstigen Wirkungen von zwangsfürsorgerischen Massnahmen grundlegend geändert hätten. Der «Glaube an den gesetzlichen Zwang, d. h. der Glaube an den fürsorgerischen Erfolg, der durch die Anwendung des gesetzlichen Zwangsapparates erzielt» werden könne, sei «erschüttert».[80] Hess-Haeberli führte aus: «Wir können zwar jemanden zwangsweise hospitalisieren oder internieren, jemandem die elterliche Gewalt oder die Handlungsfähigkeit beschränken oder entziehen, vielleicht können wir jeman-

77 August Ziegler, Aufgabe und Haltung des Sozialfürsorgers gegenüber dem Hilfsbedürftigen, Referat gehalten an der 57. Jahrestagung der Schweizerischen Armenpflegerkonferenz vom 25. Mai 1964 in Lausanne, in: Der Armenpfleger, 61, 10 (1964), S. 149–152, hier S. 150.

78 Matter, Armut, 2011, S. 271–282.

79 Vgl. beispielsweise Hess, Bedeutung, 1963, S. 18.; Max Hess-Haeberli, Die öffentliche Fürsorge heute und morgen, Referat anlässlich der 64. Schweizerischen Konferenz der öffentlichen Fürsorge in Davos vom 7./8. Juni 1971, in: Zeitschrift für öffentliche Fürsorge, 68, 8 (1971), S. 113–123, hier S. 120; Alfred Kropfli, Die heutigen Anforderungen an die öffentliche Fürsorge, Referat zur Eröffnung des Ausbildungskurses für Fürsorgebeamte vom 21. September 1967 auf Schloss Lenzburg, in: Zeitschrift für öffentliche Fürsorge, 64, 12 (1967), S. 178 bis 181, hier S. 180; Alfred Kropfli, Die heutigen und zukünftigen Aufgaben der öffentlichen Fürsorge, Vortrag an der städtischen Bezirkshelferkonferenz vom 24. November 1967 im Kursaal Bern, in: Zeitschrift für öffentliche Fürsorge, 65, 2 (1968), S. 17–21, hier S. 18 f.; Otto Stebler, Die gewandelte Gesellschaft und die heutigen Aufgaben des Sozialarbeiters, in: Zeitschrift für öffentliche Fürsorge, 66, 5 (1969), S. 67–71, hier S. 68.

80 Hess-Haeberli, Entwicklungstendenzen, 1967, S. 165. In diesem Zusammenhang habe beispielsweise auch die Auffassung an Gültigkeit verloren, dass aus einer «Umplazierung an sich der fürsorgerisch angestrebte Erfolg eintreten werde». Ebd.

den auch an der Eingehung einer Ehe hindern – aber den Menschen fördern mit dem Ziele, dass er sich sozial gut integriert und mit innerer Befriedigung in seinem Dasein zurechtfindet –, das gelingt uns nicht mit Zwangsmassnahmen, das gelingt uns nur dann, wenn eine positive, tragfähige und verpflichtende Beziehung eines Klienten zum Sozialarbeiter geschaffen werden kann.»[81] Mit der Problematik zwangsfürsorgerischer Massnahmen beschäftigte sich auch Alfred Kropfli, Fürsprecher und Vorsteher des Fürsorgeamtes der Stadt Bern in zwei Referaten Ende der 1960er-Jahre, die in der *Zeitschrift für öffentliche Fürsorge* publiziert wurden. An einem Ausbildungskurs für Fürsorgebeamte am 21. September 1967 referierte er zum Thema «Die heutigen Anforderungen an die öffentliche Fürsorge».[82] Darin betonte er, dass die «Menschenwürde» auch «dem sogenannt hoffnungslosen Klienten das Recht auf die für ihn notwendige Behandlung» zuerkenne. «Leider», so Kropfli, «zeugen noch zahlreiche kantonale Versorgungsgesetze allzu stark vom Geiste einer Vergeltung und Bestrafung falschen Verhaltens».[83] Noch deutlicher forderte Kropfli die grundlegende Neuausrichtung fürsorgerischer Zwangsmassnahmen in einem weiteren Referat am 24. November 1967: «Vor allem auch in der Tätigkeit der staatlichen Eingriffsfürsorge ist endlich der Schritt vom Vergeltungs- und Strafcharakter zur Anordnung der den Hintergründen des menschlichen Versagens angemessenen sachlichen Behandlung ganz zu vollziehen. Ausserhalb des Strafrechts ist es nicht Aufgabe des Staates, ein soziales Fehlverhalten zu ahnden durch strafähnliche Massnahmen, sondern jeder sozial versagende Mensch ist nach rein diagnostischen Überlegungen der für seine mögliche Heilung richtigen Behandlung zuzuführen. Diese kann allerdings auch in strengen Massnahmen bestehen, wenn solche als richtige Therapie angemessen erscheinen.»[84]

Indem Fürsorgeexperten wie Kropfli die Anwendung der grundlegenden Prinzipien des Social Casework auch auf den Bereich der fürsorgerischen Zwangsmass-

81 Ebd. Ähnlich Stebler, Administrativversorgung, 1972, S. 34. Stebler sprach von der Erkenntnis, dass sich mit Zwang angewandte Massnahmen «schlecht oder doch unbefriedigend auswirken» würden. Ebd. Vgl. zur «Erosion des Hospitalisierungsparadigmas» in der Psychiatrie in den 1960er-Jahren Meier et al., Setting, 2007, S. 81 f. Meier et al. verorten die Ursachen dieser «Erosion» in veränderten gesellschaftlichen und finanzpolitischen Rahmenbedingungen, in Forderungen neuer sozialer Bewegungen sowie der «zunehmenden Ausschöpfung des therapeutischen und des institutionellen Handlungsspielraums». Ebd., S. 81. Ramsauer stellt den Rückgang der vormundschaftlichen Familieneingriffe in der Stadt Zürich zu Beginn der 1960er-Jahre in einen Zusammenhang mit der Einführung und Etablierung neuer fürsorgerischer und sozialarbeiterischer Theorien und Methoden. Ramsauer, «Verwahrlost», 2000, S. 285.

82 Kropfli, Anforderungen, 1967, S. 178–181.

83 Ebd., S. 180.

84 Kropfli, Aufgaben, 1968, S. 19. Ähnlich äusserte Hess-Haeberli, dass «diagnostische Überlegungen» durchaus zum Entscheid einer «langdauernden Hospitalisierung oder Verwahrung in einer Anstalt» führen konnten. Hess-Haeberli, Entwicklungstendenzen, 1967, S. 169.

nahmen forderten, gingen sie von einem grundsätzlich veränderten Verständnis vom Verhältnis zwischen den Betroffenen und den die Massnahmen verfügenden Behörden aus. Obwohl die Notwendigkeit von Zwangsmassnahmen grundsätzlich bejaht wurde, wurde den Betroffenen zugestanden, dass sie nicht mehr nach moralisierenden Kriterien beurteilt wurden, dass ihre Menschenwürde gewahrt wurde und der Zugriff auf sie nicht unbeschränkt sein durfte. Wenn man sich an dieser Stelle den Fall Frieda Berger vergegenwärtigt, wird deutlich, welch grundlegende Veränderungen der Vorstellungen vom Verhältnis zwischen den Fürsorgebehörden respektive Sozialarbeiterinnen und Sozialarbeitern einerseits und den Betroffenen andererseits in den Nachkriegsjahrzehnten stattfanden. Obwohl von programmatischen Aussagen nicht automatisch auf deren praktische Umsetzung geschlossen werden kann, belegen solche Aussagen dennoch, wie grundlegend die Konzeption des Zugangs zu den Betroffenen sich veränderte. Was Frieda Berger betrifft, so hatten die Amtsvormünder C. und S. Berger zu keiner Zeit – dies zumindest lassen die vorhandenen Quellen schliessen – in ihre Entscheidfindung mit einbezogen oder ihre Nöte, Wünsche oder Bedürfnisse ernsthaft zur Kenntnis genommen, geschweige denn dass die Rede gewesen wäre vom Versuch, eine «positive, tragfähige und verpflichtende Beziehung» aufzubauen.

Die kritische Haltung der Fürsorgeexperten gegenüber autoritär verfügten fürsorgerischen Zwangsmassnahmen, wie sie aus Äusserungen in Fachzeitschriften der Fürsorge seit den 1960er-Jahren hervorgeht, dürfte vom allgemeinen Umbruch gesellschaftlicher Wertorientierungen in den 1960er- und 1970er-Jahren befördert worden sein.[85] Vor allem soziale Protestbewegungen, die sich in den 1960er-Jahren formierten, übten massive Autoritäts-, Macht- und Gesellschaftskritik und machten so diesen Umbruch deutlich sichtbar.[86] Im Zusammenhang mit solcher Autoritäts- und Gesellschaftskritik wurde Ende der 1960er- und zu Beginn der 1970er-Jahre auch Anstaltskritik laut, die sich nicht mehr hauptsächlich an Missständen in Einrichtungen für Kinder und Jugendliche entzündete. Sondern sowohl Fachleute als auch eine kritische Öffentlichkeit forderten nun auch Reformen in geschlossenen Institutionen für Erwachsene wie psychiatri-

85 Vgl. zur «konservativen Wende» in der Schweiz Ende der 1940er-Jahre Kapitel 8.

86 Mario König, Rasanter Stillstand und zähe Bewegung. Schweizerische Innenpolitik im Kalten Krieg – und darüber hinaus, in: Walter Leimgruber, Werner Fischer (Hg.), «Goldene Jahre». Zur Geschichte der Schweiz seit 1945, Zürich 1999, S. 151–172, hier S. 163–165; Walter Lorenz, Social Work in a Changing Europe, London, New York 1994, S. 107f.; Renate Schär, «Erziehungsanstalten unter Beschuss». Heimkampagne und Heimkritik in der Schweiz in den 1970er Jahren, Bern 2006 (unpubl. Lizenziatsarbeit), S. 11–19; Jürg Schoch, et al. (Hg.), Aufwachsen ohne Eltern. Zur ausserfamiliären Erziehung in der deutschsprachigen Schweiz, Zürich 1989, S. 88–105.

schen Kliniken oder Gefängnissen.[87] Dies war ein veränderter gesellschaftlicher Kontext, in welchem die Anwendung von Zwangsmassnahmen einem erhöhten Legitimationsdruck ausgesetzt war.

87 Zur Kritik an psychiatrischen Behandlungsmethoden in den 1960er- und 1970er-Jahren vgl. Gemma Blok, Baas in eigen brein. «Antipsychiatrie» in Nederland, 1965–1985, Amsterdam 2004; Michel Foucault, Wahnsinn und Gesellschaft. Eine Geschichte des Wahns im Zeitalter der Vernunft, Frankfurt am Main 1993; Erving Goffman, Asyle. Über die soziale Situation psychiatrischer Patienten und anderer Insassen, Frankfurt am Main 2006; Meier et al., Überlegungen, 2007, S. 23–25; Thomas Szasz, The Myth of Mental Illness. Foundations of a Theory of Personal Conduct, New York 1968. Vgl. zur Gefängniskritik Dominique Grisard, Mit Sicherheit gegen Terrorismus. Schweizer Sicherheitsdiskurse der späten 1970er Jahre, in: Patricia Purtschert et al. (Hg.), Gouvernementalität und Sicherheit. Zeitdiagnostische Beiträge im Anschluss an Foucault, Bielefeld 2008, S. 173–200, hier S. 175; Renate Schär, «Das Gefängnis tötet – Tod dem Gefängnis!». Die Schweizer Knastbewegung Astra, in: Bernhard C. Schär et al. (Hg.), Bern 68. Lokalgeschichte eines globalen Aufbruchs – Ereignisse und Erinnerungen, Baden 2008, S. 164–173.

7 Zeit des Umbruchs

Die in Kapitel 6 dargestellte Entwicklung eines kritischen Versorgungsdiskurses von Carl Albert Looslis scharfer publizistischer Kritik Ende der 1930er-Jahre bis hin zu Bemühungen von Seiten der Fürsorge und der Sozialarbeit, herkömmliche autoritär-paternalistische Herangehensweisen in der Fürsorge durch neue sozialarbeiterische Ansätze zu ersetzen, bildete den Hintergrund, vor welchem im Kanton Bern seit Ende der 1940er-Jahre an der Revision der Versorgungsbestimmungen gearbeitet wurde. Insgesamt dauerte es schliesslich zwanzig Jahre, bis am 1. Januar 1966 das *Gesetz über Erziehungs- und Versorgungsmassnahmen* (im Folgenden kurz Erziehungs- und Versorgungsgesetz oder GEV) in Kraft trat.[1] Die Schaffung des GEV erfolgte in einer Zeit des Umbruchs. Zwar erweiterte es – nach zunehmender Kritik und entsprechend dem gewachsenen Bewusstsein für die Bedeutung der Grundrechte – den Rechtsschutz der Betroffenen; dennoch waren traditionelle Auffassungen, wonach auf die Betroffenen mit disziplinierend-kontrollierenden Massnahmen zugegriffen werden sollte, nach wie vor vertreten. So erhielt das ehemalige Armenpolizeigesetz von 1912 beispielsweise zwar einen neuen Namen, womit es nicht mehr in erster Linie polizeiliche Massnahmen gegen Unterschichtsangehörige implizierte, doch im Gesetz selbst wurden unverändert begrifflich unscharfe und moralisierende Kategorien wie «Liederlichkeit» und «Arbeitsscheu» verwendet – beharrungskräftige Bezeichnungen also, wie sie das Versorgungsrecht seit dem 19. Jahrhundert kannte. Dieses Kapitel untersucht, wie das dritte bernische Versorgungsgesetz geschaffen wurde, welche gesellschaftlichen Kräfte und Diskurse den Legislationsprozess prägten und welches die wesentlichen Neuerungen des Versorgungsgesetzes im Vergleich zu den früheren Versorgungsbestimmungen waren.

1 Art. 74 GEV.

7.1 «Im Volk redet man sehr oft von Versenkung»: Die Aufnahme von Revisionsarbeiten am bernischen Versorgungsrecht

Am Anfang der Arbeiten für ein revidiertes bernisches Versorgungsrecht stand ein Postulat des Grossrats Fritz Grütter[2] (SP), das dieser 1947 beim Regierungsrat des Kantons Bern einreichte.[3] Grütter forderte, das bernische Versorgungsrecht, das zu diesem Zeitpunkt auf dem Armenpolizeigesetz von 1912 beruhte, sei zu überprüfen, denn es sei damit «zu leicht, Leute zu ‹versenken›», und die Betroffenen hätten «zu wenig Möglichkeiten, sich zu wehren».[4] Man höre die «Leute viel reden über die Administrativ-Versetzung und nicht selten sind Klagen zu vernehmen, jedenfalls von Leuten, mit denen ich Gelegenheit hatte zu reden», führte Grütter später in einer Kommissionssitzung aus.[5] Inhaltlich schloss sich Grütter an die wesentlichen Kritikpunkte und Reformforderungen an, wie sie von Carl Albert Loosli und von Seiten der Rechtswissenschaft geäussert worden waren. So plädierte Grütter dafür, den Betroffenen einen Rechtsbeistand zur Seite zu stellen sowie ihnen ein «Rechtsmittel zu geben, damit die Sache an eine obere Behörde überwälzt werden» könne, wie er es formulierte.[6] Auch kritisierte Grütter die vage Formulierung einzelner Versorgungsbestimmungen. Es sei beispielsweise nicht klar, was unter der Bestimmung, eine Verlängerung sei möglich, wenn «‹andere Umstände›» es rechtfertigen, zu verstehen sei, wie es Artikel 68 des Armenpolizeigesetzes bestimmte. Weiter bezweifelte Grütter bezüglich der Vollzugspraxis, ob «überhaupt von einer Besserung gesprochen werden» könne, wenn man «insbesondere an die Verhältnisse in Hindelbank» denke.[7] Zudem verwies Grütter kritisch auf den Begriff «Armenpolizeigesetz», womit er den Kritikpunkt der gegen Arme gerichteten Sondergesetzgebung aufgriff, wie ihn beispielsweise Loosli mit Nachdruck vorgebracht hatte. «Dabei

2 Neben seinem Mandat als Grossrat (1934–1951) hatte Grütter ein Mandat als Nationalrat inne (1947–1971) und war Präsident der Sozialdemokratischen Partei des Kantons Bern (1947 bis 1962). Später war er Gemeinderat der Stadt Bern (1955–1967), wobei die SP mit seiner Wahl 1955 die Mehrheit in der Exekutive erlangte. Peter Stettler, Grütter, Fritz, in: Historisches Lexikon der Schweiz (HLS), Version 16. März 2003, www.hls.ch.

3 Kommission zur Beratung des Gesetzes über die Erziehung und Betreuung von Arbeitsscheuen, Liederlichen, Trunksüchtigen und sittlich Verdorbenen, Protokoll, 13. April 1954, S. 16, StAB, BB 13.1.195.

4 Ebd.

5 Kommission zur Prüfung des Abschnittes «Administrativ-Versorgung» des Armenpolizeigesetzes vom 1. Dezember 1912, Protokoll, 3. Juni 1949, S. 6, StAB, BB 13.1.214.

6 Ebd.

7 Vgl. hierzu Kapitel 2.4.

kenne ich aber sehr viele Leute und zwar nicht Arme, die sich dem Müssiggang ergeben, trinken u. s. w.», so Grütter.[8]

Erste Expertenkommission 1949: Das bisherige Versorgungsrecht ist «zweckmässig und beizubehalten»

Nachdem Fritz Grütter sein Postulat eingereicht hatte, setzte die kantonale Polizeidirektion eine elfköpfige Expertenkommission ein, die aus Grossräten, Regierungsstatthaltern sowie hohen Fürsorge- und Justizbeamten zusammengesetzt war. Präsidiert wurde sie vom kantonalen Fürsorgeinspektor Max Kiener, und sie hatte die Frage zu prüfen, inwiefern das bernische Versorgungsrecht zu revidieren war.[9] Die Expertenkommission traf sich 1949 zu drei Sitzungen. Der Punkt, der in den Diskussionen am meisten Anlass zu Debatten gab, war die Frage, ob den potenziell von einer administrativen Versorgung Bedrohten, die sich keinen Anwalt leisten konnten – und zu diesen war ein Grossteil von ihnen zu zählen –, ein amtlicher Verteidiger zur Seite gestellt werden sollte, sodass ihr Rechtsschutz erhöht und Rechtsgleichheit zwischen unterschiedlich Vermögenden gewährleistet war. Doch nur eine Minderheit der Kommissionsmitglieder konnte sich für eine solche Neuerung erwärmen. Die meisten verteidigten die bisherigen verfahrensrechtlichen Regelungen. Der Direktor der sozialen Fürsorge der Stadt Bern, Otto Steiger (BGB), erläuterte den Grund für seine in dieser Hinsicht ablehnende Haltung beispielsweise mit folgenden Argumenten: «Seit 35 Jahren arbeite ich nun in dieser Materie und ich konnte viele Erfahrungen sammeln. Ich glaube nicht zu übertreiben, wenn ich sage, dass das Administrativ-Verfahren sicherer ist als das richterliche, denn die Administrativbehörde kennt die Leute seit Jahren und besitzt umfangreiche Akten über einen Einzelfall. Ich bitte zu bedenken, was sich alles abspielt, bevor sich die Gemeinde zu einem Antrag entschliesst und es braucht einiges, bis es soweit ist. Dann kommt erst das Verfahren vor den Regierungsstatthalter, hernach überprüft die kantonale Polizeidirektion den Fall einlässlich und schliesslich fasst der Regierungsrat einen Beschluss. Die Zusammenarbeit der Instanzen ist sehr intensiv und dass in diesem Verfahren der Mann keinen Schutz haben soll, davon ist nicht die Rede.»[10] Steiger verteidigte also das bestehende Versorgungsrecht mit Begründungen, wie

8 Kommission zur Prüfung des Abschnittes «Administrativ-Versorgung» des Armenpolizeigesetzes vom 1. Dezember 1912, Protokoll, 3. Juni 1949, S. 6, StAB, BB 13.1.214.

9 Kommission zur Prüfung des Abschnittes «Administrativ-Versorgung» des Armenpolizeigesetzes vom 1. Dezember 1912, Liste der Mitglieder, 16. März 1948, StAB, BB 13.1.214. Mitglied der Expertenkommission von 1949 – und auch der Expertenkommission von 1954/55 – war unter anderem Regierungsstatthalter Christian Aeschlimann, der im Fall Jakob Hofmann zuständig war.

10 Kommission zur Prüfung des Abschnittes «Administrativ-Versorgung» des Armenpolizeigesetzes vom 1. Dezember 1912, Protokoll, 3. Juni 1949, S. 6 f., StAB, BB 13.1.214.

sie seit den 1880er-Jahren vorgebracht wurden und die lauteten, dass das zwar verwaltungsinterne, aber mehrstufige Verfahren in Kombination mit der reichen Sachkenntnis der involvierten Beamten den Betroffenen einen ausreichenden Rechtsschutz garantiere. Dass die Aussagen Steigers nur bedingt zutrafen und die Fälle nicht bis in die obersten behördlichen Instanzen durchberaten wurden, belegt jedoch zumindest der Fall Frieda Berger. Praktisch im Alleingang hatten hier die Amtsvormünder bestimmen können, ob Berger administrativ versorgt wurde oder nicht respektive ob sie aus der Anstalt entlassen wurde. Die Instanzen des Regierungsstatthalters, des kantonalen Departements und des Regierungsrats hatten keinerlei Einfluss auf den Verlauf des Falles genommen. Ein weiteres Argument, mit welchem Steiger das bestehende Versorgungsverfahren verteidigte, ging dahin, dass die Hinzuziehung von Rechtsbeiständen die Verfahren unnötig verkomplizieren würde und «höchstens der Trölerei förderlich» sei.[11] Er gewichtete das Interesse an einem schlanken Verfahren also höher als der zu gewährleistende Rechtsschutz der Betroffenen. Bezüglich dieses Punktes argumentierte der Kommissionsvorsitzende Max Kiener auf ähnliche Weise. Er führte aus, dass er «von der Praxis aus gesehen […] die Beiordnung eines armenrechtlichen Anwaltes […] unbedingt ablehnen» müsse.[12] Denn: «[B]etrachten wir einmal einen Alkoholiker näher: Dieser bestreitet alles und jedes im Verfahren, was auch zur Diskussion stehen mag und nun soll zu dieser Situation noch ein Anwalt beigeordnet werden, der überhaupt alles auf den Kopf stellt? Wohin führt das?»[13] Deutlich schwang in solchen Aussagen noch stets die Haltung mit, dass die von einer administrativen Versorgung Betroffenen von einem paternalistischen Standpunkt aus betrachtet wurden und ihnen nicht die Position von Verhandelnden und damit (rechtlich) ebenbürtigen Subjekten eingeräumt wurde. In diesem Zusammenhang nahm zum Beispiel Grossrat Fritz Schwarz,[14] Mitglied der Liberalsozialistischen Partei, kein Blatt vor den Mund. Offen gab er zu, die Betroffenen als Bürgerinnen und Bürger zweiter Klasse zu betrachten, indem er vorbrachte, er könne sich für die «Beiordnung eines armenrechtlichen Anwaltes» nicht einsetzen, denn «die Leute verdienen das gar nicht».[15]
Schliesslich kam die Expertenkommission in ihrem abschliessenden Bericht

11 Kommission zur Prüfung des Abschnittes «Administrativ-Versorgung» des Armenpolizeigesetzes vom 1. Dezember 1912, Protokoll, 29. Juni 1949, S. 5, StAB, BB 13.1.214.

12 Ebd., S. 5 f.

13 Ebd., S. 6.

14 Schwarz war von 1934–1958 Grossrat und verlegte unter anderem 1924 Carl Albert Looslis Werk *Anstaltsleben. Betrachtungen und Gedanken eines ehemaligen Anstaltszöglings*. Christoph Zürcher, Schwarz, Fritz, in: Historisches Lexikon der Schweiz (HLS), Version 12. Juni 2010, www.hls.ch.

15 Kommission zur Prüfung des Abschnittes «Administrativ-Versorgung» des Armenpolizeigesetzes vom 1. Dezember 1912, Protokoll, 29. Juni 1949, S. 6, StAB, BB 13.1.214.

vom 9. Dezember 1949 zum Schluss, die bestehenden Bestimmungen seien im Wesentlichen «zweckmässig und beizubehalten»; es sollten lediglich «einzelne Bestimmungen [...] der heutigen Praxis angepasst [werden], welche auf eine individuelle Behandlung der Fälle und erzieherisch wesentliche Momente hinausläuft».[16] Grütter, der in der Expertenkommission Einsitz gehabt hatte, hatte sich also mit seinen Forderungen nach einem Ausbau des Rechtsschutzes, um den «enormen Eingriff in die Freiheitsrechte» der Betroffenen rechtsstaatlich abzusichern,[17] nicht durchsetzen können. Basierend auf dem Bericht der Expertenkommission von 1949 erarbeitete anschliessend eine zweite, kleinere Kommission, die aus sechs Beamten der Fürsorgedirektion und der Polizeidirektion bestand, einen ersten konkreten Entwurf für ein revidiertes Versorgungsgesetz. Dieser Gesetzesentwurf von 1952 sah, entsprechend dem Bericht der Expertenkommission von 1949, die von Grütter geforderten Rechte nicht vor.[18]

Zweite Expertenkommission 1954/55: Einführung einer amtlichen Verteidigung in «gemässigter Form»

In der Folge erteilte der Regierungsrat einer weiteren Expertenkommission den Auftrag, den Revisionsentwurf von 1952 einer eingehenden Prüfung zu unterziehen und als notwendig erachtete Ergänzungen anzubringen.[19] Ähnlich wie die erste von 1949 war diese zweite Kommission, die 1954 und 1955 während acht Sitzungen beriet, aus Grossräten, Regierungsstatthaltern sowie hohen Beamten aus dem Fürsorge- und Justizwesen zusammengesetzt, hinzu kamen einige verwaltungsexterne Fachleute.[20] Wiederum wurde die Expertenkommission von Max Kiener präsidiert, und auch einige weitere Mitglieder von 1949 waren erneut dabei.[21] Auch die zweite Kommission diskutierte ausführlich über die Frage, ob den Betroffenen ein Rechtsbeistand zur Verfügung gestellt werden solle. Hinsichtlich dieser Frage zeigte sich nun ein Meinungsumschwung. Wie die Kommissionsprotokolle zeigen, befürwortete die Mehrheit der Mitglieder nun die Möglichkeit, gesetzlich festzulegen, dass den Betroffenen ein amt-

16 RRB 3031, 2. Juni 1953, StAB, BB 13.1.195; kantonaler Fürsorgeinspektor an kantonalen Polizeidirektor, 9. Dezember 1949, StAB, BB 13.1.214.

17 Kommission zur Prüfung des Abschnittes «Administrativ-Versorgung» des Armenpolizeigesetzes vom 1. Dezember 1912, Protokoll, 29. Juni 1949, S. 7, StAB, BB 13.1.214.

18 Gesetz über die Erziehung und Betreuung von Arbeitsscheuen, Liederlichen, Trunksüchtigen und sittlich Verkommenen, Entwurf 1952, StAB, BB 13.1.214. Der Revisionsentwurf von 1952 wies insofern einen veränderten Aufbau auf, als zunächst besondere Massnahmen der «Betreuung» aufgeführt waren. Vgl. hierzu weiter unten in diesem Kapitel.

19 RRB 3031, 2. Juni 1953, StAB, BB 13.1.195.

20 Kommission zur Beratung des Gesetzes über die Erziehung und Betreuung von Arbeitsscheuen, Liederlichen, Trunksüchtigen und sittlich Verdorbenen, Protokoll, 13. April 1954, S. 1, StAB, BB 13.1.195.

21 Ebd.

licher Verteidiger zur Verfügung gestellt werde. Die Fürsprecherin Dr. Helene Thalmann-Antenen, die neu in der Expertenkommission von 1954/55 Einsitz hatte[22] und sich für diese Neuerung besonders einsetzte, betonte beispielsweise, es handle sich bei einer administrativen Versorgung um einen «so schwerwiegenden Eingriff in die Freiheit eines Menschen, dass man doch die Möglichkeit prüfen sollte, dem Betroffenen einen amtlichen Verteidiger beizuordnen».[23] Es entspreche, so Thalmann-Antenen, dem «Gebote der Gerechtigkeit, die Möglichkeit einer amtlichen Verteidigung zuzulassen, damit der Unbemittelte nicht benachteiligt» werde.[24] Andere Kommissionsmitglieder brachten vor, dass sich mit einem amtlichen Verteidiger in gewissen Fällen ein Verfahren «viel sachlicher» abwickeln lasse, als wenn ausschliesslich die Betroffenen und die Behördenvertreter miteinander in Kontakt stünden.[25] In diesem Zusammenhang wurde auch das «psychologische Moment» betont, die Betroffenen hätten weniger das «Gefühl der Schutzlosigkeit», wenn sie durch einen Anwalt vertreten würden.[26]

Einige Kommissionsmitglieder begrüssten eine amtliche Verteidigung auch aus «referendumspolitischen Gründen».[27] Sie erachteten nämlich die Chancen, dass die Stimmberechtigten das revidierte Versorgungsgesetz annahmen, für grösser, wenn in ihm der Rechtsschutz der Betroffenen ausgebaut war.[28] Tatsächlich wurde, wie weiter unten in diesem Kapitel ausgeführt wird, das Argument, dass das revidierte Versorgungsgesetz den Rechtsschutz der Betroffenen vergrössere, schliesslich zum zentralen Argument, das die Behörden verwendeten, um in den 1960er-Jahren unter den Stimmberechtigten des Kantons Bern Zustimmung für das revidierte Gesetz zu finden. Ein Argument, das in diesem Zusammenhang in der zweiten Expertenkommission von 1954/55 auch vorgebracht wurde, lautete, dass sich eine «gemässigte Form» der amtlichen Verteidigung rechtlich verankern lasse, wenn die Expertenkommission den entsprechenden Paragrafen selbst formuliere, so Kommissionsmitglied und Fürsprecher Franz Rammelmeyer, Se-

22 Mit Thalmann-Antenen und Elsbeth Weyermann, Sekretärin des bernischen Frauenbundes, waren 1954 erstmals zwei Frauen Mitglied der Expertenkommission. Kommission zur Beratung des Gesetzes über die Erziehung und Betreuung von Arbeitsscheuen, Liederlichen, Trunksüchtigen und sittlich Verdorbenen, Protokoll, 13. April 1954, S. 1, StAB, BB 13.1.195.

23 Kommission zur Beratung des Gesetzes über die Erziehung und Betreuung von Arbeitsscheuen, Liederlichen, Trunksüchtigen und sittlich Verdorbenen, Protokoll, 5. Mai 1954, S. 29, StAB, BB 13.1.195.

24 Kommission zur Beratung des Gesetzes über die Erziehung und Betreuung von Arbeitsscheuen, Liederlichen, Trunksüchtigen und sittlich Verdorbenen, Protokoll, 11. Oktober 1954, S. 6, StAB, BB 13.1.195.

25 Ebd., S. 7.

26 Ebd.

27 Ebd.

28 Ebd.

kretär der Direktion der sozialen Fürsorge der Stadt Bern.[29] «Andernfalls riskieren wir, dass die Frage in einer spätern Beratungsphase ja doch aufgeworfen wird und dass die amtliche Verteidigung dann in einer viel extremeren und damit unzweckmässigeren Form ins Gesetz kommt.»[30] Die von Rammelmeyer vorgeschlagene Strategie ging schliesslich auf. Obwohl einige Kommissionsmitglieder weiterhin die Auffassung vertraten, die Hinzuziehung von Anwälten würde nur «unnütze Komplikationen» mit sich bringen, und insbesondere Kommissionspräsident Kiener betonte, man lasse die «Leute wirklich nicht unbegründet in eine Anstalt einweisen»,[31] beschloss die Kommission in ihrer Sitzung vom 11. Oktober 1955, in den Gesetzesentwurf die Bestimmung aufzunehmen, dass die «Beiordnung eines amtlichen Verteidigers» möglich war.[32] Diese unterlag jedoch gewissen Einschränkungen. Im Gesetzesentwurf hiess es: «Dem minderbemittelten Beschuldigten [das heisst administrativ zu Versorgenden] ordnet der Untersuchungsbeamte auf Kosten des Staates aus der Zahl der im Kanton Bern praktizierenden Anwälte einen amtlichen Verteidiger bei, wenn der Beschuldigte wegen Unerfahrenheit, Gebrechen oder aus ähnlichen Gründen nicht fähig ist, seine Rechte zu wahren, oder wenn er durch seinen gesetzlichen Vertreter nicht genügend verbeiständet ist, und wenn ausserdem die Schwierigkeit der tatsächlichen Verhältnisse die Beiordnung eines Anwaltes rechtfertigt.»[33] Den praktisch identischen Wortlaut wies die gesetzliche Bestimmung auf, wie sie schliesslich mit dem Erziehungs- und Versorgungsgesetz am 1. Januar 1966 in Kraft trat.[34] Die «gemässigte Form» der amtlichen Verteidigung bedeutete also, dass die Betroffenen nicht in jedem Fall das Recht hatten, eine amtliche Verteidigung in Anspruch zu nehmen, sondern nur, wenn die Behörden ein entsprechendes Gesuch bewilligten und bestimmte erschwerende Umstände, beispielsweise ein «Gebrechen» der betreffenden Person, als gegeben erachtet wurden.[35] Angesichts der Tatsache, dass es sich bei einer administrativen Versorgung um einen massiven

29 Ebd., S. 8.

30 Ebd.

31 Kommission zur Beratung des Gesetzes über die Erziehung und Betreuung von Arbeitsscheuen, Liederlichen, Trunksüchtigen und sittlich Verdorbenen, Protokoll, 5. Mai 1954, S. 29 bis 31, StAB, BB 13.1.195.

32 Kommission zur Beratung des Gesetzes über die Erziehung und Betreuung von Arbeitsscheuen, Liederlichen, Trunksüchtigen und sittlich Verdorbenen, Protokoll, 11. Oktober 1954, S. 8, StAB, BB 13.1.195; Gesetz über fürsorgepolizeiliche Massnahmen, Entwurf Oktober 1955, StAB, BB 13.1.214.

33 Ebd.

34 Art. 48 GEV.

35 In diesem Sinne war denn beispielsweise auch die Rede davon, die administrativ zu Versorgenden sollten «die Verteidigung in erster Linie selbst führen». Botschaft des Grossen Rates des Kantons Bern betreffend Gesetz über Erziehungs- und Versorgungsmassnahmen, Mai 1965, S. 28, StAB, BB 13.1.226.

Eingriff des Staates in die persönliche Freiheit eines Menschen handelte, muss eine auf diese Weise eingeschränkte Verteidigungsmöglichkeit der Betroffenen als eine höchst unzulängliche Verfahrensregelung bezeichnet werden.[36]
Die Arbeiten an einem neuen Versorgungsgesetz im Kanton Bern und dabei vor allem die Diskussion über die Einführung einer amtlichen Verteidigung zeigen, dass man sich in den 1950er-Jahren bezüglich des Denkens über fürsorgerische (Zwangs-)Massnahmen und damit verbunden bezüglich der Betrachtung der persönlichen Rechte der von solchen Massnahmen Betroffenen und des Verhältnisses zwischen Staat und Individuum in einer Phase des Umbruchs befand. Es wuchs das Bewusstsein, dass gewisse Mechanismen, die dem Rechtsschutz der Betroffenen dienten, notwendig waren, auch wenn es sich bei ihnen um Menschen handelte, die sozialen Normen und bürgerlichen Werten zuwiderhandelten. Damit kam es zu einem – wenn auch vorerst sehr zaghaften – Einbruch in vorherrschende autoritär-paternalistische und stark hierarchische Fürsorgekonzepte. Während die Kommissionsmitglieder bei der amtlichen Verteidigung somit einen Kompromiss fanden, um rechtsstaatlichen Erfordernissen zumindest ein Stück weit entgegenzukommen, wurde die Frage der Einführung eines Beschwerdeverfahrens in den Beratungen der beiden Expertenkommissionen von 1949 und von 1954/55 nicht mehr aufgegriffen. Auch Grütter, der diese Neuerung gefordert hatte, kam auf dieses Anliegen nicht mehr zu sprechen. Erst in den Grossratsdebatten 1965 wurde auf die Initiative von Grossrat Klaus Schädelin hin ein Beschwerdeverfahren in das neue Versorgungsrecht aufgenommen, worauf weiter unten eingegangen wird.

7.2 Das «Gesetz über Erziehungs- und Versorgungsmassnahmen» (1965/66)

Der Revisionsentwurf, den die zweite Expertenkommission schliesslich im Oktober 1955 fertigstellte, gab in den wesentlichen Zügen vor, wie das spätere Erziehungs- und Versorgungsgesetz von 1965 ausgestaltet sein sollte. Dass es bis zur Verabschiedung des revidierten Versorgungsgesetzes noch zehn Jahre dauerte, war dabei weniger auf inhaltliche denn auf verfahrenstechnische Gründe zurückzuführen, denn die Versorgungsgesetzgebung sollte mit der Fürsorgegesetzgebung abgestimmt werden, deren Revision sich in dieser Zeit ebenfalls in Gang befand.[37] Das Versorgungsgesetz wurde als «Ergänzungsgesetz» zur übri-

36 Hierzu auch kritisch o. A., Administrativrecht und Verwahrung. Kritische Bemerkungen zu einem Gesetzesentwurf, in: Der Bund, 28. Februar 1965.

37 Bereits Ende der 1930er-Jahre gab es auf politischer Ebene Bestrebungen, das bernische Armen- und Niederlassungsgesetz von 1897 zu revidieren. Dach, Armengesetz, 1955, S. 241

gen Fürsorgegesetzgebung verstanden, dessen «Wirkung» dort einsetzen sollte, «wo mit dem auf der gewaltlosen Fürsorge aufgebauten Fürsorgegesetz im konkreten Fall das Ziel nicht mehr erreicht werden» könne.[38] Nachdem schliesslich am 1. Juli 1962 das *Gesetz über das Fürsorgewesen* und das *Gesetz über Niederlassung und Aufenthalt* in Kraft getreten waren,[39] war der Zeitpunkt gekommen, sich der definitiven Verabschiedung des revidierten Versorgungsrechts zuzuwenden. Im Mai 1965 diskutierte der Grosse Rat nach 1883 und nach 1910/12 ein drittes Mal über ein Gesetz zur administrativen Versorgung; ein erster Gesetzesentwurf wurde im Februar 1965 diskutiert, ein zweiter im Mai 1965. Zum Abschluss der zweiten Beratungsrunde am 6. Mai 1965 sprach sich schliesslich die grosse Mehrheit des Grossen Rates des Kantons Bern für das neue Versorgungsgesetz aus (112 Ja- und vier Neinstimmen).[40] Die Stimmberechtigten des Kantons Bern nahmen es am 3. Oktober 1965 mit einem Jastimmenanteil von knapp siebzig Prozent an.[41]

7.2.1 Zwingende Anwendung von «Erziehungsmassnahmen ohne Anstaltseinweisung»

Die administrative Versorgung wurde mit dem Erziehungs- und Versorgungsgesetz von 1965 neu explizit als Teil eines abgestuften Massnahmenkatalogs konzeptualisiert. Dies bedeutete, dass, bevor eine Versorgung erfolgen konnte, zwingend «Erziehungsmassnahmen ohne Anstaltseinweisung» durchgeführt werden mussten, wie der entsprechende Teil des Erziehungs- und Versorgungsgesetzes betitelt war.[42] Entsprechend führte Grossrat Hans Zuber, der die aktu-

bis 256. Im Dezember 1958 hielt der kantonale Fürsorgedirektor Henri Huber fest, die Vorarbeiten für eine Revision des Armen- und Niederlassungsgesetzes seien inzwischen «so weit gediehen», dass «auch die Arbeiten für die Revision des Armenpolizeigesetzes von 1912 wieder aufgenommen» werden sollten. Kantonaler Fürsorgedirektor an kantonale Polizeidirektion, 26. Dezember 1958, StAB, BB 13.1.214.

38 Kantonaler Polizeidirektor an kantonale Fürsorgedirektion, 26. Februar 1959, StAB, BB 13.1.214; Botschaft des Grossen Rates des Kantons Bern betreffend Gesetz über Erziehungs- und Versorgungsmassnahmen, Mai 1965, S. 23 f., StAB, BB 13.1.226.

39 Thomet, Fürsorgegesetz, 1962, S. 177.

40 TGRB, 1965, S. 289.

41 Gesetz über Erziehungs- und Versorgungsmassnahmen vom 3. Oktober 1965, in: GDV, 1965, S. 230.

42 Der erste Abschnitt des Gesetzes bezog sich auf den «Geltungsbereich» der Bestimmungen (Art. 1–15). Der zweite befasste sich mit konkreten Massnahmen und enthielt die «Erziehungsmassnahmen ohne Anstaltsversorgung» (Art. 6–20). Der dritte Abschnitt enthielt die eigentlichen Bestimmungen zur «Einweisung in Anstalten» (Art. 21–65) und im vierten wurden die «Strafbestimmungen» (Art. 66–71) aufgeführt. Letztere hatten im Armenpolizeigesetz von 1912 wesentlich mehr Artikel umfasst und hatten prominent an zweiter Stelle gestanden.

elle Kommission zur Vorbereitung des revidierten Versorgungsgesetzes Mitte der 1960er-Jahre präsidierte, in seiner einführenden Ansprache in der Grossratsdebatte am 9. Februar 1965 aus, der «Hauptzweck» des Gesetzes liege darin, mit «Erziehungs- und Betreuungsmassnahmen, also ohne Anstaltseinweisung auszukommen».[43] Eine administrative Versorgung sollte nur mehr Ultima Ratio sein und erst dann zur Anwendung gelangen, wenn alle «anderen Stricke gerissen» waren, so der kantonale Polizeidirektor Robert Bauder.[44] Diese Vormassnahmen sollten zum einen zum Rechtsschutz der Betroffenen beitragen, indem sie einen «Damm gegen überstürzte oder zu wenig begründete Anstaltsversorgungen» bilden sollten,[45] wie es in der Grossratsdebatte hiess, und zum andern wurden sie als «geeignet» erachtet, in «leichteren, bisweilen auch in schwereren Fällen die gestrauchelte Person wieder auf den geraden Weg zurückzuführen».[46] Waren die Vormassnahmen «von Erfolg gekrönt», so «erschöpft sich damit bereits die Wirkung des GEV auf die betreffende Person».[47] Unterblieben solche Vormassnahmen, so war eine Anstaltsversorgung nicht zulässig und konnte gerichtlich angefochten werden, wie weiter unten anhand eines Beispiels gezeigt wird.

«Betreuung», «Verwarnung» und «Arrest» als Vormassnahmen

Die im ersten Teil des GEV geregelten «Erziehungsmassnahmen ohne Anstaltseinweisung» umfassten die drei Instrumente der «Betreuung», der «Verwarnung» und des «Arrests».[48] Die «Betreuung» einer «gefährdeten Person» konnte gemäss den gesetzlichen Bestimmungen von den Polizei- oder den Gemeindebehörden angeordnet werden; ausgeübt wurde sie durch eine «geeignete Person, Amts- oder Fürsorgestelle», «nötigenfalls» konnte sie «Fachleuten»[49] übertragen werden. Die «Betreuung» bestand in «wiederholter Aussprache, Aufklärung, Belehrung, Beratung und im Erteilen von Weisungen für das Verhalten der Betreuten oder für die Verwendung vorhandener oder ihm gewährter Existenzmittel».[50] War die betreffende Person bevormundet, musste mit den

Unter die Strafbestimmungen des GEV fielen etwa «Bettel» und «Landstreicherei», die mit Busse oder Haft bestraft wurden. Vgl. die Bestimmungen des GEV in Anhang 3.

43 TGRB, 1965, S. 110.

44 Ebd., S. 129.

45 Ebd., S. 111.

46 Vortrag der Polizeidirektion an den Regierungsrat zuhanden des Grossen Rates betreffend ein Gesetz über Erziehungs- und Versorgungsmassnahmen, in: TGRB, 1965, Beilage Nr. 4, S. 94.

47 Botschaft des Grossen Rates des Kantons Bern betreffend Gesetz über Erziehungs- und Versorgungsmassnahmen, Mai 1965, S. 25, StAB, BB 13.1.226.

48 Art. 8, 10, 11 GEV.

49 Die «Betreuung» von «Alkoholgefährdeten» oder «Rauschgiftsüchtigen» konnte beispielsweise durch Trinkerfürsorger oder Ärzte erfolgen. Art. 12 GEV.

50 Art. 8 GEV. Gegen den Beschluss, eine Person der «Betreuung» zu unterstellen, konnte die be-

vormundschaftlichen Organen Rücksprache genommen werden,[51] denn eine «Betreuung» gemäss GEV war nur dann anzuwenden, wenn nicht bereits eine «anderweitige Betreuung» bestand. «Sie konkurrenziert somit die Betreuungsarbeit der vormundschaftlichen und fürsorgerischen Organe nicht, sondern ergänzt sie wenn nötig in willkommener Weise», wie es in der Botschaft des Grossen Rates zur Abstimmung über das neue Versorgungsgesetz vom Mai 1965 hiess.[52] Die «Erziehungsmassnahmen ohne Anstaltseinweisung» wurden also als verwandt mit vormundschaftlichen Massnahmen betrachtet. In den Grossratsdebatten hiess es hierzu zum Beispiel, die Vormassnahmen des Erziehungs- und Versorgungsgesetzes füllten eine «Lücke», da man «manchmal bei der Vormundschaftsbehörde Fälle gemeldet [erhalte], bei denen die Tatbestände nicht ausreichten, um vormundschaftliche Massnahmen zu treffen».[53] Was die vormundschaftlichen Massnahmen gemäss dem Zivilgesetzbuch von 1907 kennzeichnet, gilt dabei auch für die bernischen «Erziehungsmassnahmen ohne Anstaltseinweisung»: Sie verliehen den Behörden eine grosse Machtfülle und eröffneten ihnen einen ausgedehnten Handlungsspielraum. Zwar waren die Betroffenen nicht entmündigt und in diesem Sinn zivilrechtlich nicht in ihrer Handlungsfreiheit eingeschränkt; dennoch war es den Behörden auch bei dieser «milderen» Form der Vormundschaft mit Hilfe des Instruments der «Erziehungsmassnahmen» möglich, umfassend auf die betroffenen Personen zuzugreifen, und zwar nicht zuletzt deswegen, weil stets mit dem Vollzug einer administrativen Versorgung gedroht werden konnte, sollten sich die Betroffenen den Anweisungen nicht beugen. Auf diese Weise erhielten die «Erziehungsmassnahmen ohne Anstaltseinweisung» einen disziplinierend-kontrollierenden Charakter.
In den Bestimmungen des GEV zur «Betreuung» finden sich Elemente, wie sie die traditionellen machtasymmetrischen und autoritären Fürsorgeverhältnisse kennzeichneten; etwa wenn die Rede ist vom «Erteilen von Weisungen», aber auch die rechtlich verankerte Befugnis der Betreuungsorgane, die «Wohnung des Betreuten und seiner Angehörigen zu betreten», ist ein solches Element.[54] Gleichzeitig finden sich auch Elemente, die auf ein verändertes Fürsorgeverständnis verweisen, wobei insbesondere die «Beratung» zu nennen ist, die das GEV als Bestandteil der «Betreuung» aufführt.[55] Bei der «Beratung» han-

troffene Person in erster Instanz beim Regierungsstatthalter und in zweiter Instanz beim Regierungsrat Beschwerde einlegen. Art. 16 GEV.

51 Art. 8 Ziff. 2 GEV.

52 Botschaft des Grossen Rates des Kantons Bern betreffend Gesetz über Erziehungs- und Versorgungsmassnahmen, Mai 1965, S. 25, StAB, BB 13.1.226.

53 TGRB, 1965, S. 120.

54 Art. 9 Ziff. 2 GEV. Vgl. zum Instrument des unangemeldeten Hausbesuch Matter, Armut, 2011, S. 143–148.

55 Art. 8 Ziff. 3 GEV.

delte es sich um ein neues Fürsorgekonzept, das ursprünglich aus der Sozialarbeit stammte und in den 1950er- bis 1970er-Jahren Eingang in eine «neue Generation» kantonaler Fürsorgegesetze fand.[56] Allgemein basiert das Konzept der «Beratung» auf der Idee eines gleichberechtigten Verhältnisses zwischen Betreuenden und Betreuten: Eine zu beratende Person soll mit Informationen versorgt werden, sodass sie in die Lage versetzt wird, selbständig einen Entscheid fällen zu können. Die Beratung ist also prinzipiell ergebnisoffen und räumt den Betroffenen Mitspracherechte ein. Sibylle Brändli Blumenbach weist jedoch darauf hin, dass Beratung ein «doppeltes Gesicht» habe, da sie zwar ein «demokratisches Versprechen in psychologischer Form» biete, dies jedoch nicht ausschliesse, dass sie als Kontroll- und Disziplinarinstrument eingesetzt werde.[57] Neben der «Betreuung» sah das GEV als zweite Vormassnahme die «Verwarnung» vor.[58] Mit einer solchen sollte eine betreute Person auf ihr «verwerfliches Verhalten aufmerksam gemacht» und «ermahnt» werden, sich zu «bessern und die Weisungen zu befolgen».[59] Erwiesen sich «Betreuung» und «Verwarnung» als «wirkungslos», konnte die Ortspolizeibehörde gemäss GEV schliesslich einen «Arrest» von mindestens 24 Stunden und höchstens acht Tagen verhängen.[60]

Mit der gesetzlichen Verankerung der «Erziehungsmassnahmen ohne Anstaltseinweisung» wurde eine Praxis kodifiziert, wie sie sich in den vergangenen Jahren entwickelt hatte. So hat der Fall Jakob Hofmann gezeigt, dass eine administrative Versorgung nicht von heute auf morgen erfolgte, sondern im Vorfeld wurde versucht, mit verschiedenen weniger einschneidenden Massnahmen auf die betroffene Person einzuwirken und sie dazu zu bringen, ihr Verhalten zu ändern. So waren gegen Hofmann immer wieder Verwarnungen ausgesprochen worden, oder er war in mehrtägigen Arrest gesetzt worden. Erst als nach Ansicht der Behörden diese Massnahmen nicht die gewünschte Wirkung zeigten, legten sie ein schärferes Vorgehen an den Tag und beantragten Hofmanns administrative Versorgung. Eine solche Vorgehensweise wurde nun mit dem Erzie-

56 Matter, Armut, 2011, S. 328 f.

57 Sibylle Brändli Blumenbach, Zur Geschichte der Beratung als Instrument der sozialen Integration. Eine Studie am Beispiel der Stadt Basel, 1950er bis 1990er Jahre, Zusammenfassung der wichtigsten Resultate (Auszug aus dem Schlussbericht), www.nfp51.ch (Zugriff: 4. November 2009).

58 Bossart verweist auf rund ein Dutzend kantonaler Versorgungsgesetze, die in den 1960er-Jahren das Rechtsinstitut der «Verwarnung» kannten. Nur einige wenige Kantone hingegen kannten in dieser Zeit ein System mit Betreuungsmassnahmen, wie es der Kanton Bern 1965 einführte. Bossart, Freiheit, 1965, S. 66–70.

59 Art. 10 GEV. Vgl. auch Kommission zur Beratung des Gesetzes über die Erziehung und Betreuung von Arbeitsscheuen, Liederlichen, Trunksüchtigen und sittlich Verdorbenen, Protokoll, 13. April 1954, S. 22, StAB, BB 13.1.195.

60 Art. 11 GEV.

hungs- und Versorgungsgesetz für rechtsverbindlich erklärt. Wie eine Umfrage ergab, die der Bundesrat Mitte der 1970er-Jahre in den Kantonen zu ihrer Versorgungspraxis durchführen liess, berücksichtigten alle Kantone im Zusammenhang mit Versorgungsmassnahmen eine Art «Stufenfolge», bei der einer eigentlichen Versorgung zunächst weniger einschneidende Massnahmen vorangingen, auch wenn nicht alle Gesetze eine solche Vorgehensweise explizit vorschrieben, wie dies der Kanton Bern mit dem GEV von 1965 tat.[61] Letztlich trugen die Vormassnahmen – in Kombination mit der neu eingeführten Möglichkeit einer verwaltungsrechtlichen Beschwerde – zum Rechtsschutz der Betroffenen bei.[62] Dies soll im Folgenden ein kurzes Fallbeispiel verdeutlichen.

Ein unrechtmässiger Versorgungsentscheid

Im Dezember 1966 wurde die neunzehn Jahre junge Frau S. G. in Genf, wohin sie «mit einem Bekannten» gereist war, «aufgegriffen» und «völlig mittellos und verwahrlost» ins Berner Bezirksgefängnis überführt. Dies ist einem bernischen Verwaltungsgerichtsentscheid vom 3. Juli 1967 zu entnehmen.[63] G. wurde verdächtigt, so führt der Verwaltungsgerichtsentscheid zu den Hintergründen des polizeilichen Aufgreifens G.s aus, in eine «Strafsache zwischen einer Prostituierten und deren Freund verwickelt» gewesen zu sein. Dieser Verdacht erwies sich in der Folge als unbegründet, doch eine Polizeiassistentin erstattete der Jugendanwaltschaft und der Vormundschaftsbehörde der Gemeinde P., aus der die junge Frau stammte, Bericht darüber, dass G. polizeilich aufgegriffen worden war. Hierauf liess die Jugendanwaltschaft G. vorläufig ins Frauenheim der Heilsarmee überführen und strengte gleichzeitig eine Untersuchung an, um die Frage einer allfälligen administrativen Versorgung abzuklären. Ärztliche und psychologische Untersuchungen ergaben, dass die junge Frau «defloriert» war und dass «leichtere Psychopathie», «Milieuschädigung» und «Verwahrlosung» vorlagen. Die Sachverständigen erklärten, eine «Heimeinweisung zur Nacherziehung sei unbedingt zu empfehlen». Am 7. April 1967 beschloss der Regierungsrat die administrative Versorgung G.s in ein Erziehungsheim, und zwar auf «unbe-

61 Revision von Art. 406 ZGB, Umfrage bei den Kantonen. Zusammenfassung der Antworten, 17. April 1973, S. 13 f., BAR, E 4110 (B) 1989/129, Bd. 45.

62 Vgl. hierzu auch Bossart, Freiheit, 1965, S. 66 f.

63 Verwaltungsgerichtsentscheid des Kantons Bern, 3. Juli 1967, Beschwerdesache S. G. gegen den Entscheid des Regierungsrates des Kantons Bern vom 7. April 1967, S. 1–9, StAB, BB 13.1.226. Die folgenden Ausführungen beziehen sich alle auf diesen Verwaltungsgerichtsentscheid. Die *Zeitschrift für öffentliche Fürsorge* publizierte dieses Fallbeispiel, um darzulegen, dass und wie die bernischen «Erziehungsmassnahmen ohne Anstaltseinweisung» praktiziert werden mussten. Ohne Autor, Anstaltsversorgung Jugendlicher wegen sittlicher Gefährdung, in: Zeitschrift für öffentliche Fürsorge, 65, 9 (1968), S. 142 f.

stimmte» Zeit, jedoch «längstens bis zum vollendeten 22. Altersjahr»,[64] und die junge Frau kam in das gut 200 Kilometer von Bern entfernte Lärchenheim Lutzenberg im Kanton Appenzell Ausserrhoden. In der Folge legten die Eltern beim bernischen Verwaltungsgericht Beschwerde gegen die administrative Versorgung ihrer Tochter ein. Über den sozialen Hintergrund der Eltern ist aus den Akten zu erfahren, dass der Vater Bereiter war und die Mutter, sofern es deren «Gesundheit erlaube, einem ausserhäuslichen Verdienst» nachging. Die Eltern G.s machten geltend, ihre Tochter sei «wie jeder junge Mensch im Entwicklungsalter sehr oft unausgeglichen, unzufrieden und hie und da aggressiv», woraus jedoch nicht «auf eine Milieuschädigung geschlossen werden» könne; auch der Vorwurf einer «suchtartigen Neigung zum Rauchen und Trinken», wie er offensichtlich im Rahmen der behördlichen Abklärungen erhoben worden war, entbehre jeder «Grundlage». Die Eltern waren mit ihrer Beschwerde schliesslich erfolgreich. Am 3. Juli 1967 machte das bernische Verwaltungsgericht den regierungsrätlichen Einweisungsentscheid rückgängig, indem es urteilte: «Die Beschwerde [der Eltern] wird gutgeheissen und der angefochtene Entscheid des Regierungsrates des Kantons Bern aufgehoben.» Das Verwaltungsgericht begründete seinen Entscheid mit verfahrensrechtlichen Versäumnissen der bernischen Behörden. Diese hätten es versäumt, vorgängig zur Anstaltsversorgung Erziehungsmassnahmen anzuordnen und durchzuführen, wozu sie durch das Erziehungs- und Versorgungsgesetz verpflichtet gewesen seien. Die Feststellung der Widerrechtlichkeit der Anstaltsversorgung hielt das Verwaltungsgericht jedoch nicht davon ab, in seinem Urteil festzustellen, die junge Frau sei «zweifellos sittlich gefährdet» sei. Aus diesem Grund sandte das Gericht in der Folge die Akten an die Vormundschaftsbehörde der Gemeinde P. «zum Zwecke der Beschlussfassung vormundschaftlicher Massnahmen». Was mit der jungen Frau in der Folge geschah – ob vormundschaftliche Massnahmen ergriffen wurden oder nicht –, kann nicht angegeben werden, da das Urteil des Verwaltungsgerichtes mit dieser Information endet und sich in den Archiven zum Fall G. keine weiteren Akten finden.

Wie dieses Beispiel zeigt, war eine Anstaltsversorgung seit dem 1. Januar 1966 nicht mehr ohne Weiteres und auf direktem Weg möglich, da die Behörden mit dem bernischen Erziehungs- und Versorgungsgesetz nun gezwungen waren, zunächst weniger einschneidende Vormassnahmen zu beschliessen und durchzuführen. Doch den Fürsorgeorganen stand mit dem eidgenössischen Vormund-

64 Mit diesem Beschluss orientierte sich der Regierungsrat an den Bestimmungen, wie sie gemäss GEV für die Anstaltsunterbringung von Achtzehn- bis Zwanzigjährigen galten. Das GEV bestimmte, dass diese sich so lange in der Anstalt aufzuhalten hatten, «als es ihre Erziehung erfordert, jedoch mindestens ein Jahr». Mit zurückgelegtem 22. Altersjahr waren sie zu entlassen. Art. 23 Ziff. 3 GEV.

schaftsrecht eine Alternative zur Verfügung, die, wenn es zur Entmündigung kam, den Betroffenen bei einer Anstaltseinweisung praktisch keinen Rechtsschutz bot.

7.2.2 «Liederlichkeit» und «Arbeitsscheu»: Weiterhin gesetzliche Versorgungsgründe

Nach den «Erziehungsmassnahmen ohne Anstaltseinweisung» führte das Gesetz über Erziehungs- und Versorgungsmassnahmen in einem weiteren Teil die eigentlichen Bestimmungen zur Anstaltsversorgung auf. Wie das Armenpolizeigesetz von 1912 unterschied das GEV dabei zwischen Einweisungen in eine Arbeitsanstalt und Einweisungen in ein geschlossenes Versorgungsheim,[65] wobei bezüglich Letzteren vor allem das geschlossene Versorgungsheim Sonvilier gemeint war. Während das Armenpolizeigesetz von 1912 acht Kategorien von Personen bestimmt hatte, die in einer Arbeitsanstalt administrativ versorgt werden konnten, waren es gemäss dem GEV noch drei: Erstens konnten «Minderjährige, die das 18. Altersjahr zurückgelegt» hatten und ihren Eltern oder gesetzlichen Fürsorgeorganen «beharrlich und unbegründet Widerstand» leisteten und «sittlich gefährdet oder verwahrlost» waren, administrativ versorgt werden.[66] Damit waren die Versorgungsbestimmungen von 1965 nicht mehr auf unter Achtzehnjährige anwendbar, wie dies gemäss dem Arbeitsanstaltengesetz von 1884 und dem Armenpolizeigesetztes von 1912 noch der Fall gewesen war.[67] Zweitens konnten «geistig abnorme» Personen, welche die «allgemeine Sicherheit oder Ordnung erheblich gefährden» und deren «Verwahrung in einer nicht ärztlich geleiteten Anstalt angezeigt» war, in einer Arbeitsanstalt administrativ versorgt werden.[68] Und die dritte Versorgungskategorie bezog sich schliesslich auf «Liederlichkeit» und «Arbeitsscheu».[69] Sie war praktisch unverändert aus dem Armenpolizeigesetz von 1912 in das GEV übernommen worden. Mit ihr wurde bestimmt, dass Personen administrativ versorgt werden konnten, die wegen «Müssiggang, Arbeitsscheu, Liederlichkeit, unsittlichem Lebenswandel, Alkohol- oder Rauschgiftmissbrauch» sich selbst oder ihre Angehörigen «ernstlich gefährden», und zwar in «sittlicher, gesundheitlicher oder ökonomischer» Hin-

65 Art. 21–65 GEV.
66 Art. 21 Ziff. 1 GEV.
67 Vgl. Art. 4 Ziff. 1 AAG und Art. 62 Ziff. 1 APG. Wie Kommissionspräsident Zuber festhielt, sollten Jugendliche unter achtzehn Jahren von den «Vormundschaftsbehörden betreut und gegebenenfalls in Heime eingewiesen» werden. TGRB, 1965, S. 111.
68 Art. 21 Ziff. 3 GEV.
69 Art. 21 Ziff. 2 GEV.

sicht, oder die deswegen «öffentliches Ärgernis» erregen.[70] Diese Kategorie erfuhr insofern eine Modifikation, als nicht mehr allein «Trunk» respektive «Alkoholmissbrauch» genannt wurde, wie es im Armenpolizeigesetz der Fall gewesen war, sondern dass dieser Punkt ergänzt wurde durch «Rauschgiftmissbrauch». In der Expertenkommission war 1954 hierzu erläutert worden, «Trunksucht» sei zwar als «Sonderform der Rauschgiftsucht» zu betrachten; dennoch seien im Gesetz beide Begriffe aufzuführen, da man beim Begriff «Rauschgift» «nicht in erster Linie» an Alkohol denke, es jedoch für alle «Leser des Gesetzes» deutlich gemacht werden solle, dass sich mit dem Gesetz alle Formen des missbräuchlichen «Rauschgiftgenusses» belangen liessen.[71] Mit der Erweiterung dieser Kategorie um den Begriff des «Rauschgiftmissbrauches» wurde auf neue Entwicklungen reagiert. So war in der Schweiz etwa seit den 1920er-Jahren der Konsum von Drogen wie Opiaten oder Kokain als gesellschaftliches Problem wahrgenommen worden, was in legislatorischen Massnahmen wie zum Beispiel dem Erlass eines ersten eidgenössischen Betäubungsmittelgesetzes 1924 mündete.[72] Mit den Begriffen «Liederlichkeit» und «Arbeitsscheu» verwendete das GEV weiterhin traditionelle, aus dem 19. Jahrhundert stammende Bezeichnungen. Die Debatten im Grossen Rat, aber auch kritische Auseinandersetzungen in der Öffentlichkeit, die über die bernischen Kantonsgrenzen hinausgingen,[73] zeigen jedoch, dass sich diese Begriffe in den 1960er-Jahren nicht mehr ohne Weiteres und ohne dass ein gewisser Legitimationsaufwand betrieben werden musste, verwenden liessen. Kritisch wurde die Frage aufgeworfen, ob denn so klar sei, was diese Bezeichnungen bedeuteten, und ob in Fällen, in denen von «Liederlichkeit» oder «Arbeitsscheu» die Rede war, tatsächlich einschneidende behördliche Interventionsmassnahmen am Platz seien. So war denn der Grosse Rat 1965 geteilter Meinung, ob es sich bei den potenziell von einer administrativen Versorgung bedrohten Personen um Menschen mit hohem gemeinschafts- oder selbstgefährdendem Potenzial handelte, gegen die mit harter Hand vorgegangen werden musste, oder um oftmals eher harmlose Tagediebe, denen mit Milde zu begegnen war.[74]

70 Art. 21 Ziff. 2 GEV. Neu war hier das Element der «gesundheitlichen Gefährdung», während im Armenpolizeigesetz lediglich von «sittlicher» und «ökonomischer» Gefährdung die Rede gewesen war.

71 Kommission zur Beratung des Gesetzes über die Erziehung und Betreuung von Arbeitsscheuen, Liederlichen, Trunksüchtigen und sittlich Verdorbenen, Protokoll, 5. Mai 1954, S. 23 f., StAB, BB 13.1.195.

72 Ruedi Brassel-Moser, Drogen, in: Historisches Lexikon der Schweiz (HLS), Version 16. Oktober 2006, www.hls.ch.

73 Vgl. beispielsweise Georg Berner, «Armenpolizei». Kein Platz für Clochards!, in: Zürcher Woche, 19. Februar 1965; Rudolf Stickelberger, «Was nichts nützt, ist minderwertig», in: Schweizer Spiegel, 40, 7 (1965).

74 Vgl. beispielsweise TGRB, 1965, S. 273.

Neben den Arbeitsanstalten konnten schliesslich in das geschlossene Versorgungsheim Sonvilier Personen eingewiesen werden, die, wie es bereits das frühere Armenpolizeigesetz bestimmt hatte, wegen ihres «bösartigen» oder «gemeingefährlichen» Verhaltens nicht in offenen Fürsorgeheimen untergebracht werden konnten;[75] es ging also um die «bösartigen» Pfleglinge, über die in den grossrätlichen Debatten in den Jahren 1910 und 1912 intensiv diskutiert worden war. Nach Sonvilier konnten des Weiteren, wie dies auch gemäss den Bestimmungen des Armenpolizeigesetzes der Fall gewesen war, die nicht arbeitsfähigen administrativ Versorgten eingewiesen werden.[76] In einer Aktennotiz findet sich für sie die Bezeichnung «asoziale Arbeitsunfähige».[77]

7.2.3 Das Versorgungsverfahren: Ausbau des Rechtsschutzes

Das Versorgungsverfahren gemäss dem neuen Erziehungs- und Versorgungsgesetz entsprach weitgehend jenem, wie es das Armenpolizeigesetz gekannt hatte: Berechtigt, einen Versorgungsantrag zu stellen, waren auf kantonaler Ebene die kantonale Fürsorgedirektion und auf kommunaler Ebene die Vormundschafts-, Fürsorge- und Ortspolizeibehörden.[78] Sie hatten den Antrag beim Regierungsstatthalter des zuständigen Amtsbezirks einzureichen, der in der Folge eine Untersuchung eröffnete.[79] Auch die Bestimmungen über die Untersuchung entsprachen weitgehend jenen des Armenpolizeigesetzes von 1912, waren jedoch ausführlicher formuliert. So bestimmte das GEV, welche Informationen ein Versorgungsantrag zu umfassen hatte (die «Darstellung der Tatsachen, die zur Begründung des Antrags dienen», die «Aufzählung» der bisher angeordneten «Erziehungsmassnahmen» oder die «Angabe der Beweismittel»).[80] Im Armenpolizeigesetz hatte es hierzu lediglich geheissen, ein Einweisungsantrag müsse «gehörig motiviert und mit den nötigen Belegen versehen» beim Regierungsstatthalter eingereicht werden. Gleichzeitig wurden die Verfahrensrechte der Betroffenen im Bereich der Gewährleistung des rechtlichen Gehörs gestärkt, wobei sich das rechtliche Gehör nicht allein im engeren Sinn auf den Anspruch, gehört zu werden, beschränkte.[81] So hiess es im GEV beispielsweise nicht mehr ledig-

75 Art. 33 Ziff. 1, 3 GEV. Wie im Armenpolizeigesetz von 1912 war im Erziehungs- und Versorgungsgesetz die Rede von «böswilligen, störrischen, unbotmässigen» Pfleglingen, neu war die Einweisungsvoraussetzung des «gemeingefährlichen Verhaltens». Art. 33 Ziff. 1, 3 GEV.

76 Art. 33 Ziff. 2 GEV.

77 Notiz, 21. August 1951, StAB, BB 13.1.404.

78 Art. 39 GEV.

79 Art. 42, 43 GEV.

80 Art. 43 GEV.

81 Bossart, Freiheit, 1965, S. 93–95; Müller, Schefer, Grundrechte, 2008, S. 846.

lich, dass die betroffene Person «abgehört» werden müsse, sondern das GEV bestimmte, dass der betroffenen Person «Kenntnis vom Antrag und dessen Begründung» gegeben werden müsse und sie zu befragen sei, was sie «auf die Vorhalte zu erwidern» habe.[82] In diesem Zusammenhang enthielt das GEV auch die Vorschrift, dass den Betroffenen Einsicht in die Ergebnisse einer Untersuchung sowie in den Versorgungsantrag gewährt werden müsse.[83] Dies war eine zwingende Verfahrensvorschrift, die es den Betroffenen ermöglichen sollte, «in voller Kenntnis des Untersuchungsergebnisses, vor Erlass der Verfügung dem Regierungsrat [ihre] eigenen Anträge zu stellen».[84] Hierzu führte die kantonale Polizeidirektion aus, beim «Betroffenen [soll] nicht das Gefühl aufkommen, in seiner Sache sei aufgrund von Dokumenten entschieden worden, die er nicht habe einsehen dürfen».[85] Solche Rechte, wie sie im Zusammenhang mit dem Anspruch auf rechtliches Gehör konkret ausformuliert wurden, zielten letztlich darauf, die Betroffenen nicht auf Objekte zu reduzieren und keine Entscheide zuzulassen, ohne dass sie Gelegenheit hatten, in umfänglicher Kenntnis der Sachlage auf die Entscheide Einfluss zu nehmen.[86]

Das Untersuchungsverfahren im Rahmen einer administrativen Versorgung diente nicht allein dazu, Sachverhalte zu ermitteln und Entscheidungsgrundlagen zu schaffen, sondern es kam ihm noch eine weitere Funktion zu, nämlich jene der Disziplinierung. So konnte gemäss GEV ein Untersuchungsverfahren eingestellt werden, wenn das «angehobene Verfahren den Betroffenen so beeindruckte, dass eine Besserung in seinem Verhalten eingetreten» war.[87] Diese Möglichkeit, ein Verfahren zu sistieren und dabei Druck auszuüben, hatte bereits die Expertenkommission 1949 zur Revision der Versorgungsbestimmungen begrüsst. Grossrat Walter Stünzi (SP), Armenverwalter der Stadt Thun und späterer Nationalrat, hatte etwa ausgeführt, durch die «Möglichkeit, das hängige Verfahren zu sistieren», habe man «alle Mittel in der Hand, um dem Mann zu

82 Art. 45 GEV. Bezüglich der Einvernahme, der Untersuchungshaft, der Ermittlung des Tatbestandes sowie der Beschaffung der Beweismittel galten zudem die Bestimmungen des Gesetzes über das Strafverfahren des Kantons Bern. Art. 45 Ziff. 4, Art. 46 Ziff. 5, Art. 47 Ziff. 2 GEV.

83 Art. 54 GEV. Zudem wurde bestimmt, dass die Betroffenen «Beweisergänzungen» beantragen konnten. Art. 50 GEV.

84 Ohne Autor, Anstaltsversorgung. Wahrung des rechtlichen Gehörs, in: Zeitschrift für öffentliche Fürsorge, 66, 8 (1969), S. 125. Dieser Beitrag in der *Zeitschrift für öffentliche Fürsorge* stellte einen Fall aus dem Kanton Bern vor, in welchem einer betroffenen Person keine Kenntnis vom Ergebnis der Untersuchung und vom Inhalt des Versorgungsantrags gegeben wurde. Aufgrund dieses Verfahrensmangels machte das bernische Verwaltungsgericht den Versorgungsentscheid des Regierungsrates rückgängig. Ebd., S. 125 f.

85 Vortrag der Polizeidirektion an den Regierungsrat zuhanden des Grossen Rates betreffend ein Gesetz über Erziehungs- und Versorgungsmassnahmen, in: TGRB, 1965, Beilage Nr. 4, S. 95.

86 Müller, Schefer, Grundrechte, 2008, S. 847 f.

87 Botschaft des Grossen Rates des Kantons Bern betreffend Gesetz über Erziehungs- und Versorgungsmassnahmen, Mai 1965, S. 29, StAB, BB 13.1.226; Art. 52 GEV.

sagen, was sich gehört und wie er sich inskünftig zu verhalten hat».[88] Die Möglichkeit, ein Untersuchungsverfahren vor dem Hintergrund solcher Überlegungen einzustellen, hatte das Armenpolizeigesetz von 1912 zwar noch nicht explizit vorgesehen, in der Praxis war dies jedoch bereits praktiziert worden. So hatte der Regierungsstatthalter im Fall Hofmann in den Jahren 1947 und 1948 zwei Untersuchungsverfahren sistiert und Hofmann nach «gehöriger Verwarnung» entlassen.[89]

Die Regelungen zur Versorgungsdauer waren im GEV ausführlicher als bis anhin. Zwar bestimmte das GEV, ähnlich wie das Arbeitsanstaltengesetz von 1884 und das Armenpolizeigesetz von 1912, dass eine erstmalige Versorgung «erstmals für ein Jahr» und eine Versorgung Rückfälliger «bis auf die Dauer von zwei Jahren» anzuordnen sei.[90] Die beiden früheren Versorgungsgesetze hatten keine Angaben darüber enthalten, was unter «Rückfälligkeit» zu verstehen sei. Diesen Punkt regelte das GEV nun ausführlicher; es bestimmte, dass die als «rückfällig» galten, die innerhalb von fünf Jahren seit einer Entlassung erneut in eine Arbeitsanstalt eingewiesen wurden. Gleichzeitig bestimmte das GEV, und dies war ebenfalls neu, dass «wiederholt Rückfällige» auf «unbestimmte Zeit» administrativ versorgt werden konnten.[91] Gemäss dem GEV war es dem Regierungsrat weiterhin möglich, die Verlängerung der Versorgungszeit anzuordnen, wobei die maximale Verlängerungszeit auf zwei Jahre festgesetzt wurde; die älteren Gesetze hatten hierzu keine Vorschriften enthalten. Das GEV enthielt zudem, anders als das Armenpolizeigesetz, Verfahrensvorschriften, die bei einer Verlängerung einzuhalten waren.[92] So musste die Anstaltsleitung drei Monate vor Ablauf der Versorgungszeit Bericht erstatten bezüglich «Arbeitsleistung», «Verhalten und [...] Einstellung des Eingewiesenen» sowie über die «Notwendigkeit weiterer Massnahmen». Die antragsberechtigten Instanzen hatten hierzu Stellung zu nehmen. Bei einem Antrag auf Verlängerung der Massnahme war den Betroffenen «Gelegenheit zur Stellungnahme und zur Verteidigung» zu geben.[93]

Die bedingte Versorgung, die mit dem Armenpolizeigesetz von 1912 eingeführt worden war, sowie die bedingte Entlassung, die bereits das Arbeitsanstaltengesetz von 1884 gekannt hatte, sah das GEV weiterhin vor. Während bei der be-

88 Kommission zur Prüfung des Abschnittes «Administrativ-Versorgung» des Armenpolizeigesetzes vom 1. Dezember 1912, Protokoll, 21. Oktober 1949, StAB, BB 13.1.214. Vgl. auch Kommission zur Prüfung des Abschnittes «Administrativ-Versorgung» des Armenpolizeigesetzes vom 1. Dezember 1912, Protokoll, 29. Juni 1949, StAB, BB 13.1.214.

89 Vgl. hierzu Kapitel 4.4.

90 Art. 23 GEV.

91 Art. 23 GEV.

92 Art. 56 GEV.

93 Art. 56 GEV.

dingten Versorgung gemäss dem Armenpolizeigesetz von 1912 das Stellen unter Schutzaufsicht optional gewesen war, war dies nun mit dem GEV verpflichtend.[94] Bezüglich der bedingten Entlassung galten die gleichen Vorschriften wie im Armenpolizeigesetz, und die Schutzaufsicht war Pflicht, allerdings konnte die Probezeit neu auf bis zu drei Jahre angesetzt werden, während das Armenpolizeigesetz lediglich eine einjährige Probezeit vorgesehen hatte.[95]

Ein differenziertes Repertoire an behördlichen Interventionsmassnahmen

Wie die Bestimmungen des Erziehungs- und Versorgungsgesetzes, das am 1. Januar 1966 in Kraft trat, zeigen, hatte sich im Lauf der Jahrzehnte, in denen im Kanton Bern administrative Versorgungen praktiziert wurden, ein immer differenzierteres Repertoire an behördlichen Interventionsmassnahmen entwickelt. Das GEV führte nun explizit aus, dass die Fürsorgeorgane in verschiedenen Stadien zu versuchen hatten, auf die Einstellung und das Verhalten einer (potenziell) von einer administrativen Versorgung betroffenen Person Einfluss zu nehmen und soziale Kontrolle auszuüben; dies galt sowohl für die Zeit vor als auch nach der eigentlichen administrativen Versorgung. Zu diesen Interventionsmöglichkeiten zählten einmal die «Erziehungsmassnahmen ohne Anstaltseinweisung». Hier konnte eine Person einer besonderen «Betreuung» unterstellt werden, wobei den Behörden ein weiter Handlungsspielraum gegeben war, wie sie Hilfe leisten, Anweisungen geben oder Druck ausüben wollten. Als Nächstes, wenn diese «Erziehungsmassnahmen ohne Anstaltseinweisung» nicht im gewünschten Sinn gefruchtet hatten, konnte ein Antrag auf administrative Versorgung gestellt werden. Bevor eine solche vollzogen wurde, musste eine Untersuchung durchgeführt werden, und auch diese Untersuchung enthielt ein Disziplinierungspotenzial, indem der untersuchende Beamte es bei der Drohung mit einer Anstaltsversorgung belassen konnte, wenn er der Auffassung war, das angelaufene Untersuchungsverfahren habe die betroffene Person bereits so stark «beeindruckt», dass sie ihr Verhalten in Zukunft ändern werde. Schliesslich gab es die bedingte Versorgung, die auf unterschiedliche Weise umgesetzt werden konnte: Die betroffene Person konnte beispielsweise auf freiem Fuss belassen werden, wobei sie jedoch seit 1966 obligatorisch den Organen der Schutzaufsicht zu unterstellen war, die befugt waren, Weisungen auszusprechen. Eine bedingte Versorgung konnte auch an einen verpflichtenden Aufenthalt in einer Alternativinstitution, beispielsweise einem Fürsorgeheim, gekoppelt werden. Gemäss der härtemässigen Stufenfolge der Massnahme konnte als Letztes

94 Art. 26 GEV.
95 Art. 27 GEV.

schliesslich die administrative Versorgung erfolgen.[96] Auch im Zusammenhang mit einer Entlassung gab es verschiedene Zwischenstufen, und der Entlassungszeitpunkt war nicht fix festgelegt. So konnte auf der einen Seite eine administrativ versorgte Person, die sich in der Anstalt zur Zufriedenheit der Behörden verhalten hatte, vorzeitig bedingt entlassen werden. Dabei war sie während einer Zeitspanne von maximal drei Jahren der Schutzaufsicht und damit weiterhin der Kontrolle der Behörden unterstellt, die bei Missverhalten mit einer Rückversetzung in die Anstalt drohen respektive eine solche anordnen konnten. Auf der anderen Seite konnten die Behörden beschliessen, den Anstaltsaufenthalt bis auf maximal zwei Jahre zu verlängern, wenn der «Zweck der Massnahme» während der ursprünglich vorgesehenen Versorgungszeit nicht erreicht schien oder wenn «andere wichtige Gründe dies rechtfertigen», wie die entsprechenden – sehr allgemeinen – Bestimmungen im Erziehungs- und Versorgungsgesetz formuliert waren.[97]

Kritische Stimmen in der Politik, der Presse und der Öffentlichkeit monierten, dass mit diesen Bestimmungen dem revidierten Erziehungs- und Versorgungsgesetz noch stets ein zu stark strafender und disziplinierend-kontrollierender Charakter anhafte, auch wenn Befürworter des revidierten Versorgungsrechts betonen würden, neu stünden nicht mehr «Vergeltungs- und Versenkungsmassnahmen für arbeitsscheue und süchtige Menschen im Vordergrund».[98] Der «Straf- und Vergeltungscharakter», so kritisierte zum Beispiel Grossrat Klaus Schädelin, ziehe sich «trotz Beteuerungen, dass erzogen und Wiedereingliederung versucht werden soll, durch das ganze Gesetz».[99] Schädelin sass als Vertreter der überparteilichen Gruppierung Junges Bern im Grossen Rat und war stadtbernischer Fürsorgedirektor. Bereits damals war er einem breiten schweizerischen Publikum bekannt als Autor des aufmüpfigen Jugendbuches *Mein Name ist Eugen.*[100] Schädelin merkte an, das Gesetz sei zwar auf «Resozialisierung ausgerichtet», es habe jedoch «gewissermassen wie eine Kaulquappe noch den Fischschwanz an sich».[101] Ähnliche Kritik wurde in der Presse laut. So kri-

96 Vgl. hierzu auch Botschaft des Grossen Rates des Kantons Bern betreffend Gesetz über Erziehungs- und Versorgungsmassnahmen, Mai 1965, S. 25, StAB, BB 13.1.226.

97 Art. 24 GEV.

98 TGRB, 1965, S. 110.

99 Ebd., S. 114.

100 Klaus Schädelin (1918–1987) war ehemaliger Pfarrer, 1958–1978 war er Gemeinderat der Stadt Bern (Exekutive) und 1962–1970 kantonalbernischer Grossrat. Christoph Zürcher, Schädelin Klaus, in: Historisches Lexikon der Schweiz (HLS), Version 16. Februar 2010, www.hls.ch. Die Wahl Schädelins in den Gemeinderat 1958 bezeichnete die *Weltwoche* am 23. Mai 1958 als «Revolte gegen die Routine», da Schädelin als Gegenkandidat zum offiziellen bürgerlichen Kandidaten mit grossem Mehr gewählt worden war. Sch., Experiment Schädelin. Ein Pfarrer wird Gemeinderat, in: Die Weltwoche, 23. Mai 1958.

101 TGRB, 1965, S. 274.

tisierte die bernische Tageszeitung *Der Bund*, dem Gesetz habe ein «überlebter Polizeizweckgedanke Pate» gestanden, und es sei «nicht fortschrittlich».[102] Und in einem Artikel in der *Zürcher Woche* im Februar 1965 hiess es, das bernische Erziehungs- und Versorgungsgesetz «zeugt – mitten in der zweiten Hälfte des 20. Jahrhunderts – von einer bedenklichen Chorrichter- und Sittenmandats-Mentalität im Staate Bern».[103] Der Verweis auf den strafend-disziplinierenden Charakter der Massnahmen war einer der beiden zentral vorgebrachten Kritikpunkte. Der zweite Kritikpunkt bezog sich darauf, dass mit dem revidierten Versorgungsrecht neue fachliche Entwicklungen auf dem Gebiet der Fürsorge und der Sozialarbeit zu wenig berücksichtigt worden seien. Letzteres wird weiter unten genauer aufgegriffen.

In letzter Minute: Die Einführung eines Beschwerdeverfahrens

Die Revisionsentwürfe von 1952 und 1955 für ein neues Versorgungsgesetz hatten ein Beschwerdeverfahren gegen eine administrative Versorgung nicht vorgesehen. Auch der Gesetzesentwurf, der im Februar 1965 dem Grossen Rat zur ersten Beratung vorgelegt wurde, enthielt ein solches nicht. Während dieser Beratung war es nun Grossrat Klaus Schädelin, der dringend dafür plädierte, eine Instanz zu bestimmen, bei der Versorgungsentscheide angefochten werden konnten. Die Notwendigkeit eines Beschwerderechts begründete Schädelin wie folgt: «Ich weiss, dass die Regierung und die vorberatende Kommission die Entscheidungsbefugnis für solche Anstaltseinweisungen aus sehr achtenswerten Gründen dem Regierungsrat übergeben haben. Man sagte sich, es gehe um etwas so Einschneidendes, dass die oberste Instanz den Entscheid fällen sollte. Aber in der Praxis verhält es sich so, dass sich der Regierungsrat mit den vielen Einzelfällen gar nicht eingehend befassen kann. In Wirklichkeit verhält es sich dann so, dass mit dem Antrag an den Regierungsrat der Entscheid praktisch schon feststeht, wobei aber der, welcher den Antrag stellt, die Verantwortung abschieben kann und sagen kann, die Regierung habe entschieden.»[104] Diese Einschätzung Schädelins wird durch die Untersuchung der beiden Fälle Jakob Hofmann und Frieda Berger bestätigt. Wie diese beiden Fälle gezeigt haben, lagen die Deutungshoheit und die faktische Entscheidungsmacht tatsächlich nicht beim Regierungsrat, sondern auf der Ebene der Kommunen. Schädelin führte aus, das «Nächstliegende» sei die Einsetzung des Verwaltungsgerichtes als Rekursinstanz; «[a]uf alle Fälle sollte, abgesehen von der staatsrechtlichen Beschwerde, ein richtiges, im Gesetz verankertes Beschwerdeverfahren eingeführt werden».[105]

102 Ohne Autor, Administrativrecht, 1965.
103 Berner, «Armenpolizei», 1965.
104 TGRB, 1965, S. 136.
105 Ebd.

Die Einführung eines solchen Beschwerdeverfahrens sei ein Punkt, auf dem er werde «beharren müssen».[106] Die vorberatende Kommission nahm die Anregung Schädelins auf. Der zweite Gesetzesentwurf, über den der Grosse Rat im Mai 1965 debattierte, beinhaltete die Möglichkeit, gegen einen Versorgungsentscheid beim Verwaltungsgericht Beschwerde einzulegen.[107] Die Grossräte hiessen diese von Schädelin vorgeschlagene Neuerung in der zweiten Beratungsrunde gut, ohne dass sich hierüber eine Diskussion entwickelte.[108] Mit dem von der Kommission vorgeschlagenen Wortlaut wurde schliesslich das Beschwerdeverfahren in das revidierte Versorgungsgesetz aufgenommen.[109] Es hiess im Gesetzestext: «Gegen die Beschlüsse des Regierungsrates [...] können der Betroffene, sein gesetzlicher Vertreter oder sein amtlicher Verteidiger innert 30 Tagen beim Verwaltungsgericht Beschwerde führen.»[110] In letzter Minute also wurde auf das dringende Plädoyer Schädelins eine zentrale Bestimmung eingeführt, die den Rechtsschutz der Betroffenen deutlich stärkte. Zu diesem Zeitpunkt, Mitte der 1960er-Jahre, fanden sich unter den Grossräten keine Stimmen mehr, die fanden, eine Beschwerdemöglichkeit sei nicht nötig und würde ein Versorgungsverfahren unnötig «verkomplizieren». Nicht nur bei diesem Plädoyer, sondern auch bezüglich weiterer Punkte zeigte sich Schädelin als der Grossrat, der die schärfste Kritik am neuen Erziehungs- und Versorgungsgesetz äusserte. Dabei konnte er erwirken, dass an der Gesetzesvorlage verschiedene Änderungen vorgenommen und die Massnahmen zugunsten der Betroffenen gemildert wurden. So wurde etwa auf seine Anregung hin der frühestmögliche Zeitpunkt für eine bedingte Entlassung von neun, wie es der Gesetzesentwurf vorsah, auf sechs Monate gesenkt.[111]

106 Ebd. Das fehlende Beschwerdeverfahren kritisierte beispielsweise auch o. A., Administrativrecht, 1965.

107 Das Verwaltungsgericht ist eine verwaltungsunabhängige Justizbehörde, die als letzte kantonale Instanz Beschwerden gegen Verfügungen und Entscheide beurteilt, die sich auf öffentliches Recht beziehen. Wörterbuch der bernischen Rechts- und Verwaltungssprache, Staatskanzlei des Kantons Bern (Hg.), Bern 1996, S. 715. Vgl. zur Art der Überprüfungsbefugnis des Verwaltungsgerichts o. A., Anstaltsversorgung, 1969, S. 125.

108 TGRB, 1965, S. 136f., 285.

109 Ergebnis der ersten Lesung vom 11. Februar 1965 und gemeinsamer Antrag des Regierungsrates und der Kommission für die zweite Lesung vom 9./23. März und 17./18. März 1965, in: TGRB, 1965, Beilage Nr. 24, S. 334.

110 Art. 60 GEV.

111 Ergebnis der ersten Lesung vom 11. Februar 1965 und gemeinsamer Antrag des Regierungsrates und der Kommission für die zweite Lesung vom 9./23. März und 17./18. März 1965, in: TGRB, 1965, Beilage Nr. 24, S. 327; TGRB, 1965, S. 135, 282. Bereits das Armenpolizeigesetz von 1912 hatte die bedingte Entlassung nach mindestens sechs Monaten vorgesehen. Hier hätte die vorberatende Kommission diese Zeitspanne jedoch auf neun Monate verlängern wollen. Ebd., S. 135.

Die Europäische Menschenrechtskonvention (EMRK) als normativer Referenzrahmen

Hinsichtlich der Auffassungen zur Frage, wie der Rechtsschutz der Betroffenen gewährleistet werden sollte, begann sich auf politischer Ebene im Kanton Bern seit Mitte der 1950er-Jahre ein grundlegender Wandel zu vollziehen. Darauf verweisen, wie ausgeführt wurde, die (bedingte) Zuerkennung einer amtlichen Verteidigung, wie sie 1954 Eingang in die Gesetzesentwürfe fand, sowie der Ausbau des rechtlichen Gehörs und die Einführung einer Beschwerdemöglichkeit 1965. Mitte der 1960er-Jahre fand zudem ein neues Element Eingang in den Versorgungsdiskurs: Viele Grossräte wiesen während der Grossratsdebatten auf die EMRK-Konformität des Gesetzes hin, um ihre befürwortende Position gegenüber dem Gesetz zu begründen. Zwar war die Schweiz zum Zeitpunkt, als der Grosse Rat über die revidierten Versorgungsbestimmungen debattierte, der EMRK noch nicht beigetreten, doch 1963 war der Beitritt zum Europarat erfolgt, und damit war, wie in Kapitel 8 ausgeführt wird, deutlich absehbar, dass ein Beitritt zur EMRK über kurz oder lang stattfinden würde. Mit dem revidierten Erziehungs- und Versorgungsgesetz reagierten die Behörden im Kanton Bern somit in vorauseilendem Vollzug auf den absehbaren Beitritt der Schweiz zur EMRK, und im Vorfeld zur Volksabstimmung über das GEV brachte der Kanton Bern das Argument vor, dass sich das GEV mit der EMRK in Übereinstimmung befinde, um unter den Stimmberechtigten für das GEV Unterstützung zu finden. «Bei der Ausarbeitung des Gesetzes über Erziehungs- und Versorgungsmassnahmen wurde […] der Menschenrechtskonvention von 1950 die nötige Beachtung geschenkt und es darf heute behauptet werden, dass durch die Bestimmungen des GEV keine Verletzung der darin aufgestellten Grundsätze mehr erfolgt», hiess es in der Botschaft des Grossen Rates zur Abstimmung über das neue Versorgungsgesetz vom Mai 1965.[112] Gleichzeitig schien es auch eine gewisse Unkenntnis darüber gegeben zu haben, welches die genauen Erfordernisse der EMRK waren. So fiel die Bemerkung, das neue Gesetz sei EMRK-konform, bereits in der ersten Beratung im Februar 1965, als das wichtige Beschwerderecht noch gar nicht vorgesehen war.[113] Auch erfüllte das GEV meiner Ansicht nach – auch in seiner schliesslich verabschiedeten Form – nicht alle Erfordernisse der EMRK. Denn wie in Kapitel 8.1 genauer ausgeführt wird, waren laut EMRK «Liederlichkeit» und «Arbeitsscheu» keine zulässigen Gründe für einen

112 Botschaft des Grossen Rates des Kantons Bern betreffend Gesetz über Erziehungs- und Versorgungsmassnahmen, Mai 1965, S. 25, StAB, BB 13.1.226. Ähnlich o. A., Administrativversorgung und Verwaltungsgerichtsbarkeit in den Kantonen – Interpellation Schaffer im Nationalrat, in: Zeitschrift für öffentliche Fürsorge, 67, 1 (1970), S. 3–9, hier S. 5. Vgl. beispielsweise weiter für Verweise auf die Beziehung zwischen den Versorgungsbestimmungen und der EMRK TGRB, 1965, S. 119, 275.

113 Vgl. beispielsweise ebd., S. 110 f.

Freiheitsentzug; diese Versorgungsgründe waren jedoch im GEV enthalten. Für das GEV warb die Botschaft weiter, indem sie das bernische Versorgungsrecht im Vergleich zum bundeszivilrechtlichen Versorgungsrecht besser abschneiden liess. Bei Letzterem würde der Rechtsschutz der Betroffenen viel weniger weit reichen als gemäss den revidierten bernischen Versorgungsbestimmungen, denn während eine Anstaltseinweisung auf der Grundlage des Vormundschaftsrechts «jederzeit und ohne weiteres angeordnet werden könne», gewähre das kantonale Recht «dem Betroffenen weitgehenderen Rechtsschutz und mannigfaltigere Verteidigungsmöglichkeiten».[114]

Wie die Debatten im Kanton Bern über die Verabschiedung eines revidierten Versorgungsgesetzes zeigen, waren die EMRK und die durch sie garantierten Rechte zu einem gültigen normativen Referenzrahmen im Reden über die administrative Versorgung avanciert. Der ausgebaute Rechtsschutz wurde als zentrale Neuerung gepriesen und immer wieder als Argument vorgebracht, um sowohl im Grossen Rat als auch in der Bevölkerung für die Gesetzesvorlage zu werben. Ein solches Argument war nur dann sinnvoll, wenn dieser Rechtsschutz Werte verkörperte, die nicht nur von einer kleinen Minderheit geteilt wurden. Dass also gerade dieses Argument betont wurde, lässt darauf schliessen, dass die Sensibilität für die Bedeutung der Grundrechte sowohl in politischen Kreisen als auch in weiten Teilen der Bevölkerung seit der Mitte des 20. Jahrhunderts deutlich gestiegen war. Diese Entwicklung zeigen auch mehrere Beiträge in fürsorgerischen Fachzeitschriften, die sich in den 1970er-Jahren finden und in denen ausgeführt wird, dass die Versorgungsgesetzgebung der Schweiz mit der EMRK in Einklang zu bringen sei.[115] Wie in Kapitel 8 gezeigt wird, wurde die EMRK seit den 1960er- und 1970er-Jahren in der Schweiz von zu vielen politischen und sozialen Kräften getragen, als dass die absehbare Unterzeichnung durch die

114 Botschaft des Grossen Rates des Kantons Bern betreffend Gesetz über Erziehungs- und Versorgungsmassnahmen, Mai 1965, S. 24, StAB, BB 13.1.226.

115 Vgl. beispielsweise Arthur Bachmann, Administrativversorgung und Menschenrechtskonvention. Ein Vorstoss des Zürcher Regierungsrates, in: Zeitschrift für öffentliche Fürsorge, 69, 4 (1972), S. 59 f.; Emanuel Diez, Europäische Menschenrechtskonvention und Europäische Sozial-Charta, Vortrag gehalten am 29. Oktober 1971 in Lenzburg anlässlich des 3. Kurses für Fürsorgebeamte der Region Nordwestschweiz, in: Zeitschrift für öffentliche Fürsorge, 69, 2 (1972), S. 17–32; gk, Ja zur europäischen Menschenrechtskonvention, in: Zeitschrift für öffentliche Fürsorge, 70, 2 (1973), S. 25 f.; o. A., Administrativversorgung, 1970, S. 3–8; o. A., Die Schweiz und die Menschenrechte. Begründung der Motion Eggenberger im Nationalrat, in: Zeitschrift für öffentliche Fürsorge, 69, 1 (1972), S. 2–4; Stebler, Administrativversorgung, 1972, 33–44. Auch Walter Rickenbach erwähnte 1972 in der dritten Auflage seines Handbuchs *Sozialwesen und Sozialarbeit der Schweiz* erstmals Kritik an der administrativen Versorgung in Bezug auf die EMRK, während sich in den beiden früheren Auflagen von 1963 und 1968 noch keine entsprechenden Verweise finden. Walter Rickenbach, Sozialwesen und Sozialarbeit der Schweiz, Zürich 1972 (3., überarb. Aufl.); ders., Die Sozialarbeit der Schweiz, Zürich 1963; ders., Sozialwesen und Sozialarbeit der Schweiz, Zürich 1968 (2., überarb. Aufl.).

Schweiz und damit einhergehend die notwendige Anpassung schweizerischen Rechts – nicht nur hinsichtlich der Versorgungsgesetzgebung – noch ernsthaft hätte bekämpft werden können.

7.3 Forderung nach Berücksichtigung neuer Erkenntnisse der Fürsorge und der Sozialarbeit

Doch es gab auch Stimmen, die der EMRK und den durch sie garantierten Rechten nicht gänzlich ohne Vorbehalte begegneten. So liess etwa Grossrat Stauffer (BGB) in der Grossratsdebatte über die Revision des bernischen Versorgungsrechts Zweifel anklingen, wie begrüssenswert es tatsächlich sei, Werten, wie sie die EMRK verkörperte, vorbehaltlos zuzustimmen. Seine Auffassung verdeutlichte er mit einem Erlebnis in Paris: «Wir standen einmal um einen Clochard herum und fanden, in der Schweiz komme das nicht vor. Auf einmal hat sich der Clochard gerührt und gerufen: Laissez-moi en paix, ou j'appelle la police. Man darf also in Paris einen, der auf dem Trottoir liegt, nicht stören, sonst ruft er die Polizei. Bei uns ist das Gegenteil der Fall. Würde einer so auf dem Trottoir liegen, wäre schnell die Polizei herbeigerufen, denn wir finden, das passe nicht. Dafür hat Frankreich den Römer Vertrag unterschreiben können, wir aber nicht.»[116] Entsprechend solchen Voten gab es auch in den Grossratsdebatten Mitte der 1960er-Jahre zahlreiche Grossräte, die im Umgang mit den Betroffenen weiterhin auf den «gesunden Menschenverstand» vertrauen wollten und diesen höher gewichteten als rechtlich festgelegte Verpflichtungen gegenüber den Betroffenen.[117] So führte Grossrat und Kommissionspräsident Zuber an: «In diesem Gesetz haben wir es mit Menschen zu tun, die auf der Schattenseite des Lebens stehen. Kaum anderswo trifft es sosehr zu, dass das Gesetz so gut oder so schlecht ist wie die Beamten, die es anwenden. Es kommt darauf an, ob sie es mit Herz anwenden oder verknöchert, stur daran herantreten.»[118] Ähnlich äusserte Grossrat Eggenberg, wenn das Gesetz von «vernünftigen Leuten» mit einem «normalen Menschenverstand» angewendet werde, könne dagegen keine Kritik erhoben werden.[119] Damit finden sich 1965 Argumente wieder – wenn auch nicht mehr von der grossen Mehrheit geteilt –, wie sie in den Grossratsdebatten 1910 und 1912 über das Armenpolizeigesetz vorherrschend gewesen waren und wo es geheissen hatte, dass der «praktische Laienverstand» die vorrangige Wissensgrundlage sei, gemäss welcher das Verhalten der potenziell von einer administrativen

116 TGRB, 1965, S. 113.
117 Ebd., S. 133.
118 Ebd., S. 118.
119 Ebd., S. 275.

Versorgung Bedrohten beurteilt werden sollte, und dass in diesem Zusammenhang die langjährige Erfahrung der involvierten Beamten die Garantie biete, dass die Betroffenen ausreichend geschützt würden. Doch genau dieser Punkt – es sei adäquat und ausreichend, nach dem «normalen Menschenverstand» zu handeln – war neben der Kritik am Straf- und Disziplinierungscharakter der Massnahmen der zweite zentrale Punkt, auf den kritische Stimmen verwiesen.
Die von verschiedenen Seiten geäusserte Kritik, das neue Versorgungsgesetz sei «nicht fortschrittlich», bezog sich unter anderem darauf, dass mit ihm aktuelle Erkenntnisse und neue Methoden der Fürsorge und Sozialarbeit zu wenig berücksichtigt würden. Eine angemessene Berücksichtigung würde zum Beispiel bedeuten, so Grossrat Zingg in der Grossratsdebatte, Personen in die Versorgungsverfahren zu involvieren, die über eine «gewisse Vorschulung und Vorkenntnis der modernen Methoden» verfügten.[120] Ähnlich gab Grossrat Schädelin zu bedenken, es handle sich bei den administrativ Versorgten oftmals um «ganz schwere Fälle», in denen es fragwürdig sei, ob ein «Privater ohne ganz spezielle Vorbildung mit ihnen fertig» werde.[121] Und Grossrat Zingg führte aus: «Es geht nicht darum, die milde Hand zu zeigen, sondern darum, nach den Erkenntnissen der modernen Sozialfürsorge, der heutigen Erziehungswissenschaft zu handeln. Man kann nicht an unseren Universitäten nach neuesten Forschungen und Erfahrungen Sozialpsychologie lehren und ausgerechnet auf dem wichtigen Gebiet, das wir heute behandeln, all diese Kenntnisse ignorieren.»[122] Doch auch Grossräte wie Zuber oder Eggenberg, wie sie weiter oben zitiert wurden und die an den herkömmlichen Versorgungsbestimmungen in ihren wesentlichen Zügen festhalten wollten, standen neuen wissenschaftlichen Erkenntnissen nicht grundsätzlich ablehnend gegenüber. Sie betonten, dass im Rahmen des Erziehungs- und Versorgungsgesetzes – etwa bei den «Erziehungsmassnahmen ohne Anstaltseinweisung» oder bei der bedingten Versorgung – den Behörden ausreichend die Möglichkeit gegeben sei, «moderne Erkenntnisse der Sozialwissenschaften» zu berücksichtigen.[123] Dabei reichte es in den Augen von Grossräten wie Zuber oder Eggenberg aus, wenn das neue Gesetz eine Option zur Berücksichtigung «moderner Erkenntnisse der Sozialwissenschaften» bot und keine näheren Vorschriften enthielt, wie eine solche Berücksichtigung konkret umzusetzen war. Die Gemüter der Grossräte schied also weniger die Frage, ob grundsätzlich neue wissenschaftliche Erkenntnisse und Methoden berücksich-

120 TGRB, 1965, S. 116.
121 Ebd., S. 124.
122 Ebd., S. 116. Ähnlich ebd., S. 115, 117; Berner, «Armenpolizei», 1965.
123 Ebd., S. 284. Ähnlich Botschaft des Grossen Rates des Kantons Bern betreffend Gesetz über Erziehungs- und Versorgungsmassnahmen, Mai 1965, S. 25, StAB, BB 13.1.226.

tigt werden sollten, sondern wie weit dies in der Praxis führen sollte und wie die entsprechenden rechtlichen Grundlagen ausgestaltet sein sollten.
Letztlich mussten es Kritiker des Versorgungsgesetzes wie Schädelin oder Zingg dabei belassen, den grundsätzlichen Mangel an Berücksichtigung neuer fürsorgerischer und sozialarbeiterischer Erkenntnisse zu monieren; es gelang ihnen nicht, dem Gesetz eine gänzlich andere Stossrichtung zu geben. Sie mussten sich mit kleineren Modifikationen zufrieden geben. Schädelin gelang es etwa zu erwirken, dass im Rahmen eines Untersuchungsverfahrens die «Gründe» für «soziales Versagen» ermittelt werden mussten und dass in diesem Zusammenhang die Position von Spezialisten wie Ärzten oder Psychologen gestärkt wurde. So hatte es ursprünglich in der dem Grossen Rat zur Debatte vorgelegten Gesetzesvorlage geheissen: «Erfordert die Untersuchung die Beiziehung eines Sachverständigen (Arzt, Psychiater, Trinkerfürsorger), so sind die notwendigen Anordnungen zu treffen.»[124] Gemäss einer solchen Formulierung lag es weitgehend im Ermessen der Behörden, ob sie eine Fachperson beiziehen wollten. Auf die Anregung Schädelins hin wurde der entsprechende Gesetzesabschnitt wie folgt geändert: «Sind die Gründe des sozialen Versagens nicht eindeutig feststellbar, dann ist die Beurteilung durch einen Sachverständigen (Arzt, Psychiater, Psychologe, Trinkerfürsorger usw.) einzuholen.»[125] Schädelin hatte hierzu in der Grossratsdebatte ausgeführt, es müsse «unter allen Umständen» versucht werden, sich über die «Gründe des sozialen Versagens Klarheit zu verschaffen», denn es gehe um «wichtige Entscheidungen». Es war ihm ein Anliegen, die Position von Sachverständigen zu stärken, und er betonte, es könne nicht sein, dass die «schwerste Frage, ob eine Massnahme eine geringe Chance für Erfolg» habe, zur «Beurteilung dem Nicht-Fachmann» überlassen werde.[126] Kritikern wie Schädelin oder Zingg ging es also nicht um die grundsätzliche Abschaffung von Zwangsmassnahmen, sondern sie forderten, dass die Anwendung solcher Massnahmen auf der Grundlage aktuellen wissenschaftlichen und sozialarbeiterischen Wissens zu erfolgen hatte, dass ausreichende Rechtsschutzgarantien gewährt wurden und dass die Massnahmen nicht mehr mit einem strafenden und disziplinierenden Charakter versehen wurden.
Auch ausserhalb der Politik und der fürsorgerischen Expertenkreise fand eine kritische Auseinandersetzung mit der administrativen Versorgung statt. So kritisierte im Kanton Bern der Kreis der Nonkonformisten die Revision des bernischen Versorgungsrechts. Die bernischen Nonkonformisten waren Teil der sich

124 Ergebnis der ersten Lesung vom 11. Februar 1965 und gemeinsamer Antrag des Regierungsrates und der Kommission für die zweite Lesung vom 9./23. März und 17./18. März 1965, in: TGRB, 1965, Beilage Nr. 24, S. 331.

125 Art. 47 Ziff. 3, GEV.

126 TGRB, 1965, S. 115.

in den 1960er-Jahren in der Deutschschweiz lose formierenden nonkonformistischen Gruppierung, der vor allem Männer des Bildungsbürgertums unterschiedlicher politischer Couleur angehörten; bekannte Exponenten waren zum Beispiel die Schriftsteller Max Frisch und Friedrich Dürrenmatt oder der Journalist Mario Cortesi. Gemeinsam war ihnen, dass sie sich gegen die einengende geistig-kulturelle Strömung der «geistigen Landesverteidigung» wandten und Kritik äusserten an sozialem Konformitätsdruck, Autoritätsbejahung und Demokratiedefiziten.[127] Die Nonkonformisten des Kantons Bern, für die zunächst kulturkritische Anliegen im Vordergrund gestanden hatten, begannen sich in ihrer kritischen Auseinandersetzung mit der administrativen Versorgung zu politisieren.[128] Für sie war die administrative Versorgung ein manifester Ausfluss des Gedankenguts der «geistigen Landesverteidigung», den es zu bekämpfen galt. Sie veranstalteten vor der Volksabstimmung über das GEV Vortragsabende und Diskussionsrunden, in denen zum Kampf gegen die neuen Versorgungsbestimmungen aufgerufen wurde und wo in deftiger Sprache etwa die Rede war von einem «durch und durch verlogenen, dem perversen Denken eines wildgewordenen Spiessbürgers entsprungenen Gesetz».[129] Die bernischen Nonkonformisten konnten jedoch die Verabschiedung einer revidierten Versorgungsgesetzgebung und damit das Fortbestehen der administrativen Versorgung nicht verhindern, und so beschäftigten sie sich auch nachdem das GEV am 1. Januar 1966 in Kraft getreten war weiterhin mit der administrativen Versorgung im Kanton Bern. Im April 1968 veranstalteten sie beispielsweise einen Protestmarsch, welcher der «Lage der Administrativ-Versorgten im Bernbiet» galt und dem eine Diskussionsrunde im Altstadtkeller «Junkere 37» folgte.[130] Die Aktion wurde vom Staatsschutz kritisch beäugt und in einem Eintrag in einer Staatsschutzfiche heisst es: «Als die ca. 35–40 ‹langhaarigen› Demonstranten nach einem Protestzug durch die Stadt beim Diskussionskeller eintrafen, war der Keller schon von Zuhörern überfüllt und bot ihnen keinen Platz mehr. Es folgten einige Radauszenen.»[131] In den späten 1960er-Jahren fanden also nicht mehr allein in fürsorgerischen

127 Vgl. hierzu Thomas Färber, Bernhard C. Schär, Zwischen bürgerlicher Reform und jugendlicher Revolte. Die Nonkonformisten, in: Bernhard C. Schär et al. (Hg.), Bern 68. Lokalgeschichte eines globalen Aufbruchs – Ereignisse und Erinnerungen, Baden 2008, S. 15–27; Fredi Lerch, Muellers Weg ins Paradies. Nonkonformismus im Bern der sechziger Jahre, Zürich 2001, S. 347–349. Die Bezeichnung «Nonkonformisten» wurde zunächst von Gegnern dieser kultur- und gesellschaftskritischen Strömung ins Feld geführt, um deren Exponenten zu diffamieren. Doch Letztere eigneten sich das Etikett «Nonkonformist» zur Selbstbezeichnung an, um den Begriff «Nonkonformismus» ins Positive zu kehren. Färber, Schär, Reform, 2008, S. 19.

128 Lerch, Muellers Weg, 2001, S. 314.

129 Ebd., S. 312–314, 330–334, 336f., hier S. 331.

130 Ebd., S. 548.

131 Fiche «Junkere 37». Zitiert nach Lerch, Muellers Weg, 2001, S. 548.

Fachkreisen, in politischen Kreisen oder von Seiten der Rechtswissenschaft kritische Auseinandersetzungen mit der administrativen Versorgung statt, sondern die Beschäftigung mit diesen Thema erfolgte auch in anderen gesellschaftlichen Gruppen und kann als Ausdruck der sich in den 1960er-Jahren auf breiterer gesellschaftlicher Ebene vollziehenden Wertumorientierung gesehen werden.

7.4 Fazit

«Während früher das Bettlertum an der Tagesordnung war und häufig betrunkene Männer oder sogar Frauen in den Strassengräben herumlagen, ist diese Erscheinung in den letzten Jahren gottlob mehr und mehr zum Verschwinden gekommen. [...] Wohl ist die Verwahrlosung und Gefährdung an Leib und Leben etwas weniger augenfällig geworden, aber leider ist an dessen Stelle der Wohlstandsalkoholismus getreten. Gerade die Hochkonjunktur hat diese ungute Entwicklung gefördert und es ist bemühend, feststellen zu müssen, dass der Alkoholkonsum in unserem Volke nicht etwa zurückgeht, sondern mehr und mehr zunimmt. Nicht nur die Trunksucht, sondern auch andere Süchte grassieren mehr denn je.»[132] Mit diesen Worten brachte Grossrat Zuber im Februar 1965 zum Auftakt der Grossratsdebatten über das neue bernische Versorgungsgesetz den grundlegenden ökonomischen und gesellschaftlichen Wandel zur Sprache, wie er sich in den vergangenen Jahren vollzogen hatte. Zwar seien angesichts der Hochkonjunktur armenpolizeiliche Massnahmen nicht mehr auf vergleichbare Weise wie noch vor wenigen Jahren am Platz, dennoch seien die Aufgabe der Fürsorge und auch zwangsfürsorgerische Eingriffe keineswegs obsolet geworden, zeigten sich doch bedeutende neue Problemerscheinungen, wie etwa «Wohlstandsalkoholismus», die es zu bekämpfen galt. Der Erlass des neuen bernischen Versorgungsgesetzes, der sich seit 1947 über eine Zeitspanne von knapp zwanzig Jahren hinweg erstreckte, fiel in diese Phase des Umbruchs. Fürsorgeexperten begannen in den 1960er-Jahren – befördert durch den nach dem Zweiten Weltkrieg international erstarkenden Menschenrechtsdiskurs – traditionelle zwangsfürsorgerische Massnahmen zu kritisieren und zu fordern, dass auch im Bereich der Zwangsfürsorge Prinzipien einer «modernen» Fürsorgearbeit, die seit dem Zweiten Weltkrieg unter dem Begriff «Social Casework» in Europa weite Verbreitung fanden, berücksichtigt werden mussten. Ebenfalls in diese Zeit fällt die seit den 1940er-Jahren von Seiten juristischer Fachkreise unmissverständlich geäusserte Kritik, dass die Rechte der von einer administrativen Versorgung Betroffenen weit hinter denen zurückstanden, die das Strafrecht

132 TGRB, 1965, S. 110.

Straffälligen gewährte, und dass dies für einen Rechtsstaat eine inakzeptable Situation war. Traditionelle Argumente, wonach der Rechtsschutz der Betroffenen durch die Kompetenz, die reiche Kenntnis und die fürsorgliche Orientierung der beschliessenden Behörden ausreichend gewährleistet war, hatten einen zunehmend schweren Stand. So zeigen die Revisionsarbeiten für ein neues bernisches Versorgungsgesetz einen Prozess, wie sich allmählich das Bewusstsein etablierte, dass allen Menschen, auch denen, die von vielen nach wie vor als «liederlich» oder «arbeitsscheu» bezeichnet wurden, gleichermassen das Recht auf den Schutz ihrer persönlichen Freiheit zustand. Mit dem Erziehungs- und Versorgungsgesetz, das im Kanton Bern am 1. Januar 1966 in Kraft trat, wurde versucht, solchen Ideen und Ansätzen – stärkerer Persönlichkeitsschutz der Betroffenen, weniger autoritäres Fürsorgeverständnis, neue Methoden der Fürsorge und Sozialarbeit – Rechnung zu tragen, doch letztlich kam es zu keiner konsequenten Umsetzung. Dies zeigt sich etwa daran, dass das Recht auf unentgeltlichen Rechtsbeistand nicht in jedem Fall und nur nach Gutdünken der Behörden gewährt wurde, sondern auch daran, dass die Massnahmen in ihrer revidierten Form noch immer einen stark disziplinierenden Charakter aufwiesen und im Wesentlichen die Versorgungspraxis der vergangenen Jahrzehnte kodifizierten. Es bedurfte der EMRK beziehungsweise des Beitritts der Schweiz zu dieser, der den letzten Anstoss gab, dass die Bestimmungen zur zwangsweisen Anstaltsunterbringung reformiert und zentrale rechtsstaatliche Erfordernisse umfassend berücksichtigt wurden, wie im folgenden Kapitel 8 gezeigt wird.

8 «Disteln im Bouquet unserer Freiheitsrechte»: Die Aufhebung der administrativen Versorgung

Nach dem Ende des Zweiten Weltkriegs begannen die westeuropäischen Staaten im Rahmen verschiedener neuer supranationaler Organisationen, politisch, wirtschaftlich und rechtlich stärker miteinander zu kooperieren. Auch die Schweiz trat 1963 dem Europarat bei, und 1974 ratifizierte sie die Europäische Menschenrechtskonvention (EMRK). Bevor es jedoch zum schweizerischen Beitritt zur EMRK kam, mussten einige «Disteln» aus dem «Bouquet unserer Freiheitsrechte» entfernt werden, wie dies der Journalist und Publizist Hans Tschäni 1966 in seinem staatsbürgerlichen Handbuch *Profil der Schweiz* kritisch ausdrückte.[1] Mit einer dieser «Disteln» meinte Tschäni das zu diesem Zeitpunkt in der Schweiz – mit Ausnahme der französischsprachigen Kantone Genf, Waadt und Neuenburg – immer noch fehlende Frauenstimm- und -wahlrecht. Eine andere «Distel» war in den Augen Tschänis die kantonale und eidgenössische Gesetzgebung zur administrativen und vormundschaftlichen Anstaltsversorgung. In den schweizerischen Debatten über die Beitritte zum Europarat und zur EMRK stand die Versorgungsgesetzgebung zwar nicht im Scheinwerferlicht. Doch im Kontext dieser Beitritte wurde der Prozess angestossen, das Versorgungsrecht grundlegend zu reformieren und die bisherigen kantonalen und bundeszivilrechtlichen Versorgungsbestimmungen durch eine neue, EMRK-konforme rechtliche Regelung der fürsorgerischen Freiheitsentziehung zu ersetzen, die am 1. Januar 1981 in Kraft trat.

In diesem Kapitel werden die Etappen hin zum Beitritt der Schweiz zur EMRK und damit zur Aufhebung der kantonalen und bundeszivilrechtlichen Versorgungsgesetzgebung nachgezeichnet. Dabei stehen die Fragen im Zentrum, in welcher Hinsicht die Versorgungsgesetzgebung in der Schweiz Widersprüche zur EMRK aufwies und welche Haltung die eidgenössische Regierung und die eidgenössischen Parlamentarier gegenüber diesem Unvereinbarkeitsproblem einnahmen.

1 Hans Tschäni, Profil der Schweiz. Ein lebendiges Staatsbild, Zürich 1966, S. 128. Ähnlich Otto K. Kaufmann, Frauen, Italiener, Jesuiten, Juden und Anstaltsversorgte. Vorfragen eines Beitritts der Schweiz zur Europäischen Menschenrechtskonvention, in: Willi Geiger (Hg.), Stillstand und Fortentwicklung im schweizerischen Recht, Bern 1965, S. 245–262, hier S. 260.

Beitritt der Schweiz zum Europarat

Am 5. Mai 1949 gründete eine Gruppe europäischer Staaten den Europarat mit dem Ziel der Förderung von Demokratie, Menschenrechten und Rechtsstaatlichkeit. Dieses Ziel war im Europaratsstatut formuliert und wurde mit der Europäischen Menschenrechtskonvention (EMRK), die am 4. November 1950 unterzeichnet wurde und am 3. September 1953 in Kraft trat, in die Rechtsform eines völkerrechtlichen Vertrags gegossen.[2] Als Vorbild für die EMRK diente die Allgemeine Erklärung der Menschenrechte (AEMR) der Vereinten Nationen vom 10. Dezember 1948.[3] Wie für die AEMR waren für die EMRK die unsäglichen Grausamkeiten und die Menschenrechtsverletzungen, die diktatorische Regimes in den 1930er-Jahren und insbesondere während des Zweiten Weltkriegs begangen hatten, zentrale Triebfedern, den internationalen Grundrechtsschutz voranzutreiben.[4] Die Folge war, dass nach dem Zweiten Weltkrieg der internationale Menschenrechtsdiskurs erstarkte und sich dynamisierte.

Sowohl die EMRK als auch die AEMR garantieren klassische Grundrechte wie das Recht auf Leben, das Verbot von Folter, das Recht auf Freiheit, das Recht auf faire Verfahren, das Recht auf Achtung des Privat- und des Familienlebens oder das Recht auf Glaubens- und Gewissensfreiheit. Im Unterschied zur AEMR verfügt die EMRK mit dem Europäischen Gerichtshof für Menschenrechte in Strassburg über eine supranationale Rechts- und Kontrollinstanz, bei der die Verletzung der durch die EMRK garantierten Rechte angeklagt werden kann. Die Mitgliedstaaten sind an die Urteile des Gerichtshofs gebunden. Damit geht die EMRK bezüglich Umsetzung und Einhaltung der mit ihr garantierten Rechte wesentlich weiter als die AEMR.[5]

2 Michaela Wittinger, Der Europarat. Die Entwicklung seines Rechts und der «europäischen Verfassungswerte», Baden-Baden 2005, S. 39 f.; Rudolf Wyder, Die Schweiz und der Europarat 1949–1971, Bern, Stuttgart 1984, S. 26. Der Europarat selbst verfügt über keine supranationalen Kompetenzen, sondern sein «wichtigstes Instrument sind *völkerrechtliche Verträge*, die in seinem Schosse ausgearbeitet werden» (Hervorhebung im Original) und denen die Mitgliedstaaten beitreten können. Die EMRK wird als der wichtigste dieser Verträge bezeichnet. Mark E. Villiger, Handbuch der Europäischen Menschenrechtskonvention (EMRK) unter besonderer Berücksichtigung der schweizerischen Rechtslage, Zürich 1999 (2., überarb. Aufl.), S. 7–10, hier S. 14.

3 Arthur Haefliger, Frank Schürmann, Die Europäische Menschenrechtskonvention und die Schweiz. Die Bedeutung der Konvention für die schweizerische Rechtspraxis, Bern 1999 (2., überarb. Aufl.), S. 19.

4 Vgl. ebd., S. 18 f.; Johannes Morsink, The Universal Declaration of Human Rights. Origins, Draftings and Intent, Philadelphia 1999, S. 36–91; Müller, Schefer, Grundrechte, 2008, S. 1; Åshild Samnøy, The Origins of the Universal Declaration of Human Rights, in: Gudmundur Alfredsson, Asbjørn Eide (Hg.), The Universal Declaration of Human Rights. A Common Standard of Achievement, Den Haag, Boston, London 1999, S. 3–22; Villiger, Handbuch, 1999, S. 13.

5 Haefliger, Schürmann, Menschenrechtskonvention, 1999, S. 20.

Bereits zu Beginn der 1950er-Jahre, also kurz nach Gründung des Europarats, wurden in der Schweiz von parlamentarischer Seite erste vorsichtige Vorstösse unternommen, die anregten, sich dem Europarat in Strassburg anzunähern, etwa mit dem Vorschlag, schweizerische Parlamentsmitglieder als Beobachter an die Beratende Versammlung des Europarates nach Strassburg zu entsenden.[6] Dies blieb zunächst ohne Erfolg: Der Bundesrat begegnete solchen Begehren in den 1950er-Jahren mit Verweis auf neutralitätspolitische Überlegungen mit klarer Ablehnung.[7] Denn gemäss einer «Neutralitätsdoktrin»,[8] die zu Beginn des Kalten Krieges entwickelt worden war, beteiligte sich die Schweiz in den Jahren nach dem Zweiten Weltkrieg zwar aktiv am wirtschaftlichen Wiederaufbau Westeuropas – etwa als Mitglied der OEEC (heute OECD, Organisation für wirtschaftliche Zusammenarbeit und Entwicklung) – und war bestrebt, sich in das Weltwirtschaftssystem zu integrieren, von als politisch eingestuften Organisationen wie der UNO oder dem Europarat hielt sie sich jedoch fern.[9]
Die Innenpolitik in der Schweiz stand seit Ende der 1940er-Jahre bis in die erste Hälfte der 1960er-Jahre im Zeichen eines steten Wirtschaftswachstums, des Kalten Krieges und allgemein einer «vergleichsweise ruhigen politischen Entwicklung ohne hochfliegende Pläne», so der Historiker Mario König.[10] Den Anfang

6 Erst 1961 beschlossen die eidgenössischen Räte, parlamentarische Beobachter an die Beratende Versammlung des Europarats zu entsenden. Bericht des Bundesrates an die Bundesversammlung über die Beziehungen der Schweiz mit dem Europarat vom 26. Oktober 1962, in: Bundesblatt, 114, 2 (1962), S. 1085–1101, hier S. 1092 f. Zu Abrissen über die Geschichte des schweizerischen Beitritts zum Europarat und zur EMRK vgl. Haefliger, Schürmann, Menschenrechtskonvention, 1999, S. 17–36; Villiger, Handbuch, 1999, S. 21–38; Manfred Linke, Schweizerische Aussenpolitik der Nachkriegszeit (1945–1989). Eine von amtlichen Verlautbarungen des Bundesrates ausgehende Darstellung und Analyse, Chur, Zürich 1995, S. 150–164; Ulrich Zelger, Die Schweiz und die EMRK. Eine rechtshistorische Einführung, in: Patrick Sutter, Ulrich Zelger (Hg.), 30 Jahre EMRK-Beitritt der Schweiz. Erfahrungen und Perspektiven, Bern 2005, S. 1–18.

7 Amtl. Bull. NR, 10. Dezember 1962, S. 685; Bericht, 1962, S. 1094; Wyder, Schweiz, 1984, S. 91 bis 94.

8 Urs Altermatt, Vom Ende des Zweiten Weltkrieges bis zur Gegenwart (1945–1991), in: Alois Riklin et al. (Hg.), Neues Handbuch der schweizerischen Aussenpolitik, Bern, Stuttgart, Wien 1992, S. 61–78, hier S. 63.

9 Ebd., S. 61–70; Peter Hug, Vom Neutralismus zur Westintegration. Zur schweizerischen Aussenpolitik in der Nachkriegszeit, in: Walter Leimgruber, Werner Fischer (Hg.), «Goldene Jahre». Zur Geschichte der Schweiz seit 1945, Zürich 1999, S. 59–100. Gleichzeitig verstand es die Schweiz dabei jedoch laut Gees, politische Angelegenheiten auf internationalem Parkett in technische oder wirtschaftliche umzudeuten, um so den «offiziell hochgehaltenen Neutralitätsdiskurs nicht zu gefährden». Thomas Gees, Die Schweiz im Europäisierungsprozess. Wirtschafts- und gesellschaftspolitische Konzepte am Beispiel der Arbeitsmigrations-, Agrar- und Wissenschaftspolitik, 1947–1974, Zürich 2006, S. 57–69, hier S. 57. Vgl. hierzu auch Hug, Neutralismus, 1999, S. 75.

10 König, Stillstand, 1999, S. 155.

dieses Zeitabschnitts markierte eine «konservative Wende»,[11] deren Auswirkungen sich etwa in der Verschleppung der Einführung des Frauenstimm- und -wahlrechts zeigte.[12] Noch 1959 erging in einer eidgenössischen Abstimmung über diese Frage ein wuchtiges Nein mit einem Anteil von siebzig Prozent der Stimmen.[13] Mit solchen Manifestationen eines rückwärtsgerichteten Zeitgeistes bezog die Schweiz deutlich Stellung gegen eine demokratische Erneuerung der Gesellschaft. Während in einer Zeit raschen wirtschaftlichen Wachstums in den 1950er-Jahren auf ökonomisch-technischem Gebiet Zukunftsglaube und Aufbruchsstimmung herrschten und neue Konsum- und Freizeitmöglichkeiten die Lebensstile veränderten, blieben soziale Wertorientierungen und kulturelle Haltungen auf Traditionen und die Bewahrung des Bestehenden ausgerichtet.[14]
In den frühen 1960er-Jahren begann sich die Schweiz schliesslich sowohl innen- als auch aussenpolitisch in Bewegung zu setzen. König beschreibt: «Nachholbedarf gab es auf den verschiedensten Gebieten. Der Ausbau der Infrastruktur hinkte hinter dem Bevölkerungswachstum hinterher. Die Politik niedriger Steuern und sparsamer Budgets konnte nicht mehr genügen. Die Unzulänglichkeit der AHV lag auf der Hand, den entsprechenden Forderungen war nicht mehr auszuweichen. Im Bereich von Bildung und Verkehr, Raumplanung und Bodenpolitik, Wohnen und Energie: überall setzte Aktivität ein. Die Initiative kam von oben, von den politischen Eliten selbst, die mit Beunruhigung auf allen möglichen Feldern Unzulänglichkeiten entdeckten.»[15] Gleichzeitig begann sich die Schweiz aussenpolitisch zu öffnen. Ein klares Zeichen hierfür war, dass der Bundesrat einem Europaratsbeitritt positiv gegenüberzustehen begann. Seine veränderte Haltung begründete er damit, dass sich der «Charakter der politischen Tätigkeit» des Europarats gewandelt habe und dessen Ziel einer «gemeinsamen europäischen Aussenpolitik» «in den Hintergrund» gerückt sei.[16] Hinzu komme, dass durch die Gründung der Europäischen Wirtschaftsgemeinschaft

11 Ebd., S. 155–161, hier S. 157.

12 Vgl. zum Kampf um die Einführung des Frauenstimm- und -wahlrechts in der Schweiz im 20. Jahrhundert Beatrix Mesmer, Staatsbürgerinnen ohne Stimmrecht. Die Politik der schweizerischen Frauenverbände 1914–1971, Zürich 2007. Der konservative Zeitgeist manifestierte sich auch in der massiven und zum Teil äusserst diffamierenden Ablehnung des Frauenemanzipationswerks *Frauen im Laufgitter*, das die Schweizerin Iris von Roten 1958 publizierte und in welchem sie die Frauendiskriminierung analysierte. Iris von Roten, Frauen im Laufgitter. Offene Worte zur Stellung der Frau, Zürich 1996. Zu den gesellschaftlichen Reaktionen auf *Frauen im Laufgitter* vgl. König, Politik, 1998, S. 82 f.

13 Yvonne Voegeli, Frauenstimmrecht, in: Historisches Lexikon der Schweiz (HLS), Version 5. Januar 2006, www.hls.ch.

14 Tanner, Schweiz, 1994, S. 19–50.

15 König, Stillstand, 1999, S. 162. In diesem Zusammenhang prägte der Basler Jurist und Rechtsprofessor Max Imboden den Begriff «helvetisches Malaise», womit er eine allgemeine Reformblockade in der Schweiz meinte. Vgl. ebd., S. 161.

16 Bericht, 1962, S. 1098.

(EWG) 1957 und der Europäischen Freihandelsassoziation (EFTA) 1960 die europäische Organisationslandschaft neu strukturiert worden sei. In diesem Zusammenhang würdigte der Bundesrat den Europarat nunmehr als wichtiges Forum für den internationalen Austausch und das Knüpfen von Netzwerken. Schliesslich stimmte das Parlament dem Beitritt zu, und die Schweiz wurde am 6. Mai 1963 Mitglied des Europarats.[17]

8.1 Unvereinbarkeiten des schweizerischen Rechts mit der EMRK

Im Zuge seiner Abklärungen über die Vor- und Nachteile eines Europaratsbeitritts liess der Bundesrat die schweizerische Rechtslage beurteilen und prüfen, inwiefern sich «gewisse Eigenarten des schweizerischen Rechts» mit den Bestimmungen des Europaratsstatuts im Widerspruch befanden.[18] Mit «Eigenarten» bezog er sich auf drei Punkte: erstens auf das Frauenstimmrecht, das, wie erwähnt, zu diesem Zeitpunkt auf eidgenössischer Ebene noch immer fehlte, zweitens auf die sogenannten konfessionellen Ausnahmeartikel 51 und 52 der damaligen Bundesverfassung.[19] Letztere verletzten die Religionsfreiheit, da sie das Tätigkeitsfeld der Jesuiten beschränkten und die Einrichtung neuer und die Wiederherstellung aufgehobener Klöster oder religiöser Orden verboten – Bestimmungen, die auf die kulturkämpferischen Auseinandersetzungen zwischen der Mehrheit der Radikal-Liberalen und der Minderheit der Konservativen im 19. Jahrhundert zurückgingen.[20] Drittens verwies der Bundesrat auf die Gesetze «gewisser Kantone, welche die Zwangsversorgung von Geistesgestörten und verwahrlosten Personen» vorsähen, wie er es in einem Bericht von 1962 formulierte.[21] Die Prüfung dieser drei Aspekte bezüglich ihrer Vereinbarkeit mit dem Europaratsstatut ergab zur Erleichterung des Bundesrates jedoch, dass sie kein Hindernis für einen Beitritt darstellten. Das Europaratsstatut, so die Auskunft des Strassburger Ministerkomitees, verlange von den Mitgliedern lediglich ein prinzipielles Bekenntnis zu Rechtsstaatlichkeit, Demokratie und Menschenrechten, tangiere darüber hinaus jedoch die konkrete jeweilige nationale Rechtslage nicht.[22]

17 Ebd.; Altermatt, Ende, 1992, S. 67–70.
18 Bericht, 1962, S. 1099.
19 Ebd., S. 1099 f.
20 Alan Canonica, Die Aufhebung der konfessionellen Ausnahmeartikel, 1973, in: Schweizerische Zeitschrift für Geschichte, 59, 4 (2009), S. 423–440; Marco Jorio, Ausnahmeartikel, in: Historisches Lexikon der Schweiz (HLS), Version 28. Juli 2008, www.hls.ch; Werner Kägi, Gutachten zum Jesuiten- und Klosterartikel der Bundesverfassung, Bern 1973.
21 Bericht, 1962, S. 1099 f.
22 Ebd., S. 1100.

Anders verhielt sich die Sache bei einem Beitritt zur Europäischen Menschenrechtskonvention.[23] Ein solcher Beitritt zog konkrete Rechtsverpflichtungen nach sich, und die genannten drei Rechtsbereiche befanden sich in einem klaren Widerspruch zu den Bestimmungen der EMRK, sodass diese nicht ohne Weiteres hätte unterzeichnet werden können. Als Nationalrat Kurt Furgler (CVP) beim Bundesrat Ende 1962 per Interpellation anfragte, ob er für die Schweiz einen Konventionsbeitritt als empfehlenswert erachte und wie in diesem Zusammenhang die schweizerische Rechtslage zu beurteilen sei,[24] antwortete Aussenminister Friedrich T. Wahlen (BGB) denn auch, dass ein Konventionsbeitritt nicht wegen grundsätzlicher Einwände abzulehnen sei, sondern unter den gegebenen rechtlichen Voraussetzungen nicht anzustreben sei. Denn bei einem Beitritt der Schweiz zur EMRK zum gegenwärtigen Zeitpunkt wäre man gezwungen, bezüglich der drei Rechtsbereiche einen sogenannten Vorbehalt anzubringen, und diese Vorbehalte seien «in ihrer Gesamtheit zu wichtig», um eine Unterzeichnung der EMRK ins Auge zu fassen.[25] Vorbehalte können von Nationalstaaten bei der Unterzeichnung völkerrechtlicher Verträge angebracht werden. Ein Vorbehalt suspendiert die Rechtswirkung einer bestimmten völkerrechtlichen Bestimmung, die im Widerspruch zum nationalen Recht steht. Nationales Recht, das mit dem entsprechenden Konventionsartikel nicht übereinstimmt, kann damit weiterhin angewandt werden, ohne dass eine Verletzung dieses Konventionsartikels geltend gemacht werden kann.[26] Dabei entspricht es jedoch dem Sinn der EMRK, dass Vorbehalte langfristig abgebaut werden.[27] Bundesrat Wahlen versicherte 1962 zwar, die Auffassung des Bundesrates sei, dass die Rechtswidersprüche mit der EMRK über kurz oder lang beseitigt werden müssten, und er äusserte sich zuversichtlich, dass auch der Volkssouverän dies anstrebe.[28] Der Bundesrat wollte einen Konventionsbeitritt zu diesem Zeitpunkt jedoch nicht selbst energisch vorantreiben, sondern es dem politischen Alltags-

23 Ein Beitritt zur EMRK setzt die Mitgliedschaft im Europarat voraus, umgekehrt ist es jedoch grundsätzlich möglich, dem Europarat anzugehören, ohne gleichzeitig der Konvention beizutreten. Im Lauf der Zeit entwickelte sich die Bereitschaft zum Konventionsbeitritt jedoch zu einer inoffiziellen Voraussetzung für den Europaratsbeitritt. Villiger, Handbuch, 1999, S. 14.

24 Amtl. Bull. NR, 10. Dezember 1962, S. 684.

25 Amtl. Bull. NR, 11. Dezember 1962, S. 710.

26 Haefliger, Schürmann, Menschenrechtskonvention, 1999, S. 26–29.

27 Villiger, Handbuch, 1999, S. 26. So betonte auch Bundesrat Willy Spühler (SP) 1969, dass zwar ein Staat von einem völkerrechtlichen Standpunkt aus gesehen nicht verpflichtet sei, die Aufhebung eines Vorbehalts anzustreben. In innenpolitischer Hinsicht interpretiere der Bundesrat freilich Vorbehalte dahingehend, dass es sich bei ihnen nicht um einen «grundsätzlichen, bleibenden Einwand» handele, sondern um einen «lediglich zeitlich gemeinten Einwand», der mit der «Absichtserklärung» verbunden sei, «so rasch, als es aufgrund unserer politischen Verhältnisse möglich ist, die Übereinstimmung mit der Konvention […] herzustellen». Amtl. Bull. NR, 16. Juni 1969, S. 365.

28 Amt. Bull. NR, 11. Dezember 1962, S. 710f.

geschäft, den Kantonen und dem Volkssouverän überlassen, nach und nach die entsprechenden Rechtsanpassungen in die Wege zu leiten und die schweizerische Rechtsordnung dort zu «korrigieren»,[29] so drückte es Bundesrat Wahlen aus, wo sie Unvereinbarkeiten mit der EMRK aufwies, sodass der Weg allmählich frei würde für einen Beitritt der Schweiz zur EMRK.

Vertiefte Auseinandersetzung mit der EMRK

Den Anstoss für eine vertiefte Auseinandersetzung mit der EMRK – und für eine Debatte auch in der breiten Öffentlichkeit – gab schliesslich vier Jahre später ein Postulat des Nationalrats Mathias Eggenberger (SP) von 1966. Darin forderte er den Bundesrat auf zu klären, welche konkreten rechtlichen Voraussetzungen geschaffen werden müssten, damit die Schweiz der EMRK beitreten könne.[30] Die Schweiz könne es sich, so Eggenberger, nicht leisten, den Beitritt zur Konvention «auf den Sankt-Nimmerleinstag zu verschieben».[31] Zwei Jahre später, im Dezember 1968, legte der Bundesrat einen ausführlichen Bericht vor, betitelt mit *Bericht des Bundesrates an die Bundesversammlung über die Konvention zum Schutze der Menschenrechte vom 9. Dezember 1968*, in welchem er dem Postulat Eggenbergers nachkam und im Detail erläuterte, inwiefern die schweizerische Rechtslage Widersprüche zur EMRK aufwies.[32] Zusätzlich zu den bereits 1962 genannten Bereichen – die fehlende politische Gleichberechtigung der Frauen, die konfessionellen Ausnahmeartikel und die kantonalen Versorgungsgesetze – nannte der Bundesrat zwei weitere: die Nichtöffentlichkeit bestimmter gerichtlicher Verhandlungen sowie die schulische Ungleichbehandlung von Knaben und Mädchen, worunter etwa der in einigen Kantonen eingeschränkte Zugang der Mädchen zu den Gymnasien fiel.[33]

In Bezug auf das hier interessierende Thema der zwangsweisen nichtstrafrechtlichen Anstaltsunterbringung bestand die Bedeutsamkeit des bundesrätlichen Berichts darin, dass er erstens klar die Grundrechtsverletzungen des kantonalen Versorgungsrechts konstatierte und zweitens auch das vormundschaftlich-

29 Ebd., S. 711.

30 Amtl. Bull. NR, 22. Juni 1966, S. 406.

31 Ebd.

32 Bericht des Bundesrates an die Bundesversammlung über die Konvention zum Schutze der Menschenrechte und Grundfreiheiten vom 9. Dezember 1968, in: Bundesblatt, 120, 2 (1968), S. 1057–1181.

33 Bericht, 1968, S. 1139f. Vgl. zur schulischen Ungleichheit auch Amtl. Bull. NR, 12. Juni 1969, S. 355. In einem Bericht hielt der Bundesrat 1972 fest, die Unvereinbarkeiten mit der EMRK bezüglich der schulischen Ungleichbehandlung von Knaben und Mädchen seien «im Verschwinden begriffen». So hätten «kürzlich mehrere Gymnasien der Innerschweizer Kantone ihre Pforten auch den Mädchen geöffnet». Ergänzungsbericht des Bundesrates an die Bundesversammlung über die Konvention zum Schutze der Menschenrechte und Grundfreiheiten vom 23. Februar 1972, in: Bundesblatt, 124, 1 (1972), S. 989–1001, hier S. 995.

zivilrechtliche Versorgungsrecht kritisch beleuchtete. So hielt er fest, dass viele der kantonalen Versorgungsgesetze die Bestimmungen der EMRK verletzten. Der Bundesrat schrieb, es sei «zuzugeben», dass die den «kantonalen Gesetzesbestimmungen zugrundeliegenden Beweggründe für eine administrative Versorgung durch die Verwaltungsbehörden weit über das hinausgehen, was die Konvention [EMRK] als zulässig» erachte.[34] Damit verwies der Bundesrat auf das Problem, dass viele der Versorgungsgründe, welche die Kantone in ihren Gesetzen als Voraussetzung für eine Anstaltsversorgung aufführten, nicht EMRK-konform waren, wie noch genauer ausgeführt wird. Weiter genügten auch die verfahrensrechtlichen Bestimmungen vieler kantonaler Versorgungsgesetze den Anforderungen der EMRK nicht. Nur wenige dieser Gesetze kämen nämlich beispielsweise dem Erfordernis der EMRK nach, dass jede Form des Freiheitsentzugs bei einer gerichtlichen Instanz anfechtbar sein müsse.[35] Bezüglich des vormundschaftlichen Versorgungsrechts warf der Bundesrat darüber hinaus die kritische Frage auf, ob sich nicht auch dieses in einem Widerspruch zur EMRK befinde. «Hinsichtlich des Vormundschaftsrechts stellt sich die Frage, ob die durch die Artikel 406 und 421 Ziffer 13 ZGB vorgesehene Unterbringung des Mündels in eine Erziehungs-, Versorgungs- oder Heilanstalt den von der Konvention aufgestellten Forderungen gerecht wird.»[36] Diesen Aspekt, also die Frage, inwiefern das bundeszivilrechtliche Versorgungsrecht die EMRK verletze, liess der Bundesrat in der Folge genauer abklären.[37] Das Ergebnis dieser Überprüfung veröffentlichte er 1974 in der *Botschaft des Bundesrates an die Bundesversammlung über die Konvention zum Schutze der Menschenrechte und Grundfreiheiten vom 4. März 1974*. In der Botschaft wurde konstatiert, die «Abklärung dieses Problems» habe gezeigt, dass bei einem Beitritt zur EMRK auch bezüglich der Anstaltsunterbringungen gemäss den Bestimmungen des Zivilgesetzbuches ein Vorbehalt angebracht werden müsse.[38] In diesem Zusammenhang hob der Bundesrat vor allem das Problem der in den bundeszivilrechtlichen Versorgungsbestimmungen mangelnden gerichtlichen Rekursmöglichkeiten hervor. Ähnlich wie bei vielen kantonalen Versorgungsgesetzen könnten, so der Bundesrat, Versorgungsentscheide, die auf den Bestimmungen des Zivil-

34 Bericht, 1968, S. 1086. Vgl. hierzu auch Botschaft des Bundesrates an die Bundesversammlung über die Konvention zum Schutze der Menschenrechte und Grundfreiheiten vom 4. März 1974, in: Bundesblatt, 126, 1 (1974), S. 1035–1098, hier S. 1043.

35 Vgl. Bericht, 1968, S. 1095. Vgl. hierzu auch Ergänzungsbericht, 1972, S. 994; Botschaft, 1974, S. 1043.

36 Bericht, 1968, S. 1087.

37 Ergänzungsbericht, 1972, S. 994.

38 Botschaft, 1974, S. 1043. Dies betraf die Anstaltsversorgung Entmündigter gemäss Vormundschaftsrecht (Art. 406 und Art. 421 Ziff. 13) sowie Artikel 284 ZGB, der die Anstaltsunterbringung von Kindern regelte. Ebd., S. 1043 f. Vgl. auch Botschaft, 1977, S. 4.

gesetzbuchs basierten, «im Allgemeinen [...] nicht an eine richterliche Behörde weitergezogen werden».[39] Erst ungefähr zehn Jahre nachdem die Bundespolitik die kantonale Versorgungsgesetzgebung im Zuge der Debatten um einen Europaratsbeitritt zu einem Rechtsproblem erklärt hatte, wurden damit die rechtsstaatlichen Bedenken auf den Bereich des bundeszivilrechtlichen Versorgungsrechts ausgedehnt.

Artikel 5 EMRK: «Recht auf Freiheit und Sicherheit»

Worin bestanden nun konkret die Widersprüche zwischen dem schweizerischen Versorgungsrecht und der EMRK? Sowohl die kantonalen als auch die eidgenössischen Versorgungsbestimmungen verletzten Artikel 5 der EMRK, der das «Recht auf Freiheit und Sicherheit» gewährleistet.[40] Dieser Artikel nennt sechs zulässige Gründe, weswegen ein Freiheitsentzug vorgenommen werden darf. Hierbei handelt es sich um eine abschliessende Aufzählung, weitere Gründe dürfen für einen Freiheitsentzug nicht herangezogen werden. Zudem muss die Liste gemäss den Instanzen in Strassburg «restriktiv ausgelegt» werden.[41] Zu den Gründen, die die EMRK aufführt, zählen beispielsweise gerichtlich verhängte Haftstrafen[42] oder – und in diesen Bereich fielen im weitesten Sinne die Bestimmungen zur administrativen und vormundschaftlichen Anstaltsversorgung – der «rechtmässige Freiheitsentzug mit dem Ziel, eine Verbreitung ansteckender Krankheiten zu verhindern, sowie bei psychisch Kranken, Alkohol- oder Rauschgiftsüchtigen und Landstreichern».[43] Aus dem Wortlaut dieser Bestimmung lässt sich ableiten, dass Artikel 5 der EMRK einen zwangsweisen Freiheitsentzug wegen «Arbeitsscheu», «Liederlichkeit» oder (drohender) Fürsorgebedürftigkeit ausschliesst.[44] Eine administrative Versorgung wegen «Arbeitsscheu» oder «Liederlichkeit» war jedoch im bernischen Erziehungs-

39 Botschaft, 1974, S. 1043 f., hier S. 1044. Die staatsrechtliche Beschwerde erachtete der Bundesrat als ungenügend. Ebd., S. 1044.

40 Art. 5 EMRK. Die Bestimmungen der EMRK sind zu finden unter www.admin.ch/ch/d/sr/co_101.html (Zugriff: 10. November 2010). Vgl. zur Auslegung des Wortlauts «Recht auf Freiheit und Sicherheit», wie er sich in Artikel 5 der EMRK findet, Haefliger, Schürmann, Menschenrechtskonvention, 1999, S. 81 f.; Robin C. A. White, Clare Ovey, The European Convention on Human Rights, Oxford 2010 (5., überarb. Aufl.), S. 209–241.

41 Ebd., S. 82 f.

42 Art. 5 Ziff. 1 lit. a EMRK.

43 Art. 5 Ziff. 1 lit. e EMRK. Weitere zulässige Gründe sind gemäss EMRK Haft wegen Nichtbefolgung einer rechtmässigen gerichtlichen Anordnung, Untersuchungshaft, Freiheitsentzug bei Minderjährigen zum Zweck überwachter Erziehung oder zur Vorführung vor die zuständige Behörde sowie Auslieferungs- und Ausschaffungshaft. Art. 5 Ziff. 1 lit. b–d, f EMRK.

44 Vgl. hierzu Amtl. Bull. SR, 1974, S. 746; Botschaft, 1977, S. 26; Eugen Spirig, Kommentar zum Schweizerischen Zivilgesetzbuch, Bd. 2: Familienrecht. Die allgemeine Ordnung der Vormundschaft: Die fürsorgerische Freiheitsentziehung, Art. 397a–397f, Zürich 1995 (3., überarb. Aufl.), S. 43.

und Versorgungsgesetz von 1965 weiterhin vorgesehen. So bestimmte, wie in Kapitel 7.2.2 ausgeführt, Artikel 21 Ziffer 2 des GEV, dass Personen administrativ versorgt werden konnten, die wegen «Müssiggang, Arbeitsscheu, Liederlichkeit, unsittlichem Lebenswandel, Alkohol- oder Rauschgiftmissbrauch» sich selbst oder ihre Angehörigen «ernstlich gefährden», und zwar in «sittlicher, gesundheitlicher oder ökonomischer» Hinsicht, oder die deswegen «öffentliches Ärgernis» erregen.[45] In der rechtswissenschaftlichen Literatur finden sich keine Erörterungen, ob oder inwiefern die gesetzlichen Versorgungsgründe, wie sie das bernische GEV mit «Arbeitsscheu» und «Liederlichkeit» vorsah, im Widerspruch zu den Anforderungen der EMRK standen. Meines Erachtens jedoch verletzte das GEV mit diesen Bestimmungen die EMRK – auch wenn im Kanton Bern, wie in Kapitel 7.2.3 dargelegt, immer wieder betont wurde, dass das Erziehungs- und Versorgungsgesetz alle Erfordernisse der EMRK erfülle. Denn auch wenn gemäss EMRK einem «Landstreicher» zwangsweise die Freiheit entzogen werden konnte – diese Bestimmung kam den Versorgungsvoraussetzungen «Liederlichkeit» und «Arbeitsscheu» am nächsten –, waren doch «Liederlichkeit» und «Arbeitsscheu» Begriffe, die viel weiter gefasst waren und unter die sich weit mehr Verhaltensweisen und Eigenschaften, die als deviant erachtet wurden, subsumieren liessen als unter den Begriff «Landstreicher».[46]
Neben den Bestimmungen zu den Voraussetzungen für einen Freiheitsentzug waren in Bezug auf die administrative und zivilrechtliche Versorgung weiter die verfahrensrechtlichen Bestimmungen, wie sie ebenfalls in Artikel 5 EMRK aufgeführt sind, relevant.[47] Artikel 5 Ziffer 4 verbürgt beispielsweise: «Jede Person, die festgenommen oder der die Freiheit entzogen ist, hat das Recht zu beantragen, dass ein Gericht innerhalb kurzer Frist über die Rechtmässigkeit des Freiheitsentzugs entscheidet und ihre Entlassung anordnet, wenn der Freiheitsentzug nicht rechtmässig ist.»[48] Diese Rekursmöglichkeit an ein Gericht fehlte in vielen kantonalen Versorgungsgesetzen und war auch im eidgenössischen Versorgungsrecht nicht vorgesehen. Im Kanton Bern war mit dem Erziehungs- und

45 Art. 21 Ziff. 2 GEV.

46 Wie der Europäische Gerichtshof für Menschenrechte in einem Urteil vom 18. Juni 1971 festhielt, definiere die EMRK den Begriff «Landstreicher» (im englischen Konventionstext «vagrants») nicht näher. Der Gerichtshof erachtete in diesem Urteil jedoch einen Artikel des belgischen Strafgesetzbuches für EMRK-konform, der besagte, als «Landstreicher» gelte, «wer weder einen bestimmten Wohnsitz noch die Mittel für seinen Lebensunterhalt besitzt und weder ein Gewerbe noch einen Beruf gewohnheitsmässig» ausübe. Botschaft, 1977, S. 24 f., hier S. 25. Aus diesem Urteil leiten Haefliger und Schürmann ab, dass der Begriff «Landstreicher» der EMRK auf diese Weise auszulegen sei. Haefliger, Schürmann, Menschenrechtskonvention, 1999, S. 99 f.

47 Art. 5 Ziff. 2–5 EMRK.

48 Art. 5 Ziff. 4 EMRK. Vgl. hierzu Bericht, 1968, S. 1090, 1095; Botschaft, 1977, S. 38 f.

Versorgungsgesetz von 1965 die Möglichkeit geschaffen worden, einen Versorgungsentscheid beim Verwaltungsgericht anzufechten.[49]

8.2 Die Menschenrechtsdebatte der eidgenössischen Räte 1969

Der Bundesrat schlug in seinem Bericht über die EMRK vom 9. Dezember 1968 vor, den EMRK-Beitritts-Prozess trotz dieser Rechtswidersprüche in die Wege zu leiten – er hatte also seine Haltung im Vergleich zum Beginn der 1960er-Jahre geändert. Er machte nun den Vorschlag, entsprechende Vorbehalte anzubringen, um einen Beitritt zu ermöglichen.[50] Im Juni 1969 beriet schliesslich der Nationalrat über den bundesrätlichen Vorschlag; im Oktober 1969 erfolgte die entsprechende Debatte im Ständerat.[51] Dabei würdigten die Parlamentarier die EMRK übereinstimmend als bedeutsame Verkörperung der Idee der Menschenrechte und als begrüssenswertes Mittel zur Förderung der europäischen Integration; beides entspreche den wichtigen schweizerischen innen- und aussenpolitischen Zielsetzungen. In der Debatte zur Frage des weiteren Vorgehens – baldiger Beitritt unter Vorbehalten, wie es der Bundesrat vorschlug, oder Zuwarten – gingen die Meinungen allerdings auseinander. Die Sozialdemokraten und die Konservativ-Christlichsozialen befürworteten mehrheitlich den bundesrätlichen Vorschlag eines baldigen EMRK-Beitritts. Sie gewichteten dessen Bedeutung höher als das Problem der Vorbehalte und erachteten einen baldigen Beitritt für notwendig, um ein innen- und aussenpolitisch wichtiges Zeichen des Bekenntnisses zu den Menschenrechten zu setzen, wie es die Schweiz in einem ersten Schritt mit ihrem Beitritt zum Europarat bereits getan habe. Nationalrat Eggenberger führte in diesem Zusammenhang beispielsweise aus: «Zu dieser Zielsetzung haben wir mit dem Beitritt zum Europarat Ja gesagt. Sollen wir jetzt, wo es um ihre praktische Realisierung geht, Nein sagen, weil vorläufig noch einige sicher nicht leicht zu nehmende Mängel unserer Rechtsordnung die vollkommene Realisierung des erwähnten Zieles verunmöglichen, Mängel, mit deren Ausmerzung die grosse Mehrheit des Rates bestimmt einverstanden sein wird? Eine solche Haltung leuchtet mir in keiner Weise ein.»[52] Ein baldiger Beitritt bedeute, so ein weiteres Pro-Argument, sich zu einer aktiven schweizerischen Aussenpolitik zu bekennen und zur europäischen Zusammenarbeit beizutragen. Diesen Aspekt hatte auch der Bundesrat in seinem Bericht betont: «Ein solcher Entscheid würde

49 Vgl. hierzu Kapitel 7.2.3; o. A., Anstaltsversorgung, 1968, S. 142 f.

50 Bericht, 1968, S. 1145 f.

51 Amtl. Bull. NR, 12. Juni 1969, S. 320–359, 16. Juni 1969, S. 360–369; Amtl. Bull. SR, 7. Oktober 1969, S. 201–222.

52 Amtl. Bull. NR, 16. Juni 1969, S. 361.

unseren Wunsch unterstreichen, an den internationalen Bestrebungen zum allgemeinen und wirksamen Schutz der Menschenrechte und Grundfreiheiten teilzunehmen. Es wäre auch Ausdruck unseres Willens, an der Entwicklung eines wichtigen Bereichs des Völkerrechts mitzuwirken; er würde sich somit in den Rahmen eines der Hauptziele der Aussenpolitik einreihen.»[53] Ein anderes wichtiges Argument der Befürworter eines Beitritts zur EMRK unter Vorbehalten zielte auf innenpolitische Aspekte und betonte, dass bei einem baldigen Beitritt der Druck erhöht werde, die erforderlichen innerstaatlichen Rechtsanpassungen vorzunehmen. Die durch die Vorbehalte betroffenen Rechtsbereiche würden verstärkt in den Blick der Öffentlichkeit gerückt, die Bürgerinnen und Bürger würden für deren Problematik sensibilisiert, und den Forderungen nach Bereinigung der Rechtswidersprüche mit der EMRK würde Nachdruck verliehen. Gleichzeitig versicherten die Befürworter dieser Vorgehensweise, alles in ihrer Macht Stehende zu unternehmen, damit die Vorbehalte so bald als möglich würden aufgehoben werden können; Vorbehalte seien kein «Ruhekissen», sondern ein «Stimulus, ein Ansporn zur Aktion, zur Tat»,[54] wie es Nationalrat Ettore Tenchio namens der konservativ-christlichsozialen Fraktion betonte.

Die Gegner eines Beitrittes zur EMRK unter Vorbehalten vertraten Positionen, die ein breites politisches Spektrum widerspiegelten, von der Partei der Arbeit bis hin zur Bauern-, Gewerbe- und Bürgerpartei.[55] Unterschiedliche Motive standen hinter ihrer ablehnenden Haltung. Einige rechtsbürgerliche Politiker sprachen sich grundsätzlich gegen einen Beitritt aus und kritisierten, die Schweiz verliere mit einem Beitritt zur EMRK ihre Souveränität. James Schwarzenbach, Mitglied der Partei Nationale Aktion gegen Überfremdung von Volk und Heimat (NA),[56] führte aus: «Wir Schweizer haben ein sehr feines ‹Gespür› für wesentliche Freiheit, auch ohne geschriebene Konvention. [...] Als die höchste und unveräusserliche Freiheit, an der es nichts zu rütteln gibt, erachtet der Schweizer das verbriefte Recht, seine eigenen Angelegenheiten selbst zu bestimmen und sich von keinem, der nicht Landsmann ist, dreinreden zu lassen.»[57] Es waren jedoch nicht solche glorifizierenden souveränitätspolitischen Argumente, die bei den Gegnern im Vordergrund standen, sondern das zentrale Argument war der

53 Bericht, 1968, S. 1145 f.

54 Amtl. Bull. NR, 12. Juni 1969, S. 333. Ähnlich Bericht, 1968, S. 1043.

55 Vgl. Amtl. Bull. NR, 12. Juni 1969, S. 349.

56 Susanne Peter-Kubli, Schwarzenbach, James, in: Historisches Lexikon der Schweiz (HLS), Version 9. Juli 2010, www.hls.ch.

57 Amtl. Bull. NR, 12. Juni 1969, S. 348. Vgl. weiter beispielsweise ebd., S. 346. Zu diesen Beitrittsgegnern gehörte zum Beispiel auch Otto Fischer (FDP), späterer Geschäftsführer und Vizepräsident der Aktion für eine unabhängige und neutrale Schweiz (AUNS). Peter Stettler, Fischer, Otto, in: Historisches Lexikon der Schweiz (HLS), Version 11. Februar 2005, www.hls.ch.

Verweis auf die erhebliche Tragweite der Vorbehalte, wie dies auch der Bundesrat noch zu Beginn der 1960er-Jahre getan hatte. Vorbehalte bezüglich Bereichen, welche die Grundrechte grosser Teile der Bevölkerung derart weitreichend beschnitten, schmälerten die Bedeutung und den Wert eines Konventionsbeitritts empfindlich. Robert Eibel (FDP) führte etwa aus: «Ich möchte beinahe wetten, dass nach einer stattgefundenen Unterzeichnung in der ausländischen Presse vor allem von den Vorbehalten die Rede sein wird, die wir anbrachten, nicht aber von der Tatsache, dass wir der Konvention beigetreten seien. Man wird uns sagen, wir seien ein merkwürdiges Völklein; bei der Anstaltsversorgung sei man nicht so sicher, ob es mit rechten Dingen zugehe, die Gerichtsverhandlungen seien gelegentlich nicht einmal öffentlich, es herrsche bei uns ungleiches Recht für die Konfessionen, die Unterrichtsgleichheit sei nicht gewährleistet, die Frauen seien rechtlos. Man nimmt es in diesen Dingen in der Presse nicht so genau. Nach meiner Meinung besteht ein erhebliches Risiko, dass diese ‹Übung› als ‹negative Public Relations› ausgehen könnte.»[58] Die Argumentationsweise lautete also, ein Beitritt unter Vorbehalten sei kein Beweis einer ernsthaften Aussenpolitik und nicht geeignet, im Ausland einen positiven Eindruck zu hinterlassen. Vertreter dieser Position waren dabei grundsätzlich für einen Beitritt zur EMRK, forderten jedoch, vorher die wichtigsten Widersprüche zu beseitigen, um das Ziel der EMRK – nämlich die Menschenrechte konkret zu verwirklichen und sie nicht lediglich zu proklamieren – nicht zu unterlaufen.

Eidgenössischer Konsens bezüglich Reformbedarf der administrativen Versorgung

Die Debatten 1969 im Nationalrat und im Ständerat über den Beitritt der Schweiz zur EMRK zeigen, dass die Parlamentarier das Problem der administrativen Versorgung als politisch von «geringerem»[59] Gewicht einstuften als die fehlende politische Gleichberechtigung der Frauen und die konfessionellen Ausnahmeartikel. Die beiden Letzteren bezeichneten sie als die beiden «Haupthindernisse»[60] und als die Bereiche, bezüglich derer die «schwerwiegendsten» und «bedeutsamsten» Vorbehalte würden angebracht werden müssen.[61] Entsprechend wurde denn auch die administrative Versorgung in den Debatten 1969 nur ganz am Rand thematisiert. Eine Ausnahme war der Neuenburger Nationalrat Jean-Pierre Dubois, Mitglied der Partei der Arbeit, der betonte, dass die administrative Versorgung ein «problème […] essentiel» des

58 Amtl. Bull. NR, 12. Juni 1969, S. 343.
59 Amtl. Bull. NR, 12. Juni 1969, S. 338. Ähnlich ebd., S. 321 f.
60 Amtl. Bull. SR, 14. Dezember 1965, S. 175.
61 Vgl. beispielsweise Amtl. Bull. SR, 14. Dezember 1965, S. 175; Amtl. Bull. NR, 12. Juni 1966, S. 321, 327, 329, 333, 338, 364, 365, 407; Amtl. Bull. NR, 16. Juni 1969, S. 366; Amtl. Bull. SR, 7. Oktober 1969, S. 202, 214, 218.

modernen Rechtsstaates sei.[62] Auch wenn in den Debatten im Nationalrat und im Ständerat kaum Voten geäussert wurden, in denen das Problem der administrativen Versorgung überhaupt zur Sprache kam,[63] lassen die knappen Aussagen dennoch deutlich erkennen, dass unter den Parlamentariern Einigkeit herrschte, dass die Versorgungsgesetzgebung der Schweiz reformbedürftig war und dass es keine Frage war, dass das Versorgungsrecht in Einklang mit den Erfordernissen der EMRK gebracht werden musste, wobei vor allem die ungenügend ausgestalteten Rekursmöglichkeiten zur Sprache kamen.[64]

Gleichzeitig betonten die Bundespolitiker, auch wenn der Beitritt der Schweiz zur EMRK allenfalls noch eine Weile auf sich warten lasse, sei es dennoch Aufgabe der Kantone, schon jetzt Reformen an die Hand zu nehmen. Die Bundespolitiker zeigten sich dabei überzeugt, dass sich die Kantone unter den Vorzeichen eines absehbaren Beitritts bemühen würden, die kantonalen Rechtsbestimmungen zur administrativen Versorgung zu revidieren und in Einklang mit der EMRK zu bringen. So gab Emil Schaffer (SP) der Hoffnung Ausdruck, die Diskussion über die EMRK werde «auch die letzten Kantone veranlassen, in dieser Beziehung eine bessere Rechtslage zu schaffen».[65] Diese Hoffnung war durchaus berechtigt. So erläuterte Ständerat Alfred Borel (FDP), dass Überlegungen zur Vereinbarkeit des schweizerischen Rechts mit der EMRK seit Jahren in Legislationsprozesse einflössen: «[J]ournellement et à différentes reprises, nos experts nous disaient: ‹Attention! Ici ce n'est pas la peine de proposer telle ou telle disposition, car elle serait en contradiction avec la Convention européenne des droits de l'homme; par conséquent ce serait faire du mauvais travail.›»[66] Auch im Kanton Bern war, wie in Kapitel 7 gezeigt wurde, der zu erwartende Beitritt der Schweiz zur EMRK zwar nicht der Auslöser gewesen, die Revision des bernischen Versorgungsrechts an die Hand zu nehmen, doch Vereinbarkeitsüberlegungen flossen in den Gesetzgebungsprozess ein, und der Verweis darauf, dass das neue bernische Erziehungs- und Versorgungsgesetz EMRK-konform sei, stellte eines der zentralen Argumente dar, mit welchem das neue Versorgungsgesetz befürwortet wurde.

Dass die administrative Versorgung in den Debatten über den Beitritt der Schweiz zur EMRK in den beiden Kammern lediglich am Rand thematisiert wurde, hatte nicht nur inhaltliche Gründe. So verfügte etwa die Forderung nach der Einführung des Frauenstimm- und -wahlrechts über eine breite Lobby. Insbesondere die schweizerischen Frauenverbände zählten zur ausserparlamenta-

62 Amtl. Bull. NR, 12. Juni 1969, S. 340.
63 Vgl. beispielsweise Amtl. Bull. NR, 12. Juni 1969, S. 324, 358 f.
64 Vgl. beispielsweise ebd., S. 320, 324, 339; Amtl. Bull. SR, 7. Oktober 1969, S. 210.
65 Amtl. Bull. NR, 12. Juni 1969, S. 359. Vgl. weiter Amtl. Bull. SR, 7. Oktober 1969, S. 207.
66 Amtl. Bull. SR, 7. Oktober 1969, S. 207.

rischen Gegnerschaft eines Beitritts der Schweiz zur EMRK unter Vorbehalten. Mit politischen Eingaben, Protesten in der Presse und öffentlichen Kundgebungen – wie zum Beispiel dem berühmten Marsch auf Bern am 1. März 1969 – erzeugten sie Druck. Sie forderten von den Politikern, die Konvention erst nach Einführung des Frauenstimm- und -wahlrechts zu unterzeichnen.[67] In ihrem Engagement argumentierten sie dabei ähnlich wie die meisten parlamentarischen Gegner. Sie führten an, dass bei einem Beitritt unter Vorbehalten das Anliegen der politischen Gleichberechtigung der Frauen aus den Augen der Öffentlichkeit verschwinde und seine Umsetzung an politischer Dringlichkeit verliere und dass ihnen bei einem Beitritt unter Vorbehalten keine Möglichkeit offenstünde, bei den europäischen Instanzen Klage zu erheben.[68] Auch das Anliegen, die konfessionellen Ausnahmeartikel aufzuheben, wurde von verschiedenen Gruppierungen unterstützt. Hierbei wurden zwar keine vergleichbaren Aktivitäten entfaltet wie von den Frauenverbänden, doch die Aufhebung der konfessionellen Ausnahmeartikel lag im parteipolitischen Interesse der – mehrheitlich katholischen – Konservativ-Christlichsozialen Volkspartei, einer der grössten und einflussreichsten Parteien der Schweiz.[69] Anders verhielt es sich mit der administrativen Versorgung. Eine Forderung, die rechtlichen Grundlagen zur zwangsweisen Anstaltsunterbringung zu reformieren, vermochte kaum Interessengruppierungen zu mobilisieren.[70] Auch die Betroffenen waren zu diesem Zeitpunkt nicht in der Lage, sich zu organisieren, sich in der Öffentlichkeit Gehör zu verschaffen und ihr Anliegen auf die politische Agenda zu setzen. Denn oftmals handelte es sich bei ihnen um Angehörige finanziell schwacher sozialer Schichten, oftmals ohne entsprechenden Bildungshintergrund – etwa eine juristische Schulung, wie sie viele Aktivistinnen der Frauenbewegung aufwiesen –, und zudem waren sie durch ihre administrative Versorgung stigmatisiert, wodurch ihre gesellschaftliche Position zusätzlich geschwächt war.

67 Yvonne Voegeli, Zwischen Hausrat und Rathaus. Auseinandersetzungen um die politische Gleichberechtigung der Frauen in der Schweiz 1945–1971, Zürich 1997, S. 148–153, 387–389, 494–525; Mesmer, Staatsbürgerinnen, 2007, S. 321 f.

68 Voegeli, Hausrat, 1997, S. 388.

69 Canonica, Aufhebung, 2009, S. 428–432. Verschiedentlich gaben Parlamentarier an, sie schätzten die Zurückhaltung der Katholiken im Vergleich zu den Frauenverbänden und lobten die Haltung Ersterer als politisch reifer. So hielt Bundesrat Willy Spühler fest: «In diesem Zusammenhang möchte ich dankbar anerkennen, dass unsere katholischen Mitbürger in ihrem Verlangen nach Beseitigung der Ausnahmeartikel im allgemeinen viel Verständnis für die Schwierigkeiten, die unsere direkte und bundesstaatliche Demokratie bereitet, an den Tag legen und weit entfernt davon sind, die Unterzeichnung der Menschenrechtskonvention nur ausschliesslich unter dem Gesichtspunkt des ihnen besonders am Herzen liegenden Anliegens zu betrachten.» Amtl. Bull. NR, 16. Juni 1969, S. 365 f.

70 Wie in Kapitel 7.3 ausgeführt, beschäftigten sich auf lokaler Ebene im Kanton Bern die Nonkonformisten kritisch mit dem kantonalen Versorgungsrecht, als dieses Mitte der 1960er-Jahre revidiert wurde.

Die Abstimmung 1969 in den beiden Kammern über den Beitritt der Schweiz zur EMRK fiel schliesslich knapp zuungunsten eines EMRK-Beitritts aus. Zwar entschied der Nationalrat mit 88 zu achtzig Stimmen, dem bundesrätlichen Vorschlag eines Beitritts unter Vorbehalten zuzustimmen.[71] Der Ständerat hingegen lehnte das vorgeschlagene Vorgehen mit 22 zu zwanzig Stimmen ab.[72] Seine Ablehnung war jedoch nicht prinzipieller Natur, sondern letztlich hatte im Ständerat die Auffassung Oberhand gewonnen, die Schweiz solle «zuerst im eigenen Haus Ordnung schaffen, bevor sie der Konvention» beitrete.[73] Damit musste der Bundesrat die Frage eines Konventionsbeitrittes vorläufig auf Eis legen, doch noch im selben Jahr beauftragten die beiden Kammern den Bundesrat, so bald als möglich konkrete Vorschläge zur Einführung des Frauenstimm- und -wahlrechts sowie zur Aufhebung der konfessionellen Ausnahmeartikel zu unterbreiten.[74] Schliesslich nahmen die Stimmbürger am 7. Februar 1971 das eidgenössische Stimm- und Wahlrecht für Frauen mit einem deutlichen Jastimmenanteil von 66 Prozent an.[75] Damit waren zwischen der wuchtigen Ablehnung 1959 der politischen Rechte der Frauen und ihrer Annahme 1971 nur zwölf Jahre vergangen. «Nichts», so der Historiker König hierzu, mache für die Schweiz «die vollzogene Öffnung der politischen Kultur und den damit verbundenen Demokratisierungsschub deutlicher» sichtbar.[76] Zwei Jahre später, am 20. Mai 1973, stimmten Volk und Stände auch der Aufhebung der konfessionellen Ausnahmeartikel 51 und 52 der Bundesverfassung zu.[77] Damit waren die beiden rechtlichen Bereiche bereinigt, in denen die Schweiz bei einem EMRK-Beitritt ihre beiden «gewichtigsten» Vorbehalte hätte anbringen müssen, als die sie die Bundespolitiker immer wieder bezeichnet hatten.
Am 3. Oktober 1974 genehmigte die Bundesversammlung die Menschenrechtskonvention, und am 28. November 1974 hinterlegte die Schweiz die Ratifikationsurkunde, womit die EMRK für die Schweiz rechtsverbindlich wurde.[78] Bezüglich der kantonalen und der eidgenössischen Versorgungsgesetzgebung wurde dabei der Weg gewählt, einen Vorbehalt zu Artikel 5 der EMRK anzubringen. Dieser lautete: «Die Anwendung der Bestimmungen des Artikels 5 der Konvention erfolgt unter Vorbehalt einerseits der kantonalen Gesetze, welche die Versorgung gewisser Kategorien von Personen durch Entscheid einer Verwaltungsbehörde gestatten, und anderseits unter Vorbehalt des kantonalen Ver-

71 Amtl. Bull. NR, 16. Juni 1969, S. 367.
72 Amtl. Bull. SR, 7. Oktober 1969, S. 221.
73 Haefliger, Schürmann, Menschenrechtskonvention, 1999, S. 21.
74 Amtl. Bull. SR, 7. Oktober 1969, S. 221 f.
75 Voegeli, Frauenstimmrecht, 2006.
76 König, Stillstand, 1999, S. 166.
77 Jorio, Ausnahmeartikel, 2008.
78 Haefliger, Schürmann, Menschenrechtskonvention, 1999, S. 22–26.

fahrensrechts über die Unterbringung von Kindern und Mündeln in einer Anstalt nach den Bestimmungen des Bundesrechts über die elterliche Gewalt und die Vormundschaft (Art. 284, 386, 406 und 421, Ziff. 13 des Schweizerischen Zivilgesetzbuches).»[79] Wie weiter oben erwähnt, besteht gemäss gängiger Auffassung bei der Anbringung eines Vorbehalts die Absicht, die Rechtslage in absehbarer Zeit mit den Anforderungen der Konvention in Übereinstimmung zu bringen, sodass der Vorbehalt zurückgezogen werden kann.[80] Zum Zeitpunkt, als die Schweiz 1974 die EMRK ratifizierte, arbeitete eine Expertenkommission bereits an der Regelung der fürsorgerischen Freiheitsentziehung, die nichtstrafrechtliche Freiheitsentziehungen in EMRK-konformer Weise regeln sollte.[81] Am 6. Oktober 1978 entschieden die eidgenössischen Räte, dem Vormundschaftsrecht einen neuen Abschnitt *Die fürsorgerische Freiheitsentziehung* hinzuzufügen, der die Artikel 397a bis 397f umfasste und das kantonale und das bisherige eidgenössische Versorgungsrecht ersetzte.[82] Am 1. Januar 1981 traten die Bestimmungen zur fürsorgerischen Freiheitsentziehung in Kraft. Sie ermöglichten die zwangsweise Unterbringung in einer «geschlossenen Anstalt» bei «Geisteskrankheit», «Geistesschwäche», «Trunksucht», «anderen Suchterkrankungen» und «schwerer Verwahrlosung», und zwar dann, wenn der betreffenden Person die «nötige persönliche Fürsorge nicht anders erwiesen werden kann».[83]

Heute kommt eine solche fürsorgerische Freiheitsentziehung in der Praxis bei akuter Selbst- oder Fremdgefährdung – beispielsweise bei akuter Suizidalität – zum Zug und wird in den meisten Fällen in einer psychiatrischen Klinik vor-

79 Botschaft, 1977, S. 4.

80 Insgesamt brachte die Schweiz zwei Vorbehalte und zwei auslegende Erklärungen an. Der zweite Vorbehalt und die beiden auslegenden Erklärungen bezogen sich auf Artikel 6 der EMRK («Recht auf ein faires Verfahren»). Haefliger, Schürmann, Menschenrechtskonvention, 1999, S. 32–36. Eine auslegende Erklärung bedeutet, dass ein Unterzeichnerstaat anführt, wie er einen bestimmten Konventionsartikel interpretiert: «Wir legen die Vorschrift im [von uns] angegebenen Sinn aus, und so akzeptieren wir sie; falls sie die Konventionsorgane im gegenteiligen Sinn auslegen sollten, akzeptieren wir sie nicht und gilt unsere Erklärung als Vorbehalt.» Ist jedoch von Beginn an deutlich, dass ein bestimmtes Gesetz in einem Land mit einem Konventionsartikel nicht übereinstimmt, wird ein Vorbehalt angebracht. Ebd., S. 29.

81 Botschaft, 1974, S. 1045. Vgl. zu den Vorarbeiten der Expertenkommission Botschaft, 1977, S. 5 f.; Bernhard Schnyder, Die fürsorgerische Freiheitsentziehung, Referat an der Jahresversammlung der Schweizerischen Konferenz für öffentliche Fürsorge vom 14. Mai 1979, in: Zeitschrift für öffentliche Fürsorge, 76, 8 (1979), S. 113–126, S. 115 f.

82 Spirig, Kommentar, 1995, S. 5 f.; Schweizerisches Zivilgesetzbuch (Fürsorgerische Freiheitsentziehung), Änderung vom 6. Oktober 1978, in: Amtl. Samml. der eidgenössischen Gesetze, Bd. 1, 1980, S. 31–35. Gleichzeitig beschlossen sie, den Vorbehalt zu Artikel 5 EMRK zurückzuziehen. Botschaft, 1977, S. 57; Haefliger, Schürmann, Menschenrechtskonvention, 1999, S. 32.

83 Schweizerisches Zivilgesetzbuch (Fürsorgerische Freiheitsentziehung), Änderung vom 6. Oktober 1978, in: Amtl. Samml. der eidgenössischen Gesetze, Bd. 1, 1980, S. 31–35.

genommen.[84] Wie es die EMRK vorschreibt, haben die betroffenen Personen das Recht, eine gerichtliche Prüfung des Einweisungsbeschlusses zu verlangen. Gemäss herrschender Rechtslehre ist unbestritten, dass Einweisungen gemäss den Bestimmungen zur fürsorgerischen Freiheitsentziehung einzig der Fürsorge für eine hilfsbedürftige und einen Schwächezustand aufweisende Person dienen und nicht für ordnungspolitische Zwecke eingesetzt werden dürfen – etwa für die Zerschlagung einer offenen Drogenszene.[85] Nicht mehr zulässig ist also ein zwangsweiser nichtstrafrechtlicher Freiheitsentzug zur Befriedigung gesellschaftlicher Ordnungs- und Normalitätsbedürfnisse oder zur allgemeinen «Besserung» oder Disziplinierung der betroffenen Person, wie sie bei den administrativen Versorgungen so oft im Zentrum standen. Es hatte in diesem Bereich ein grundlegender Wandel stattgefunden.

Gleichzeitig mit dem Inkrafttreten der fürsorgerischen Freiheitsentziehung wurden, wie erwähnt, sowohl die bundeszivilrechtlichen als auch die kantonalen Versorgungsgesetze ausser Kraft gesetzt und damit auch die Versorgungsbestimmungen des bernischen *Gesetzes über Erziehungs- und Versorgungsmassnahmen* von 1965.[86] Den Personen, die zu diesem Zeitpunkt noch gemäss bernischem Versorgungsrecht administrativ versorgt waren, liess der Kanton Bern eine «schriftliche Rechtsmittelbelehrung» zukommen, in der er sie informierte, dass sie «jederzeit ein Entlassungsgesuch einreichen» und bei dessen Abweisung eine gerichtliche Beurteilung verlangen könnten.[87] Damit gehörte, 96 Jahre nachdem im Kanton Bern 1884 die administrative Versorgung mit dem Arbeitsanstaltengesetz eingeführt worden war, das Rechtsinstrument der administrativen Versorgung der Vergangenheit an.

84 Vgl. hierzu beispielsweise Lisanne Christen, Stephan Christen, Zwangseinweisungen in psychiatrische Kliniken in der Schweiz. Analyse der Psychiatrie-Zusatzdaten 2000–2002, Neuchâtel 2005.

85 Jürg Gassmann, Fürsorgerische Freiheitsentziehung: Kanonenboot oder Rettungsdampfer?, in: Pro Mente Sana aktuell. Fürsorgerische Freiheitsentziehung (FFE), 4 (2002), S. 18–20, hier S. 19. Gassmann verweist darauf, dass in der Einweisungspraxis immer wieder Abweichungen von diesen Vorgaben festzustellen seien und in solchen Fällen von gravierenden rechtsstaatlichen Mängeln gesprochen werden müsse. Am 19. Dezember 2008 beschloss die schweizerische Bundesversammlung die Totalrevision des Vormundschaftsrechts. In diesem Zusammenhang werden auch die Begriffe «Liederlichkeit» und «Arbeitsscheu» aus den Voraussetzungen für eine Entmündigung gestrichen. Gleichzeitig werden die Bestimmungen zur fürsorgerischen Freiheitsentziehung revidiert und wichtige Verfahrensvorschriften rechtlich verankert, um den Rechtsschutz der Betroffenen zu erhöhen. Botschaft des Bundesrates zur Änderung des Schweizerischen Zivilgesetzbuches (Erwachsenenschutz, Personenrecht und Kindesrecht) vom 28. Juni 2006, in: Bundesblatt, 158, 36 (2006), S. 7001–7137; Schweizerisches Zivilgesetzbuch (Erwachsenenschutz, Personenrecht und Kindesrecht), Änderung vom 19. Dezember 2008, in: Bundesblatt, 161 (2009), S. 141–200.

86 StVB, 1977, S. 189; StVB, 1980, S. 181.

87 StVB, 1980, S. 181.

9 Schluss

Es war in der Schweiz nichts Aussergewöhnliches, als der Kanton Bern 1884 ein Gesetz zur administrativen Versorgung erliess, das *Gesetz betreffend Errichtung kantonaler Arbeitsanstalten*, das am 11. Mai 1884 in Kraft trat. Der Erlass des bernischen Gesetzes fiel in eine Hochphase zwischen den 1870er- und 1890er-Jahren, in der auch zahlreiche andere Kantone sich entschlossen, Gesetze zu schaffen, mit denen «Arbeitsscheue», «Liederliche» und «Trunksüchtige» zwangsweise in Anstalten untergebracht werden konnten. Erkenntnisleitend für die vorliegende Untersuchung war die Frage nach den historischen Hintergründen, die im Kanton Bern in der ersten Hälfte der 1880er-Jahre zur Implementierung des Rechtsinstruments der administrativen Versorgung führten, sowie die Frage, wie sich Diskurs und Praxis in den 96 Jahren, in denen im Kanton Bern administrative Versorgungen praktiziert wurden, veränderten und in welchen Kontexten diese Veränderungen zu verorten sind.

Wie die Debatten im bernischen Grossen Rat zu Beginn der 1880er-Jahre über die Einführung der administrativen Versorgung zeigen, hatten sich die bisherigen Instrumente zur Bekämpfung gewisser Armutserscheinungen nach Auffassung sowohl der Politiker als auch der Praktiker der Armenfürsorge nicht bewährt. Für «unwürdige» Arme war es zu leicht, so lautete die Argumentation, die kommunalen Armenkassen auf missbräuchliche Weise zu belasten und durch die Maschen der bestehenden gesetzlichen Sanktionierungsmöglichkeiten zu schlüpfen. Zudem, so wurde moniert, würden diese Personen mit ihren «liederlichen» und «arbeitsscheuen» Verhaltensweisen zentrale bürgerliche Werte wie Arbeitsamkeit, Selbstverantwortung und Pflichtgefühl verletzen. Die ins Visier genommenen Personengruppen galten als Bedrohung für die Stabilität der bürgerlichen Gesellschaft. Innerhalb eines solchen Argumentationskontexts gerieten strukturelle Ursachen von Armut und Bedürftigkeit nur am Rand ins Blickfeld.

Unter dem Druck ökonomisch krisenhafter Zustände entschloss sich in den 1880er-Jahren die gesellschaftliche Elite des Kantons Bern, die im Parlament hauptsächlich vertreten war, das Rechtsinstrument der administrativen Versorgung einzuführen. Mit diesem Entscheid brachen sie mit Prinzipien der bernischen Verfassung von 1849 – etwa mit dem Prinzip der Gewaltenteilung. Denn

fortan konnten zwangsweise Anstaltsunterbringungen «Liederlicher», «Arbeitsscheuer» und «Trunksüchtiger» auf rein verwaltungsinternem Weg und durch Beschluss des Regierungsrates vorgenommen werden. Legitimiert wurde dieser Bruch mit Verfassungsgrundsätzen damit, dass sowohl im Kanton Bern als auch in anderen Kantonen verfassungsmässig garantierte Prinzipien bereits verletzt würden. Es komme daher nicht darauf an, ob ein weiteres «Loch in die Verfassung» gebohrt werde oder nicht, wie es der bernische Polizeidirektor Albert von Wattenwyl 1883 ausdrückte.[1] Zudem – und dies war das zweite zentrale Argument, mit dem der Regierungsrat und die Grossräte die Einführung der administrativen Versorgung rechtfertigten – würde das mehrstufige Verfahren, das von den Gemeinden über die Regierungsstatthalter auf Bezirksebene hin zum Regierungsrat auf Kantonsebene ging, den Betroffenen das notwendige Mass an Rechtsschutz und Rechtssicherheit bieten, weswegen nicht befürchtet werden müsse, dass sie zu Unrecht oder willkürlich administrativ versorgt würden.
Indes: Von diesem Bruch mit verfassungsmässigen Prinzipien waren nicht alle Bevölkerungsschichten gleichermassen tangiert. Betroffen waren in erster Linie die in ökonomischer und politischer Hinsicht schwächsten Glieder der Gesellschaft, nämlich Angehörige der sozialen Unterschicht. Da sie in prekären materiellen Verhältnissen lebten, bedurfte es nicht viel, dass sie in Bedürftigkeit abglitten und sich damit der permanenten Verdächtigung ausgesetzt sahen, ihre Notlage aufgrund von «Arbeitsscheu» und «Liederlichkeit» selbst verschuldet zu haben – und entsprechend Gefahr liefen, administrativ versorgt zu werden. Angehörige der sozialen Unterschicht verfügten über die wenigsten Ressourcen – nicht nur in finanzieller Hinsicht, sondern auch bezüglich Bildung, sozialer Netzwerke oder gesellschaftlichen Status –, mit deren Hilfe sie sich gegen eine Anstaltsunterbringung hätten zur Wehr setzen können; gerade sie wären daher auf einen gut ausgebauten respektive überhaupt funktionierenden Rechtsschutz angewiesen gewesen.
Nach dem Inkrafttreten des Arbeitsanstaltengesetzes im Kanton Bern 1884 nahm die Zahl der jährlich beschlossenen administrativen Versorgungen rasch zu. Ein erster Höchstwert wurde 1893 erreicht, als der bernische Regierungsrat insgesamt 263 Versorgungen verfügte. Die zunehmende Inanspruchnahme der Versorgungsbestimmungen durch die Gemeinden lässt darauf schliessen, dass diese das Arbeitsanstaltengesetz als probates Mittel erachteten, um «Liederlichkeit» und «Arbeitsscheu» zu bekämpfen. Dass sich die administrative Versorgung für die bernischen Behörden in der Praxis zu bewähren schien, zeigen auch die Debatten, die der Grosse Rat 1910 und 1912 über die Revision des Versorgungsrechts

1 Ohne Autor, Die bernische Amtsarmenversammlung vom 8. Mai 1883, in: Berner Post, 10. Mai 1883.

führte: Es war unbestritten, dass an der administrativen Versorgung grundsätzlich festgehalten werden sollte. Entsprechend wurde denn auch an den verfahrensrechtlichen Bestimmungen zur administrativen Versorgung kaum etwas geändert. Die materiell-rechtlichen Versorgungsvoraussetzungen hingegen wurden sogar erweitert und der Kreis der potenziell von einer administrativen Versorgung bedrohten Personen wurde erheblich vergrössert. So konnten mit dem revidierten *Gesetz über die Armenpolizei und die Enthaltungs- und Arbeitsanstalten*, das am 1. Juli 1913 in Kraft trat, nun beispielsweise auch solche Personen administrativ versorgt werden, die noch gar nicht aufgrund von angenommener «Arbeitsscheu» oder «Liederlichkeit» unterstützungsbedürftig geworden waren, sondern bei denen die Behörden lediglich vermuteten, dass sie dies zu werden drohten. Damit wurde der behördliche Interpretationsspielraum hinsichtlich der Frage, auf welche Formen als sozial deviant bewerteten Verhaltens mit einer administrativen Versorgung zugegriffen werden sollte, erheblich vergrössert.
Wie das revidierte Versorgungsgesetz von 1912 zeigt, erwies sich das im Kanton Bern in den 1880er-Jahren eingeführte Versorgungsrecht als ein Rechtsgefüge, das sich fast beliebig ergänzen und zur Erfassung verschiedenster Formen als sozial deviant erachteten Verhaltens verwenden liess. So wurde dem revidierten Versorgungsrecht beispielsweise neu die Bestimmung hinzugefügt, dass von der Armenfürsorge unterstützte und nur noch eingeschränkt arbeitsfähige Personen, die als «bösartig» erachtet wurden, administrativ versorgt werden konnten, und zwar in eine neu zu errichtende besondere Anstalt für «bösartige» Pfleglinge. Diese besondere Anstalt wurde schliesslich 1931 eröffnet, das geschlossene Versorgungsheim Sonvilier im Berner Jura. War der Rechtsschutz der Betroffenen bei einer administrativen Versorgung ohnehin schon höchst unzulänglich ausgestaltet – so fehlte etwa das Recht, einen Versorgungsentscheid bei einer höheren Instanz anfechten zu können, auch gab es kein Recht auf amtliche Verteidigung –, war der Rechtsschutz bei einer Einweisung in das Versorgungsheim Sonvilier von gänzlich untergeordnetem Stellenwert. So konnte etwa die Leitung einer Armenanstalt direkt beim zuständigen kantonalen Departement den Antrag einreichen, eine Person, die sie als für den Anstaltsbetrieb untragbar erachtete, administrativ zu versorgen. Anders als bei einer administrativen Versorgung in die Straf- und Arbeitsanstalt St. Johannsen oder in die Straf- und Arbeitsanstalt Hindelbank war hier weder eine vorgängige Untersuchung durch den Regierungsstatthalter gesetzlich vorgeschrieben, noch verpflichteten die Versorgungsbestimmungen die Behörden dazu, eine betroffene Person vor ihrer administrativen Versorgung in Sonvilier durch den Regierungsstatthalter einvernehmen zu lassen. Auf einfachstem Weg liess sich eine Person, die sich etwa aufgrund von Altersgebrechen in einer Armenanstalt wie Kühlewil oder Riggisberg befand und nach Ansicht der Anstaltsleitung den geregelten Gang des An-

staltsalltags störte, in das geschlossene Versorgungsheim Sonvilier administrativ versorgen.

Die administrative Versorgung war eine Massnahme, die sich gegen Menschen richtete, die kein strafrechtlich relevantes Delikt begangen hatten. Gleichwohl wies die administrative Versorgung, wie sie im Kanton Bern praktiziert wurde, von Anfang an strafrechtliche Dimensionen auf, obwohl von Seiten der Politik und von Fürsorgepraktikern immer wieder versucht wurde, die Versorgungsmassnahmen argumentativ vom strafrechtlichen Freiheitsentzug abzugrenzen; etwa, um die verwaltungsinternen Entscheidungswege zu rechtfertigen. Diese strafrechtliche Dimension zeigt sich bereits darin, dass administrativ Versorgte und strafrechtlich Verurteilte oft in denselben Vollzugseinrichtungen – St. Johannsen, Hindelbank, Witzwil und Thorberg – untergebracht waren und bezüglich des eigentlichen Vollzugs nicht oder kaum zwischen nichtstraffälligen administrativ Versorgten und strafrechtlich Verurteilten unterschieden wurde. Einen strafrechtlichen Charakter erhielt die Massnahme der administrativen Versorgung zudem dadurch, dass im Rahmen einer administrativen Versorgung zum Teil die gleichen Vollzugsinstrumente (und damit vergleichbare Vollzugslogiken) angewandt wurden wie im Strafvollzug. So wurden im Kanton Bern im Abstand von nur wenigen Jahren die Rechtsinstitute des bedingten Straferlasses (1907) – der Erlass kurzer Freiheitsstrafen – und der bedingten administrativen Versorgung (1912) eingeführt. Dieser bedingte Vollzug war sowohl bei einer bedingten administrativen Versorgung als auch beim bedingten Straferlass an das Rechtsinstitut der Schutzaufsicht – eine besondere Betreuung und Kontrolle der Betroffenen ausserhalb der Anstaltsmauern während einer Probezeit – gekoppelt. Zwar war im entsprechenden Schutzaufsichtsdekret lediglich von gerichtlich «Verurteilten» und von «Sträflingen» die Rede, doch das Armenpolizeigesetz von 1912 verwies explizit darauf, dass für unter Schutzaufsicht gestellte administrativ Versorgte die exakt gleichen Regeln zu gelten hätten wie für Straffällige. Schliesslich zeigt sich der strafrechtliche Einschlag der Versorgungsbestimmungen daran, dass die Liste der gesetzlichen Gründe für eine administrative Versorgung bei der Revision des bernischen Versorgungsrechts zu Beginn des 20. Jahrhunderts problemlos um eine Reihe strafrechtlich-sichernder Massnahmen erweitert werden konnte, die der präventiven Kriminalitätsbekämpfung dienten und den Schutz der öffentlichen Sicherheit bezweckten. Hierbei fand eine klare Koppelung des Versorgungsrechts an das Strafrecht und damit eine kriminalpolitische Ausrichtung des Versorgungsrechts statt. Mit dem Inkrafttreten des schweizerischen Strafgesetzbuches 1942 wurden schliesslich ein Grossteil dieser sichernden strafrechtlichen Massnahmen wieder aus dem bernischen Versorgungsrecht ausgegliedert, womit es in dieser Hinsicht zu einer Entflechtung von kantonalem Versorgungsrecht und Strafrecht kam.

Mitte der 1960er-Jahre wurde im Kanton Bern zum dritten Mal die Versorgungsgesetzgebung legiferiert: Am 1. Januar 1966 trat das *Gesetz über Erziehungs- und Versorgungsmassnahmen* in Kraft. In den gut fünfzig Jahren, die seit Inkrafttreten des Armenpolizeigesetzes von 1912 verstrichen waren, hatten sich grundlegende gesellschaftliche, ökonomische und politische Veränderungen vollzogen, die sowohl den Versorgungsdiskurs als auch die Versorgungspraxis entscheidend beeinflussten. Die wirtschaftliche Hochkonjunktur der Nachkriegszeit hatte Armut und Bedürftigkeit weitgehend von der Bildfläche verschwinden lassen und Wohlstand und Beschäftigungsmöglichkeiten in einem zuvor nicht gekannten Ausmass vergrössert. Auch für die potenziell von einer administrativen Versorgung Bedrohten wurde es in den wirtschaftlich prosperierenden Jahrzehnten nach dem Zweiten Weltkrieg und in einem Arbeitsmarkt, in dem Vollbeschäftigung herrschte, viel einfacher, einen ausreichenden Verdienst zu erzielen. Dadurch war in einem viel geringeren Umfang finanzielle Unterstützung durch die Fürsorgebehörden erforderlich, wodurch die (potenziell) von einer administrativen Versorgung Betroffenen weniger Kontakt zu Fürsorgeorganen hatten, die eine administrative Versorgung als das geeignete Mittel erachten konnten, um wahrgenommene «Liederlichkeit» oder «Arbeitsscheu» zu bekämpfen. Nicht zuletzt verminderten auch die Implementierung und der Ausbau wichtiger Sozialversicherungswerke – etwa die Einführung der Alters- und Hinterlassenenversicherung (AHV) 1948 – gewisse Armutsrisiken. Das Argument, die administrativ Versorgten respektive die potenziell von einer administrativen Versorgung Bedrohten würden durch ihre «liederliche» und «arbeitsscheue» Lebensweise die eigene ökonomische Existenz gefährden und die Fürsorgekassen auf unzulässige Weise belasten, begann in den Hintergrund zu rücken. Nichtsdestotrotz legten nach Ansicht der Fürsorgeorgane gewisse Personengruppen weiterhin «liederliche» und «arbeitsscheue» Verhaltensweisen an den Tag oder gaben sich dem übermässigen Alkoholkonsum hin, weshalb an der Interventionsmassnahme einer administrativen Versorgung festzuhalten sei.

Im Kanton Bern war bereits seit den 1940er-Jahren ein Rückgang der jährlich vom Regierungsrat verfügten administrativen Versorgungen zu verzeichnen, wobei die Behörden in den 1940er-Jahren zunächst noch vermehrt auf die Alternative auswichen, statt einer definitiven eine bedingte administrative Versorgung zu beschliessen. In den 1950er-Jahren ordnete der Regierungsrat im jährlichen Durchschnitt noch sechzig Versorgungen an, in den 1960er-Jahren waren es vierzig und in den 1970er-Jahren noch zehn. In der Praxis waren die Behörden damit bereits vor Inkrafttreten des revidierten Versorgungsgesetzes 1966 dazu übergegangen, administrative Versorgungen mit zunehmender Zurückhaltung anzuwenden. Die Konzeptualisierung der administrativen Versorgung als ein Mittel, das erst anzuwenden war, wenn alle übrigen Massnahmen nicht zum gewünsch-

ten Resultat geführt hatten, wurde schliesslich mit dem Erziehungs- und Versorgungsgesetz von 1965 in konkrete Rechtsformen gegossen. So hatte gemäss den Bestimmungen des Erziehungs- und Versorgungsgesetzes einer administrativen Versorgung nun zwingend eine Reihe besonderer Betreuungsmassnahmen vorauszugehen. Geschah dies nicht, war eine Versorgung rechtlich nicht zulässig und konnte beim Verwaltungsgericht, das mit dem Erziehungs- und Versorgungsgesetz als gerichtliche Rekursinstanz bestimmt worden war, nun angefochten werden.
Die Einführung einer Beschwerdemöglichkeit beim Verwaltungsgericht war Teil der Bestrebungen, den Rechtsschutz der Betroffenen zu verbessern. Dies entsprach dem nach dem Zweiten Weltkrieg erstarkenden Menschenrechtsdiskurs. Dennoch wurde der Rechtsschutz auch mit dem revidierten bernischen Versorgungsrecht nicht mit letzter Konsequenz ausgebaut. Zwar war es den Betroffenen nun möglich, beim Verwaltungsgericht Beschwerde einzulegen und in einem Versorgungsverfahren eine amtliche Verteidigung beizuziehen. Doch Letztere wurde ihnen nicht automatisch und nicht in jedem Fall gewährt, sondern nur dann, wenn die Behörden gewisse erschwerende Umstände als gegeben erachteten, zum Beispiel wenn die Betroffenen ein «Gebrechen» aufwiesen.
Als im Kanton Bern in den 1960er-Jahren über die Revision des Versorgungsrechts debattiert wurde, war die Schweiz der Europäischen Menschenrechtskonvention (EMRK) zwar noch nicht beigetreten, doch die Ratifikation der EMRK war spätestens seit dem Beitritt der Schweiz zum Europarat 1963 in die absehbare Zukunft gerückt und nur noch eine Frage der Zeit. Entsprechend beeinflussten Überlegungen zur Vereinbarkeit des kantonalen Versorgungsrechts mit den Anforderungen, welche die EMRK bezüglich freiheitsentziehender Massnahmen stellte, den Legislationsprozess im Kanton Bern. Die diesbezüglichen Debatten im Grossen Rat zeigen deutlich – auch wenn das schliesslich 1965 verabschiedete Versorgungsrecht meines Erachtens nicht alle Erfordernisse der EMRK erfüllte, da «Liederlichkeit» und «Arbeitsscheu» keine EMRK-konformen Voraussetzungen für einen Freiheitsentzug waren –, dass Werte, wie sie die EMRK verkörperte, inzwischen zu einem gültigen normativen Referenzrahmen avanciert waren, an dem nicht mehr gerüttelt werden konnte. Die Infragestellung des durch die EMRK gewährleisteten internationalen Rechtsschutzsystems war keine Position mehr, die politisch und gesellschaftlich mehrheitsfähig gewesen wäre. So blieb denn auch bei den Debatten, die der Bundesrat und die eidgenössischen Parlamentarier über den Beitritt der Schweiz zum Europarat und später zur EMRK führten, unbestritten, dass nicht nur die kantonalen Versorgungsgesetze, sondern auch das bundeszivilrechtliche Versorgungsrecht dringend reformbedürftig waren und in Einklang mit den Anforderungen der EMRK gebracht werden mussten, denn Letzteres ermöglichte auf vergleichbare

Weise wie das kantonale Versorgungsrecht die zwangsweise Anstaltsunterbringung von entmündigten «Liederlichen», «Arbeitsscheuen» und «Trunksüchtigen» und bot den Betroffenen bei einer zwangsweisen Anstaltsunterbringung kaum Rechtsschutz.

Stimmen, die sich gegenüber der administrativen Versorgung kritisch äusserten, wurden nicht erst im Zusammenhang mit einem erstarkenden internationalen Menschenrechtsdiskurs auf den Plan gerufen. Von Anfang an war das administrative Versorgungsrecht mit rechtlich-legitimatorischen Herausforderungen konfrontiert; zunächst stellten sich diese in Bezug auf die kantonale und die nationale Verfassungsstaatlichkeit, in der zweiten Hälfte des 20. Jahrhunderts entstand Rechtfertigungszwang auch durch die internationale Menschenrechtsordnung. Entsprechend gab es bereits seit dem ausgehenden 19. Jahrhundert in der Schweiz Kritiker, die einwarfen, die administrative Versorgung verletze verfassungsmässig garantierte Prinzipien und sei demnach in einem liberalen demokratischen Rechtsstaat nicht zulässig. Die Stimmen dieser Kritiker konnten sich anfänglich jedoch nur zu einem sehr leisen Chor formieren. So war es im Kanton Bern bei den Debatten im Grossen Rat über die Einführung der administrativen Versorgung zu Beginn der 1880er-Jahre einzig Grossrat und Fürsprecher Johannes Ritschard, der verfassungsrechtliche Bedenken äusserte und forderte, Entscheide über zwangsweise Anstaltsunterbringungen müssten angesichts des damit verbundenen massiven Eingriffs in die verfassungsmässig garantierte persönliche Freiheit von unabhängigen gerichtlichen Instanzen und nicht von Verwaltungsbehörden gefällt werden. Keine Kritik an der administrativen Versorgung kam dagegen auf, als der Grosse Rat des Kantons Bern zwischen 1910 und 1912 über die Revision des Versorgungsrechts debattierte. Dies lässt darauf schliessen, dass das Versorgungsrecht von den im Parlament vertretenen gesellschaftlichen Schichten befürwortet wurde.

Ende der 1930er-Jahre meldete sich schliesslich der Berner Publizist und Sozialkritiker Carl Albert Loosli mit vernichtender öffentlicher Kritik an der administrativen Versorgung zu Wort. Die «Administrativjustiz», wie er sie nannte, sei nicht nur eine «Klassenjustiz», sondern untergrabe auch die Grundfesten eines demokratischen Rechtsstaates. Looslis Kritik markiert den Auftakt eines breiteren kritischen Versorgungsdiskurses, der sich aus verschiedenen Quellen speiste. Ausgehend von Positionen wie der Looslis wurde das Versorgungsrecht aus einer gesellschafts- und autoritätskritischen Warte kritisiert. Die Versorgungsmassnahmen richteten sich, so lautete diese Kritik, einseitig gegen Angehörige der sozialen Unterschicht und dienten der Aufrechterhaltung der herrschenden Machtverhältnisse. Zu den Kritikern, die auf diese Weise argumentierten, sind im Kanton Bern auch die Nonkonformisten in den 1960er-Jahren zu zählen. Ebenfalls eine kritische Position nahmen einzelne Rechtswissenschaftler

ein. Aus rechtswissenschaftlicher Sicht kritisierten sie das administrative Versorgungsrecht in erster Linie deswegen, weil es rechtsstaatliche Prinzipien verletze. Sie forderten, dass bei einer administrativen Versorgung die gleichen Standards einzuhalten seien wie in einem strafrechtlichen Verfahren. So müsse die Gewaltenteilung berücksichtigt werden, den Betroffenen müsse auf ausreichende Weise rechtliches Gehör gewährt werden, und es müsse die Möglichkeit geben, gegen einen Versorgungsentscheid einen gerichtlichen Rekurs einzulegen. Schliesslich postulierten fürsorgerische Fachkreise in den 1960er-Jahren, dass auch im Bereich der Zwangsfürsorge neue Methoden der Sozialarbeit anzuwenden seien, bei denen sich die Betroffenen nicht einseitig an die behördlichen Vorgaben anzupassen hatten, und bei denen nach den Ursachen für die Probleme gesucht werden sollte, ohne dass die Betroffenen moralisierenden Beurteilungen ausgesetzt waren. Angesichts der Tatsache, dass eine administrative Versorgung eines der grundlegendsten Rechte beschnitt, auf denen der demokratische Rechtsstaat beruht, nämlich das Grundrecht der persönlichen Freiheit, kann letztlich festgehalten werden, dass es lediglich ein sehr kleiner Kreis aus Politik, Öffentlichkeit und Sachverständigen aus dem Bereich Fürsorge und Sozialarbeit war, der sich im ausgehenden 19. und im 20. Jahrhundert veranlasst sah, sich kritisch mit der Problematik zwangsweiser Anstaltsunterbringungen auseinanderzusetzen.
Zur Praxis der administrativen Versorgung im Kanton Bern konnte die vorliegende Arbeit zeigen, dass der Regierungsrat zwischen 1885 und 1981 mindestens 14489-mal den Entscheid fällte, eine Person administrativ zu versorgen. Wie ausgeführt wurde, ist diese Zahl dabei nicht gleichzusetzen mit der Zahl der Personen, die im Kanton Bern von einer administrativen Versorgung betroffen waren. Denn es kam vor, dass eine Person im Lauf ihres Lebens mehrere Male administrativ versorgt wurde. Dass über einen Zeitraum von hundert Jahren beinahe 15 000 Versorgungsentscheide gefällt wurden, wobei die Jahre zwischen 1910 und 1940 die waren, in denen im jährlichen Durchschnitt die meisten Versorgungen erfolgten, zeigt, dass eine administrative Versorgung insbesondere in der ersten Hälfte des 20. Jahrhunderts mit grosser Regelmässigkeit angewandt wurde und zum gängigen Repertoire fürsorgerischer und ordnungspolitischer Praxis gehörte. Dabei waren vor allem Männer von einer administrativen Versorgung betroffen. Es konnte in der vorliegenden Untersuchung ermittelt werden, dass in der ersten Hälfte des 20. Jahrhunderts stets mindestens 75 Prozent der jährlich gefällten Versorgungsbeschlüsse auf Männer entfielen.
Von einigen der knapp 15 000 Versorgungsentscheide waren auch Jakob Hofmann und Frieda Berger betroffen, die zentralen Figuren der beiden Fallgeschichten, die in der vorliegenden Arbeit dargestellt wurden. Hofmann und Berger wurden beide im Lauf ihres Lebens mehrere Male auf regierungsrätlichen Beschluss hin administrativ versorgt: Hofmann wurde zweimal in die Straf- und

Arbeitsanstalt St. Johannsen, einmal in die Strafanstalt Witzwil und einmal in das Versorgungsheim Sonvilier administrativ versorgt; hinzu kam eine vormundschaftliche Anstaltsunterbringung in das Fürsorgeheim Kühlewil. Berger wurde zweimal in die Arbeitsanstalt Hindelbank, zweimal in das Versorgungsheim Sonvilier sowie einmal bedingt in das Fürsorgeheim Frienisberg administrativ versorgt, zudem wurde sie einmal vormundschaftlich in das Fürsorgeheim Bärau eingewiesen. Die beiden Fallgeschichten sollten nicht nur den Verlauf einer administrativen Versorgung im einzelnen Fall rekonstruieren und die Funktionslogik der administrativen Versorgung offenlegen, sondern auch Antworten auf die Fragen geben, welche Formen sozialer Devianz jeweils von den Fürsorgeorganen unter den Begriffen «Liederlichkeit» und «Arbeitsscheu» subsumiert wurden, wie die in einen Versorgungsfall involvierten Akteurinnen und Akteure interagierten, wie die Machtverhältnisse dabei ausgestaltet waren und was eine administrative Versorgung für eine betroffene Person bedeutete.

Obwohl von Hofmann und Berger nicht auf alle übrigen Versorgungsfälle geschlossen werden kann, zeigt sich doch anhand dieser beiden Fälle, dass «Liederlichkeit» und «Arbeitsscheu» sowohl geschlechtsspezifisch als auch schichtspezifisch gedeutet wurden. So bezogen sich im Fall Hofmann die erhobenen Vorwürfe in erster Linie darauf, dass er seine Rolle als Familienernährer nicht erfülle und einen nur unregelmässigen und zu geringen Verdienst erziele. Des Weiteren wurde ihm zur Last gelegt, im Übermass Alkohol zu konsumieren und gegenüber seiner Familie immer wieder ausfällig zu werden. Hier schien den Fürsorgeorganen strenge Arbeitserziehung in einer geschlossenen Institution das probate Mittel, um Hofmann in einen pflichtbewussten, arbeitsamen und abstinenten Familienvater und Bürger zu transformieren, wie es dem herrschenden bürgerlichen Normhorizont und einer bürgerlichen Geschlechterordnung entsprochen hätte. Letztlich gelang ein solcher nachhaltig disziplinierender Effekt jedoch nicht im von den Behörden erwünschten Sinn.

Die Bandbreite der Verhaltensweisen, die insbesondere unter dem Etikett «Liederlichkeit» subsumiert werden konnten, zeigt sich beim Vergleich des Falles Jakob Hofmann mit dem Fall Frieda Berger. Zwar war Berger, anders als Hofmann, in der Lage, ihren Lebensunterhalt selbständig zu verdienen. Doch in ihrem Fall zielten die Vorwürfe auf etwas anderes ab: zum einen auf ihr vorgeblich «unsittliches» Verhalten, zum andern auf ihre «Einsichtslosigkeit», welche die Behörden als intolerabel erachteten. Konkret stand bei Berger – vor allem in den 1920er- und 1930er-Jahren – der Vorwurf im Raum, sich zu prostituieren und intime Beziehungen zum anderen Geschlecht zu pflegen, die ihr als unverheirateter Frau gemäss der herrschenden bürgerlichen Geschlechterordnung nicht zustanden. Nicht nur mit ihren Männerkontakten (die sie nicht abstritt, sondern bezüglich derer sie sich lediglich dagegen verwahrte, sie als Prostituierte eingegangen zu sein), sondern insbesondere auch damit, dass sie nicht bereit war, sich den behördlichen Autoritäten und deren Anweisungen zu fügen, verletzte sie nicht nur spezifische Weiblichkeitsnormen der Zeit, sondern sie verhielt sich auch wider allgemeine gesellschaftliche Normalitätsvorstellungen. «Liederlichkeit» und «Arbeitsscheu» waren, so zeigen die Fallgeschichten, schichtspezifisch konnotierte Vorwürfe. Weder bei Hofmann noch bei Berger wären wohl die erhobenen Beschuldigungen Anlass zu einer administrativen Versorgung gewesen, wären sie vermögend gewesen oder hätten sie einen hohen gesellschaftlichen Status innegehabt. So hätten etwa auch ein Alkoholproblem wie bei Hofmann oder eine Syphiliserkrankung wie bei Berger auf diskrete Weise und hinter Türen, die vor den Fürsorge- und Verwaltungsbehörden verschlossen geblieben wären, angegangen und behandelt werden können.

Insbesondere der Fall Hofmann zeigt, dass in einen Versorgungsfall eine Vielzahl von Akteurinnen und Akteuren involviert sein konnte. Zentrale Akteure waren in seinem Fall die Fürsorge- und Verwaltungsorgane auf kommunaler und auf Bezirksebene, die polizeilichen Organe, mit denen Hofmann immer wieder in Konflikt geriet, aber auch die psychiatrischen Sachverständigen. Des Weiteren nahm im Fall Hofmann seine Ehefrau eine wichtige Position ein. Sie wurde von den Behörden gleichsam in Dienst genommen, damit sie zum einen gewisse Kontrollfunktionen gegenüber ihrem Ehemann übernahm, zum andern für ihren Mann sorgte, wenn er zeitweise nicht in der Lage war, für Nahrung oder saubere Kleidung aufzukommen; es war also den Behörden nicht in jedem Fall darum zu tun, einzig auf die Anstaltsversorgung zu bauen, um mit dem Fall Hofmann umgehen zu können. Gleichzeitig nahm Martha Hofmann jedoch die behördlichen Instanzen, insbesondere den Vormund ihres Mannes, auch aus eigener Initiative in Anspruch, wenn sie der Auffassung war, dass das Mass angesichts des Verhaltens ihres Mannes voll war und eine Änderung der Situation herbeigeführt werden musste, womit sie die Behörden zur Lösung innerfamiliärer Probleme anrief. Dabei wird jedoch eine deutliche Machtasymmetrie sichtbar. So waren die Aufgaben und die Last, die die Behörden Martha Hofmann aufbürdeten, auf die Dauer gesehen grösser als die Entlastung, die sie von den Behörden im Umgang mit ihrem Mann erfuhr.

Letztlich liess sich mit den Versorgungsbestimmungen, die die Versorgungsvoraussetzungen nur vage definierten, eine breite Palette sozial devianten Verhaltens fassen. Eine administrative Versorgung kam – wie dies die beiden Fälle Hofmann und Berger deutlich gezeigt haben – nicht bei einem einzelnen Normverstoss oder bei einer einzelnen Regelverletzung zum Zug, sondern es wurde mit ihr auf soziale Devianz zugegriffen, in der sich eine Vielzahl von Normverstössen verdichtet und eine Vielzahl von Regelverletzungen kumuliert hatten. Einzelne dieser Normverletzungen lassen sich zwar benennen – etwa wenn

Jakob Hofmann in alkoholisiertem Zustand auf der Strasse oder in der Familie ausfällig wurde oder wenn sich Frieda Berger unerlaubterweise aus einem offenen Fürsorgeheim entfernte. Doch für sich genommen erscheinen diese Normverletzungen in den meisten Fällen als ausgesprochen geringfügig – für gravierende Normverletzungen gab es ja das Strafrecht –, wenn man sie ins Verhältnis setzt mit einer administrativen Anstaltsversorgung. Ab einem gewissen Punkt konnten Hinweise Einzelner – zum Beispiel des Beistands eines der Söhne Hofmanns –, die befanden, dass nun das Mass des Erträglichen überschritten sei, genügen und schliesslich den Stein für eine zwangsweise Anstaltsversorgung ins Rollen bringen. Oder es war der Amtsvormund, wie im Fall Frieda Berger, der eine einzelne Anweisung – etwa den ihr zugewiesenen Arbeitsplatz nicht zu verlassen und nicht in die Stadt Bern zu gehen – gleichsam zum Prüfstein machte, an dem sich entschied, ob Berger auf freiem Fuss belassen oder in die Anstalt zurückversetzt wurde.

Mit einer administrativen Versorgung wurde auf Menschen zugegriffen, die sich nicht auf die gewünschte Art und Weise in die soziale Ordnung einfügten. Ihr Verhalten und ihre Einstellung sollten umgeformt und korrigiert werden, damit der Erhalt der sozialen Ordnung gewährleistet blieb. Zwar änderten sich im Lauf der Jahrzehnte die Vorstellungen, was diese soziale Ordnung ausmachte und welche Normen und Werte in ihr zu gelten hatten. Da jedoch die Versorgungsgesetzgebung mit ausgesprochen dehnbaren und interpretationsoffenen Kategorien wie «Liederlichkeit» und «Arbeitsscheu» operierte, war es nicht notwendig, diese Begrifflichkeit im Lauf der Zeit anzupassen, um sie auf neue Formen als sozial deviant wahrgenommener Verhaltensweisen und Eigenschaften anwenden zu können. Damit lässt sich erklären, weshalb sich solche Begriffe unverändert aus dem Versorgungsrecht der 1880er-Jahre in das der 1960er-Jahre übernehmen liessen, als es längst nicht mehr darum ging, in erster Linie aus armenpolizeilichen Beweggründen heraus die kommunalen Fürsorgekassen vor der Last «selbstverschuldeter» Armut zu schützen.

In dieser Studie wurden durch die exemplarische Rekonstruktion von Verwaltungshandeln Machtverhältnisse analysiert. Hierbei wurde deutlich, wie dies vor allem der Fall Frieda Berger gezeigt hat, mit welch grosser Machtfülle sowohl die Bestimmungen des bernischen Versorgungsrechts als auch die des eidgenössischen Vormundschaftsrechts die Behörden und Fürsorgeorgane ausstatteten. Insbesondere die achteinhalb Jahre dauernde Versorgung Bergers im Versorgungsheim Sonvilier (1935 bis 1943) liess offenkundig werden, auf welche Weise eine betroffene Person auf Gedeih und Verderb dem Gutdünken einer einzelnen Verwaltungsstelle und sogar einer einzelnen Person ausgeliefert sein konnte; in diesem Fall dem Amtsvormund, der kraft seines Amtes hohe Respektabilität besass und dessen Entscheide nicht in Zweifel gezogen wurden. Obwohl das bernische Versorgungsrecht formal die Entscheidungsbefugnis über eine Anstaltsversorgung respektive Anstaltsentlassung dem Regierungsrat zusprach, war es möglich, faktisch die Deutungshoheit und damit verbunden die Entscheidungsmacht entlang der behördlichen Instanzenhierarchie nach unten zu delegieren, sodass sie sich letztlich auf der Verwaltungsebene der Kommune wiederfand. Dies schloss nicht aus, wie der Fall Hofmann gezeigt hat, dass der Regierungsstatthalter auf Bezirksebene erfolgreich versuchen konnte, die kommunalen Behörden und den Vormund von einer bestimmten Vorgehensweise, die er als adäquat erachtete, zu überzeugen.

Die meisten Betroffenen waren mit einer administrativen Versorgung nicht einverstanden. Doch ihre Stimmen hatten bei der Lösung der Probleme kaum Gewicht. Zwar legten sie verschiedene Widerstandsformen an den Tag – bei Hofmann bestanden sie beispielsweise darin, das ihm Vorgeworfene abzustreiten oder Besserung zu versprechen, Berger beharrte unermüdlich darauf, dass die Massnahmen in ihrem Fall keinerlei Berechtigung hätten –, doch wenn die Fürsorgeorgane und Verwaltungsbehörden einmal zu der Ansicht gelangt waren, dass nun mit einer administrativen Versorgung eingegriffen werden sollte, hatten die Betroffenen praktisch keinen Handlungsspielraum mehr und konnten die behördlichen Absichten kaum mehr beeinflussen.

Der Weg hin zur Abschaffung sowohl der kantonalen öffentlichrechtlichen als auch der bundeszivilrechtlichen Versorgungsgesetzgebung und damit zur Beseitigung der systematischen Entrechtung sozial benachteiligter Staatsbürgerinnen und Staatsbürger erwies sich letztlich als ein – wenn auch nur langsam in Gang kommender – Bewusstwerdungsprozess, der von nationalen und internationalen Kräften angestossen wurde. In diesem Prozess setzte sich allmählich die Einsicht durch, dass ausnahmslos allen Menschen, auch wenn sie unvermögend und bedürftig waren oder ihnen vorgeworfen wurde, die gesellschaftliche Ordnung zu stören und gesellschaftliche Wertvorstellungen zu verletzen, gewisse Grundrechte zustanden und sie wie jede Staatsbürgerin und jeder Staatsbürger das Recht hatten, vor behördlicher Willkür geschützt zu werden, und ihnen gegenüber nicht von verfassungsmässig garantierten Prinzipien Abstand genommen werden durfte; beispielsweise um ökonomischen oder ordnungspolitischen Interessen Vorrang einzuräumen. Dieser Prozess kam in der Schweiz bezogen auf die Versorgungsgesetzgebung erst sehr spät, nämlich am 1. Januar 1981 zum Abschluss, als das kantonale und das eidgenössische Versorgungsrecht definitiv abgeschafft wurden und freiheitsentziehende Massnahmen fortan grundrechtlichen Standards zu genügen hatten, wie sie die Europäische Menschenrechtskonvention verbürgt.

Am 10. September 2010 ging die Schweiz noch einen Schritt weiter: Die Bundesrätin und Vorsteherin des Eidgenössischen Justiz- und Polizeidepartements,

Eveline Widmer-Schlumpf, entschuldigte sich gemeinsam mit Vertretern kantonaler Fachkonferenzen in einem offiziellen Akt bei all denen, die einst von einer administrativen Versorgung betroffen waren. Im Vorfeld dieser Entschuldigung hatten sich Betroffene organisiert,[2] und von den Medien waren Einzelschicksale publik gemacht worden.[3] Konkret war der Weg zu dieser öffentlich-offiziellen Entschuldigung von einer Arbeitsgruppe vorbereitet und geebnet worden, die aus Vertreterinnen und Vertretern von Bund und Kantonen sowie einer ausserparlamentarischen Kommission zusammengesetzt war.[4] Die Entschuldigung durch Bund und Kantone wurde in Hindelbank – die Institution dient heute noch dem Frauenstrafvollzug – im Rahmen eines feierlichen Treffens ausgesprochen, an dem zahlreiche ehemalige Betroffene sowie eine grosse Zahl von Medienschaffenden teilnahmen. In ihrer Rede sagte Bundesrätin Widmer-Schlumpf: «Im Bewusstsein, dass Vergangenes nicht ungeschehen gemacht werden kann, möchte ich Sie im Namen des Bundes in aller Form um Entschuldigung dafür bitten, dass Sie ohne Gerichtsurteil zur Erziehung administrativ versorgt wurden.»[5] Klar brachte Bundesrätin Widmer-Schlumpf damit zum Ausdruck, dass mit den administrativen und vormundschaftlichen Versorgungen in der Schweiz jahrzehntelang der eigentlich rechtsstaatlich verbürgte Schutz der persönlichen Freiheit missachtet worden war. Obwohl Spekulationen in einer historischen Forschungsarbeit eigentlich nicht am Platz sind, soll zum Schluss doch der Gedanke erlaubt sein, welch grosse Genugtuung es für Frieda Berger bedeutet hätte, die Entschuldigung der eidgenössischen Justizministerin zu vernehmen.

2 Vgl. www.administrativ-versorgte.ch (Zugriff: 8. Dezember 2010).

3 Vgl. die Medienspiegel in Strebel, Weggesperrt, 2010, S. 138–141; www.administrativ-versorgte.ch (Zugriff: 8. Dezember 2010).

4 Vertreten in der Arbeitsgruppe waren die Konferenz der kantonalen Sozialdirektorinnen und Sozialdirektoren (SODK), die Konferenz der kantonalen Justiz- und Polizeidirektorinnen und -direktoren (KKJPD), die Konferenz der Kantone für Kindes- und Erwachsenenschutz (KOKES), die Eidgenössische Kommission für Frauenfragen (EKF), das Amt für Freiheitsentzug und Betreuung des Kantons Bern und die Direktion der Anstalten Hindelbank. Elisabeth Keller, EKF, Mail, 8. Dezember 2010.

5 Eveline Widmer-Schlumpf, Administrativ Versorgte – Gedenkanlass in Hindelbank vom 10. September 2010, www.ejpd.admin.ch (Zugriff: 25. November 2010).

Anhang

Anhang 1: Gesetz betreffend Errichtung kantonaler Arbeitsanstalten vom 11. Mai 1884

11. Mai 1884.

Gesetz

betreffend

Errichtung kantonaler Arbeitsanstalten.

Der Große Rath des Kantons Bern,
auf den Antrag des Regierungsraths,

beschließt:

Art. 1. Der Staat errichtet je nach Bedürfniß Arbeitsanstalten. Dieselben sind bestimmt zur Aufnahme

a. volljähriger arbeitsfähiger, aber arbeitsscheuer oder liederlicher Personen;

b. minderjähriger bösartiger, namentlich strafrechtlich verurtheilter Personen.

Art. 2. Die Anstalten für beide Klassen von Personen sollen getrennt sein; ebenso ist in denselben die Trennung der Geschlechter strenge durchzuführen.

Art. 3. Die Aufnahme findet auf dem Administrativwege statt.

In diese Anstalten können jedoch bis zur vollständigen Durchführung der Gefängnißreform auch Diejenigen aufgenommen werden, welche zur Enthaltung in einem Zwangsarbeitshause verurtheilt worden sind.

Art. 4. Die Versetzung in die Arbeitsanstalten auf dem Administrativwege kann gegen folgende Personen verfügt werden:

1. Bevormundete oder der elterlichen Gewalt unterworfene Personen, welche den Weisungen ihrer Eltern, Vormünder und Aufsichtsbehörden trotz angewandten Disziplinarmitteln beharrlich sich widersetzen (Satz. 153, 254 C. G.);

2. Personen, welche sich in fortgesetzter Weise dem Müßiggange, der Trunkenheit oder in anderer Weise einem liederlichen Lebenswandel ergeben und infolge dessen arbeitslos und unterstützungsbedürftig werden oder öffentliches Aergerniß erregen;

3. Eltern oder Pflegeeltern, welche ihre Pflichten gegen ihre Kinder oder andere unter ihrer Aufsicht stehende Personen in fortgesetzter Weise und nach fruchtloser Mahnung nicht erfüllen, dieselben vernachlässigen, zu Diebstahl, Wald- und Feldfrevel, sowie zum Bettel anhalten oder abzuhalten unterlassen und infolge dessen auch am Schulbesuche hindern;

4. Personen, welche gemäß Art. 47 St. G. B. dem Regierungsrathe zu weiterer Behandlung zugewiesen werden.

Art. 5. Die Versetzung in die Arbeitsanstalt auf dem Administrativwege geschieht durch den Regierungsrath gegen Bezahlung eines Kostgeldes.

Die Kostgelder werden, soweit dieselben den Gemeinden auffallen, auf 50 bis 150 Franken festgesetzt. Gegenüber Gemeinden, welche fixe Beiträge leisten, kann eine Ermäßigung der Kostgelder eintreten.

Ausnahmsweise kann die Aufnahme unentgeltlich geschehen.

Art. 6. Zur Antragstellung sind berechtigt: gemäß Art. 4, Ziffer 1, die Eltern, Vormünder, Vormundschafts- und sonstigen Aufsichtsbehörden; gemäß Art. 4, Ziff. 2 und 3, die Vormundschafts-, Armen-, Ortspolizei- und Schulbehörden.

Ueberdieß sollen auch die Regierungsstatthalter berechtigt sein, von Amtes wegen einzuschreiten.

Der Antrag soll gehörig motivirt und mit den zugehörigen Belegen versehen dem Regierungsstatthalter des Wohnorts der Antragsberechtigten eingereicht werden.

Art. 7. Der Regierungsstatthalter hört die Person, gegen welche der Antrag gerichtet ist, ab und prüft die eingereichten Akten; findet er dieselben ungenügend, so kann er sie selbstständig durch Einvernahme der antragstellenden Behörden und Personen, allfälliger Zeugen, sowie durch Herbeischaffung weiterer Beweismittel in gutfindender Weise ergänzen oder zur Vervollständigung zurückweisen. Auch die Person, gegen welche der Antrag gerichtet ist, kann eine Aktenvervollständigung verlangen. Hierauf sendet er die Akten mit seinem Antrage versehen der Polizeidirektion zur Vorlage an den Regierungsrath ein.

In dringenden Fällen kann der Regierungsstatthalter eine provisorische Verfügung treffen.

Art. 8. Der Regierungsrath entscheidet endgültig auf den Antrag der Polizeidirektion über die Aufnahmen und deren Bedingungen.

Art. 9. Die Enthaltung auf dem Administrativwege kann erstmals höchstens bis auf die Dauer eines Jahres, gegenüber Rückfälligen bis auf die Dauer von zwei Jahren verhängt werden.

Der Regierungsrath kann indessen auf das Gesuch des Detenirten oder den Antrag des Anstaltvorstehers, nach Einholung des Berichts der Antragsberechtigten, auch vor Ablauf der ausgesprochenen Detentionszeit die Entlassung verfügen.

Ebenso kann der Regierungsrath bei schlechter Aufführung der Detenirten in der Anstalt, oder wenn andere Umstände es rechtfertigen, im Einverständniß mit den Antragsberechtigten die Enthaltungszeit verlängern.

Bei eingetretener vollständiger Arbeitsunfähigkeit soll immer Entlassung erfolgen.

Die Entlassung kann auch unter dem Vorbehalt polizeilicher Aufsicht bedingt verfügt werden.

Mit der Versetzung in die Arbeitsanstalt kann verbunden werden:

1. Wirthshausverbot bis auf zwei Jahre;
2. Entziehung der elterlichen Gewalt (Satz. 150).

Art. 10. Die hauptsächliche Beschäftigung soll im Betriebe der Landwirthschaft bestehen. Es können jedoch auch andere Arbeiten und Gewerbe eingeführt werden.

Art. 11. Der Große Rath wird die zur Ausführung dieses Gesetzes nothwendigen Dekrete erlassen. Es betrifft dieß namentlich die Erstellung neuer oder die Umgestaltung bereits bestehender Anstalten, sei es ausschliesslich durch den Staat oder gemeinschaftlich mit Bezirksverbänden, sowie die Zahl und die Wahlart der Anstaltbeamten, die Festsetzung ihrer Besoldungen und Bürgschaften.

Der Regierungsrath erläßt die nothwendigen Anstaltreglemente, bestimmt die Kostgelder und allfällige

Antheile der Detenirten an ihrem Verdienste, sowie die nähern Bedingungen ihrer Entlassung oder eventuellen Begnadigung.

Bern, den 24. November 1883.

Im Namen des Grossen Raths
der Präsident
Zyro,
der Staatsschreiber
Berger.

Der Regierungsrath des Kantons Bern,

nach Zusammenstellung der Protokolle über die Volksabstimmung vom 11. Mai 1884,

beurkundet hiermit:

Das Gesetz betreffend Errichtung kantonaler Arbeitsanstalten ist mit 30,523 gegen 17,054 Stimmen angenommen worden und tritt sofort in Kraft. Dasselbe ist in die Gesetzsammlung aufzunehmen.

Bern, den 15. Mai 1884.

Im Namen des Regierungsraths
der Präsident
Scheurer,
der Staatsschreiber
Berger.

Anhang 2:
Gesetz über die Armenpolizei und die Enthaltungs- und Arbeitsanstalten vom 1. Dezember 1912

211

Gesetz

über

die Armenpolizei und die Enthaltungs- und Arbeitsanstalten.

1. Dezember 1912.

Der Grosse Rat des Kantons Bern,

gestützt auf Art. 49 der Staatsverfassung,

beschliesst:

Erster Abschnitt.

Disziplinarbestimmungen.

A. Disziplinarvergehen.

I. Die einzelnen Disziplinarvergehen.
1. Bettel.
a. Begriff.

Art. 1. Wer aus Arbeitsscheu oder Gewinnsucht bettelt oder Personen, die von ihm abhängig sind, zum Bettel ausschickt, wird, wenn nicht ein Fall des schweren Bettels vorliegt, mit Arrest bestraft.

Wer Personen, die von ihm abhängig sind, vom Bettel abzuhalten unterlässt, kann mit Busse bis zu Fr. 20 oder mit Arrest bestraft werden.

b. Rücktransport: Erwachsener.

Art. 2. Strafmündige Personen, gegen die zum erstenmal wegen Bettels disziplinarisch mit Arrest eingeschritten werden muss, sind nach Aushaltung der Strafe in die

1. Dezember 1912.

Gemeinde ihres polizeilichen Wohnsitzes oder in Fällen, wo § 104 des Armengesetzes zur Anwendung kommt, an ihren früheren Wohnort, aber unter Mitteilung an die Armenbehörde der Wohnsitzgemeinde zu transportieren.

von Kindern.

Kinder, die auf dem Bettel ergriffen werden, sind zurückzutransportieren, unter Mitteilung an den Armeninspektor des Kreises, aus dem die Kinder stammen. Dieser Beamte soll das Zweckdienliche veranlassen. Im übrigen sind §§ 88 und 89 des Armengesetzes massgebend.

Die begleitende Person darf nicht ein uniformierter Landjäger sein.

2. Müssiggang, Liederlichkeit.

Art. 3. Eltern, die sich dem Müssiggang oder dem Trunk ergeben und dadurch bewirken, dass sie oder ihre Kinder in Not geraten müssen,

kinderlose Personen, die sich durch Faulheit oder Liederlichkeit in eine Lebenslage bringen, in der sie der öffentlichen Armenpflege voraussichtlich zur Last fallen müssen,

können, nach vorheriger, nutzloser Verwarnung durch die Armenbehörden, mit Arrest bestraft werden.

3. Nichtleistung der Verwandtenbeiträge infolge liederlichen oder leichtfertigen Lebenswandels.

Art. 4. Wer infolge liederlichen oder leichtfertigen Lebenswandels die ihm gemäss §§ 14 ff. des Armengesetzes auferlegten Verwandtenbeiträge oder eine bestimmte Rate derselben innerhalb einer Frist von 30 Tagen nach Eröffnung des Entscheides oder nach dem festgesetzten Termin nicht bezahlt, kann mit Arrest bestraft werden.

Von einer Bestrafung kann insbesondere Umgang genommen werden, wenn die Leistung vor Ausfällung des Urteils erfolgt.

4. Missbrauch der Unterstützungen.

Art. 5. Wer vom Staate oder einer gesetzlich anerkannten Armenbehörde für sich oder die Seinigen Unterstützung erhält und sich den armenpflegerischen Anordnungen der Behörden hinsichtlich der Verwendung von erhaltenen Unterstützungen nicht unterzieht, oder dem Alkoholgenuss fröhnt oder seinen Erwerb missbräuchlich verwendet, kann mit Arrest bestraft werden.

1. Dezember 1912.

5. Störrisches Betragen.

Art. 6. Wer sich bei Anlass seines Begehrens um Armenunterstützung oder bei Inanspruchnahme der Naturalverpflegung oder in Fällen, wo armenpolizeilich gegen ihn eingeschritten wird, eines unanständigen, groben oder drohenden Betragens gegenüber den Behörden oder Beamten schuldig macht,

wer ohne triftigen Grund einer Vorladung vor die Armenbehörden nicht Folge leistet, oder sich überhaupt gegenüber den Anordnungen der Armenbehörden widerspenstig zeigt,

kann mit Busse bis zu Fr. 20 oder mit Arrest bis auf zwei Tage bestraft werden; vorbehalten bleibt Art. 76 Str. G.

II. Allgemeine Bestimmungen.

1. Strafmündigkeit.

Art. 7. Kinder unter 16 Jahren sind nicht strafbar.

2. Disziplinarstrafen. a. Busse. b. Arrest.

Art. 8. Die von der Disziplinarbehörde ausgesprochenen Bussen fallen in die Gemeindekasse.

Die Dauer der Arreststrafe beträgt mindestens 24 Stunden und höchstens 8 Tage, soweit nicht das Gesetz eine andere Dauer bestimmt.

Die Arreststrafe ist, wo das Gesetz nicht eine Ausnahme zulässt, im Gemeindearrestlokal zu verbüssen.

In Fällen, wo die Disziplinarstrafe nicht obligatorisch ist und die Disziplinarbehörde nach den obwaltenden Umständen von einer Disziplinarbestrafung Umgang nimmt, ist an ihrer Stelle eine Verwarnung auszusprechen.

Die Strafen haben bloss disziplinarischen Charakter.

3. Verjährung der Disziplinarvergehen.

Art. 9. Die Disziplinarvergehen verjähren in sechs Monaten, von der Begehung an gerechnet.

Unterbrechung der Klageverjährung.

Die Verjährung wird durch jede Verfolgungshandlung unterbrochen. Sie beginnt neu mit jeder solchen Handlung. Die Verfolgungshandlung unterbricht die Verjährung nur hinsichtlich derjenigen Personen, gegen welche sie gerichtet ist.

Ruhen der Verjährung.

Während der Einstellung des Verfahrens beginnt die Verjährung nicht und steht stille, falls sie begonnen hat.

4. Verjährung der Disziplinarstrafen.

Art. 10. Die wegen Disziplinarvergehen ausgesprochenen Strafen verjähren in sechs Monaten, von der Rechtskraft des Entscheides an gerechnet.

B. Disziplinarbehörden und Disziplinarverfahren.

I. Disziplinarbehörden.
1. Ortspolizeibehörden.

Art. 11. Die Disziplinarbefugnis ist Sache der Ortspolizeibehörde derjenigen Gemeinde, in der das Vergehen begangen worden ist.

Sie wird ausgeübt durch den Gemeinderatspräsidenten oder dessen gesetzlichen oder reglementarischen Stellvertreter.

2. Polizeirichter.

Art. 12. In den gesetzlich bestimmten Fällen wird die Disziplinarbefugnis durch den Polizeirichter ausgeübt (Art. 50).

Ausnahmsweise kann der Regierungsrat, wenn schwerwiegende Rücksichten es rechtfertigen, die Disziplinargerichtsbarkeit dem Polizeirichter übertragen.

Der Richter urteilt als Disziplinarbehörde nach dem in diesem Gesetze und in der zu dienenden Verordnung aufgestellten Disziplinarverfahren; die von ihm ausgesprochenen Strafen haben bloss disziplinarischen Charakter.

3. Anstaltsvorsteher.

Art. 13. Gegenüber Anstaltsinsassen kann die Disziplinarbestrafung durch die Hausordnung den Vorstehern übertragen werden (vgl. Art. 86).

4. Gemeindepolizeidiener.

Art. 14. Der Regierungsrat ist ermächtigt, die Gemeinden zur Anstellung eigener Polizeidiener anzuhalten, wenn er es zur Handhabung dieses Gesetzes für notwendig erachtet.

Mit Bewilligung des Regierungsrates können sich mehrere Gemeinden, namentlich einer und derselben Kirchgemeinde, zur Anstellung eines gemeinsamen Polizeidieners vereinigen.

Die Bestätigung der Polizeidienerwahl steht dem Regierungsstatthalter zu.

II. Das Disziplinarverfahren. Einleitung des Verfahrens.

Art. 15. Das Disziplinarverfahren wird eingeleitet durch einen schriftlichen Antrag der Armenbehörden an die Disziplinarbehörde.

In der Anzeige sollen die Verumständungen des Disziplinarvergehens und allfällige Verwarnungen des Verzeigten durch die Armenbehörden genau angegeben sein.

Wer auf dem Bettel ergriffen wird oder sich des störrischen Betragens schuldig macht, kann polizeilich festgenommen und in das Gemeindearrestlokal gebracht werden, unter sofortiger Anzeige an die Disziplinarbehörde. Die Disziplinarbestrafung hat in diesen Fällen spätestens innerhalb 48 Stunden seit der Festnahme zu erfolgen. Die Zeit von der Festnahme bis zur Ausfällung des Entscheides ist an der Strafe in Anrechnung zu bringen.

Art. 16. Das nähere Verfahren wird durch die Verordnung geregelt.

Überweisung an den Richter.

Art. 17. Ergibt sich im Laufe des Verfahrens, dass nicht ein Disziplinarvergehen, sondern ein Armenpolizei-

1. Dezember 1912.

vergehen oder überhaupt eine strafbare Handlung in Frage steht, so stellt die Disziplinarbehörde die Akten dem Regierungsstatthalter zur Überweisung an den Richter zu.

Treffen Disziplinarvergehen mit Armenpolizeivergehen oder überhaupt mit strafbaren Handlungen zusammen, so findet die Überweisung an den Richter in nicht dringlichen Fällen erst nach Beurteilung des Disziplinarvergehens durch die Disziplinarbehörde statt.

Beschwerde gegen die Disziplinarverfügungen.

Art. 18. Eine Weiterziehung der Disziplinarverfügungen findet nicht statt.

Gegen Ungesetzlichkeiten oder Kompetenzüberschreitungen bei den Disziplinarverfügungen kann beim Regierungsstatthalter Beschwerde geführt werden. Gegen den Entscheid des Regierungsstatthalters ist die in Art. 45, Al. 2, des Gesetzes vom 31. Oktober 1909 betreffend die Verwaltungsrechtspflege vorgesehene Beschwerde zulässig.

Gegen den Polizeirichter als Disziplinarbehörde kann gestützt auf Art. 7 der Gerichtsorganisation Beschwerde geführt werden.

Formulare.

Art. 19. Der Regierungsrat gibt an die Armen- und Disziplinarbehörden gleichförmige Formularien zur Aufnahme der Anzeigen, der Verhandlungen vor der Disziplinarbehörde und ihrer Verfügungen ab.

Das Nähere bestimmt die Verordnung.

C. Disziplinarkontrolle.

1. Kontrolle.

Art. 20. Die Disziplinarbehörde führt über die eingelangten Fälle eine nach gleichförmigen Formularen angefertigte Kontrolle, in die einzutragen sind: Disziplinarvergehen, Name, Wohn- und Heimatort, besondere Kennzeichen, Beruf und Vorleben der Bestraften, sowie die getroffenen Verfügungen.

1. Dezember 1912.

Die Kontrolle ist halbjährlich in Abschrift dem Regierungsstatthalter zur Aufbewahrung im Amtsarchiv einzusenden.

2. Einsichtnahme und Beseitigung von Übelständen.

Art. 21. Der Regierungsstatthalter und die Armeninspektoren haben die Pflicht, halbjährlich von der Kontrolle der Disziplinarbehörden Einsicht zu nehmen. Von vorhandenen Übelständen ist, falls deren Beseitigung nicht auf andere Weise geschehen kann, der zuständigen Direktion des Regierungsrates Kenntnis zu geben, die die geeigneten Massnahmen anzuordnen hat.

3. Beschaffung eines Auszuges aus der Disziplinarkontrolle.

Art. 22. Der Regierungsstatthalter hat bei jeder Überweisung eines Armenpolizeivergehens an den Richter einen Auszug aus der Disziplinarkontrolle beizulegen.

D. Disziplinareinrichtungen.

Arrestlokale. a. Einrichtung.

Art. 23. Die Gemeinden haben für angemessene Arrestlokale zu sorgen.

Auf die Trennung der Geschlechter und der Jugendlichen von den Erwachsenen ist Bedacht zu nehmen.

b. Aufsicht des Regierungsstatthalters.

Die Arrestlokale stehen unter der Aufsicht des Regierungsstatthalters und bedürfen seiner Gutheissung. Er hat dieselben jährlich wenigstens einmal, abwechselnd im Sommer und im Winter, zu inspizieren und für Beseitigung allfälliger Übelstände zu sorgen.

c. Gemeinsame Arrestlokale.

Mit Bewilligung des Regierungsrates können sich mehrere Gemeinden zur Haltung eines gemeinsamen Arrestlokales vereinigen.

d. Ausnahmen.

Art. 24. Wenn es tunlich ist, kann der Regierungsrat in den Bezirksgefängnissen besondere Arrestlokale einräumen oder errichten. Die bezüglichen Kosten haben die beteiligten Gemeinden zu tragen.

Das Nähere bestimmt die Verordnung.

E. Disziplinar- und Polizeikosten.

Art. 25. Die Disziplinar- und Polizeikosten, zu welchen auch die Löhnung des Polizeidieners gehört, hat die Orts-(polizei)kasse zu tragen.

Art. 26. Für die Kosten des in Art. 2 und 28 vorgesehenen Zurücktransportes von Bettlern und die damit zusammenhängenden übrigen Disziplinarkosten haftet gegenüber der zu Schaden gekommenen Gemeinde die Wohnsitzgemeinde.

Über diese Transportkosten sollen vom Regierungsrat einheitliche Bestimmungen aufgestellt werden.

Trägt ein Bettler oder Landstreicher Geld oder Wertsachen auf sich, die er zu seinem persönlichen Gebrauche nicht notwendig hat, so können daraus, ganz oder teilweise, die allfälligen Arrest- und Transportkosten bestritten werden. Dem Arrestanten ist über die Verwendung der ihm abgenommenen Wertsachen eine Bescheinigung auszustellen.

Zweiter Abschnitt.

Strafbestimmungen.

A. Armenpolizeivergehen.

I. Die einzelnen Armenpolizeivergehen. 1. Schwerer Bettel. *a.* Begriff.

Art. 27. Wegen schweren Bettels wird mit Gefängnis oder Arbeitshaus bestraft:

wer gewohnheitsmässig oder in Begleitung von Kindern oder in Gesellschaft von nicht zum gleichen Familienverband gehörenden Personen oder unter Drohungen oder unter falschen Angaben über seine Verhältnisse bettelt,

der Bettler, der sich selbst oder seinen Begleiter fälschlich als krank oder krüppelhaft darstellt, oder unter Vorweisung falscher oder missbräuchlicher Benützung echter Zeugnisse bettelt,

der Bettler, der unbefugt in Gebäulichkeiten eindringt,

der Bettler, der Waffen, Diebschlüssel oder andere Werkzeuge mit sich führt, die auf unredliche Absicht schliessen lassen oder geeignet sind, begründete Furcht einzuflössen.

b. Heimtransport.

Art. 28. Ein Heimtransport der richterlich Bestraften findet nur statt, wenn die Behörde der Wohnsitzgemeinde, der immer Mitteilung zu machen ist, es für wünschbar erachtet (Art. 26).

Kantonsfremde, nicht im Kanton niedergelassene Personen, die wegen schweren Bettels bestraft wurden, sind, wenn schweizerischer Nationalität, in ihren Heimatkanton zu transportieren.

2. Landstreicherei.

Art. 29. Wer aus Arbeitsscheu oder, wenn er arbeitsunfähig ist, aus Hang zu ungeordnetem Leben mittellos entweder im Lande umherzieht oder fortgesetzt sich an einem Orte ohne festes Unterkommen umhertreibt, wird mit Gefängnis oder mit Arbeitshaus bestraft (vgl. Art. 62, Ziff. 8).

3. Unterstützung der Zusammenkünfte von Bettlern und Landstreichern.

Art. 30. Wer Zusammenkünfte von Bettlern und Landstreichern bei sich duldet, oder in irgend einer Form hierzu Vorschub leistet, wird erstmals mit einer Busse bis zu Fr. 50 oder mit Gefängnis bis auf acht Tage, im Wiederholungsfalle mit Busse bis zu Fr. 100 oder mit Gefängnis bis auf 30 Tage bestraft.

Inhabern von Wirtschafts- und Kleinverkaufspatenten, welche sich wiederholt gegen diese Bestimmung verfehlen, kann der Richter das Patent auf eine bestimmte Zeitdauer oder auf immer entziehen.

4. Vorschubleisten zu Spiel- und Trunksucht, Verleitung zu unehrlichen u. unsittlichen Handlungen.

Art. 31. Wer wissentlich armengesetzlich unterstützten Personen oder deren Angehörigen, unter Patronat Stehenden, Anstaltsinsassen oder Kolonisten von Arbeiterheimen zur Spiel- und Trunksucht Vorschub leistet, oder sie zu unehrlichen und unsittlichen Handlungen verleitet,

1. Dezember 1912.

wer eine öffentlich unterstützte oder eine bedingt verurteilte oder bedingt entlassene Person zur Übertretung des Enthaltsamkeitsversprechens verleitet,

wird erstmals mit Busse bis zu Fr. 50 oder Gefängnis bis zu acht Tagen und im Wiederholungsfalle mit Busse bis zu Fr. 100 oder Gefängnis bis zu 20 Tagen bestraft.

Den Inhabern von Wirtschafts- oder Kleinverkaufspatenten, die sich wiederholt gegen diese Bestimmungen verfehlen, kann der Richter das Patent auf eine bestimmte Zeitdauer oder für immer entziehen.

Vorbehalten bleiben §§ 22, 45 und 46 des Gesetzes vom 15. Juli 1894 über das Wirtschaftswesen und den Handel mit geistigen Getränken.

5. Aufreizung von Verpflegten und Unterstützten.

Art. 32. Wer Pfleglinge, Unterstützte, Bevormundete oder unter Patronat Stehende zu Ungehorsam gegenüber ihren Übergeordneten oder Behörden aufreizt oder anderswie störend oder schlecht auf sie einwirkt, wird nach vorheriger, nutzloser Verwarnung durch die Armenbehörde, erstmals mit Gefängnis bis zu vier Tagen und im Wiederholungsfall mit Gefängnis bis zu 60 Tagen bestraft.

6. Böswillige Verlassung.

Art. 33. Eltern, die ihre Kinder böswillig verlassen oder in hülflosen Zustand versetzen, und andere Personen, die an Kindern, Kranken oder Gebrechlichen, zu deren Verpflegung oder Obhut sie verpflichtet sind, eine solche Handlung begehen, machen sich der böswilligen Verlassung schuldig und sind, wenn nicht die strengeren Bestimmungen des Strafgesetzbuches betreffend Aussetzung Anwendung finden, mit Gefängnis oder Arbeitshaus zu bestrafen.

7. Vernachlässigung verpflegter Personen.

Art. 34. Wer eine von Behörden oder Privaten verkostgeldete oder eine zugeteilte Person durch schlechte Verpflegung vernachlässigt, durch Überanstrengung ausbeutet oder durch Anweisung unpassender Schlafräume oder sonstwie gefährdet, wird nach vorheriger fruchtloser Warnung durch die Armenbehörde mit Busse bis zu Fr. 100 oder mit Gefängnis bestraft, insofern die Handlung nicht in ein schwereres Vergehen übergeht, das durch das Strafgesetzbuch schärfer geahndet wird. Ausserdem hat die Armenbehörde für sofortige Wegnahme der verpflegten Person besorgt zu sein.

1. Dezember 1912.

8. Misshandlung verpflegter Personen.

Art. 35. Die Misshandlung verpflegter Personen wird, sofern sie Verletzungen zur Folge hat, von Amtes wegen verfolgt und gemäss Art. 139 ff. Str. G. bestraft.

Die Ortspolizeibehörde, die Armenbehörde und der Armeninspektor haben eine besondere Anzeigepflicht.

Auf Tätlichkeiten zwischen Anstaltsinsassen finden die in der Hausordnung vorgesehenen Disziplinarmassnahmen Anwendung.

9. Missbrauch der Disziplinargewalt.

Art. 36. Der Missbrauch der Disziplinargewalt gegenüber Kindern, die von Armenbehörden oder Privaten in Familien oder Erziehungsanstalten in Pflege gegeben sind, wird von Amtes wegen verfolgt und gemäss Art. 146 Str. G. bestraft.

Die Ortspolizeibehörde, die Armenbehörde und der Armeninspektor haben eine besondere Anzeigepflicht.

10. Böswillige Nichterfüllung der Unterhaltspflicht.

Art. 37. Wer böswillig die ihm nach Gesetz obliegende oder durch schriftlichen Vertrag, richterlichen Entscheid oder administrative Verfügung auferlegte Unterstützungs- oder Alimentationspflicht nicht erfüllt oder eine bestimmte Rate nicht bezahlt, wird mit Gefängnis bestraft. Werden diese Vermögensleistungen vor Ausfällung des Urteils erfüllt, so kann in besonders günstigen Fällen Straflosigkeit eintreten.

11. Verbotenes Steuersammeln.

Art. 38. Wer zum Zwecke des Bettels oder einer zur Unterstützung von Privatpersonen veranstalteten Sammlung von Liebesgaben von Haus zu Haus Armutsscheine ausstellt,

wer ohne amtliche Bewilligung zur Unterstützung von Privatpersonen Liebesgaben von Haus zu Haus sammelt,

wird mit Busse bis zu Fr. 50 bestraft (vgl. Art. 82 und 83).

II. Allgemeine Bestimmungen. 1. Geltung des allgemeinen Teils des Strafgesetzbuches.

Art. 39. Die Vorschriften des allgemeinen Teils des Strafgesetzbuches, das Gesetz betreffend den bedingten Straferlass und die Dekrete über die bedingte Entlassung und die Schutzaufsicht gelten auch für die Armenpolizeivergehen und deren Bestrafung, sofern das vorliegende Gesetz nicht anders bestimmt.

2. Strafen. *a.* Gefängnis.

Art. 40. Die Dauer der Gefängnisstrafen beträgt mindestens 24 Stunden und höchstens 60 Tage, soweit nicht das Gesetz eine andere Dauer bestimmt.

Es soll möglichst dafür gesorgt werden, dass den Verurteilten eine Einzelzelle angewiesen wird.

b. Arbeitshaus.

Auf Arbeitshaus kann namentlich erkannt werden, wenn das Vergehen auf Arbeitsscheu oder Liederlichkeit zurückzuführen und zur Zeit der Tat noch nicht ein Jahr vergangen ist, seit der Verurteilte wegen des gleichen oder eines gleichartigen Vergehens eine Freiheitsstrafe erstanden hat.

Die Dauer der Arbeitshausstrafe beträgt mindestens sechs Monate und höchstens zwei Jahre; bei der erstmaligen Verurteilung darf nicht über ein Jahr gegangen werden.

Die Enthaltung der armenpolizeilich Verurteilten in Gefängnissen oder im Arbeitshaus erfolgt auf Staatskosten.

3. Nebenstrafen.

Art. 41. In den Straffällen der Art. 27, 29, 30, 32 und 37 kann mit der Strafe verbunden werden:

1. Dezember 1912.

1. Wirtshausverbot bis auf zwei Jahre, von Erstehung der Strafe an gerechnet;
2. Überweisung an die zuständige Administrativbehörde mit dem Antrag auf Entzug der elterlichen Gewalt nach Massgabe der einschlägigen Gesetze.

4. Besondere Strafbestimmung gegen Ausländer.

Art. 42. Gegen Ausländer kann in Verbindung mit der angedrohten Strafe Landesverweisung bis auf zehn Jahre verhängt werden.

5. Antrag des Richters auf administrative Versetzung.

Art. 43. Bei arbeitsunfähigen Personen kann der Richter an Stelle der Arbeitshausstrafe beim Regierungsrat die administrative Versetzung oder Versorgung beantragen (Art. 52, Ziff. 4).

Bei geistig minderwertigen oder unverbesserlichen Personen kann der Richter die administrative Versetzung auf den Zeitpunkt der Entlassung beantragen (Art. 62, Ziff. 6 und 7).

6. Verjährung.

Art. 44. Die Armenpolizeivergehen verjähren in zwei Jahren von der Begehung an gerechnet.

7. Verjährung der Arbeitshausstrafe.

Art. 45. Die auf Arbeitshaus lautenden Strafen verjähren nach Ablauf von zehn Jahren, vom Tage der Rechtskraft des Urteils an gerechnet.

B. Strafbehörden und Strafverfahren.

I. Strafbehörden.

Art. 46. Über die strafbaren Widerhandlungen gegen das Armenpolizeigesetz (Armenpolizeivergehen im eigentlichen Sinne, Art. 27 bis 38) urteilt der Polizeirichter, als obere Instanz die erste Strafkammer des Obergerichts.

II. Strafverfahren. 1. Geltung des Strafverfahrens.

Art. 47. Für das Verfahren ist das Gesetzbuch über das Verfahren in Strafsachen massgebend, sofern nicht das vorliegende Gesetz anders bestimmt.

2. Gerichtsstand des Begehungsortes.

Art. 48. Zuständig ist der Polizeirichter des Bezirkes, in dem das Vergehen stattgefunden hat.

3. Ausserhalb des Kantons begangene Armenpolizeivergehen. Gerichtsstand.

Art. 49. Bernische Kantonsangehörige, die sich ausserhalb des Kantons eines der in Art. 32 bis 37 vorgesehenen Armenpolizeivergehen schuldig machen, werden im Kanton verfolgt und bestraft (Art. 3 St. G.).

Zuständig ist der Richter des Wohnsitzes des Angeschuldigten; hat dieser keinen Wohnsitz im Kanton, so ist es der Richter des Aufenthaltsortes; hat er weder Wohnsitz noch Aufenthaltsort im Kanton, so ist der Richter des Heimatortes zuständig.

Vorbehalten bleiben die Bestimmungen der Staatsverträge und der Konkordate.

4. Zuständigkeit des Richters zur Beurteilung von Disziplinarvergehen.

Art. 50. Ergibt sich im Laufe des Verfahrens, dass nur ein Disziplinarvergehen in Frage steht, so ist der Richter zu dessen Beurteilung auch zuständig (Art. 12)

Er hat vom Urteil der Disziplinarbehörde der Wohnsitzgemeinde Kenntnis zu geben.

Dritter Abschnitt.

Versetzung in Enthaltungs- und Arbeitsanstalten auf dem Administrativwege.

A. Armenverpflegungs- und Enthaltungsanstalt.

1. Errichtung und Zweck der Anstalt.

Art. 51. Der Staat errichtet unter finanzieller Mitwirkung der Bezirksarmenanstalten eine besondere Armenverpflegungs- und Enthaltungsanstalt für Personen, die wegen der Eigenart ihres Charakters nicht anderweitig verpflegt werden können.

In diese Anstalt sollen nur Volljährige aufgenommen werden. Vollkommen Arbeitsfähige sollen in der Regel nicht Aufnahme finden.

2. Versetzung in die Anstalt.

Art. 52. In diese Anstalt werden versetzt:

1. Pfleglinge anderer durch Gemeinden oder den Staat errichteten Armenanstalten, welche durch böswilliges, störrisches oder unbotmässiges Betragen die Ordnung in diesen Verpflegungsanstalten gefährden oder aus diesen Anstalten wiederholt entwichen sind oder auf die Pflege der andern Anstaltsinsassen störend einwirken;
2. Armengenössige, welche infolge ihres bösartigen Wesens oder ihrer schlechten, Anstoss erregenden Aufführung weder in Selbstpflege gelassen werden können, noch in Privatpflegeplätzen Aufnahme finden, aber aus den gleichen Gründen auch in einer gewöhnlichen Verpflegungsanstalt nicht untergebracht werden können;
3. Personen, welche nach den Bestimmungen von Art. 62 dieses Gesetzes in eine Arbeitsanstalt versetzt werden sollten (Minderjährige ausgenommen), bei denen aber die in Art. 61 vorgesehene Arbeitsfähigkeit nicht vorhanden ist;
4. Arbeitsunfähige, vom Richter zu Arbeitshaus verurteilte Personen (Art. 43).

3. Entscheidende Behörde.

Art. 53. Die Versetzung findet auf dem Administrativwege statt.

Über die Aufnahme entscheidet der Regierungsrat endgültig auf Antrag der Armendirektion.

4. Antragstellende Behörden und Verfahren.

Art. 54. Zur Antragstellung auf Versetzung in diese Anstalt sind berechtigt:

1. die Vorsteher und Direktionen der Armenverpflegungsanstalten. Diese Behörden haben ihre Anträge motiviert der kantonalen Armendirektion einzureichen;

1. Dezember 1912.

2. die Gemeinderäte. Diese haben ihre Anträge motiviert dem Regierungsstatthalter einzureichen, der sie prüft, begutachtet und an die Armendirektion weiterleitet;
3. die Armeninspektoren;
4. die Regierungsstatthalter, die berechtigt sind, von Amtes wegen einzuschreiten;
5. die Armendirektion von Amtes wegen;
6. der Richter im Falle von Art. 43.

5. Dauer der Versetzung.

Art. 55. Die Zeitdauer der Versetzung in diese Anstalt ist je nach Umständen eine bestimmte oder unbestimmte.

Sie ist bestimmt, wenn das administrative Urteil eine bloss zeitweilige Versetzung vorsieht.

In allen andern Fällen ist sie unbestimmt.

Wenn der Zustand und die Verhältnisse des Versetzten sich ändern, so kann Versetzung in eine andere Anstalt oder Entlassung erfolgen.

Das Minimum der Versetzung beträgt sechs Monate.

6. Versetzung in andere Anstalten, Entlassung, Verlängerung der Enthaltung.

Art. 56. Über die Versetzungen in andere Anstalten oder über die Entlassung nach Art. 55, Al. 4, entscheidet auf Antrag der Armendirektion, welche in jedem Falle vorher die Anstaltsdirektion anzuhören hat, der Regierungsrat.

Es steht überdies dem Regierungsrat von Amtes wegen zu, je nach Umständen die Zeitdauer der Versetzung zu beschränken oder zu verlängern.

7. Trennung der Geschlechter.

Art. 57. Die Trennung der Geschlechter ist strenge durchzuführen.

8. Anstaltsdisziplin.

Art. 58. Die Disziplin in der Anstalt wird durch eine Hausordnung geregelt. Diese ist durch die Armendirektion zu erlassen nach Anhörung der Vertreter der Bezirksarmenanstalten. Körperstrafen dürfen nicht angewendet werden.

9. Kostgeld.

Art. 59. Verfügt der Regierungsrat die Aufnahme einer Person in die Anstalt, so setzt er zugleich das Kostgeld fest. Es soll die Selbstkosten des Staates nicht übersteigen.

An Kostgeld beteiligt sich der Staat mit 60 %. Gemeinden, welche keinem Anstaltsverbande angehören, bezahlen ein höheres Kostgeld.

Bei der Unterbringung von nicht armengenössigen Bösartigen haben die Gemeinden das volle Kostgeld zu bezahlen.

10. Errichtung auf dem Dekretswege.

Art. 60. Die neue Anstalt soll auf dem Wege des Dekretes errichtet werden.

B. Arbeitsanstalten.

1. Errichtung und Zweck der Anstalten.

Art. 61. Die Arbeitsanstalten sind bestimmt zur Aufnahme:

a. volljähriger arbeitsfähiger, aber arbeitsscheuer oder liederlicher Personen,

b. minderjähriger bösartiger oder sittlich verdorbener Personen und

c. zur Verwahrung arbeitsfähiger, die allgemeine Sicherheit gefährdender Personen.

Diese Anstalten zerfallen in solche für arbeitsfähige volljährige und solche für minderjährige Personen. In beiden Kategorien ist die Trennung der Geschlechter strenge durchzuführen.

Der Staat errichtet, wenn nötig, zu den bereits bestehenden, neue Arbeitsanstalten (vgl. Art. 107 Staatsverfassung).

2. Versetzung.

Art. 62. In die Arbeitsanstalten werden versetzt:

1. Personen im Alter von 16 bis 20 Jahren, welche den Weisungen ihrer Eltern oder Vormünder oder

1. Dezember 1912.

Patrone oder Aufsichtsbehörden trotz der vorher angewandten Disziplinarmittel sich widersetzen oder deren Versetzung in eine Anstalt wegen sittlicher Verdorbenheit sich als notwendig erweist;

2. Personen, welche sich fortgesetzt dem Müssiggang, dem Trunk oder in anderer Weise einem liederlichen oder unsittlichen Lebenswandel ergeben und
   öffentliches Ärgernis erregen oder
   infolge ihres Lebenswandels unterstützungsbedürftig geworden sind oder
   sich oder ihre Angehörigen ökonomisch oder sittlich gefährden;
3. Eltern oder Pflegeeltern, die trotz erfolgter Mahnung und Verwarnung ihre Pflichten gegen ihre Kinder oder andere unter ihrer Aufsicht stehende Personen nicht erfüllen, diese letzteren vernachlässigen oder zu gesetzwidrigen und strafbaren Handlungen, insbesondere zu Bettel oder Diebstahl, oder Schulunfleiss (Art. 68, Abs. 2, des Primarschulgesetzes vom 6. Mai 1894) oder zu Ungehorsam gegenüber ihren Vorgesetzten veranlassen oder darin bestärken;
4. Personen, welche gemäss Art. 47 Str. G. dem Regierungsrat zur weiteren Behandlung zugewiesen werden;
5. strafrechtlich verurteilte minderjährige Personen;
6. geistig minderwertige Personen, welche die allgemeine Sicherheit in hohem Grade gefährden;
7. unverbesserliche und wiederholt vorbestrafte Personen;
8. Personen, die aus Arbeitsscheu oder aus Hang zu ungeordnetem Leben in Verbänden im Lande herumziehen oder sich fortgesetzt an einem Orte ohne festes Unterkommen umhertreiben und dadurch die öffentliche Sicherheit gefährden oder das Publikum in hohem Masse belästigen (Zigeuner).

3. Versetzung von Bernern, die sich ausserhalb des Kantons aufhalten.

Art. 63. Gegen bernische Angehörige, die sich ausserhalb des Kantons, aber innerhalb der Schweiz aufhalten, kommt Art. 62 ebenfalls zur Anwendung.

4. Entscheidende Behörde.

Art. 64. Die Versetzung in die Arbeitsanstalten erfolgt auf dem Administrativwege.

Über die Versetzung entscheidet der Regierungsrat endgültig auf Antrag der Polizeidirektion.

5. Antragstellende Behörden.

Art. 65. Zur Antragstellung sind berechtigt:

1. in allen Fällen: die Regierungsstatthalter und die Armeninspektoren;
2. gemäss Art. 62, Ziffer 1: die Vormundschafts, Ortsarmen-, Ortspolizei- und Aufsichtsbehörden;
3. gemäss Art. 62, Ziffer 2 und 3: die Vormundschafts-, Ortsarmen-, Ortspolizei- und Schulbehörden;
4. gemäss Art. 63: die kantonale Armendirektion.
   Diese Direktion ist überdies zur Antragstellung berechtigt in allen Fällen, wo es sich um Personen handelt, gegenüber welchen die auswärtige Armenpflege des Staates unterstützungspflichtig ist.
5. der Richter im Falle von Art. 43;
6. die Direktionen von Arbeiterheimen gemäss Art. 78.

Im Falle des Art. 62, Ziffer 7, kann der Regierungsrat die Versetzung von Amtes wegen anordnen nach Anhörung der Strafanstaltsdirektion, der unterstützungspflichtigen Gemeinde des zu Versetzenden und des letzteren selbst.

6. Verfahren.

Art. 66. Der Antrag soll gehörig motiviert und mit den nötigen Belegen versehen dem Regierungsstatthalter des Bezirkes, in dem die zu versetzenden wohnen, eingereicht werden. Wohnen die zu Versetzenden ausserhalb des Kantons, so ist der Regierungsstatthalter ihres Heimatbezirkes zuständig.

Der Regierungstatthalter hört die Person, gegen welche der Antrag gerichtet ist, ab und prüft die eingereichten Akten. Findet er dieselben ungenügend, so soll er sie entweder selbständig, durch Einvernahme der antragstellenden Behörden, allfälliger Zeugen, sowie durch Herbeischaffung von weiterem Beweismaterial, in gutfindender Weise ergänzen oder zur Vervollständigung zurückweisen.

Hierauf sendet der Regierungsstatthalter die Akten mit seinem Antrag dem Regierungsrat ein.

Der Richter stellt den Antrag direkt beim Regierungsrat (Art. 43).

7. Zeitdauer der Versetzung.

Art. 67. Die Versetzung auf dem Administrativwege kann erstmals bis auf die Dauer eines Jahres, bei Rückfälligen bis auf die Dauer von zwei Jahren verhängt werden.

8. Verlängerung der Enthaltungszeit.

Art. 68. Bei schlechter Aufführung der Enthaltenen in der Anstalt, oder wenn andere Umstände es rechtfertigen, kann der Regierungsrat, im Einverständnis mit den Antragsberechtigten die Enthaltungszeit verlängern.

9. Entlassung und Versetzung wegen Arbeitsunfähigkeit.

Art. 69. Tritt vollständige Arbeitsunfähigkeit ein, so soll Entlassung oder Versetzung in eine andere Anstalt erfolgen.

10. Bedingter Erlass des Vollzuges.

Art. 70. Die ausgesprochene Versetzung kann unter der Bedingung des Wohlverhaltens während einer Probezeit aufgeschoben werden. Die Probezeit darf die Enthaltungszeit nicht übersteigen. Der Verurteilte kann unter Schutzaufsicht gestellt werden. Ausserdem kann der Regierungsrat den Aufschub der Versetzung an Bedingungen knüpfen, zum Beispiel, dass sich der bedingt Versetzte während der

Probezeit von geistigen Getränken enthalte, an einem bestimmten Orte oder in einer bestimmten Anstalt (Arbeiterheim oder Arbeiterkolonie) oder bei einem Patron sich aufhalte.

Die Versetzung wird durch Beschluss des Regierungsrates vollzogen, wenn der bedingt Versetzte während der Probezeit zu ernstlichen Klagen Anlass gibt, insbesondere, wenn er die vom Regierungsrat gestellten Bedingungen nicht erfüllt.

11. Bedingte Entlassung.

Art. 71. Der Regierungsrat kann die bedingte Entlassung des in die Arbeitsanstalt Versetzten anordnen, wenn die Enthaltung die Hälfte der festgesetzten Zeit und mindestens sechs Monate gedauert hat. Vorerst sind die Anstaltsleitung und die Antragsberechtigten (Art. 65) anzuhören.

Die bedingte Entlassung erfolgt unter Ansetzung einer Probezeit von einem Jahre, während welcher der bedingt Entlassene unter Schutzaufsicht gestellt wird. Ausserdem kann ihm die Weisung erteilt werden, während der Probezeit sich von geistigen Getränken zu enthalten, an einem bestimmten Ort oder in einer bestimmten Anstalt (Arbeiterheim oder Arbeiterkolonie) oder bei einem Patron sich aufzuhalten. Während der Probezeit steht der bedingt Entlassene unter der Aufsicht der Anstaltsdirektion. Er hat derselben vierteljährlich eine Bescheinigung seines Schutzaufsehers über seine Aufführung einzusenden.

Gibt der Entlassene während dieser Zeit zu ernstlichen Klagen Anlass, befolgt er insbesondere die ihm erteilte Weisung nicht, so wird er durch Beschluss des Regierungsrates wieder in die Anstalt zurückversetzt, um den Rest der Enthaltungszeit auszustehen.

1. Dezember 1912.

Für die Organisation und die Ausübung der Schutzaufsicht sind die Bestimmungen des Dekretes vom 6. Februar 1911 in gleicher Weise zur Anwendung zu bringen.

12. Wirtshausverbot und Entzug der elterlichen Gewalt.

Art. 72. Mit der Versetzung in die Arbeitsanstalt kann verbunden werden:

1. Wirtshausverbot bis auf zwei Jahre für die Zeit nach dem Austritt.

   Die Übertretung des Wirtshausverbotes wird nach Art. 82 Str. G. bestraft;

2. Entzug der elterlichen Gewalt.

13. Beschäftigung der Versetzten.

Art. 73. Die hauptsächlichste Beschäftigung soll im Betriebe der Landwirtschaft bestehen. Es können jedoch auch andere Beschäftigungsarten eingeführt werden.

14. Kostgeld.

Art. 74. Die Aufnahme erfolgt gegen Bezahlung eines Kostgeldes durch die Gemeinden oder durch die die Aufnahme veranlassenden Familien; durch antragstellende Vereine in Fällen, wo dies sich rechtfertigt. Das Kostgeld wird vom Regierungsrat festgesetzt und soll die Selbstkosten des Staates nicht übersteigen. Ausnahmsweise kann die Aufnahme unentgeltlich geschehen.

15. Trinkerheilstätte statt Arbeitsanstalt.

Art. 75. Die Versetzung Trunksüchtiger in eine Arbeitsanstalt kann, wenn der Fall sich dazu eignet, umgewandelt werden in administrative Versetzung in eine Trinkerheilstätte auf gleiche Zeitdauer. Kann in diesem Falle das Kostgeld nicht von dem zu Versorgenden oder seinen Angehörigen aufgebracht werden und fällt es auch nicht zu Lasten eines antragstellenden Vereins, so hat für dasselbe die Spendkasse der unterstützungspflichtigen Gemeinde aufzukommen.

1. Dezember 1912.

Vierter Abschnitt.

Besondere Bestimmungen.

I. Behörden. 1. Allgemeine Pflicht.

Art. 76. Die Polizeiangestellten der Gemeinden und des Staates, die Gemeinde und Armenbehörden, sowie die Armeninspektoren und Regierungsstatthalter sind verpflichtet, auf die genaue Befolgung dieses Gesetzes zu achten und Widerhandlungen gehörigen Ortes anzuzeigen oder nach Kompetenz selbst zu ahnden.

2. Antragsrecht. a. Der Burgergemeinden mit burgerlicher Armenpflege.

Art. 77. Alle Befugnisse armenpolizeilicher Art, welche durch das vorliegende Gesetz und andere Gesetze und Dekrete den Armenbehörden der Einwohnergemeinden zugewiesen sind, werden auch den Armenbehörden der staatlich anerkannten Burgergemeinden mit burgerlicher Armenpflege (Art. 45 des Dekretes vom 30. August 1898) zuerkannt.

Die Anträge der burgerlichen Armenbehörden auf Erlass von Disziplinarverfügungen sind an die Ortspolizeibehörden zu richten. Der Vollzug ist Sache des Gemeinderatspräsidenten oder seines gesetzlichen oder reglementarischen Stellvertreters.

Daherige Kosten fallen den Burgergemeinden auf und werden durch Reglemente bestimmt, die von den beidseitigen Behörden vereinbart, oder wenn diese sich nicht einigen können, vom Regierungsrat aufgestellt werden.

b. Der privaten Erziehungs- und Fürsorgevereine.

Art. 78. Desgleichen wird auch den privaten Erziehungs- und Fürsorgevereinen, welche nach Genehmigung ihrer Statuten durch den Regierungsrat die staatliche Sanktion erhalten, in all den Fällen, wo das vorliegende Gesetz oder andere Gesetze und Dekrete Bestimmungen zum Schutz der leiblichen und geistigen Wohlfahrt verpflegter minderjähriger Personen aufstellen, das Recht der

1. Dezember 1912.

Antragstellung an die Gemeinde- und Staatsbehörden zugestanden.

Die definitive Beschlussfassung und der Vollzug der beschlossenen Massnahmen ist Sache der öffentlichen Behörden.

Die Kosten des Verfahrens fallen dem Antragsteller auf und werden nötigenfalls durch ein Reglement bestimmt, das vom Regierungsrat aufgestellt wird. Über die Frage, wer bei Versetzung in eine Arbeitsanstalt das Kostgeld zu tragen habe, entscheidet in streitigen Fällen der Regierungsrat auf Antrag der Polizeidirektion.

c. Der Arbeiterheime.

Die Direktionen von im Kanton Bern bestehenden Arbeiterheimen, deren Statuten vom Regierungrat genehmigt sind, haben unter den Vorbehalten von Alinea 2 und 3 ein Antragsrecht in bezug auf die Versetzung volljähriger oder minderjähriger Personen in Arbeitsanstalten.

3. Verwarnung und Verweis.

Art. 79. Den Ortsarmenbehörden und den burgerlichen Armenbehörden steht in allen Fällen auch das Recht der Verwarnung und des Verweises zu.

4. Bestreitung der Kosten einer Kur in Trinkerheilanstalten.

Art. 80. Wenn Trunksüchtige auf Vorstellungen und Ermahnungen hin sich zu einer Kur in einer Trinkerheilanstalt entschliessen, so hat für die Kosten dieser Kur nötigenfalls die unterstützungspflichtige Armenbehörde aufzukommen.

5. Zurückbehaltung der Ausweisschriften.

Art. 81. Solchen Personen, die sich augenscheinlich aus der Wohnsitzgemeinde oder dem Kanton entfernen wollen, um sich oder die Ihrigen einer ausgesprochenen Freiheitsstrafe, einer administrativen Versetzung oder einer richterlich ausgefällten Busse zu entziehen, können die für den neuen Wohnsitz erforderlichen Ausweisschriften verweigert oder die ausgestellten Schriften zurückgezogen werden.

6. Ausstellung von Armutszeugnissen.

Art. 82. Die Behörden und Personen, welche vermöge ihrer amtlichen Stellung im Falle sind, Armutszeugnisse auszustellen, sollen dieselben, mit bestimmten Adressen versehen, verschlossen abgeben und in den Zeugnissen anmerken, zu welchem Zwecke sie erteilt werden.

Zum Zwecke des Bettels dürfen keine Armutszeugnisse ausgestellt werden.

7. Bewilligung der Sammlungen von Liebesgaben.

Art. 83. Die zur Unterstützung von Privatpersonen veranstaltete Sammlung von Liebesgaben von Haus zu Haus ist innerhalb des Amtsbezirkes mit Bewilligung des Regierungsstatthalters, in mehr als einem Amtsbezirk mit Bewilligung des Regierungsrates gestattet.

In beiden Fällen ist über das Gesuch der Gemeinderat des Wohnortes des Petenten einzuvernehmen.

Für eine auf die Gemeinde beschränkte Sammlung zugunsten von Personen, die in der Gemeinde wohnen, ist nur die Einwilligung des Gemeinderates erforderlich.

Die Befugnisse des Regierungsrates, von sich aus die Sammlung von Liebesgaben anzuordnen, bleibt vorbehalten.

II. Arbeitsnachweis.

Art. 84. Es sind, wo es angezeigt und durchführbar ist, in den Gemeinden Stellen für Arbeitsnachweis zu schaffen.

Es können sich auch verschiedene Gemeinden zur Errichtung einer gemeinsamen Arbeitsnachweisstelle vereinigen.

Die Leitung dieser Arbeitsnachweisstellen liegt den Armenbehörden ob.

In solchen Gemeinden, wo die Naturalverpflegung armer Durchreisender Stellen für Arbeitsnachweis besitzt, übernehmen die letzteren die Funktionen des öffentlichen Arbeitsnachweises.

III. Trinkerheil- und Trinkerversorgungsanstalten.

Art. 85. Für den Fall, dass sich die Notwendigkeit ergeben sollte, zur Unterbringung von Trinkern auf freiwilligem oder Zwangswege eine oder mehrere besondere

1. Dezember 1912.

Trinkerheil- oder -versorgungsanstalten zu gründen, wird der Grosse Rat ermächtigt, durch Dekret alle auf diesen Gegenstand bezüglichen Verhältnisse zu regeln und die finanzielle Beteiligung des Staates festzustellen.

IV. Hausordnung der Arbeits-, Enthaltungs- und Verpflegungsanstalten.

Art. 86. Die Aufsichtskommissionen der Verpflegungs-, Enthaltungs- und Arbeitsanstalten erlassen Hausordnungen, die der Genehmigung der Armendirektion unterliegen.

Die Hausordnung regelt namentlich das Verhältnis zwischen Anstaltsleitung und Anstaltsinsassen, die Widerhandlungen gegen die Hausordnung und die Disziplinarmassnahmen.

V. Gemeinsame Disziplinar- und Strafbestimmungen.
1. Wiederholungsfall.

Art. 87. Im Widerholungsfall im Sinne dieses Gesetzes befindet sich, wer innerhalb von zwei Jahren seit seiner letzten administrativen Massregelung oder richterlichen Verurteilung der nämlichen Widerhandlung sich schuldig macht.

Der Widerholungsfall bildet einen Straferhöhungsgrund, wonach die Strafe innerhalb des gesetzlichen Strafrahmens zu erhöhen ist.

2. Gerichtsstand bei Unterlassungsvergehen.

Art. 88. Besteht das Vergehen in der Nichterfüllung einer gesetzlichen oder vertraglichen Pflicht, so ist der Begehungsort am Erfüllungsort der gebotenen Handlung.

3. Verjährung von Unterlassungsvergehen.

Art. 89. Bei Unterlassungsvergehen beginnt die Verjährung mit dem Zeitpunkt, in dem die Verpflichtung zur Leistung aufhört.

Fünfter Abschnitt.

Schluss- und Übergangsbestimmungen.

1. Schlussbestimmungen.

Art. 90. Der Regierungsrat ist ermächtigt, das Inkrafttreten dieses Gesetzes nach seiner Annahme durch das Volk festzusetzen.

1. Dezember 1912.

Alle kantonalen Erlasse und Bestimmungen, welche das Armenwesen oder die Armenpolizei berühren, sind durch Einführungsdekrete des Grossen Rates mit der eidgenössischen Gesetzgebung in Übereinstimmung zu bringen.

Art. 91. Mit dem Inkrafttreten dieses Gesetzes sind alle damit in Widerspruch stehenden Bestimmungen aufgehoben.

Insbesondere sind aufgehoben:

1. das Gesetz vom 14. April 1858 über die Armenpolizei;
2. die Verordnung vom 11. August 1858 betreffend die Ausführung des Gesetzes über die Armenpolizei;
3. das Gesetz vom 11. Mai 1884 betreffend die Errichtung kantonaler Arbeitsanstalten;
4. § 62 des Gesetzes vom 28. November 1897 über das Armen- und Niederlassungswesen.

Art. 92. Der Grosse Rat und der Regierungsrat erlassen die zur Ausführung des Gesetzes notwendigen Dekrete und Verordnungen.

2. Übergangsbestimmung.

Art. 93. Bis zur Errichtung der Gemeindearrestlokale ist die Arreststrafe in besonderen Zellen der Bezirksgefängnisse abzubüssen.

Bern, den 27. Februar 1912.

Im Namen des Grossen Rates
der Präsident
Hadorn,
der Staatsschreiber
Kistler.

1. Dezember 1912.

Der Regierungsrat des Kantons Bern,

nach Zusammenstellung der Protokolle über die Volksabstimmung vom 1. Dezember 1912,

beurkundet:

Das Gesetz über die Armenpolizei und die Enthaltungs- und Arbeitsanstalten ist mit 40,870 gegen 16,470, also mit einem Mehr von 24,400 Stimmen angenommen worden.

Demgemäss wird verfügt:

Das Gesetz ist in die Gesetzessammlung aufzunehmen.

Bern, den 7. Dezember 1912.

Im Namen des Regierungsrates
der Präsident
Lohner,
der Staatsschreiber
Kistler.

Anhang 3:
Gesetz über Erziehungs- und Versorgungsmassnahmen vom 3. Oktober 1965

Gesetz über Erziehungs- und Versorgungsmassnahmen

3. Oktober 1965

Der Grosse Rat des Kantons Bern,

gestützt auf Artikel 49 der Staatsverfassung vom 3. Juni 1893,
auf den Antrag des Regierungsrates,

beschliesst:

I. Abschnitt

Geltungsbereich

Persönlicher Geltungsbereich

Art. 1. [1] Dieses Gesetz ist auf Personen anwendbar, die das 18. Altersjahr zurückgelegt haben und sich im Kanton Bern aufhalten oder zu deren Unterstützung eine bernische Fürsorgebehörde zuständig ist.

[2] Konkordate und Staatsverträge werden vorbehalten.

Verhältnis zum Vormundschaftsrecht

Art. 2. [1] Vormundschaftliche Massnahmen gegen Personen, die diesem Gesetz unterworfen sind, bleiben vorbehalten. Die das Gesetz anwendenden Behörden haben der Vormundschaftsbehörde Anzeige zu erstatten, wenn sie Tatsachen wahrnehmen, die zu solchen Massnahmen Anlass geben können.

[2] Gegen Personen im Alter von mehr als 18 Jahren, die unter Vormundschaft stehen, können die in diesem Gesetz vorgesehenen Massnahmen auf Begehren der Vormundschaftsbehörde oder anderer antragsberechtigter Behörden ergriffen werden.

[3] Für die Einweisung Minderjähriger im Alter von 18 bis 20 Jahren und Bevormundeter in Erziehungs-, Arbeits-, Trinkerheil- und Verwahrungsanstalten und geschlossene Versorgungsheime gelten die Bestimmungen dieses Gesetzes. Die Einweisung in Fürsorgeheime und

Heil- oder Pflegeanstalten erfolgt nach Artikel 284, 406 und 421 Ziffer 13 des Schweizerischen Zivilgesetzbuches und gegebenenfalls nach den Bestimmungen des Gesetzes über das Fürsorgewesen.

Verhältnis zum Strafrecht

Art. 3. [1] Die Anwendung strafrechtlicher Bestimmungen auf Personen, die diesem Gesetz unterworfen sind, bleibt vorbehalten.

[2] Wird bekannt, dass gegen eine administrativ in eine Anstalt einzuweisende Person ein Strafverfahren wegen Verbrechens oder Vergehens hängig ist, so wird ein gemäss diesem Gesetz eingeleitetes Verfahren in der Regel unter Benachrichtigung des Strafrichters bis zur rechtskräftigen Beurteilung des Straffalles eingestellt.

[3] Wird von den Strafjustizbehörden eine Verwahrung, Versorgung, Erziehung oder Behandlung gemäss Strafgesetzbuch ausgesprochen, so ist dem Administrativverfahren keine weitere Folge zu geben. Eine vor der Eröffnung des Strafverfahrens angeordnete administrative Anstaltseinweisung fällt dahin.

[4] Wird vom Richter eine unbedingte Freiheitsstrafe von mehr als einem Jahr verhängt, so kann auf die Fortsetzung des Administrativverfahrens verzichtet oder eine vor der Eröffnung des Strafverfahrens angeordnete Administrativmassnahme aufgehoben werden.

[5] Erachtet der Richter die Anordnung administrativer Massnahmen als zweckmässig, so teilt er dies der zuständigen Behörde gemäss Artikel 13 Absatz 2 und Artikel 39 Absatz 2 mit.

Burgergemeinden

Art. 4. Die Bestimmungen dieses Gesetzes, die auf die Fürsorge- und Vormundschaftsbehörden der Einwohnergemeinden zutreffen, gelten auch für die Burgergemeinden und burgerlichen Korporationen mit eigener Armenfürsorge und Vormundschaftspflege.

Pensionäre ausserkantonaler Behörden

Art. 5. Die zuständigen Direktionen des Regierungsrates können ausserkantonalen Verwaltungs- und Vormundschaftsbehörden bewilligen, Personen den in diesem Gesetz vorgesehenen Anstalten anzuvertrauen, wenn die Dauer der Massnahme mindestens ein Jahr beträgt, der Einzuweisende für den Anstaltsbetrieb tragbar ist und für die Versorgungskosten Gutsprache geleistet wird.

II. Abschnitt

Erziehungsmassnahmen ohne Anstaltseinweisung

I. Massnahmen

Voraussetzungen

Art. 6. Den in den Artikeln 8 bis 12 genannten Massnahmen werden unterworfen:

1. Minderjährige, die das 18. Altersjahr zurückgelegt haben und ihren Eltern, den vormundschaftlichen oder gesetzlichen Fürsorgeorganen beharrlich und unbegründet Widerstand leisten, sittlich gefährdet oder verwahrlost sind,
2. Personen, die sich oder ihre Angehörigen durch Müssiggang, Arbeitsscheu, Liederlichkeit, unsittlichen Lebenswandel, Alkohol- oder Rauschgiftmissbrauch sittlich, gesundheitlich oder ökonomisch ernstlich gefährden oder dadurch öffentlich Ärgernis erregen,
3. Personen, die für sich oder ihre Angehörigen Unterstützungen erhalten und die Anordnungen der Fürsorgebehörden wiederholt nicht befolgen.

Zuständige Behörde

Art. 7. [1] Zuständig zur Anordnung der Massnahmen gemäss Artikel 8 bis 12 ist, sofern nicht ausdrücklich eine andere Behörde bestimmt wird, die Ortspolizeibehörde der Gemeinde des zivilrechtlichen Wohnsitzes oder, wenn dieser nicht bekannt ist oder sich nicht im Kanton Bern befindet, diejenige der Gemeinde des tatsächlichen Aufenthaltes.

[2] Durch Gemeindereglement können Aufgaben, die nach diesem Gesetz der Ortspolizeibehörde obliegen, einem anderen Gemeindeorgan übertragen werden.

Betreuung

Art. 8. [1] Die gefährdete Person kann einer besonderen Betreuung unterstellt werden.

[2] Besteht bereits eine vormundschaftliche oder fürsorgerische Betreuung, so setzt sich die Ortspolizeibehörde mit den betreffenden Organen ins Einvernehmen.

[3] Die Betreuung besteht in wiederholter Aussprache, Aufklärung, Belehrung, Beratung und im Erteilen von Weisungen für das Verhalten des Betreuten oder für die Verwendung vorhandener oder ihm gewährter Existenzmittel.

3. Oktober 1965

[4] Der betreuten Person ist insbesondere beim Suchen einer geeigneten Arbeitsstelle und Unterkunft zu helfen. Wenn nötig kann ihr die Weisung erteilt werden, eine ihren Verhältnissen entsprechende Arbeitsstelle anzutreten und sie nicht ohne Einwilligung des Betreuers zu verlassen.

Art. 9. [1] Mit der Betreuung wird eine geeignete Person, Amts- oder Fürsorgestelle beauftragt; nötigenfalls ist die Betreuung Fachleuten zu übertragen.

[2] Die Betreuungsorgane sind befugt, die Wohnung des Betreuten und seiner Angehörigen zu betreten und ihn zu Besprechungen zu bestellen.

[3] Weisungen kann der Betreuer dem Betreuten im Rahmen von Artikel 8 insoweit erteilen, als er von der Ortspolizeibehörde dazu ermächtigt wurde.

Verwarnung

Art. 10. [1] Die gefährdete Person kann verwarnt werden.

[2] Die Verwarnung besteht darin, dass der Betreute auf sein verwerfliches Verhalten aufmerksam gemacht und ermahnt wird, sich zu bessern und die Weisungen zu befolgen, und dass ihm die weiteren Massnahmen dieses Gesetzes angedroht werden, wenn er die Mahnung nicht beachten sollte.

[3] Kantonsfremde Unterstützte sind mit der Verwarnung auf die Möglichkeit der Heimschaffung aufmerksam zu machen.

[4] Über mündliche Verwarnungen ist ein Protokoll aufzunehmen und vom Verwarnten mitzuunterzeichnen.

Arrest

Art. 11. [1] Über die gefährdete Person kann von der Ortspolizeibehörde Arrest von mindestens 24 Stunden und höchstens 8 Tagen verhängt werden, wenn sich die Betreuung oder Verwarnung als wirkungslos erwiesen hat oder wenn der Zustand oder das Verhalten des Betreuten diese Massnahme notwendig macht.

[2] Der Arrest wird in der Regel sofort vollzogen.

[3] Der Vollzug des Arrestes kann unter bestimmten Bedingungen bis auf ein Jahr aufgeschoben werden, wenn zu erwarten ist, dass der Zweck der Massnahme auch bei Gewährung des bedingten Vollzuges erreicht werden kann.

3. Oktober 1965

[4] Ein für mehr als 24 Stunden verhängter Arrest kann abgekürzt werden, wenn der Arrestant einsichtig geworden ist.

Betreuung und Behandlung Alkoholgefährdeter und Rauschgiftsüchtiger

Art. 12. [1] Mit der Betreuung (Art. 8 und 9) Alkoholgefährdeter oder Rauschgiftsüchtiger sind in der Regel Fachleute (z. B. Trinkerfürsorger, Arzt) zu beauftragen.

[2] Die in den Artikeln 10 und 11 vorgesehenen Massnahmen sind für Alkoholgefährdete und Rauschgiftsüchtige ebenfalls anwendbar.

[3] Dem Betreuten kann die Weisung erteilt werden, sich einer vom Arzt empfohlenen Behandlung zu unterziehen.

[4] Der Regierungsstatthalter kann Gefährdeten den Alkoholgenuss und den Besuch von Gastwirtschaftsbetrieben mit Alkoholausschank für sechs Monate bis zu zwei Jahren verbieten und von der Ortspolizeibehörde gemäss Artikel 8 erteilte Weisungen erneuern oder erweitern.

[5] Erweisen sich die Betreuung, die Behandlung, das Alkoholverbot oder das Wirtshausverbot als wirkungslos, so ist dem Alkoholgefährdeten oder Rauschgiftsüchtigen von der Ortspolizeibehörde oder vom Regierungsstatthalter nahezulegen, sich einer Kur in einer Heilstätte oder Heilanstalt zu unterziehen.

II. Verfahren

Einleitung und Meldepflicht

Art. 13. [1] Die Ortspolizeibehörde ist verpflichtet, von sich aus die gesetzlichen Massnahmen gegen gefährdete Personen in die Wege zu leiten.

[2] Die Verwaltungsbehörden des Kantons und der Gemeinden und die Gerichte sind verpflichtet, der Ortspolizeibehörde Personen, deren Verhalten zur Anwendung dieses Gesetzes führen kann, zu melden.

Untersuchung und Beschluss

Art. 14. [1] Die Ortspolizeibehörde hört den Betroffenen an und macht Erhebungen über sein Verhalten und seine persönlichen Verhältnisse.

[2] Leistet der Betroffene ohne genügende Entschuldigung einer Vorladung keine Folge, so kann er polizeilich vorgeführt werden.

[3] Die Ortspolizeibehörde fasst auf Grund des Untersuchungsergebnisses ihren Beschluss und eröffnet ihn mit kurzer Begründung und einer Rechtsmittelbelehrung (Art. 16) dem Betroffenen, dem Betreuer und der anzeigenden Behörde. Das Ergebnis der Untersuchung und der Beschluss sind schriftlich festzuhalten.

[4] Wird eine Betreuung angeordnet und der Betreuer ermächtigt, dem Betreuten verbindliche Weisungen zu erteilen, so muss die Ermächtigung im Beschluss erwähnt werden.

[5] Die Ortspolizeibehörde erteilt dem Betreuer die nötigen Anweisungen.

Alkoholverbot, Wirtshausverbot

Art. **15.** [1] Das Alkohol- und das Wirtshausverbot werden vom Regierungsstatthalter auf Antrag der Ortspolizeibehörde oder von Amtes wegen verhängt. Trinkerfürsorger und Arzt können diese Massnahmen vorschlagen.

[2] Für das Verfahren gilt sinngemäss Artikel 14. Der Regierungsstatthalter ist berechtigt, Zeugen einzuvernehmen; hiefür gelten die Bestimmungen des Gesetzes über das Strafverfahren.

[3] Der Regierungsstatthalter macht das Alkoholverbot in zweckmässiger Weise bekannt und sorgt für die Veröffentlichung des Wirtshausverbotes.

Beschwerderecht

Art. **16.** [1] Der Betreute kann gegen Anordnungen des Betreuers, die seine Handlungs- oder Bewegungsfreiheit einschränken, mündlich oder schriftlich bei der Ortspolizeibehörde Beschwerde führen.

[2] Gegen die Beschlüsse und Verfügungen der Ortspolizeibehörde kann innert 30 Tagen schriftlich beim Regierungsstatthalter Beschwerde geführt werden.

[3] Verfügungen und Entscheide des Regierungsstatthalters können die Beteiligten innert 30 Tagen schriftlich beim Regierungsrat anfechten.

[4] Die Beschwerde hat nur aufschiebende Wirkung, wenn diese ausdrücklich erteilt wird.

III. Verzeichnis

Verzeichnis

Art. **17.** [1] Die Ortspolizeibehörde führt ein Verzeichnis der Personen, über die Massnahmen im Sinne dieses Abschnittes verhängt wurden.

[2] Der Regierungsstatthalter prüft das Verzeichnis bei seinen Inspektionen.

IV. Arrestlokale

Arrestlokale

Art. **18.** [1] Die Gemeinden sorgen für geeignete Arrestlokale. Der Regierungsstatthalter kann ihnen die Benützung einer Arrestzelle des Bezirksgefängnisses auf ihre Kosten gestatten.

[2] Mehrere Gemeinden können ein gemeinsames Arrestlokal einrichten.

[3] Die Arrestlokale stehen unter der Aufsicht des Regierungsstatthalters, der sie regelmässig inspiziert.

[4] Die Ortspolizeibehörde ist für die Verpflegung und die Betreuung des Arrestanten verantwortlich.

V. Kosten

Verfahrenskosten

Art. **19.** [1] Das Verfahren gemäss Artikel 14, 15 und 16 Absatz 1 ist gebührenfrei.

[2] Die Auslagen des Verfahrens gemäss Artikel 12 bis 16 gehen zu Lasten des fürsorgepflichtigen Gemeinwesens; sie sind nicht rückerstattungspflichtig.

[3] Für die Kosten des Beschwerdeverfahrens gemäss Artikel 16 Absatz 2 und 3 gelten die Bestimmungen des Gesetzes über die Verwaltungsrechtspflege.

Betreuungs- und Behandlungskosten

Art. **20.** [1] Die Gemeinde vergütet dem Betreuer seine Auslagen. Sie kann ihm ausserdem eine angemessene Entschädigung ausrichten.

[2] Dem Arzt, der Heilanstalt und andern mit der Durchführung der Betreuungs- oder Behandlungsmassnahmen Beauftragten bezahlt die Gemeinde das vereinbarte oder tarifmässige Entgelt.

[3] Der Betreute hat der Gemeinde und dem Staat die Auslagen zu vergüten, die ihnen bei der Durchführung von Massnahmen gemäss Artikel 8 und 12 entstehen.

[4] Ist der Betreute unbemittelt, so sind die Kosten der Betreuungs- und Behandlungsmassnahmen vom fürsorgepflichtigen Gemeinwesen zu tragen.

[5] Gebühren werden nicht erhoben.

III. Abschnitt

Einweisung in Anstalten

I. Massnahmen

a) Einweisung in Erziehungs- und Arbeitsanstalten

Voraussetzungen

Art. **21.** In eine Erziehungs- oder Arbeitsanstalt werden durch Beschluss des Regierungsrates eingewiesen:

3. Oktober 1965

1. Minderjährige, die das 18. Altersjahr zurückgelegt haben und ihren Eltern, den vormundschaftlichen oder gesetzlichen Fürsorgeorganen beharrlich und unbegründet Widerstand leisten und sittlich gefährdet oder verwahrlost sind und bei denen sich vorausgegangene Erziehungsmassnahmen als wirkungslos erwiesen haben,
2. arbeitsfähige Personen, die sich oder ihre Angehörigen fortgesetzt durch Müssiggang, Arbeitsscheu, Liederlichkeit, unsittlichen Lebenswandel, Alkohol- oder Rauschgiftmissbrauch sittlich, gesundheitlich oder ökonomisch ernstlich gefährden oder dadurch öffentlich Ärgernis erregen und bei denen Massnahmen im Sinne von Artikel 8 bis 12 wirkungslos geblieben sind,
3. geistig abnorme, jedoch arbeitsfähige Personen, welche die allgemeine Sicherheit oder Ordnung erheblich gefährden und deren Verwahrung in einer nicht ärztlich geleiteten Anstalt angezeigt ist.

Zweck

Art. **22.** [1] Der Aufenthalt in der Anstalt soll erziehend auf den Enthaltenen einwirken und ihn auf den Wiedereintritt ins bürgerliche Leben vorbereiten.

[2] Der Enthaltene wird zu einer Arbeit angehalten, die den gegebenen Verhältnissen Rechnung trägt und ihn in den Stand setzt, in der Freiheit seinen Unterhalt zu verdienen. Auf die berufliche Förderung ist zu achten.

[3] Minderjährigen soll nach Möglichkeit Gelegenheit gegeben werden, einen Beruf zu erlernen.

[4] Dem Enthaltenen ist in seinen persönlichen und familiären Angelegenheiten mit Rat und Tat beizustehen, und er ist zu sinnvoller Verbringung der Freizeit anzuleiten.

Dauer

Art. **23.** [1] Die Einweisung Erwachsener in eine Arbeitsanstalt wird erstmals für ein Jahr, im Rückfall bis auf die Dauer von zwei Jahren angeordnet.

[2] Als rückfällig gilt, wer innerhalb von fünf Jahren seit der letzten Entlassung erneut in eine Arbeitsanstalt eingewiesen werden muss.

[3] Minderjährige bleiben so lange in der Anstalt, als es ihre Erziehung erfordert, jedoch mindestens ein Jahr. Haben sie das 22. Altersjahr zurückgelegt, so werden sie entlassen.

[4] Wiederholt Rückfällige sowie die in Artikel 21 Ziffer 3 genannten Personen können auf unbestimmte Zeit eingewiesen werden.

Verlängerung

Art. **24.** Die auf bestimmte Zeit angeordnete Einweisung kann vom Regierungsrat jeweils um die Dauer von höchstens zwei Jahren verlängert werden, wenn der Zweck der Massnahme bei deren Ablauf nicht oder nur teilweise erreicht ist oder wenn andere wichtige Gründe dies rechtfertigen.

Versetzung, Aufhebung der Massnahme

Art. **25.** [1] Ist der Enthaltene infolge seines körperlichen oder geistigen Zustandes oder wegen dauernd ungenügender Arbeitsfähigkeit für den Anstaltsbetrieb untragbar geworden, so wird er in eine andere Anstalt versetzt oder die Massnahme mit Beschluss des Regierungsrates aufgehoben.

[2] Die Versetzung kann auch aus disziplinarischen Gründen erfolgen.

Bedingter Vollzug

Art. **26.** [1] Der Regierungsrat kann den Vollzug der Einweisung oder Verlängerung für eine Probezeit von einem Jahr bis zu drei Jahren aufschieben, wenn zu erwarten ist, dass der Zweck der Massnahme auch bei Gewährung des bedingten Vollzuges erreicht wird.

[2] Er stellt den bedingt Eingewiesenen unter Schutzaufsicht und erteilt ihm bestimmte Weisungen für sein Verhalten während der Probezeit, so die Weisung, fleissig, willig und regelmässig zu arbeiten, sich an einem bestimmten Orte aufzuhalten, seinen Lohn verwalten zu lassen oder sich geistiger Getränke zu enthalten.

[3] Mit dieser Massnahme kann ein Alkoholverbot oder ein Verbot des Besuches von Gastwirtschaftsbetrieben mit Alkoholausschank für die Dauer von einem Jahr bis zu drei Jahren verbunden werden.

Bedingte Entlassung

Art. **27.** [1] Der Regierungsrat kann den auf bestimmte Zeit Eingewiesenen bedingt aus der Anstalt entlassen, wenn er die Hälfte der festgesetzten Zeit erstanden hat und wenn der Zweck der Massnahme erfüllt ist.

[2] Bei Minderjährigen und bei den auf unbestimmte Zeit Eingewiesenen kann die bedingte Entlassung frühestens nach Ablauf eines Jahres erfolgen.

[3] Der Regierungsrat bestimmt dem bedingt Entlassenen eine Probezeit von einem Jahr bis zu drei Jahren, stellt ihn unter Schutzaufsicht und erteilt ihm die erforderlichen Weisungen (Art. 26 Abs. 2).

[4] Mit der bedingten Entlassung kann ein Alkoholverbot oder ein Verbot des Besuches von Gastwirtschaftsbetrieben mit Alkoholaus-

3. Oktober 1965

schank für die Dauer von einem Jahr bis zu drei Jahren verbunden werden.

[5] Bewährt sich der bedingt Entlassene bis zum Ablauf der Probezeit, so ist er endgültig entlassen.

Widerruf des bedingten Vollzuges, Rückversetzung

Art. **28.** [1] Handelt der bedingt Eingewiesene oder bedingt Entlassene während der Probezeit trotz förmlicher Mahnung der Schutzaufsichtsorgane einer ihm erteilten Weisung zuwider, entzieht er sich beharrlich der Schutzaufsicht oder täuscht er auf andere Weise das in ihn gesetzte Vertrauen, so beschliesst der Regierungsrat den Widerruf des bedingten Vollzuges oder die Rückversetzung.

[2] In leichten Fällen kann die zuständige Direktion des Regierungsrates den bedingt Eingewiesenen oder Entlassenen verwarnen und ihm weitere Bedingungen auferlegen oder dem Regierungsrat beantragen, die Probezeit um höchstens die Hälfte ihrer ursprünglichen Dauer zu verlängern.

[3] Die Dauer der Rückversetzung beträgt mindestens den bedingt erlassenen Rest der Massnahme und höchstens zwei Jahre. Für den auf unbestimmte Zeit Eingewiesenen ist sie unbefristet.

Meldung endgültig Entlassener

Art. **29.** Der endgültig Entlassene ist der zuständigen Fürsorge- oder Vormundschaftsbehörde zu melden.

b) Einweisung in Trinkerheilanstalten

Voraussetzungen

Art. **30.** [1] In eine Trinkerheilanstalt werden durch Beschluss des Regierungsrates eingewiesen:

1. gemäss Artikel 12 betreute Alkoholgefährdete, die der Weisung, sich ärztlich behandeln zu lassen, oder der Empfehlung, in eine Heilstätte oder Heilanstalt einzutreten, keine Folge leisten oder die Anstalt vor Ablauf der festgesetzten Kurdauer eigenmächtig verlassen,
2. Personen, die vorwiegend wegen Alkoholmissbrauches unter Artikel 21 Ziffer 2 fallen und durch eine Kur in einer Trinkerheilanstalt eher gebessert werden können.

[2] Die Einweisung in eine private Trinkerheilstätte bedarf der Zustimmung der Heimleitung.

Ausschluss

Art. **31.** [1] Alkoholgefährdete, die wegen ihres abnormen Geisteszustandes, wegen ihrer ablehnenden Haltung oder aus anderen Gründen einer Heilung von der Trunksucht und der Erziehung zu einem geordneten Lebenswandel in einer Trinkerheilanstalt nicht zugänglich sind, sollen nicht in Trinkerheilanstalten eingewiesen werden.

[2] Ausgeschlossen sind ferner Alkoholkranke, die innerhalb der letzten fünf Jahre zweimal in Trinkerheilanstalten eingewiesen waren.

Vollzug

Art. **32.** [1] Die Kur in einer Trinkerheilanstalt wird erstmals für ein Jahr, bei Rückfälligen bis auf die Dauer von zwei Jahren angeordnet.

[2] Ist der Zweck der Kur nach Ablauf der festgesetzten Zeit nicht oder nur teilweise erreicht, so kann die Massnahme vom Regierungsrat um die Dauer von höchstens zwei Jahren verlängert werden.

[3] Im übrigen gelten sinngemäss die Artikel 22, 23 Absatz 2 und Artikel 25 bis 29.

c) Einweisung in geschlossene Versorgungsheime

Voraussetzungen

Art. **33.** In ein geschlossenes Versorgungsheim werden durch Beschluss des Regierungsrates eingewiesen:

1. Bedürftige, deren Zustand eine Versorgung erfordert, die aber wegen ihres bösartigen oder gemeingefährlichen Verhaltens nicht in einem offenen Fürsorgeheim untergebracht werden können,
2. Personen, welche die Voraussetzungen gemäss Artikel 21 erfüllen, aber nicht arbeitsfähig sind,
3. Insassen von Fürsorgeheimen, die wegen böswilligen, störrischen, unbotmässigen oder gemeingefährlichen Betragens oder wegen wiederholten Weglaufens für den Betrieb untragbar geworden sind.

Versetzung in besondere Anstalten

Art. **34.** Die gemäss Artikel 33 versorgten Personen können in eine ihrem Zustand oder ihren Verhältnissen entsprechende besondere Anstalt versetzt werden, wenn sie für den Betrieb untragbar geworden sind oder wenn die Versetzung in ihrem eigenen Interesse geboten ist.

Aufgabe

Art. **35.** Die nach Artikel 33 und 34 Versorgten sind ihren Kräften entsprechend zu beschäftigen und nach Möglichkeit so weit zu beeinflussen, dass sie in ein offenes Heim, in Familienpflege oder an einen Arbeitsplatz entlassen werden können.

Dauer

Art. **36.** Die Einweisung wird auf unbestimmte Zeit angeordnet.

Bedingte Entlassung

Art. **37.** [1] Der Regierungsrat kann die bedingte Entlassung beschliessen, wenn anzunehmen ist, der Versorgte werde sich in der Freiheit oder in einem offenen Heim halten.

[2] Er bestimmt dem bedingt Entlassenen eine Probezeit von einem Jahr bis zu drei Jahren, stellt ihn für deren Dauer unter Schutzaufsicht oder anderweitige Betreuung und erteilt ihm bestimmte Weisungen für sein Verhalten, so die Weisung, sich in einem offenen Heim aufzuhalten.

[3] Bewährt sich der bedingt Entlassene bis zum Ablauf der Probezeit, so ist er endgültig entlassen. Die Direktion des Fürsorgewesens veranlasst eine geeignete Weiterbetreuung.

Rückversetzung

Art. **38.** [1] Gibt der bedingt Entlassene während der Probezeit zu ernstlichen Klagen Anlass und kann er nicht mehr in der Freiheit oder in einem offenen Heim belassen werden, so wird er vom Regierungsrat auf unbestimmte Zeit zurückversetzt.

[2] Artikel 28 Absatz 2 gilt sinngemäss.

II. Verfahren

a) Einweisungsverfahren

Anhebung des Verfahrens *a)* auf Antrag

Art. **39.** [1] Die Einweisung gemäss Artikel 21, 30 und 33 kann von der Direktion des Fürsorgewesens sowie den Vormundschafts-, Fürsorge- und Ortspolizeibehörden der Gemeinden beantragt werden.

[2] Den übrigen Direktionen des Regierungsrates, den Gerichten und den Kreisfürsorgeinspektoren steht das Recht zu, die Einweisung anzuregen.

b) von Amtes wegen

[3] Der Regierungsstatthalter und der Jugendanwalt (Untersuchungsbeamte) sind berechtigt, von Amtes wegen ein Verfahren gemäss Artikel 44 Absatz 1 zu eröffnen.

Einreichung des Antrages

Art. **40.** [1] Der Antrag auf Einweisung Erwachsener in eine Anstalt gemäss Artikel 21 Ziffer 2 und 3 und Artikel 30 wird beim Regierungsstatthalter des Amtsbezirkes eingereicht, in dem der Einzuweisende seinen zivilrechtlichen Wohnsitz hat oder in dem er sich tatsächlich aufhält.

[2] In Zweifelsfällen sowie wenn der Einzuweisende sich ausserhalb des Kantons Bern aufhält, bestimmt die Polizeidirektion endgültig den zuständigen Regierungsstatthalter.

Art. **41.** Der Antrag auf Einweisung Minderjähriger in eine Anstalt gemäss Artikel 21 wird beim zuständigen Jugendanwalt oder bei der Justizdirektion eingereicht.

Art. **42.** Der Antrag auf Einweisung in ein geschlossenes Versorgungsheim gemäss Artikel 33 wird beim zuständigen Regierungsstatthalter, in Zweifelsfällen oder wenn der Einzuweisende sich ausserhalb des Kantons Bern aufhält, bei der Direktion des Fürsorgewesens gestellt.

Form und Inhalt des Antrages

Art. **43.** Der Einweisungsantrag soll enthalten:

1. die genauen Personalien und den Wohnort des Einzuweisenden,
2. das Begehren,
3. eine übersichtliche Darstellung der Tatsachen, die zur Begründung des Antrages dienen,
4. eine Aufzählung der gemäss Artikel 8 bis 12 angeordneten Massnahmen,
5. die Angabe der Beweismittel,
6. die Angabe des fürsorgepflichtigen Gemeinwesens.

Eröffnung der Untersuchung

Art. **44.** [1] Entspricht der Antrag den gesetzlichen Erfordernissen, so wird die Untersuchung durch Beschluss eröffnet und gemäss den nachstehenden Vorschriften durchgeführt.

Rückweisung des Antrages

[2] Entspricht der Antrag nicht den Vorschriften des Artikels 43 oder ist er ungenügend begründet, so weist ihn der Untersuchungsbeamte, bei dem er eingereicht wurde, zur Ergänzung zurück.

Erste Einvernahme

Art. **45.** [1] Der Untersuchungsbeamte ordnet die Einvernahme des Einzuweisenden an.

[2] Er gibt ihm Kenntnis vom Antrag und dessen Begründung und befragt ihn, was er auf die Vorhalte zu erwidern hat.

[3] Die Aussagen der abgehörten Person sind sinngetreu zu Protokoll zu nehmen. Dieses ist von den beteiligten Personen zu unterzeichnen.

[4] Die Bestimmungen des Gesetzes über das Strafverfahren des Kantons Bern gelten sinngemäss.

Verhaftung

Art. **46.** [1] Der Untersuchungsbeamte kann den Einzuweisenden verhaften lassen:

1. wenn er keinen festen Wohnsitz hat oder Fluchtgefahr besteht,
2. wenn er durch sein Verhalten oder seinen Zustand die ordnungsgemässe Durchführung des Verfahrens in Frage stellt,

3. wenn er durch seinen Zustand Leib und Leben seiner selbst oder anderer Personen gefährdet oder die öffentliche Sicherheit oder Ordnung erheblich stört.

[2] In dringenden Fällen können auch die Polizeidirektion und die Justizdirektion die Verhaftung verfügen.

Untersuchungshaft

[3] Die Haft darf nicht länger dauern, als die Verhaftungsgründe bestehen.

[4] Stellt der Verhaftete ein Freilassungsgesuch, so entscheidet darüber der Untersuchungsbeamte. Bei Abweisung steht dem Verhafteten das Recht zu, innert 10 Tagen schriftlich beim Regierungsrat Beschwerde zu führen.

[5] Die Bestimmungen des Gesetzes über das Strafverfahren des Kantons Bern gelten sinngemäss.

Amtliche Untersuchung

Art. **47.** [1] Der Untersuchungsbeamte prüft von Amtes wegen, ob Gründe zur Einweisung vorliegen, insbesondere ob die dem Einzuweisenden gemachten Vorhalte den Tatsachen entsprechen.

[2] Die Ermittlung des Tatbestandes und die Beschaffung der Beweismittel erfolgen nach den Vorschriften des Gesetzes über das Strafverfahren des Kantons Bern.

[3] Sind die Gründe des sozialen Versagens nicht eindeutig feststellbar, dann ist die Beurteilung durch einen Sachverständigen (Arzt, Psychiater, Psychologe, Trinkerfürsorger usw.) einzuholen.

[4] Der Einzuweisende ist zu den Aktenergänzungen einzuvernehmen.

Verteidigung

Art. **48.** [1] Dem Einzuweisenden wird das Recht zur Verteidigung gewährleistet. Er kann sich selbst verteidigen oder auf eigene Kosten einen der im Kanton Bern zur Berufsausübung zugelassenen Anwälte mit der Wahrung seiner Interessen beauftragen. Ist er minderbemittelt, so kann er den Untersuchungsbeamten um Bestellung eines amtlichen Verteidigers auf Kosten des Staates ersuchen.

[2] Dem Gesuch um amtliche Verteidigung ist zu entsprechen, wenn der Einzuweisende wegen Gebrechen nicht fähig ist, seine Rechte zu wahren, wenn nicht feststeht, dass er durch seinen gesetzlichen Vertreter genügend verbeiständet ist oder wenn das Verfahren besondere Schwierigkeiten bietet.

[3] Der Untersuchungsbeamte entscheidet über die Bestellung eines amtlichen Verteidigers. Sein Entscheid kann binnen 10 Tagen an den Regierungsrat weitergezogen werden.

Akteneinsicht

Art. **49.** [1] Der Einzuweisende, sein gesetzlicher Vertreter und sein Verteidiger haben das Recht auf Akteneinsicht, sobald die wesentlichen Untersuchungshandlungen vorgenommen sind.

[2] Die Einsicht kann durch den Untersuchungsbeamten verweigert werden, soweit schutzwürdige Interessen Dritter zu wahren sind. Sein Entscheid ist endgültig.

[3] Der Untersuchungsbeamte setzt für die Akteneinsicht eine angemessene Frist an.

Beweisergänzungen

Art. **50.** [1] Innert der für die Akteneinsicht gesetzten Frist können Beweisergänzungen beantragt werden.

[2] Der Untersuchungsbeamte entscheidet endgültig über diese Anträge.

Vernehmlassung

Art. **51.** Der zuständigen Fürsorgebehörde ist in jedem Falle Gelegenheit zur Stellungnahme einzuräumen, ferner dem Inhaber der elterlichen Gewalt oder den Vormundschaftsorganen, wenn der Einzuweisende unmündig oder entmündigt ist.

Einstellung des Verfahrens

Art. **52.** [1] Das Verfahren kann durch Beschluss des Untersuchungsbeamten unter bestimmten Bedingungen bis auf ein Jahr eingestellt werden, wenn das bisherige Ergebnis der Untersuchung beim Betroffenen eine Wendung zum Bessern erwarten lässt oder wenn es im Interesse der Sache liegt, weitere Erfahrungen zu sammeln.

[2] Erfüllt der Betroffene die ihm auferlegten Bedingungen nicht, so nimmt der Untersuchungsbeamte die Untersuchung wieder auf.

[3] Bewährt sich der Betroffene bis zum Ablauf der festgesetzten Frist, so entscheidet der Untersuchungsbeamte nach Anhörung der antragstellenden Behörde über die Aufhebung oder Fortführung des Verfahrens.

Vorzeitiger Antritt der Massnahme

Art. **53.** Sind die wesentlichen Untersuchungshandlungen vorgenommen, kann die zuständige Direktion des Regierungsrates nach Einsichtnahme in die Akten dem Einzuweisenden den vorzeitigen Antritt der Massnahme bewilligen.

Schluss der Untersuchung

Art. **54.** [1] Erachtet der Untersuchungsbeamte die Untersuchung als vollständig, so erklärt er sie als geschlossen.

[2] Er gibt dem Einzuweisenden, seinem gesetzlichen Vertreter und seinem Verteidiger schriftlich oder zu Protokoll Kenntnis vom Schluss der Untersuchung und vom Antrag, den er der vorgesetzten Behörde zuhanden des Regierungsrates stellen wird. Anschliessend sendet er die Akten mit seinem begründeten Antrag an die zuständige Direktion des Regierungsrates.

Prüfung durch die Direktion, Beschluss des Regierungsrates

Art. **55.** [1] Die zuständige Direktion des Regierungsrates prüft die Akten.

[2] Erachtet sie Ergänzungen als angezeigt, so nimmt diese der Untersuchungsbeamte oder ausnahmsweise die Direktion selbst vor.

[3] Sind die Akten vollständig, so werden sie mit dem Antrag der zuständigen Direktion dem Regierungsrat unterbreitet.

[4] Der Regierungsrat beschliesst über die Einweisung, die Anrechnung der ausgestandenen Untersuchungshaft und den Vollzug der Massnahme.

[5] Der Beschluss des Regierungsrates ist dem Eingewiesenen, seinem gesetzlichen Vertreter, seinem Verteidiger, den antragstellenden Behörden und der zuständigen Fürsorgebehörde zu eröffnen.

b) Verlängerungsverfahren

Verlängerung

Art. **56.** [1] Drei Monate vor Ablauf der Einweisungszeit erstattet die Anstaltsleitung der zuständigen Direktion des Regierungsrates Bericht über die Arbeitsleistung, das Verhalten und die Einstellung des Eingewiesenen sowie über die Notwendigkeit weiterer Massnahmen.

[2] Die zuständige Direktion leitet die Akten zur Stellungnahme an den Untersuchungsbeamten und die antragsberechtigten Behörden weiter. Ist der Eingewiesene entmündigt, so ist sein Vormund zum Mitbericht einzuladen.

[3] Wird die Verlängerung der Massnahme beantragt, so ist dem Eingewiesenen Gelegenheit zur Stellungnahme und zur Verteidigung zu geben. Seine Aussagen sind sinngetreu zu Protokoll zu nehmen.

[4] Die Verlängerung der Massnahme beschliesst der Regierungsrat auf Antrag der zuständigen Direktion.

c) Widerrufs- und Rückversetzungsverfahren

Widerruf des bedingten Vollzuges, Rückversetzung

Art. **57.** Das Verfahren auf Widerruf des bedingten Vollzuges oder auf Rückversetzung eines bedingt Entlassenen richtet sich nach Artikel 45 bis 50 und 52 bis 55.

d) Entlassungs- und Versetzungsverfahren

Bedingte Entlassung

Art. **58.** [1] Die zuständige Direktion des Regierungsrates prüft auf Gesuch des Eingewiesenen und auf Antrag der Anstaltsleitung, ob die bedingte Entlassung gewährt werden kann. Sie holt die Stellungnahme des Untersuchungsbeamten, der antragstellenden Behörde und des allfälligen gesetzlichen Vertreters ein.

[2] Bei Einweisungen auf unbestimmte Zeit erfolgt die Prüfung der bedingten Entlassung alljährlich von Amtes wegen.

[3] Nach Abschluss des Verfahrens leitet die zuständige Direktion die Akten mit ihrem Antrag an den Regierungsrat weiter.

Aufhebung der Massnahme, Versetzung

Art. **59.** [1] Tritt ein Fall von Artikel 3 Absatz 4 ein, so meldet dies die kantonale Strafkontrolle der zuständigen Direktion des Regierungsrates.

[2] Wird die Aufhebung der Massnahme oder die Versetzung des Eingewiesenen gemäss Artikel 25 notwendig, so erstattet die Anstaltsleitung Bericht an die zuständige Direktion.

[3] Die zuständige Direktion prüft die Frage der Aufhebung oder Versetzung in Verbindung mit dem Untersuchungsbeamten, der antragstellenden Behörde und dem gesetzlichen Vertreter. Kommt sie zum Schluss, dass die Massnahme aufzuheben oder der Eingewiesene zu versetzen sei, so unterbreitet sie die Akten mit ihrem Antrag dem Regierungsrat.

Beschwerde an das Verwaltungsgericht

Art. **60.** [1] Gegen die Beschlüsse des Regierungsrates nach Artikel 55 bis 59 können der Betroffene, sein gesetzlicher Vertreter oder sein amtlicher Verteidiger innert 30 Tagen beim Verwaltungsgericht Beschwerde führen.

[2] Das Verfahren richtet sich nach den Bestimmungen des Gesetzes über die Verwaltungsrechtspflege.

[3] Die Beschwerde hat nur aufschiebende Wirkung, wenn der Präsident des Verwaltungsgerichtes diese ausdrücklich erteilt.

III. Anstalten und Anstaltsbetrieb

Anstalten

Art. 61. [1] Der Staat sorgt dafür, dass die zum Vollzuge der Massnahmen dieses Gesetzes notwendigen Anstalten zur Verfügung stehen. Er kann zu diesem Zwecke Verträge mit privaten Anstalten und Heimen abschliessen.

[2] Die Geschlechter sind in allen Anstalten zu trennen.

[3] Minderjährige sind nach Möglichkeit in besonderen Anstalten oder Anstaltsabteilungen unterzubringen.

Anstaltsreglemente

Art. 62. Die Anstaltsorgane erlassen Reglemente über die Rechte und Pflichten der Insassen, den Anstaltsbetrieb und die Disziplinarmassnahmen. Die Reglemente unterliegen der Genehmigung der zuständigen Direktion des Regierungsrates.

Aus- und Weiterbildung des Personals

Art. 63. Die zuständige Direktion des Regierungsrates fördert die Aus- und Weiterbildung des Anstaltspersonals.

IV. Kosten

Verfahrens- und Anstaltskosten

Art. 64. [1] Das Verfahren gemäss Artikel 39 bis 59, mit Ausnahme von Artikel 46 Absatz 4 zweiter Satz und Artikel 48 Absatz 3 zweiter Satz, ist gebührenfrei.

[2] Das fürsorgepflichtige Gemeinwesen hat dem Staat die Auslagen des Verfahrens zu vergüten und der Anstalt das tarifmässige Kostgeld zu entrichten sowie die Nebenauslagen, insbesondere für Versicherung, Arzt, Spital und Transport, zu bezahlen.

[3] Dem Gemeinwesen steht der Rückgriff auf den Eingewiesenen und seine unterhalts- und unterstützungspflichtigen Angehörigen gemäss der Fürsorge- und der Zivilgesetzgebung zu; ausgenommen hievon sind die Auslagen des Verfahrens.

[4] Für die Kosten des Beschwerdeverfahrens gemäss Artikel 46 Absatz 4 zweiter Satz, Artikel 48 Absatz 3 zweiter Satz und Artikel 60 gelten die Bestimmungen des Gesetzes über die Verwaltungsrechtspflege.

Kosten der amtlichen Verteidigung

Art. 65. [1] Die Entschädigung des amtlichen Verteidigers besteht in der Ausrichtung eines Honorars und der Vergütung der ausgewiesenen Auslagen.

[2] Die Höhe des Honorars wird vom Untersuchungsbeamten nach dem Dekret über die Gebühren der Anwälte für die Verteidigung in Strafsachen festgesetzt.

[3] Die Entschädigung ist vom Anwalt bei der Justizdirektion binnen drei Monaten seit Kostenbestimmung geltend zu machen.

IV. Abschnitt

Strafbestimmungen

Übertretung des Alkohol- oder Wirtshausverbotes

Art. 66. Wer das gemäss Artikel 12, 26 und 27 verhängte Alkohol- oder Wirtshausverbot übertritt,
wird mit Haft oder Busse bestraft.

Verleitung und Aufreizung von Unterstützten und Betreuten

Art. 67. [1] Wer Unterstützte, Bevormundete, unter fürsorgerischer Betreuung, Schutzaufsicht oder Alkohol- oder Wirtshausverbot stehende Personen, Anstaltsinsassen oder Kolonisten von Arbeiterheimen zu Spiel, Trunk oder zur Übertretung eines Enthaltsamkeitsversprechens verleitet,
wer solche Personen zum Ungehorsam gegenüber ihren Betreuern, den Anstaltsorganen oder den Behörden aufreizt,
wird mit Haft oder Busse bestraft.

[2] Die Strafbestimmungen des Gastwirtschaftsgesetzes bleiben vorbehalten.

Bettel

Art. 68. Wer mit der Bitte um Gewährung einer Gabe an eine fremde Person gelangt und dabei Hilfebedürftigkeit, Krankheit oder Invalidität vortäuscht oder sich falscher Angaben bedient,
wer Personen, die von ihm abhängig sind, zum Bettel ausschickt oder sie davon abzuhalten unterlässt,
wird mit Haft oder Busse bestraft.

Schwerer Bettel

Art. 69. Wer gewohnheitsmässig, in Begleitung von Kindern oder fremden Personen oder unter Drohungen bettelt,
wer beim Bettel falsche Zeugnisse vorweist oder echte missbräuchlich benützt,
wer beim Bettel Waffen oder Einbruchswerkzeuge mit sich führt,
wird mit Haft bestraft.

Landstreicherei

Art. 70. Wer sich aus Arbeitsscheu oder aus Hang zu ungeordnetem Leben ohne redlich erworbene Mittel und ohne feste Unterkunft im Lande umhertreibt und öffentlich Ärgernis erregt,

wird mit Haft bestraft.

Verhältnis zum StGB, Zuständigkeit und Verfahren

Art. 71. [1] Die besonderen Bestimmungen des Schweizerischen Strafgesetzbuches bleiben vorbehalten.

[2] Die Übertretungen nach Artikel 68 bis 70 sind nur strafbar, wenn sie vorsätzlich begangen werden.

[3] Die Zuständigkeit der Strafgerichte und das Verfahren richten sich nach dem Schweizerischen Strafgesetzbuch, dem Gesetz über das Strafverfahren des Kantons Bern und dem Gesetz über die Einführung des Schweizerischen Strafgesetzbuches.

V. Abschnitt

Übergangs- und Schlussbestimmungen

Gesetzesänderungen

Art. 72. Es erhalten folgenden Wortlaut:

1. Im Gesetz vom 8. Mai 1938 über das Gastwirtschaftsgewerbe und den Handel mit geistigen Getränken:

   Artikel 40 Absatz 5 und Artikel 71 Absatz 2. Die Abgabe alkoholischer Getränke ist Personen zu verweigern, die unter einer Massnahme des Gesetzes über Erziehungs- und Versorgungsmassnahmen oder wegen Alkoholmissbrauches unter Vormundschaft oder Beiratschaft stehen oder wegen Alkoholmissbrauches unterstützungsbedürftig geworden sind und die dem Patentinhaber behördlich gemeldet wurden.

2. Im Gesetz vom 20. Mai 1928 über das Strafverfahren des Kantons Bern:

   Artikel 31 Ziffer 3 in der Fassung von Artikel 29 VII des Einführungsgesetzes zum Strafgesetzbuch. Die im Gesetz über Erziehungs- und Versorgungsmassnahmen mit Strafe bedrohten Handlungen.

3. Im Gesetz vom 6. Oktober 1940 betreffend die Einführung des Schweizerischen Strafgesetzbuches:

   Artikel 34 Ziffer 6. Sie führen die Untersuchung und stellen beim Jugendamt Antrag in allen Fällen, wo gegen einen gefährdeten oder verwahrlosten Jugendlichen Massnahmen im Sinne von Artikel 21 des Gesetzes über Erziehungs- und Versorgungsmassnahmen notwendig werden.

4. Im Dekret vom 27. Januar 1920 betreffend die Ortspolizei:

   a) § 8 dritter Satz. Die Polizeimannschaft wird vom Regierungsstatthalter beeidigt.

   b) § 9. Benachbarte Gemeinden können sich nach Massgabe von Artikel 67 des Gemeindegesetzes zur Verwaltung der Ortspolizei oder einzelner ihrer Zweige verbinden. Sie können mit Genehmigung des Regierungsrates eigene Polizeimannschaften anstellen. Das Gesuch hiefür ist an den Regierungsstatthalter einzureichen, der es mit seinem Antrag der kantonalen Polizeidirektion zuhanden des Regierungsrates übermittelt.

   c) § 10 zweiter Satz. Er kann die Gemeinden zur Anstellung eigener Polizeimannschaften anhalten.

3. Oktober 1965

Übergangsbestimmung

Art. 73. [1] Verfahren, die bei Inkrafttreten dieses Gesetzes hängig sind, werden nach den bisherigen Bestimmungen zu Ende geführt.

[2] Die vor Inkrafttreten dieses Gesetzes ergangenen Beschlüsse des Regierungsrates können nicht beim Verwaltungsgericht angefochten werden.

Inkrafttreten

Art. 74. [1] Dieses Gesetz tritt nach seiner Annahme durch das Volk auf den 1. Januar 1966 in Kraft.

[2] Mit seinem Inkrafttreten werden aufgehoben:

a) das Gesetz vom 1. Dezember 1912 über die Armenpolizei und die Enthaltungs- und Arbeitsanstalten,

b) die Vollziehungsverordnung vom 25. Februar 1913 zum Gesetz vom 1. Dezember 1912,

c) das Reglement vom 20. November 1924 betreffend die Kosten des Verfahrens bei administrativen Versetzungen in eine Arbeitsanstalt,

3. Oktober 1965

d) Artikel 63 des Gesetzes vom 6. Oktober 1940 betreffend die Einführung des Schweizerischen Strafgesetzbuches,

und alle übrigen ihm widersprechenden Erlasse.

Bern, den 6. Mai 1965.

Im Namen des Grossen Rates

der Präsident

Dübi,

der Staatsschreiber

Hof.

Der Regierungsrat des Kantons Bern,

nach Zusammenstellung der Protokolle über die Volksabstimmung vom 3. Oktober 1965,

beurkundet:

Das Gesetz über Erziehungs- und Versorgungsmassnahmen ist mit 33 797 gegen 15 968 Stimmen angenommen worden.

Demnach wird verfügt:

Das Gesetz ist öffentlich bekanntzumachen und in die Gesetzessammlung aufzunehmen.

Bern, den 15. Oktober 1965.

Im Namen des Regierungsrates

der Präsident

Dewet Buri,

der Staatsschreiber

Hof.

Abkürzungen

AAG	Gesetz betreffend Errichtung kantonaler Arbeitsanstalten vom 11. Mai 1884 (Arbeitsanstaltengesetz)
AEMR	Allgemeine Erklärung der Menschenrechte vom 10. Dezember 1948
AHV	Alters- und Hinterlassenenversicherung
Amtl. Bull. NR	Amtliches Bulletin Nationalrat
Amtl. Bull. SR	Amtliches Bulletin Ständerat
Amtl. Samml.	Amtliche Sammlung
APG	Gesetz über die Armenpolizei und die Enthaltungs- und Arbeitsanstalten vom 1. Dezember 1912 (Armenpolizeigesetz)
BGB	Bauern-, Gewerbe- und Bürgerpartei
BGE	Bundesgerichtsentscheid
EMRK	Konvention zum Schutze der Menschenrechte und Grundfreiheiten vom 4. November 1950
FDP	Freisinnig-Demokratische Partei der Schweiz
FFE	Fürsorgerische Freiheitsentziehung
GAL	Gemeindearchiv Langnau
GDV	Gesetze, Dekrete und Verordnungen des Kantons Bern
GEV	Gesetz über Erziehungs- und Versorgungsmassnahmen vom 3. Oktober 1965 (Erziehungs- und Versorgungsgesetz)
RR	Regierungsrat
RRB	Regierungsratsbeschluss
SAB	Stadtarchiv Bern
SGG	Schweizerische Gemeinnützige Gesellschaft
SP	Sozialdemokratische Partei der Schweiz
StAB	Staatsarchiv des Kantons Bern
StGB BE	Strafgesetzbuch für den Kanton Bern
StGB	Strafgesetzbuch
StKa	Bernischer Staats-Kalender
StVB	Bericht über die Staatsverwaltung des Kantons Bern
TGRB	Tagblatt des Grossen Rates des Kantons Bern
ZGB	Zivilgesetzbuch

Quellen- und Literaturverzeichnis

Nicht publizierte Quellen

Schweizerisches Bundesarchiv, Bern (BAR)

E 4110 (B) 1989/129	Bundesamt für Justiz, Bd. 45

Staatsarchiv des Kantons Bern (StAB)

A II	Protokolle des Regierungsrates des Kantons Bern, 1921, 1931, 1935
BA 1455	Staatsverfassung des Kanton Bern von 1846
BB 13.1.195	Gesetz vom 3.10.1965 über Erziehungs- und Versorgungsmassnahmen: Vorarbeiten 1952–1955 (Handakten Fürsprecher Werner Thomet)
BB 13.1.214	Armenpolizei
BB 13.1.373–415	GEV-Akten (Gesetz über Erziehungs- und Versorgungsmassnahmen)
BB 13.1.226	Gesetz über Erziehungs- und Versorgungsmassnahmen (GEV)
BB XII B 49	Protokoll Amtsarmenversammlung, 1883
PA 361	Jahresberichte der Arbeitsanstalt St. Johannsen
PB 276	Jahresberichte der Anstalten Witzwil

Stadtarchiv Bern (SAB)

EB 4.611	Protokolle der Vormundschaftskommission der Stadt Bern, 1946 bis 1955
EB 4.612	Vogts-Rechnungs-Manuale, 1947–1959

Gemeindearchiv Langnau (GAL)

Waisenvogts-Rechnungsmanuale, 1951, 1955, 1957
Verhandlungsprotokolle der Armenbehörde, 19. September 1930 bis 1. Juli 1931
Verhandlungsprotokolle der Vormundschaftsbehörde, 1965, 1966, 1968, 1975, 1979
Gemeinderatsprotokolle, 1915, 1924

Publizierte Quellen

Amtliche Publikationen, Gesetze

[Amtl. Bull. NR] Amtliches stenographisches Bulletin der schweizerischen Bundesversammlung, Nationalrat, 1962, 1966, 1969, 1978.

[Amtl. Bull. SR] Amtliches stenographisches Bulletin der schweizerischen Bundesversammlung, Ständerat, 1965, 1969.

Bericht des Bundesrates an die Bundesversammlung über die Beziehungen der Schweiz

mit dem Europarat vom 26. Oktober 1962, in: Bundesblatt, 114, 2 (1962), S. 1085–1101.
Bericht des Bundesrates an die Bundesversammlung über die Konvention zum Schutze der Menschenrechte und Grundfreiheiten vom 9. Dezember 1968, in: Bundesblatt, 120, 2 (1968), S. 1057–1181.
[BGE 73 I] Urteil des Schweizerischen Bundesgerichts vom 13. März 1947 i.S. Weber gegen Regierungsrat des Kantons Zürich, S. 42–47.
Botschaft des Bundesrates an die Bundesversammlung über die Konvention zum Schutze der Menschenrechte und Grundfreiheiten vom 4. März 1974, in: Bundesblatt, 126, 1 (1974), S. 1035–1098.
Botschaft über die Änderung des Schweizerischen Zivilgesetzbuches (Fürsorgerische Freiheitsentziehung) und den Rückzug des Vorbehaltes zu Artikel 5 der Konvention zum Schutze der Menschenrechte und Grundfreiheiten vom 17. August 1977, in: Bundesblatt, 129, 3 (1977), S. 1–63.
Botschaft des Bundesrates zur Änderung des Schweizerischen Zivilgesetzbuches (Erwachsenenschutz, Personenrecht und Kindesrecht) vom 28. Juni 2006, in: Bundesblatt, 158, 36 (2006), S. 7001–7137.
Datenschutzgesetz vom 19. Februar 1986 (KDSG), in: Bernische Systematische Gesetzessammlung, www.sta.be.ch/belex/d/ (Zugriff: 7. Oktober 2010).
Dekret über Errichtung einer Zwangsarbeitsanstalt in Thorberg vom 25. Mai 1848, in: Samml. GDV, Bd. 5, 1901, S. 117f.
Dekret über die Organisation der Arbeitsanstalten vom 18. Mai 1888, in: GDV, 1888, S. 137f.
Dekret über die Schutzaufsicht vom 6. Februar 1911, in: GDV, 1911, S. 12–17.
[EMRK] Konvention zum Schutze der Menschenrechte und Grundfreiheiten, abgeschlossen in Rom am 4. November 1950, www.admin.ch/ch/d/sr/0_101/index.html (Zugriff: 15. November 2010).
Ergänzungsbericht des Bundesrates an die Bundesversammlung über die Konvention zum Schutze der Menschenrechte und Grundfreiheiten vom 23. Februar 1972, in: Bundesblatt, 124, 1 (1972), S. 989–1001.
Gesetz betreffend den bedingten Straferlass vom 3. November 1907, in: GDV, 1907, S. 223–227.
Gesetz betreffend die Einführung des schweizerischen Zivilgesetzbuches vom 28. Mai 1911, in: Amtl. Samml. GDV, 1901–1916, Bd. 2, 1943, S. 457–525.
Gesetz betreffend Errichtung kantonaler Arbeitsanstalten vom 11. Mai 1884, in: GDV, 1884, S. 103–107.
Gesetz über die Armenpolizei und die Enthaltungs- und Arbeitsanstalten vom 1. Dezember 1912, in: Amtl. Samml. GDV, 1901–1916, Bd. 2, 1943, S. 663–686.
Gesetz über die Armenpolizei und die Enthaltungs- und Arbeitsanstalten vom 1. Dezember 1912, in: GDV, 1912, S. 211–237.
Gesetz über die Armenpolizei vom 14. April 1858, in: GDV, 1858, S. 78–93.
Gesetz über die Einführung von Armenanstalten vom 8. September 1848, in: GDV, 1848, S. 106–112.
Gesetz über Erziehungs- und Versorgungsmassnahmen vom 3. Oktober 1965, in: GDV, 1965, S. 209–230.
Schweizerisches Zivilgesetzbuch (Erwachsenenschutz, Personenrecht und Kindesrecht), Änderung vom 19. Dezember 2008, in: Bundesblatt, 161 (2009), S. 141–200.
Schweizerisches Zivilgesetzbuch (Fürsorgerische Freiheitsentziehung), Änderung vom 6. Oktober 1978, in: Amtl. Samml. der eidgenössischen Gesetze, Bd. 1, 1980, S. 31–35.

[StGB 1937/42] Schweizerisches Strafgesetzbuch vom 21. Dezember 1937, in: Amtl. Samml. der eidgenössischen Gesetze, Bd. 54, 1939, S. 757–852.
[StGB BE] Carl Stooss (Hg.), Strafgesetzbuch für den Kanton Bern vom 30. Januar 1866, Bern 1896.
[StKa] Bernischer Staats-Kalender, 1883–1966.
[StVB] Bericht über die Staatsverwaltung des Kantons Bern, 1883–1981.
[TGRB] Tagblatt des Grossen Rats des Kantons Bern, 1883, 1910, 1912, 1931, 1965.
Urtheil vom 23. Januar 1885 in Sachen Gutzwiller, in: Entscheidungen des Schweizerischen Bundesgerichtes aus dem Jahre 1885, Amtliche Sammlung, Bd. 9, Lausanne 1885, S. 25–28.
Verordnung über den Vollzug der Freiheitsstrafen und Massnahmen, die bedingte Entlassung und die Schutzaufsicht gegenüber Erwachsenen vom 12. Dezember 1941, in: GDV, 1942, S. 118–123.
Vollziehungsverordnung zum Gesetz vom 1. Dezember 1912 über die Armenpolizei und die Enthaltungs- und Arbeitsanstalten, in: Amtl. Samml. GDV, 1901–1916, Bd. 2, 1943, S. 691–698.
Vortrag der Polizeidirektion an den Regierungsrat zuhanden des Grossen Rates betreffend ein Gesetz über Erziehungs- und Versorgungsmassnahmen, in: TGRB, 1965, Beilage Nr. 4, S. 93–69.
Vortrag der Armendirektion an den Regierungsrat zu Handen des Grossen Rates betreffend Revision des Armenpolizeigesetzes vom 14. April 1858, in: TGRB, 1910, Beilage Nr. 30, S. 459–463.

Artikel, Broschüren und Bücher mit Quellencharakter
A., Armenanstalt für bösartige Elemente, in: Der Armenpfleger, 25, 1 (1928), S. 12.
Anliker, Fritz, Von der Arbeits-Armenanstalt [Bärau] zum Pflegheim. Ein Blick in die Vergangenheit als Grundlage der Gegenwart, Langnau 1973.
Bachmann, Arthur, Administrativversorgung und Menschenrechtskonvention. Ein Vorstoss des Zürcher Regierungsrates, in: Zeitschrift für öffentliche Fürsorge, 69, 4 (1972), S. 59 f.
Balthasar, Dieter, Die Amtsvormundschaft in der Schweiz, Luzern 1941.
Berner, Georg, «Armenpolizei». Kein Platz für Clochards!, in: Zürcher Woche, 19. Februar 1965.
Burckhardt, W. Literaturanzeige zu C. A. Loosli, «Administrativjustiz» und Schweizerische Konzentrationslager, in: Zeitschrift des bernischen Juristenvereins, 75 (1939), S. 415 f.
C. So., Die administrative Versorgung, in: Neue Zürcher Zeitung, 11. April 1958, Mittagsausgabe.
Dach, Rudolf von, Ist das bernische Armengesetz revisionsbedürftig?, in: Monatsschrift für bernisches Verwaltungsrecht und Notariatswesen, 53, 8 (1955), S. 241–256.
Demme, Kurt, Die humanitären und gemeinnützigen Bestrebungen und Anstalten im Kanton Bern, Bern 1904.
Diez, Emanuel, Europäische Menschenrechtskonvention und Europäische Sozial-Charta, Vortrag gehalten am 29. Oktober 1971 in Lenzburg anlässlich des 3. Kurses für Fürsorgebeamte der Region Nordwestschweiz, in: Zeitschrift für öffentliche Fürsorge, 69, 2 (1972), S. 17–32.
Direktion des Armenwesens des Kantons Bern, Kreisschreiben an die Regierungsstatthalter, die Bezirksarmeninspektoren und Armenbehörden des Kantons Bern betreffend operative Eingriffe bei Frauen, in: Stavros Zurukzoglu (Hg.), Verhütung erb-

kranken Nachwuchses. Eine kritische Betrachtung und Würdigung, Basel 1938, S. 267–270.
Egger, August, Kommentar zum schweizerischen Zivilgesetzbuch. Das Familienrecht, Dritte Abteilung: Die Vormundschaft (Art. 360–456), Zürich 1948 (2., überarb. Aufl.).
Egger, August, Kommentar zum schweizerischen Zivilgesetzbuch. Das Familienrecht des schweizerischen Zivilgesetzbuches, Zürich 1914.
Geiser, Karl, Geschichte des Armenwesens im Kanton Bern von der Reformation bis auf die neuere Zeit, Bern 1894.
gk, Ja zur europäischen Menschenrechtskonvention, in: Zeitschrift für öffentliche Fürsorge, 70, 2 (1973), S. 25 f.
Guggisberg, Hans, Die Aufgabe der Gynäkologie in der Verhütung erbkranken Nachwuchses, in: Stavros Zurukzoglu (Hg.), Verhütung erbkranken Nachwuchses. Eine kritische Betrachtung und Würdigung, Basel 1938, S. 58–82.
Haeberli, Edith, Der liederliche Mensch. Eine Untersuchung auf Grund von Armenakten, Diplomarbeit der Sozialen Frauenschule Zürich, Zürich 1948.
Hess, Max, Die Bedeutung der Individualfürsorge in der heutigen Zeit, in: Schweizerische Zeitschrift für Gemeinnützigkeit, 102, 1/2 (1963), S. 1–26.
Hess-Haeberli, Max, Die Entwicklungstendenzen der sozialen Arbeit, Vortrag anlässlich der Eröffnungsfeier zum Ausbildungskurs für Fürsorgebeamte vom 21. September 1967 auf Schloss Lenzburg, in: Zeitschrift für öffentliche Fürsorge, 64, 11 (1967), S. 164–170.
Hess-Haeberli, Max, Die öffentliche Fürsorge heute und morgen, Referat anlässlich der 64. Schweizerischen Konferenz der öffentlichen Fürsorge in Davos vom 7./8. Juni 1971, in: Zeitschrift für öffentliche Fürsorge, 68, 8 (1971), S. 113–123.
Jahresberichte Le Pré-aux-Bœufs, 1932–2001.
Kägi, Werner, Gutachten zum Jesuiten- und Klosterartikel der Bundesverfassung, Bern 1973.
Kaufmann, Joseph, Kommentar zum schweizerischen Zivilgesetzbuch. Familienrecht, 3. Abteilung: Die Vormundschaft (Art. 360–456), Bern 1918.
Kaufmann, Otto K., Frauen, Italiener, Jesuiten, Juden und Anstaltsversorgte. Vorfragen eines Beitritts der Schweiz zur Europäischen Menschenrechtskonvention, in: Willi Geiger (Hg.), Stillstand und Fortentwicklung im schweizerischen Recht, Bern 1965, S. 245–262.
Kellerhals, Hans, Die Anstalten in Witzwil. Anstalten mit landwirtschaftlichem Strafvollzug, Witzwil 1955.
Kistler, Paul, Bemerkungen zur «Anstaltskrise», Referat gehalten an der Vollsitzung der Schweizerischen Landeskonferenz für soziale Arbeit am 13. November 1944 in Zürich, in: Schweizerische Zeitschrift für Gemeinnützigkeit, 84, 1 (1945), S. 1–3.
Koch, Walter, Wegweiser für Vormünder, Beistände und Beiräte, Luzern 1949.
Kropfli, Alfred, Die heutigen Anforderungen an die öffentliche Fürsorge, Referat zur Eröffnung des Ausbildungskurses für Fürsorgebeamte vom 21. September 1967 auf Schloss Lenzburg, in: Zeitschrift für öffentliche Fürsorge, 64, 12 (1967), S. 178–181.
Kropfli, Alfred, Die heutigen und zukünftigen Aufgaben der öffentlichen Fürsorge, Vortrag an der städtischen Bezirkshelferkonferenz vom 24. November 1967 im Kursaal Bern, in: Zeitschrift für öffentliche Fürsorge, 65, 2 (1968), S. 17–21.
Kuhn, Alfred, Vormundschaft und Schutzaufsicht, Referat für die Konferenz der kantonalen Vormundschaftsdirektoren vom 3./4. Mai 1946 in Luzern, Zürich 1946.
Leuenberger, Jacob, Die Amtsvormundschaft im Kanton Bern, Spiez 1918.

Liechti, A. Schweizerische Konzentrationslager? Eine Antwort an C. A. Loosli, in: Die Nation, 4. August 1938.
Loosli, Carl Albert, Schweizerische Konzentrationslager und «Administrativjustiz», in: Der Schweizerische Beobachter, 15. Juni 1938.
Loosli, Carl Albert, Schweizerische Konzentrationslager und «Administrativjustiz», in: Die Nation, 30. Juni 1938.
Loosli, Carl Albert, «Administrativjustiz» und Schweizerische Konzentrationslager, Bern 1939.
Loosli, Carl Albert, Anstaltsleben, Werke Bd. 1: Verdingkinder und Jugendrecht, Fredi Lerch, Erwin Marti (Hg.), Zürich 2006.
Loosli, Carl Albert, Administrativjustiz, Werke Bd. 2: Strafrecht und Strafvollzug, Fredi Lerch, Erwin Marti (Hg.), Zürich 2007.
Manz, Hans, Um die Rechtsgrundlage der vormundschaftlichen Anstaltsversorgung. Kompetenzkonflikt zwischen bundeszivilrechtlichem und kantonal-öffentlichrechtlichem Versorgungsrecht, in: Zeitschrift für Vormundschaftswesen, 14, 2 (1959), S. 41–49.
o. A., Die bernische Amtsarmenversammlung vom 8. Mai 1883, in: Berner Post, 10. Mai 1883.
o. A., Ist die administrative Versorgung entbehrlich oder nicht? Eine interessante Kontroverse zwischen Dr. Fritz Pesch von der Vormundschaftsbehörde in Zürich und dem Schriftsteller C. A. Loosli in Bümpliz, in: Der Schweizerische Beobachter, 30. September 1938.
o. A., Administrativrecht und Verwahrung. Kritische Bemerkungen zu einem Gesetzesentwurf, in: Der Bund, 28. Februar 1965.
o. A., Administrativrecht und Verwahrung. Eine Erwiderung, in: Der Bund, 10. März 1965.
o. A., 75 Jahre Heilstätte Nüchtern, 1891–1966, Bern 1966.
o. A., Anstaltsversorgung Jugendlicher wegen sittlicher Gefährdung, in: Zeitschrift für öffentliche Fürsorge, 65, 9 (1968), S. 142 f.
o. A., Anstaltsversorgung. Wahrung des rechtlichen Gehörs, in: Zeitschrift für öffentliche Fürsorge, 66, 8 (1969), S. 125 f.
o. A., Administrativversorgung und Verwaltungsgerichtsbarkeit in den Kantonen – Interpellation Schaffer im Nationalrat, in: Zeitschrift für öffentliche Fürsorge, 67, 1 (1970), S. 3–9.
o. A., Die Schweiz und die Menschenrechte. Begründung der Motion Eggenberger im Nationalrat, in: Zeitschrift für öffentliche Fürsorge, 69, 1 (1972), S. 2–4.
Pesch, Fritz, Ist die Administrativjustiz entbehrlich oder nicht?, in: Der Schweizerische Beobachter, 30. September 1938.
Rickenbach, Walter, Die Sozialarbeit der Schweiz, Zürich 1963.
Rickenbach, Walter, Sozialwesen und Sozialarbeit der Schweiz, Zürich 1968 (2., überarb. Aufl.).
Rickenbach, Walter, Sozialwesen und Sozialarbeit der Schweiz, Zürich 1972 (3., überarb. Aufl.).
Roten, Iris von, Frauen im Laufgitter. Offene Worte zur Stellung der Frau, Zürich 1996.
Sch., Experiment Schädelin. Ein Pfarrer wird Gemeinderat, in: Die Weltwoche, 23. Mai 1958.
Schaffroth, Johann Gottlieb, Geschichte des bernischen Gefängniswesens, Bern 1898.
Schär, Markus, Die Vormundschaft und Beistandschaft. Eine Wegleitung und Orientierung für bernische Vormundschaftsbehörden, Bern 1956.

Schneider, Robert, Hilfe für Menschen, die von der sozialen Ordnung abweichen, und Schutz der Gesellschaft ihnen gegenüber, in: Emma Steiger (Hg.), Handbuch der Sozialen Arbeit der Schweiz, Bd. 1: Systematische Übersicht über die soziale Arbeit, Zürich 1948, S. 96–105.
Schnyder, Bernhard, Die fürsorgerische Freiheitsentziehung, Referat an der Jahresversammlung der Schweizerischen Konferenz für öffentliche Fürsorge vom 14. Mai 1979, in: Zeitschrift für öffentliche Fürsorge, 76, 8 (1979), S. 113–126.
Schürmann, Leo, Bemerkungen zum Recht der administrativen Zwangsversorgung unter besonderer Berücksichtigung der solothurnischen Gesetzgebung und Verwaltungspraxis, in: Schweizerisches Zentralblatt für Staats- und Gemeindeverwaltung, 46, 24 (1945), S. 505–511.
Spirig, Eugen, Kommentar zum Schweizerischen Zivilgesetzbuch, Bd. 2: Das Familienrecht. Die allgemeine Ordnung der Vormundschaft: Die fürsorgerische Freiheitsentziehung, Art. 397a–397f, Zürich 1995 (3., überarb. Aufl.).
Spoendlin, Kaspar, Die verfassungsmässige Garantie der persönlichen Freiheit, Zürich 1945.
Stebler, Otto, Administrativversorgung und Menschenrechte, Referat gehalten am 3. Kurs für Fürsorgebeamte in der Region Nordwestschweiz in Lenzburg am 28./29. Oktober 1972, in: Zeitschrift für öffentliche Fürsorge, 69, 3 (1972), S. 33–44.
Stebler, Otto, Die gewandelte Gesellschaft und die heutigen Aufgaben des Sozialarbeiters, in: Zeitschrift für öffentliche Fürsorge, 66, 5 (1969), S. 67–71.
Steiger, Emma (Hg.), Handbuch der Sozialen Arbeit der Schweiz, Bd. 1: Systematische Übersicht über die soziale Arbeit, Zürich 1948.
Stickelberger, Rudolf, «Was nichts nützt, ist minderwertig», in: Schweizer Spiegel, 40, 7 (1965).
Thomet, Werner, Das neue bernische Fürsorgegesetz, in: Monatsschrift für bernisches Verwaltungsrecht und Notariatswesen, 60, 6 (1962), S. 177–191.
Tschäni, Hans, Profil der Schweiz. Ein lebendiges Staatsbild, Zürich 1966.
Waiblinger, Max, Die Abgrenzung der strafrechtlichen von den vormundschaftlichen und administrativen Kompetenzen der Anstaltseinweisung. Rererat an der Konferenz der Kantonalen Vormundschaftsdirektoren vom 14. April 1945 in Lausanne, Zürich 1945.
Wild, Albert, Soziale Fürsorge in der Schweiz, Zürich 1919.
Wittmer, Emil, Administrative oder vormundschaftliche Anstaltseinweisung, in: Schweizerisches Zentralblatt für Staats- und Gemeindeverwaltung, 67, 23 (1966), S. 473–477.
Zbinden, Karl, Die administrativen Einweisungsverfahren in der Schweiz, in: Verhandlungen des Schweizerischen Vereins für Straf-, Gefängniswesen und Schutzaufsicht, 21 (1942), S. 28–49.
Zbinden, Karl, Zur Reform der administrativen Zwangsversorgung von Gewohnheitsverbrechern, Liederlichen und Arbeitsscheuen, Zürich 1942.
Ziegler, August, Aufgabe und Haltung des Sozialfürsorgers gegenüber dem Hilfsbedürftigen, Referat gehalten an der 57. Jahrestagung der Schweizerischen Armenpflegerkonferenz vom 25. Mai 1964 in Lausanne, in: Der Armenpfleger, 61, 10 (1964), S. 149–152.
Zihlmann, Alfred, Einführung in die Praxis der Armenfürsorge. Ein Handbuch für neben- und ehrenamtliche Armenpfleger, Zürich 1955.
Zihlmann, Alfred, Liederlichkeit. Nach einer Diplomarbeit von Edith Haeberli, in: Der Armenpfleger, 47, 6 (1950), S. 1–7.
Zimmermann, Johann, Jakob Bürki, Denkschrift zum fünfzigjährigen Bestehen der Seeländischen Verpflegungsanstalt Worben, 1876–1926, Aarberg 1927.

Zumstein, W., Kritische Betrachtungen zum Verwaltungsjustizverfahren, in: Zeitschrift des Bernischen Juristenvereins, 9 (1946), S. 353–370.
Zurukzoglu, Stavros (Hg.), Verhütung erbkranken Nachwuchses. Eine kritische Betrachtung und Würdigung, Basel 1938.

Periodika

Der Armenpfleger, 1950, 1964, 1966
Berner Post, 1883
Der Bund, 1965
Monatsschrift für bernisches Verwaltungsrecht und Notariatswesen, 1955, 1962
Die Nation, 1938
Schweizer Spiegel, 1965
Der Schweizerische Beobachter, 1938
Schweizerische Zeitschrift für Gemeinnützigkeit, 1945
Schweizerisches Zentralblatt für Staats- und Gemeindeverwaltung, 1945
Verhandlungen des Schweizerischen Vereins für Straf-, Gefängniswesen und Schutzaufsicht, 1942
Zeitschrift des bernischen Juristenvereins, 1939
Zeitschrift für öffentliche Fürsorge, 1967–1973
Zeitschrift für Vormundschaftswesen, 1952, 1959
Zürcher Woche, 1965

Literatur

Akermann, Martina, Meerrohrstock, Karzer und Fluchring. Anstaltskritik und Strafpraxis im Erziehungsheim Rathausen in den 1940er-Jahren, Zürich 2004 (unpubl. Lizenziatsarbeit).
Altermatt, Urs, Vom Ende des Zweiten Weltkrieges bis zur Gegenwart (1945–1991), in: Alois Riklin et al. (Hg.), Neues Handbuch der schweizerischen Aussenpolitik, Bern, Stuttgart, Wien 1992, S. 61–78.
Althammer, Beate, Functions and developments of the *Arbeitshaus* in Germany. Brauweiler workhouse in the nineteenth and early twentieth Centuries, in: Andreas Gestrich et al. (Hg.), Being poor in modern Europe. Historical perspectives 1800–1940, Oxford 2006, S. 273–297.
Ammerer, Gerhard, Stefan Weiss (Hg.), Strafe, Disziplin und Besserung. Österreichische Zucht- und Arbeitshäuser von 1750–1850, Frankfurt am Main, Bern 2006.
Aregger, Othmar, Die Ouvertüre vom 17. Mai 1905 im Rathaus zu Brugg, in: Frauke Sassnick Spohn et al. (Hg.), Von der Armenpflege zur Sozialhilfe. Ein Jahrhundert SKOS & ZeSo, Bern 2005, S. 8–13.
Argast, Regula, Staatsbürgerschaft und Nation. Ausschliessung und Integration in der Schweiz 1848–1933, Göttingen 2007.
Argast, Regula et al., Wer gehört dazu? Bürgerrechtsakten in der Schweiz als Instrumente von Ein- und Ausschluss, in: Claudia Kaufmann, Walter Leimgruber (Hg.), Was Akten bewirken können. Integrations- und Ausschlussprozesse eines Verwaltungsvorgangs, Zürich 2008, S. 104–113.
Arni, Caroline, Entzweiungen. Die Krise der Ehe um 1900, Köln 2004.

Ayass, Wolfgang, Das Arbeitshaus Breitenau. Bettler, Landstreicher, Prostituierte, Zuhälter und Fürsorgeempfänger in der Korrektions- und Landarmenanstalt Breitenau (1874–1949), Kassel 1992.
Ayass, Wolfgang, Die «korrektionelle Nachhaft». Zur Geschichte der strafrechtlichen Arbeitshausunterbringung in Deutschland, in: Zeitschrift für neuere Rechtsgeschichte, 15, 3/4 (1993), S. 184–201.
Badertscher, Hans, Hans-Ulrich Grunder (Hg.), Geschichte der Erziehung und Schule in der Schweiz im 19. und 20. Jahrhundert, Bern, Stuttgart, Wien 1986.
Badran, Mounir, «Wiederholt versorgt gewesen». Zur «administrativen Anstaltsversorgung» im Kanton Nidwalden von 1942 bis 1981, in: Beiträge zur Geschichte Nidwaldens, 47 (2012), S. 49–76.
Bähler, Anna et al. (Hg.), Bern – die Geschichte der Stadt im 19. und 20. Jahrhundert. Stadtentwicklung, Gesellschaft, Wirtschaft, Politik und Kultur, Bern 2003.
Berends, R. et al., Arbeid ter disciplinering en bestraffing. Veenhuizen als onvrije kolonie van de Maatschappij van Weldadigheid 1823–1859, Zutphen 1984.
Berends, R., Door de ogen van de bezoeker. Meningen van buitenstaanders over «Veenhuizen», in: R. Berends et al., Arbeid ter disciplinering en bestraffing. Veenhuizen als onvrije kolonie van de Maatschappij van Weldadigheid 1823–1859, Zutphen 1984, S. 79–99.
Bergier, Jean-François, Die Wirtschaftsgeschichte der Schweiz. Von den Anfängen bis zur Gegenwart, Köln 1983.
Bernet, Brigitta, «Der bürgerliche Tod». Entmündigungsangst, Psychiatriekritik und die Krise des liberalen Subjektentwurfs um 1900, in: Marietta Meier et al., Zwang zur Ordnung. Psychiatrie im Kanton Zürich, 1870–1970, Zürich 2007, S. 117–153.
Bersier, Roland, La liberté personnelle. L'internement des aliénés et des asociaux. La stérilisation des asociaux, Cremines 1968.
Binswanger, Christa et al. (Hg.), Gender Scripts. Widerspenstige Aneignungen von Geschlechternormen, Frankfurt am Main, New York 2009.
Blanc, Jean-Daniel, Christine Luchsinger (Hg.), achtung: die 50er Jahre! Annäherungen an eine widersprüchliche Zeit, Zürich 1994.
Blok, Gemma, Baas in eigen brein. «Antipsychiatrie» in Nederland, 1965–1985, Amsterdam 2004.
Bochsler, Regula, Sabine Gisiger, Dienen in der Fremde. Dienstmädchen und ihre Herrschaften in der Schweiz des 20. Jahrhunderts, Zürich 1989.
Boillat, Valérie et al. (Hg.), Vom Wert der Arbeit. Schweizer Gewerkschaften – Geschichte und Geschichten, Zürich 2006.
Bollinger, Ernst, Der Schweizerische Beobachter, in: Historisches Lexikon der Schweiz (HLS), Version 8. September 2010, www.hls.ch.
Bossart, Peter, Persönliche Freiheit und administrative Versorgung, Winterthur 1965.
Bosshart-Pfluger, Catherine et al. (Hg.), Geschlecht und Wissen. Beiträge der 10. Schweizerischen Historikerinnentagung 2002, Zürich 2004.
Bourdieu, Pierre, Sozialer Raum und «Klassen». Leçon sur la leçon. Zwei Vorlesungen, Frankfurt am Main 1985.
Brändli, Sibylle et al., «Fälle» in der Geschichte von Medizin, Psychiatrie und Psychologie im 19. und 20. Jahrhundert, in: Sibylle Brändli et al. (Hg.), Zum Fall machen, zum Fall werden. Wissensproduktion und Patientenerfahrung in Medizin und Psychiatrie des 19. und 20. Jahrhunderts, Frankfurt am Main 2009, S. 7–29.
Brändli, Sibylle et al. (Hg.), Zum Fall machen, zum Fall werden. Wissensproduktion und Patientenerfahrung in Medizin und Psychiatrie des 19. und 20. Jahrhunderts, Frankfurt am Main 2009.

Brändli Blumenbach, Sibylle, Zur Geschichte der Beratung als Instrument der sozialen Integration. Eine Studie am Beispiel der Stadt Basel, 1950er bis 1990er Jahre, Zusammenfassung der wichtigsten Resultate (Auszug aus dem Schlussbericht), www.nfp51.ch (Zugriff: 4. November 2009).
Brassel-Moser, Ruedi, Drogen, in: Historisches Lexikon der Schweiz (HLS), Version 16. Oktober 2006, www.hls.ch.
Breidenstein, Georg, Geschlechtsunterschied und Sexualtrieb im Diskurs der Kastration Anfang des 20. Jahrhunderts, in: Christiane Eifert et al. (Hg.), Was sind Frauen? Was sind Männer? Geschlechterkonstruktionen im historischen Wandel, Frankfurt am Main 1996, S. 216–239.
Breuer, Stefan, Sozialdisziplinierung. Probleme und Problemverlagerungen eines Konzepts bei Max Weber, Gerhard Oestreich und Michel Foucault, in: Christoph Sachsse, Florian Tennstedt (Hg.), Soziale Sicherheit und soziale Disziplinierung. Beiträge zu einer historischen Theorie der Sozialpolitik, Frankfurt am Main 1986, S. 45–69.
Budde, Gunilla-Friederike, Das Geschlecht der Geschichte, in: Thomas Mergel, Thomas Welskopp (Hg.), Geschichte zwischen Kultur und Gesellschaft. Beiträge zur Theoriedebatte, München 1997, S. 125–150.
Bühler, Lucia, Der Skandal um die Erziehungsanstalt Sonnenberg 1944. Das Medienereignis von den Wertekonflikten im Erziehungswesen bis zur Anstaltskrise, Luzern 2009 (unpubl. Bachelorarbeit).
Bundi, Annetta, Andi Jacomet, «Das gibt es in der Schweiz!». Sozialreportagen in der «Nation» 1939–1952, Bern 1997 (unpubl. Seminararbeit).
Cagnazzo, Karin, Abtreibungs- und Sterilisationspraxis im Kanton Bern (1942–1953), in: Claudia Opitz et al. (Hg.), Kriminalisieren – Entkriminalisieren – Normalisieren, Zürich 2006, S. 337–351.
Canonica, Alan, Die Aufhebung der konfessionellen Ausnahmeartikel, 1973, in: Schweizerische Zeitschrift für Geschichte, 59, 4 (2009), S. 423–440.
Caroni, Pio, «Privatrecht». Eine sozialhistorische Einführung, Basel 1988.
Casale, Rita, Barbara Rendtorff (Hg.), Was kommt nach der Genderforschung? Zur Zukunft feministischer Theoriebildung, Bielefeld 2008.
Christen, Lisanne, Stephan Christen, Zwangseinweisungen in psychiatrische Kliniken in der Schweiz. Analyse der Psychiatrie-Zusatzdaten 2000–2002, Neuchâtel 2005.
Connell, R. W., James W. Messerschmidt, Hegemonic Masculinity. Rethinking the Concept, in: Gender & Society, 19, 6 (2005), S. 829–859.
Conrad, Christoph, Laura von Mandach (Hg.), Auf der Kippe. Integration und Ausschluss in Sozialhilfe und Sozialpolitik, Zürich 2008.
Conze, Werner (Hg.), Sozialgeschichte der Familie in der Neuzeit Europas, Stuttgart 1976.
Criblez, Lucien, Die Pädagogisierung der Strafe. Zur Geschichte von Jugendstrafrecht und Jugendmassnahmenvollzug in der Schweiz, in: Hans Badertscher, Hans-Ulrich Grunder (Hg.), Geschichte der Erziehung und Schule in der Schweiz im 19. und 20. Jahrhundert, Bern, Stuttgart, Wien 1997, S. 319–356.
Daniel, Ute, «Kultur» und «Gesellschaft». Überlegungen zum Gegenstandsbereich der Sozialgeschichte, in: Geschichte und Gesellschaft, 19, 1 (1993), S. 69–99.
Daniel, Ute, Kompendium Kulturgeschichte. Theorien, Praxis, Schlüsselwörter, Frankfurt am Main 2006 (5., überarb. Aufl.).
Degen, Bernard, Hochkonjunktur und Kalter Krieg, in: Valérie Boillat et al. (Hg.), Vom Wert der Arbeit. Schweizer Gewerkschaften – Geschichte und Geschichten, Zürich 2006, S. 229–275.

Diederiks, H. A. et al. (Hg.), Armoede en sociale spanning. Sociaal-historische studies over Leiden in de achttiende eeuw, Hilversum 1985.
Dinges, Martin, Frühneuzeitliche Armenfürsorge als Sozialdisziplinierung? Probleme mit einem Konzept, in: Geschichte und Gesellschaft, 17,1 (1991), S. 5–29.
Dreifuss, Eric, Die Schweiz und das Dritte Reich. Vier deutschschweizerische Zeitungen im Zeitalter des Faschismus 1933–1939, Frauenfeld 1971.
Dubach, Roswitha, Abtreibungspolitik und Sterilisationspraxis in Zürich in den 1930er-Jahren. Folgerungen für die zürcherische Sterilisationsdebatte, in: Véronique Mottier, Laura von Mandach (Hg.), Pflege, Stigmatisierung und Eugenik. Integration und Ausschluss in Medizin, Psychiatrie und Sozialhilfe, Zürich 2007, S. 51–62.
Dubach, Roswitha, Zur «Sozialisierung» einer medizinischen Massnahme. Sterilisationspraxis der Psychiatrischen Poliklinik Zürich in den 1930er Jahren, in: Marietta Meier et al., Zwang zur Ordnung. Psychiatrie im Kanton Zürich, 1870–1970, Zürich 2007, S. 155–194.
Dubler, Anne-Marie, Bern (Amtsbezirk), in: Historisches Lexikon der Schweiz (HLS), Version 3. Juli 2002, www.hls.ch.
Dubs, Hans, Die rechtlichen Grundlagen der Anstaltsversorgung in der Schweiz. Unter besonderer Berücksichtigung des gegenseitigen Verhältnisses gleichartiger Versorgungsnormen, Basel 1955.
Eder, Franz X. (Hg.), Historische Diskursanalysen. Genealogie, Theorie, Anwendungen, Wiesbaden 2006.
Eder, Franz X., Historische Diskurse und ihre Analyse – eine Einleitung, in: Franz X. Eder (Hg.), Historische Diskursanalysen. Genealogie, Theorie, Anwendungen, Wiesbaden 2006, S. 9–23.
Eifert, Christiane et al. (Hg.), Was sind Frauen? Was sind Männer? Geschlechterkonstruktionen im historischen Wandel, Frankfurt am Main 1996.
Färber, Thomas, Bernhard C. Schär, Zwischen bürgerlicher Reform und jugendlicher Revolte. Die Nonkonformisten, in: Bernhard C. Schär et al. (Hg.). Bern 68. Lokalgeschichte eines globalen Aufbruchs – Ereignisse und Erinnerungen, Baden 2008, S. 15–27.
Farge, Arlette, Michel Foucault, Familiäre Konflikte: Die «Lettres de cachet». Aus den Archiven der Bastille im 18. Jahrhundert, Frankfurt am Main 1989.
Finsterwald, Marco, Kindswegnahmen durch das Jugendamt Bern (1945–1960), Bern 2005 (unpubl. Lizenziatsarbeit).
Fischer, Wolfram, Armut in der Geschichte, Göttingen 1982.
Flückiger, Daniel, Repräsentanten der Obrigkeit – volksnahe Vermittler. 200 Jahre Regierungsstatthalter im Kanton Bern, in: Berner Zeitschrift für Geschichte und Heimatkunde, 68, 1 (2006), S. 1–62.
Foucault, Michel, Archäologie des Wissens, Frankfurt am Main 1981.
Foucault, Michel, Wahnsinn und Gesellschaft. Eine Geschichte des Wahns im Zeitalter der Vernunft, Frankfurt am Main 1993.
Foucault, Michel, Überwachen und Strafen. Die Geburt des Gefängnisses, Frankfurt am Main 1994.
Frohman, Larry, Poor Relief and Welfare in Germany from the Reformation to World War I, New York 2008.
Gallati, Mischa, Die Praxis der Berner Vormundschaftsbehörden, in: Gisela Hauss et al. (Hg.), Eingriffe ins Leben. Fürsorge und Eugenik in zwei Schweizer Städten (1920–1950), Zürich 2012, S. 105–144.
Gallati, Mischa, Vormundschaft und Jugendfürsorge in der Stadt Bern – institutioneller

Aufbau, in: Gisela Hauss et al. (Hg.), Eingriffe ins Leben. Fürsorge und Eugenik in zwei Schweizer Städten (1920–1950), Zürich 2012, S. 87–103
Gallati, Werner, 100 Jahre Alters- und Pflegeheim Frienisberg, in: Burgdorfer Jahrbuch, 65 (1998), S. 105–132.
Galle, Sara, Thomas Meier, Stigmatisieren, Diskriminieren, Kriminalisieren. Zur Assimilation der jenischen Minderheit in der modernen Schweiz, in: Claudia Opitz et al. (Hg.), Kriminalisieren – Entkriminalisieren – Normalisieren, Zürich 2006, S. 279–295.
Galle, Sara, Thomas Meier, Von Menschen und Akten. Die Aktion «Kinder der Landstrasse» der Stiftung Pro Juventute, Zürich 2009.
Gassmann, Jürg, Fürsorgerische Freiheitsentziehung: Kanonenboot oder Rettungsdampfer?, in: Pro Mente Sana aktuell. Fürsorgerische Freiheitsentziehung (FFE), 4 (2002), S. 18–20.
Gäumann, Susanne, Das Hospiz der Hoffnungslosigkeit. Das Hospice Le Pré-aux-Bœufs, Endstation des Fürsorgerischen Freiheitsentzugs (FFE), in: Tages-Anzeiger, 29. November 1994.
Gees, Thomas, Die Schweiz im Europäisierungsprozess. Wirtschafts- und gesellschaftspolitische Konzepte am Beispiel der Arbeitsmigrations-, Agrar- und Wissenschaftspolitik, 1947–1974, Zürich 2006.
Geremek, Bronislaw, Geschichte der Armut. Elend und Barmherzigkeit in Europa, München 1991.
Germann, Urs, Psychiatrie und Strafjustiz. Entstehung, Praxis und Ausdifferenzierung der forensischen Psychiatrie in der deutschsprachigen Schweiz 1850–1950, Zürich 2004.
Germann, Urs, Arbeit als Medizin: Die «aktivere Krankenbehandlung» 1930–1960, in: Marietta Meier et al., Zwang zur Ordnung. Psychiatrie im Kanton Zürich, 1870–1970, Zürich 2007, S. 195–234.
Germann, Urs, Verbrechensbekämpfung als Kulturarbeit. Das Projekt einer interkantonalen Verwahrungsanstalt in der Linthebene in den 1920er-Jahren, in: traverse, 14, 2 (2007), S. 110–124.
Germann, Urs, Die späte Erfindung der Zweispurigkeit, in: Schweizerische Zeitschrift für Strafrecht, 127, 2 (2009), S. 152–176.
Germann, Urs, Zweispurige Verbrechensbekämpfung. Kriminalpolitik und Gesetzgebung im transnationalen Diskurs: Franz von Liszt, die schweizerische Strafrechtsreform und die Zweispurigkeit von Strafen und Massregeln, in: Rechtsgeschichte, 14 (2009), S. 84–121.
Germann, Urs, Amtliche Schutzaufsicht und bedingter Straferlass im Kontext der bernischen Kriminalpolitik an der Wende vom 19. zum 20. Jahrhundert, in: Brigitte Studer, Sonja Matter (Hg.), Zwischen Aufsicht und Fürsorge. Die Geschichte der Bewährungshilfe im Kanton Bern, Bern 2011, S. 49–62.
Germann, Urs, Marietta Meier, Fallgeschichten, in: traverse, 13, 2 (2006), S. 19–23.
Gestrich, Andreas et al. (Hg.), Being Poor in Modern Europe. Historical Perspectives 1800–1940, Oxford 2006.
Gilomen, Hans-Jörg et al. (Hg.), Von der Barmherzigkeit zur Sozialversicherung. Umbrüche und Kontinuitäten vom Spätmittelalter zum 20. Jahrhundert, Zürich 2002.
Goffman, Erving, Asyle. Über die soziale Situation psychiatrischer Patienten und anderer Insassen, Frankfurt am Main 2006.
Goffman, Erving, Stigma. Über Techniken der Bewältigung beschädigter Identität, Frankfurt am Main 1975.
Gossenreiter, Anna, Psychopathinnen und Schwachsinnige. Eugenischer Diskurs in

Psychiatrie und Fürsorge. Die Sterilisation von weiblichen Mündeln der Vormundschaftsbehörde Zürich 1918–1933, Zürich 1992 (unpubl. Lizenziatsarbeit).
Gossenreiter, Anna, Die Sterilisation in den 1920er und 1930er Jahren als Sozialpolitik und medizinisches Mittel, in: Rudolf Jaun, Brigitte Studer (Hg.), weiblich – männlich. Geschlechterverhältnisse in der Schweiz: Rechtsprechung, Diskurs, Praktiken, Zürich 1995, S. 231–244.
Gossenreiter, Anna et al., «... und wird dazu angehalten, einen sittlich einwandfreien Lebenswandel zu führen». Frauen und Männer als Objekte fürsorgerischer Massnahmen in den 1920er und 1930er Jahren, in: Franziska Jenny et al. (Hg.), Orte der Geschlechtergeschichte. Beiträge zur 7. Schweizerischen Historikerinnentagung, Zürich 1994, S. 57–97.
Grisard, Dominique, Disziplinierung zum «Weiblichen». Der Frauenstrafvollzug am Beispiel der Zwangsarbeitsanstalt Thorberg 1849–1893, Freiburg 1999 (unpubl. Lizenziatsarbeit).
Grisard, Dominique, Das Bild der delinquenten Frau am Beispiel der Zwangsarbeitsanstalt Thorberg 1849–1893, in: Catherine Bosshart-Pfluger et al. (Hg.), Geschlecht und Wissen. Beiträge der 10. Schweizerischen Historikerinnentagung 2002, Zürich 2004, S. 215–226.
Grisard, Dominique, Mit Sicherheit gegen Terrorismus. Schweizer Sicherheitsdiskurse der späten 1970er Jahre, in: Patricia Purtschert et al. (Hg.), Gouvernementalität und Sicherheit. Zeitdiagnostische Beiträge im Anschluss an Foucault, Bielefeld 2008, S. 173–200.
Gruner, Erich, Arbeiterschaft und Wirtschaft in der Schweiz 1880–1914. Soziale Lage, Organisation und Kämpfe von Arbeitern und Unternehmern, politische Organisation und Sozialpolitik, Bd. 1: Demographische, wirtschaftliche und soziale Basis und Arbeitsbedingungen, Zürich 1987.
Guex, Sébastien et al. (Hg.), Krisen und Stabilisierung. Die Schweiz in der Zwischenkriegszeit, Zürich 1998.
Haefliger, Arthur, Frank Schürmann, Die Europäische Menschenrechtskonvention und die Schweiz. Die Bedeutung der Konvention für die schweizerische Rechtspraxis, Bern 1999 (2., überarb. Aufl.).
Hardmeier, Sibylle, Frühe Frauenstimmrechtsbewegung in der Schweiz (1890–1930). Argumente, Strategien, Netzwerk und Gegenbewegung, Zürich 1997.
Hark, Sabine (Hg.), Dis/Kontinuitäten. Feministische Theorie, Opladen 2007 (2., überarb. Aufl.).
Hausen, Karin, Die Polarisierung der «Geschlechtscharaktere». Eine Spiegelung der Dissoziation von Erwerbs- und Familienleben, in: Werner Conze (Hg.), Sozialgeschichte der Familie in der Neuzeit Europas, Stuttgart 1976, S. 363 bis 393.
Hauss, Gisela, Vormundschaftliche Eingriffe zwischen Recht und Willkür. Eine Untersuchung zivilrechtlicher Praxis auf dem Vormundschaftsamt (1920–1950), in: Gisela Hauss, Béatrice Ziegler (Hg.), Helfen, Erziehen, Verwalten. Beiträge zur Geschichte der Sozialen Arbeit in St. Gallen, Zürich 2010, S. 187–200.
Hauss, Gisela, Béatrice Ziegler, Norm und Ausschluss in Vormundschaft und Psychiatrie. Zum institutionellen Umgang mit jungen Frauen, in: Véronique Mottier, Laura von Mandach (Hg.), Pflege, Stigmatisierung und Eugenik. Integration und Ausschluss in Medizin, Psychiatrie und Sozialhilfe, Zürich 2007, S. 63–75.
Hauss, Gisela, Béatrice Ziegler, Sterilisation bei Armen und Unmündigen. Eine Untersuchung der Vormundschaftspraxis in den Städten St. Gallen und Bern, in: Regina

Wecker et al. (Hg.), Wie nationalsozialistisch ist die Eugenik? Internationale Debatten zur Geschichte der Eugenik im 20. Jahrhundert, Wien 2009, S. 75–92.
Hauss, Gisela, Béatrice Ziegler (Hg.), Helfen, Erziehen, Verwalten. Beiträge zur Geschichte der Sozialen Arbeit in St. Gallen, Zürich 2010.
Hauss, Gisela et al. (Hg.), Eingriffe ins Leben. Fürsorge und Eugenik in zwei Schweizer Städten (1920–1950), Zürich 2012.
Head, Anne-Lise, Brigitte Schnegg (Hg.), Armut in der Schweiz (17.–20. Jhd.), Zürich 1989.
Heller, Geneviève et al., Rejetées, rebelles, mal adaptées. Débats sur l'eugénisme: Pratiques de la stérilisation non volontaire en Suisse romande au 20e siècle, Paris 2002.
Hettling, Manfred, Bürgerlichkeit. Eine ungesellige Geselligkeit, in: Manfred Hettling et al. (Hg.), Eine kleine Geschichte der Schweiz. Der Bundesstaat und seine Traditionen, Frankfurt am Main 1998, S. 227–262.
Hettling, Manfred, Die persönliche Selbständigkeit, in: Manfred Hettling, Stefan-Ludwig Hofmann (Hg.), Der bürgerliche Wertehimmel. Innenansichten des 19. Jahrhunderts, Göttingen 2000, S. 57–78.
Hettling, Manfred, Stefan-Ludwig Hofmann, Der bürgerliche Wertehimmel. Zum Problem individueller Lebensführung im 19. Jahrhundert, in: Geschichte und Gesellschaft, 23, 3 (1997), S. 333–359.
Hettling, Manfred, Stefan-Ludwig Hofmann, Zur Historisierung bürgerlicher Werte, in: Manfred Hettling, Stefan-Ludwig Hofmann (Hg.), Der bürgerliche Wertehimmel. Innenansichten des 19. Jahrhunderts, Göttingen 2000, S. 7–21.
Hettling, Manfred, Stefan-Ludwig Hofmann (Hg.), Der bürgerliche Wertehimmel. Innenansichten des 19. Jahrhunderts, Göttingen 2000.
Hettling, Manfred et al. (Hg.), Eine kleine Geschichte der Schweiz. Der Bundesstaat und seine Traditionen, Frankfurt am Main 1998.
Hofer, Paul, Die Kunstdenkmäler des Kantons Bern, Bd. 3: Die Staatsbauten der Stadt Bern, Basel 1947.
Höffling Christian et al., Deutungsmusteranalyse in der kriminologischen Forschung, in: Forum qualitative Sozialforschung, 3, 1 (2002), http://nbn-resolving.de/urn:nbn:de:0114-fqs0201149 (Zugriff: 1. Dezember 2010).
Honegger, Claudia, Die Ordnung der Geschlechter. Die Wissenschaften vom Menschen und das Weib, Frankfurt am Main, New York 1991.
Horowitz, Liz, «Aus einem harten Stein können Sie nie ein Butterwegglein machen». «Lasterhafter Lebenswandel» als Entmündigungsgrund bei Frauen in den 1920er Jahren in Zürich, Zürich 1992 (unpubl. Lizenziatsarbeit).
Hug, Daniel, Verwaltungspraktiken des Strafvollzugs am Beispiel der Strafanstalt Thorberg 1940 bis 1954. Das Erfassen, Verwalten und Beurteilen von personenspezifischen Daten zur Überprüfung der Wirkung des Strafvollzugs, Bern 2005 (unpubl. Lizenziatsarbeit).
Hug, Peter, Vom Neutralismus zur Westintegration. Zur schweizerischen Aussenpolitik in der Nachkriegszeit, in: Walter Leimgruber, Werner Fischer (Hg.), «Goldene Jahre». Zur Geschichte der Schweiz seit 1945, Zürich 1999, S. 59–100.
Hug-Beeli, Gustav, Persönliche Freiheit und besondere Gewaltverhältnisse, Zürich 1976.
Hungerbühler, Andrea, «Hegemoniale Maskulinität» im Bergführerberuf? Empirische Befunde und theoretische Implikationen, in: Christa Binswanger et al. (Hg.), Gender Scripts. Widerspenstige Aneignungen von Geschlechternormen, Frankfurt am Main, New York 2009, S. 120–143.
Huonker, Thomas, Diagnose: «moralisch defekt». Kastration, Sterilisation und Rassen-

hygiene im Dienst der Schweizer Sozialpolitik und Psychiatrie 1890–1970, Zürich 2003.
Huonker, Thomas, Wandlungen einer Institution. Vom Männerheim zum Werk- und Wohnhaus, in: Thomas Huonker et al., Wandlungen einer Institution. Vom Männerheim [Rossau] zum Werk- und Wohnhaus [Weid], Mettmenstetten 2003, S. 11–127.
Huonker, Thomas, Zürcher Diskurse über Zwangsarbeitsanstalten, «Korrektion» und «Verwahrung» zwischen 1840 und 1930, Zürich 2008, www.thata.ch/zuercherdiskurseueberzwangsarbeit1840bis1930.html (Zugriff: 23. Juni 2011).
Huonker, Thomas, Regula Ludi, Roma, Sinti und Jenische. Schweizerische Zigeunerpolitik zur Zeit des Nationalsozialismus, Zürich 2001.
Huonker, Thomas, Peter Niederhäuser, 800 Jahre Kloster Kappel. Abtei, Armenanstalt, Bildungshaus, Zürich 2008.
Imboden, Gabriela et al., Abtreibung und Sterilisation – Psychiatrie und Geburtenkontrolle. Zur Entwicklung im Kanton Basel-Stadt, 1920–1960, in: Véronique Mottier, Laura von Mandach (Hg.), Pflege, Stigmatisierung und Eugenik. Integration und Ausschluss in Medizin, Psychiatrie und Sozialhilfe, Zürich 2007, S. 38–50.
Im Hof, Ulrich et al., Geschichte der Schweiz und der Schweizer, Basel, Frankfurt am Main 1986.
Innes, Joanna, Prisons for the poor. English Bridewells 1555–1800, in: Francis G. Snyder, Douglas Hay (Hg.), Labour, Law, and Crime. A Historical Perspective, London, New York 1987, S. 42–122.
Janiak, Claude, Die Anstalten in Witzwil BE, Aarau 1976.
Jansen, Suzanna, Het pauperparadijs. Een familiegeschiedenis, Amsterdam 2009.
Jaun, Rudolf, Brigitte Studer (Hg.), weiblich – männlich. Geschlechterverhältnisse in der Schweiz: Rechtsprechung, Diskurs, Praktiken, Zürich 1995.
Jenny, Franziska et al. (Hg.), Orte der Geschlechtergeschichte. Beiträge zur 7. Schweizerischen Historikerinnentagung, Zürich 1994.
Jenzer, Sabine, «… in Begleitung von weissbeschuhten und stark parfümierten Mädchen». Die Deutschschweizer Vereine zur Hebung der Sittlichkeit und ihr bürgerlicher Blick auf die (potentielle) Prostituierte im fin de siècle, in: Ariadne, 55 (2009), S. 34–39.
Jorio, Marco, Ausnahmeartikel, in: Historisches Lexikon der Schweiz (HLS), Version 28. Juli 2008, www.hls.ch.
Jorio, Marco, Geistige Landesverteidigung, in: Historisches Lexikon der Schweiz (HLS), Version 23. November 2006, www.hls.ch.
Jost, Hans Ulrich, Bedrohung und Enge (1914–1945), in: Ulrich Im Hof et al., Geschichte der Schweiz und der Schweizer, Basel, Frankfurt am Main 1986, S. 731–819.
Junker, Beat, Geschichte des Kantons Bern seit 1798, Bd. 2: Die Entstehung des demokratischen Volksstaates 1831–1880, Bern 1990.
Junker, Beat, Geschichte des Kantons Bern seit 1798, Bd. 3: Tradition und Aufbruch 1881–1995, Bern 1996.
Jütte, Robert, Arme, Bettler, Beutelschneider. Eine Sozialgeschichte der Armut in der Frühen Neuzeit, Weimar 2000.
Kaminski, Andrzej J., Konzentrationslager 1896 bis heute. Eine Analyse, Stuttgart 1982.
Kaufmann, Claudia, Walter Leimgruber (Hg.), Was Akten bewirken können. Integrations- und Ausschlussprozesse eines Verwaltungsvorgangs, Zürich 2008.
Kaufmann, Robert Uri, Judentum. Der Weg zur Emanzipation (1798–1879), in: Historisches Lexikon der Schweiz (HLS), Version 4. Februar 2008, www.hls.ch.
Keller, Eva, Die Entlassenenfürsorge und der Bernische Schutzaufsichtsverein

1839–1886, in: Brigitte Studer, Sonja Matter (Hg.), Zwischen Aufsicht und Fürsorge. Die Geschichte der Bewährungshilfe im Kanton Bern, Bern 2011, S. 23–30.
Keller, Reiner, Wissen oder Sprache? Für eine wissensanalytische Profilierung der Diskursforschung, in: Franz X. Eder (Hg.), Historische Diskursanalysen. Genealogie, Theorie, Anwendungen, Wiesbaden 2006, S. 51–69.
Killias, Antoinette, Die Entmündigung von Trunksüchtigen in den 1920er Jahren. Eine geschlechtsspezifische Untersuchung anhand von Vormundschaftsakten, Zürich 1993 (unpubl. Lizenziatsarbeit).
Kley, Andreas, Rechtsstaat, in: Historisches Lexikon der Schweiz (HLS), Version 3. August 2010, www.hls.ch.
Kley, Andreas, Menschenrechte, in: Historisches Lexikon der Schweiz (HLS), Version 18. August 2009, www.hls.ch.
Klinger, Cornelia, Gudrun-Axeli Knapp, Achsen der Ungleichheit – Achsen der Differenz. Verhältnisbestimmungen von Klasse, Geschlecht, «Rasse»/Ethnizität, in: Cornelia Klinger et al. (Hg.), Achsen der Ungleichheit. Zum Verhältnis von Klasse, Geschlecht und Ethnizität, Frankfurt am Main 2007, S. 19–41.
Klinger, Cornelia et al. (Hg.), Achsen der Ungleichheit. Zum Verhältnis von Klasse, Geschlecht und Ethnizität, Frankfurt am Main 2007.
Knapp, Gudrun-Axeli, «Intersectionality» – ein neues Paradigma der Geschlechterforschung, in: Rita Casale, Barbara Rendtorff (Hg.), Was kommt nach der Genderforschung? Zur Zukunft feministischer Theoriebildung, Bielefeld 2008, S. 33–53.
Knapp, Gudrun-Axeli, «Intersectionality» – ein neues Paradigma feministischer Theorie? Zur transatlantischen Reise von «Race, Class, Gender», in: Feministische Studien, 23, 1 (2005), S. 68–81.
König, Mario, Politik und Gesellschaft im 20. Jahrhundert. Krisen, Konflikte, Reformen, in: Manfred Hettling et al. (Hg.), Eine kleine Geschichte der Schweiz. Der Bundesstaat und seine Traditionen, Frankfurt am Main 1998, S. 21–90.
König, Mario, Rasanter Stillstand und zähe Bewegung. Schweizerische Innenpolitik im Kalten Krieg – und darüber hinaus, in: Walter Leimgruber, Werner Fischer (Hg.), «Goldene Jahre». Zur Geschichte der Schweiz seit 1945, Zürich 1999, S. 151–172.
Kotek, Joël, Pierre Rigoulot, Das Jahrhundert der Lager. Gefangenschaft, Zwangsarbeit, Vernichtung, Berlin 2001.
Lamnek, Siegfried, Qualitative Sozialforschung, Weinheim 2005 (4., überarb. Aufl.).
Landwehr, Achim, Historische Diskursanalyse, Frankfurt am Main 2008 (2., überarb. Aufl.).
Lavoyer, Matthieu, Les lettres de cachet de la République. L'internement administratif dans le Canton de Neuchâtel (1939–1963), Neuchâtel 2013 (unpubl. travail de mémoire).
Leimgruber, Walter, Werner Fischer (Hg.), «Goldene Jahre». Zur Geschichte der Schweiz seit 1945, Zürich 1999.
Leimgruber, Walter et al., Das Hilfswerk für die Kinder der Landstrasse. Historische Studie aufgrund der Akten der Stiftung Pro Juventute im Schweizerischen Bundesarchiv, Bern 1998.
Lengwiler, Martin, Stefan Beck, Historizität, Materialität und Hybridität von Wissenspraxen. Die Entwicklung europäischer Präventionsregime im 20. Jahrhundert, in: Geschichte und Gesellschaft, 34, 4 (2008), S. 489–523.
Lerch, Fredi, Erwin Marti, Der Erzieher C. A. Loosli, in: Carl Albert Loosli, Anstalts-

leben, Werke Bd. 1: Verdingkinder und Jugendrecht, Fredi Lerch, Erwin Marti (Hg.), Zürich 2006, S. 9–18.
Lerch, Fredi, Muellers Weg ins Paradies. Nonkonformismus im Bern der sechziger Jahre, Zürich 2001.
Leuenberger, Marco, Verdingkinder. Geschichte der armenrechtlichen Kinderfürsorge im Kanton Bern, 1847–1945, Freiburg 1991 (unpubl. Lizenziatsarbeit).
Leuenberger, Marco et al., «Die Behörde beschliesst» – zum Wohle des Kindes? Fremdplatzierte Kinder im Kanton Bern 1912–1978, Baden 2011.
Leuenberger, Marco, Loretta Seglias (Hg.), Versorgt und vergessen. Ehemalige Verdingkinder erzählen, Zürich 2008.
Leuthardt-Stoecklin, Annelies, Die Anstalten in Hindelbank BE, Aarau, Frankfurt am Main, Salzburg 1979.
Linden, Marcel van der, Proletariat, in: Marcello Musto (Hg.), The Marx Revival (im Druck).
Lindner, Rolf, «Unterschicht». Eine Gespensterdebatte, in: Rolf Lindner, Lutz Musner (Hg.), Unterschicht. Kulturwissenschaftliche Erkundungen der «Armen» in Geschichte und Gegenwart, Freiburg im Breisgau 2008, S. 9–17.
Lindner, Rolf, Lutz Musner (Hg.), Unterschicht. Kulturwissenschaftliche Erkundungen der «Armen» in Geschichte und Gegenwart, Freiburg im Breisgau 2008.
Linke, Manfred, Schweizerische Aussenpolitik der Nachkriegszeit (1945–1989). Eine von amtlichen Verlautbarungen des Bundesrates ausgehende Darstellung und Analyse, Chur, Zürich 1995.
Lippuner, Sabine, Bessern und Verwahren. Die Praxis der administrativen Versorgung von «Liederlichen» und «Arbeitsscheuen» in der thurgauischen Zwangsarbeitsanstalt Kalchrain (19. und frühes 20. Jahrhundert), Frauenfeld 2005.
Locher, Eva, Zwischen Macht und Ohnmacht. Die administrative Versorgung «gefallener» Mädchen ins freiburgische Institut Bon Pasteur in den 1920er bis 1940er Jahren, Freiburg 2011 (unpubl. Masterarbeit).
Lorenz, Walter, Social Work in a Changing Europe, London, New York 1994.
Ludi, Niklaus, Die Armengesetzgebung des Kantons Bern im 19. Jahrhundert, Bern 1975.
Ludi, Regula, Die Fabrikation des Verbrechens. Zur Geschichte der modernen Kriminalpolitik 1750–1850, Bern 1999.
Ludi, Regula, Frauenarmut und weibliche Devianz um die Mitte des 19. Jahrhunderts im Kanton Bern, in: Anne-Lise Head, Brigitte Schnegg (Hg.), Armut in der Schweiz (17.–20. Jhd.), Zürich 1989, S. 19–32.
Magnin, Chantal, Der Alleinernährer. Eine Rekonstruktion der Ordnung der Geschlechter im Kontext der sozialpolitischen Diskussionen von 1945 bis 1960 in der Schweiz, in: Hans-Jörg Gilomen et al. (Hg.), Von der Barmherzigkeit zur Sozialversicherung. Umbrüche und Kontinuitäten vom Spätmittelalter zum 20. Jahrhundert, Zürich 2002, S. 387–400.
Marti, Erwin, Carl Albert Loosli 1877–1959, Bd. 1: Zwischen Jugendgefängnis und Pariser Bohème (1877–1907), Zürich 1996.
Marti, Erwin, Carl Albert Loosli 1877–1959, Bd. 2: Eulenspiegel in helvetischen Landen (1904–1914), Zürich 1999.
Marti, Erwin, Carl Albert Loosli 1877–1959, Bd. 3/1: Im eigenen Land verbannt (1914–1959), Zürich 2009.
Marti, Hans, Die staatsrechtliche Beschwerde. Mit Berücksichtigung der bundesgerichtlichen Rechtsprechung bis zum 1. August 1978, Bern 1979.

Matter, Sonja, Verletzte Körper. Eheliche Gewalt vor dem Luzerner Scheidungsgericht zu Beginn der 1940er Jahre, Nordhausen 2005.
Matter, Sonja, Der Armut auf den Leib rücken. Die Professionalisierung der Sozialen Arbeit in der Schweiz (1900–1960), Zürich 2011.
Matter, Sonja, Wissenstransfer und Geschlecht. Die Rezeption «amerikanischer» Methoden in der Schweizer Sozialarbeit der 1950er-Jahre, in: Ariadne, 49 (2006), S. 49–57.
Meier, Marietta, Zwangssterilisationen in der Schweiz. Zum Stand der Forschungsdebatte, in: traverse, 11, 1 (2004), S. 131–146.
Meier, Marietta, Ordnungsversuche und Grenzziehungen. Krankenakten in der Psychiatrie, in: Claudia Kaufmann, Walter Leimgruber (Hg.), Was Akten bewirken können. Integrations- und Ausschlussprozesse eines Verwaltungsvorgangs, Zürich 2008, S. 66–75.
Meier, Marietta et al., Das institutionelle Setting der Zürcher Psychiatrie: Anstalten und Netzwerke, in: Marietta Meier et al., Zwang zur Ordnung. Psychiatrie im Kanton Zürich, 1870–1970, Zürich 2007, S. 47–86.
Meier, Marietta et al., Lässt sich Zwang zählen? Ein quantitativer Überblick über PatientInnen, psychiatrische Massnahmen und deren Motive, in: Marietta Meier et al., Zwang zur Ordnung. Psychiatrie im Kanton Zürich, 1870–1970, Zürich 2007, S. 87–114.
Meier, Marietta et al., Zwang zur Ordnung. Psychiatrie im Kanton Zürich, 1870–1970, Zürich 2007.
Meier, Thomas, Die Verfolgung der Jenischen in der Schweiz durch das «Hilfswerk für die Kinder der Landstrasse» (1926–1973), in: Dietmar Sedlaczek et al. (Hg.), «minderwertig» und «asozial». Stationen der Verfolgung gesellschaftlicher Aussenseiter, Zürich 2005, S. 157–178.
Meier, Thomas, Aktenführung und Stigmatisierung am Beispiel des «Hilfswerks für die Kinder der Landstrasse», in: Claudia Kaufmann, Walter Leimgruber (Hg.), Was Akten bewirken können. Integrations- und Ausschlussprozesse eines Verwaltungsvorgangs, Zürich 2007, S. 50–65.
Meier, Thomas, Zigeunerpolitik und Zigeunerdiskurs in der Schweiz 1850–1970, in: Michael Zimmermann (Hg.), Zwischen Erziehung und Vernichtung. Zigeunerpolitik und Zigeunerforschung im Europa des 20. Jahrhunderts, München 2007, S. 226–239.
Meier, Thomas, Rolf Wolfensberger, «Eine Heimat und doch keine». Heimatlose und Nicht-Sesshafte in der Schweiz (16.–19. Jahrhundert), Zürich 1998.
Mergel, Thomas, Thomas Welskopp (Hg.), Geschichte zwischen Kultur und Gesellschaft. Beiträge zur Theoriedebatte, München 1997.
Mesmer, Beatrix, Ausgeklammert – Eingeklammert. Frauen und Frauenorganisationen in der Schweiz des 19. Jahrhunderts, Basel 1988.
Mesmer, Beatrix, Staatsbürgerinnen ohne Stimmrecht. Die Politik der schweizerischen Frauenverbände 1914–1971, Zürich 2007.
Milton, Sibyl, Die Konzentrationslager der dreissiger Jahre im Bild der in- und ausländischen Presse, in: Ulrich Herbert et al. (Hg.), Die nationalsozialistischen Konzentrationslager. Entwicklung und Struktur, Bd. 1, Göttingen 1998, S. 134–147.
Mooser, Josef, Die «Geistige Landesverteidigung» in den 1930er Jahren. Profile und Kontext eines vielschichtigen Phänomens der schweizerischen politischen Kultur in der Zwischenkriegszeit, in: Schweizerische Zeitschrift für Geschichte, 47, 4 (1997), S. 685–708.
Morsink, Johannes, The Universal Declaration of Human Rights. Origins, Draftings and Intent, Philadelphia 1999.
Moser Lustenberger, Katharina, Kindswegnahmen und Fremdplatzierungen. Die Praxis

der Vormundschafts- und Armenbehörde der Stadt Bern 1920–1940, Bern 2006 (unpubl. Lizenziatsarbeit).
Mottier, Véronique, Laura von Mandach (Hg.), Pflege, Stigmatisierung und Eugenik. Integration und Ausschluss in Medizin, Psychiatrie und Sozialhilfe, Zürich 2007.
Müller, Jörg Paul, Markus Schefer, Grundrechte in der Schweiz im Rahmen der Bundesverfassung, der EMRK und der UNO-Pakte, Bern 2008 (4., überarb. Aufl.).
o. A. 100 Jahre Anstalten Witzwil 1895–1995, Schwarzenburg 1995.
o. A., 100 Jahre Anstalten in Hindelbank, Hünibach 1996.
Oestreich, Gerhard, Geist und Gestalt des frühmodernen Staates, Berlin 1969.
Oestreich, Gerhard, Strukturprobleme des europäischen Absolutismus, in: Gerhard Oestreich, Geist und Gestalt des frühmodernen Staates, Berlin 1969, S. 179–197.
Opitz, Claudia et al. (Hg.), Kriminalisieren – Entkriminalisieren – Normalisieren, Zürich 2006.
Opitz-Belakhal, Claudia, Um-Ordnungen der Geschlechter. Einführung in die Geschlechtergeschichte, Tübingen 2005.
Orth, Karin, Das System der nationalsozialistischen Konzentrationslager. Eine politische Organisationsgeschichte, Hamburg 1999.
Peter-Kubli, Susanne, Schwarzenbach, James, in: Historisches Lexikon der Schweiz (HLS), Version 9. Juli 2010, www.hls.ch.
Peukert, Detlev, Grenzen der Sozialdisziplinierung. Aufstieg und Krise der deutschen Jugendfürsorge 1878–1932, Köln 1986.
Pfister, Christian (Hg.), Das 1950er Syndrom. Der Weg in die Konsumgesellschaft, Bern, Stuttgart, Wien 1995.
Pfister, Christian, Geschichte des Kantons Bern seit 1789, Bd. 4: Im Strom der Modernisierung. Bevölkerung, Wirtschaft und Umwelt im Kanton Bern 1700–1914, Bern 1995.
Puenzieux, Dominique, Brigitte Ruckstuhl, «Sieg über alles, was Leidenschaft heisst». Die bürgerliche Sexualordnung um 1900. Untersucht am Diskurs über Geschlechtskrankheiten in Zürich, in: Franziska Jenny et al. (Hg.), Orte der Geschlechtergeschichte. Beiträge zur 7. Schweizerischen Historikerinnentagung, Zürich 1994, S. 99–120.
Purtschert, Patricia et al. (Hg.), Gouvernementalität und Sicherheit. Zeitdiagnostische Beiträge im Anschluss an Foucault, Bielefeld 2008.
Ramsauer, Nadja, «Verwahrlost». Kindswegnahmen und die Entstehung der Jugendfürsorge im schweizerischen Sozialstaat 1900–1945, Zürich 2000.
Raphael, Lutz, Die Verwissenschaftlichung des Sozialen als methodische und konzeptionelle Herausforderung für eine Sozialgeschichte des 20. Jahrhunderts, in: Geschichte und Gesellschaft, 22, 2 (1996), S. 165–193.
Rehbinder, Manfred, Rechtssoziologie, München 2009 (7., überarb. Aufl.).
Rietmann, Tanja, Administrativ versorgen. Zur Einweisung von «Liederlichen», «Arbeitsscheuen» und «Trunksüchtigen» in Arbeitsanstalten im Kanton Bern in den 1950er-Jahren, Bern 2004 (unpubl. Lizenziatsarbeit).
Rietmann, Tanja, Von Fällen «sozial Gestrauchelter». Die Akten zur administrativen Versorgung im Staatsarchiv des Kantons Bern (Schweiz), in: L'Homme, 18, 2 (2007), S. 139–147.
Rietmann, Tanja, «Hier haben wir eine andere Kategorie Menschen vor uns». Die Schutzaufsicht über administrativ Versorgte, in: Brigitte Studer, Sonja Matter (Hg.), Zwischen Aufsicht und Fürsorge. Die Geschichte der Bewährungshilfe im Kanton Bern, Bern 2011, S. 89–100.

Riklin, Alois et al. (Hg.), Neues Handbuch der schweizerischen Aussenpolitik, Bern, Stuttgart, Wien 1992.
Risse, Monika, «Bessern durch Erziehung zur Arbeit». Analyse des Strafdiskurses im Kanton Bern im Kontext der Gründung der Strafanstalt Witzwil (1891–1895), Bern 2006 (unpubl. Lizenziatsarbeit).
Rosenhaft, Eve, Zwei Geschlechter – eine Geschichte? Frauengeschichte, Männergeschichte, Geschlechtergeschichte und ihre Folgen für unsere Geschichtswahrnehmung, in: Christiane Eifert et al. (Hg.), Was sind Frauen? Was sind Männer? Geschlechterkonstruktionen im historischen Wandel, Frankfurt am Main 1996, S. 257–274.
Rossier, Julien, L'internement administratif à Fribourg. Une réalité méconnue, Fribourg 2010 (unpubl. Masterarbeit).
Sachsse, Christoph, Florian Tennstedt, Geschichte der Armenfürsorge in Deutschland, Bd. 1: Vom Spätmittelalter bis zum 1. Weltkrieg, Stuttgart 1998 (2., überarb. Aufl.).
Sachsse, Christoph, Florian Tennstedt, Geschichte der Armenfürsorge in Deutschland, Bd. 2: Fürsorge und Wohlfahrtspflege 1871–1929, Stuttgart 1988.
Sachsse, Christoph, Florian Tennstedt, Sicherheit und Disziplin. Eine Skizze zur Einführung, in: Christoph Sachsse, Florian Tennstedt (Hg.), Soziale Sicherheit und soziale Disziplinierung. Beiträge zu einer historischen Theorie der Sozialpolitik, Frankfurt am Main 1986, S. 11–44.
Samnøy, Åshild, The Origins of the Universal Declaration of Human Rights, in: Gudmundur Alfredsson, Asbjørn Eide (Hg.), The Universal Declaration of Human Rights. A Common Standard of Achievement, Den Haag, Boston, London 1999, S. 3–22.
Saner, Gerhard, Friedrich Glauser. Eine Biographie, Frankfurt am Main 1990.
Sarasin, Philipp, Geschichtswissenschaft und Diskursanalyse, Frankfurt am Main 2003.
Sarasin, Philipp, Stadt der Bürger. Bürgerliche Macht und städtische Gesellschaft, Basel 1846–1914, Göttingen 1997 (2., überarb. Aufl.).
Sassnick, Frauke, Armenpolitik zwischen Helfen und Strafen. Das Problem der Armut in Winterthur vom Ancien Régime zum 19. Jahrhundert, Winterthur 1989.
Sassnick Spohn, Frauke, Ein Jahrhundert ZeSo. Konstanten im Wandel, in: Frauke Sassnick Spohn et al. (Hg.), Von der Armenpflege zur Sozialhilfe. Ein Jahrhundert SKOS & ZeSo, Bern 2005, S. 19–23.
Sassnick Spohn, Frauke et al. (Hg.), Von der Armenpflege zur Sozialhilfe. Ein Jahrhundert SKOS & ZeSo, Bern 2005.
Schaffner, Martin, «Missglückte Liebe» oder Mitteilungen aus Paranoia City. Eine Lektüre von Justiz- und Polizeiakten aus dem Staatsarchiv Basel, 1894–1908, in: L'Homme, Schriften, Bd. 10: Liebe und Widerstand. Ambivalenzen historischer Geschlechterbeziehungen, Wien 2005, S. 243–254.
Schär, Bernhard C. et al. (Hg.), Bern 68. Lokalgeschichte eines globalen Aufbruchs – Ereignisse und Erinnerungen, Baden 2008.
Schär, Renate, «Das Gefängnis tötet – Tod dem Gefängnis!». Die Schweizer Knastbewegung Astra, in: Bernhard C. Schär et al. (Hg.), Bern 68. Lokalgeschichte eines globalen Aufbruchs – Ereignisse und Erinnerungen, Baden 2008, S. 164–173.
Schär, Renate, «Erziehungsanstalten unter Beschuss». Heimkampagne und Heimkritik in der Schweiz in den 1970er Jahren, Bern 2006 (unpubl. Lizenziatsarbeit).
Schilliger, Pirmin, Das ist die Endstation, alle da bleiben!, in: Aargauer Tagblatt, 20. August 1996.
Schläpfer, Rafael, Kantonale Armenreform und kommunale Fürsorgepolitik. Eine Un-

tersuchung über Armenfürsorge im 19. Jahrhundert mit dem Schwerpunkt der Einwohnergemeinde Worb, Nordhausen 2004.
Schmid, Verena, «... von allem entblösst». Armut, Armenwesen und staatliche Reformpolitik in Schaffhausen (1800–1850), Zürich 1993.
Schnegg, Brigitte, Armutsbekämpfung durch Sozialreform. Gesellschaftlicher Wandel und sozialpolitische Modernisierung Ende des 19. Jahrhunderts, in: Berner Zeitschrift für Geschichte und Heimatkunde, 69, 4 (2007), S. 233–258.
Schnegg, Brigitte et al., Partnerschaftlichkeit statt Paternalismus? Die Integration des «Social Casework» in die Schweizer Sozialarbeit der Nachkriegszeit, in: Christoph Conrad, Laura von Mandach (Hg.), Auf der Kippe. Integration und Ausschluss in Sozialhilfe und Sozialpolitik, Zürich 2008, S. 25–35.
Schnyder, Arlette, Geschwistergeschichten. Alltagsgeschichte des Geschwisternetzwerks einer Schweizer Pfarrfamilie 1910–1950, Baden 2008.
Schnyder, Bernhard, Zivilgesetzbuch (ZGB), in: Historisches Lexikon der Schweiz (HLS), Version 11. Februar 2005, www.hls.ch.
Schoch, Jürg et al. (Hg.), Aufwachsen ohne Eltern. Zur ausserfamiliären Erziehung in der deutschsprachigen Schweiz, Zürich 1989.
Schorderet, Pierre-Antoine, Elire, voter, signer. Pratiques de vote, luttes politiques et dynamiques d'institutionnalisation de la démocratie en Suisse au dix-neuvième siècle, Lausanne 2005.
Schulze, Winfried, Ego-Dokumente. Annäherungen an den Menschen in der Geschichte? Vorüberlegungen für die Tagung «Ego-Dokumente», in: Winfried Schulze (Hg.), Ego-Dokumente. Annäherung an den Menschen in der Geschichte, Berlin 1996, S. 11–30.
Schulze, Winfried (Hg.), Ego-Dokumente. Annäherung an den Menschen in der Geschichte, Berlin 1996.
Schumacher, Beatrice, Freiwillig verpflichtet. Gemeinnütziges Denken und Handeln in der Schweiz seit 1800, Zürich 2010.
Schwerhoff, Gerd, Aktenkundig und gerichtsnotorisch. Eine Einführung in die historische Kriminalitätsforschung, Tübingen 1999.
Scott, Joan W., Gender: A Useful Category of Historical Analysis, in: American Historical Review, 91, 5 (1986), S. 1053–1075.
Sieder, Reinhard, Sozialgeschichte auf dem Weg zu einer historischen Kulturwissenschaft?, in: Geschichte und Gesellschaft, 20, 3 (1994), S. 445–468.
Siegenthaler, Hansjörg, Zur These des «1950er Syndroms». Die wirtschaftliche Entwicklung der Schweiz nach 1945 und die Bewegung relativer Energiepreise, in: Christian Pfister (Hg.), Das 1950er Syndrom. Der Weg in die Konsumgesellschaft, Bern, Stuttgart, Wien 1995, S. 97–103.
Snyder, Francis G., Douglas Hay (Hg.), Labour, Law, and Crime. A Historical Perspective, London, New York 1987.
Sofsky, Wolfgang, Die Ordnung des Terrors. Das Konzentrationslager, Frankfurt am Main 1993.
Spierenburg, Pieter, Introduction, in: Pieter Spierenburg (Hg.), The Emergence of Carceral Institutions. Prisons, Galleys and Lunatic Asylums, 1550–1900, Rotterdam 1984, S. 2–8.
Spierenburg, Pieter (Hg.), The Emergence of Carceral Institutions. Prisons, Galleys and Lunatic Asylums, 1550–1900, Rotterdam 1984.
Spierenburg, Pieter, Financiën en familie-eer. Opsluiting en opgeslotenen op verzoek te Leiden, 1680–1805, in: H. A. Diederiks et al. (Hg.), Armoede en sociale spanning. So-

ciaal-historische studies over Leiden in de achttiende eeuw, Hilversum 1985, S. 117–135.
Spierenburg, Pieter, The Sociogenesis of Confinement and its Development in Early Modern Europe, in: Pieter Spierenburg (Hg.), The Emergence of Carceral Institutions. Prisons, Galleys and Lunatic Asylums, 1550–1900, Rotterdam 1984, S. 9–77.
Spode, Hasso, Das Paradigma der Trunksucht. Anmerkungen zu Genese und Struktur des Suchtbegriffs in der Moderne, in: Drogalkohol, 10, 3 (1986), S. 178–191.
Spode, Hasso, Die Entstehung der Suchtgesellschaft, in: traverse, 1, 1 (1994), S. 23–37.
Steffen Gerber, Therese, Dubs, Hans, in: Historisches Lexikon der Schweiz (HLS), Version 17. September 2007, www.hls.ch.
Stekl, Hannes, Österreichs Zucht- und Arbeitshäuser 1671–1920. Institutionen zwischen Fürsorge und Strafvollzug, Wien 1978.
Stettler, Peter, Fischer, Otto, in: Historisches Lexikon der Schweiz (HLS), Version 11. Februar 2005, www.hls.ch.
Stettler, Peter, Grütter, Fritz, in: Historisches Lexikon der Schweiz (HLS), Version 16. März 2003, www.hls.ch.
Stettler, Peter, Müller, Eduard, in: Historisches Lexikon der Schweiz (HLS), Version 19. November 2009, www.hls.ch.
Strebel, Dominique, Weggesperrt. Warum Tausende in der Schweiz unschuldig hinter Gittern sassen, Zürich 2010.
Studer, Brigitte, Familienzulagen statt Mutterschaftsversicherung? Die Zuschreibung der Geschlechterkompetenz im sich formierenden Sozialstaat, 1920–1945, in: Schweizerische Zeitschrift für Geschichte, 47, 2 (1997), S. 151–170.
Studer, Brigitte, Geschlechtergeschichte heute – Konzeptuelles und Konkretes. Die Ein- und Ausbürgerung durch Eheschliessung, Konstanz 2006.
Studer, Brigitte, Biographische Erfassungslogiken. Akten, Menschen und die Geschichtsschreibung, in: Claudia Kaufmann, Walter Leimgruber (Hg.), Was Akten bewirken können. Integrations- und Ausschlussprozesse eines Verwaltungsvorgangs, Zürich 2008, S. 139–149.
Studer, Brigitte, Sonja Matter (Hg.), Zwischen Aufsicht und Fürsorge. Die Geschichte der Bewährungshilfe im Kanton Bern, Bern 2011.
Studer, Carola, Der lange Weg zur Wiedergutmachung. Administrativ Versorgte der Anstalten Hindelbank in den Jahren 1960–1980, Bern 2011 (unpubl. Masterarbeit).
Suter, Anja, Zwischen Natur und Evangelium. Die Organisation des Frauenstrafvollzugs in der Schweiz anhand des Beispiels der Strafanstalt Hindelbank, 1942–1966, Zürich 2008 (unpubl. Lizenziatsarbeit).
Sutter, Gaby, «Erziehung und Gewöhnung zur tüchtigen Arbeit». Diskussion über die Armenerziehung im Schweizerischen Armenerzieherverein (Mitte 19. bis Anfang 20. Jahrhundert), in: Heimverband Schweiz (Hg.), Schritte zum Mitmenschen, Zürich o. J., S. 9–51.
Sutter, Patrick, Ulrich Zelger (Hg.), 30 Jahre EMRK-Beitritt der Schweiz. Erfahrungen und Perspektiven, Bern 2005.
Szasz, Thomas, The Myth of Mental Illness. Foundations of a Theory of Personal Conduct, New York 1968.
Tanner, Albert, Arbeitsame Patrioten – wohlanständige Damen. Bürgertum und Bürgerlichkeit in der Schweiz 1830–1914, Zürich 1995.
Tanner, Jakob, Die «Alkoholfrage» in der Schweiz im 19. und 20. Jahrhundert, in: Drogalkohol, 10, 3 (1986), S. 147–168.
Tanner, Jakob, Die Schweiz in den 1950er Jahren. Prozesse, Brüche, Widersprüche,

Ungleichzeitigkeiten, in: Jean-Daniel Blanc, Christine Luchsinger (Hg.), achtung: die 50er Jahre! Annäherungen an eine widersprüchliche Zeit, Zürich 1994, S. 19–50.
Tanner, Jakob, Lebensstandard, Konsumkultur und American Way of Life seit 1945, in: Walter Leimgruber, Werner Fischer (Hg.), «Goldene Jahre». Zur Geschichte der Schweiz seit 1945, Zürich 1999, S. 101–131.
Tanner, Jakob, Ordnungsstörungen: Konjunkturen und Zäsuren in der Geschichte der Psychiatrie, in: Marietta Meier et al., Zwang zur Ordnung. Psychiatrie im Kanton Zürich, 1870–1970, Zürich 2007, S. 271–306.
Tögel, Bettina, Die Stadtverwaltung Berns. Der Wandel ihrer Organisation und Aufgaben von 1832 bis zum Beginn der 1920er Jahre, Zürich 2004.
Villa, Paula-Irene, Soziale Konstruktion. Wie Geschlecht gemacht wird, in: Sabine Hark (Hg.), Dis/Kontinuitäten. Feministische Theorie, Opladen 2007 (2., überarb. Aufl.), S. 19–26.
Villiger, Mark E., Die Schweiz und die Europäische Menschenrechtskonvention (EMRK), in: Alois Riklin et al. (Hg.), Neues Handbuch der schweizerischen Aussenpolitik, Bern, Stuttgart, Wien 1992.
Villiger, Mark E., Handbuch der Europäischen Menschenrechtskonvention (EMRK) unter besonderer Berücksichtigung der schweizerischen Rechtslage, Zürich 1999 (2., überarb. Aufl.).
Voegeli, Yvonne, Frauenstimmrecht, in: Historisches Lexikon der Schweiz (HLS), Version 5. Januar 2006, www.hls.ch.
Voegeli, Yvonne, Zwischen Hausrat und Rathaus. Auseinandersetzungen um die politische Gleichberechtigung der Frauen in der Schweiz 1945–1971, Zürich 1997.
Wallner, Thomas, Schürmann, Leo, in: Historisches Lexikon der Schweiz (HLS), Version 17. August 2010, www.hls.ch.
Weber, Max, Wirtschaft und Gesellschaft. Grundriss der verstehenden Soziologie, Tübingen 1985 (5., überarb. Aufl.).
Wecker, Regina, Zwischen Ökonomie und Ideologie. Arbeit im Lebenszusammenhang von Frauen im Kanton Basel-Stadt 1870–1910, Zürich 1997.
Wecker, Regina, Eugenik – individueller Ausschluss und nationaler Konsens, in: Sébastien Guex et al. (Hg.), Krisen und Stabilisierung. Die Schweiz in der Zwischenkriegszeit, Zürich 1998, S. 165–179.
Wecker, Regina, «Liederlich». Eugenik, Sexualität und Geschlecht, in: itinera, 21 (1999), S. 272–280.
Wecker, Regina et al. (Hg.), Wie nationalsozialistisch ist die Eugenik? Internationale Debatten zur Geschichte der Eugenik im 20. Jahrhundert, Wien 2009
Wehrli, Paul, Robert Schneider achtzigjährig, in: Neue Zürcher Zeitung, 29. Oktober 1972.
White, Robin C. A., Clare Ovey, The European Convention on Human Rights, Oxford 2010 (5., überarb. Aufl.).
Widmer, Thomas, Die Schweiz in der Wachstumskrise der 1880er Jahre, Zürich 1992.
Widmer-Schlumpf, Eveline, Administrativ Versorgte – Gedenkanlass in Hindelbank vom 10. September 2010, www.ejpd.admin.ch (Zugriff: 25. November 2010).
Wiedmer, Stefan, Die öffentliche Fürsorge der Stadt Bern (1852–1888). Von der parastaatlichen Freiwilligkeit zur modernen Sozialpolitik, Bern 1993 (unpubl. Lizenziatsarbeit).
Wilhelm, Elena, Rationalisierung der Jugendfürsorge. Die Herausbildung neuer Steuerungsformen des Sozialen zu Beginn des 20. Jahrhunderts, Bern, Stuttgart, Wien 2005.
Willing, Matthias, Das Bewahrungsgesetz (1918–1967). Eine rechtshistorische Studie zur Geschichte der deutschen Fürsorge, Tübingen 2003.

Windt, R. de, Bedelarij en de bedelaarsgestichten van de Maatschappij van Weldadigheid, in: R. Berends et al., Arbeid ter disciplinering en bestraffing. Veenhuizen als onvrije kolonie van de Maatschappij van Weldadigheid 1823–1859, Zutphen 1984, S. 55–78.
Wittinger, Michaela, Der Europarat. Die Entwicklung seines Rechts und der «europäischen Verfassungswerte», Baden-Baden 2005.
Witzig, Heidi, Polenta und Paradeplatz. Regionales Alltagsleben auf dem Weg zur modernen Schweiz 1880–1914, Zürich 2000.
Wolfensberger, Rolf, Anstaltswesen, in: Historisches Lexikon der Schweiz (HLS), Version 13. März 2006, www.hls.ch.
Wyder, Rudolf, Die Schweiz und der Europarat 1949–1971, Bern, Stuttgart 1984.
Wyler, Rebekka, Das «Proletariat» und die «Anderen». Sozialgeschichte der ArbeiterInnen und Unterschichten, in: traverse, 18, 1 (2011), S. 137–172.
Zelger, Ulrich, Die Schweiz und die EMRK. Eine rechtshistorische Einführung, in: Patrick Sutter, Ulrich Zelger (Hg.), 30 Jahre EMRK-Beitritt der Schweiz. Erfahrungen und Perspektiven, Bern 2005, S. 1–18.
Ziegler, Béatrice, Arbeit – Körper – Öffentlichkeit. Berner und Bieler Frauen zwischen Diskurs und Alltag (1914–1945), Zürich 2007.
Ziegler, Béatrice et al., Einleitung, in: Sébastien Guex et al. (Hg.), Krisen und Stabilisierung. Die Schweiz in der Zwischenkriegszeit, Zürich 1998, S. 9–29.
Zimmermann, Michael (Hg.) Zwischen Erziehung und Vernichtung. Zigeunerpolitik und Zigeunerforschung im Europa des 20. Jahrhunderts, München 2007.
Zürcher, Christoph, Ritschard, Johannes, in: Historisches Lexikon der Schweiz (HLS), Version 2. Oktober 2009, www.hls.ch.
Zürcher, Christoph, Schädelin Klaus, in: Historisches Lexikon der Schweiz (HLS), Version 16. Februar 2010, www.hls.ch.
Zürcher, Christoph, Schwarz, Fritz, in: Historisches Lexikon der Schweiz (HLS), Version 12. Juni 2010, www.hls.ch.

Internetadressen

www.admin.ch/ch/d/sr/c0_101.html, Konvention zum Schutze der Menschenrechte und Grundfreiheiten (EMRK) vom 4. November 1950.
www.admin.ch/ch/d/sr/210/a14.html, Art. 14 ZGB.
www.administrativ-versorgte.ch, Verein zur Rehabilitierung der administrativ Versorgten 1942–1983.
www.ejpd.admin.ch
www.hls.ch, Historisches Lexikon der Schweiz.
www.nfp51.ch, Nationales Forschungsprogramm *Integration und Ausschluss* (NFP 51)
www.stadtarchiv-schaffhausen.ch/Biographien
www.thata.ch/zuercherdiskurseueberzwangsarbeit1840bis1930.html
www.verdingkinder.ch, Aktionsgemeinschaft Verdingkinder

Nachschlagewerk

Wörterbuch der bernischen Rechts- und Verwaltungssprache, Staatskanzlei des Kantons Bern (Hg.), Bern 1996.